The Application of

the United Nations Convention on
Contracts for the International Sale of Goods

in Chinese Arbitration

《联合国国际货物销售合同公约》在中国仲裁的适用

中国国际经济贸易仲裁委员会 编
China International Economic and Trade Arbitration Commission

法律出版社
LAW PRESS·CHINA

序　言

联合国国际贸易法委员会（以下简称贸法会）和中国国际经济贸易仲裁委员会（以下简称贸仲）均致力于以国际仲裁或者调解等现代、高效、便捷的争议解决方式促进国际贸易的发展。贸法会和贸仲成功合作举办了许多活动，尤其是关于争议解决领域中两个标志性的贸法会条约，即1958年《承认及执行外国仲裁裁决公约》（以下简称《纽约公约》）和2018年《联合国关于调解所产生的国际和解协议公约》（以下简称《新加坡调解公约》）的庆祝活动。

在共同促进争议和谐解决的合作基础之上，双方共同庆祝贸法会另一个标志性条约，即确定了国际销售合同统一规则的《联合国国际货物销售合同公约》（以下简称《公约》）40周年，实属水到渠成。本书的出版标志双方合作的又一高峰，也是贸法会秘书处组织的"《公约》40周年纪念"活动的一部分。该活动旨在实现下述目标：

目标之一是推动公约在各国更广泛的适用。《公约》的成员方已接近100个这一标志性数字。这一里程碑将清晰地宣告《公约》在全球合同法律中的核心地位。

尤其是，本书强调了《公约》在"一带一路"倡议实施过程中的重要性。成为《公约》的成员方意味着可以将《公约》作为国际货物买卖合同的默认法律规则予以适用，增强了法律适用的清晰性和可预见性，同时降低了交易成本。相应地，这也必然可以帮助跨境交易主体实现"一带一路"倡议之下的利益。由于仅有不到一半的"一带一路"倡议参加方加入了《公约》，进一步扩大《公约》成员方的机遇显而易见。

《国际货物销售时效期公约》和《联合国国际合同使用电子通信公约》是对《公约》的补充。这两个公约在功能上构成《公约》的一部分,"《公约》40 周年纪念"活动同样旨在促进这两个公约的通过和适用。

特别要指出的是,《联合国国际合同使用电子通信公约》可以促进《公约》在数字经济中的使用。这具有重要的实践意义,且在本书的案例中得到了论证。中国已经签署了《联合国国际合同使用电子通信公约》,中国对该公约的批准将为跨境电子通信的法律地位提供更多的确定性,同时将进一步扩展已具显著规模的统一电子交易法律规则,并支持"一带一路"倡议的实施。

此外,"《公约》40 周年纪念"活动使成员方有机会审议其在《公约》下所作的声明(有些作出于 30 年之前),并撤回那些不再需要保留的声明。包括中国在内的一些成员方已在这一领域内做出了实质性工作,中国已经撤回了其曾在《公约》项下作出的关于合同需要采取"书面形式"的声明。也有意见支持中国撤回其关于排除《公约》因国际私法规则而得以适用的声明。这些声明的撤回将进一步统一和扩展《公约》的适用范围。

"《公约》40 周年纪念"活动的另一个目标是提升商业和司法领域内对《公约》的认可。虽然成员方对《公约》的通过标志《公约》的成功,但交易主体对《公约》的了解和在商事实践中的运用对于实现《公约》的价值不可或缺。

通过案例法来理解《公约》的具体适用至关重要。目前,已报告的适用《公约》的案件有 5000 多个。本书收纳了数十个仲裁案例,将成为《公约》研究者的宝藏。

"《公约》40 周年纪念"活动还探讨了《公约》作为国内立法的样本而被使用的情况。最近通过并施行的《中华人民共和国民法典》进一步证明了《公约》和其他具有影响力的国际统一法文本,如国际统一私法协会《国际商事合同通则》,可以作为国内法律改革的范本使用。

简言之,"《公约》40 周年纪念"的各项活动恰逢其时、意义深远,进一步巩固了《公约》作为被最广泛通过和使用的实体法条约的地位。

但是,《公约》在国际贸易中的作用远不止于此。众所周知,2020 年是极不寻常的一年。在全球贸易额达到史无前例的高度之时,新型冠状病毒疫情突然来袭。这场疫情带给全球贸易的挑战和破坏也同样是史无前例的。

各方要求联合国协助控制疫情并应对疫情带来的影响,贸法会也不例外。《公约》始终在应对疫情影响的最前线。

新冠肺炎疫情暴发后,《公约》第 79 条成为处理暂时豁免合同履行义务的统一法条文参考,协调了全球供应链上的风险分配。销售合同的当事人可以通过其他统一规则,如国际商会所准备的不可抗力及艰难情形条款补充《公约》第 79 条并澄清合同的约定。

随着大量疫苗接种项目的推出以及数以十亿剂疫苗的购买,《公约》也是确定采购合同项下合同义务的适用法律。

新冠肺炎疫情给我们生活带来了许多难以逆转的变化。其中之一就是电子合同得到了更广泛的使用。如上所述,《公约》以及作为其补充的《联合国国际合同使用电子通信公约》已充分准备好迎接这一挑战。它们是贸法会开展的数字经济相关法律工作的基石,包括智慧合同、人工智能等这些将支撑未来几十年数字贸易的领域。

在《公约》第一个 40 年的发展中,中国是其坚定的支持者。中国是推动《公约》生效的首批成员方之一,并在中国国内合同法中吸收了许多《公约》的条文。同时,《公约》也一路陪伴了中国的经济发展,营造了公平、公正、具有可预见性的国际销售合同法律体系,这也正是全球经济的支柱。

本书为更好地了解《公约》在中国和全球的适用趋势做出了突出贡献。贸仲为推动《公约》得到更加广泛适用所提供的支持,充分预示着《公约》将继续收获下一个 40 年的成功。

*

维也纳,2021 年 3 月

* 安娜·乔宾·布莱特,贸法会秘书长。

Foreword

The United Nations Commission on International Trade Law (UNCITRAL) and the China International Economic and Trade Arbitration Commission (CIETAC) share the goal of promoting international trade through modern, efficient and effective dispute resolution methods, such as international arbitration or mediation. It is therefore not surprising that UNCITRAL and CIETAC have cooperated in a number of successful joint initiatives, notably celebrating the two flagship treaties of UNCITRAL in the area of dispute resolution, the Convention on the Recognition and Enforcement of Foreign Arbitral Awards of 1958 (also known as the "New York Convention") and the United Nations Convention on International Settlement Agreements Resulting from Mediation of 2018 (also known as the "Singapore Mediation Convention").

Beyond this cooperation on harmonized dispute resolution, it was only logical to cooperate to promote yet another flagship treaty of UNCITRAL, the United Nations Convention on Contracts for the International Sale of Goods ("CISG"), which sets forth unified rules on international sales contracts, and to celebrate together the fortieth anniversary of that treaty. Indeed, this publication marks another high point of their cooperation and comes in the framework of the celebrations organised by the UNCITRAL Secretariat under the banner "CISG@40", which pursue several goals.

One goal is to promote broader adoption of the CISG by States.

The CISG is approaching the symbolic number of 100 States parties. Reaching that milestone will send a clear message on the central role of the CISG in global contract law.

In particular, this book highlights the importance of the CISG in operationalising the Belt and Road Initiative. Becoming a party to the CISG triggers the application of the CISG as the default legal regime of international sale contracts, thus increasing clarity and predictability on the applicable law and reducing transaction costs. This, in turn, will clearly help to materialise the Belt and Road benefits for cross-border traders. As fewer than 50% of Belt and Road participating States are already a party to the CISG, the opportunities for further expanding the CISG membership are evident.

The CISG is complemented by the Convention on the Limitation Period in the International Sale of Goods and the United Nations Convention on the Use of Electronic Communications in International Contracts. Both treaties are functionally a part of the CISG and their adoption and applications also promoted by the CISG@40 initiative.

In particular, the Electronic Communications Convention is the enabler of the use of the CISG in the digital economy, an issue whose practical importance is evident and reflected in the cases discussed in the book. China has already signed the Electronic Communications Convention, and its ratification of that treaty would provide additional certainty on the legal status of electronic communications exchanged across borders and further expand the already significant body of uniform electronic transactions law, namely in support of the Belt and Road Initiative.

Moreover, the CISG@40 initiative provides an opportunity for States to review the declarations that they have made under the CISG – some more than 30 years ago – and to withdraw those no longer needed. Several States have already carried out significant work in this field, including China, which has withdrawn the declaration requiring the use of the written form in contracts falling under the scope of the CISG. Support has been expressed also for China withdrawing its declaration excluding the application of the CISG by virtue of the rules of private international law. Such withdrawal would contribute to harmonising and expanding the scope of application of the CISG.

Yet another goal of the CISG@40 initiative is to raise awareness of the CISG among the business community and judiciary. While adoption of the CISG is evidence of success, its knowledge by traders and use in business practice is necessary for all the benefits of the CISG to become concrete.

One key element in this regard is understanding the application of the CISG through case law. Some 5000 cases applying the CISG have been reported so far. By compiling more than 100 arbitral awards, this book is a treasure trove for CISG scholars.

The use of the CISG as a blueprint for national legislation is also a matter considered in the framework of the CISG@40 initiative. The recent adoption of the Chinese Civil Code has provided further evidence of the role of the CISG, together with other influential uniform texts such as the UNIDROIT Principles of International Commercial Contracts, as a model for domestic law reform.

In short, the various lines of action selected for the CISG@40 initiative have proven to be timely and relevant and have contributed to further consolidate the CISG as the most widely adopted and used uniform substantive law treaty.

But there is more than that to evidence the role of the CISG in international trade. As we all know, the year 2020 has been exceptional. The COVID – 19 pandemic hit at a time when the volume of global trade was at unprecedented levels. The challenges and disruptions to global trade brought on by the pandemic have likewise been unprecedented.

The United Nations have been asked to assist in containing and responding to the effects of the pandemic. UNCITRAL has been no exception, and the CISG has been at the forefront of that response.

Right after the outbreak of the pandemic, article 79 CISG has been identified as the reference uniform law provision to address temporary exemptions from performance, thus harmonising risk allocation along global supply chains. Parties to a sales contract may wish to complement that provision with other uniform texts such as the Force Majeure and Hardship Clause prepared by the International Chamber of Commerce to bring additional clarity on the contractual agreements.

As the world is rolling out mass vaccination programmes and billions of vital doses are being purchased, the CISG is the applicable law to determine the contractual obligations arising from procurement contracts.

The pandemic has brought about some changes in our lives that may not be easily reversed. One of them is the even broader recourse to contracts in electronic form. As mentioned above, the CISG, complemented by the Electronic Communications Convention, is fully equipped for that challenge. And the provisions of these two treaties are being used as stepping stones for UNCITRAL's work on legal aspects of the digital economy such as smart contracts and artificial intelligence that will underpin digital trade in the decades to come.

China has been a steady friend of the CISG in its first 40 years. It was one of the countries that triggered its entry into force and has incorporated many of the CISG provisions in domestic contract law. At the same time, the CISG has accompanied China's economic development by providing a fair, equitable and predictable legal framework for international sale contracts, which are the backbone of the global economy.

This book provides a remarkable contribution to better understanding both Chinese and global trends in applying the CISG. CIETAC's support in promoting the broader application of the CISG is a promising sign of the next 40 years of CISG success.

Vienna, March 2021

前　　言

《联合国国际货物销售合同公约》(以下简称《公约》)由联合国制定,于 1980 年 4 月 11 日在维也纳举行的联合国大会外交会议上通过,并于 1988 年 1 月 1 日生效。《公约》旨在建立一个现代、统一而公正的国际货物销售合同制度,从而提升贸易中的法律确定性,降低交易成本,并为所有国家和地区的国际贸易提供依据。

经过数十年的发展,《公约》已被视为国际商事法律核心公约之一,并在世界范围内获得了巨大成功。《公约》的目的是提升国际货物销售中的法律确定性,为世界各国、各地区确立统一法律范本。因此,《公约》在起草时特别注意避免使用带有某一法系传统特征的法律概念,而这些概念往往以大量的公认判例法和相关文件作为依据,不易在不同的法律制度下移植。这种起草风格可以确保《公约》能鼓励尽可能多的国家和地区协调实体法,而无论其法律传统如何。《公约》起草者采取的这种办法旨在促进国际贸易法的协调统一。但是,这种做法也增加了在适用《公约》的不同法域中对《公约》的案文作出统一解释的必要性。因此,研究不同法域的判例法并统一《公约》的解释变得尤为重要。

中国于 1986 年 11 月 12 日向联合国秘书长递交了正式参加《公约》的核准书,《公约》自 1988 年 1 月 1 日起在中国生效。《公约》对于中国市场经济和合同法律的发展产生了深远影响。《公约》在中国已经成为法院和仲裁机构在审理相关案件时可以直接适用的法律依据。作为中国最具代表性的国际性常设仲裁机构,中国国际经济贸易仲裁委员会(以下简称贸仲)自 1988 年以来在审理《公约》相关案件上积累了丰富经验,同时贸仲长期以来一直积极参与联合国国际贸易法委员会(以下简称贸法会)法规判例法的报告工作。2020年正值《公约》通过40周年,在这一深具纪念意义的时刻,为了推动《公约》相关研究的不断进步、促进《公约》的统一实施以及便于其他成员方更好地了解贸仲的仲裁审理实践,本书从贸仲审结的仲裁案件中整理出适用《公约》的部分案例共109件,裁决时间跨度为2002~2019年,以期通过分析和研究近20年来《公约》在贸仲实践中的适用和解释状况,与各成员方裁判机构分享经验、讨论完善之道,并反映《公约》适用和解释的最新动态和未来方向。

本研究完全基于课题组整理的贸仲裁决原文中的仲裁庭意见和裁决结果部分。鉴于仲裁的保密性,本书隐去相关案件编号、裁决书文号、当事人、仲裁员等具体信息,而依裁决日期、买卖标的物或当事人国别指代具体案件。需要特别说明的是,本书组稿时间完成于2020年6月,即《中华人民共和国民法典》生效之前,故在书稿中保留了部分涉及前民法典时代的民事法律规范;此外,在后期出版过程中,于必要之处补充了《中华人民共和国民法典》的关键条文,以与前民法典时代的民事法律规范形成"规范群"效应。

本书除序言之外一共分为五个部分。

1. 第一部分:《公约》与中国

该部分旨在介绍《公约》的基本情况,以及《公约》和中国商事法律、商事仲裁、货物贸易等领域的相关性,主要包括以下方面的内容:(1)《公约》及其状况;(2)《公约》和中国的合同立法;(3)《公约》和中国的仲裁发展;(4)《公约》和贸仲;(5)《公约》和中国的货物贸易发展;(6)《公约》和"一带一路"。

2. 第二部分:贸仲案件数据分析

该部分通过对裁决历年分布情况、裁决涉及的货物类型、裁决涉及的当事人来源地情况、仲裁庭意见的篇幅、关于争议的可适用法、引用国内法情况、中外方胜诉情况等诸多因素进行数据分析,总结出了贸仲审理的《公约》相关案件的基本情况。该部分旨在通过一个时间跨度较长(2002~2019年)的研究,呈现贸仲审理的《公约》相关案件的裁决形式和主要特点。

3. 第三部分:贸仲仲裁庭对于《公约》的理解与适用

该部分将按照《公约》的章节和条款顺序,对贸仲在实践中出现的与《公约》相应条款有关的问题及仲裁庭的裁决情况作出说明,讨论的重点在于仲裁庭的思路和观点及与《公约》其他成员方裁判理念的异同。

该部分重点分析的问题包括以下方面:(1)《公约》在贸仲的适用;(2)合同和

当事人行为的解释;(3)合同的成立和修改;(4)根本违约;(5)宣告合同无效的通知;(6)宣告合同无效的效果;(7)卖方义务;(8)卖方违反合同的补救办法;(9)买方义务;(10)买方违反合同的补救办法;(11)风险转移;(12)货物的检验;(13)损害赔偿;(14)违约金;(15)预期违反合同;(16)免责。

希望通过该部分研究,尽量系统和客观地编纂贸仲相关仲裁裁决对于《公约》的适用,呈现贸仲仲裁庭在实际案例中如何理解和具体应用《公约》的条文和规则,以便与其他成员方的法院及仲裁庭共同探讨《公约》具体条文的含义及其适用,以实现促进《公约》统一解释的目标。

4. 第四部分:讨论和建议

该部分结合贸仲相关案例,从仲裁庭对于《公约》的适用中总结出了一些体会供交流讨论,同时也希望为《公约》未来的规则修订与补充提供一些建议。

该部分讨论的问题主要包括:(1)对于诚信原则的适用经验;(2)格式之争问题的解决;(3)默示的接受以及弃权;(4)《公约》第40条的适用;(5)《公约》第49条解约权与第48条违约方补救权之间的关系;(6)《公约》第75条的损害赔偿与解除合同之间的关系;(7)丧失的交易利润;(8)艰难情势;(9)新冠疫情在《公约》第79条项下的适用探讨;(10)《公约》在疫苗相关制品采购合同的适用;(11)电子证据真实性的判断;(12)利息。

5. 第五部分:典型案例

该部分选取了10个与《公约》适用有关的贸仲裁决中案情和仲裁庭意见部分的原文,旨在提供原始的案件事实背景、当事人主张、仲裁庭思路和裁决结果,在不违反保密性原则的前提下尽量呈现贸仲裁决的原貌,以促进《公约》的教学和研究。

本课题的负责人为对外经济贸易大学法学院刘彤副教授、贸仲仲裁研究所李兵主任、贸仲事业发展处姚俊逸处长,课题组成员为对外经济贸易大学法学院陈剑玲副教授,贸仲仲裁研究所粟撒、张蓓、赵劲欣、许天舒以及中国人民大学博士后梁意。对外经济贸易大学 Arthur Chiu 教授为本书英文版提供了语言方面的修改建议。在本书写作过程中,贸仲仲裁研究所粟撒、许天舒、张蓓、赵劲欣,中国人民大学博士后梁意等为本书的分工协调、数据收集、案例消密、文字核校等工作付出了大量努力,在此表示衷心的感谢!

“《联合国国际货物销售合同公约》
在中国仲裁的适用”研究课题组
2020年6月

目　　录

PART 01 >>

第一部分

《公约》与中国

一、《公约》及其状况

在所有国家,无论其法律传统或经济发展情况如何,销售合同法律制度都是国际贸易的基本法律保障。销售合同的统一和监管对国际贸易的发展极其重要。实际上,不同法律体系的存在确实增加了跨国商务的交易成本。如果不事先确定解决争议的规则体系,必然会留下不确定性,而这种不确性可能给贸易造成严重障碍。《公约》是 20 世纪开始进行立法工作的成果,它还启发了各国的合同法改革。

《公约》"序言"部分指出,"采用照顾到不同社会、经济和法律制度的国际货物销售合同统一规则,将有助于减少国际贸易的法律障碍,促进国际贸易的发展"。《公约》第 7 条也规定,"在解释本公约时,应考虑到本公约的国际性质和促进其适用的统一以及在国际贸易中遵守诚信的需要"。在该条中,《公约》采用了"统一"(unification)的概念,其含义是指在国际货物买卖中应适用单一规则,这表明《公约》的制定旨在统一国际货物买卖合同实体法规则。

截至 2020 年 5 月底,《公约》的成员方为 93 个。这些国家和地区代表了几乎所有法系,各自经济体系也极为不同,同时基本涵盖了世界上主要的贸易大国。《公约》成员方的贸易额加在一起占全球贸易往来的2/3以上。[1] 根据世界贸易组织的最新统计,2019年出口量前五的国家分别为中国、美国、德国、日本和荷兰;2019年进口量前五的国家分别为美国、中国、德国、日本和英国。其中,除英国外,其他几个国家均为《公约》的成员方。

通过吸引诸多成员方加入《公约》体系,《公约》建立了一个现代、统一而公正的国际货物销售合同制度,从而增强了不同国家间贸易的法律确定性,降低了交易成本,并为成员方商事主体的国际贸易行为提供了指引。根据《公约》第1条的规定,对于营业地在不同国家的当事人之间所订立的货物买卖合同,《公约》的规定将自动得到适用。在这些情形下,《公约》将直接适用,从而避免了适用按照国际私法规则确定的准据法,大大提高了国际货物销售合同的确定性和行为结果的可预测性。

《公约》在规则设计上重视平衡,并具有广泛代表性。首先,《公约》在买方和卖方的利益之间做了谨慎的平衡。其次,《公约》在规则设计上兼容并蓄,注重公平与效率的衔接,得到了各国商业主体的广泛认可和运用。并且《公约》广泛吸收了两大法系买卖法和合同法的成熟立法经验。因此,可以说《公约》是世界范围内相关领域立法经验的总结。从《公约》的制定过程来看,《公约》考虑到了不同国家利益诉求的差异,是在不同的法律体系之间、国家或国家集团之间进行调和折中的结果。[2]

《公约》在不同的国家和法律传统之间发挥了重要的桥梁作用,其不仅是统一实体法与国际商业实践之间的桥梁,也是英美法系与大陆法系之间的桥梁,同时还是更广泛意义上的不同法律文化、观念和语言之间的桥梁。《公约》已经成为区域和国家级众多法律的范本,被誉为统一私法运动迄今为止最重要的成就之一。

二、《公约》和中国的合同立法

《公约》自1988年1月1日起对中国生效。中国在改革开放初期便加入《公约》,并成为最早的成员方之一,反映了中国对外开放、与世界接轨的决心。中国于1999年颁布了《中华人民共和国合同法》(以下简称《合同法》)。在《合同法》之前,中国颁布过3部独立的合同法,即1981年《中华人民共和国经济合同法》(以下简称《经济合同法》)、1985年《中华人民共和国涉外经济合同法》(以下简称《涉外经

---

〔1〕 参见贸法会庆祝《公约》通过40周年的介绍,载联合国国际贸易法委员会官网:https://uncitral.un.org/zh/cisg40,最后访问日期:2020年4月2日。

〔2〕 参见张玉卿主编:《国际货物买卖统一法——〈联合国国际货物销售合同公约〉释义》(第3版),中国商务出版社2009年版,第1页。

济合同法》)及1987年《中华人民共和国技术合同法》(以下简称《技术合同法》)。其中,中国规制国际贸易的《涉外经济合同法》就已借鉴了《公约》的一些规定。例如,《涉外经济合同法》针对违约采取严格责任原则,还确立了根本违约制度。后来,这3部独立的法律合并为1999年《合同法》。1999年《合同法》取代了此前的3部合同法,成为中国市场经济的基本法,这一法律受到了《公约》的深刻影响。梁慧星教授曾指出,中国制定统一合同法的立法指导思想之一就是"从中国改革开放和发展社会主义市场经济、建立全国统一的大市场及与国际市场接轨的实际出发,总结中国合同立法、司法实践经验和理论研究成果,广泛参考借鉴市场经济发达国家和地区立法的成功经验和判例学说,尽量采用反映现代市场经济客观规律的共同规则,并与国际公约和国际惯例协调一致"。[1] 其中提到的国际公约,主要就是指《公约》。

正如贸仲仲裁员王利明教授在2015年7月6日贸法会第四十八届会议高级别小组"统一销售法35年——趋势与前景"论坛上所指出的,中国认为,《公约》确立了若干现代化的先进合同规则,有助于促进市场经济建设,因此,最终中国借鉴了《公约》和国际统一私法协会《国际商事合同通则》(UNIDROIT Principles of International Commercial Contracts,PICC)的模式,让《合同法》成为独立的法律文件,并在具体规定上广泛借鉴了《公约》。这不仅体现在《合同法》中关于买卖合同的规定上,也体现在适用于所有合同类型的合同法总则部分。王利明教授在《〈联合国国际货物销售合同公约〉与中国〈合同法〉的制定和完善》一文中曾就中国《合同法》对《公约》的借鉴情况做出总结,具体包括以下几个方面。

第一,就合同的订立,《合同法》借鉴了《公约》的要约承诺制度,尤其是接受了《公约》最终确定的关于要约到达生效、要约可撤回、承诺需与要约内容一致、承诺到达生效的规则。

第二,就合同的形式,《合同法》借鉴了《公约》的非要式规则,当事人可以通过书面形式、口头形式和其他形式订立合同。中国在2013年撤回了对《公约》第11条所作的保留。

第三,就质量不合格规则,《合同法》在"买卖合同"一章中,虽然在其第153条承认了出卖人的瑕疵担保义务,但并没有规定独立的瑕疵担保责任,而是根据《公约》排斥独立瑕疵担保责任的立法模式,形成了统一的合同违约责任规则。

---

〔1〕 参见梁慧星:《从"三足鼎立"走向统一的合同法》,载《中国法学》1995年第3期。

第四,就履行不能规则,在中国《合同法》制定过程中,针对是否借鉴德国法上的履行不能规则产生了争议,立法者最终借鉴了《公约》的做法。《合同法》没有简单规定自始履行不能的合同无效,而是汲取了《公约》的经验,以“违反义务”作为确定债务人责任的依据,确立了将履行不能问题转化为违约责任问题的规则,从而建立起与《公约》相统一的违约责任制度。

第五,就根本违约规则,《合同法》在起草过程中借鉴了《公约》确立根本违约规则的经验,《合同法》第94条第4项规定,“有下列情形之一的,当事人可以解除合同:……当事人一方迟延履行债务或者有其他违约行为致使不能实现合同目的”。该条第4款实际上是将根本违约作为解除合同的依据。

第六,就确立预期违约制度,《公约》关于预期违约的规则对我国《合同法》产生了重要影响。我国《合同法》第108条最终确立了预期违约制度,其中关于明示违约规则的规定,显然受到了《公约》的影响。

第七,就严格责任原则,《公约》在借鉴英美法经验的基础上,确立了严格责任原则。我国《合同法》第107条规定:“当事人一方不履行合同义务或者履行合同义务不符合约定的,应当承担继续履行、采取补救措施或者赔偿损失等违约责任。”该条显然是借鉴了《公约》的经验,采纳了严格责任原则。

第八,我国《合同法》“买卖合同”一章中大量借鉴《公约》的相关规定,包括交付标的物的时间、标的物交货地点的确定、标的物的检验规则、长期供货合同规则等。

第九,就风险转移,我国《合同法》第144条借鉴《公约》相关经验,规定“出卖人出卖交由承运人运输在途标的物,除当事人另有约定的以外,毁损、灭失的风险自合同成立时起由买受人承担”。从订立合同时起,路货买卖标的物毁损、灭失的风险转移给买受人。[1]

因此,我国《合同法》借鉴《公约》,是中国自主的选择。而这种选择,背后的合理性在于《公约》本身是合理的,是众多专家学者共同智慧的结晶。[2] 中国对《公约》的广泛借鉴也在整体上促进了我国《合同法》的现代化,同时对中国的市场开放和法治建设也产生了极为深远的影响。

---

〔1〕 该部分中国《合同法》对《公约》的借鉴总结引自王利明教授的《〈联合国国际货物销售合同公约〉与中国〈合同法〉的制定和完善》一文,载《环球法律评论》2013年第5期。

〔2〕 参见韩世远:《中国合同法与CISG》,载《暨南学报》(哲学社会科学版)2011年第2期。

尤其需要指出的是,2020 年 5 月 28 日,第十三届全国人大第三次会议表决通过了《中华人民共和国民法典》(以下简称《民法典》),《民法典》于 2021 年 1 月 1 日起施行,1999 年《合同法》同时废止。但是,上述《合同法》中借鉴《公约》的相应规定依然保留在《民法典》之中。

中国加入《公约》之后,《公约》已成为中国仲裁机构和法院在处理与国际货物买卖合同有关的纠纷时可以直接适用的法律依据。根据《公约》第 1 条第 1 款 a 项所列的营业地标准,如果当事人的相关营业地所在国不同且均为缔约方,《公约》将"直接"和"自动"适用。根据这一规定,《公约》的规定应优先于援引冲突规范识别的准据法而得到适用,裁判者无须根据国际私法中"两步走"的判定规则就能确定适用《公约》。1987 年最高人民法院转发原对外经济贸易部《关于执行〈联合国国际货物销售合同公约〉应注意的几个问题》的通知,对《公约》自动适用原则予以确认。《关于执行〈联合国国际货物销售合同公约〉应注意的几个问题》中指出:"自 1988 年 1 月 1 日起,我各公司与上述国家(匈牙利除外)的公司达成的货物买卖合同如不另做法律选择,则合同规定事项将自动适用公约的有关规定,发生纠纷或诉讼亦得依据公约处理。"因此,作为《公约》的缔约方,在当事人自主选择或符合《公约》自动适用的条件时,中国法院和仲裁机构可以直接适用《公约》,而无须经过国内法上冲突规则的指引。

三、《公约》和中国的仲裁发展

作为一种商事纠纷争端解决机制,商事仲裁表现为一种专业性的服务。商事争议当事人通过达成仲裁协议寻求商事仲裁的专业服务,其核心是意思自治原则。当事人可以自由地签订仲裁协议,并约定仲裁机构、仲裁庭的组成、仲裁适用的程序规则和法律、仲裁地点等,这充分反映了商事仲裁的契约性。商事仲裁作为一种专业服务,其本质是商事争议当事人所选择的司法途径之外的自愿解决争议的方法。相较司法诉讼中严格的诉讼程序规范,以仲裁协议为基础的商事仲裁具有较大的灵活性。

仲裁以当事人意思自治为基本原则,与同样以该原则为基石的《公约》有天然的和谐衔接。同时,仲裁作为一种争议解决方式,与诉讼相比,更为独立和中立,因此更受到国际商事交易当事人的信任。而《公约》作为可适用法,同样具有中立、平衡的特点。贸法会在致力于推动以《公约》为主的国际货物买卖统一法的同时,一贯注重推动国际商事仲裁作为国际商事争议的重要解决方式,这尤其体现在贸法会对其仲裁示范法和仲裁示范规则的推广。在国际商事活动中,当事人选择通过国际商事仲裁的方式,同时以《公约》作为适用法来解决跨境货物买卖争议是一个非常公平和安全的选择。因此,《公约》在国际商事仲裁中的适用非常频繁。仲裁的发展和《公约》的适用之间也存在紧密联系。

在中国,随着1994年《中华人民共和国仲裁法》(以下简称《仲裁法》)的颁布实施,仲裁在中国正式成为法律规定的纠纷解决方式。经过20多年的发展,仲裁在中国呈现规模不断壮大、国际化步伐不断加快的趋势。如今,中国已经成为运用仲裁方式解决民商事纠纷的数量位居世界前列的国家之一。

据2019年中国的"全国仲裁工作会议"介绍,截至2018年年底,全国共设立255个仲裁委员会,工作人员6万多名,仲裁解决纠纷的范围涉及经济贸易、建设工程、房地产、金融、农业生产经营以及物业纠纷等经济社会发展的各个领域。自1994年《仲裁法》颁布施行以来,中国商事仲裁法律制度不断向前发展,在《仲裁法》、《中华人民共和国民事诉讼法》(以下简称《民事诉讼法》)、《中华人民共和国涉外民事关系法律适用法》(以下简称《涉外民事关系法律适用法》)的基础上,最高人民法院也不断通过发布司法解释的方式完善商事仲裁法律制度。与此同时,各仲裁机构制定的供当事人选择适用的仲裁规则和其他规则也在丰富商事仲裁制度的发展。

在国际商事仲裁层面,各国间承认与执行在他国作出的仲裁裁决的国际义务已经规定在1958年《承认及执行外国仲裁裁决公约》(以下简称《纽约公约》)项下。《纽约公约》使外国仲裁裁决在极为广泛的范围内获得承认及执行,其已对外国仲裁裁决承认与执行的理论和司法实践都产生了非常重要的积极影响。截至2020年5月底,《纽约公约》共有163个成员方。[1] 依据《纽约公约》,缔约方有义务承认与执行在另一缔约方境内作出的仲裁裁决,除非裁决有《纽约公约》规定的拒绝承认与执行的理由。因此,与法院判决相比,如需在外国执行,仲裁裁决具有更大的优势。

中国于1986年12月2日在第六届全国人大常务委员会第十八次会议通过了《关于中国加入〈承认及执行外国仲裁裁决公约〉的决定》。随后,中国外交部正式向联合国秘书长交存了加入书。《纽约公约》于1987年4月22日正式对中国生效。

---

〔1〕 参见《纽约公约》状况介绍,载联合国国际贸易法委员会官网:https://uncitral.un.org/en/texts/arbitration/conventions/foreign_arbitral_awards/status2,最后访问日期:2020年5月16日。

自此,中国成为《纽约公约》的成员方。

早在《纽约公约》对中国生效之前,最高人民法院就于1987年4月10日向全国法院发布了《关于执行中国加入的〈承认及执行外国仲裁裁决公约〉的通知》,要求全国各级人民法院积极组织审判人员、执行人员和其他相关工作人员认真学习这一重要的国际公约,并切实依照《公约》的要求执行。此后,最高人民法院又发布了《关于人民法院处理与涉外仲裁及外国仲裁事项有关问题的通知》(1995年8月28日),确定了外国仲裁裁决承认和执行的"报告制度",即对于地方法院受理的当事人申请承认和执行外国仲裁裁决的案件,地方法院准备拒绝承认和执行的,需要首先报告到司法辖区内的高级人民法院,如果高级人民法院同意地方法院拒绝的意见,则必须要报告到最高人民法院,经最高人民法院同意后才可以作出拒绝承认和执行外国仲裁裁决的裁定。

从30多年来中国法院对外国仲裁裁决承认和执行的司法实践来看,中国法院对仲裁协议尽可能作有效解释,对仲裁裁决尽可能地予以承认和执行。〔1〕中国法院这一态度和《纽约公约》的目标是相符的。这对于鼓励国际货物买卖交易当事人以仲裁方式并适用《公约》来解决争议有积极的意义。

四、《公约》和贸仲

贸仲于1956年4月由中国国际贸易促进委员会组织设立,当时称为对外贸易仲裁委员会,于1988年改名为中国国际经济贸易仲裁委员会。2000年贸仲同时启用中国国际商会仲裁院的名称。贸仲以仲裁的方式,独立、公正地解决国际国内的经济贸易争议及国际投资争端。贸仲总会设在北京,并在中国11个城市设有分会或者仲裁中心,同时也在中国香港特别行政区设有香港仲裁中心,在加拿大温哥华设有北美仲裁中心,在奥地利维也纳设有欧洲仲裁中心。

作为中国设立历史最悠久的涉外仲裁机构,贸仲长期致力于促进国际商事仲裁的发展,致力于促进良好的国际商事交易环境,在涉外仲裁领域具有独特的优势和丰富经验。早在《公约》对中国生效的第一年即1988年,贸仲就开始了对《公约》相关案件的审理。自1988年起至今,贸仲已经审结了数百起适用《公约》的案件。

〔1〕 参见高晓力:《"〈纽约公约〉六十周年与'一带一路'研讨会"上的主题演讲》,载最高人民法院国际商事法庭:http://cicc.court.gov.cn/html/1/218/62/164/1054.html,最后访问日期:2020年4月2日。

仅在美国佩斯大学(Pace University,以下简称佩斯大学)的《公约》数据库中,就已收录贸仲从1988~2008年审结的关于《公约》的案例一共338件。[1] 几十年来,贸仲已在适用和解释《公约》上积累了较多的实践经验。中国作为《公约》第一批缔约方之一,其解释和适用《公约》的状况在世界上备受关注。作为唯一向《公约》数据库提供案例的中国仲裁机构,贸仲的实践对于《公约》的适用和发展有着积极意义。由于贸仲是中国最早建立的国际性仲裁机构,其仲裁员的国际性、专业性和独立性在国内外也受到一致认可,因此,在中国大多数适用《公约》的仲裁案件均在贸仲进行。贸仲的仲裁裁决对于开展在中国仲裁机构中适用《公约》情况的研究具有较好价值和代表性。

一直以来,货物买卖争议是贸仲案件的主要争议类型之一。从近年的案件数据来看,2019年货物买卖相关案件数量为583起,2018年货物买卖相关案件数量为452起。贸仲始终保持蓬勃发展的态势,无论是受理案件总数、案涉标的总额还是涉及当事人国别的广泛性等方面,其历年来均保持在中国国内仲裁机构中的领先地位。2019年贸仲受理案件总计3333件(同比增长12.53%),其中国内案件2716件(同比增长11.31%),涉外案件617件(同比增长18.20%),包括双方均为境外当事人的国际案件66件(同比增长83.33%);争议金额达1220.4345亿元人民币(同比增长20.13%),涉外案件争议金额达380.7889亿元人民币(同比增长30.79%),上亿元人民币案件211件(同比增长23.39%),其中10亿元人民币以上案件19件;当事人来自72个国家和地区(比2019年增加12个,同比增长20%);在办案件2347件(同比增长16.07%),审结案件3146件(同比增长24.64%);约定适用英文或中英文双语的案件106件;外籍仲裁员共78人次参与审理案件75件。

从以上数据可见,贸仲近年来受理案件的国际化程度明显增强,涉外案件、双方均为境外当事人的国际案件的数量显著增长,当事人选择适用国际公约和境外法律的情况增多,其中就包括本书所讨论的《公约》,以及老挝、澳大利亚、开曼群岛、意大利、韩国、中国香港特别行政区等地的法律。这也在一定程度上说明,贸仲为全球商事主体提供优质高效仲裁法律服务的能力不断提升,国际化程度进一步增强。

正如贸法会在其2016年《关于〈联合国国际货物销售合同公约〉的判例法摘要

---

〔1〕 参见Cloud数据库,载http://www.cisg.law.pace.edu/cisg/text/casecit.html#china,最后访问日期:2020年3月16日。

汇编》(UNCITRAL Digest of Case Law on the United Nations Convention on Contracts for the International Sale of Goods 2016,以下简称《判例法摘要汇编》)的"引言"部分所指出的,《公约》获得普遍接受的一个原因是其灵活性。《公约》起草人为体现这种灵活性而采用了不同的技巧,特别是采用中性的术语,促进在国际贸易中普遍遵守诚信,将在填补《公约》所创立的一套标准中的任何漏洞时应以《公约》所依据的一般原则为准作为一条规则确定,并承认商定的惯例和既定的习惯做法均具有约束力。因此,《公约》非常强调统一解释的必要性,在解释《公约》时必须考虑到《公约》的国际性质和促进其适用的统一以及在国际贸易上遵守诚信的需要。与此相应,不同成员方的裁判者如何解释《公约》中的可以供开放解释或未予定义的概念尤为重要。通过充分介绍以系统和客观的方式编纂的案例,将有助于实现统一解释《公约》的目标。贸法会自 1988 年以来就建立了法规判例法报告制度,以便法官、仲裁员、律师和商业交易当事人了解不同的法院和仲裁庭如何解释《公约》的规定,以期最终进一步统一对《公约》条文的解释和应用。

此外,值得指出的是,为推广《公约》等国际商事法律,促进国际商事仲裁的发展,贸法会、佩斯大学、奥地利维也纳大学(University of Vienna,以下简称维也纳大学)等机构联合举行威廉·维斯国际商事仲裁模拟仲裁庭比赛(Willem C. Vis International Commercial Arbitration Moot Competition),迄今已举办了 28 届。该比赛是世界上历史最悠久和最负盛名的模拟仲裁庭赛事之一,在国际商事仲裁界和法律教育界都有广泛影响,每年吸引全球300 多所高校参加。为进一步扩大该赛事的影响,加强中国法学院学生对于《公约》等国际商事立法和国际商事仲裁制度的了解,贸仲每年 11 月专门举办"贸仲杯"辩论赛,赞助冠亚军队分赴在维也纳举行的威廉·维斯国际商事仲裁模拟仲裁庭辩论赛和在中国香港特别行政区举行的东方威廉·维斯国际商事仲裁模拟仲裁庭辩论赛[Willem C. Vis(East) International Commercial Arbitration Moot]。截至2020 年,"贸仲杯"已成功举办 18 届,累计来自中国国内近两百所高等院校法学院(系)代表队的 4000 余名选手参加了比赛。担任每届比赛评委的是来自国内外的百余名贸仲资深仲裁员及知名律师。"贸仲杯"的举办对于增强中国法学院学生的国际商事法律实践水平、对于提高实务界人士和中国高校对于《公约》的了解与应用水平均有很大帮助。"贸仲杯"目前已经成为中国国内极具影响力的法律赛事,是贸仲和业界共同培养国际商事法律人才的重要平台,也是国内外法律界交流的桥梁。一大批参赛者已经成长为中国国际商事法律领域的中坚力量,有力地推动了《公约》《仲裁示范法》等国际商事法律在中国的推广及应用。

五、《公约》和中国的货物贸易发展

中国的贸易发展近年来增速明显。从整体上来看，中国2019年的外贸发展呈现总体平稳、稳中提质的态势。具体来看，其具有以下六个方面的特点。

一是进出口规模逐季攀升。2019年中国货物贸易进出口总值31.54万亿元人民币，比2018年增长3.4%。其中，出口达17.23万亿元，同比增长5.0%；进口达14.31万亿元，同比增长1.6%；贸易顺差为2.92万亿元，较2018年扩大25.4%。

二是主要贸易伙伴位次发生变化，东盟成为中国第二大贸易伙伴。2019年第一大贸易伙伴仍然是欧盟，对欧盟进出口4.86万亿元，同比增长8%；对东盟进出口4.43万亿元，同比增长14.1%；对美国进出口3.73万亿元，同比下降10.7%；第四大贸易伙伴是日本，对日本进出口2.17万亿元，同比增长0.4%。此外，中国对“一带一路”沿线国家进出口9.27万亿元，同比增长10.8%，高出整体增速7.4个百分点。

三是民营企业首次超过外商投资企业，成为中国第一大外贸主体。2019年民营企业进出口13.48万亿元，同比增长11.4%，占中国外贸总值的42.7%，比2018年提升3.1个百分点。

四是贸易方式、结构进一步优化，一般贸易进出口所占比重提升。

五是出口商品以机电产品和劳动密集型产品为主，机电产品所占比重接近6成。2019年中国机电产品出口10.06万亿元，同比增长4.4%，占出口总值的58.4%。其中，电器及电子产品出口4.63万亿元，同比增长5.4%；机械设备2.87万亿元，同比增长1.4%。同期，纺织服装等7大类劳动密集型产品出口3.31万亿元，同比增长6.1%。

六是铁矿砂、原油、天然气、大豆等大宗商品进口量增加。此外，肉类产品进口增长也比较快。[1]

由以上特点可见，中国对外贸易发展迅速，贸易总量不断攀升，买卖合同数量相应地亦有大幅增长。中国作为一个贸易大国，以合同为依托的国际货物买卖每天都在大量发生。中国的贸易主体对于一个现代、统一而公正的可适用法的需求

---

〔1〕 参见国务院新闻办公室关于2019年全年进出口情况的介绍，载中国政府网：http://www.gov.cn/xinwen/2020－01/14/content_5468996.htm，最后访问日期：2020年4月2日。

也随之相应增多。此外,中国民营企业参与贸易活动进一步增多。正如联合国贸法会所指出的,中小型企业在谈判合同时,获得法律意见的机会通常较少。这些企业和贸易商可能是处于弱势地位的合同当事方,可能难以保证合同双方权利义务对等。兼具大陆法系和英美法系优点的《公约》为中国参与国际贸易的商事主体提供了一个公正、统一的法律依据,不仅能够顺应中国贸易需求增长的趋势,反过来也能促进市场交易的进一步发展。

六、《公约》和“一带一路”

“一带一路”是“丝绸之路经济带”和“21 世纪海上丝绸之路”的简称。“一带”是指“丝绸之路经济带”,“一路”是指“21 世纪海上丝绸之路”,最初由中国在 2013 年提出并倡导建设。丝绸之路经济带,是在古丝绸之路概念基础上形成的一个新的经济发展区域,包括中国西北 5 省区陕西、甘肃、青海、宁夏、新疆,西南 4 省区市重庆、四川、云南、广西。新丝绸之路经济带,东边牵着亚太经济圈,西边系着发达的欧洲经济圈,被认为是“世界上最长、最具有发展潜力的经济大走廊”。海上丝绸之路自秦汉时期开通以来,一直是沟通东西方经济文化交流的重要桥梁,而东南亚地区自古就是海上丝绸之路的重要枢纽和组成部分。同时,21 世纪海上丝绸之路的战略合作伙伴并不仅限于东盟,而是以点带线、以线带面,增进与周边国家和地区的交往,串起连通东盟、南亚、西亚、北非、欧洲等各大经济板块的市场链,发展面向南海、太平洋和印度洋的战略合作经济带,以亚欧非经济贸易一体化为发展的长期目标。

截至 2020 年 2 月 1 日,参与“一带一路”建设的国家有 144 个,其中 66 个是《公约》成员方,占 45.8%。《公约》在过去 10 年内对其中 15 个国家生效,即阿尔巴尼亚、亚美尼亚、阿塞拜疆、巴林、贝宁、喀麦隆、刚果、哥斯达黎加、多米尼加共和国、斐济、圭亚那、马达加斯加、巴勒斯坦、土耳其和越南。《公约》亦在过去 20 年内对 27 个“一带一路”相关国家生效。除上述 15 个国家外,还包括塞浦路斯、萨尔瓦多、加蓬、以色列、韩国、吉尔吉斯斯坦、黎巴嫩、利比亚、毛里塔尼亚、黑山共和国、秘鲁和乌拉圭。

自“一带一路”倡议在 2013 年首次提出后,已有 9 个“一带一路”国家成为《公约》的成员方,即巴林、喀麦隆、刚果、哥斯达黎加、斐济、圭亚那、马达加斯加、巴勒斯坦和越南。

根据现下采纳《公约》的趋势,日后身兼《公约》成员方身份的“一带一路”成员国数量很可能进一步攀升,并将推动更多国家采纳《公约》。

“一带一路”国家加入《公约》和中国贸易的发展密切相关。《公约》将在所有成员方之间自动适用,《公约》的统一规则将适用于成员方之间的销售交易,而无须处理不同法律制度、文化和背景带来的潜在难题。

对于交易的当事人来说,《公约》的适用可减少因谈判和研究适用法律条款而产生的交易费用,并可能降低争议解决成本。同时,《公约》也可减少国与国之间自由贸易的法律障碍,提高效益,从而推动全球经济增长。

PART 02 >>

第二部分

贸仲案件数据分析

一、裁决历年分布情况

贸仲此次选取了109份裁决作为研究样本。该109份裁决作出的时间跨度为2002~2019年。具体分布情况如下：

2002年7份裁决,2003年7份裁决,2004年12份裁决,2005年15份裁决,2006年12份裁决,2007年7份裁决,2008年1份裁决,2009年7份裁决,2010年2份裁决,2012年11份裁决,2013年2份裁决,2014年5份裁决,2015年6份裁决,2016年5份裁决,2018年5份裁决,2019年5份裁决。

二、裁决涉及的货物类型

该109起案件所涉及的货物类型非常广泛,主要包括化工品、化肥、工业用蜡、食品、机械设备、仪器、金属以及合金制品、纺织原料、农产品、木材、纸类产品、软磁盘盘芯、农具、奶牛等。

其中,既有常见的成品销售,也包括尚待制造或生产的货物;既有普通的全新货物的销售,也包括二手设备;既有单纯涉及货物买卖的销售合同,也有涉及服务和培训的综合型合同。

三、裁决涉及的当事人来源地情况

在该109起案件中,申请人的来源地和数量分别如图2-1所示。

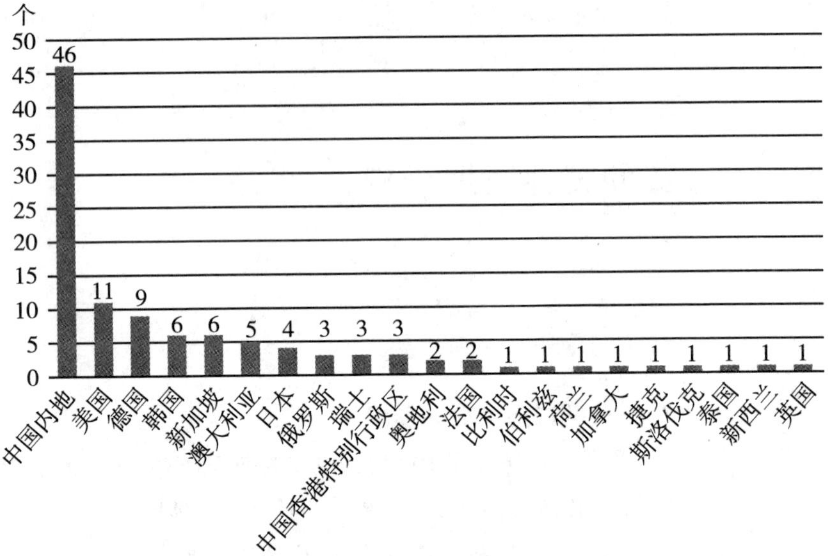

图 2-1　申请人的来源地与数量

被申请人的来源地与数量分别如图 2-2 所示。

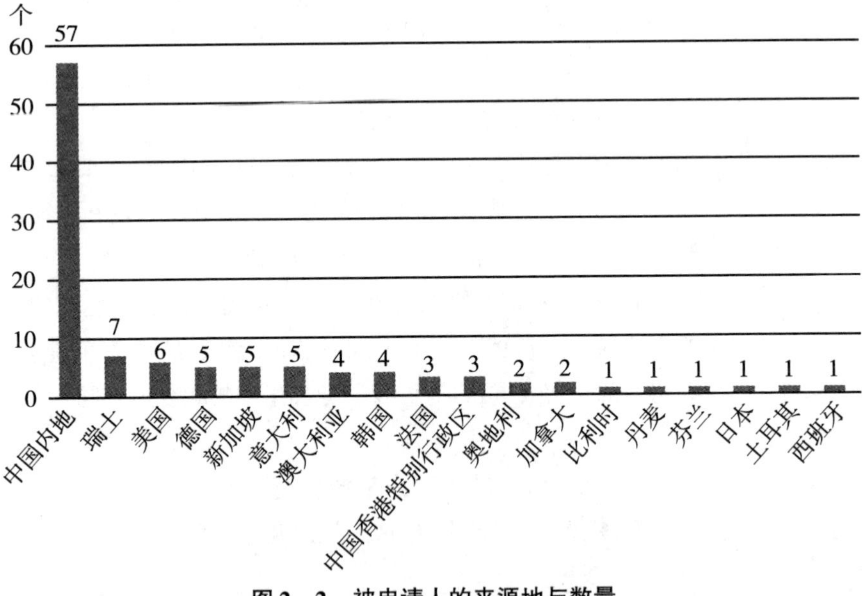

图 2-2　被申请人的来源地与数量

在上述来源地中，伯利兹和泰国并非《公约》成员方，《公约》也尚未适用于中国香港特别行政区。在这些情况下，《公约》通过当事人约定得到适用。

综合申请人和被申请人的来源地数据可见，在该109件案件中，中国内地当事人数量最多。有46件案件的申请人来自中国内地，有57件案件的被申请人来自中国内地。109件案件中，一方为中方当事人、另一方为外方当事人的为99件；中国内地当事人和中国香港特别行政区当事人之间的为4件；中国香港特别行政区当事人和外方当事人的为2件；两方均为外方当事人的为4件。

除中国内地当事人外，排名前十的当事人来源地如图2－3所示。

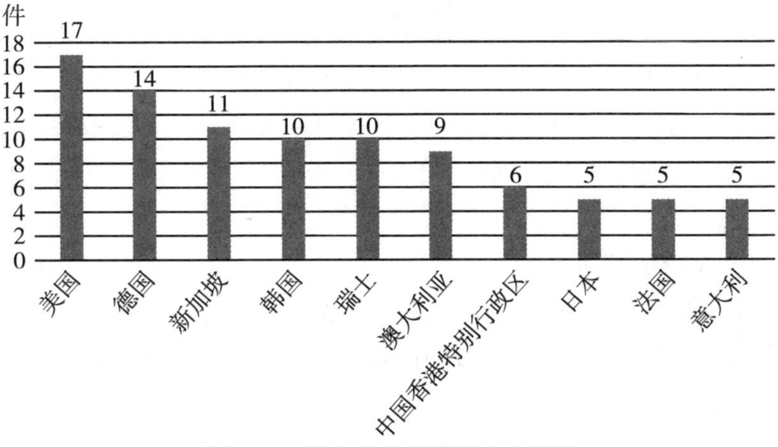

图2－3 排名前十的当事人来源地

以上数据能在一定程度上说明《公约》的适用和中国对外贸易开展情况是相匹配的，《公约》的适用频率和贸易的规模直接相关。来自美国的当事人在除中国内地以外的所有国家和地区中占据第一位，而美国长期以来都是中国前三大对外贸易伙伴之一。来自德国的当事人数量占据第二位，这同样也和德国与中国之间的紧密贸易往来相关。德国联邦统计局公布的德国对外贸易情况显示，中国连续3年均是德国最大的商品供应商和贸易伙伴国。[1]

四、仲裁庭意见的篇幅

贸仲裁决书正文的典型结构包括案情、仲裁庭意见和裁决。其中，仲裁庭意见

〔1〕 参见中国商务部德国经济资讯，载中华人民共和国驻德意志联邦共和国大使馆经济商务处官网：http：//de. mofcom. gov. cn/article/jjzx/201905/20190502863605. shtml，最后访问日期：2020年5月16日。

部分最关键,直接体现出仲裁庭对关键事实问题的认定以及对核心法律规则的理解。仲裁庭意见也是裁决结果的逻辑基础,最能直接体现出仲裁庭说理是否充分,以及仲裁庭的裁判思路和风格。为展示贸仲裁决书的整体形式和风格,本书从本次整理的109份裁决中选取了10份不同风格的裁决书将案情部分和仲裁庭意见部分进行展示,详见本书第五部分。

本书的研究对象主要是109份裁决书的仲裁庭意见部分。统计该109份裁决书的仲裁庭意见部分可见,单篇字数最少的为998字,单篇最多的为38,137字,平均每篇裁决书的字数为6555字。

根据《中国国际商事仲裁年度报告(2015)》中清华大学法学院韩世远教授对于贸仲2008~2015年与《公约》相关的81份裁决书的实证研究,每篇裁决书的字数约在1.2万字,其结论是贸仲在裁决书风格上属于"繁"的一类。应该说,本书的结论和上述发现是一致的。总体而言,贸仲仲裁庭的裁判理由展开得比较充分,体现出论述完整、说理详尽的风格。

五、关于争议的可适用法

处理国际货物买卖合同争议时,仲裁庭首先需要解决的就是可适用法的问题。贸仲仲裁庭同样非常重视这一点。所有109份裁决书均在仲裁庭意见开头部分明确了争议的可适用法。

六、关于合同的效力

在处理合同争议时,贸仲仲裁庭会先明确合同是否合法有效。仲裁庭会根据可适用法以及当事人对合同的认可和履行情况,对于合同是否合法有效作出一个判断,作为进一步讨论合同具体争议的基础。

在109份裁决书中,有90份专门就争议合同的效力问题作出论述,无论当事人是否对合同效力提出了质疑。

七、引用《公约》条款情况

裁判公正应以看得见的方式实现。[1] 裁判公正的展现,包括在裁决中展示法条和论证法条的过程。在109件案件中,除12件未明确引用《公约》的法条外,其他

---

〔1〕 R v Sussex Justices;Ex parte McCarthy [1924] 1 KB 256,259("R v Sussex Justices").

裁决均明确援引了《公约》有关条款。

结合贸仲裁决引用《公约》条款的情况以及上述仲裁庭意见的篇幅，应当不难看出，贸仲仲裁庭的裁决风格在整体上已摆脱了简单援引条款即给出结果的裁决方式，逐渐对《公约》具体条款的解释予以关注，大部分案件裁决都能够结合案情对《公约》的条文进行具体分析。

在 109 件案件中，被援引次数前十的《公约》条款包括第 74 条、第 1 条、第 25 条、第 75 条、第 76 条、第 49 条、第 78 条、第 77 条等(见图 2 –4) 。

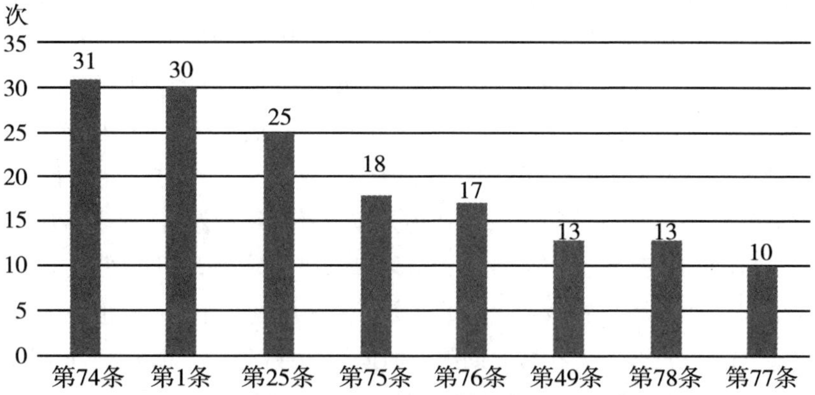

图 2 –4　被引用次数前十的《公约》条款及其被引次数

由此可以反映出，在《公约》应用于贸仲具体案件的过程中，被讨论最频繁的问题主要包括：《公约》的适用，包括自动适用、如何通过当事人约定得到适用以及《公约》何时不适用的问题；根本违约的一般构成要件是否满足；卖方何时构成根本违约导致买方有权宣告合同无效；损害赔偿的基本原则和具体计算；利率的确定和利息的计算等。

八、引用国内法情况

《公约》作为统一的国际实体法，可以被当事人直接采用和在一定条件下自动适用，克服了利用冲突法规则选择准据法的间接性和不确定性，但《公约》并未解决所有与国际货物销售相关的法律问题。《公约》本身就规定其不适用于某些合同争议，而且从销售合同法应有的范围来看，《公约》也仅规定了一些主要问题。例如，《公约》第 4 条就明确规定，本公约只适用于销售合同的订立以及买方和卖方因此种合同产生的权利义务。至于其他法律问题，如合同的效力等都不属于公约的调整范围,要由相应的国内法解决。在确定相应国内法的时候,仲裁庭可以根据当事人的约定,也可以通过国际私法的冲突规则予以确定。

在 109 份裁决中,有 1 份裁决同时适用了《公约》和美国法;有 1 份裁决同时适用了《公约》和《香港货品售卖条例》;另有 77 份裁决根据当事人的约定或者国际私法规则同时适用了《公约》和中国法律,30 份裁决则完全根据《公约》本身规定作出裁判。

在该 77 份裁决同时适用了《公约》和中国法律的裁决中,有 38 份裁决引用中国法是为了处理《公约》不能解决的问题,例如,合同的效力问题、当事人的主体资格及民事行为能力问题、当事人代理行为的认定问题、时效问题。在其余的 39 份裁决中,仲裁庭引用了中国 1999 年《合同法》的条文,主要目的是对属于《公约》范围的问题作出补充或者对比说明。其中,被引用次数排名前十的《合同法》条款包括当事人可以解除合同的情况(第 94 条);当事人应当按照约定全面履行自己的义务,并遵循诚实信用原则(第 60 条);违约方应当承担继续履行、采取补救措施或者赔偿损失等违约责任(第 107 条);违约方履行义务或者采取补救措施后应赔偿损失(第 113 条);当事人负有减少损失的义务(第 119 条);当事人承担违约责任的不同方式(第 111 条);买受人在检验期限内的通知义务(第 158 条);合同解除后当事人可以获得的救济方式(第 97 条);不可抗力(第 117 条);当事人解除合同时的通知义务(第 96 条)。

九、中外方胜诉情况

对于国际商事案件的裁判,一个敏感的问题就是本国和外方当事人的胜诉比例。如果一国的裁判机构倾向保护本国国民,则会严重影响其作为国际性仲裁机构的公信力和影响力。《公约》本身就含有非常多的具有弹性的或有赖裁判者自由裁量而作出判断的条款,如何准确地判断裁判者是否在一个特定案件里将不应有的偏见融入了裁判是非常困难的。因为国际商事争议的裁判本身就受到事实、法律、当事人是否缺席等多种复杂因素的影响,最终裁判的作出是综合判断和评估的结果。换言之,当事人胜负结果并不能直接证明裁判者是否对本国或者外国当事人存在偏见。但是,通过对同一个裁判机构在较长期限中的本国和外国当事人胜负比例的分析,至少可以在一定程度上显示该机构是否存在特定偏见。

在该 109 件贸仲案件中,申请人和被申请人均为外国当事人的案例有 4 件。中国内地当事人和香港特别行政区当事人之间的案例有 4 件。香港特别行政区当事人与外国当事人之间的案例有 2 件，中国内地当事人和外方当事人之间的案例有 99 件。

除去 4 个申请方和被申请方均为外国当事人的案例，在中方与外方（包括香港特别行政区当事人）进行仲裁时，中方胜诉或部分胜诉的为 53 件，占总案件量的 50%，外方胜诉或部分胜诉的为 47 件，占 45%。另有 3 件案例中双方的请求均被部分支持，以及 2 件案例中双方的请求均未被支持。由此可见，贸仲在实践中中外双方当事人的胜诉比例基本接近 1∶1（见图 2－5）。

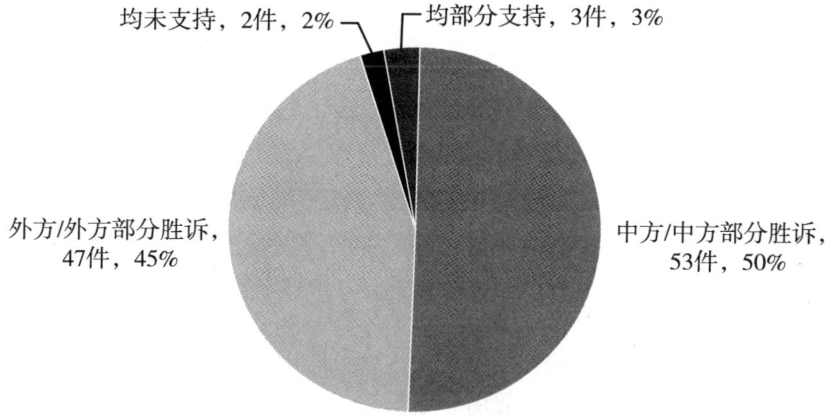

图 2－5　中方与外方（包括香港特别行政区当事人）进行仲裁时胜诉及请求被支持情况

同样，在贸仲《中国国际商事仲裁年度报告（2015）》中，韩世远教授就 2008～2015 年与《公约》相关的 81 份裁决书的研究结论为："中外当事人胜诉比例约为 1.68∶1，虽与'理论理想型'的 1∶1 相比有所偏离，但考虑到现实因素比较复杂，这个比例仍应属于合理范围。不过，为了实现《公约》统一适用及解释的目标，强调对《公约》不作'政治解释'，并不为过。"结合这一结论以及本次研究的结果可见，长期以来，贸仲实践中中外双方当事人的胜诉比例基本上是比较接近 1∶1 的，并未明显体现出倾向本国当事人的立场。

PART 03 >>

第三部分

贸仲仲裁庭对于《公约》的理解与适用

一、《公约》在贸仲的适用

第一节 《公约》的自动适用及相关问题

1.《公约》自动适用

根据《公约》第 1 条第 1 款第 a 项所列的营业地标准，如果当事人的相关营业地所在国是不同的缔约方，《公约》将“直接地”或者“自动地”适用。根据这一规定，《公约》应优先于对国际私法的援用，裁判者无须根据国际私法规则“两步走”的方法就能确定《公约》的适用。

早在 1987 年，中国最高人民法院转发原对外经济贸易部《关于执行〈联合国国际货物销售合同公约〉应注意的几个问题》的通知中，已对上述《公约》自动适用原则作出确认，其中指出：“自 1988 年 1 月 1 日起，我各公司与上述国家（匈牙利除外）的公司达成的货物买卖合同如不另做法律选择，则合同规定事项将自动适用公约的有关规定，发生纠纷或诉讼亦得依据公约处理。”

在贸仲的实践中，如果当事人的营业地处在不同的《公约》缔约方，且当事人没有排除适用《公约》，贸仲仲裁庭会自动地适用《公约》，仅对《公约》没有规定或者规定不明的事项，通过国际私法规则来确定相关准据法。由于《公约》缔约方数目增多，贸仲适用《公约》的案例日益增加。在 109 份裁决中，通过《公约》第 1 条第 1 款第 a 项所列的营业地标准自动适用《公约》的案件总计 89

件，约占82%。关于自动适用《公约》的贸仲裁决书典型措辞如下："考虑到申请人营业地在某国，被申请人营业地在中国，而某国和中国均为《公约》的缔约方。同时，申请人和被申请人在合同中并未排除《公约》的适用，因此，根据《公约》第1条的规定，《公约》适用于营业地在法国的申请人与营业地在中国的被申请人之间签署的合同。"〔1〕

2.《公约》自动适用前提下，当事人可通过约定减损《公约》效力

《公约》第6条规定，双方当事人可不适用本《公约》，或在第12条的条件下，减损本《公约》的任何规定或改变其效力。按照该条规定，如果合同约定与《公约》不一致，合同条款应优于《公约》规定，《公约》仅仅是对当事人未作特别规定的事项起到补充和解释说明的作用。

例如，在2006年粮食买卖合同争议案〔2〕中，案涉合同约定："管辖合同——最新版Incograin 12〔3〕，包括仲裁规则，与上述条款不存在冲突。如果仲裁，在北京由中国国际经济贸易仲裁委员会根据Incograin 12的规则组织进行。"被申请人据此主张INCOGRAIN 12即本案合同的管辖合同（Governing Contract），并排除《公约》的适用。对于该"管辖合同"的概念，仲裁庭认为，该"管辖合同"并非指解决相关争议所适用的实体法律。INCOGRAIN 12为行业内示范合同文本，一般来说，供交易双方在使用成本加运费与保险费（Cost Insurance and Freight，CIF）价格术语时采用。在该案中，双方是在完全知情的情况下援引了INCOGRAIN 12，并通过双方合意对其进行了部分变更。例如，双方在第9条中对INCOGRAIN 12第17条中关于仲裁机构的约定进行了变更，将约定的仲裁机构巴黎仲裁院（Chambre Arbitrle de Paris）变更为贸仲。因此，仲裁庭认定，INCOGRAIN 12被双方在合同中援引，是双方就相关事项作出的明确约定。除当事人合意达成的修改外，INCOGRAIN 12其余的约定均应当适用于本案，当事人这一约定应优先于《公约》。

另外，在2016年玉米买卖合同争议案〔4〕中，买卖合同本身没有约定可适用法，但是双方营业地分别在中国和新加坡，两国均为《公约》缔约方，且案涉买卖合同未明确排除适用《公约》，因此，仲裁庭首先认定《公约》应适用于该案争议。同时，仲裁庭也注意到，在案涉合同的"其他"（others）条款中，当事人并入了GAFTA No. 88

---

〔1〕 参见贸仲裁决书2019年7月15日。

〔2〕 参见贸仲裁决书2006年3月19日。

〔3〕 Incograin 12为巴黎谷物贸易协会（Paris Grain Trade Association）公布的示范合同文本。

〔4〕 参见贸仲裁决书2016年5月6日。

合同[1],而 GAFTA No. 88 合同本身规定应适用英格兰法。仲裁庭对合同措辞进行了详细考察,最终认为,合同中援引 GAFTA No. 88 合同的约定是规定在"其他"条款的第 6 项"其他"项下,表明 GAFTA No. 88 合同只在该"其他"条款范围内适用,即适用于"其他"条款中第 1 ~5 项(货物到港后处置和费用分担)没有约定的其他同类问题,而不适用于"其他"条款外的任何其他条款。由此可见,合同中援引 GAFTA No. 88 合同的约定与合同其他主要条款并不属于同一层级,因此,在可适用法的问题上,仲裁庭最终认定买卖合同"其他"条款已经作出约定的部分,可以依据 GAFTA No. 88 合同来处理,即适用法应当是 GAFTA No. 88 合同规定的英格兰法。但是,作为主体的买卖合同本身没有对法律适用作出明确规定,故仍应适用《公约》。

上述裁决表明了贸仲仲裁庭对《公约》作为非强制性私法属性特点的理解,以及对意思自治和契约自由的充分尊重。与此同时,仲裁庭又尽可能地维护《公约》所特有的自动适用机制,保证《公约》作为统一法在最广泛的范围内得以适用。

3. 标准合同与《公约》

贸仲仲裁庭注意到,在一些特定行业的货物买卖中,由于国际性的交易普遍存在,有些行业协会或者其他组织会出版类似于相关行业内的格式合同和示范合同文本,而这些合同文本针对买卖合同双方当事人的权利义务各个方面通常有详细的规定。

贸仲仲裁庭曾在一起案件中,讨论了这一类格式条款或示范合同与《公约》之间的关系。[2] 该案合同双方当事人一方为中国公司,另一方为澳大利亚公司。申请人主张,系争合同的准据法为《公约》,被申请人则认为,当事人仲裁依据的是双方约定的 1990 年 7 月 1 日《中纺购买羊毛和毛条一般交易条款》,仲裁庭应当以双方约定的适用法律来仲裁,这是双方的真实意思表示。仲裁庭注意到,该案 3 份《订购确认单》中"特别条款"约定,"所有其他条款和条件,依据 1990 年 7 月 1 日《中纺购买羊毛和毛条一般交易条款》"。仲裁庭认为,根据上述约定,除本案合同中已写明的本案合同交易的条款和条件外,双方当事人也明确地将 1990 年 7 月 1 日的《中纺购买羊毛和毛条一般交易条款》纳入了该案合同,成为双方交易的条款

---

[1] GAFTA No. 88 为谷物与饲料贸易会(GAFTA)公布的示范合同文本。

[2] 参见中国国际经济贸易仲裁委员会编:《中国国际经济贸易仲裁裁决书选编》,法律出版社 2009 年版,第 306 ~322 页。

和条件。1990年7月1日的《中纺购买羊毛和毛条一般交易条款》既不是两国政府签订的双边条约，也不是中国立法机构制定或认可的法律。很显然，该案合同中没有约定适用法律，1990年7月1日的《中纺购买羊毛和毛条一般条款》中也未列明适用法律条款。经查，申请人所在国澳大利亚和被申请人所在国中国均为《公约》的缔约方。因此，仲裁庭认为，根据两国所承担的《公约》义务，在双方未排除《公约》适用的情况下，《公约》应作为准据法适用于该案合同所发生争议的处理。《公约》未作规定的，鉴于买方所在国和仲裁地均在中国，根据最密切联系原则，应适用中国法律。

4. 贸易术语

在2012年设备买卖合同争议案〔1〕中，贸仲仲裁庭指出，合同所约定的国际商会2000年《国际贸易术语解释通则》只是对一些通用贸易术语的统一解释，并不构成一个完整的法律体系。因此，此项约定不能等同于合同准据法的约定条款，当事人所约定的贸易术语解释通则不能达到排除《公约》适用的效果。

第二节　《公约》通过当事人约定得到适用

在当事人明确选择《公约》为准据法时，贸仲仲裁庭严格遵守当事人的选择来适用《公约》，其中既有一方当事人营业地不在缔约方的情形，〔2〕也有双方当事人营业地均在缔约方的情形。〔3〕当事人的约定形式既可以是事先在买卖合同中的明确约定，也可以是仲裁过程中双方明确表明适用《公约》，或是通过直接援引《公约》条文提出法律适用主张。〔4〕

1. 仲裁庭考量当事人约定是否有效的依据

当事人意思自治是合同法的基本原则，因此当事人可以通过约定来选择合同可适用法。然而，意思自治也并非毫无局限。在考虑中方当事人的法律选择条款是否有效时，贸仲仲裁庭通常会引用如下依据。

一是中国《合同法》。《合同法》第126条第1款规定，涉外合同的当事人可以选择处理合同争议所适用的法律，但法律另有规定的除外。二是中国《涉外民事关系法律适用法》。《涉外民事关系法律适用法》第3条规定："当事人依照法律规定

〔1〕 参见贸仲裁决书2012年7月24日。
〔2〕 参见贸仲裁决书2018年6月28日。
〔3〕 参见贸仲裁决书2009年1月15日。
〔4〕 参见贸仲裁决书2015年8月25日。

可以明示选择涉外民事关系适用的法律。”而其第 41 条规定,“当事人可以协议选择合同适用的法律”。[1] 三是贸仲的仲裁规则。贸仲《仲裁规则》第 47 条第 2 款规定,“当事人对于案件实体适用法有约定的,从其约定”。

结合以上法律和仲裁规则依据可见,贸仲仲裁庭认可中方当事人关于可适用法选择的基本前提是“涉外合同”。只有满足了这一条件之后,当事人关于法律的选择才能得到仲裁庭的认可。

2. 当事人约定同时适用《公约》和中国法

在贸仲实践中出现较多的一种情形是当事人在合同中同时约定适用中国法和《公约》。例如,某争议合同规定,“本合同的成立、有效性、解释、履行和争议解决均适用中华人民共和国有关法律和《公约》”(The formation of this contract, its validity, interpretation, execution and settlement of disputes are all subject to related laws of the People's Republic of China and the United Nations Convention on International Goods Sales Contract)。[2]

鉴于中国《合同法》和《公约》的具体规定并非完全一致,这就会产生何者应优先适用的问题。根据《中华人民共和国民法通则》(以下简称《民法通则》,已废止)第 142 条第 2 款规定,“中华人民共和国缔结或者参加的国际条约同中华人民共和国的民事法律有不同规定的,适用国际条约的规定,但中华人民共和国声明保留的条款除外”。由该条可见,中国加入的国际条约较之中国国内法应予优先适用。因此,在这一类案件中,贸仲仲裁庭基本秉持此观点,优先适用《公约》。《公约》没有规定的,则适用中国法律。[3] 贸仲仲裁庭的这一处理方式体现出对《公约》的尊重和支持态度。

第三节 当事人约定适用中国法时的《公约》适用问题

1. 优先适用《公约》

在实践中,部分营业地在不同缔约方的当事人仅在合同中约定“本合同适用中国法”。应当注意的是,中国《民法通则》第 142 条规定:“中华人民共和国缔结或者参加的国际条约同中华人民共和国的民事法律有不同规定的,适用国际条约的规

[1] 参见贸仲裁决书 2018 年 6 月 28 日。

[2] 参见贸仲裁决书 2015 年 9 月 29 日。

[3] 同上。

定,但中华人民共和国声明保留的条款除外。中华人民共和国法律和中华人民共和国缔结或者参加的国际条约没有规定的,可以适用国际惯例。”针对此类合同约定,在一般情况下,仲裁庭认为对于中国法的选择是对于整体法律的选择,包括《民法通则》及《合同法》等,但由于《民法通则》的法律位阶高于《合同法》,因而从法律适用上来说,争议仍应优先适用《公约》。与此同时,鉴于双方当事人约定了适用中国法,则《公约》没有规定的事宜(如合同效力等),应适用中国法。这种思路体现了中国法律对于国际条约的尊重,也实现了《公约》在更广范围内的适用。

在2012年冷轧卷买卖合同争议案[1]中,双方在合同中约定争议适用“中华人民共和国法律”,庭审中双方也均表示应按合同约定适用中国法。申请人在庭审后提交的书面意见中认为,鉴于申请人及被申请人营业地分别位于韩国及中国,且中韩两国皆为《公约》的缔约方,故该案亦应适用《公约》。仲裁庭的观点是,中国已经加入《公约》,根据《民法通则》第142条第2款规定的有关中国加入的国际条约在中国的适用规则,并且双方当事人未明确约定排除《公约》的适用,因此解决该案争议时应优先适用《公约》。《公约》未作规定的,应适用中国法律以及相关国际贸易惯例。

同样,在2009年印刷机买卖合同争议案[2]中,合同约定“如协商不能解决争议,应提交贸仲根据中国有关法律规定进行仲裁”。该仲裁条款中“根据中国有关法律规定进行仲裁”的约定,并没有明确是指代仲裁适用的程序法还是指代解决争议适用的实体法。申请人在其仲裁申请书中没有就该案争议应适用的法律问题提出主张,但却在其提交的多份书面文件中,以及在正式开庭审理时,都从中国法律和《公约》规定两个方面陈述了其法律立场。被申请人在其答辩意见中称:“合同第17条约定,由贸仲根据‘中国法律规定’进行裁决。《民法通则》第142条第2款规定,‘中华人民共和国缔结或参加的国际条约同中华人民共和国的民事法律有不同规定的,适用国际条约的规定’。由于本案双方当事人所在的中国和美国均为《公约》的缔约方,因此,本案应优先适用《公约》……对于《公约》没有规定,且《合同法》的相关规定与《公约》规定没有冲突的,应当适用《合同法》的有关规定。”根据合同的相关约定,以及当事人在该案中的明确主张和实际行为,实际上进一步表明了双方适用《公约》的意图。因此,仲裁庭认为,该案争议适用的实体法是《公约》和

---

[1] 贸仲裁决书2012年7月18日。

[2] 贸仲裁决书2009年6月5日。

中国的相关法律,在两者有冲突的情况下,优先适用《公约》的规定。

贸仲仲裁庭上述态度体现了中国法律对于国际条约的尊重,事实上实现了《公约》在更广范围内的适用,同时也符合国际上的主流意见,即除非当事人特别明确地指示了某国国内的买卖法,否则,仅笼统指示缔约方的法律会被认为包括《公约》。同时,贸仲这一看法也和《公约》咨询委员会的意见保持一致。

2. 尊重当事人选择适用中国合同法

在实践中,仲裁庭通常也会考虑到由于合同当事人并非专业法律人士,可能对于相关法律规则并非十分了解。因此,在合同约定中,当事人有可能实际希望选择的是中国实体法而非《公约》。在这种情况下,仲裁庭会在开庭时,首先让当事人当庭再次确认对于合同适用法律的选择,即究竟是否适用中国的实体法律,如中国《合同法》。如果当事人当庭无法达成一致,或其中一方认为双方实际意思是适用中国实体法,而另一方则表示适用《公约》,又或是在一方未能出庭而造成缺席裁决的情况下,仲裁庭会根据《公约》第 8 条中,对于当事人行为解释的规则判断当事人是否达成了真实的合意以及真实合意的内容。《公约》第 8 条第 3 款规定,"在确定一方当事人的意旨或一个通情达理的人应有的理解时,应适当地考虑到与事实有关的一切情况,包括谈判情形、当事人之间确立的任何习惯作法、惯例和当事人其后的任何行为"。例如,在 2016 年一起案件中,中国(买方营业地国家)和日本(卖方营业点国家)均为《公约》的缔约方。由于被申请人缺席,而申请人在与被申请人的沟通、提出索赔以及解约通知中均只引用了中国《合同法》的条款,仲裁庭由此认为双方选择适用的是中国《合同法》。[1] 彼得·施莱希特里姆(Peter Schlechtriem)教授曾指出,当事人通常有理由在合同中选择法律。比如,《公约》只规定了销售合同的特殊事项,而对抵销、债权让与以及合同效力等诸多问题并未作出规定。因而,一份完善的销售合同应该含有法律选择的条款。即使《公约》可以根据其第 1 条第 1 款第 a 项的规定得到适用,但就《公约》未涵盖的领域,仍然需要通过国际私法规范来确定可适用法。因此,当事人约定的法律选择条款将始终起到非常关键的作用。[2]

3. 特殊情况下《公约》和中国《合同法》同时适用

在特殊情况下,由于《公约》对于某些事项并未规定,而双方当事人确有同时适

---

〔1〕 参见贸仲裁决书 2016 年 9 月 7 日。

〔2〕 See Peter Schlechtriem and Petra Butler, *UN Law on International Sales*, p. 16.

用《公约》与中国法的意图，仲裁庭可能考虑同时适用中国法和《公约》。在这种情况下，如两者的规定一致，可以起到相互印证和解释的作用。

在2018年设备买卖合同争议案[1]中，仲裁庭注意到，双方当事人在该案合同第12.1条中对适用法律有明确约定，即“仲裁应适用中华人民共和国实体法及《联合国国际货物销售合同公约》(1980)”。因此，仲裁庭尊重双方当事人的此项约定，解决该案合同争议适用中国实体法和《公约》。

在2005年电梯买卖合同争议案[2]中，合同约定“本合同应按照中华人民共和国的法律进行解释”。仲裁庭认为，双方当事人营业地所在的国家中国和瑞士均为《公约》的缔约方，双方在确定适用的法律时，并没有在合同中明确排除适用《公约》，即双方关于“本合同应按照中华人民共和国的法律进行解释”的这一约定并不构成对《公约》的排除。因此，该案在适用中国法律的同时亦适用《公约》。在案件的审理过程中，仲裁庭亦是针对同一个问题同时适用《合同法》和《公约》的相关条文，例如，就买方付款义务问题同时适用了中国《合同法》第161条和《公约》第59条。

第四节　对《公约》的参照适用

在2002年摇粒绒生产设备买卖合同争议案[3]中，该案合同争议的适用法为中国法。双方争议涉及货物即对“化纤厚织物”进行定型的设备。该案合同附件一“主要技术参数”项下第8条规定：“350克化纤厚织物定型工艺速度不低于28米/分钟。”申请人主张，被申请人不仅有义务使非摇粒绒的350克化纤厚织物的定型达到28米/分钟的车速，而且有义务使摇粒绒的定型达到这一车速。对此，被申请人提供专家意见说明，摇粒绒不属于一般的化纤厚织物，而属于厚重、含湿量较高的产品，不适用于上述约定。

仲裁庭注意到，中国《合同法》第62条第1款规定：合同对质量要求不明确，又没有国家标准和行业标准，“按照通常标准或者符合合同目的的特定标准履行”。关于什么是“通常标准”，仲裁庭进一步参照《公约》，并指出涉及货物的品质，《公约》第35条第2款第a项规定，在合同未作约定的情况下，货物应“适用于同一规格

---

〔1〕 参见贸仲裁决书2018年3月8日。

〔2〕 参见贸仲裁决书2005年7月20日。

〔3〕 参见贸仲裁决书2002年7月18日。

货物通常使用的目的”。

仲裁庭认为，中国《合同法》第62条第1款的上述规定与《公约》的这一规定是一致的，即卖方交付的货物，在买卖双方未作明确约定的情况下，只需与同一规格货物通常使用的目的相符。在该案中，申请人没有证明设备在用于一般的非摇粒绒产品定型时不能达到约定的车速。因此，仲裁庭可以推定，该案设备在用于一般的“350克化纤厚织物”定型时可以达到约定的车速。根据专家的意见，摇粒绒更适用于采用热风加热定型设备定型，因此，摇粒绒的定型并不属于该案设备的通常使用目的的范围。基于这些事实，仲裁庭认为，该案设备符合同类设备通常使用的目的，申请人关于被申请人交付的设备达不到约定的车速因而违反了合同的主张不能成立。

从该案可见，尽管《公约》并非争议的可适用法。但是，在可适用法即中国法的适用中，贸仲仲裁庭有时也会参照引用《公约》条文来处理问题。而且《中国国际经济贸易仲裁委员会仲裁规则(2015版)》第49条“裁决的作出”也明确规定，仲裁庭应当根据事实和合同约定，依照法律规定，参考国际惯例，公平合理、独立公正地作出裁决。

第五节　中国对于《公约》第1条第1款第b项的保留

根据《公约》第95条的规定，缔约方可以声明对《公约》第1条第1款第b项作出保留，以防止《公约》的扩大适用。中国据此作出了保留。因此，中国《公约》的版本就是，当某份合同是由在不同国家有营业所的当事人签订且只有一个国家是缔约方时，如果根据国际私法规则应适用该缔约方的法律，将适用该缔约方的国内法而非《公约》。

在2010年冷轧带钢买卖合同争议案[1]中，争议合同并无适用法律的约定，由于印度尼西亚并非《公约》成员方，《公约》无法自动适用。当事人也无法达成该案适用法律的一致意见。仲裁庭认为，鉴于该案仲裁地是在中国，因此，该案准据法应根据中国的国际私法规则(冲突规范)来予以确定。仲裁庭发现，申请人(合同卖方)是一家韩国公司，其从位于中国的某公司购买合同项下的货物即冷轧带钢，然后再转售给印度尼西亚买方。该冷轧带钢是在中国生产制造的，并在中国港口出运。卖方只是中间商，且其履行也主要发生在中国。因此，根据中国最高人民法院

〔1〕 参见贸仲裁决书2010年10月26日。

《关于审理涉外民事或商事合同纠纷案件法律适用若干问题的规定》第 5 条所规定的最密切联系原则,考虑到合同的特殊性,仲裁庭认为,该案合同相对于韩国和印度尼西亚与中国更具有密切的联系,故应适用中国的实体法律。在明确了中国合同实体法作为可适用法之后,仲裁庭又谈到,《公约》第 1 条规定,如果国际私法规则导致适用某一缔约方的法律时,不同国家当事人之间订立的货物销售合同亦应适用《公约》。由此,依据中国的国际私法规则导致适用中国法也存在适用《公约》的问题。但是,中国在 1986 年 12 月 11 日交存参加《公约》的批准书时,依据《公约》第 95 条的规定,提出了对《公约》第 1 条第 1 款第 b 项的保留。因此,由国际私法规则导致适用中国法时,就不存在适用《公约》的问题,而应直接适用中国《合同法》。综上所述,仲裁庭决定,该案争议所适用的实体法律应为中国《合同法》。

第六节　《公约》和香港特别行政区

关于《公约》在中国内地与香港特别行政区之间的适用问题,目前贸仲仲裁庭的基本观点是除非当事人明确约定《公约》为适用法律,否则《公约》不适用于中国内地与香港特别行政区当事人之间的争议,主要原因有以下两点。

第一,香港回归前未加入《公约》,且回归后中国政府未宣布《公约》适用于香港特别行政区,因此《公约》不适用于香港特别行政区。1997 年香港回归后,中国政府向联合国秘书长交存了一份声明,声明明确罗列了 127 个中国已加入的国际公约清单,并声明这些国际公约随后将适用于香港特别行政区,但中国政府未将《公约》列入此清单。例如,在(2016)最高法民再 373 号联中企业(资源)有限公司、厦门国贸集团股份有限公司买卖合同纠纷案中,最高人民法院指出,"《公约》适用于营业地在不同国家当事人之间订立的货物销售合同,即使考虑本案发生在香港特别行政区回归前的因素,但英国不是该《公约》的缔约方,故本案不应适用上述《公约》。当事人同意适用上述《公约》的,《公约》的条款构成当事人之间的合同内容"。可见无论是香港回归前或是回归后,最高人民法院对于《公约》在中国内地与香港特别行政区之间的适用均持否定态度,除非当事人明确约定适用《公约》。

第二,根据《公约》第 1 条第 1 款的规定,《公约》不适用于同一主权国家当事人之间的争议,中国内地和香港特别行政区同属中国领土,因此《公约》自然不适用于中国内地与香港特别行政区之间。(2010)浙商外终字第 99 号盈顺发展香港有限公司与浙江中大技术出口有限公司买卖合同纠纷案中,浙江省高级人民法院认为,香港特别行政区属于中华人民共和国的行政区域,并非一个独立的国家,故营业地分处于中国内地与香港特别行政区的当事人之间的货物买卖合同不应适用《公约》。贸仲裁决中的判断与上述中国法院观点保持一致。以2009年硫黄货物买卖合同争议案〔1〕为例,仲裁庭指出,该案《购销合同》中没有约定涉案合同的法律适用,虽然中国内地当事人和香港公司所签订的合同目前在中国被视为涉外货物买卖合同,但因被申请人为香港公司,而《公约》未适用于香港特别行政区,仲裁庭最终没有支持被申请人关于涉案合同应优先适用《公约》的主张。

至于中国香港特别行政区与外方当事人之间争议是否应适用《公约》的问题,香港特别行政区律政司在2019年7月就《公约》适用于香港特别行政区的建议已展开特别咨询和调研。已有意见明确主张把《公约》延伸至适用于香港特别行政区,理由是如此或可促进贸易增长,避免企业在订立跨境交易时受不熟悉的外地法律规限,提高香港特别行政区解决《公约》争议的能力,从而提升香港特别行政区的国际贸易和金融中心地位。

第七节　营　业　地

根据《公约》第1条第1款的规定,当事人订立合同时,如其相关营业地位于不同的国家,其货物销售合同就具有国际性。因此,《公约》以营业地位为标准来决定销售合同是否具有国际性,“营业地”的概念对于确定《公约》的适用至关重要,但是《公约》本身并没有对其进行界定。尽管《公约》起草过程中体现的观点倾向认为营业地应是一个比较稳定、长期的营业机构,货栈和卖方代理所都不算“营业地”,但由于各国代表对“营业地”有不同的理解,最后的结果是《公约》本身并没有限定何为“营业地”,而由裁判机关在实践中考虑可以界定营业地的相关因素(如组织权限、营业活动情况),在个案(case by case)的基础上确定“营业地”。

在2018年设备买卖合同争议案〔2〕中,贸仲仲裁庭指出,通常而言,公司的注册地即应为其营业地,除非有相反证据能够证明该公司的注册地并非其营业地。在该案中,申请人的注册地为伯利兹,在被申请人未就伯利兹并非申请人的营业地进行充分举证的情形下,仲裁庭认定申请人的营业地与其注册地一致,即同为伯利兹。另外,虽然被申请人以该案仲裁申请书、案涉合同、授权委托书及案涉有关退

〔1〕 参见贸仲裁决书2009年9月21日。
〔2〕 参见贸仲裁决书2018年6月28日。

运协议中的联系地址为香港地址为由,主张香港特别行政区为申请人的营业地,但营业地通常是当事人从事经营活动的惯常活动场所,被申请人提出的前述主张尚不足以证明香港特别行政区是申请人从事经营活动的惯常活动场所即营业地。

第八节　适用《公约》的合同类型

在贸仲实践中,仲裁庭注重从合同名称、合同内容、双方权利义务等多个方面考察,以确定合同的实际属性。

在2005年设备买卖合同争议案[1]中,卖方主张合同项下设备有多处是根据买方特别要求设计、测试并制造,因此,该案合同应属于定作承揽合同。买方则认为,在合同签订前,卖方已向外出售合同项下同种设备,即合同项下的设备为通用设备,该案合同应为买卖合同。贸仲仲裁庭认为,合同的性质应由其内容决定。该案合同不仅在名称上明确写明是购买合同(Purchase Contract),而且内容明确约定由买方向卖方购买双方在合同中约定的自动贴片机设备。从双方当事人招投标到签订合同的过程来看,买方的确对设备要达到的性能指标提出了一定要求,但并不能因此就认为该合同项下的设备是特制设备,合同也不能因此定性为定作承揽合同。鉴于合同并未对承揽方式等承揽合同应具备的内容作出约定,而是对双方作为买卖关系的权利和义务作出了相应约定,因此,仲裁庭认定,该案合同仍然属于买卖合同,符合适用《公约》的条件。

第九节　对于《公约》未规定事项的法律选择

在贸仲实践中,对于不属于《公约》规定范围问题的法律适用,仲裁庭首先会考虑当事人的主动选择,即当事人是否就可适用的法律和规则作出了特别约定。例如,在2014年设备买卖合同争议案[2]中,被申请人主张在《公约》调整范围外应适用中国法,申请人虽在仲裁申请书中主张适用日本法律,但在开庭审理过程中依据中国《合同法》来陈述意见。仲裁庭由此认定申请人实际也同意适用了中国法的规定,最终仲裁庭适用中国法来解决《公约》规定之外的事项。

在当事人没有作出特定约定或者选择的情况下,仲裁庭则会按照国际私法确定适用的法律来解决此问题。贸仲案件在无特殊约定的情况下,一般适用贸仲规

---

〔1〕 参见贸仲裁决书2005年6月13日。

〔2〕 参见贸仲裁决书2014年12月16日。

则进行。根据贸仲的仲裁规则，当事人对仲裁地未作约定或约定不明的，一般以管理案件的仲裁委员会或其分会/仲裁中心所在地作为仲裁地。因此，在大多数案件中，根据贸仲规则所确定的仲裁地均为中国。相应地，除非当事人另有约定或者案件另有特殊情形，贸仲仲裁庭一般都适用中国法律项下的冲突规范来确定可适用法。

中国法律的冲突规范一贯以"最密切联系原则"为核心。中国《民法通则》第145条规定："涉外合同的当事人可以选择处理合同争议所适用的法律，法律另有规定的除外。涉外合同的当事人没有选择的，适用与合同有最密切联系的国家的法律。"中国《涉外民事法律适用法》第2条规定："本法和其他法律对涉外民事关系法律适用没有规定的，适用与该涉外民事关系有最密切联系的法律。"最高人民法院《关于审理涉外民事或商事合同纠纷案件法律适用若干问题的规定》第5条第1款、第2款规定："当事人未选择合同争议应适用的法律的，适用与合同有最密切联系的国家或者地区的法律。人民法院根据最密切联系原则确定合同争议应适用的法律时，应根据合同的特殊性质，以及某一方当事人履行的义务最能体现合同的本质特性等因素，确定与合同有最密切联系的国家或者地区的法律作为合同的准据法。（一）买卖合同，适用合同订立时卖方住所地法；如果合同是在买方住所地谈判并订立的，或者合同明确规定卖方须在买方住所地履行交货义务的，适用买方住所地法……"其第5条第3款则进一步规定，"如果上述合同明显与另一国家或者地区有更密切联系的，适用该另一国家或者地区的法律"。

正如贸仲仲裁庭在2012年套管买卖合同争议案[1]中指出，根据中国冲突法规范判断适用准据法的根本标准系该合同是否与某一国家或者地区有最密切联系，而不是任何与合同有所联系的国家或地区的法律都可以被认定为准据法。因国际货物买卖交易的本质属性和特点，国际货物买卖合同必然会与多个国家或地区发生联系，但并非所有发生联系的国家和地区都可以被认为与合同存在最密切联系。根据国际货物买卖合同的特点，国际货物买卖交易最核心、最具有法律重要性的环节既非订单的发出，也非产品到达目的地后的受领，更不是交易双方的营业地或注册地的静态事实，而应该是卖方对合同的履行，如货物在装运港的装船交付。正是交付这一关键步骤决定了法律上当事人义务的完成和双方对货物风险承担的转移，最能体现合同的本质特性。因此，作为交付地的地点当然应被视为合同的最密

---

〔1〕 参见贸仲裁决书2012年7月17日。

切联系地。

此外，贸仲仲裁庭也会综合考虑如下因素来确定最密切联系：合同项下货物的生产地，[1]合同的签订地，[2]合同的履行地，[3]当事人营业地，[4]当事人住所地，[5]经常居住地，[6]设备故障发生地，[7]合同项下设备的运输目的地，[8]安装验收地，[9]设备的调试地，[10]仲裁机构所在地，[11]仲裁地[12]以及当事人是否在争议处理过程中曾主动引用某国法律。[13]

第十节　对于《公约》未规定事项的认定

《公约》作为统一的国际实体法，可以被当事人直接采用和在一定条件下自动适用，克服利用冲突法规则选择准据法的间接性和不确定性，但《公约》不能解决所有与国际货物销售相关的法律问题。《公约》本身就规定其不适用于某些合同争议，即《公约》第 4 条规定"本《公约》只适用于销售合同的订立以及买方和卖方因此种合同产生的权利义务"。

在贸仲实践中，仲裁庭倾向对《公约》未规定事项作严格认定。例如，在 2009 年儿童帐篷售货合同争议案[14]中，仲裁庭明确指出，根据《公约》第 7 条第 2 款要求诉诸国内法必须采取两个步骤。第一个步骤要求，对于未明确解决且属于《公约》范围的问题，应按照《公约》的一般原则解决。第二个步骤要求，只有在根据第一个步骤未能找到符合要求的一般原则的情况下，才可以按照国际私法规定适用的法律来解决。因此，鉴于《公约》第 8 条已经对当事人声明和其他行为的解释有了明确的规定，所以卖方主张对于《公约》第 7 条第 2 款的适用无法通过第一个步

---

〔1〕参见贸仲裁决书 2012 年 7 月 17 日及贸仲裁决书 2004 年 7 月 13 日。
〔2〕参见贸仲裁决书 2007 年 8 月 9 日及贸仲裁决书 2006 年 9 月 30 日。
〔3〕参见贸仲裁决书 2012 年 7 月 24 日及贸仲裁决书 2006 年 9 月 30 日。
〔4〕参见贸仲裁决书 2004 年 7 月 13 日。
〔5〕参见贸仲裁决书 2005 年 12 月 26 日及贸仲裁决书 2006 年 9 月 30 日。
〔6〕参见贸仲裁决书 2012 年 2 月 6 日。
〔7〕参见贸仲裁决书 2012 年 7 月 24 日。
〔8〕参见贸仲裁决书 2014 年 12 月 16 日。
〔9〕参见贸仲裁决书 2002 年 11 月 6 日。
〔10〕参见贸仲裁决书 2005 年 12 月 26 日。
〔11〕参见贸仲裁决书 2019 年 7 月 16 日及贸仲裁决书 2006 年 9 月 30 日。
〔12〕参见贸仲裁决书 2005 年 12 月 26 日。
〔13〕参见贸仲裁决书 2019 年 9 月 19 日。
〔14〕参见贸仲裁决书 2009 年 9 月 9 日。

骤的检验,是不被允许的。

在贸仲实践中,认定为不属于《公约》范围的典型事项类型比较统一和有限,主要包括以下三个方面。

1. 当事人的主体资格及民事行为能力问题

贸仲仲裁庭认为当事人的主体资格和能力问题应当适用其本国法。在2002年软磁盘盘芯全套设备买卖合同争议案[1]中,仲裁庭指出,被申请人的本国法为美国法。主张适用美国法的申请人应当举证说明有关美国法的内容。

2. 当事人代理行为的认定

2006年空气净化机买卖合同争议案[2]中,买方主张其仅仅是真正买方的外贸代理人,不应承担由合同发生的任何责任,由于《公约》没有涉及外贸代理的相关规定,因此应适用中国法律的有关规定。仲裁庭认为,该案情况符合中国《合同法》第402条的规定。根据《合同法》第402条"受托人以自己的名义,在委托人的授权范围内与第三人订立的合同,第三人在订立合同时知道受托人与委托人之间的代理关系的,该合同直接约束委托人和第三人"的规定,仲裁庭认为,被申请人不应承担合同项下的买方责任。而且,案涉合同第20条"特殊条款"亦约定被申请人"以买方的名义代表最终用户签订和执行本合同,买方在本合同的权利和义务将由最终用户直接享有和承担","卖方及最终用户同意对本合同前述交货期的任何延误不追究买方的责任"。因此,依据合同约定,被申请人也不应承担合同项下的买方责任。

3. 时效

在2012年套管买卖合同争议案[3]中,仲裁庭认为,《公约》及中国法应为该案合同的准据法。由于《公约》并未涉及时效问题,而中国法为该案可适用法,因此,该案时效问题应以中国法的相关规定为准。根据中国《合同法》第129条的规定,因国际货物买卖合同争议提起诉讼或者申请仲裁的期限为4年,自当事人知道或者应当知道其权利受到侵害之日起计算。因此,适用于该案的仲裁时效应为4年。

---

[1] 参见贸仲裁决书2002年7月15日。

[2] 参见贸仲裁决书2006年9月30日。

[3] 参见贸仲裁决书2012年7月17日。

二、合同和当事人行为的解释

第一节　诚信原则的考虑

《公约》的总则适用于《公约》全文，可以对裁判者在实践中更好把握《公约》起到指导作用。《公约》第7条第1款规定了解释《公约》时应遵循的总原则，强调必须注意《公约》的特殊性质和目的，即《公约》具有国际属性，成员方应促进《公约》的统一适用，以及在国际贸易上遵守诚信的需要。这一条款虽然看似非常笼统，但对于《公约》成员方司法机构或仲裁员解释和适用《公约》起重要的指导作用，可以督促不同法律制度下的裁判者不因自身的思维方式、知识体系和解释技巧，而对《公约》的条文作出随意理解，甚至导致同类案件作出不同的认定和裁判。同时，这一条款也旨在避免当事人出于对自身有利的考虑而挑选裁判机构（forum-shopping）。

《公约》第7条第1款明确规定了解释《公约》时要遵守国际贸易诚信的原则。诚信原则，是指当事人在交易中应该诚实守信，忠于事实，善意配合，遵守公平交易的准则和贸易惯例，不以恶意获取非法利益。[1] 由于诚信原则本身是中国民商法的重要基本原则之一，贸仲仲裁庭在裁判过程中一般都会重视诚信原则的作用，适用诚实信用原则对当事人的权利义务作出裁决。而如果当事人在履行中的行为缺乏一个符合常理和惯例的解释，造成对方当事人的损失，则可能会构成违反诚信原则的情况。正如一些《公约》成员方的法院所指出的："在对于当事人的声明及行为进行解释的时候，应当根据字面的通常意思、合同的上下文以及考虑到诚实信用原则的要求，当然在合同解释中，实际上仍然是希望发现双方当事人的真实意图，在这种情况下就更应当从另外一方的角度来进行判断。"[2] 中国《合同法》第125条也明确采用了相同的观点，即"当事人对合同条款的理解有争议的，应当按照合同所使用的词句、合同的有关条款、合同的目的、交易习惯以及诚实信用原则，确定该条款的真实意思"。《民法典》第142条也同样规定，"有相对人的意思表示的解释，应当按照所使用的词句，结合相关条款、行为的性质和目的、习惯以及诚信原则，确

---

〔1〕 参见张玉卿主编：《国际货物买卖统一法——联合国国际货物销售合同公约释义》（第3版），中国商务出版社2009年版，第60页。

〔2〕 Handelsgericht Aargau, Switzerland, 26 November 2008.

定意思表示的含义”。

以2009年硫黄买卖合同争议案[1]为例。对于涉案合同项下的货物质量是否符合合同的约定,申请人和被申请人之间存在严重分歧。对于涉案合同项下的货物在装货港装运时的检验结果,双方当事人均未提出质量异议,只是在目的港卸货后复检阶段,申请人以C公司出具的5份《残损鉴定》为据,提出涉案合同项下的货物不符合约定的意见。仲裁庭注意到,涉案合同约定,在卸货港复检应由买卖双方共同指定的独立商检方进行。对于C公司出具的5份《残损鉴定》可否作为该案的证据,被申请人认为,C公司出具的5份《残损鉴定》皆系受申请人单方委托所进行的检验并出具的鉴定,而非受申请人和被申请人的共同指定所进行的检验,故申请人无权将《残损鉴定》作为其索赔的依据。

在该案中,仲裁庭注意到了下述事实:涉案合同项下的货物到港后,申请人书面通知了被申请人,要求根据合同规定对货物进行复验。但被申请人不顾及申请人关于共同指定独立商检方检验到港货物的请求,包括拟委托C公司对到港的涉案货物予以复检的请求,不顾及申请人发给被申请人《告知函》以邀请被申请人到申请人处协商此事的请求,却又单方委托另一公司出具检验报告,不符合诚实信用原则,被申请人应承担于其不利的法律后果。

第二节　当事人行为的解释原则

《公约》第8条规定的是法院或仲裁庭在解释当事人的陈述或行为的意思时应当遵循的原则。《公约》第8条第1款规定的“一方当事人所作的声明和其它行为,应依照他的意旨解释”体现了主观标准的原则,但有一个重要的附加条件,即当事人的陈述或行为的意思一定要为对方知道或不可能不知道,其实质上是双方对一方当事人所作声明和其他行为有共同的理解。[2] 该条第1款所引起的后果是,如果合同双方对语言的含义或者行为有共同的理解,他们的共同理解就会作为解释的标准,而无论合理人在这种情况下会怎样理解。如果第8条第1款不适用,那么就适用第2款。根据该款,一方的行为应该根据在相同情形下与另一方处于相似地

---

〔1〕 参见贸仲裁决书2009年9月21日。

〔2〕 U. S. District Court, Southern District of New York, United States, 18 January 2011, available on the Internet at www. cisg. law. pace. edu; Handelsgericht Aargau, Switzerland, 26 November 2008, English translation available on the Internet at www. cisg. law. pace. edu; CLOUT case No. 844 [U. S. District Court, Kansas, United States, 28 September 2007].

位的合理人可能有的理解来解释。《公约》第 8 条第 3 款则列出了在解释当事人意思时可以考虑的因素,即"应适当地考虑到与事实有关的一切情况,包括谈判情形、当事人之间确立的任何习惯作法、惯例和当事人其后的任何行为"。值得注意的是,《公约》并未采用类似于美国的口头证据规则以限制合同文本以外证据的使用。

根据《公约》的立法文件及判例,《公约》第 8 条的解释规则并不限定于为了确定合同的含义而对合同条款作解释,同样适用于在谈判和履行过程中对当事人言辞和其他行为的解释。[1] 通常而言,《公约》第 8 条的适用范围非常广泛,不仅适用于在谈判阶段对当事人陈述以及行为的解释,如要约、要约的撤回、要约的拒绝等,从而确定一份合同是否成立;也适用于解释合同成立后当事人在履行过程的陈述和行为,以便对于合同条款或者词语作出解释。[2] 由于《公约》第 8 条规定了当事人行为和合同解释的规则,在《公约》的适用中一般认为应当排除国内法合同解释规则的适用,[3] 贸仲仲裁庭在一些仲裁裁决中也阐述了相同观点。

1. 通过合同上下文及合同履行目的的解释

在 2014 年尿素买卖合同争议案[4]中,涉案两份合同对有关"卖方备货"和"买方派船"的责任与义务未作约定,双方仅在合同的装运条款中规定,"买方有权在 2012 年 7 月收货,最晚为 7 月 31 日"(The Buyer shall have the goods shipped in July 2012, latest date of shipment July 31)。

被申请人(买方)依据申请人(卖方)5 月向其发送的两份电子邮件的内容,主张申请人两次确认的备妥货物期限为 2012 年 6 月的后 10 天,由于申请人违反其承诺的备货期,构成违约在先。而申请人却认为,5 月两份邮件中所说日期是供应商的交货计划,该案两份合同根本没有约定卖方备妥货物的期限,被申请人的主张无事实及合同依据。

因此,该案涉及对申请人邮件意思的解释问题。仲裁庭认为,买卖双方必须在 FOB T(Free on Board,即离岸价)合同履行过程中,对诸如卖方应何时备妥货物、何

---

〔1〕 CLOUT case No. 932 [Obergericht des Kantons Thurgau, Switzerland, 12 December 2006]; Appellate Court Helsinki, Finland, 31 May 2004.

〔2〕 UNCITRAL Digest of Case Law on the United Nations Convention on Contracts for the International Sale of Goods 2016, p. 54.

〔3〕 CLOUT case No. 932 [Obergericht des Kantons Thurgau, Switzerland, 12 December 2006]; CLOUT case No. 5 [Landgericht Hamburg, Germany, 26 September 1990] (see full text of the decision).

〔4〕 参见贸仲裁决书 2014 年 12 月 26 日。

时将合同货物运至港口、何时向买方发出备货通知,以及买方应何时发出派船通知、告知卖方船舶名称及装船点和其在约定的期间内选择的交货时间(如需要时)等问题进行进一步的沟通和协商,以弥补订约不明确的不足。

经核查双方在签约后的往来邮件,仲裁庭发现,双方在2012年5~6月做了这方面的工作,并有数封来往的邮件。关于来往的邮件内容是否构成了申请人对涉案合同"货物备妥期"承诺的问题,仲裁庭的观点如下。

(1)涉案两份合同均采用FOB T术语,"卖方交货责任"与"买方派船义务"是互相分离的,也是对等的,在合同中没有订明"有关备货"与"派船"的相关条款的情况下,双方在履约过程中应当及时沟通"派船"与"备货"事项,以确保合同顺利执行。

(2)从来往的邮件来看,申请人对"交货计划"的回答是一致的,肯定的。即"工厂将尿素运到国内市场,现在我们的交货计划是从6月的最后10天"(The factory delivery the Urea to domestic market and now our delivery plan is from the last ten days of June)。但是,申请人使用的表达文句,有产生歧义的可能。若联系前后两句的文意来看,似乎申请人主张这是工厂(供应商)的交货计划,并非申请人的交货计划,符合逻辑;若从发件人和收件人的主体来看,两份邮件的发件人都是申请人,"我们的交货计划"(our delivery plan)显然是申请人向被申请人作出的承诺,被申请人主张的这是申请人两次对被申请人关于备货期的确认是有道理的。

结合合同装运条款以及庭审查明的事实来看,仲裁庭认为,将申请人的邮件解释为2012年6月的后10天备妥货物与合同装运期"买方有权在2012年7月收货,最晚为7月31日"(The Buyer shall have the goods shipped in July 2012, latest date of shipment July 31)的规定是相吻合的,且是合理的。因为就法律而言,该案合同的装运期已经足够明确了,作为FOB卖方的申请人的备货义务应当根据合同装运期确定,即申请人应当在装运期的第一天前备妥货物。既然被申请人负责订船的装运期是7月,则申请人应当在7月1日前备妥货物,而事实上申请人直到7月20日左右才将货物备妥,故申请人应当承担备货延迟的责任。

2. 根据《公约》第8条第1款的解释

根据《公约》第8条的解释,在对作出行为的当事方的意思进行解释时,应当首先遵循主观标准,即发现其真实的意图,但在《公约》第8条第1款适用时,寻求当事人主观意图的前提是另外一方知道或理应知道其真实意图,而且可以证明这种主张。[1]

在2012年钢管买卖合同争议案[2]中，买卖双方之间存在多份合同。双方对于卖方所主张的欠款总额本身并无异议。但是，就此部分欠款应如何在卖方与买方之间存在的多份合同中进行分配或归属，该案双方之间是有不同意见的。卖方称，其实际采用的是滚动计算方式，并因此主张买方在该案合同项下还欠其货款。而买方则主张，由于陆续发生了货损争议，买方开始根据每一批货物的货损情况及与卖方沟通的情况分笔支付货款，为对这些货款进行区分，买方在向付款交易平台D公司出具的付款指示中，均详细指明了款项所对应的商业发票，而这些由卖方开具的商业发票都对应每一份具体的订单或合同。因此，所谓"滚动发货、滚动付款"仅是卖方自己的理解。

仲裁庭注意到，在买方提供的大量付款发票证据上，确实有付款对应合同的记载。也就是说，买方的本意确实是将付款和每一份合同相对应。但是，仲裁庭发现，这些信息注明是手写的，且属于买方单方的记载，买方并没有将此金额针对相关合同或商业发票进行具体分配的手写信息传递给卖方，卖方自然只知道收到一笔货款，却无从知晓买方是如何具体分配该笔付款的。由此，仲裁庭认为，在这种情况下，卖方采用滚动记账方式计算双方之间的货款欠付情况是合理的。

虽然从《公约》第8条第2款适用的前提即"如果上一款的规定不适用"的这一规定，我们可以推断出该条第1款相对于第2款应予优先适用，但是相当多的判例明确指出，适用该条第1款就需要证明双方当事人真实合意的存在。[3] 但当合同主体之间对合同含义产生分歧时，往往并不能仅靠一方的主张来解释清楚双方订立合同时的真实意图是什么。采取纯粹的主观解释作为合同真实意图认定依据，可能损害另一方对合同订立的期待与利益。[4]

第三节　根据《公约》第8条第3款的解释

《公约》第8条第3款指出，在解释当事人的意思时，除文字表面的意思外，还

---

〔1〕 CLOUT case No. 215 [Bezirksgericht St. Gallen, Switzerland, 3 July 1997].

〔2〕 参见贸仲裁决书2012年7月17日。

〔3〕 MCC-Marble Ceramic Center, Inc. v. Ceramica Nuova D'Agostino S. p. A., 26 April 1999 U. S. Supreme Court [certiorari denied] 526 U. S. 1087 [1999].

〔4〕 John O. Honnold, *Uniform Law for International Sales under the* 1980 *United Nations Convention*, 3rd ed. (1999), p. 115 – 123.

要适当考虑与事实有关的一切情况,包括谈判情形、当事人之间确定的任何习惯做法、惯例和当事人其后的任何行为,以便对当事人的意思作出公平合理的解释。因此,当事人在合同订立后对合同含义产生理解上的分歧时,可以适当考虑双方在签约时以及签约前后的相关情况,再来确定合同的含义。

由于《公约》并未接受英美法的口头证据规则,[1]根据《公约》第8条第3款规定的精神,在审理案件过程中,仲裁庭不必拘泥于合同本身,而应全面考虑当事人在签订、履行合同过程中的所有相关情况以及相关证据,来最终确定当事人的真实意思。[2] 而我们也注意到,根据合同订立前及合同订立后履行中的相关证据来判断当事人的真实意图也是各国法院及仲裁庭普遍使用的判断方法之一。[3] 奥地利法院曾举例说明,所谓当事人的行为,可能涉及对货物的接受、支付货款、发出具有签名的发票等行为。[4] 同时,我们注意到法院还可能会考虑到准备合同的履行、备货,向银行申请信用证、支付预付款、收到货物而不表示反对等各种行为。[5]

1. 合同订立之前的情形

在2004年生产线买卖合同争议案[6]中,合同的签订是通过招标投标程序结果进行的,在卖方中标后才签订了案涉合同。在招标投标过程中,买方在招标文件中明确提出"整条生产线应符合 GMP 要求,包括设备清洗、设备灭菌和设备润滑系统";卖方在投标文件《技术规格响应表》中对列明的上述要求,在相对应的"投标规格"项下写明"满足要求";同时在投标文件《规格、技术参数偏离表》中列明"整条线符合 GMP 要求"等,卖方在"投标规格"项下又写明"满足要求"。仲裁庭注意到,在招标文件的《技术规格》中,在前述提及的包括设备灭菌要求的第1.12条"规格"条目前加有" * "号;在《投标资料表》"评标"栏中写明了"技术规格"中标注" * "号为关键技术参数,对这些关键技术参数的任何偏离将导致废标。

在招标公司代表买方向卖方发出《中标通知书》后,买方和卖方签订了案涉合同。在合同中约定了"单台设备和整条生产线符合 GMP 要求"的条款,但是原先在

---

〔1〕 UNCITRAL Digest of Case Law on the United Nations Convention on Contracts for the International Sale of Goods 2016, p. 56.

〔2〕 CLOUT case No. 413 [U. S. District Court, Southern District of New York, United States, 6 April 1998].

〔3〕 CLOUT case No. 932 [Obergericht des Kantons Thurgau, Switzerland, 12 December 2006].

〔4〕 8 Oberlandesgericht Linz, Austria, 23 March 2005.

〔5〕 Rechtbank van Koophandel Tongeren, Belgium, 25 January 2005.

〔6〕 参见贸仲裁决书2004年7月13日。

招标投标文件中的“包括设备清洗、设备灭菌和设备润滑系统”这段文字不见了。双方对于卖方应履行的合同义务中包括设备清洗和设备润滑系统并无歧义，但双方对于设备灭菌功能是否为卖方应履行的义务产生争议。

仲裁庭注意到，尽管在该案合同中没有明确写明合同设备的招标投标文件和双方来往函件为该合同的组成部分，但是卖方在投标文件中同意“将按招标文件规定履行合同的责任和义务”，并表示“投标方已详细审查所有招标文件”。

仲裁庭认为，在招标投标文件中招投标的设备应符合 GMP 要求，包括设备清洗、设备灭菌和设备润滑系统为关键技术参数是没有歧义的；任何偏离就会导致废标，双方也是清楚的；卖方在投标书中明确表示“将按招标文件的规定履行合同责任和义务”，“完全理解并同意放弃对这方面有不明及误解的权利”，并明确写明“满足要求”，因此，对于包括设备灭菌在内的关键技术参数应属合同中的实质性内容。而且根据应适用于该案的《中华人民共和国招标投标法》（以下简称《招标投标法》）第 46 条和第 59 条的规定，招标人和投标人根据招标文件和投标文件订立合同，当事人不得再订立违背合同实质性内容的其他协议，否则也要被责令改正。

鉴于此，仲裁庭认定，卖方提供的合同设备应符合 GMP 要求，应包括设备清洗、设备灭菌和设备润滑系统。因此，该案合同设备包括设备灭菌的功能，是卖方应当履行的义务。

2. 履约过程

有相当多的法院认为在合同签订后的行为，可以更明确地反映双方当事人所作出的声明或者合同中具体条文的含义。比如，法院依据当事人在合同签订后的行为，确认双方达成了一份有效的协议，并且确定具体的货物数量。法院认为，在没有相反证据的情况下，双方当事人在合同签订后的行为可以反映双方当事人的意图。在一起案件中，买方要求卖方发出货物发票足以证明买方确认双方之间有一份有效的协议。而买方直至 2 个月之后才提出货物数量不符的索赔，法院由此认定卖方交付的数量是符合双方协议的。[1] 在有些情况下，如果符合《公约》第 8 条第 3 款所规定的证据，能够证明一方的沉默也代表对于要约的接受。[2]

在 2004 年石蜡买卖合同争议案[3]中，合同在商品名称（Name of Commodity）

---

〔1〕 CLOUT case No. 215 [Bezirksgericht St. Gallen, Switzerland, 3 July 1997].

〔2〕 CLOUT case No. 23 [U. S. District Court, Southern District of New York, United States, 14 April 1992].

〔3〕 参见贸仲裁决书 2004 年 1 月 15 日。

为:"半精炼石蜡,黄色等级[Semi-Refined Papaffin Wax(Yellow Grade)]"。规格(Specification)为:"熔点:58/60C,含油量:不大于2%,颜色:黄色(Melting Point:58/60C,Oil Content:2% Max,Colour:Yellow)"。然而,随后双方就合同约定的商品究竟是什么产生了争议,买方主张卖方应交付合同规定的"半精炼石蜡",但是卖方认为双方实际上约定的标的物是"化工蜡",而非合同中规定的"半精炼石蜡"。

仲裁庭在审理过程中查明,在合同签订之后,买方于2002年7月7日致卖方的电子邮件中清楚写明:"关于2070 MT 58/60化工蜡,我司确认,船已经定了。"之后,买方于2002年7月9日在致被申请人的电子邮件中,再次表明"58/60化工蜡分二票(2010+60)MT,请按此分票申领许可证。关于付款方式可以按CNF:USD 410/MT,我们已经和船公司谈好,到时你们付USD 60/MT运费给船公司,船公司给你们正规发票"。上述买方致卖方的两封电子邮件,其内容表明了该案合同项下交易的标的物皆为58/60化工专用蜡。直至双方发生争议后,买方的代表在2002年11月4日致卖方经理的文件中仍写明"根据美国实验室的化验,此批化工蜡已严重氧化"。

卖方同时提出,"在签约之前,买方驻中国某办事处代表就去生产此批石蜡的工厂去看过货,明知这批石蜡是化工专用蜡而非半精炼石蜡"。买方对其办事处代表到现场看货的事实在其陈述意见中也未否认,只是指出卖方实际交付的货物并不是现场看过的产于2001年12月的化工专用蜡,而是产于2002年4月的产品。此外,在买方提交的SGS(Société Générale de Surveillance S. A.,即瑞士通用公证行)"检验证书"附件的照片上,每个包装袋上清楚地刷写着"化工专用蜡",对此买方不可能不知道。

由此可见,上述合同订立之后双方在具体履行过程中的大量意思表示能够表明,合同中所谓的"半精炼石蜡(黄色等级)"并非当事人的真实意思,反而证明双方当事人所交易的真实货物实际上是"化工专用蜡"。因此,仲裁庭没有支持买方提出的该案标的物为半精炼石蜡(黄色等级)的主张。

3. 适当考虑与案件事实有关的一切情况

在2009年儿童帐篷售货合同争议案[1]中,2008年5月底,被申请人收到D公司的订单,采购儿童帐篷。这些货物是D公司为2008年的感恩节和圣诞节订购的,已经取得了相关知识产权人的许可。为了准备这些货物,被申请人于2008年6

[1] 参见贸仲裁决书2009年9月9日。

月24日向申请人汇款订单20%的预付款，并和申请人于2008年6月25日签订了订单。申请人即于2008年6月26日同第三方C公司签订了与订单货物规格数量完全一致的《购销合同》向第三方采购合同货物。2008年8月1日申请人与被申请人签订《售货合同》。

2008年9月5日被申请人就货款的支付与申请人电话协商，要求申请人在被申请人再支付部分货款的情况下发运全部货物。2008年9月6日被申请人向申请人发出电子邮件，其中载明“根据上次的通话，我们（被申请人）同意再支付部分货款并于30日内电汇余款。付款会安排在下周中期，请配合我们安排出运”。被申请人于2008年9月9日向申请人汇付部分货款。卖方在2008年9月10日回复买方的电子邮件中表示“……收到水单我可以让财会去查账，以便安排以后的出运工作”。2008年9月16日申请人通知被申请人：申请人已经收到被申请人的货款，但由于其与加工工厂就货款支付问题不能达成一致，工厂拒绝发货。2008年9月18日申请人通过电子邮件发给被申请人修改后的售货合同，写明“将合同的付款作了修改，将已经支付的金额写了上去，并且保证在收到全部余款以后立即出运货物”。其后，被申请人并未进一步支付货款，而申请人也未发运货物。

双方的分歧在于，申请人认为2008年9月6日的电子邮件只能认为是新要约。而被申请人主张9月5日已经达成协议，故认为9月6日邮件是对已达成协议的确认。仲裁庭认为根据《公约》，该案中合同之变更并不要求采取书面形式。但是，无论是将9月6日和9月10日的电子邮件作为证明9月5日协议内容的证据，还是9月6日电子邮件构成要约，9月10日的电子邮件构成承诺，问题的关键都在于合同是否变更和变更的具体内容，而非变更的方式问题上。

仲裁庭认为，2008年9月6日电子邮件中的“我们”虽是复数人称，却仅指代被申请人，因为后文中又提到“我们”，且仅被申请人有付款义务。但是，尽管此处的“我们同意”仅指被申请人单方同意，但该种同意是否属于双方合意的一部分，这还需要综合多种因素来考虑。因为确定被申请人9月6日电子邮件的意思表示时，应依据《公约》第8条尤其是第3款关于意思表示解释的规定。所以，申请人于9月10日发出的电子邮件尽管不是对于9月6日邮件的直接回复，但是作为“当事人其后的行为”，使当事人真实的意思表示可以得以进一步确定，必须纳入考虑。

从2008年9月10日电子邮件的内容来看，申请人对于被申请人再支付部分货款显然是同意的；而申请人对于“三十日”起算点的争议，恰恰也表明了申请人对于三十日电汇余款的同意。因此，双方确实达成了变更合同的合意，需要确定的只是合意的具体范围和内容。

申请人认为，申请人对被申请人 2008 年 9 月 6 日的电子邮件表示接受，并于 2008 年 9 月 18 日应被申请人的要求对原合同的付款条件进行了修改，“将已经支付的金额写了上去，并且保证在收到全部余款以后立即出运货物”；9 月 20 日，被申请人书面回复对修改后的合同表示感谢。至此，双方才对原合同达成了一致的修改意见。仲裁庭认为，因为申请人一直坚持主张收到全款后出运货物的顺序自始至终没有变更过，所以这里的修改实际上就只是“将已经支付的金额写了上去”；可是申请人 9 月 10 日询问款项情况的行为足以表明双方对再支付部分货款已经达成了合意，故 9 月 18 日写入已支付金额的行为只能认为是事后以合同书的形式书面确认。

履行顺序是否变更问题是本案的关键性问题。双方围绕“三十日”起算点和“安排出运”的含义这两点对履行顺序问题展开了争论。

关于“三十日”的起算点的理解。申请人认为，电子邮件原文中没有明确表述“三十日”的起算点。双方往来邮件中，从未对“三十日内电汇”作出过定义或约定解释，亦不存在以“三十日内电汇”来代表“装运前三十日内电汇”或“装运后三十日内电汇”的表达习惯。依据通常的语言逻辑，如果语言表述中包含一个期限，却没有明确该期限的起算时点，则应当以该语言表述作出之时为起点，或者以语言表述中与该期限最接近的一个时点作为起点。被申请人认为，申请人从未将 2008 年 10 月 5 日作为被申请人付款的最后期限。由于工厂拒绝发货，申请人转而要求被申请人支付剩余货款，给出的最后期限是 2008 年 9 月 23 日。如果双方 2008 年 9 月 5 日达成的补充协议的内容真如申请人所言，则被申请人付款的最后期限应为 2008 年 10 月 5 日。综观申请人提交的各项证据，2008 年 10 月 5 日或邻近日期从未被提及。

仲裁庭注意到，2008 年 8 月 1 日合同中，双方对于“T/T”术语（电汇，Telegraphic Transfer，T/T）的使用是和出运联系在一起的。2008 年 8 月底，申请人提出的方案中也是将该术语和出运联系在一起使用的。综合这些因素，仲裁庭认为“三十日”的起算点应当是出运货物之日。

关于“安排出运”的含义的理解。申请人认为，“……收到水单我可以让财会去查账，以便安排以后的出运工作”并未表示如果收取了被申请人部分货款就免除被申请人在装运货物前应当支付余款的义务。“安排以后的出运工作”，是指配合被申请人上海公司提前安排船期，以便在被申请人承诺的付款全部到账后，货物得以立即出运。被申请人反驳认为,申请人在2008年9月10日回复被申请人电子邮件时表示会让财务确认是否收到部分货款,“以便安排以后的出运工作”中没有提到要在收到全部货款后才出运货物。

仲裁庭认为,在该案中,“安排出运”的含义是模糊的。在这种情况下,考虑到相关意思表示是关于变更8月1日合同的,故对其解释必须考虑没有变更前的合同内容。双方在8月1日合同中价格条款规定“FOB上海”,因此,卖方负有在约定的日期或期限内,在指定的装运港,按照该港习惯方式,将货物交至买方指定的船只上的义务。在双方没有变更该价格条款的情况下,除非特殊说明,“安排出运”应认为指的就是履行该项义务的行为。而依据《公约》第8条第1款,只有在被申请人“已知道或者不可能不知道”的情况下,才能按申请人的意旨解释9月6日和9月10日电子邮件中的“安排出运”。在该案中,没有理由支持被申请人“已知道或者不可能不知道”申请人的该种解释。因此,“安排出运”,是指出运货物而非仅仅配合被申请人上海公司提前安排船期。因此,“收到水单我可以让财会去查账,以便安排以后的出运工作”,是指收到部分货款后出运货物。

4.行业惯例交易习惯

国际贸易本身就源于商人的习惯法,因此在国际货物买卖中存在大量的习惯做法和惯例。习惯做法和惯例对合同起到补充说明和解释条款的作用,可以解决当事人约定不明确的问题。仲裁庭对于交易习惯和惯例给予充分考量,有助于案件的裁判结果更加贴近贸易实践,也有利于发现交易当事人的真实意图。基于上述考虑,《公约》第9条规定了习惯做法和贸易惯例在什么情况下会对于当事人产生法律效力。首先,《公约》第9条第1款规定,双方当事人之间业已同意或者已所确立的惯例和习惯做法对其具有拘束力;其次,《公约》第9条第2款规定,可以通过默示方式适用于合同的惯例应具备什么条件,即某一惯例是当事人“知道”或者“应当知道”。

正如有些法院所指出的,商人之间达成的交易习惯以及行业内部通常遵守的行业惯例,被认为是双方默示存在的合同的一部分,并与合同本身具有相同的效力。[1] 有法院指出,如果当事人想要排除他们之间的交易习惯或者行业惯例,其应

---

〔1〕 UNCITRAL Digest of Case Law on the United Nations Convention on Contracts for the International Sale of Goods 2016, p. 63.

当在合同中明确加以排除。[1] 另一家法院则表述为行业惯例和商人之间的交易习惯被自动合并为双方当事人协议的一部分，除非当事人明确排除这些惯例或者习惯。[2] 2016年《国际商事合同通则》也明确表明了现代商事合同法对于行业惯例及商业习惯的尊重，在其第1.9条第1款明确指出，合同当事方应当受到他们之间业已建立的交易习惯及行业惯例的约束。[3]

当然，正如有些法院所指出的，《公约》第9条第1款所指出的行业惯例并不一定是在国际间存在的行业惯例，如为当事方双方所知晓并且同意，那么地区性的行业惯例也构成行业惯例的一种。[4] 但是，究竟如何构成一种行业惯例，是需要各国法院和裁判机构在《公约》适用中进一步去解释的，正如2016年《判例法摘要汇编》所指出的，《公约》第9条涉及的是关于惯例的可适用性，但究竟惯例是否有效以及何种惯例构成一种行业惯例是由国内法所决定的。[5]

贸法会2016年《判例法摘要汇编》中指出，《公约》第9条对于行业惯例和商人习惯尊重的核心依然是考虑到对合同当事人自治和当事人合意的尊重。因此，一般而言，当事人之间的交易习惯或者行业惯例，会优于与之不一致的《公约》相关条文的规定得到适用。[6] 当事人之间的合同条款则应当优先于与之不一致的行业惯例。而当事人之间的特殊交易习惯则优于普通的行业惯例。[7]

在2004年尿素买卖合同争议案[8]中，在确定卖方是否已经备妥货物的时候，仲裁庭考虑到合同标的物尿素属于大宗货物，市场价格经常波动不定。因此，此种货物的交易通常不一定采用“以销定购”的方式，即所谓“有一份订单，购进一笔货物”，卖方可以不定期购进货物存入港口仓库。因此，一旦买方确定了派船日期，卖方可以随时在装港存有的货物中进行临时调配。因此，在卖方提供充分证据表明其已经和供应商签订了采购合同的情况下，仲裁庭认定卖方在合同规定的交货日

---

〔1〕 CLOUT case No. 579 [U. S. District Court for the Southern District of New York, United States, 10 May 2002].

〔2〕 CLOUT case No. 579 [U. S. District Court, Southern District of New York, 10 May 2002].

〔3〕 UNIDROIT Principles of International Commercial Contracts, Article 1.9(1).

〔4〕 CLOUT case No. 579 [U. S. District Court for the Southern District of New York, United States, 10 May 2002].

〔5〕 UNCITRAL Digest of Case Law on the United Nations Convention on Contracts for the International Sale of Goods 2016, p. 63.

〔6〕 Ibid., p. 64.

〔7〕 CLOUT case No. 777 [U. S. Court of Appeals (11th Circuit), United States, 12 September 2006].

〔8〕 参见贸仲裁决书2014年12月26日。

左右有可以履行合同的特定货物,因此满足了合同项下的备货义务。在这起案件中,仲裁庭正是考虑到了大宗货物国际交易的真实情况,对于当事人的义务履行事实作出了切合实际的认定。

在2003年钢镐买卖合同争议案[1]中,合同项下的标的物钢镐为美国商务部裁定的倾销产品。但由于卖方在美国审查该产品是否存在倾销时应诉,最终可以免交税率为98.77%的反倾销税,但须每年按照美国商务部规定的期限和程序,申报每笔进口钢镐的有关单据和资料进行复审。该案项下进口到美国的钢镐,本应在第九轮中申报复审,结果却被漏报,而招致美国海关向进口商(买方)追缴98.77%的反倾销税及其利息。此后买方向美国海关交付了被追缴的反倾销税及利息,买方要求卖方偿付因其失误给买方带来的相关损失。

仲裁庭详细考察了双方长期以来的交易情况,发现在该案争议产生时,根据美国商务部的要求,卖方为其镐类产品出口至美国的进口商免缴税率为98.77%的反倾销税已向美国政府申报复审10次。这种做法事实上已成为卖方与其交易伙伴(美国进口商)之间长期以来形成的一种交易习惯。尽管卖方答辩称,向美国政府申报复审并非双方签订本案合同的前提条件,况且是否参加以后的年度复审,卖方有权自主选择。仲裁庭对卖方的这一主张不予支持。因为在国际贸易界,任何一个商人都知道,如果卖方不给予买方提供申报复审免缴反倾销税的相对保证,谁都不会购买如此高额的反倾销税产品。

因此,仲裁庭正是从《公约》第9条出发,支持了买方的请求。其主要理由就是向美国出口钢镐时进行申报复审,作为钢镐交易的这一习惯做法,不仅该案当事人知道或者理应知道,而且也在该行业中广为从业者所知,且被经常遵守。这一习惯已构成了该案合同的一种默示条件,是卖方的一项合同义务,而不是卖方所说的只是一种协助性义务。

另外,在该案中,仲裁庭还同时运用《公约》第9条第1款和第2款,来认定卖方提出的买方应该提供船舶到港日期并不是一个对双方有拘束力的惯例。首先,被申请人提出,本次未能在第九轮申报年度复审,是因为申请人作为买方未提供船舶到港日期造成的。仲裁庭认为,在该案合同CFR(成本加运费,Cost and Freight,CFR)价格术语条件下,根据国际商会2000年《国际贸易术语解释通则》的解释,买方无义务向卖方发船舶到港日期的通知。其次,双方并未在合同中约定,也未有这

---

[1] 参见贸仲裁决书2003年12月10日。

样的交易习惯要求买方一定要向卖方发船舶到港日期的通知。最后,卖方向仲裁庭提交的几份进口商通知卖方货物具体到港日期的传真并不能证明这是一种普遍的做法。由此可见,卖方所谓的买方提供船舶到港日期既不能符合《公约》第9条第1款的条件,即已经被当事人同意,也不能满足第9条第2款的条件,即当事人"知道"或者"应当知道"。

5.合同解释中外部证据效力的认定

可以注意到,在《公约》不存在口头证据规则的情况下,由于《公约》第8条第3款允许法庭或仲裁庭根据行业惯例、双方达成的交易习惯、谈判的情形等诸多合同以外的外部证据解释双方当事人的合意。在实践中,如果同时存在各种证据或争议双方当事人各自提出相反的证据,仲裁庭需要在各种证据中进行选择。在这种情况下,仲裁庭通常应当优先考虑合同本身的明确规定和合同上下文所体现的意思,再考虑双方当事人在该案合同履行中的意思表示,以及在合同订立过程中的意思表示。最后考虑的是行业惯例以及双方当事人的交易习惯。其原因在于,解释合同或双方当事人行为的目的在于发现当事人的真实合意;而在涉案合同中的明文约定、双方当事人在履行中所能表现出来的真实意思,其效力是高于普通行业惯例或者当事人过去的交易习惯的,因为前者更容易体现双方当事人在争议合同当中的真实意思。

在2006年萤石买卖合同争议案[1]中,3份合同签订后,11月18~19日被申请人(买方)委托C公司和中国出入境检验检疫局(以下简称CIQ)对申请人提供的货物进行了第一次初步取样检验。检验报告显示,货物质量不符合合同要求,其中CaF_2含量低于合同约定的指标,而SiO_2含量高于合同约定的指标。此后,双方经协商,进行了联合取样后,由CIQ和C公司分别进行了第二次检验,该检验报告同样显示,货物存在质量问题。12月10~11日在货物装船过程中,被申请人委托C公司对货物进行了第三次即装货取样检验。C公司出具的检验结果依然表明货物存在质量问题。申请人在信用证的有效期内未能交单议付,主要是因为申请人没有能够及时取得作为信用证议付单据之一的中国CIQ出具的品质证明和重量证明。2007年1月17日货物抵达目的港后,被申请人委托C公司在卸货的同时进行了取样检验。C公司最终出具了检验报告,根据该报告,货物质量仍不符合合同要求。

---

〔1〕 参见贸仲裁决书2006年2月16日。

在12月上海CIQ出具了检验结果后，在申请人和被申请人协商过程中，申请人曾单独委托CIQ对于货物进行检验，并提出其自行检验的结果为CaF_2含量88%左右，符合合同约定。在该案中，申请人提出该案3份合同的第10条均约定，信用证议付的单据中包括“中国CIQ出具的品质证明、重量证明”，因此，确定该案3份合同项下货物质量应以CIQ的品质证书为准。而且申请人认为，该案双方事实上存在CIQ证书为质量检验依据的交易习惯。

对此，仲裁庭注意到，该案3份合同第12条约定：“凡属品质异议或数量异议，须于货到目的口岸之日起15天内提出。”仲裁庭同时注意到，被申请人于2004年11月26日致申请人的电子邮件中提出，由被申请人提出与供货商（申请人）联合取样，并由C公司和CIQ两家机构的检验结果作为确定货物品质问题的最终依据。在合同履行中，针对申请人提出其自行检验的结果为CaF_2含量88%左右后，被申请人于2004年12月3日的电子邮件中回复对联合复检结果表示失望，被申请人还要看装货检验和卸货检验的结果是否与申请人自行检验的（CaF_2含量87%或88%）结果相符。此后，装货检验和卸货检验依次进行，被申请人也曾于货抵目的港之前的2005年1月13日在致申请人的电子邮件中提出，还要依据C公司所做的卸货检验的结果作为双方就该案合同项下货物问题进行讨论的依据。对于被申请人的这一要求，申请人在交易过程中并未表示异议。

基于上述原因，仲裁庭认为，对于该案3份合同第12条的合理解释应该是，除列明的应由保险公司等机构负责的情形外，买方应在货到目的口岸之日起15天内凭检验结果就货物的品质或数量问题提出异议，而检验机构应为C公司。换言之，在目的港进行的检验结果在效力上优先于CIQ在装运港的检验结果。即使双方之间在之前业务中形成了以CIQ品质证书作为确定货物品质的交易习惯，这种交易习惯在效力上也弱于双方的合同约定或在合同履行中体现的当事人真实合意。

三、合同的成立和修改

第一节　合同的形式

《公约》第11条规定，“销售合同无须以书面订立或书面证明，在形式方面也不受任何其它条件的限制。销售合同可以用包括人证在内的任何方法证明”。由于在中国改革开放的初期，中国曾经在《涉外经济合同法》中规定，涉外经济合同必须采用书面形式。因此,中国加入《公约》的时候,对于《公约》第 11 条进行了保留。虽然中国在其后 1999 年生效的《合同法》当中承认了口头合同的有效性,但考虑到涉外经济合同的复杂性以及保证合同的确定性,中国在 1999 年之后并未立即撤回对于《公约》第 11 条的保留。直至 2013 年,中国才最终撤销了对于《公约》第 11 条所进行的保留,即不再要求双方当事人在订立国际货物买卖合同中必须使用书面形式。

与此同时,在中国的审判实践和贸仲所进行的仲裁实践中,注意到了当事人在合同磋商与订立阶段对于电子邮件、微信等方式的广泛使用。比如中国最高人民法院《关于适用〈中华人民共和国民事诉讼法〉的解释》第 116 条第 2 款规定,电子数据,是指通过电子邮件、电子数据交换、网上聊天记录、博客、微博客、手机短信、电子签名、域名等形成或者存储在电子介质中的信息。因此,在贸仲所作出的仲裁裁决中,仲裁庭普遍尊重了在商业实践中广泛使用电子数据交换方式订立合同以及保存证据的商业习惯。

第二节　合同的成立

现代合同法普遍确认了当事人通过要约承诺的方式订立合同,而不再要求双方当事人在同一份书面文件上签字以实现合同的成立。在国际货物买卖领域,这种缔约方式更有效地保障了交易的顺利进行,以应对国际市场的快速变化。但通过要约承诺方式订立合同,对于争议解决裁判者提出的挑战是,如何判断买卖双方进行的文字或口头的、关于买卖的交流是否订立了一份有效合同。因为在实践中,货物买卖的参与者每天都在不停地与其他交易者进行关于订立合同的探讨,双方在这个协商过程中,会不断发出订立合同的建议以及接受与否的回复。而这其中,双方在何时、以何种方式达成了具有约束力的协议就是需要审查的问题。

1. 要约的判断

以要约承诺方式订立合同的核心是,首先找到在买卖双方的交流中存在一份有效的要约。因为无论是根据《公约》,还是根据大多数国家的合同法,单纯的就交易进行了协商并不能构成一份有效的协议。通过承诺最终订立一份有效合同的前提是一方向另外一方首先发出了要约。根据《公约》第 14 条的要求,要约构成的要素有以下三个:(1)向特定的人提出的订立合同的建议;(2)内容十分确定;(3)表明发价人在得到接受时受约束的意旨。其中,对方一旦接受,发价人即受约束的意思表示是最重要,也是最难以判断的因素。

在实践中，各国法院可能依据各种因素判断当事人是否有这种意思表示。比如，在一起案件中，法院认为，买方在向卖方发出"订单"时写明"我方订购"，并要求"立即交货"，表明了其受约束的意图。而且买方随后对于卖方所交的货物还支付了货款，也验证了买方之前发出的"订单"已构成了要约。[1] 在另一起案件中，发出订单的一方在订单中保留拒绝订立合同的权力，法院则认为该订单没有构成要约。[2]

因此，仲裁庭在判断是否构成要约的意思表示时，通常会依据《公约》第8条第3款所规定的判断当事人意思表示时需要考虑的包括谈判情形、当事人之间确立的任何习惯做法、行业惯例等各方面因素，综合考虑案件的事实背景。

在2014年磷酸一胺买卖合同争议案[3]中，双方对于是否达成了有效的合同意见不一。其中，主要争议就集中在对申请人向被申请人发送的一份邮件的解释上。该邮件载明："你好：抱歉就合同事宜回复有延误，因为上周的铁路运输导致价格调整问题，工厂拖延了货物到港口的运输。希望您能理解这一无法预见的情形。运输工作将继续安排，按照新的运输时间表，我们建议6月底即6月25日到30日的期限作为受载期……很抱歉给你造成不便。如有任何更新，我们将及时告知您。如果您有任何问题，请随时联络我们。"针对上述邮件内容，仲裁庭根据《公约》第14条第1款认为，上述邮件中"如有任何更新，我们将及时告知您。如果您有任何问题，请随时联络我们"（If any update, we will note you in time, if you have any question feel free to contact us）的表述并不"十分确定"，也未载有表明当其得到被申请人接受时申请人承受约束的意思。因此，仲裁庭不支持申请人所主张的5月23日的邮件是一项"要约"的主张，认为该邮件只能构成一项要约邀请。

此外，在2012年锆英砂买卖合同争议案[4]中，申请人于5月26日下午发送的电子邮件内容如下："……现在我们清楚地理解你方在合同和信用证执行上的困难。实际上我们可以在中国获得更为便宜的价格，这对于安排运输和管理质量控制等将更为方便。因此我们更加倾向于在本地市场购买，但是我们仍旧希望你们向我们赔偿资金问题的损失。我的经理在和银行核算利息以及资金问题所导致的损失，她今晚将算出准确数额（我们今天在忙于一个展览），明早将告诉你方具体赔

---

〔1〕 CLOUT case No. 330 [Handelsgericht des Kantons St. Gallen, Switzerland, 5 December 1995].

〔2〕 Kantonsgericht Zug, Switzerland, 2 December 2004.

〔3〕 参见贸仲裁决书2014年1月9日。

〔4〕 参见贸仲裁决书2012年5月21日。

偿金额。”从上述内容可以看出，申请人向被申请人表明了下列主要意思：(1)委婉地拒绝了以被申请人要求的价格购买合同货物，表示可以从国内以更便宜价格买进货物；(2)申请人仅希望被申请人赔偿信用证资金问题的损失，并表示经核算后，会对被申请人报出具体赔偿金额。仲裁庭认为，申请人的上述邮件应当视为申请人向被申请人达成赔偿协议的一项建议，但该项建议并不十分确定，在法律上尚不能构成“要约”。

紧接着，申请人于5月26日晚上向被申请人发出的第二封邮件，内容称：“让我们互相帮忙以克服这一困难，以便下次继续合作。经过我方计算，由于信用证发生的全部损失为近3万美元”(Let's help each other to overcome this difficulty, and move up to try next time cooperation. After calculation on our side, the total loss because of L/C is nearly 30, 000 USD)。仲裁庭认为，尽管申请人第二封邮件的内容不多，但他明确表示了其要求赔偿的具体金额为近3万美元的意思。因此，申请人5月26日晚上发出的邮件，在法律上应当视为申请人向被申请人发出的一项十分确定的，并在得到被申请人接受时申请人要受到约束的意思，是一项符合满足法律要求的有效“要约”。由此可见，与要约邀请不同，要约必须是非常明确的表达要约人在得到对方接受时愿意受约束的意思表示。该案双方关心的是赔偿金额的问题，因此要构成要约，就必须确定赔偿协议中的关键要素即赔偿金额。

2. 关于合同的订立

《公约》第2章规定了一整套根据要约承诺方式订立合同的内容，包括要约承诺的定义、作出的方式、生效的时间等。贸仲仲裁庭在对于适用《公约》的案件，在判断合同成立问题时，会遵循《公约》第2章的规则体系，判断合同是否成立。以2014年一起尿素买卖合同争议案[1]为例，在该案中，申请人于2012年4月17日给被申请人发送的要约(offer)第5条写明：货物应于6月末之前备妥；并写明“要约应被严格保密且有效期至4月17日17点止”(The offer shall be kept strictly confidential and remains valid until 17PM of April 17th)。被申请人接到上述要约后，于2012年4月18日以补充了各项交易条件的合同文本进行回复，但在该合同文本的条款中却没有原要约中的“货物备妥”(Cargo ready)条款，并且对上述要约中的单价条款进行了变更。申请人在4月18日收到被申请人发来的该合同文本后，在文本上签字及盖章。

[1] 参见贸仲裁决书2014年12月26日。

根据双方上述行为，仲裁庭认为，对于被申请人于 2012 年 4 月 18 日以合同文本对上述要约进行回复时，已经超过了要约第 9 条规定的时间。根据《公约》第 18 条第 2 款的规定，“接受发价于表示同意的通知送达发价人时生效。如果表示同意的通知在发价人所规定的时间内，如未规定时间，在一段合理的时间内，未曾送达发价人，接受就成为无效，但须适当地考虑到交易的情况，包括发价人所使用的通讯方法的迅速程度。对口头发价必须立即接受，但情况有别者不在此限”。因此，申请人的上述“要约”因被申请人的接受通知未在规定时间内送达，使申请人不受约束。而根据《公约》第 19 条第 1 款有关“对发价表示接受但载有添加、限制或其它变更的答复，即为拒绝该项发价，并构成还价”以及第 3 款“有关货物价格、付款、货物质量和数量、交货地点和时间、一方当事人对另一方当事人的赔偿责任范围或解决争端等等的添加或不同条件，均视为在实质上变更发价的条件”的规定，被申请人于 4 月 18 日向申请人发送的载有主要交易条件和一般交易条件的合同文本，实质上是被申请人以合同文本形式向申请人发出的一项新的“要约”。申请人在被申请人发出的合同文本上签字盖章，则构成申请人对被申请人的新要约的接受，双方应以该合同文本所载明的条件和条款作为约束双方权利义务的依据。

在 2017 年铬铁矿石买卖合同争议案[1]中，被申请人与申请人通过微信就铬矿产品的买卖进行了价格磋商。某日 10 时 57 分，申请人收到被申请人向其发送的电子邮件，主要内容为：“我们目前能出的最好报价是 200 美元/吨 CFR 某港。合同见附件，期望我们今天可以完结报盘和还盘。”同时，被申请人将其格式合同条款以附件形式发送给申请人。申请人收到该邮件后，于当日 14 时 55 分，通过邮件回复：“我们接受你方要约，请安排合同，谢谢！”（We accept your offer, please arrange contract. Thanks!）。16 时 17 分申请人再次向被申请人发出邮件，内容为请见附件。其附件内容为，在被申请人所附格式条款中的空白条款进行了明确，包括是否允许转运和付款时间等。1 周后，被申请人通过电子邮件告知申请人因为集装箱运费的问题，不能向前推进。其后，双方未就交易的进一步履行达成一致意见。

在该案中，被申请人认为包含仲裁协议的合同并未有效订立，因而贸仲不具有管辖权，理由主要包括以下四点：(1) 在被申请人 10 时 57 分发出的要约所附的格式合同文本中，对于重要的合同条款，如装运条款保持空白，因而双方对于合同文本并未达成最终合意。(2) 申请人于 14 时 55 分回复的邮件，仅是对于 10 时 57 分

---

〔1〕 参见铬矿买卖合同管辖权异议决定书 2017 年 4 月。

收到的被申请人要约邮件正文部分中内容的接受,而不包括对于附件中合同条款的接受。被申请人在16时17分收到的申请人电子邮件中所附的合同条款对于要约条款进行了修改,构成撤回接受,并形成反要约。(3)被申请人于16时17分收到的申请人电子邮件中所附的合同条款对于被申请人要约条款中包括运输条款在内的内容进行了实质性变更,从而构成对于接受的撤回,并构成反要约。(4)双方从未签订正式的合同文本。

在该案中,仲裁庭认为,《公约》关于合同订立的要求是通过一方发出要约而受要约方发出承诺的方式进行,并不要求双方当事人必须在同一合同文件上进行签字。而在该案中,仲裁庭注意到,双方在其提交的书面意见以及庭审意见中都认为,申请人于10时57分收到的由被申请人发送的电子邮件及作为其附件的合同条款构成正式要约。因此,双方争议中的核心焦点问题在于,申请人是否针对该要约作出了及时、有效的承诺。

在被申请人上午发出的要约中,除写明货物报价外,还明确指出“请查收所附的合同条款”。而在庭审中,双方都承认,被申请人上述邮件正文和所附的合同条款作为一个整体,构成被申请人要约的内容。作为多年从事国际贸易的大型公司,申请人应当注意到了被申请人在要约中提及的邮件所附的合同条款,并且应当已经充分了解要约一经承诺合同即告成立的法律后果。根据《公约》第18条的规定,被发价人声明表示同意一项发价,即构成接受;即使受要约人事实上并未充分阅读要约所附的合同条款,也不影响合同成立,而其自身应当承担未能充分阅读要约内容所应承担的后果。

在此基础上,仲裁庭认为,被申请人于16时57分收到的申请人通过电子邮件发送的包含部分条款进行变更的合同文本,并不影响双方合同已经订立的结果。根据《公约》第18条第2款的规定,接受发价于表示同意的通知送达发价人时生效。因此,根据《公约》的该款规定,合同已经成立,其内容为被申请人要约邮件正文及所附合同条款的全部内容。至于被申请人于16时17分收到的申请人所附的合同条款中与被申请人要约的不同之处只能构成对于双方已经达成的合同内容的修改建议,如果被申请人不予接受则不能构成对于原合同内容的修改,但这并不影响合同已经成立的事实。

而对于被申请人所称双方关于合同重要条款尚未达成一致因而合同无法有效成立的主张,仲裁庭认为,《公约》第14条规定,“向一个或一个以上特定的人提出的订立合同的建议,如果十分确定并且表明发价人在得到接受时承受约束的意旨,即构成发价。一个建议如果写明货物并且明示或暗示地规定数量和价格或规定如何确定数量和价格,即为十分确定”。因此,在《公约》项下,“货物”“数量”“价格”是构成要约的必备内容。而受要约人一旦接受,合同即告成立。对于双方不能达成一致的部分,由《公约》的规定或行业惯例进行补充。

在该裁决中,仲裁庭尊重了《公约》在合同订立阶段采用的通过要约和承诺方式订立合同的基本原则,而不再要求双方当事人必须共同签订某份书面合同以确定合同的成立。同时,这也体现了现代合同法及《公约》的基本精神,即通过要约和承诺的方式,要求在一方提出要约的情况下,另一方当事人一旦表示接受合同即告成立,以促进合同成立并鼓励商业交易的进行。〔1〕

相关裁决的观点与贸法会及其他一些《公约》成员方相关判决中的基本理念保持一致。《公约》第14条并不要求要约应包括拟议合同的所有条款。例如,如果双方对交货地点、交货期限或运输方式没有达成协议,《公约》可以弥补这一空白。〔2〕在2016年《判例法摘要汇编》中也提到,《公约》第14条并不要求要约包含所有合同的条款,即使双方还未就交运的地点或发运的时间或运输的方式达成一致,《公约》将作为补缺性规则填补相应的空白。〔3〕而在实践中,裁判者可以依据《公约》第8条中确认当事人意图的规则,判断当事方是否具有订立合同的意思表示或确认合同空缺的事项。由此可见,作为一个有效的要约,《公约》并不要求要约人在要约中就合同的所有事项进行明确。大量的判例认为,即使双方当事人尚未就合同的重要条款均达成一致,但合同依然可以成立。比如,瑞士法院认为,双方当事人对于运输方式尚未达成一致,并不阻止双方当事人订立一份有效的合同。〔4〕而德国

〔1〕参见董纯钢、张明智:《CISG下的合同成立标准——以一宗裁决为视角》,载北京市竞天公诚律师事务所微信公众号:https://mp.weixin.qq.com/s/Lntn7QnZuVHsRS3Smm9pAA,最后访问日期:2020年5月8日。

〔2〕UNCITRAL Digest of Case Law on the United Nations Convention on Contracts for the International Sale of Goods 2016, p. 86 – 87. See CLOUT case No. 131 [Landgericht München, Germany, 8 February 1995], English translation available on the Internet at www.cisg.law.pace.edu. (Contract for purchase of software enforceable even if parties intended further agreement with respect to use of software); CLOUT case No. 360 [Amtsgericht Duisburg, Germany, 13 April 2000] [article 31(a) applies when buyer was unable to establish parties agreed on different place].

〔3〕UNCITRAL Digest of Case Law on the United Nations Convention on Contracts for the International Sale of Goods 2016, p. 8.

〔4〕SWITZERLAND: Bezirksgericht der Saane (Zivilgericht) 20 February 1997, Case law on UNCITRAL texts(CLOUT) abstract No. 261.

法院则认为,双方当事人没有就交货地达成一致,并不阻碍合同的成立。[1] 在其他一些判例中有裁判者认为,即使双方当事人在订立合同中没有针对《公约》第 14 条所要求的价格达成一致,但如果可以根据习惯做法或其他方式确定一个价格,则合同依然可能成立。[2]

实际上,在关于合同的成立问题上,中国法律基本上采用了与《公约》一致的法律规则。《合同法》第 13 条规定,"当事人订立合同,采取要约、承诺方式",并且同样规定承诺生效时合同成立。此外,中国最高人民法院《关于适用〈中华人民共和国合同法〉若干问题的解释(二)》第 1 条指出:"当事人对合同是否成立存在争议,人民法院能够确定当事人名称或者姓名、标的和数量的,一般应当认定合同成立。但法律另有规定或者当事人另有约定的除外。对合同欠缺的前款规定以外的其他内容,当事人达不成协议的,人民法院依照合同法第六十一条、第六十二条、第一百二十五条等有关规定予以确定。"与《合同法》第 13 条同样的合同成立规则也为《民法典》所采纳。《民法典》第 471 条规定,当事人订立合同,可以采取要约、承诺方式或者其他方式。

3. 构成《公约》第 19 条第 2 款实质性变更的因素

《公约》第 18 条规定,被发价人声明或作出其他行为表示同意一项发价,即构成接受,而缄默或不行动本身不等于接受。《公约》第 19 条第 1 款规定,对发价表示接受但载有添加、限制或其他变更的答复,即为拒绝该项发价,并构成还价。同时,《公约》第 19 条第 3 款规定:"有关货物价格、付款、货物质量和数量、交货地点和时间、一方当事人对另一方当事人的赔偿责任范围或解决争端等等的添加或不同条件,均视为在实质上变更发价的条件。"根据《公约》第 19 条的规定,贸仲仲裁庭在裁判中基本将涉及价格、付款、货物质量和数量、交货地点和时间、赔偿责任范围或争议解决条款的变更均视为实质性变更。而且贸仲仲裁庭也曾认定,只要涉及这些事项,无论是对合同本身还是对合同补充协议条款的修改,都被视为实质性修改。

在 2002 年某货物买卖合同争议案[3]中,2001 年 5 月 24 日申请人将其已签字

---

[1] GERMANY: Amtsgericht Duisburg 13 April 2000, Case law on UNCITRAL texts (CLOUT) abstract No. 360.

[2] SWITZERLAND: Handelsgericht des Kantons St. Gallen 5 December 1995, Case law on UNCITRAL texts (CLOUT) abstract No. 330.

[3] 参见贸仲裁决书 2002 年 7 月 16 日。

盖章的合同和补充协议正本邮寄给被申请人,仲裁庭认为,这已构成法律意义上的要约。被申请人在2001年5月28日针对上述要约,将合同及补充协议有关内容进行了4处修改,并在修改处加签和盖章后寄回给申请人。在签回上述文件时,还附“回函”称:传真中提出4点问题,“麻烦考虑一下此事”。在庭审中,申请人一再强调,合同与补充协议是两份文件,申请人对合同条款并无异议,而只是对补充协议中被申请人添加的“……必须在2001年7月1日前解决”的内容不能接受。但是,仲裁庭认为:(1)补充协议详细列明支付方式;(2)补充协议载明“为合同不可分割的一部分”。因此,两份文件不可分割,对补充协议修改的拒绝,就是对合同修改的拒绝;对合同补充协议的修改,也视为对要约的实质性修改。因此,被申请人与申请人未达成意思一致,合同尚未成立。被申请人于2001年5月28日所作的行为已构成法律上的还价。

我们注意到,由于《公约》第19条第3款对于实质性变更的范围作了过于宽泛的规定,导致在合同协商及签订的有很多问题可能都构成对于要约的实质性变更。由于市场快速变化,可能造成原有的交易条件对某方变得不利,这时一方当事人就有可能利用《公约》第19条第3款关于实质性变更的严格解释,主张合同未能成立,从而逃避一个于己不利的交易。这就需要仲裁庭根据整个谈判及交易的背景情况,并引用《公约》第8条对于当事人意思的解释规则,对于相关条款是否构成订立合同的阻碍进行综合考量。在必要时还会涉及诚信原则、禁反言等法律基本原则。

以2003年澳棉买卖合同争议案为例,[1]该案卖方于2001年2月7日向买方传真2001年澳棉的最新报盘,2月13日买方致函卖方决定购买2001年澳棉,2月14日双方通过传真签订该案销售确认书。卖方认为,该案销售确认书的要约与承诺程序已经完成,基本内容已经具备,该确认书具有法律效力;买方则认为,销售确认书处于新要约状态,合同没有成立。买方的主要依据是买方对卖方传真过来的销售确认书在数量、履行期限和违约责任三方面的内容进行了修改,买方认为此实质性修改已经构成了新要约。因此,买方上述变更是否构成“实质上变更了发价的条件”成为案件的争议焦点。仲裁庭注意到,买方对销售确认书以下3处进行了修改或删除:一是每批装运货物的数量进行了调整,由分3次装运每次分别为500吨、700吨和800吨变更为分4次装运每次500吨;二是装运时间由2001年4月、5月、6

---

〔1〕 参见贸仲裁决书2003年9月17日。

月变更为4月、5月、6月和7月,删除了"2001年"字样;三是删除了"特别条件"中第二项。据买方称,该项是违约责任条款,卖方对此也未予否认。

仲裁庭认为,买方的上述3处变更不能认定为《公约》第19条第3款所规定的实质性地变更了卖方的发价条件。因为根据上述变更,销售确认书的货物总数量并没有变化;交货时间从2001年4月起也没有变化,至于由3批装运改为4批装运,也不能机械地理解为交货时间的重大变更;变更后的确认书缺少"2001年"字样,但由于买方意欲购进的是2001季澳棉,故合理的理解应当是在2001年内履行;违约责任条款的删除亦不能与《公约》第19条第3款中"赔偿范围"的变更同日而语。

当然,该案是一种比较特殊的情况,仲裁庭在判定买方变更是否属于实质性变更以及合同是否成立时,更多考虑的是双方合意达成的事实情况,而非片面的适用法律条文本身。除考虑到买方变更的事项并没有实质性地改变货物总数量、交货期限之外,仲裁庭尤为重视合同谈判的所有相关事实。尤其是,买方在2月14日发出销售确认书的同时还在上面加盖了单位公章,且在提起仲裁之前包括双方在和解谈判中买方也从未提出过销售确认书尚未成立。因此,在兼顾所有相关事实,以及诚实信用、公平合理的基本法律原则基础之上,仲裁庭认定买方的变更并非实质性的,销售确认书已经正式成立。

关于《公约》第19条第3款中对于实质性修改的定义,我们也注意到,很多国家的法院认为《公约》第19条第3款所列出的可能构成实质性修改的条款并非穷尽的。[1] 同时,裁判者在面对具体案件的时候,也应当考虑根据双方之间的交易习惯,比如,即使是针对《公约》第19条第3款所列明事项的修改也可能在具体的交易双方中并不认为构成合同成立的一种阻碍,从而体现了对于交易双方当事人合意的一种尊重。[2] 仲裁庭在实践中也基本同意这些观点。

4. 沉默是否构成承诺

《公约》第18条第1款规定:"被发价人声明或做出其它行为表示同意一项发价,即是接受,缄默或不行动本身不等于接受。"中国最高人民法院《关于贯彻执行〈中华人民共和国民法通则〉若干问题的意见》第66条与此有类似的规定。该意见

---

〔1〕 U. S. District Court, Alabama, United States, 31 March 2010 (Belcher-Robinson, LLC v. Linamar Corporation, et al.).

〔2〕 CLOUT case No. 189 [Oberster Gerichtshof, Austria, 20 March 1997].

第66条规定:“一方当事人向对方当事人提出民事权利的要求,对方未用语言或者文字明确表示意见,但其行为表明已接受的,可以认定为默示。不作为的默示只有在法律有规定或者当事人双方有约定的情况下,才可以视为意思表示。”同样,《民法典》第140条也规定“行为人可以明示或者默示作出意思表示。沉默只有在有法律规定、当事人约定或者符合当事人之间的交易习惯时,才可以视为意思表示”。

因此,无论是《公约》还是中国法,就沉默或者不作为是否可构成承诺在原则上均持否定态度,除非当事人之间作出特殊约定,或存在习惯做法或者行业惯例。

在2004年某货物买卖合同争议案[1]中,双方均承认,合同文本先是由申请人拟好,用传真发给被申请人,被申请人签字盖章后,用传真发回给申请人。被申请人在申请人拟好的合同文本上作了以下3处修改:(1)将买方(被申请人)开证日期从至迟于3月17日开给卖方(申请人),改为至迟于4月5日开给卖方(申请人);(2)将每种型号货物和货物总量的溢短装数量不超过10%,改为不超过5%;(3)将提单所列重量的重量免赔率从0.5%改为0.3%。申请人在收到被申请人发回的合同文本后,对被申请人所作出的修改未作出回应。

仲裁庭指出,被申请人表示接受的内容与申请人发价的内容显然不一致,但关键要看被申请人对申请人要约的内容所作的变更是不是实质性的。从被申请人所作的3处变更来看,其中变更开证的时间,即应属于《公约》此条款所规定的付款条件(包括付款的方式和时间)的变更,构成对申请人要约内容的实质性变更,成为新要约。在此情况下,必须得到申请人的接受,合同方才成立。《公约》第18条第1款规定:“被发价人声明或做出其它行为表示同意一项发价,即是接受,缄默或不行动本身不等于接受。”仲裁庭认为,并没有证据证明申请人曾声明或作出其他行为表示同意被申请人发出的新要约。申请人指出,曾在被申请人没有在4月5日开证后(2003年4月8日)向其发催促开证函,该催促函视同接受新发价(要约)的声明。仲裁庭则认为,申请人催促开证的行为属于履行合同中的行为,但前提是合同已经有效成立。在该案中,根据《公约》被申请人回复构成反要约的情况下,申请人并未在合理时间内表示接受,因此该案合同没有成立。

同样,根据2016年《判例法摘要汇编》,这种通过沉默方式构成接受的前提是,在交易双方之间存在《公约》第9条所定义的行业惯例或双方之间存在已经形成的

---

[1] 参见贸仲裁决书2004年9月23日。

交易习惯。比如,有法院判决认为,如果双方之间达成的交易习惯是必须对于要约立即表示反对,则迟延的反对有可能构成了一种接受。[1] 因此,在交易双方之间不存在这种特殊交易习惯的前提下,沉默通常都不能构成接受的一种意思表示。

第三节 合同的变更

1. 协议变更

国际货物买卖合同往往涉及较长的交货周期和复杂的交易流程,因此,当事人由于客观情况的变化修改合同很常见。根据贸法会2016年《判例法摘要汇编》及一些国家的判例,[2]《公约》第21条所涉及的关于承诺的规则同样适用于双方对于合同变更的修改协议中。[3] 为此,贸仲仲裁庭在确定当事人是否达成修改合同的合意时,仍依据《公约》关于合同成立规则来判断当事人是否就修改达成一份新协议。

比如,在2012年木材买卖合同争议案[4]中,买卖合同生效后,中国某银行于2009年5月19日开立的信用证规定,最迟装运日为2009年7月10日。仲裁庭注意到,根据申请人提交的证据,申请人于2009年7月14日向中国某银行申请将最迟装运日从2009年7月10日延长至8月15日,将信用证有效期从2009年8月15日延长至9月15日,其他条件不变,并将该申请发送给被申请人。仲裁庭认为,该行为应被视为是对于修改原合同或签订新合同的一项发价。2009年7月16日被申请人向申请人发送了主题为"签字合同"的电子邮件,提出供货时间改为2009年9月10日之前,并附上一份被申请人已签字的合同文本请申请人签字盖章后回传。该行为同样应当被视为关于修改原合同或签订新合同的一项反要约。

仲裁庭认为,申请人提出的供货日期是2009年8月15日之前,被申请人提出的供货日期是2009年9月10日之前,申请人与被申请人在2009年7月并未就合同的重要条件即供货日期达成一致,双方也未能就修改原买卖合同或签订新合同

---

〔1〕 CLOUT case No. 23 [U. S. District Court, Southern District of New York, United States, 14 April 1992].

〔2〕 UNCITRAL Digest of Case Law on the United Nations Convention on Contracts for the International Sale of Goods 2016, p. 94.

〔3〕 CLOUT case No. 251 [Handelsgericht des Kantons Zürich, Switzerland, 30 November 1998]; CLOUT case No. 347 [Oberlandesgericht Dresden, Germany, 9 July 1998], CLOUT case No. 203 [Cour d'appel, Paris, France, 13 December 1995].

〔4〕 参见贸仲裁决书2012年4月25日。

达成一致。2009 年 9 月 12 日被申请人向申请人发送了主题为“新合同”的电子邮件，该电子邮件所附合同文本将供货日期改为 2009 年 11 月 30 日，单价改为每立方米 121 美元。申请人随后在 2009 年 9 月 23 日向开证行撤销了信用证。所以，双方在 2009 年 9 月的沟通同样不构成就修改原合同或签订新合同并达成一致。

在 2010 年尿素买卖合同案〔1〕中，两份合同规定的装运日期是 2012 年 7 月，该日期是双方的约定，若要修改双方在合同中约定的装运日期必须经双方协商达成一致。经查核双方来往邮件，卖方在 2012 年 6 月 28 日 17 时 54 分的邮件中称：“按照电讯，货物正持续运往港口，合同项下货物将于 2012 年 7 月 20 日备妥。”买方在 18 时 6 分向卖方发送邮件时回复：“谢谢回复。多少尿素已经在港口？”在这起案件中，仲裁庭依据《公约》中第 18 条等关于有效承诺的条款来判断双方邮件的内容。卖方 17 时 54 分的邮件相当于提出了修改合同的要约。仲裁庭认为，如果是收到合同修改建议的一方意思表示模糊不清，不能视为对修改合同的建议作出了有效承诺。因此，卖方仅仅以买方 6 月 28 日 18 时 6 分的这一邮件，认为双方已经达成一致，自己将合同装运日期变更为 2012 年 7 月 20 日左右或确定交货时间为 7 月 20 日左右的说法，是不能成立的。事实上，根据买方的上述邮件内容不能得出买方已经确认 7 月 20 日左右是新的交货日期的意思，双方并未就装运日期达成修改。

2. 根据《公约》第 29 条第 2 款认定当事人通过履约中的行为达成合同变更

《公约》第 29 条第 2 款解决的是要求以书面形式修改或终止有关合同的条款是否有效的问题。因为在不同国家对这一问题有不同看法。有些法律制度认为，即使存在这种条款仍然允许口头修改或终止协议。〔2〕《公约》第 29 条第 2 款第 2 句话基于禁反言的原则规定，即“但是，一方当事人的行为，如经另一方当事人寄以信赖，就不得坚持此项规定”。在实践中，问题在于双方当事人在合同订立之后在合同履行过程中会有相当多的交流，也会有很多关于变更合同或者合同无法按原计划履行后进行的商讨。在这个过程中，合同双方当时为了保持良好的合作关系，可能对于一些变更的要求或者合同履行过程中的对于原有约定的偏离并未采取明确的否定态度或立即主张对方当事人违约。在这种情况下，究竟是否产生了基于《公约》第 29 条第 2 款第 2 句话中的信赖以及合同是否被修改，需要考虑根据《公

〔1〕 参见贸仲裁决书 2014 年 12 月 26 日。

〔2〕 Comments on Article 29 by Samuel K. Date-Bah [Ghana] in 1987 Bianca-Bonell Commentary on the International Sales Law, http://www.cisg.law.pace.edu/cisg/biblio/date-bah-bb29.html.

约》第 8 条对于当事人意思的解释规则,并结合整体考虑相关的事实背景作出判断。当然,也有案例明确指出,双方当事人仅仅是对于合同的修改进行了友好的协商,并不能表明合同的变更已经成立。[1]

在 2003 年玻璃纤维买卖合同争议案[2]中,申请人实际发运货物的数量和价格均与合同的约定不符。申请人称,在每次发货前,申请人都向被申请人通知了实际发货时间和数量,被申请人从未表示异议,并且按照实际数量支付了前两个集装箱 50% 的货款。为此,申请人提交了日期分别为 2002 年 6 月 10 日和 2002 年 7 月 11 日的中国某银行的汇入汇款通知书,上述汇款通知书显示被申请人分两次实际支付了部分货款。被申请人对申请人的上述主张没有提出任何反驳。因此,仲裁庭认为,在该案合同履行的过程中,双方当事人已对交货数量和价格等合同条款进行了变更,申请人对其交货义务的履行方式、时间和数量均符合双方达成的变更后的合意。

3. 交易文件与合同变更

在国际货物买卖中,双方在合同订立之后,会在贸易过程中交换大量的商业文件,典型如发票、信用证等,以完成合同义务的具体履行。这些文件中往往会涉及双方对具体的权利义务进一步作出确定。

贸仲仲裁庭在处理信用证内容与合同不一致时,会根据具体情况区分对待。在第一种情况下,当卖方收到与合同不符的信用证时,明确表示异议,并要求买方修改信用证。此时,自然不可能改变合同条款,买卖双方依然以原合同约定履行义务。在第二种情况下,卖方并未表示异议,根据新的信用所载条款履行合同,并向相关银行提交单据,在这种情况下,意味着卖方默认接受对原合同的变更,变更后的内容形成了新的合同条款,并取代原合同的相应条款。其依据是《公约》第 29 条第 2 款的规定,即"规定任何变更或根据协议终止必须以书面作出的书面合同,不得以任何其他方式变更或根据协议终止。但是,一方当事人的行为,如经另一方当事人寄以信赖,就不得坚持此项规定"。

例如,在 2002 年钢材买卖合同争议案[3]中,在合同签订后,被申请人在 1999 年 2 月 22 日提出要求,修改的内容主要是关于货物的规格、数量变更以及交货日期

---

〔1〕 CLOUT case No. 153 [Cour d'appel, Grenoble, France, 29 March 1995].

〔2〕 参见贸仲裁决书 2003 年 11 月 6 日。

〔3〕 参见贸仲裁决书 2002 年 2 月 4 日。

从1999年3月5日改为1999年3月11日。申请人在1999年2月23日向开证银行提出修改申请。开证银行在1999年2月25日对货物规格、数量予以具体化,并对交货日期作了修改,但修改的交货日期是1999年3月10日。

仲裁庭认为,在国际货物销售贸易中,买卖双方通过修改信用证而对合同的约定作出某些修改是常见的。对于一方提出修改的要求,另一方可采取以下4种做法予以回应:(1)拒绝,不同意修改;(2)双方协议由要求方作出某种补偿而同意修改;(3)同意修改,但保留提出补偿的权利;(4)无条件地同意修改。1999年2月22~25日总共4天,申请人是无条件地同意了修改的。因此,1999年2月25日开证银行发出的信用证修改通知是双方同意对合同关于货物规格、数量配比的具体化和对交货日期修改的结果。

在2010年螺纹钢筋买卖合同争议案[1]中,双方买卖的标的物为高强度螺纹钢筋,货物质量标准为KSD3504SD400。合同签订后,被申请人于2008年6月27日开立并为申请人所接受的信用证中明确列明韩国HS编码为7214201000。申请人于2008年8月25日以传真发给被申请人的发票也显示合同下货物的韩国HS编码为7214201000。被申请人主张,信用证和发票中显示的韩国HS编码7214201000均指向非合金钢,因此,主张双方已经约定买卖标的货物是非合金钢;而申请人实际交付货物报关的韩国HS编码为72283000,该编码指向的是合金钢,构成对于合同的违约行为。

仲裁庭注意到,该案合同对于货物的约定并不包含关于海关编码的约定。因此,该案的争议之一是,如果双方约定的货物为任何符合约定质量标准的螺纹钢筋,双方是否在签订合同后对约定的货物进行了变更,即要求申请人必须提供韩国HS编码为7214201000的非合金钢。

仲裁庭认为,尽管该案信用证和发票中显示韩国HS编码7214201000并指向非合金钢,但信用证系被申请人与其开证银行之间的协议,信用证上任何超出买卖合同约定的条款(在该案中有关该货物韩国HS编码的描述)并不构成买卖双方之间的协议。根据信用证相对独立原则,除非双方有明示,否则申请人接受被申请人开立的信用证的行为,并不意味着双方确认信用证上任何与基础交易合同条款不一致的条款构成对基础交易合同的变更。在该案中,申请人接受含有韩国HS编码描述的信用证,并不构成双方替代或者补充了买卖合同中对货物的约定。至于如

---

〔1〕 参见贸仲裁决书2010年1月27日。

此带来的可能信用证议付不能或者延误的后果并非该案讨论的问题。仲裁庭认为,在没有其他证据佐证申请人同意变更约定货物的情况下,申请人开具的发票仅仅是要求买方支付货款的指示,在该案中并非合同或者合同的证明,也不能作为申请人确认信用证中被申请人关于货物必须符合韩国 HS 编码的意思表示,或者可以由此推定申请人已经同意变更约定货物按照韩国 HS 编码交付货物。事实上,鉴于被申请人于2008 年6 月28 日开立信用证,而申请人已经在2008 年7 月3 日完成全部货物的生产并运抵中国某港,且发票于 2008 年 8 月 25 日出具并提交,这也可以间接说明申请人不可能接受信用证上关于按照韩国 HS 编码生产和交付非合金钢螺纹钢筋的要求。因此,被申请人在该案中主张的合同因信用证和发票内容而变更的主张不能成立。

可以看到,在各国法院的裁判中达成的一个理念是,根据《公约》第 29 条的规定,对于更改合同的建议,并不一定采取严格的格式要求。关键的问题在于,是否根据《公约》第 29 条第 2 款产生了一个合理的信赖。对于在合同履行中双方当事人的各种文件的传递所可能形成的修改,也应当以此标准判断。比如,在一个德国法院的判决中认为,由于卖方对于买方的汇票未表示异议,被视为同意修改了合同的付款日期,以汇票到期时间为准。因为这种汇票的日期显然具有确定合同付款日期的意图。[1] 正如美国法院在太阳有限责任公司诉好时加拿大公司(Solae, LLC v. Hershey Canada, Inc.)一案中,针对卖方在发票中所附的法院选择条款是否构成双方修改合同的合意时所指出的,这种在合同履行中的文件交流是否会导致协议修改,主要的判断标准是:文件的发出方是否存在修改合同的意思表示,以及用行为表示或未表示异议的另一方当事人继续履行合同的行为究竟是对于这种更改合同建议表示同意还是对此置之不理,并继续在履行原合同。[2]

4. 技术图纸与合同变更

在关于机器设备或其他需要经双方协商进行设计产品的相关争议中,经常出现的一个问题是,在双方签订的书面文件中明确约定合同的修改需经双方当事人授权法定代表人签字生效。而在配套的技术协议中,也会有同样的约定。但在合同签订后,在制造过程当中,买方和卖方会对于图纸设计进行不断的交流,并根据

---

〔1〕 GERMANY: LG Hamburg 26 September 1990, Case Law on UNCITRAL Texts (CLOUT) abstract No. 5.

〔2〕 Solae, LLC v. Hershey Canada, Inc. 557 F. Supp. 2d 452 (D. Del. 2008).

生产方的实际情况或买方的特别需要对合同货物进行进一步的设计协商。而这种设计可能与双方最初的合同和技术协议当中的一些约定并不一致,或者可能根据实际需要增加或减少一些相应的设计,从而产生相应的费用变化。但在争议发生的情况下,一方当事人可能会主张合同本身明确约定任何对于合同的修改,包括技术协议,应经双方法定代表人签字生效,而这种相互交流的图纸往往仅由双方负责具体生产和设计的技术人员或生产人员相互交流或签字,甚至有些时候根本就没有任何一方的签字,因此不能构成对于合同的修改。而另一方当事人可能主张,双方在签订协议的时候,因为还没有开始具体的生产,因此,对于相关的技术指标只能作大致约定,而相关的设计图纸尚未制作,因为可能对于产品的设计本身是卖方需要交付或制造方需要履行的义务之一,所以相关设计工作会在合同签订后才开始进行。在这种情况下,双方对于合同货物的设计图纸本身是合同具体执行和细化的一部分,双方技术负责人对于图纸的确认已经构成对合同的修改。在实践中,仲裁庭可能需要根据案件实际情况判断相关图纸究竟是对于原合同的一种细化,还是包含了对原合同的重要变更,而这其中判断当事人的真实合意可能是最重要的考虑因素。

在2006年水箱专用生产线供货合同争议案〔1〕中,涉案合同是在申请人招标、被申请人投标中标后签订的,合同对"太阳能热水系统水箱专用生产线"的基本能力要求、基本工序系统操作、生产能力等均已确定。仲裁庭注意到,生产线合同签订后,被申请人于2002年8月8日向申请人提交了包括不同规格的系列产品图纸。被申请人称,基于申请人8月8日的内胆产品图纸,被申请人于2002年10月完成最终生产线设计,对签订合同时约定的设备及工艺流程进行了调整,并将调整后的供货清单发给申请人的总经理。另外,还提出因3处主要的变更增加设备而应增加款项。

被申请人认为,"8月8日的水箱产品图纸是本案中重要的技术变更文件,因而也是一份重要的证明双方权利义务变更的法律文件",并认为"水箱专用生产线的生产线规格和质量标准的最终依据是2002年10月绘制的水箱专用生产线的布局图"。申请人则称"8月8日图纸是将合同关于产品技术的文字描述用图形表达出来,二者是一致的";同时,"任何对于合同的变更均需要经过当事人双方协商并达成一致意见",而在申请人申请仲裁前,被申请人从未向申请人索要过其所称的增

---

〔1〕 参见贸仲裁决书2006年4月12日。

加设备的款项。被申请人提供的该份文件上既没有发出人的签字盖章,也没有被申请人总经理的签字,而且也没有任何经双方签字确认的书面文件表明双方对被申请人提出的增加设备并增加款项的问题补充协议。鉴于申请人已按合同约定支付了合同项下的全部货款,对于被申请人单方增加设备而要求支付增加的款项没有支付的义务。

仲裁庭认为,生产线的技术状态在合同成立时就是确定的,合同附件技术描述中已经明确约定了生产线的规格、组成设备及其质量标准。合同是生产线设计和设备选型的依据,并不是如卖方所说图纸是生产线设计和设备选型不可或缺的基础。图纸中个别数据的调整也包含在合同约定的生产线加工范围内,并不构成对合同附件技术描述的变更。任何对于合同的变更均需要经过当事人双方协商并达成一致意见。卖方在收到买方提交的 2002 年 8 月 8 日产品图纸后,如果认为该产品图纸已对合同产品构成重要的技术变更,可以也理应适时向买方表明该 8 月 8 日水箱产品图纸是重要的技术变更文件,与买方协商达成对合同的变更。但是,卖方未曾向买方提出由此导致合同需要变更的主张。而且事实上,在买方申请仲裁前,卖方从未向买方索要过其所称的增加设备的款项。因此,仲裁庭认为,双方并没有就技术变更达成有效的协议。

四、根本违约

国际货物买卖中,合同当事人一般距离较远,沟通不便,国际贸易的市场风险大,以致合同履行过程中的不稳定性因素较多,履行瑕疵的情况较常见。如果给予守约方过多的解除合同的权利,将会导致社会财富的浪费,因为无论是把被退回的合同货物运回出口商还是由出口商自己寻求其他的下家,都会不可避免地产生更多成本。为了鼓励国际货物贸易的发展,保障交易安全,《公约》特别规定"根本违反合同"的条款,限制合同当事人因为履行的细微瑕疵从而要求解除合同的情形,以促进国际货物贸易的稳定发展。

《公约》第 25 条规定:"一方当事人违反合同的结果,如使另一方当事人蒙受损害,以致于实际上剥夺了他根据合同规定有权期待得到的东西,即为根本违反合同,除非违反合同一方并不预知而且一个同等资格、通情达理的人处于相同情况中也没有理由预知会发生这种结果。"根据这一规定,只有在一方当事人的违约致使另一方遭受了"损害",而且在实质上损害了其依据合同有权期待得到的利益,即订立合同的目的不能实现时,才能认定为根本违约。《公约》没有给出"损害"一词的确切含义,但无论如何,这里的"损害"绝不能仅仅理解为在合同履行过程中给对方造成的物质损失。"损害"一词应有更广泛的含义,它还应包括给对方造成的非物质损失,如失去客户、失去销售机会或引发争议等。同样,对于"预期利益",《公约》本身也未提供准确含义。这些概念的模糊是判断普通违约和根本违约困难的原因所在。此外,仍需证明违约一方预知会出现这种损害结果。对于违约方的主观可预见性的认定,裁判者往往具有一定的自由裁量权,由于国际货物买卖的情况实为复杂,需要裁判者依具体案件作出相应判决。

第一节　有权期待得到的东西/合同目的的无法实现

在2006年设备买卖合同争议案[1]中,仲裁庭指出,所谓合同目的,只能依据合同的内容,特别是双方在合同里的约定和承诺进行具体分析和理解,不能任意扩大。买方不能仅凭调试结果不理想,就主张卖方构成根本违约。仲裁庭进一步提出,必须要明确当事人期望不能实现的原因是否在于或者主要在于卖方的违约行为。

在该案中,卖方交付的货物是一种肉类的微波解冻设备。调试结果是否能证明合同目的已经不能实现,则更需要深入的具体分析。任何调试结果都是设备、工艺和被加工物料三个方面相互作用的结果,因此,对这三个方面的状况作进一步的分析和审理,是很有必要的。

在该案里,仲裁庭认为:

(1)关于工艺的选定,特别是微波功率的选定和带速的选定,双方都没有提出异议;

(2)关于设备的本身,除买方以单数箱号的解冻终温都高于双数箱号的解冻终温而作出微波能量分布是否均匀的猜测外,也没有提出其他异议或怀疑;

(3)关于物料,卖方一再提出待解冻的原料肉块不均匀性的问题。而经审理查清,在几次调试中,买方提供的肉块确实是不均匀的。对于这一事实,买方是认可的。对于肉块均匀性对解冻效果的影响,卖方结合科学的原理作了细致的论述,包括专家意见,买方则没有从科学的原理上提出反驳和异议。而且在长达7个月的5个阶段即3次调试中,也确实从来没有做过原料肉块具有合理的均匀性的调试。

因此,肉块的均匀性始终还是一个未经实际测试检验的问题。仲裁庭认为,依据微波加热的科学原理,可以设想,如果肉块的均匀性能有根本改善,良好的解冻

[1] 参见贸仲裁决书2006年2月15日。

终温的取得和过热点问题的解决是有现实可能的。肉块均匀性的改善,只有买方才能有所作为,卖方是无能为力的。如因采用微波解冻以取代买方原来使用的自然解冻,对后续工序之是否需要调整,则并未列入该案合同的内容,而且是卖方所无能为力的事情,应由买方自行解决,同卖方无关。在这种情况下,可以认为是三个方面相互作用的结果,表现为尚未达到合同约定的标准和出现过热点,其重要的影响因素在于待解冻的肉块的均匀性状况。

对于该案的情况,应当认定合同目的确实尚未完全实现,但并非完全没有实现。肉块是已经解冻的,而且买方也已经用于后续工序,因此,构成合同目的的条件已经实现,并未被违反,只是解冻的效果尚没有完全符合合同的约定,尚不理想。因此,卖方的履行有瑕疵或缺陷,或者说卖方以售后服务方式提供的安装、调试等技术服务,尚未完全完成。卖方的服务尚有瑕疵或缺陷,可以认为构成卖方违约,但并非根本违约。据此,无论如何,不能认为该案的合同目的已经不能实现。

可以看到,各国法院在针对合同解除的请求时都会采用比较谨慎的态度。比如,在一个瑞士法院所判的案件中,合同约定由卖方使用船舶将冷冻肉运至埃及与约旦。当货物运到时,买方发现肉含脂肪量超过合同约定,并且水分也超过合同要求,于是宣布解除合同,并拒绝支付价款。法院认为,即使货物不符合合同约定,导致货物价值减少了25%左右,但买方在通知解除合同后,发出了低价转售货物的要约。即使买方在要约中说明此举是为了减少损失,但这也证明买方有能力通过在埃及的销售网络处理或低价转售这批货物。买方同时主张,在德国食物贸易中,当质量偏差达到10%时,买方不仅有权要求损害赔偿,同时还可以解除合同。法院并不同意这种观点,认为不仅要考虑质量的偏差比例,还要考虑是何种类型的偏差,以及在具体案件中进行处理、转售的可能性与合理性。在该案中,含脂肪量以及含水量过高,只会导致在处理过程中需要去除更多部分,导致最终剩余的肉制品重量减少。这种不符还没有达到根本违约的程度,买方不能解除合同。[1] 而在德国贻贝案中,实际交付的贻贝含镉量超过了德国有关食品安全建议标注的上限。德国最高法院认为,鱼类制品的镉含量标准不同于普通肉类制品的标准,并不具有法律的约束力,只是行政性的指引规范。即使100%超过这个标准,贻贝也是可以食用的,因为不同于基本的食物,没有人会在很短时间内大量食用贻贝,这种超标不会对人体健康造成伤害。因此,法院认定虽然贻贝有潜在的毒性,但这批贻贝仍然是

〔1〕 Swiss Federal Supreme Court(Bundesgericht),28 October 1998 [4 C. 197/1998/odi].

可销售、可食用的,卖方的行为不构成根本违约,买方无权解除合同。[1]

第二节 瑕疵履行的可补救性

在2002年软磁盘盘芯设备买卖合同争议案[2]中,由于合同项下的设备是一种用于生产软磁盘盘芯的高技术含量的成套设备,设备的制造、安装、调试、运行都比较复杂,对制造工艺、安装调试的技术水平、环境、维护等各方面都有很高要求。因此,仲裁庭认为,设备在安装、调试过程中出现一些问题毫不奇怪。事实上,设备调试本身就是一个不断发现问题、解决问题的过程。因此,问题的关键并不在于该套设备在安装、调试过程中出现过哪些和多少问题,而在于在合同约定或卖方保证的期间里,该套设备所具有的品质和功能是否与合同约定相符。

在这起案件中,仲裁庭还考察了合同相对方的真实反应,尤其是当事人对于对方违约行为是否接受来判断根本违约是否存在。在该案中,尽管有相关事实证明设备确实存在一些缺陷。但同样有大量事实证明,在合同履行过程中,双方当事人对于该套设备的质量在总体上是满意的。比如,被申请人向仲裁庭提交了一份由J检测中心出具的检测报告,该检测报告所检测的产品为90mm2HD软盘,取样方式为抽样,生产企业为第一申请人中国A公司。根据该检测报告所作的检验结论,第一申请人中国A公司生产的90mm2HD软盘所检项目全都符合GB/T15130.1国家标准要求,其中漏、冒脉冲门槛高于国家标准规定值,检测结果合格。而在双方的交流过程中,仲裁庭注意到:(1)1996年11月9日传真中表示,“基于中美双方的努力,我们最终成功完成了生产线”;(2)1997年3月7日的“董事会决议”中,对于此套设备的质量有如下评价,“总的评价是……此条涂布生产线设备仪器从质量上评估还是比较好的,属先进水平,功能较强,某些技术较先进……”;(3)1996年11月2日第一申请人为此套生产线设备举行正式的“投产典礼”。这一行为表明,双方当事人在当时对于该套设备的质量在总体上是满意的。或者说,对买方来说,即使该套设备存在某种缺陷,但整套设备仍然是可以接受的。因此,仲裁庭认为,综合合同项下货物本身的特点以及当事人面对缺陷时的反应来看,这些缺陷并没有达到根本违约的程度。

---

〔1〕 Fish case:Supreme Court(Bundesgerichtshof)8 March 1995.

〔2〕 参见贸仲裁决书2002年7月15日。

在2007年已内酰胺买卖合同争议案[1]中,协议约定,信用证开出的约定期限最晚为2006年1月20日,但事实上买方于2006年1月24日开出信用证。在2006年2月10日,即合同约定之开证最晚期限后的几天后,卖方终止了该案合同。卖方的理由是,根据合同,买方必须在2006年1月20日前提供可接受的、完全可操作的信用证,如果过期或信用证有任何瑕疵,卖方有权不接受,不接受信用证的后果等同于终止合同,因此,合同赋予了卖方合同的解除权。

仲裁庭首先审查了涉案合同的约定解除合同的条件,并查明,就该案所涉之合同而言,并无关于合同解除权方面的明确约定。据此,仲裁庭认为,卖方的上述主张没有事实依据。

根据前述已查证及认定的事实,仲裁庭认为,在该案中,并不存在《公约》规定的不可抗力、迟延履行等解除合同事由,双方当事人仅就是否存有《公约》中规定的"根本违约"存在争议。

卖方认为,合同约定开证时间不得晚于2006年1月20日,且开出的信用证必须无任何瑕疵,能为卖方所接受;合同同时明确约定,该案合同是为了"尽快"履行2005年9月合同下争议的"和解协议",这一约定表明了合同的根本目的,不同于无争议背景的普通货物买卖合同;而"和解协议"第17条亦明确约定,买方在履行方面的任何瑕疵,包括未能在2006年1月20日前开具无瑕疵的信用证,买方应在收到违约通知日后4个工作日内支付的违约金,即和解协议与原合同的单价差价,卖方根据协议有权立即获得补偿。基于以上原因,卖方认为,买方的开证延迟及不符合要求的行为使合同目的不能实现,并由此构成根本违约。

仲裁庭认为,合同的全部意义和终极目的在于履行而非其他。如前所述,在该案中,仲裁庭仅认定了买方就其开具的第二份信用证存有违约行为。而仲裁庭注意到,第二份信用证为90天远期信用证,约定的最晚装船日期为2006年2月10日。仲裁庭还注意到,第二份信用证开出的约定期限最晚为2006年1月20日,事实上,信用证于2006年1月24日开出,而在2006年2月10日,即合同约定之开证最晚期限后的几天后,卖方就终止了该案合同。据此,仲裁庭认为,买方于2006年1月24日开出的信用证虽在时间上有所延迟,也存有较多瑕疵,但该瑕疵是有足够时间弥补的,合同也是能够得到履行的。因此,该等情形应属于买方不适当履行、瑕疵履行,并完全可以通过修正或其他办法予以补救,根本不应该导致合同目的无

[1] 参见贸仲裁决书2007年4月18日。

法实现。但是,卖方在短短的几天即单方终止了合同,显然有些武断。基于《公约》可以得知,根本违约有别于一般违约,其应以造成合同目的落空为前提。但就该案而言,买方的违约行为应属一般违约,不能构成根本违约。鉴于此,仲裁庭认为,卖方并不具备《公约》规定的解除合同条件。

可以看到,解除合同是《公约》体系下最彻底的一种救济方式,因此,违约必须使受害方正当的合同期望无效或从根本上降低其价值。什么期望是合理的,取决于具体的合同和合同条款所设想的风险分配,也取决于《公约》的规定。[1] 而《公约》在适用中,应考虑到《公约》倾向限制撤销合同,并倾向其他可能的补救办法,特别是降低购买价格或要求损害赔偿,宣告合同无效只应是对另一方违反合同作出的"最后手段"(last resort)。[2] 并且,如果相关瑕疵是可补救的,或守约方可以自行补救并向违约方索赔相应的损失,则不能构成根本违约。

第三节　附带义务的违反

应当注意的是,在《公约》中,并未采用传统的英国法所提出的,根据合同条款的重要性作为判断根本违约是否构成的条件。因为在传统的英国法中,采用了合同约定导向判断根本违约的构成,即如果违约是违反了合同条件条款(condition),则构成根本违约;对于保证条款(guarantee)的违反,不能构成根本违约。《公约》并未采用这种分析方法,而是根据违约后果的严重性判断是否构成根本违约。因此,即使是对于合同某些附带义务或非重要条款的违反,依然有可能构成根本违约。比如,对于合同的包装、是否分批装运、是否违反独家经销协议等,虽然并不是买卖合同的主要目的所在,但对于这些次要条款、附带义务的违反依然有可能构成根本违约。判断是否构成根本违约的关键在于,判断违约行为是否剥夺了守约方依据合同有权期待得到的"东西"。也就是说,一方对合同预期利益的丧失程度是判断另一方违约造成损害的核心标准。比如,在某些判决中,法院指出,即使是违反独家销售约定这样的附带义务,依然有可能构成解除合同的理由。[3]

在2016年设备买卖合同案[4]中,卖方违反合同约定将货物分批装运,买方主

---

〔1〕 UNCITRAL Digest of Case Law on the United Nations Convention on Contracts for the International Sale of Goods 2016, p. 114.

〔2〕 GERMANY: Bundesgerichtshof 3 April 1996.

〔3〕 Court of Appeal (Oberlandesgericht) of Koblenz, 31 January 1997 [2 U 31/96].

〔4〕 参见贸仲裁决书2016年8月31日。

张卖方的行为构成根本违约。仲裁庭指出,《公约》所要求的根本违约后果是,剥夺了一方根据合同有权期待得到的“东西”,英文的表述是“deprive him of what he is entitled to expect under the contract”。而一方当事人根据合同有权期待得到的“东西”,并不等同于合同的标的,而是具有更广泛的含义,包括一方当事人根据合同达成的所有合意所享有的期待,如履行时间、履行方式等。因此,仅交付合同标的不能得出合同另一方没有被剥夺其根据合同有权期待得到的“东西”的结论。

在该案中,买方已证明设备一批装船这种履行方式是其根据合同有权期待得到的“东西”。首先,合同明确约定不允许分批发货。其次,在合同履行过程中,买方多次、反复重申并强调不允许分批发货,并告知了卖方分批发货的后果。2013年7月30日被申请人邮件告知申请人,称“我们刚刚得到消息说关于板型辊推迟到10月空运发货的话,我公司将会享受不到国家的退税补贴,所以公司财务不接受分批发货。再者,合同说明‘不允许分批发货(partial shipments are not allowed)’”。2013年8月13日被申请人邮件告知申请人,称“如果设备分批发货(板型辊单独空运),我们这边享有的退税将会很难办理,领导让我转告无论如何都不能分批发货,保证板型辊和其他设备一起到港”。2013年8月22日被申请人邮件告知申请人,称“你好!我们领导今天又问起发货的事情,再次说不能分批发货……”仲裁庭认为,通过合同约定和上述买方强调不能分批发货的邮件可知,设备一批发运对买方非常重要,这种履行方式是买方根据合同有权期待得到的,而违反整批发运则使买方的这一期待落空。

而关于违约方对于违约后果的可预见性,仲裁庭则认为分为两个标准:一是主观标准,即违约方本身能否预知违约将导致剥夺另一方根据合同有权期待得到的东西;二是客观标准,即一个与违约方具有同等资格、通情达理的人处在相同情况中能否预知违约将导致剥夺另一方根据合同有权期待得到的“东西”。

证明责任应由违约方承担。违约方应证明违约后果的不可预见性,即该方没有预见到,并且在同样情况下同等资格、通情达理的人也不可能预见到违约的严重后果是剥夺了守约方根据合同有权期待得到的“东西”。如果违约方无法举证说明自己无法预知会造成实质的损害后果,那么仲裁庭将会认定,违约方已预知其不完全履行行为会给另一方造成的损害后果的严重性。

仲裁庭认为,在该案中,卖方违反合同将货物分批装运的行为构成根本违约,主要理由就是无论依据主观标准还是客观标准,卖方均未能证明其不能预见分批装运这一违约情形的后果(买方对于一批装运的期待丧失)。因为卖方证据显示,根据合同和买方的邮件,卖方知晓买方明确要求货物一批装船。已有证据显示卖方承诺一批发货,即"根据你方的要求,我们会安排一批发货"。

五、宣告合同无效的通知

"通知"作为贯穿合同成立、履行,到宣告无效、主张损害赔偿的整个过程的重要环节,其相关规则在《公约》中也涵盖要约、承诺及其撤回、撤销的相关通知(第15条到第22条),宣告合同无效的通知(第26条),货物特定化的通知(第32条),货物检验的通知(第39条),中止履行合同义务的通知(第71条)等。

《公约》第26条对宣告合同无效的通知作了原则性规定,即"宣告合同无效的声明,必须向另一方当事人发出通知,方始有效",即通知是影响当事人是否成功宣告合同无效的因素之一。由于《公约》并未规定合同的自动撤销,因此,解除合同的通知是必要的减轻损失的措施。[1] 但法院通常认为,如果卖方已"明确无误地"声明其将不履行合同,则宣告合同无效的通知是没有必要的。因为要求在这种情况下,发出通知将流于形式,宣告合同无效的日期可以从债务人作出不履行意思表示时确定。要求发出撤销通知将有违于《公约》第7条第1款促进在国际贸易中以诚信的方式解释《公约》的立法精神。[2]

结合《公约》第49条与第64条对特定情况下买卖双方行使宣告合同无效权利条件的规定,宣告合同无效的通知还需要在一段合理的时间内作出,从而使"宣告"成为有效宣告。中国《合同法》也有类似的规定,其第96条规定,"当事人一方依照本法第九十三条第二款、第九十四条的规定主张解除合同的,应当通知对方。合同自通知到达对方时解除"。《民法典》第565条第1款中也体现出相同的规则,即"当事人一方依法主张解除合同的,应当通知对方。合同自通知到达对方时解除"。

第一节 通知的形式

《公约》并没有对通知的形式作出限定,在实践中也不以书面形式为限。[3] 此

---

〔1〕 UNCITRAL Digest of Case Law on the United Nations Convention on Contracts for the International Sale of Goods 2016, p. 118.

〔2〕 CLOUT case No. 595 [Oberlandesgericht München, Germany, 15 September 2004].

〔3〕 UNCITRAL Digest of Case Law on the United Nations Convention on Contracts for the International Sale of Goods 2016, p. 118.

外,向法院提交的申诉书中的通知也已足够。[1] 合同对通知的形式作出约定的,以约定为准,但在实践中则可能根据《公约》第29条第2款的规定做出变更。

在2016年设备买卖合同争议案[2]中,关于宣告合同无效的通知,卖方认为,买方解除合同所发送的邮件不符合合同约定的联系方式,而且收件人电子邮箱也不是合同规定的正式文件的通知邮箱,因此不符合合同要求,不具有约束力。仲裁庭注意到,卖方与买方均通过邮件和电话协商合同履行事宜,邮件往来大部分或为中文,或为英文,除个别邮件外,均未同时以中英文进行,也没有任何一方按照合同约定,即以书面双份通过挂号航空邮寄所谓"正式文件"。因此,仲裁庭认为,双方均信赖采用电子邮件以中文或者英文进行联系,根据《公约》第29条第2款的规定,双方通过行为对合同项下联系方式作出修改,卖方关于买方解除合同通知邮件因不符合合同要求而不具有约束力的主张不能成立。

第二节 通知的内容

通知的内容是否足够明确表明当事人宣告合同无效的意图,通常是争议中的核心问题,贸仲仲裁庭在实践中一般认为,不需要明确写明"解除合同"或者"宣告合同无效"。[3] 贸法会2016年《判例法摘要汇编》中也总结为:通知不需要使用"宣告合同无效"一语或甚至"宣告合同无效"一词,也不需要援引《公约》的有关规定,只要一方当事人告知认为合同因另一方违约而终止。[4] 当然,通知必须足够清楚地表明,一方当事人将不再受合同约束,并认为合同已终止。[5]

可以看到,各国法院在适用《公约》时,对于解除合同的要求更多关注的是其实质而非形式本身。比如,提起诉讼要求损害赔偿被视为宣告合同无效的通知。[6] 如果买方拒绝收取货物或要求退还价款也是如此。[7] 瑞士法院认为,如果买方明确提出,如果卖方在一段额外时间内未能履约,其将宣告合同无效的声明是符合要

---

[1] CLOUT case No. 308 [Federal Court of Australia, 28 April 1995].

[2] 参见贸仲裁决书2016年8月31日。

[3] 参见贸仲裁决书2005年3月5日。

[4] UNCITRAL Digest of Case Law on the United Nations Convention on Contracts for the International Sale of Goods 2016, p. 118.

[5] Oberster Gerichtshof, Austria, 6 February 1996, Zeitschrift für Rechtsvergleichung 1996, 248, CISG-online No. 224; Court of Arbitration of the International Chamber of Commerce, France, 1 March 1999.

[6] CLOUT case No. 481 [Cour d'appel Paris, France, 14 June 2001]; CLOUT case No. 535 [Oberster Gerichtshof, Austria, 5 July 2001].

[7] CLOUT case No. 1029 [Cour d'appel de Rennes, France, 27 May 2008].

求的。[1] 与这些判决的原则一致，贸仲仲裁庭在实践中也更重视意思表示的实质，以及合同履行实际的状况而非形式。

1. 表明无意履行合同并要求损害赔偿是有效通知

2007 年光盘刻录设备买卖合同争议案[2]中，在被申请人于 2006 年 4 月 12 日通过其律师给申请人的律师函中，被申请人指出，由于申请人的行为表明申请人已无意履行该案合同，被申请人已采取措施减少损失，并要求申请人赔偿因申请人违约给被申请人造成的损失。因此，仲裁庭认定，被申请人已通过 2006 年 4 月 12 日的函件宣告该案合同无效。

2. 表明将不履行合同并寻求争议解决的是有效通知

2013 年钢管买卖合同争议案[3]中，在被申请人（通过其代理人 D 公司）于 2012 年 6 月 29 日的邮件中明确表示将不履行合同后，申请人先后于 2012 年 7 月 3 日、7 月 13 日、7 月 19 日、7 月 20 日和 7 月 24 日多次以电子邮件方式与被申请人的代理人 D 公司联系，未能取得被申请人的明确答复。因此，申请人于 2012 年 7 月 24 日以电子邮件方式告知 D 公司，申请人"要求被申请人在 2012 年 7 月 25 日前给我们（申请人）一个解决方案。否则，我们（申请人）会在中国仲裁"。仲裁庭认为申请人虽然未明确宣告合同无效，鉴于被申请人已经明确表示不再履约，可以将申请人 2012 年 7 月 24 日发送的最后一封电子邮件视为申请人关于合同无效的宣告。

在 2014 年磷酸一铵买卖合同争议案[4]中，买方在 FOB 术语下迟迟没有派船来接货，卖方主张宣告合同无效。但是买方认为，卖方所发邮件中无"宣告合同无效"的文句，因此没有满足通知要求。仲裁庭发现申请人于 2014 年 8 月 14 日发送邮件给被申请人，回顾了双方的交易过程，并表示由于被申请人未按照申请人的要求指定船只，将停止对合同的一切谈判，并将处理港口的货物。仲裁庭认为，申请人 2014 年 8 月 14 日向被申请人发送的邮件表明了被申请人不能在规定的 8 月 15 日履行派船到港接运货物的义务，申请人将终止合同的意思。因此，2014 年 8 月 15 日应当视为申请人宣告合同无效（解除合同）的日期。

---

〔1〕 CLOUT case No. 892 [Kantonsgericht Schaffhausen, Switzerland, 27 January 2004].

〔2〕 参见贸仲裁决书 2007 年 10 月 30 日。

〔3〕 参见贸仲裁决书 2013 年 4 月 16 日。

〔4〕 参见贸仲裁决书 2014 年 1 月 9 日。

3. 提出退货或换货的请求的通知是有效的

2009年印刷机买卖合同争议案[1]中，买方在2004年4月24日和6月8日的传真中分别向卖方提出了"退货或换货"的要求。仲裁庭认为，买方的索赔要求是清楚的，"退货"是商人之间主张合同解除或宣告合同无效的通俗用语，不应该造成误解。而在索赔方式为"退货或换货"的情况下，不过是索赔的一方把选择权交给了交易对方，因为换货需要交易对方的积极配合行为，如果交易对方不同意换货，那么其法律后果是清楚的，"退货"成为索赔方的唯一选择。而"并补足短少的零配件"只能适用于换货的情况，在退货时不存在补足短少零配件的选择，这也是常识问题，不应该造成误解。所以仲裁庭认为，买方2004年4月24日和6月8日传真提出的"退货或换货"的索赔要求，包含了在卖方不同意换货的条件下要求"退货"的明确主张，而同意还是不同意换货的要求是由卖方自己决定的，因此，该通知可以构成宣告合同无效的通知。

4. 索赔函可能构成宣告合同无效的通知

在2006年纸浆销售合同争议案[2]中，卖方向买方发出的函件中称："根据贵我双方签订的针叶浆销售合同……为了维护双方长期以来的友好合作关系以及双方的共同利益，请务必于2005年11月30日之前按上述合同内容开出信用证。否则，我司将根据中华人民共和国相关法律规定解除该合同，并要求贵司承担由此给我司造成的一切损失，包括但不限于我司预期利益的损失等。"仲裁庭认为，索赔函已由卖方有效送至买方的住所地。由于买方未在索赔函规定的2005年11月30日之前开出信用证，尽管卖方未于该期限后再次以书面形式通知买方解除合同，但仲裁庭认为，该案合同仍可视为已被有效解除。

第三节　通知的时间/期限

《公约》第49条第2款第b项规定，如果卖方已交付货物，买方必须在一段合理时间内宣告合同解除，否则丧失该权利；《公约》第64条第2款第b项规定，如果买方已支付价款，卖方必须在一段合理时间内宣告合同解除，否则丧失该权利。但对于"合理期限"的范围，两条款均未明确阐述。在实践中，考虑到交易性质、合同约定、合同标的的特殊性以及合同履行情况，不同交易的"合理时间"可能需要仲裁庭

---

〔1〕 参见贸仲裁决书2009年6月5日。

〔2〕 参见贸仲裁决书2006年7月25日。

进行个案审查。

2010 年设备买卖合同争议案[1]中，仲裁庭认为，基于本案的具体情况，申请人从知道或理应知道被申请人所交付的设备可能存在质量问题，到正式、明确地宣布其将行使解除合同的权利，其间相隔了两年之久；即使以间接表明可能解除合同意愿来计算，其间也相隔了 14 个月有余。然而，在整个庭审过程中，申请人从未就其为何在相隔两年，或至少是相隔了近 14 个月后才宣布解除合同的原因作出说明及提供相应证据；更未向仲裁庭说明其相隔如此之久才行使解约权的行为为何并不会导致扩大或增加对申请人和被申请人双方所造成的损害。因此，仲裁庭认为，申请人行使解约权已超过了合理时间。在此种情况下，即使被申请人确有违约行为，申请人亦由于自己怠于行权的行为而丧失了宣告解除合同的权利，进而丧失了请求恢复原状救济的权利。

第四节　举证责任

当事人宣告合同无效并主张已经发出通知的，需提供证据证明。以 2006 年纸浆销售合同争议案为例，[2]由于超过了查询期限，卖方未能提供买方的签收证明，但卖方向仲裁庭提供了由上海市邮政局于 2006 年 4 月 30 日出具的证明，其中载明："兹证明，EMS 号为 E06×××CN 的特快专递于 2005 年 11 月 28 日确自上海市邮政局寄出，且没有退件记录。"卖方由此证明其已经发出通知，最终被仲裁庭接受。

六、宣告合同无效的效果

第一节　宣告合同无效对当事人各项义务的效果

《公约》第 81 条规定："(1)宣告合同无效解除了双方在合同中的义务，但应负责的任何损害赔偿仍应负责。宣告合同无效不影响合同关于解决争端的任何规定，也不影响合同中关于双方在宣告合同无效后权利和义务的任何其它规定。(2)已全部或局部履行合同的一方，可以要求另一方归还他按照合同供应的货物或支付的价款，如果双方都须归还，他们必须同时这样做。"

---

〔1〕 参见贸仲裁决书 2010 年 8 月 6 日。

〔2〕 贸仲裁决书 2006 年 7 月 25 日。

根据这一规定,合同被宣告无效之后,双方在合同中的义务被解除,但是对发生的损害赔偿依旧应该负责,合同中的争议解决和宣告合同无效后权利和义务条款不受影响。而且每一方当事人均有要求返还的权利,这是为了处理当事人在合同无效之前已经履行的义务,目的是使当事人解除合同后达到恢复原状的效果,并努力降低违约社会成本。在贸法会 2016 年《判例法摘要汇编》中,将《公约》第 81 条至第 83 条的规定,描述为创建一个"合同撤销框架",包含一种"风险分配机制",当合同被宣告无效时,将合同的履行"转变"为一种合同善后的关系。[1]

在 2018 年 PVC 板材设备买卖合同争议案[2]中,申请人已于 2015 年 7 月完成支付全部货款。随后,被申请人依约发出相关生产线设备且申请人收到该批货物。相关生产线在调试阶段频繁出现故障,未能达到预期生产效果,经被申请人派专员调试、更换零部件等,仍无法解决问题。双方在 2016 年 12 月 19 日签署的《备忘录》中达成以下安排:被申请人确认将 2017 年 3 月 15 日确定为生产线移交的接管日期,在此之前被申请人确保将整条生产线调试成功、能生产出符合合同约定技术标准的 PVC 板材。如果被申请人在 2017 年 3 月 15 日前仍不能调试成功,则双方一致同意被申请人立即办理退货手续,调试不成功后最迟 1 个月退回申请人已支付的货款。

在该案中,申请人的第一项仲裁请求为:确认该案合同解除。基于仲裁庭认定了被申请人已构成根本违约,以及《备忘录》中退货、赔偿的条款已经触发,仲裁庭认为申请人有权行使解除权,合同解除日为该案仲裁通知送达被申请人之日,即 2017 年 10 月 16 日。

申请人的第二项仲裁请求为:被申请人向申请人返还已支付生产线的货款 130 万欧元及相应利息。仲裁庭认为,根据《公约》第 81 条第 2 款的规定,鉴于申请人已经支付货款,以及该案合同已解除的情况,被申请人应当返还货款。

申请人的第三项仲裁请求为:请求裁决被申请人向申请人支付违约金及其利息。而违约金是在双方《备忘录》中明确所载的。仲裁庭认为,被申请人提供的生产线迟迟无法正常运转,给买方造成了经济损失,而该等经济损失已通过双方约定的形式予以确定,应当得到尊重。考虑到其中一半卖方已实际支付,剩下一半亦属

---

[1] UNCITRAL Digest of Case Law on the United Nations Convention on Contracts for the International Sale of Goods 2016, p. 390.

[2] 贸仲裁决书 2008 年 8 月 22 日。

于合同解除后的损害赔偿范围，卖方应予以赔偿，且加付相应利息。

申请人的第四项仲裁请求为：请求裁决被申请人向申请人支付申请人为引进生产线所支出的成本（包括设备进口增值税、运输费、代理费、安装调试费、生产线设备调试期间消耗总电费、生产线水电施工安装费等）、申请人为仲裁支付的成本（律师费、公证费、差旅费）。

仲裁庭认为，鉴于仲裁庭已支持申请人基于《备忘录》的违约金请求，根据损害赔偿的填平原则，仲裁庭认为已无必要全部支持申请人关于引进生产线所支出的成本（包括设备进口增值税、运输费、代理费、安装调试费、生产线设备调试期间消耗总电费、生产线水电施工安装费等）的主张，但申请人的损失客观存在，仍需考虑。经综合考虑《备忘录》中双方确定的赔偿金额及第四项仲裁请求本身的合理性，仲裁庭支持第四项仲裁请求中减去违约金的部分。

当然，在现实中还有一种情况是，双方当事人的协议解除。比如，中国《合同法》在第94条授予守约方解除权的同时于第93条规定，"当事人协商一致，可以解除合同。当事人可以约定一方解除合同的条件。解除合同的条件成就时，解除权人可以解除合同"。《民法典》第562条也规定："当事人协商一致，可以解除合同。当事人可以约定一方解除合同的事由。解除合同的事由发生时，解除权人可以解除合同。"

《公约》第81条的条文并未明确该条规定是否同样适用于协议解除，因为在该条的第一句话中说明的前提是"宣告合同无效解除了双方在合同中的义务"。在现实中，不同的裁决机构对此有不同的理解。有的裁决明确写明，应当尊重当事人的协议权利，在存在解除协议的情况下，《公约》第81条不再适用。[1] 而在一个奥地利法院的判决中，合同约定的交易条件是"前期工作"（EX-Work），在双方协商退货后，卖方收到的退货在运输途中遭到损坏。法院认为，这种协议解除构成双方解除，因而《公约》第81条依然适用，即买方有义务原状返还。[2]

第二节 买方不能按原状归还货物的后果

《公约》第82条规定："（1）买方如果不可能按实际收到货物的原状归还货物，

〔1〕 Russian Federation arbitration proceeding 82/1996 of 3 March 1997, http://cisgw3.law.pace.edu/cases/970303r1.html, last visited: May 31, 2020.

〔2〕 AUSTRIA: Oberster Gerichtshof, 1Ob 74/99k, 29 June 1999, CLOUT case No. 422.

他就丧失宣告合同无效或要求卖方交付替代货物的权利。(2)上一款的规定不适用于以下情况:(a)如果不可能归还货物或不可能按实际收到货物的原状归还货物,并非由于买方的行为或不行为所造成;或者(b)如果货物或其中一部分的毁灭或变坏,是由于按照第三十八条规定进行检验所致;或者(c)如果货物或其中一部分,在买方发现或理应发现与合同不符以前,已为买方在正常营业过程中售出,或在正常使用过程中消费或改变。"

1. 转卖构成买方不能按原状归还货物的典型情形

《公约》第 82 条第 1 款是买方不能按原状归还货物的基本原则,如果买方不可能按实际收到货物的原状归还货物,其就丧失宣告合同无效或要求卖方交付替代货物的权利。

在 2009 年螺纹钢买卖合同争议案[1]中,2007 年 4 月 26 日双方签订案涉合同,约定申请人以 CFR 术语向被申请人出售螺纹钢,后来卖方装船迟延,且双方就提单批注的锈蚀描述是否与合同及信用证能够接受的描述相符产生争议。2007 年 11 月 12 日,被申请人要求解除合同,退货返款;11 月 14 日,申请人再次传真要求被申请人支付余款;11 月 30 日,被申请人签订转售货物的合同;12 月 3 日,被申请人通知货物已经转卖;12 月 5 日,被申请人通知申请人解除合同,要求申请人 48 小时内返还货款。2008 年 1 月 29 日,申请人提起仲裁。

仲裁庭指出,《公约》第 82 条第 1 款规定:"买方如果不可能按实际收到货物的原状归还货物,他就丧失宣告合同无效或要求卖方交付替代货物的权利。"根据联合国秘书处对《公约》草案相关条款的解释,上述条款包含一条基本原则,即宣告合同无效的自然后果是归还原物。如果无法归还原物,则买方丧失依照《公约》第 49 条宣告合同无效的权利。在该案中,被申请人已将货物转售他人,在客观上已不可能归还该批货物,因此,被申请人丧失了宣告合同无效的权利,即使其宣告在前,转售在后亦同。退货与退款是密切相连的,既然无法退货并丧失宣告合同无效的权利,依据退货要求的返还货款亦无法得到支持。

由此可见,《公约》第 82 条第 1 款的规定是为了维护其宣告合同无效后卖方的权利,受害买方必须有能力归还买方根据合同"按实际收到货物的原状"收到的货物。根据贸法会 2016 年《判例法摘要汇编》,各国判决都有否定买方宣告合同无效

---

〔1〕 参见贸仲裁决书 2009 年 1 月 15 日。

权利情况,因为他们不能满足这一要求。[1] 典型的如国际商会仲裁院一项裁决认为,买方丧失了宣告合同无效的权利,因为买方已使用货物(1 台机器)5 年,因此不能按买方收到机器的原状归还机器。[2]

2.《公约》第 82 条第 2 款的适用

如果买方不能返还货物,其行使解除合同的救济手段就会受到影响。但是,《公约》并没有要求买方必须 100% 的按照货物的原状进行返还,因为在多数情况下这也是不可能的。《公约》第 81 条对买方规定的归还义务并不是为了将卖方置于如果充分履行合同或没有订立合同其本应处于的地位,而是要求归还实际交付的货物,即使这些货物在归还过程中受到损坏。[3] 按照《公约》第 82 条第 2 款的规定,由于正常交易、检验或使用产生的货物的改变不影响买方解除合同的权利,标准是"不可能归还货物或不可能按实际收到货物的原状归还货物"是否是由"买方的行为或不行为"造成的。

2009 年印刷机设备买卖合同争议案[4]中,卖方所交的设备长期无法正常运转,因此,买方主张卖方交付的设备规格质量不符合合同约定,导致买方购买该设备从事生产经营的合同目的无法实现,并且构成了根本违约。对于卖方设备质量问题双方并无争议,双方争议焦点之一在于,买方是否因其他原因丧失了宣告合同无效的权利。

卖方依据《公约》第 82 条主张买方丧失了宣告合同无效的权利,提道:"买方占有货物已长达四年有余,且已开始使用货物开展印刷业务。仲裁庭在货物所在地进行调查时,已清楚见到货物受到的严重污损,例如使用油墨留下的大量污迹,货物表面的划痕,以及未被加任何保护措施而随意丢弃的多用途机组的两个模切砧辊等。而且货物计时器显示的近 900 小时,说明了货物被使用过的特征;而近 900 小时使用时间,也已经远远超出了合理的开机调试时间。很显然,买方已经使用过设备,'不可能按实际收到货物的原状归还货物',因而其丧失了宣告合同无效的权利。"

---

〔1〕 UNCITRAL Digest of Case Law on the United Nations Convention on Contracts for the International Sale of Goods 2016, p. 395.

〔2〕 Arbitration Court of the International Chamber of Commerce, August 1999 (Arbitral award No. 9887).

〔3〕 CLOUT case No. 422 [Oberster Gerichtshof, Austria, 29 June 1999].

〔4〕 参见贸仲裁决书 2009 年 6 月 5 日。

仲裁庭注意到,买方对设备显示的近900个小时的运行时间没有提出异议。但是,按照每天8小时工作时间来计算,近900个小时相当于设备运行了近111天。从双方提供的往来传真估计,卖方的技术人员在现场的工作时间不可能有111天,并且此期间大量的时间被用在对设备进行局部改造上。因此,仲裁庭认为,买方近900个小时的解释没有说服力。仲裁庭还注意到,现场对设备的保护状况也并不是很周到,很容易发现油污和锈蚀。在设备被长期闲置的同时,买方也没有采取积极的措施和明确的主张要求卖方将货物取回,而自己也没有对设备采取适当的维护措施。综合以上情况,仲裁庭认为,买方无疑对设备被长期闲置而未被妥善保护负有主要责任。由于该案争议的设备显然不能按照交付时的原状返还,而导致这一结果的主要责任在于买方,根据《公约》第82条的规定,仲裁庭认为,买方丧失了宣告合同无效的权利,也就丧失了要求卖方全部返还已支付的货款的权利。

在该案中,买方提出的另一项仲裁请求为:裁决卖方返还买方所支付的货款331,625美元。仲裁庭认为,《公约》第83条规定,买方虽然依第82条规定丧失宣告合同无效或要求卖方交付替代货物的权利,但是根据合同和本公约规定,其仍保有采取一切其他补救办法的权利。据此,尽管仲裁庭对买方宣告合同无效的仲裁请求不予支持,但仲裁庭认为,买方保有主张其他补救办法的权利。

仲裁庭指出,《公约》第50条规定,如果货物不符合合同,不论价款是否已付,买方都可以减低价格,减价按实际交付的货物在交货时的价值与符合合同的货物在当时的价值两者之间的比例计算。买方的该项仲裁请求是要求返还已经支付的全部货款,仲裁庭认为,这也涵盖了返还部分货款的请求,因此,仲裁庭有权考虑部分支持该项仲裁请求的问题。按照《公约》第83条的规定,仲裁庭认为,根据卖方履行交货义务不符合合同各方面的具体情况,以及设备不能正常使用的事实,对设备总价格减价40%是合理的。对于已经支付货款中超出设备减价以后价格的部分,卖方应当返还买方。

另外,买方还请求仲裁庭裁决由卖方向买方赔偿包括请求支付卖方交付的货物不符合合同约定而造成的经济损失,包括资金占用费利息和汇差损失等经济损失。

仲裁庭认为,《公约》第84条第1款规定:“如果卖方有义务归还价款,他必须同时从支付价款之日起支付价款利息。”该条款针对的是宣告合同无效时的情形,但在部分返还货款的情况下,该原则同样适用,由于卖方对买方计算利息的方法没有提出异议,仲裁庭予以采纳。至于汇差损失,仲裁庭认为,合同约定的是以美元计价支付,汇率波动属于正常的商业风险,并且在2003年任何人都很难预见到美元与人民币的汇率会发生后来那样幅度的调整,因此,对此项仲裁请求,仲裁庭不予支持。

关于买方所请求的经济损失中还涉及的各项费用,仲裁庭认为,由于仲裁庭对买方宣告合同无效的仲裁请求不予支持,买方丧失了退货的权利,那么因为进口设备而产生的进口代理费、银行开证费、手续费、报关费、换单费、货运费、保险费,应由买方自己承担。仲裁庭注意到,设备确实存在质量问题,且当初确实有过短少部件的情况,因此,入境检验检疫费应当由卖方支付。至于为该案支付的差旅费、公证费、律师费,考虑到该案买方是部分胜诉部分败诉,仲裁庭认为,由卖方赔偿是合理的。

七、卖方义务

第一节 卖方交货义务的认定

1. 交货期的确定

《公约》第30条规定,卖方必须按照合同和《公约》的规定交付货物,移交一切与货物有关的单据并转移货物所有权。卖方在合同项下的义务是一项系统工程,包括但不限于交付货物、单据和所有权。买卖合同的装运期条款是合同的主要条件之一,目的是用来约束卖方向买方交付合同货物的日期或期限,一旦卖方违反该日期或期限,即构成违约。根据《公约》第33条的规定,“卖方必须按以下规定的日期交付货物:(a)如果合同规定有日期,或从合同可以确定日期,应在该日期交货;(b)如果合同规定有一段时间,或从合同可以确定一段时间,除非情况表明应由买方选定一个日期外,应在该段时间内任何时候交货;或者(c)在其它情况下,应在订立合同后一段合理时间内交货”。第33条第b项所规定的是在合同没有规定具体的交货日期时,只规定了一个交货期间的情况。在国际货物买卖中,规定一段时间作为卖方的交货期非常常见。这有利于卖方主动灵活地安排交货日期。卖方可以在这段时间中的任何一天履行交付义务,只要是在合同规定的最终日期之前,买方不得对此提出异议。[1] 中国《合同法》第138条也在借鉴《公约》的基础上如此规

〔1〕 UNCITRAL Digest of Case Law on the United Nations Convention on Contracts for the International Sale of Goods 2016, p. 133.

定："……约定交付期间的，出卖人可以在该交付期间内的任何时间交付。"《民法典》第601条同样规定，"出卖人应当按照约定的时间交付标的物。约定交付期限的，出卖人可以在该交付期限内的任何时间交付"。

2. 交货期选择权

贸仲对于《公约》的适用中，曾处理了很多与交货期有关的争议。2004年尿素买卖合同争议案[1]中，所涉两份合同均为FOB合同，规定的装运期为"买方有权在2012年7月收货，最晚为7月31日"（The buyer shall have the goods shipped in July 2012, latest date of shipment July 31）。买卖双方对合同这一交货期的规定产生了不同的理解。买方认为，该两份合同的交货期属于《公约》第33条的例外情况，从而使买方对交货期的具体日期有选择权，买方有在2012年7月1日至31日的任一时间点对货物进行装运的权利。卖方的义务是在装运期前，即2012年6月30日就备妥货物，可供买方随时派船装运货物离港。卖方则认为，根据《公约》第33条第b项的规定，卖方有权对涉案两份合同规定的装运期确定具体交货的日期。此外，即使买方有选择权，但自两份合同签订日起至2012年6月30日止，买方从未向卖方表示其选择过具体的交货日期并发出相应的通知。

针对双方的不同主张，仲裁庭指出，通常在卖方交货并由卖方自行安排运输的合同中，如CFR、CIF、CPT等合同，卖方为了便于自己安排交货时间，在磋商该条款时，经常采用"某年某月某日前交货"或"某年某月～某年某月交货"或"某年某月，最晚不晚于某日交货"等条款。一旦订约时双方同意采用上述任何一种规定，根据《公约》和相关条款约定，卖方有权在该规定的期限内任何一天交货。在双方当事人就合同的"装运期"规定存在不同理解的情况下，则应根据合同所使用的词句、合同的有关条款、合同的目的、交易习惯以及诚实信用原则来确定该条款的真实意思。

在案涉两份合同中，规定"装运期"的方法与通常的FOB买卖合同规定"装运期"的方法或表达不同。通常的FOB合同会规定卖方的交货日期或者期限，卖方有权在合同规定的期限内任何一天交货。然而，该案两份合同规定"装运期"所使用的词句，将原本通常用来约束卖方交货时间的装运条款，转而变成了用来约束买方派船接货/收货的时间条款，即变成了买方有权在2012年7月1～31日，最晚不得晚于7月31日的任何一天，可以派船前往港口接货、收货。在这种情况下，只要买

[1] 参见贸仲裁决书2014年12月26日。

方向卖方发出派船通知，告知卖方其具体指派船只的信息，卖方有义务在买方告知船舶到港期限前准备好货物，并将货物装至买方指派的船上。因此，从该案两份合同规定“装运期”所使用的表述上，仲裁庭对卖方依据《公约》第33条第b项主张卖方有权在2012年7月的任何一天备妥货物的说法，未予认同。

但是，仲裁庭同时指出，从合同的有关条款来看，两份合同第1条合同标的条款明确载明FOB条款，根据2010年《国际贸易术语解释通则》（2010年版）对FOB的规定（第A4条和第B3条的规定），由买方自行签订运输合同，而卖方将在合同规定的港口和期限将货物装至买方指派的船上。另外，还规定买方必须就船舶名称、装船点和其在约定期间内选择交货时间（如需要时）向卖方发出充分通知。因此，尽管根据上述“装运条款”的规定，买方有权在7月1～31日的任何时间内选择派船，但是买方也必须履行第B7条规定义务，即发出指派船只的通知。在买方未履行上述通知义务的情况下，卖方未在上述期限内备妥货物，责任不完全在卖方一方。

由此可见，该案仲裁庭正是考虑到了装运合同的特殊性，对于合同中的装运期以及买方的选择权作出了符合国际贸易惯例的解释。各国法院基本采用了相同的观点。[1]

3. 交货期与受载期（Laycan）

在2014年磷酸一铵买卖合同争议案[2]中，合同约定：“卖方应最晚在2012年6月25日之前将货物集中在装运港，使得买方可以找到受载期（Laycan）为2012年6月25日到30日的船只。买方应在2012年7月之前把货运走。”仲裁庭认为，装运期和受载期是两个不同的“术语”，具有不同含义。装运期，是指卖方将合同货物装上运输工具或者交给承运人的日期。若在FOB合同情况下，依照国际商会2010年《国际贸易术语解释通则》第A4条的规定，是指卖方按照港口惯例在合同约定的日期/期限，在约定的装运港的约定装船地点（如有）将货物装到买方指定的船上的日期或期限，以提单（Bill of lading，B/L）的出具日为证据。而受载期原来是指船方（船东）与租船人（承租人）相互之间订明的船只受载货物的日期或期限。船方必须在该约定的日期/期限前将指定的船只驶抵装运港，并做好装货的一切准备，并向

---

〔1〕 Court of Arbitration of the International Chamber of Commerce, January 1997 (Arbitral award No. 8786), ICC International Court of Arbitration Bulletin 2000; Court of Arbitration of the International Chamber of Commerce, France, March 1998 (Arbitral award No. 9117), ICC International Court of Arbitration Bulletin 2000.

〔2〕 参见贸仲裁决书2014年1月9日。

装货一方发出装货就绪通知书(Notice of Readiness,NOR)为证明。

因此,在该案中,由于合同规定了受载期,这就意味着买方有义务租订受载期为2012年6月25～30日的船只,也就是买方应当在6月25～30日将船只派至装运港接运货物。这是买方应当履行的合同义务。由于合同同时又规定了装运期为2012年7月,那么买方最晚在7月必须将货物装运离港。

4. 买方开立信用证与卖方交付货物

现代国际货物买卖中普遍使用信用证支付方式。买方开立信用证与卖方交付货物是一个需要相互配合的过程。经常看到出现的一个争议是,合同中约定了卖方的具体交货期,但并未明确规定买方开立信用证的具体时间。而在这当中,如果买方没有及时开立信用证,卖方会以买方未能及时履行义务而主张根据《公约》第71条规定的中止履行权,因为如果继续履行而最终买方未能支付货款,则可能造成损失的进一步扩大。而买方这时候同样有可能主张,由于合同未规定明确的开立信用证的时间,买方的行为尚未构成违约,而卖方擅自停止备货的行为,使其有权根据《公约》第71条停止履行义务,即停止向银行申请开立信用证,理由同样是为了避免损失的进一步扩大。贸仲仲裁庭曾在很多案件中指出,如果合同采用信用证方式付款,买方开证就是卖方履行其交货义务的先决条件。如果买卖合同具体约定了开立信用证的日期,则买方必须在约定的日期开出信用证。如果合同没有约定买方开证的具体日期,而只约定了卖方的交货期限,买方应在装运期限开始之日以前的一个合理时间内给卖方开出信用证,或者最迟亦应当在装运期限开始的第一天前给卖方开出信用证。否则,卖方同样有权拒绝交货并追究买方的违约责任,或者要求相应延长装运期限。

以2009年机器设备买卖合同争议案〔1〕为例,仲裁庭非常明确地指出,信用证作为国际贸易支付手段,其主要作用就在于以银行信用保证卖方在发货交单后能够收到货款。而如果在卖方发货后买方才有义务开立信用证,就会使信用证作为一种以银行信用为保障的支付手段失去其应有作用。以信用证为付款条件的国际买卖合同,要求卖方在信用证开立之前发货,是不符合信用证交易惯例的。因此,仲裁庭认为,按照双方之间的合同约定,并结合信用证交易惯例,即使在合同对交货日期有明确规定的情况下,被申请人没有义务在申请人开立信用证之前发货。

---

〔1〕 参见贸仲裁决书2009年6月5日。

在2014年设备买卖合同争议案[1]中，合同约定的交货期及装船日期为2014年10月初；并约定“卖方应当在合同签订后3个半月内发货”。因合同签订时间为2014年7月6日，故卖方应当在2014年10月21日前发货。据此，卖方应于2014年10月初向买方发货，且最迟装船日期为2014年10月21日。但是，卖方实际装船日期为2014年11月15日，晚于合同规定的最迟装船日期。仲裁庭注意到，合同约定了买方的支付条件。其中，定金条款即买方收到定金保函及形式发票后20天内以T/T方式支付定金，金额为总货款的20%；信用证支付条款即买方在收到约定单据并经审核无误后以信用证方式支付70%合同价款；约定的合同尾款即合同总金额的10%，买方应在最终验收6个月后收到约定单据并经审核无误后电汇支付。上述支付条件条款，与卖方发货时间直接相关的是信用证支付条款。仲裁庭认为，根据信用证付款流程，买方应首先向开证行申请开证，卖方在收到信用证通知后才有义务根据信用证约定条款及单据进行发货。卖方向仲裁庭提交、经买方质证表明无异议的两份信用证均记载，开证行开立信用证的时间为2014年11月12日，通知行将信用证通知给卖方的时间为2014年11月13日，均晚于该案合同约定的最迟装船日期。

因此，仲裁庭认为，从合同履行的先后顺序而言，买方履行申请开证义务在前，卖方履行发货义务在后。仲裁庭在考虑到信用证这一国际贸易实践的基础之上，最终认定卖方有权在未收到信用证的情况下暂不履行发货义务。

在2005年羊毛买卖合同案[2]中，2003年3月5日香港公司称其为申请人的代理人与被申请人签订了3份订购确认单，即该案合同。3份订购确认单主要条款基本一致，约定“货物规格：澳大利亚原毛FNF，种类55，单价：7.22美元/公斤，CIF上海；数量：××公斤，总价：××美元；装船期为2003年6月30日前，自澳大利亚港口至上海，付款：装船前1个月通过电传开出不可撤销跟单信用证”。

在该案中，申请人主张，2003年6月18日申请人向被申请人发出传真：“兹告，上述合同货物备妥待运。然而，很遗憾我们仍未收到合同条款规定的有关信用证，以使我们能够装船发运。”申请人提供了当日14时46分发给被申请人传真号码的当地电信局电话付费凭证，凭证上记录的通话时间为31秒。2003年8月21日申请人向被申请人发出传真称：“我方2003年6月18日函后，我方上海办事处数次一再

---

〔1〕 参见贸仲裁决书2014年1月9日。
〔2〕 参见贸仲裁决书2005年9月16日。

催问上述合同装运的信用证,很遗憾告知我公司仍未收到根据合同条款使货物可以装运的任何信用证。兹告,我方将聘请律师代表我方进行仲裁程序和相关法律程序,除非在2003年8月30日前上述合同的信用证能到达我们办公室。希望很快收到你方积极消息。"申请人提供了当日9时47分发给被申请人传真号码的当地电信局电话付费凭证,凭证上记录的通话时间为40秒。被申请人在质证中否认收到过此份传真。

仲裁庭认为,该案合同支付条款中明确约定买方应在"装船前1个月通过电传开出不可撤销跟单信用证",而且被申请人在合同文本上写明"我方已接受"的文字下签了字,这就表明在被申请人签字时已明确接受了装船前1个月开出信用证的合同条款及其他合同条款对被申请人的约束,所以被申请人在未依据合同约定履行开证义务构成违约的情况下,再以其没有进出口经营权为由而提出无法履行合同的主张,仲裁庭不予支持。在实践中,被申请人可以通过某种适当的方式履行其开证义务。

至于被申请人称没有收到过申请人催开证的函,仲裁庭认为,根据申请人出具的电话付费凭证,从发出时间、电话/传真号码、通话/传真使用时间等方面分析,申请人提供的2003年6月18日和8月21日给被申请人发出的催开信用证的证据是可以被采信的。

在国际货物买卖合同的履行中,买方履行开信用证的义务不是以卖方是否发出过催开的函为条件的,如果买方未依合同约定开证就构成严重的违约。该案合同约定的价格条件为CIF,依据国际贸易惯例,申请人有义务给予被申请人货物已交货的充分通知,以使被申请人能够为受领货物而采取通常的必要措施。而且双方采用的1990年7月1日《中纺购买羊毛和毛条一般交易条款》第7条规定,"C&F或CIF卖方应在装船前15天用电报或电传通知买方船名、船籍、船龄、船旗、船期并征得买方许可后方能装船"。然而,在该案中,在被申请人未开证构成先期违约的情况下,作为卖方的申请人可选择催开信用证,待收到信用证后再重新约定装运日期;或最终解除合同。因此,在被申请人未开证构成先期违约的情况下,申请人实际上已不可能依据合同约定的原装运日期装运,所以申请人在约定的原装运日期前未告知,实际上也不可能告知船期、船名,申请人并不构成违约,不应承担违约责任。

5. 交货义务和风险转移

《公约》第30条规定的交货义务和风险转移是两个概念。在双方通过贸易术语进行交易时,交货义务和风险转移是两个独立的问题,两者不能等同。

在2005年导热油炉买卖合同争议案[1]中,双方当事人对于卖方是否已经履行交货义务存在争议。该案合同的贸易术语为CIF,被申请人认为,被申请人在装运港自货物越过船舷时即完成货物的交付义务。申请人认为,在CIF合同中,"货物在装运港越过船舷"的事实只能说明货物灭失或者损坏的风险转移由买方承担,至于该案合同项下卖方是否全面履行了交货义务,需要根据该案合同约定的权利义务去判断。

仲裁庭认为,根据国际商会2000年《国际贸易术语解释通则》中CIF贸易术语第A5条风险转移的规定,"卖方必须承担货物灭失或者损坏的一切风险,直至货物在装运港越过船舷为止"。所以,"货物在装运港越过船舷"是买卖双方关于货物灭失或者损坏的风险的划分界线,而非卖方是否完成合同义务的标志。"货物在装运港越过船舷"后,卖方还应该按照《公约》的规定,履行包括"移交一切与货物有关的单据并转移货物所有权"的义务,以及双方在合同中为卖方设定的包括对货物的技术质量要求在内的其他义务。

第二节　卖方移交单据的义务

移交单据是卖方履约的主要义务之一。卖方移交单据的义务主要取决于合同、信用证的明示规定,或者取决于双方的习惯做法或者采用的贸易惯例。现代的国际货物买卖大多是象征性交货,卖方只要按期在约定的地点完成装运,并向买方提交合同规定的包括货物权凭证在内的有关单证,即完成了交货义务。但是随着电子化交易和电子商务的兴起,很多交易的单据都以电子形式存在,这也为仲裁庭对于相关证据的审查提出了更高要求。特别是在买方如果否认接到货物或否认收到交易有关单据的原件的情况下,仲裁庭往往需要审查某种客观证据,或者通过审查单据本身是否存在瑕疵、是否有其他相关证据可以证明交易单据的真实性,从而作出最终判断。

在2006年货物买卖合同争议案[2]中,卖方提供了空运单数码副本、发票、装箱单、海关进口关税专用缴款书、海关进口增值税专用缴款书的复印件,作为证据证明其已经依法履约并要求买方支付货款。买方认为,卖方提交的证据不能证明买

---

〔1〕 参见贸仲裁决书2005年12月26日。

〔2〕 参见贸仲裁决书2006年9月7日。

方已经收到了货物,卖方提交的证据除合同正本上有买方的存在外,其余所有证据都是卖方单方面提供的,没有相对方的任何痕迹存在,是无法证明该案事实的,在证明力上存在极大欠缺,其真实性值得怀疑。仲裁庭查明,卖方提供的空运单为"供传真或电子邮件使用的数码副本"(Digital Copy for Fax or Email),并非空运单正本或其复印件,没有显示承运人的印章;发票和装箱单均为卖方单方面出具的文件;海关进口关税专用缴款书和海关增值税专用缴款书复印件显示的缴款单位为买方而非卖方。

仲裁庭认为,根据合同有关条款以及《公约》第30条、第31条第a项等规定,卖方应当在收到买方的装运通知后45天之内,在任何一个美国空港将合同货物交给承运人运往上海空港,以运交给买方,卖方还应将合同第10条约定的包括空运单在内的一切与合同货物有关的单据移交给买方并移交货物所有权。因此,交付单据应是卖方交货义务不可或缺的组成部分。从该案交付单据义务的具体履行上来看,仲裁庭的观点如下。

首先,卖方交付的单据一般而言应该是正本,必须能够有效地证明卖方履行了交货的义务,以确保买方凭着单据可以对货物行使相应的权利。因此,如果单据仅仅为复印件或者具有其他瑕疵而不具备证明力,则不能认定为卖方履行了交货义务。

其次,卖方交付的单据应该符合证据的一般要素,即必须是真实有效的,而且具备客观性、合法性和关联性。在该案中,卖方提供的空运单数码副本并非承运人出具的正式文件,没有加盖承运人的印章,不是空运单。同时,该空运单数码副本显示的收货人(买方)对其真实性提出异议,卖方没有提供证明其客观性、合法性和关联性的任何其他证据。发票和装箱单也是卖方单方面出具的,同样不能证明卖方已经将合同项下货物交付买方。因此,仲裁庭认为,卖方没有提供证据证明其已经履行合同和法律规定的交单义务。

在2016年农产品买卖合同争议案[1]中,卖方提交了数份用于证明货物质量的检验报告。卖方在买卖合同项下的义务既包括交付货物,也包括提交合同规定的单据,包括检验报告。由于检验报告的目的是证明货物的质量状况,出现纠纷时就成为最重要的依据和评判基础,因此,检验报告应当是一份十分严肃和重要的文件。该案中检验报告,主要存在以下可以质疑之处:一是第一、二、三批货物检验报

---

〔1〕 参见贸仲裁决书2016年5月6日。

告所显示的集装箱号和数量不能对应相应批次货物提单记录的集装箱号和数量。二是检验报告体现的检验时间和货物实际装船时间不匹配,且检验报告的申请人名称和合同不符。仲裁庭认为,从以上情况来看,卖方提供的检验报告存在瑕疵,未能满足合同项下的交单义务。

第三节 货物与合同相符

《公约》第35条第1款规定了卖方交付的货物必须和合同的规定相符,包括数量、质量规格以及包装。在贸仲实践中,当事人容易引起争议的是货物质量,因为国际货物买卖中的货物规格和特点往往涉及较多细节,货物的具体要求在订约时未必会被描述得非常准确。因此,对于裁判者来说,首先是根据合同约定作出判断,其次是可能需要通过《公约》的解释规则对合同的具体条款作出解释,或者在缺乏当事人明确约定的情况下通过《公约》的适用来判断卖方所交的货物究竟是否符合合同规定。

1. 合同约定

一般而言,判断卖方交付货物是否符合合同约定,首先应立足于合同条文本身。在合同对货物的质量、数量、规格、包装有明确规定的情况下,卖方就应该严格按照合同约定交货。反之,如果合同对特定细节没有明确约定,则需要仲裁庭根据具体情况作出相应判断。

在2014年磷酸一铵买卖合同争议案〔1〕中,合同项下货物为磷酸一铵,合同对货物的品质在尺寸、湿度等多项规格要求上都作了明确规定,但是并未规定货物的颜色。在合同签订后,被申请人看货时,得知申请人备货中含有两种颜色的磷酸一铵时,向申请人提出要求提供同种颜色的货物。最终双方并未就合同货物问题达成一致。仲裁庭认为,根据合同约定,双方在订约和修改合同的品质规格指标时,均未将合同货物的颜色作为一项指标进行约定,在此情况下,申请人按照合同约定的货物品质规格备妥货物,不能认定申请人违约。被申请人向申请人提出要求同一颜色的货物,属于正常;但从法律上来讲,双方要对此达成合意并形成对合同货物品质指标的修改,只有在变更合同货物品质指标达成一致的情况下,方能作为申请人必须交付一种颜色货物的依据。在双方对货物颜色尚未达成一致意见之前,被申请人以申请人备货颜色不一致主张申请人违约,仲裁庭不予支持。

---

〔1〕 参见贸仲裁决书2014年1月9日。

在2010年螺纹钢筋买卖合同争议案[1]中，仲裁庭查明，双方在合同中约定，申请人同意出售、被申请人同意购买如下约定的货物：(1)商品：高强度螺纹钢筋(High Tensile Deformed Bars)；(2)货物质量标准：KSD3504SD400。同时，被申请人在2008年6月27日开立并为申请人所接受的信用证中明确列明韩国HS编码为7214201000。申请人于2008年8月25日以传真发给被申请人的发票也显示合同下货物的韩国HS编码为7214201000。双方争议的焦点在于，合同标的物是否必须是"碳素螺纹钢"或者所谓"非合金钢"的螺纹钢，还是任何符合韩国KSD3504SD400质量标准的螺纹钢筋。

仲裁庭注意到，双方均提交证据说明了钢的分类以及钢筋的分类。从这些材料中，仲裁庭认为，钢材或者该案涉及的螺纹钢筋，同其他货物一样，可以有不同的分类方法。他们的内涵和外延有重合和交叉之处。仲裁庭没有看到任何证据说明一旦碳素钢加入某些合金元素或者加入量超过一定比例后，这样生产出来的"螺纹钢"其物理特性已经改变，以致不能再被称为合同约定的"高强度螺纹钢筋"。现有证据也无法证明双方约定的"高强度螺纹钢筋"就是在"合金钢"与"非合金钢"分类下的品名。因此，仲裁庭需要综合考虑该案的实际情况，来判断双方约定的货物以及申请人为该案合同实际生产和特定化的货物是否符合合同约定。

根据双方提交的文件，仲裁庭认为，双方明确约定买卖的货物是高强度螺纹钢筋，其质量标准必须符合KSD3504SD400，规格必须按照合同中规定的尺寸。从该质量标准中，仲裁庭没有发现任何条文或规定明确指向合金钢或者非合金钢，从双方签订的0318合同的其他条款中和/或双方在签订合同之前的往来函电中，也没有任何关于标的货物应当是"合金钢"或者"碳素螺纹钢"或"非合金钢"的明确约定。

在该案中，被申请人试图提供韩国相关技术部门证言证明按照KSD3504SD400质量标准，其指向的也是非合金钢。对此，仲裁庭认为，一方面，该证据没有满足证据要求而无法采信；另一方面，在合同没有明确约定标的货物为"非合金钢"或者"炭素钢"的情况下，即使被申请人的主张成立，但如果这两种不同材质的货物同时符合双方约定的韩国质量标准，那么被申请人关于合金钢与非合金钢之间存在本质差异的主张已没有意义。申请人只要生产和交付任何一种符合韩国质量标准的货物即完成了交付货物的义务。换言之，根据被申请人援引的中国《合同法》第60

[1] 参见贸仲裁决书2010年1月27日。

条以及《公约》第35条规定，申请人的义务仅仅在于提供合同中明确约定的货物，并且必须与“货物的数量、质量和规格相符”。

此外，在合同履行过程中，被申请人发现提供合金螺纹钢后，并没有立即声明申请人提供此类合金螺纹钢违反合同，而是声明其怀疑该批货物的材质及性能可能会与之前的中国A公司产品不同。而申请人也从来没有否认货物不是合金钢（或低合金钢）。在收到该明确回复之后，被申请人并没有主张申请人生产并已备妥的货物不符合合同约定，而是相反，被申请人于2008年8月28日通过电话与申请人就货物延期交运以及修改信用证口头达成一致。在此之后，被申请人也只是反复以其他理由要求申请人降低包括该案合同在内的若干合同的货物销售价格。

仲裁庭认为，在任何情况下，即使假定被申请人在签订钢材买卖合同时的真实意思表示就是要购买“炭素钢”或“非合金钢”，被申请人也没有提供任何证据证明，申请人交付的货物不能用于既定用途，从而完全无法实现合同目的。因此，根据上述分析，仲裁庭认为，双方明确约定的货物为任何符合KSD3504标准、符合合同约定规格的螺纹钢筋。被申请人主张申请人提供货物与合同不符缺乏证据支持。

被申请人在该案中还主张，被申请人信用证中标明货物的韩国HS编码为7214201000，该税则号项下的货物均指向非合金钢，而申请人实际提供货物报关的编码为72283000，该编码指向的是合金钢，由此证明申请人交付货物与合同约定不符。对此，仲裁庭指出，HS编码即《商品名称及编码协调制度的国际公约》，是指在原海关合作理事会商品分类目录和国际贸易标准分类目录的基础上，协调国际上多种商品分类目录而制定的一部多用途的国际贸易商品分类目录。从双方提交的文件来看，也没有任何法律或者国际公约强制买卖双方以HS编码作为买卖合同下货物识别的“唯一身份代码”。因此，除非买卖双方明确约定以HS编码识别合同下的货物，否则，即使卖方违反HS规定或者错误申报HS编码也不等于卖方违反买卖合同下交付约定货物的义务。鉴于被申请人在过去几年的许多类似交易，直至该案的交易，从未明确主张要求按照HS编码交付货物，更没有在过去几年的交易中达成关于按照HS编码约定交付货物的交易习惯，因此，仲裁庭认为被申请人的主张无法成立。

被申请人进一步主张，合金钢与非合金钢属于两种不同性质、种类的商品，并具有各自固有的特性与用途，无论申请人生产和特定化的货物是否符合KSD3504SD400、是否符合质量标准，只要货物不是合同约定的非合金钢就都属于违约。如果确如被申请人所述,合金钢与非合金钢在该案合同下有如此本质区别,仲裁庭很难相信作为一个大型的专业钢材贸易商在缔结螺纹钢筋买卖合同时会忽略告知他的卖方其所期待购买的货物的根本属性。在任何情况下,即使被申请人果真期待购买非合金钢且不能接受合金钢,鉴于合同仅仅就质量标准作出约定,而未就货物的具体属性(合金钢和非合金钢)作出约定,更没有在缔约过程中或者之后要求申请人予以确认,那么只能由被申请人自己承担相应的后果。因此,仲裁庭认定被申请人关于货物不符合同约定的主张不能成立。

2. 根据《公约》第 8 条关于合同解释规则的判断

《公约》第 35 条第 1 款规定,卖方交付的货物必须与合同所规定的数量、质量和规格相符。但在实践中,由于当事人对货物品质可能约定得不够明确或者合同文字本身存在分歧,仲裁庭则需要根据《公约》第 8 条的当事人意思解释规则综合考虑双方当事人在订立合同时以及履行合同中所体现出来的对于品质所达成的合意。而在特定情况下,双方当事人在履行中所进行的文件交换,无论是从解释合同的角度还是被认定为合同订立后达成的补充协议,同样可能构成合同对于品质的一种约定。

在 2013 年药品买卖合同争议案[1]中,合同中并未明确规定货物有效成分含量不得低于 98.5%。但是,在被申请人提供的货物分析证书(Certificate of Analysis)中载明货物的有效成分含量不低于 98.5%,申请人将该案货物转售给 C 公司,C 公司又将该货物出售给最终用户 D 公司。D 公司出具的检验报告表明:D 公司于 2011 年 12 月 14 日收到货物,于 2012 年 1 月 17 日对货物进行了检验,结论是:18 包货物中仅有 6 包合格,其他 12 包不合格。因此,仲裁庭认定,被申请人所交付的货物应符合货物分析证明中所述有效成分含量不低于 98.5% 的要求。

同样,在 2015 年味精买卖合同争议案[2]中,合同文本中并没有对货物的质量要求作出明确约定,但仲裁庭认为,卖方于 2014 年 3 月 11 日所作的检验证书和质量声明构成双方对于合同质量问题的补充约定,即卖方交付的货物纯度应为 99% 以上无任何掺杂的味精。

3. 特殊情况的判断

如果卖方交付了替代产品,规格和合同规定的货物有所不同,但是替代产品更

[1] 参见贸仲裁决书 2013 年 6 月 28 日。

[2] 参见贸仲裁决书 2015 年 8 月 25 日。

先进,价值更高,且功能也完全可以实现合同项下的货物,同时不会给买方的使用带来任何不便,则仲裁庭可以认定卖方交付替代产品不构成违约。通常在满足以上条件的情况下,在审理中仲裁庭还是会考虑买方收取替代产品时的反应,买方如果在收取产品时没有强烈的反对,则买方不能在当初收取了替代产品之后又拒绝接受该替代产品。

在2009年设备买卖合同争议案[1]中,仲裁庭查明,在货物交付数量问题上,双方对相关的基本事实并没有实质性争议。卖方承认没有按照合同约定交付3套雌雄压线辊和3套膜切刀辊,而是交付了替代产品——1套磁性刀辊及柔性片型刀片,但卖方认为上述替代产品的性能"比合同附件约定的雌雄压线辊和膜切辊技术更先进,价值更高,且功能也完全可以实现"。按照卖方的观点,这一套替代产品可以替代合同约定的3套雌雄压线辊和3套膜切刀辊,并且技术更先进。事实上,买方收取了卖方交付的替代产品,也在卖方的指导下进行了安装调试。仲裁庭认为,首先,卖方实际交付设备的压线与膜切装置与合同约定的规格确实不一致,对此双方没有争议。其次,如果卖方能够证明实际交付的货物确实可以替代合同约定的3套雌雄压线辊和3套膜切刀辊,并且技术更先进,同时不会给买方的使用带来任何不便,那么可以认定卖方交付替代产品不构成违约。但应当说明的是,买方收取了替代产品的事实,不能认为是买方无条件地接受了该替代产品,应该认为是有条件地接受,即在卖方能够证明实际交付的货物确实可以替代合同约定的货物的前提下。我们同时也看到,在其他国家的判决中也曾经提出,如果货物提交与合同约定不符,但在价值和功能上与合同约定的货物相同,则可能不构成违约。[2] 当然,仲裁庭在该案中还进一步提出,还应当考虑这种提交不符合同的货物是否会给买方造成不便和不合理的其他损失。还有其他法院进一步提出这种货物不符的情况,应当达到一定的严重程度时,才会构成合同项下的违约。[3]

第四节 货物应符合通常使用目的

《公约》第35条第2款第a项规定了合同没有明确规定时,应符合通常标准,通常标准被视为销售合同的一个组成部分。换言之,即使双方对此没有作出特定的

---

[1] 参见贸仲裁决书2009年6月5日。

[2] 5 CLOUT case No. 251 [Handelsgericht des Kantons Zürich, Switzerland, 30 November 1998].

[3] Oberlandesgericht Düsseldorf, Germany, 21 April 2004.

规定,这些标准也是约束卖方的默示条款。《公约》第35条第2款第a项赋予了卖方一项基于《公约》中的实质义务,即卖方应当提供的货物质量的基本标准,除非合同明确排除该权利,即"同类货物的通常用途"。但正如在一个荷兰的仲裁裁决中所充分讨论的,《公约》第35条第2款第a项产生的一个突出问题是,《公约》条文本身并未给予该标准一个客观定义。这导致裁判者在解释该条款时可能会使用国内法的相关概念,即英美法中的可商销性标准和大陆法上的平均品质要求。[1] 可商销性标准考虑的是,在买方充分了解货物的情况下是否愿意接受货物而不要求减价。[2] 而平均品质要求则是考虑货物是否达到了在相同时间、相同市场上的平均质量。[3] 两者虽然可能在很多情况下得出同样的判决,但依然存在不同。由于《公约》并未给出明确选择,贸仲在实践中可能对于两种思路均会予以考虑。

在2009年螺纹钢买卖合同争议案[4]中,检验报告显示货物存在下述问题:(1)货物表面存在轻微锈蚀现象;(2)有相当数量的螺纹钢一端弯曲或有其他弯曲现象;(3)一定数量的绑扎螺纹钢的金属带破损,并经搬运公司更换;(4)有10%的货物表面附着有金属物;(5)货物标签有丢失或不一致现象。

仲裁庭指出,确定货物是否符合合同的最重要的依据是当事人在合同中的约定。仲裁庭认为,双方在主合同与补充合同中均约定,质量检验应按照主合同中规定的货物标准,即BS4449/1997 460B标准进行。双方对指定D公司在目的港对合同货物进行检验没有异议。令人遗憾的是,D公司报告中没有载明根据BS4449/1997 460B标准对该案货物进行检验的结果,没有说明货物表面存在轻微锈蚀情况是否符合该标准。这意味着仲裁庭从该检验报告中,没有获得依据来判断该批货物是否存在双方在补充合同中关注的货物质量差异。

仲裁庭认为,在合同没有明确约定的情况下,根据《公约》第35条第2款的规定,货物应适用于同一规格货物通常使用的目的,否则将与合同不符。对于该案货物的通常使用目的,双方当事人一致确认为,用于各种建筑工程中制作钢筋混凝土。在仲裁庭看来,螺纹钢表面存在轻微锈蚀并不影响其在建筑工程中的使用,即不妨碍其通常的使用目的。当然,符合该货物通常的使用目的还意味着其可以在

---

〔1〕 NETHERLANDS: Netherlands Arbitration Institute, 15 October 2002.

〔2〕 Henry Kendall & Sons v. William Lillico & Sons Ltd., [1969] 2 AC 31.

〔3〕 NETHERLANDS: Netherlands Arbitration Institute, 15 October 2002.

〔4〕 参见贸仲裁决书2009年1月15日。

商业交易中正常买卖。该案货物已经转售给第三人,说明其具有可商销性。因此,买方关于该货物不符合其通常使用目的的主张,仲裁庭不能认同。

在2004年石蜡买卖合同争议案〔1〕中,双方交易的标的物58/60化工专用蜡的品质要求为,熔点:58/60C;含油量:不大于2%;颜色:黄色。根据制造厂签发的"品质证明书"证明该批货物的厂检结果为,熔点:59.1;含油量:0.32%;颜色:20(Melting Point:59.1 Deg. c.;Oil Content:0.32%;Colour:20)。双方在该案合同中未约定色度、嗅味的质量指标,只简单约定为黄色。

在该案中,仲裁庭不支持申请人关于该案货物应当符合用于生产蜡烛用途的主张。因为双方当事人未在该案合同中约定其交易的标的物的用途包括用于制造蜡烛。同时,双方当事人也未向仲裁庭提交关于交易标的物用途的其他双方协议或签约过程中向对方表示的单方面要求或声明,即表示该批货物将用于制造蜡烛。

尽管仲裁庭认定了被申请人已交付了合同约定规格指标的货物,同时在该案合同中双方未约定色度和嗅味的质量指标,但这并不意味着被申请人可以交付任何色度和嗅味指标的货物,或者如被申请人所声称的色度和嗅味指标不在其"保证范围之内"。因为被申请人未在合同中或以其他形式公开表明其不对货物的色度和嗅味指标作保证,和不对货物的氧化程度作保证。因此,仲裁庭认为,被申请人应在货物的色度和嗅味质量指标上按通常标准交付,即不应交付已严重氧化的化工专用蜡。根据检验证书证实,被申请人所交付的化工专用蜡绝大部分属于严重氧化的货物。申请人提供的美国D公司致被申请人的函以及两名专家意见都证实严重氧化的石蜡会使品质变坏,影响石蜡的一般用途。上述事实表明,为实现该案合同目的,使被申请人交付的已严重氧化的化工专用蜡适用于其通常的用途,必须经过加工处理,由被申请人承担一定数额的加工处理费用,显然是必要且合理的。

因此,可以看到贸仲仲裁庭在案件中采取的基本思路是,首先仔细审查合同中对于品质及使用目的的专门规定。在没有合同明确约定的情况下,则需考虑双方在订立合同时买方是否将货物使用的特定用途通知卖方,并且在订立合同时应为卖方所知。下一步,即使并不存在合同的明确约定,或者在订立合同时为卖方所知的买方的特定用途,合同货物依然应满足根据《公约》第35条第2款第a项规定的

〔1〕 参见贸仲裁决书2004年1月15日。

同类货物的通常使用目的。而在大多数国际实践中各国法院及仲裁庭均会采用类似的判断方式。[1] 由于《公约》第35条第2款第a项关于商品一般用途的标准过于抽象,在仲裁庭审理中会考虑相关货物的可销售性、行业标准和一般行业惯例的因素。

第五节 《公约》第35条第2款第b项中的特定用途担保

在国际货物买卖当中,由于买方和卖方分属于不同国家,而不同国家对于相关货物的法律及工业标准、卫生标准等可能存在很大差异。这可能导致出口国可以使用的货物,在进口国则可能由于没有达到进口国要求的强制性标准,甚至由于相关的法律规定而无法销售或使用。在这种情况下,双方当事人可能会产生争议,即买方认为卖方销售的货物应当可以实现其订立买卖合同的目的以及在本国使用或销售。而卖方在这种情况下提供的货物不能满足这种合同目的,因而买方主张合同货物构成根本违约而拒收。我们注意到,这种情况下对于《公约》的适用,通常将其归类于《公约》第35条第2款第b项即特定用途的一种。因为如果存在国际性条约或者公约,或者国际性的行业标准,则可能构成一种双方之间的惯例,或者可以归为《公约》第35条第2款第a项当中的通常用途。但如果不存在这样一种国际性的或者买卖双方各自所在国共同采用的一种法律或者行业标准的情况下,买方所在国的特定法律或者行业标准则构成了买方的一种特定用途。在这种情况下,卖方提供的货物需要符合这些法律或者行业标准的前提是,卖方对于买方的这种特定要求在订立合同时是知晓的。[2] 根据德国最高法院的判例指出,《公约》第35条第2款不要求卖方交付的货物必须符合买方所在国特定的公共标准,除非卖方在订立合同时由于某些特殊情况知晓这种标准的存在:(1)卖方所在国采用了同样的标准;(2)买方曾经向卖方提出过这种相关的标准;(3)卖方在买方所在国有分支机构;(4)卖方与买方存在一种长时间的贸易关系。[3]

在贸仲实践中,也曾出现过同样的案例,在2016年玉米买卖合同争议案[4]中,争议涉及美国转基因玉米进口。合同约定的目的港为中国上海外高桥,卖方也确

---

[1] NETHERLANDS:Netherlands Arbitration Institute,15 October 2002.

[2] UNCITRAL Digest of Case Law on the United Nations Convention on Contracts for the International Sale of Goods 2016,p.142.

[3] Supreme Court(Bundesgerichtshof)8 March 1995.

[4] 参见贸仲裁决书2016年5月6日。

认知晓货物将在中国境内使用,将被转卖给中国国内厂商。根据中国国务院《农业转基因生物安全管理条例》第 33 条的规定,卖方作为向中国出口农业转基因生物的境外公司,应当向国务院农业行政主管部门提出申请并获得由国务院农业行政主管部门颁发的农业转基因生物安全证书。而该案项下,卖方没有获得中国政府颁发的批准 MIR162 转基因成分的生物安全证书。由于卖方实际交付的货物含有中国禁止的 MIR162 转基因成分,导致货物不能进口,从而被依法处理。

仲裁庭认为,从卖方在中国和全球范围内长期从事粮食贸易的经验、行业地位以及卖方在其他案件中涉及同类诉讼的情况可知,在订立和履行买卖合同时,卖方知晓并理应知晓中国政府未批准含有 MIR162 转基因成分的玉米进口,其向中国出口含有 MIR162 转基因成分的玉米存在被销毁或退运的风险。因此,卖方主张其不知晓中国关于转基因方面的法律法规或含有 MIR162 转基因成分的玉米会被中国政府退运,不能成为其交付货物行为违约的理由。

在 2006 年铁矿石买卖合同争议案[1]中,合同货物因含有氧化皮而无法在中国入关并被退运,双方争议在于卖方是否违约。卖方认为,"保证货物能够通过中国海关的检验并在中国销售和使用"不是卖方的合同义务或公约义务。首先,合同中并未约定卖方有"保证货物能够通过中国海关的检验并在中国销售和使用"的义务。其次,卖方并未违反《公约》项下的任何义务。(1)"保证货物能够通过中国海关的检验并在中国销售和使用"不构成《公约》第 35 条第 2 款项下的"特定目的"或其他使用目的。(2)买方从未以任何方式通知卖方应"保证货物能够通过中国海关的检验并在中国销售和使用"。在买方没有向卖方指明这一合规要求的情况下,卖方对此不负有任何义务。(3)买方对货物能否"通过中国海关的检验并在中国销售和使用"这一问题并不依赖卖方的技能和判断力,这种依赖对卖方也是不合理的。买方作为常年从事国际铁矿砂交易的中资贸易商,应当在订立合同之时将中国出入境检验检疫局(CIQ)禁止含有氧化皮的铁矿砂通关这一情况明确告知卖方,否则卖方是没有可能对相关问题进行考量和处理的。

买方认为,卖方非常清楚地知道该案合同项下的货物最终将在中国境内使用和销售;另外,双方在该案交易之前还进行过另一笔铁矿石交易,从双方的交易历史和惯例中,卖方也清楚地知晓该案合同项下货物将最终销往中国,其必须满足中国的进关要求。

---

〔1〕 参见贸仲裁决书 2016 年 7 月 13 日。

仲裁庭注意到，该案合同未对货物是否允许含有氧化皮作出约定，卖方在装运港未对货物是否含有氧化皮进行检测。另外，仲裁庭也注意到，买方提交了《巴塞尔公约》和《巴塞尔公约》缔约方名单，根据《巴塞尔公约》第1条第1款第b项的规定，任一出口、进口或过境缔约方的国内立法确定为或视为危险废物的废物，属于《巴塞尔公约》项下的"危险废物"；案涉货物启运地所在国利比亚、卖方营业地所在国瑞士、买方营业地所在国韩国以及合同明确约定的案涉货物卸货港所在地中国均为《巴塞尔公约》的缔约方。

仲裁庭认为，在买卖双方所在国、启运地所在国和卸货港所在国均为《巴塞尔公约》缔约方的情况下，除非合同另有约定，卖方对所卖货物是否属于《巴塞尔公约》框架下的危险废物（或含有危险废物）应尽到合理的注意义务，确保所售货物不存在《巴塞尔公约》框架下的危险废物（或含有危险废物）属于卖方对货物品质的默示担保义务。

该案合同约定的卸货港为中国某港，并约定由中国出入境检验检疫局或中国E公司在卸货港对货物进行检验，买方有理由合理期待合同货物符合在中国通关的要求。

可以看到，各国法院对于类似问题基本达成了共识，那就是在订立合同时，在卖方不知情的情况下，并不能要求卖方提供的货物必须符合买方所在国特定法律法规或行业标准的要求，除非卖方所在国有同样的要求。[1] 但如果在某些特定情况下，卖方有理由知道买方国家的这些法律法规标准的要求，则卖方应当满足相应的要求，以符合《公约》第35条第2款项下的义务。比如，法国法院在一项判决中指出，由于买卖双方之间存在的交易使卖方有理由知道买方所在国相关食品标准的要求，因此应当满足相应的条件。[2] 而在一个从意大利出口至美国的设备器材争议仲裁裁决的执行案件中，针对合同货物没有满足美国相关安全标准的情况，美国法院作出了同样的判决结果。[3]

---

〔1〕 GERMANY: Bundesgerichtshof 8 March 1995, Case Law on UNCITRAL Texts (CLOUT) abstract No. 123.

〔2〕 FRANCE: Grenoble Court of Appeal 13 September 1995, Case Law on UNCITRAL Texts (CLOUT) abstract No. 202.

〔3〕 United States: U. S. District Court 17 May 1999, Case Law on UNCITRAL Texts (CLOUT) abstract No. 418.

第六节　凭样品买卖

《公约》第35条第2款第c项规定的是关于双方凭样品进行的买卖。在凭样品进行买卖的交易中,通常卖方的义务仅限于提交与样品相同的货物。从某种意义上来讲,凭样品买卖相当于某种卖方提供的明示担保,即样品本身说明了相当于《公约》第35条第1款类似的关于货物质量的明示约定。但如果样品存在某些潜在的瑕疵,使其无法满足《公约》第35条第2款第a项的规定,即不能满足同类货物的通常用途,而这种瑕疵又是在通过提交样品本身不能为买方所发现的情况下,卖方依然要对这些潜在的瑕疵承担责任。

在2019年服装买卖合同争议案[1]中,2018年7月31日申请人与被申请人签订了服装买卖合同。申请人所在国化验检验机构于7月30日受理申请人的质量检验请求,于8月2日出具了检验报告。该检验报告显示,GB项目为三色合格,面料检查项目为一色合格,两色不合格。8月3日化验检验机构第二次受理了申请人的质量检验请求,并于8月6日出具了质量检验报告。该检验报告显示,GB项目为三色合格,面料检查项目为三色合格。

被申请人于2018年8月3日寄送了样品给申请人,且于8月7日出货。后由于服装掉色问题,申请人交付给客户的服装成品陆续遭到退货。该案焦点问题主要是,被申请人是否应承担货物质量问题的责任。被申请人认为,合同对货物质量要求仅限于瑕疵"合理范围",其交货是经过申请人确认了样品之后才交货的,不应承担责任。申请人则认为,该案货物质量合格与否应以最终鉴定报告为准。

仲裁庭注意到,关于货物质量标准,该案合同第1条仅作出粗略的约定,即"花型、颜色均允许合理差异。对合理范围内差异提出的索赔,概不受理"。仲裁庭指出,《公约》第35条第2款第c项为样品买卖的相关规定,然而该案是否为样品买卖,合同中没有约定,双方亦均未结合法律和事实进行说明。由此可见,合同和相关公约、法律并没有为该案出现的质量问题给出具体可参照的解决标准。申请人的最终客户要求退货后,申请人提交的9月5日的鉴定报告确实记载了"面料检查:合格(1色)不合格(2色)",但该鉴定报告同时记载"GB项目:合格(3色)"。同时,双方均未能说明不合格的情况是依照什么检测标准认定的不合格。

---

〔1〕 参见贸仲裁决书2019年9月19日。

考虑到该案合同并未就具体的索赔流程、留样等作出约定，申请人对鉴定报告的检测标准没有提供说明，被申请人也不认可申请人提供的检测样本；同时，考虑到如果出货和收货后两次检验结果不同，双方并未随后确定检测样本共同再次提交检测，因此，仲裁庭综合认定，申请人未能证明被申请人提供的货物不符合该案合同约定或法律规定。然而，申请人确实收到最终销售门店的大量退货，在实际销售过程中可能产生了肉眼可见的摩擦掉色问题。另外，无论是出于善意提供服务还是出于其他考虑，双方交涉过程中被申请人也都同意退货，只是在全额退还是部分退还的问题上没有达成一致。仲裁庭认为，在确定被申请人是否承担责任之前仍有必要分析双方交易过程及索赔期问题。

根据被申请人的陈述，双方交易实际上是一个申请人提供品质样品，被申请人生产出布料后提供大货面料及船样给申请人，申请人确认之后被申请人再发货交运的过程。两份检测报告，前者不合格，后者合格，其原因是被申请人第一次送检不合格后对色牢度进行了处理，处理后货品合格。

仲裁庭认为，在出货日(2018 年 8 月 7 日)前，被申请人已使货物达到了双方认可的检验机构的合格标准并顺利交货，申请人也支付了全部货款。之后出现衣物间摩擦掉色问题，究竟是由于被申请人固色处理导致的还是面料本身存在的问题，双方均没有提供相关证据。如果是面料本身的问题，是否是因为申请人提供的样品品质过低，申请人对此没有提供任何说明或证据，被申请人的实物(样品)证据亦不足以令人作出对其有利的判断。综上所述，在证据不完善的情况下，仲裁庭无法支持申请人要求被申请人承担掉色责任的主张。

根据贸法会 2016 年《判例法摘要汇编》中提供的案例，不同国家对于究竟是买方还是卖方承担证明货物与合同约定不符的举证责任问题，存在不同观点。[1] 而一般来讲，卖方有义务证明在风险转移前货物符合合同约定，而买方有义务证明其

---

〔1〕 U. S. Court of Appeals(7th Circuit), United States, 23 May 2005(Chicago Prime Packers, Inc. v. Northam Food Trading Co.), available on the Internet at www. cisg. law. pace. edu; Oberlandesgericht Köln, Germany, 12 January 2007, English translation available on the Internet at www. cisg. law. pace. edu; Chambre Arbitrale de Paris, France, 2007(Arbitral award No. 9926), available on the Internet at www. cisg. law. pace. edu. CLOUT case No. 103 [Court of Arbitration of the International Chamber of Commerce, 1993(Arbitral award No. 6653)]; CLOUT case No. 934 [Tribunal cantonal du Valais, Switzerland, 27 April 2007](see full text of the decision); CLOUT case No. 721 [Oberlandesgericht Karlsruhe, Germany, 8 February 2006]; CLOUT case No. 894 [Bundesgericht, Switzerland, 7 July 2004](see full text of the decision); CLOUT case No. 885 [Bundesgericht, Switzerland, 13 November 2003].

在接收货物后根据《公约》第 38 条及第 39 条的规定,即及时提出了货物不符通知及证据。[1] 在该案中所显示的情况及双方当事人提供的证据存在冲突的情况下,正如该案仲裁庭所指出的,还需要进一步提供证据,分析具体造成两者之间的差异的原因,以及货物是否与合同约定相符。而在贸仲仲裁实践中,仲裁庭还是基本上采用了"谁主张,谁举证"的基本举证原则。

第七节 货物的包装

对于路途遥远的国际货物买卖交易来说,包装确实具有重要意义。包装用于保有和保护货物的功能,有缺陷和缺点的包装将会导致货物本身的缺陷。根据《公约》第 35 条第 1 款的规定,包装方式应当符合合同约定;当双方当事人的合同中对于包装未作约定,根据《公约》第 35 条第 2 款的规定,卖方应当采用足以保全和保护货物的方式进行包装。

在 2015 年钢卷买卖合同争议案[2]中,买方认为,根据该案合同约定,该案货物包装为标准出口包装,应当适合于远洋运输,而货物的生产厂家中国 F 公司的出口包装标准采用纸质卷芯,不符合同货物在国际贸易中的包装惯例,存在严重缺陷。同时,按照《公约》第 35 条第 2 款的规定,卖方应当采用足以保全和保护货物的方式进行包装。根据货物损坏情况,该案货物包装既不符合合同约定,也不符合《公约》的规定。卖方则认为,该案合同约定的货物包装要求为工厂标准出口包装,该案货物的包装就是货物生产商中国 F 公司的标准出口包装。另外,中国 F 公司的标准出口包装符合国家标准,国家标准中没有要求使用钢质卷芯的要求。

仲裁庭注意到,双方当事人约定卖方按照货物生产厂家的标准出口包装要求,对该案货物进行包装,同时,双方对于该案货物的外包装还要求"以 PP 防护纸和钢质护板,包角保护"。但是买方提出,中国 F 公司的出口包装标准存在严重缺陷,因为使用纸质卷芯不符合同类货物国际贸易中的包装惯例,因此不应当在该案合同中适用该标准。

仲裁庭指出,由于《公约》没有相应规定,根据《中华人民共和国标准化法》(以下简称《标准化法》)和《中华人民共和国标准化法实施条例》(以下简称《标准化法

---

[1] UNCITRAL Digest of Case Law on the United Nations Convention on Contracts for the International Sale of Goods 2016, p. 143.

[2] 参见贸仲裁决书 2015 年 6 月 11 日。

实施条例》)关于标准化要求的规定,仲裁庭认为,工厂出口包装标准须不低于中国的国家标准、行业标准中的强制性标准。关于该案货物包装是否符合该案合同约定的工厂标准出口包装,即中国 F 公司的标准出口包装,仲裁庭查明,根据卖方提供的货物生产厂家的包装明细、货物生产厂家的产品质检单、货物生产厂家的产品包装规范的内容,该案货物的包装符合货物生产厂家的标准出口包装要求,且货物里、外、侧面均以钢质护板包裹,里、外、侧均有钢质护角包边,并以横向捆扎 4 道钢带,纵向捆扎一道钢带加以固定,带钢内径带有防塌纸筒。故仲裁庭认为,该案货物的包装符合该案合同约定的工厂标准出口包装。

在适用《公约》第 35 条第 1 款的时候,贸仲仲裁庭除依据当事人在合同中的明示规定外,还会借助合同中的其他条款,或者是双方形成的贸易惯例做法,来确定当事人包装的约定究竟是什么。如果合同约定的过分简单,则进一步根据《公约》第 35 条第 2 款第 d 项的规定,仲裁庭会考虑到在实践中货物的运输需要,考察当事人的真实意思表示。贸仲仲裁庭在实践中会参考《公约》第 9 条的规定,即当事人应视为已默示地同意对他们的合同适用双方当事人已知道或理应知道的惯例。仲裁庭还会同时考虑《公约》第 35 条第 2 款的规定,货物按照同类货物通用的方式装箱或包装,如果没有此种通用方式,则按照足以保全和保护货物的方式装箱或包装,除非当事人另行达成协议,而这取决于相关货物的种类和质量,更取决于运输的类型和持续时间、运输过程、目的地国家的气候状况等因素。

在 2012 年钢管买卖合同争议案〔1〕中,合同约定该案的货物即套管应当采用裸装(Naked Package)方式包装。卖方认为,裸装仅是指套管本身无须附加单独的包装,并无其他特殊含义,认为裸装即将套管直接装入集装箱固定而不对其另做单独包装。卖方指出,裸装是中国出口石油套管在包装方式上的标准做法和行业惯例,也是该案当事人之间多笔套管贸易的习惯做法。买方一直对此予以认可和接受。没有相反证据证明买方在该案争议发生之前曾要求卖方更换装箱方式。

买方认为,所谓裸装,仅是指套管本身出厂时不需要进行外包装,并不意味着套管在集装箱内也不需要进行任何包装。卖方的证人在庭审中也指出,涉案套管在天津新港装船前,必须在集装箱内进行妥善包装,否则承运人不予装船。买方主张,无论涉案套管是因在集装箱内未得到妥善包装而在运输过程中发生货损,还是在装箱过程中因装箱方法不对而发生货损,均应由卖方承担责任。另外,买方还主

〔1〕 参见贸仲裁决书 2012 年 7 月 17 日。

张,该案套管应当按照北美地区通用标准进行装箱和包装。该等装箱和包装方式是美国铁路协会货损预防和货运索赔委员会(Damage Prevention and Freight Claim Committee Association of American Railroads)在其颁布的文件项下规定的标准装箱和包装方式,在北美地区包括加拿大被强制适用,该等装箱和包装方式早已成为北美地区的通用标准和行业惯例。对此,卖方作为一家在美国得克萨斯州注册的公司,应该知悉。而且卖方也知道该案套管根据合同将运至加拿大,故其销售的套管应符合加拿大或北美地区的标准和要求。

仲裁庭认为,根据《公约》第 35 条第 1 款的规定,卖方交付的货物必须按照合同所规定的方式装箱或包装。然而,仲裁庭注意到,该案合同包装条款约定得过分简单,在文字上仅表现为"naked"一词而已。在实践中,套管通过集装箱装运,还需采取必要的防护措施。这是该案双方均认可的事实和要求。根据《公约》第 35 条第 2 款的规定,货物应按照同类货物通用的方式装箱或包装,如果没有此种通用方式,则应按照足以保全和保护货物的方式装箱或包装。据此,仲裁庭认为,就该案套管的装箱及包装要求,无论行业标准如何,无论是否有国际或区域通用的行业标准,无论是卖方主张的天津港通用的裸装做法还是买方主张的北美地区标准,无论双方之间其他非该案合同项下的套管装箱包装安排是否与该案合同项下的套管装箱包装实际做法一致,也无论该案双方就套管"货物通用的方式装箱或包装"是否存在不同理解,作为卖方,按照《公约》该条款的规定,其合同义务就是要对该案套管采用"足以保全和保护货物"的装箱或包装方式,即套管的包装和装箱安排应足以保护套管的安全,使其在运输过程中不致遭受损坏。具体到该案而言,检验报告中有明确的检验意见,即套管在集装箱内未被适当有效固定,套管在运输途中出现前后蹿动,撞击未加保护衬板的一侧集装箱壁,导致套管受损。因此,可以说检验报告证明了卖方对该案套管的实际包装或装箱做法没有达到《公约》规定的"足以保全和保护货物"的要求和程度。

可以看到,与贸仲仲裁庭的观点一致,考虑到相关货物的包装要经过长途的国际运输以及在买方所在国运输或者销售的需要,在实践中相当多的法院或者仲裁庭对于卖方在国际货物买卖中的运输包装提出了很高要求。有法院认为,《公约》第 35 条第 2 款第 d 项适用于当事各方未能在其合同中规定包装要求的情况,该规定一般是指卖方国家现行的包装标准。[1] 在一个法国作出的关于奶酪买卖的争议

---

〔1〕 CLOUT case No. 1236 [Oberlandesgericht Saarbrücken, Germany, 17 January 2007].

判决中,法院认为,卖方知道货物将在买方国家转售,而该奶酪包装不符合该国国家食品标签规定,因而货物被认为不符合《公约》第35条第2款第d项的要求。[1]作为总体原则,尽管在运输时根据合同约定买方承担损失的风险,但如果卖方没有履行充分包装货物的义务,就意味着卖方应对运输过程中发生的损坏负责。[2]

八、卖方违反合同的补救办法

《公约》第45条明确了卖方违约时买方可能获得的救济手段,包括实际履行、解除合同、损害赔偿和要求减价。除减价外,其他的救济手段可能涉及卖方所有的义务,特别是还会涉及相关文件义务。《公约》第45条第2款还明确规定了损害赔偿请求权和其他权利的共同行使,包括解除合同,主要涉及第46条至第52条。这些条款对于违约类型的适用作了区分,《公约》第46条第2款、第49条第1款第a项和第51条第2款适用于根本违反合同的情况。《公约》第49条第1款第b项仅适用于未交付货物的情况,《公约》第51条涉及部分不履行,《公约》第52条涉及提前交货和超额交货。[3] 与许多国家合同制度不同的是,根据《公约》的规定,要求损害赔偿的权利并不取决于违约方是否存在任何种类的过失,它的前提仅仅是客观上未能履行合同义务。[4]

第一节　买方的选择权

在2004年食品买卖合同争议案[5]中,买方在验货后发现货物瑕疵,以货物质量不符合合同为由要求解除合同。卖方对此不同意,尽管卖方承认货物有缺陷,但认为总体是好的。

仲裁庭注意到,卖方曾几次提出以降价或分类降价解决双方的纠纷,最后还提出全部降价10%处理货物,但这些要求均遭到买方的拒绝。仲裁庭认为,要求降价是卖方违反合同时买方的救济方法之一,应由买方决定是否采取此方法。而且,买

〔1〕 CLOUT case No. 202 [Cour d'appel, Grenoble, France, 13 September 1995].

〔2〕 UNCITRAL Digest of Case Law on the United Nations Convention on Contracts for the International Sale of Goods 2016, p. 143.

〔3〕 UNCITRAL Digest of Case Law on the United Nations Convention on Contracts for the International Sale of Goods 2016, p. 218.

〔4〕 Official Records of the United Nations Conference on Contracts for the International Sale of Goods, Vienna, 10 March – 11 April 1980 (United Nations Publication, Sales No. E. 81. IV. 3), 37.

〔5〕 参见贸仲裁决书2004年6月24日。

方有权选择以其他方法解决问题,如退货。卖方要求降价的原因之一是,货物的销售渠道有限,若买方不要货卖方将很难处理。但仲裁庭认为,如果货物完全不能被接受,卖方不能为维护自身的利益而要求买方必须接受降价的处理救济方式。

卖方提出降价要求的另一个原因是,为了双方的长期友好关系和拓展双方的业务。但仲裁庭指出,为了双方的长期友好关系和拓展业务,卖方更应注重货物质量;如果质量问题影响双方的声誉和将来的业务,迁就反而会导致不好的结果,所以该原因作为降价理由也不能成立。

第二节　买方要求卖方履行合同

只要买方没有采取其他与实际履行合同请求相冲突的救济手段,而且买方的权利没有因为发出瑕疵通知迟延而丧失,买方都可以要求卖方履行合同。但是,实际履行有可能因为《公约》第 28 条的规定而无法实现,或是在买方已经有效解除合同时被排除。事实上,确定实际履行的范围是起草统一规则过程中遭遇的最难以解决的问题之一。起草《公约》时,第 28 条实际上是吸纳了 1964 年海牙《国际货物销售统一法公约》第 7 条第 1 款和第 16 条原条款的内容。最终,《公约》第 28 条本质上是迁就了普通法对于实际履行的限制性态度,但同样也允许大陆法系国家的法院可以根据其自身的法律作出实际履行的判决。[1] 因此,只有当法院地法律对于国内类似的货物销售合同提供实际履行的救济,且受理争议的法院愿意作出实际履行的判决时,法院才会对受《公约》管辖的货物销售合同作出实际履行的判决。

另外,买方还可以根据《公约》第 47 条向卖方提供宽限期(Nachfrist)让卖方履行义务。《公约》第 47 条规定:"(1)买方可以规定一段合理时限的额外时间,让卖方履行其义务。(2)除非买方收到卖方的通知,声称他将不在所规定的时间内履行义务,买方在这段时间内不得对违反合同采取任何补救办法。但是,买方并不因此丧失他对迟延履行义务可能享有的要求损害赔偿的任何权利。"第 47 条第 1 款类似于德国法上的宽限期制度。该条款补充了《公约》第 46 条规定的要求履行义务的权利,第 47 条的实际意义主要在于,如果卖方在按照《公约》第 47 条确定的额外时间期满前未能交付货物,买方可根据《公约》第 49 条第 1 款第 b 项规定宣告合同无

〔1〕 Commentary on Article 28 by Senior Legal Officer, International Trade Law Branch, United Nations, http://www.cisg.law.pace.edu/cisg/text/secomm/secomm-28.html, last visited: May 31, 2020.

效。中国《合同法》第94条有类似的规定,“有下列情形之一的,当事人可以解除合同……(三)当事人一方迟延履行主要债务,经催告后在合理期限内仍未履行……”。《民法典》第563条也有同样的规定:“有下列情形之一的,当事人可以解除合同:……(三)当事人一方迟延履行主要债务,经催告后在合理期限内仍未履行……”

在2005年钼铁买卖合同争议案[1]中,卖方称,由于矿山被查封以及该地区连续大雨,致使生产所需的原材料无法采购;由于环保问题,其原料供应场被下令停止生产。以上原因导致卖方不能按期履行合同。买方随即补货并要求卖方承担相关损失。但是卖方认为,申请人应该给予卖方额外的时间,适当调整价格后由卖方继续履行合同,因为申请人仅需向其下家支付违约金即可;申请人认为其在合理时间内补货正是减少损失的举措。

贸仲仲裁庭认为,在卖方所主张的不可抗力不能成立的前提下,卖方应承担其相应的合同违约责任。守约一方有权选择违约方承担违约责任的方式,同时根据《公约》第46条、第47条的规定,在卖方违约的前提下买方可以而不是必须要求卖方继续履行义务、不是必须给予卖方一段合理的额外时间,让卖方继续履行义务。在该案中,申请人作为守约的买方选择采取补货这一补救措施并无不当。

此外,《公约》第46条第1款规定的要求履行义务的一般权利,并未规定需要在特定期限内主张,与该条第2款和第3款的明确要求不同。曾有法院认为,这一空白应通过诉诸《国际商事合同通则》第7.2.2条来填补,因为该通则要求在合理时间内提出请求。[2]

第三节　买方宣告合同无效的权利

《公约》第49条规定了买方何时可以宣告合同无效。(1)如果卖方未能履行其在合同或本公约中的任何义务,等于根本违反合同第49条第1款第a项;或(2)卖方不交货,或者在买方按照第47条第1款规定的额外时间内仍然不交付货物。为了宣告合同无效,买方还必须发出宣告合同无效的通知,否则就不产生合同无效的后果。这一条款和公约其他数个条款有密切联系,如《公约》第25条关于宣告合同

---

〔1〕 参见贸仲裁决书2005年2月22日。

〔2〕 2 International Arbitration Court of the Chamber of Commerce and Industry of the Russian Federation, Russian Federation, 30 January 2007, Unilex.

无效的前提即根本违约的规定、第 26 条宣告合同无效通知的规定以及第 81 条至第 84 条规定的宣告合同无效的效果。

卖方的违约情形，可能发生在整个合同履行过程中，可以体现为不交货、迟延交货和瑕疵交货。瑕疵交货可能涉及货物数量、品质、规格、履行时间、方式等不符合合同约定。由于合同的约定纷繁复杂，卖方违约的情形需具体依照合同约定加以判断，以决定买方是否可以解除合同。

宣告合同无效对于确定买卖双方在合同履行过程中的谨慎义务和重新处置货物的责任有重要的实践意义。如果因卖方迟延而宣告合同无效，滞期费和仓储费就会发生，货物将会面临不必要的损失或灭失的风险，而且市场价格也可能降低。买方宣告合同无效的迟延将会推迟卖方修理或处置货物的时间，也会增加费用和风险。

《公约》第 49 条第 2 款第 b 项适用于除迟延交付外的其他违约行为，特别是到达的货物不符合合同的情形，基本的规则是“宣告合同无效必须在买方知道或者应当知道违约后的合理时间内进行”。同时，买方应当知道违约的时间可能会受到《公约》第 38 条的影响。当然，也有相当一部分判决认为，在特定情况下，由于卖方不履行合同的意图非常明确，如果卖方已经明确拒绝履行合同，买方就不一定必须发出解除合同的通知，因为这可能有悖诚信原则。[1]

1. 迟延交货

对于迟延交货来说，如果买方给卖方合理时间要求其履行，但是迟延履行一方仍然在此期限内不履行，此种情况下构成根本违约，另一方有权宣告合同无效。对于季节性或时间性要求很高的货物，迟延履行将对买方无意义，买方已经丧失其期待得到的东西。这种情形将构成根本违约，买方有权宣告合同无效。

在 2006 年水陆两用车设备合同争议案[2]中，卖方交付的水陆两用车经其派来技术人员两次调试均未成功。该车辆存在设计和质量问题。由于该水陆两用车买方无法按时投入使用，而买方购买该水陆两用车的目的是用于特定期间的展示，错过展示期则合同目的落空，并且买方这一要求，签订该案合同时卖方是知晓的，也是按此确定的合同中的车辆交付期。因此，在特定日期收到货物是买方的合同目的，卖方的迟延交货就会构成根本违约。

---

〔1〕 GERMANY：Oberlandesgericht Hamburg 28 February 1997，CLOUT No. 277.

〔2〕 参见贸仲裁决书 2006 年 12 月 26 日。

2. 瑕疵履行

如何界定瑕疵履行和买方宣告合同无效是一个较困难的问题,这也是导致国际货物买卖合同纠纷的主要争议之一。《公约》第25条关于根本违约的规定本身就带有一定的抽象性,"有权期待得到的东西""可预见"等都是具有主观因素的标准,因此需要裁判者根据《公约》的规定在具体案例中予以解释和界定。

结合实践中出现的案例可以看出,贸仲仲裁庭判断瑕疵履行和买方宣告合同无效之间关系时,会衡量买方所遭受的实质损害的后果。如果货物的缺陷无法修补,通过降价的方式也无法销售,或者无法以任何合理的、成本相对较低的方式对买方予以弥补时,才认定一方将从实质上丧失依据合同有权期待得到的利益,卖方将构成根本违约。在贸仲实践中,以下情形曾被认定为根本违约的典型实质性损害后果。

(1)货物违反买方所在国的强制性规定被退运和销毁

在2015年玉米买卖合同争议案〔1〕中,卖方未尽到法定义务,违反中国法规的强制性规定,并且卖方知道或应当知道这种强制性法规的存在,导致买卖合同项下货物因含有中国禁止的转基因成分而被退运或销毁,属于卖方在买卖合同项下的根本违约。根据《公约》第49条的规定,仲裁庭认为,买方有权宣告买卖合同无效。

如果不符合合同约定是由于卖方在货物中添加物质造成的,而添加物质在买卖双方的国家都是非法的,则会给予买方宣告合同无效的权利,我们看到德国和法国的法院均作出过类似的判决。〔2〕

(2)买方合同目的无法实现

在2006年水泵买卖合同争议案〔3〕中,申请人主张,被申请人提供的水泵材质与该案合同要求的型号不符,该案合同要求泵壳、电机外壳、导叶体、进水室采用GG25灰铸铁,而交付的泵壳、电机外壳、导叶体、进水室均使用Q235普通碳钢,从根本上达不到防腐蚀的要求。被申请人对于其提供的水泵存在材质不符的问题并无异议,但认为货物材质Q235与合同约定的材质GG25的防腐性能大致相同,并可以通过表面防腐处理提高材质的抗腐蚀性能。

---

〔1〕 参见贸仲裁决书2015年9月29日。

〔2〕 8 CLOUT case No. 150 [Cour de cassation, France, 23 January 1996]; CLOUT case No. 170 [Landgericht Trier, Germany, 12 October 1995].

〔3〕 参见贸仲裁决书2006年8月3日。

对此，仲裁庭认为，被申请人所供货物的材质与该案合同明确约定的货物材质不同，在这一点上而言，被申请人已经违约。至于被申请人所交货物材质不符是否构成根本违约，则需考察材质不符的程度，以及双方关于材质的约定对于实现合同目的的重要性。在专家意见中，仲裁庭得出被申请人供货材质违反合同约定对于申请人实现合同目的产生了影响的结论。

该案双方对于最终用户拒收货物的事实并无异议。在最终用户拒收前，双方曾试图通过协商解决履行合同过程中产生的争议，被申请人在协商过程中提出可以进行补救，但拒绝申请人更换全部材质不符货物并赔偿损失的方案，最终由于错过雨季且双方差距较大等原因，双方未能达成任何协议。仲裁庭认为，该案申请人订立合同的目的，或者说根据合同规定有权期待得到的利益，是作为卖方的被申请人提交符合双方约定的货物，以使申请人的合作方 D 公司可以履行与最终用户中国 G 公司的合同。在合同订立时，被申请人对此也是知情的。由于被申请人所交货物的材质不符，直接导致了最终用户拒收货物，并通过诉讼方式追讨相关损失，实际上致使申请人无法实现合同目的，或者说，实际上剥夺了其根据合同有权期待得到的东西。因此，根据《公约》第 25 条的规定，被申请人提供的货物材质不符合该案合同约定，已经构成根本违反合同。

由此可见，其实有相当多的国家法院判决均认为，卖方不履行交付符合合同约定货物这一核心义务以外的约定义务均可能导致根本违约的发生。[1] 因此，与上述贸仲裁决的主要考察因素一致，需要关注违约行为对于买方合同目的的影响。在确定违约是否属于根本违约方面，争议最多的问题是交付有缺陷的货物。根据贸法会 2016 年《判例法摘要汇编》，在相当多的判决中，如果买方可以使用或转售卖方交付的合同货物，并且没有不合理、不便的情形，就不再判定构成了根本违约。[2] 另外，如果通过合理的努力买方仍不能使用或转售不符合同约定的货物，卖

---

〔1〕 CLOUT case No. 282 [Oberlandes gericht Koblenz, Germany, 31 January 1997]; CLOUT case No. 217 [Handelsgericht des Kantons Aargau, Switzerland, 26 September 1997]; CLOUT case No. 154 [Cour d'appel, Grenoble, France, 22 February 1995]; CLOUT case No. 123 District of Louisiana, United States, 17 May 1999] (citing CLOUT case No. 123); CLOUT case No. 752 [Oberster Gerichtshof, Austria, 25 January 2006].

〔2〕 UNCITRAL Digest of Case Law on the United Nations Convention on Contracts for the International Sale of Goods 2016, p. 232.

方构成根本违反合同,买方有权宣告合同无效。[1] 当然,需要考虑的是,如果处理这些瑕疵货物超出了买方正常的业务范围,买方没有义务接受这些货物,但可以宣告合同无效。[2]

(3)补救不成功

在2002年设备生产线买卖合同争议案[3]中,仲裁庭认定卖方未能根据合同约定按时交货,而且交付的生产线存在缺件现象;而由于严重质量问题,至争议解决时仍未能通过调试,无法正常生产使用,卖方的行为已构成根本违约,应承担相应的违约责任。

在2004年设备买卖合同争议案[4]中,买方主张双方按照最终用户的特殊要求,在该案合同及其相关附件中约定了设备的具体规格和工艺要求,因此,合同项下的设备为不可替代的特定物。卖方向买方交付的设备与合同约定的标准不符,并且虽经多次检测和维修,买方仍无法使用该设备投入正常的生产和经营,无法生产出合格的零件产品。因此,仲裁庭认定,卖方因自始提交了不合格的且无法替换和修补的设备,使买方签订合同时所期望达到的合同目的落空,从而构成根本违约。

(4)违约的情节和严重程度

在2007年设备买卖合同争议案[5]中,锤头属于细碎机中的关键部件,而被申请人提供的锤头不符合该案合同的约定:此种不符达到了设备重量公差的10%以上,而该案合同许可的设备重量公差仅为±2%。鉴于这种情况,仲裁庭认为,被申请人的违约构成了《公约》所规定的根本性违约。

在2019年钢管买卖合同争议案[6]中,被申请人交付的104根钢管中,大部分钢管(至少有67根钢管)不符合采购合同的质量标准,且根据检验报告,某些钢管的多项指标的检测结果均不符合合同约定。此外,申请人在转售涉案货物时亦被

---

〔1〕 Cour d'appel de Paris, France, 25 January 2012, available in French on the Internet at www. cisg-france. org and, on appeal; CLOUT case No. 79 [Oberlandes gericht Frankfurt a. M., Germany, 18 January 1994]; CLOUT case No. 892 [Kantonsgericht Schaffhausen, Switzerland, 27 January 2004].

〔2〕 UNCITRAL Digest of Case Law on the United Nations Convention on Contracts for the International Sale of Goods 2016, p. 232.

〔3〕 参见贸仲裁决书2002年11月6日。

〔4〕 参见贸仲裁决书2004年4月23日。

〔5〕 参见贸仲裁决书2007年5月22日。

〔6〕 参见贸仲裁决书2019年3月29日。

案外人拒绝收货。因此,仲裁庭认为,被申请人的违约行为实际上剥夺了申请人根据合同约定有权期待得到的东西,构成根本违约。

九、买方义务

第一节　买方的付款义务

《公约》第53条规定,买方必须按照合同和本公约规定支付货物价款和收取货物。根据这一规定,贸仲仲裁庭认为,付款是买方的最基本义务之一,买方的付款义务是绝对的,买方不能随意寻找借口不履行付款义务。当原定的付款方式不能实现的时候,买方依然应积极解决问题以完成付款的义务。

在2002年螺纹钢买卖合同争议案[1]中,合同规定买方应在1999年2月9日前按每吨10美元计算的金额将8万美元汇入卖方指定的银行账户。卖方在1999年2月6日将银行账户通知了买方。但是买方直到2月26日才将8万美元交中国工商银行办理,而卖方则是在3月3日才收到该笔汇款。对于买方延迟支付8万美元这一事实,双方并无争议。双方的争议在于,卖方主张买方违约,买方称这是因为依据中国的外汇管制规定,必须要有卖方的正本发票,而买方直到2月12日才收到卖方寄来的正本发票,由于春节假期,所以只能到2月26日才汇出,因此不应由买方承担责任。

仲裁庭认为,依据合同约定,按每吨10美元计算的金额(8万美元)的支付,并没有规定卖方须先提交正本发票,而中国的外汇管制法规中有提交正本发票的要求,这应该是买方知道而卖方并不知道的(买方没有提交任何证据证明卖方应该知道中国的外汇管制有此要求)。因此,涉及正本发票而使汇款延迟,是买方没有在合同约定里明确提出的过错,与卖方无关。至于恰遇春节假期,也不是由卖方造成的。因此,8万美元的延迟汇出的责任在于买方一方,应认定为买方违约。

在2005年羊毛买卖合同争议案[2]中,合同支付条款约定,装船前1个月买方应开出不可撤销跟单信用证,受益人为卖方。2003年6月18日卖方向买方发出传真告知合同货物备妥待运,催促买方开证。2003年8月21日卖方向买方再次发出传真称在2003年6月18日函后,卖方仍未收到根据合同条款使货物可以装运的任

[1] 参见贸仲裁决书2002年2月4日。
[2] 参见贸仲裁决书2005年9月16日。

何信用证,再次催促开证。买方提出,其没有进出口经营权无法开具信用证,所以无法履行合同。而且买方还声称没有收到过卖方催开证的信函。

仲裁庭认为,合同支付条款中明确约定买方应在"装船前1个月通过电传开出不可撤销跟单信用证",而且买方在合同文本上写明"我方已接受"的文字下签了字,这就表明在买方签字时已明确接受了装船前1个月开出信用证的合同条款的约束,所以买方在未依据合同约定履行开证义务构成违约的情况下,再以其没有进出口经营权为由而提出无法履行合同的主张,仲裁庭不予支持。仲裁庭认为,买方应想办法通过某种适当的方式履行其开证义务。而且仲裁庭着重强调,在国际货物买卖合同的履行中,买方履行开信用证的义务不是以卖方是否发出过催开信函为条件的,如果买方未依合同约定开证就构成严重违约。

在2005年某买卖合同争议案[1]中,申请人对未能完全履行支付货款义务的事实予以认可,但其坚持认为,其之所以未能按照合同的约定支付余款,是因为被申请人未能按照约定向其提供出口货物报关单,因而不符合国家外汇管理部门关于保税区外汇管理的相关规定,以致其无法继续支付货款。仲裁庭注意到,以收到出口货物报关单为付清余款之条件的约定源自该案被申请人与中国C公司于2003年4月15日签订的协议书。协议书中约定,中国C公司作为申请人的全权代理,负责该案合同项下货物出口的一切业务,被申请人同意中国C公司代理申请人按合同支付货款及相关款项,并代申请人与被申请人结算合同尾账,在签订合同后5个工作日内,中国C公司先支付给被申请人10%的预付款,中国C公司在收到被申请人出口货物报关单后付清其余货款。协议书中还载明"本协议书是合同不可分割的一部分"。

仲裁庭认为,协议书的内容应视为该案合同双方对于合同项下货款支付方式的具体安排。但需指出的是,尽管上述协议书中约定了中国C公司代理买方支付该案合同项下的相关款项,但在买方的代理人无法直接履行该付款义务时,不应因该协议书中的约定免除或抵消买方在本合同项下应履行的付款义务。合同双方当事人均应积极、善意地履行合同义务,就该案而言,即使卖方未提供出口货物报关单,买方及其代理人均有义务及时催告而不是放任,以避免损失扩大的义务。

[1] 参见贸仲裁决书2005年2月24日。

第二节 履行合理的支付价款的步骤和手续

《公约》第 54 条规定:“买方支付价款的义务包括根据合同或任何有关法律和规章规定的步骤和手续,以便支付价款。”贸仲仲裁庭在实践中的通常观点认为,买方对付款义务的具体履行首先应看合同的约定,同时还需要考虑支付方式的特点以及国际贸易的实践做法,尤其是和卖方发货之间的关联。实际上,根据贸法会 2016 年《判例法摘要汇编》,不同国家对于《公约》第 54 条有不同理解,即第 54 条是否仅仅要求买方履行满足付款先决条件的必要步骤,但并不自动使买方对结果负责? 或者说,如果实施的措施不成功,买方是否违反了其义务? 不同国家对这些问题的理解是存在分歧的。[1] 大多数法院及仲裁庭都采用了对于买方来说更苛刻的标准,即买方在采取步骤和遵守付款所需的手续的同时应保证付款得以执行。比如,在一个俄罗斯商事仲裁庭作出的仲裁裁决中,买方指示其银行进行转账,但没有获得自由兑换的货币,因而主张其无法履行合同,故应于免责。而仲裁庭认为,根据《公约》第 54 条的规定,买方应当完成任何法律法规所要求的步骤手续,以便完成支付货款,关于外汇管制的限制,除非在合同中明确列为免责事由,否则不能构成免除支付义务的有效抗辩。[2]

1. 交易习惯与履约过程

在 2009 年纺织品买卖合同争议案[3]中,双方在合同中约定全额 T/T 付款,但对 T/T 付款时间未作约定。据此,卖方称:“根据卖方与买方长期交易过程中形成的惯例,凡属 T/T 付款方式的,都是卖方首先将货物交给买方指定的承运人,并将该次发货的商业发票传真至买方,待买方通过银行付款给申请人之后,卖方再将全套商业发票及提单等单据交给买方……”而买方则辩称:“……在 T/T 付款方式的情况下,买方是先收到相应的单据再支付货款,对此,虽然没有明文规定,但是显然双方已形成先单后款的交易惯例,在卖方未交单的情况下,买方不具付款义务……”

对此,仲裁庭认为,T/T 付款方式是汇款人委托银行,以电信或环球同业银行金融电讯协会(Society for Worldwide Interbank Financial Telecommunications,

[1] UNCITRAL Digest of Case Law on the United Nations Convention on Contracts for the International Sale of Goods 2016, p. 257.

[2] International Commercial Arbitration Court at the Chamber of Commerce and Industry of the Russian Federation, Russian Federation, 17 October 1995 (Arbitral award No. 123/1992).

[3] 参见贸仲裁决书 2009 年 6 月 9 日。

SWIFT)网络方式指示汇入行解付一定金额给收款人的一种结算方式。在国际贸易中,采用T/T付款方式有别于信用证支付方式,T/T付款方式是建立在商业信用基础上,何时汇款,即汇款时间必须在合同中加以具体约定。如果合同没有规定,根据《公约》第58条第1款的规定,“如果买方没有义务在任何其它特定时间内支付价款,他必须于卖方按照合同和本公约规定将货物或控制货物处置权的单据交给买方处置时支付价款。卖方可以支付价款作为移交货物或单据的条件”。

至于国际贸易实务中,当双方当事人采用T/T方式付款,而合同又无约定汇款时间时,通常在卖方信任买方的情况下,可以由卖方先向买方交单,然后买方凭单通过银行汇款至卖方。在买方信任卖方的情况下,也可以由买方先向卖方汇款,然后在卖方收到款项后再向买方交货交单。因此,T/T付款方式在没有约定汇款时间的情况下,不存在“先单后款”或“先款后单”的必然做法,而完全取决于买卖双方的商业信誉。

具体到该案,2007年7月至2008年7月,卖方与买方之间确有长期交易的这一事实。该案合同是双方在2008年5月达成的,卖方是在2008年6月和7月发出的货物,其签约日期和发货日期晚于以往双方之间存在的交易,而买方在之前的交易中确实存在拒付货款的情形。证据也显示,合同履行过程中,在卖方发出了该案合同项下的货物,即卖方已将该FOB合同项下货物交给买方指定的承运人之后,买方却以案外第三人的货物存在质量问题为由,拒绝支付卖方已失去控制权的货物的货款,这一行为直接导致了卖方对买方的信誉质疑,为保护自身的利益,在没有获得买方承诺支付合同项下货款时,不向买方交单是合法合理的。因此,仲裁庭认为,买方在收到了合同项下货物后至今未付款构成违约。

贸法会2016年《判例法摘要汇编》认为,《公约》第58条第1款规定了货物(或控制其处置的单据)同时移交和支付价款的默认规则,当卖方将控制其处置的货物或单据交付给买方处置时,买方必须支付价款。[1] 有相当多的法院与上述贸仲仲裁庭的观点一致,即如果买方不按照《公约》规定的时间支付价款,则卖方可以拒绝将控制其处置的货物或文件移交给买方。因此,在这种情况下,卖方有权保留货物或控制货物所有权的单据。当合同没有明确约定时,在适用《公约》第58条第1款的情况下,法律的基本原则是同时交付货物和支付价款,但具体的案件中需要裁判

〔1〕 UNCITRAL Digest of Case Law on the United Nations Convention on Contracts for the International Sale of Goods 2016, p. 271.

者综合考虑合同条款、行业惯例和当事人之间的交易习惯。除非另有约定,否则卖方有权保留货物或控制其处置货物的单据,直到买方付清货款。[1]

2. 信用证付款

信用证是最常见的国际货物买卖交易买方支付价款的方式。一旦合同约定用信用证付款,买方就负有及时向卖方开立信用证的义务。[2] 在通常情况下,买方开立信用证是卖方履行其交货义务的先决条件。如果买卖合同具体规定了开立信用证的日期,买方必须在规定日期开出信用证。如果合同没有规定买方开证的具体日期,而只规定卖方的装运期限,买方应在装运期限开始之日以前的一个合理时间内给卖方开出信用证,或者最迟亦应当在装运期限开始的第一天给卖方开出信用证。否则,卖方同样有权拒绝交货并追究买方的违约责任,或者要求相应延长装运期限。从大多数案件来看,在信用证支付的货物买卖合同当中,买方开立信用证的义务通常被认为是一项绝对义务。裁判者并不会因为卖方未能履行一些附带义务或买方声称未能获得部分需要的信息,而认为买方可以迟延履行开立信用证的义务。

在2019年设备买卖合同争议案[3]中,贸仲仲裁庭指出,根据《公约》第53条和第54条的规定以及案涉两份合同的约定,买方履行其付款的义务包括按照合同的约定开立信用证。仲裁庭注意到,两份案涉合同第9条是针对买方开立信用证及其期限的约定。尽管该条仅要求买方应当在交货前45天开立以卖方为受益人的、总额为装运总价的不可撤销信用证,但并没有明确约定买方完成开立信用证的具体日期。两份案涉合同第5条对卖方的交货时间进行了约定,即卖方需要在合同签订后6个月内且收到信用证和免税证明后45个工作日内装运发货。换言之,卖方需要在合同签订后6个月内(2015年4月7日前)装运交付货物。而卖方装运交付货物的前提条件是,在收到买方开立的信用证和免税证明后45个工作日内,卖方装运交付货物和买方开立的信用证和免税证明两者具有先后履行顺序,买方向卖方开立不可撤销信用证是卖方履行装运交货义务的前提条件。

据此,结合两份案涉合同第5条和第9条的约定,仲裁庭认为,买方无论如何最

---

〔1〕 Handelsgericht Aargau, Switzerland, 26 November 2008, Tribunale di Padova, Italy, 25 February 2004.

〔2〕 Arbitration Court of the International Chamber of Commerce, 2003 (Arbitral award No. 11849), Yearbook Commercial Arbitration XXXI, 2006, 148.

〔3〕 参见贸仲裁决书2019年7月15日。

迟应当在合同签订后6个月的期限结束前、45个工作日内开立以卖方为受益人的不可撤销信用证；如果买方没有在该期限内开立信用证，将导致卖方无法依据合同的约定在收到买方开立信用证后的45个工作日内，且在合同签订后6个月期限内交付装运货物。据此，仲裁庭认为，买方关于该案合同没有具体付款时间的主张不能成立。

3. 贸易术语与支付义务

在2009年纺织品买卖合同争议案〔1〕中，卖方称，根据双方的合同约定和2000年《国际贸易术语解释通则》之规定，卖方在FOB价格条件下，只要将货物备妥交付给买方指定的船公司或承运人即完成交货义务，货物风险也随之转移给买方，买方从此时开始也就负有了向卖方支付全部货款并收取货物的义务。仲裁庭认为，该案合同为FOB合同，根据2000年《国际贸易术语解释通则》第B1条规定，买方应当按照销售合同规定支付价款。因此，卖方所称的在FOB价格条件下，只要将货物备妥交付给买方指定的船公司或承运人即完成交货义务，货物风险随之转移给买方，买方从此时开始也就负有了向申请人支付全部货款并收取货物义务的说法，是对2000年《国际贸易术语解释通则》的一种误解。2000年《国际贸易术语解释通则》对买卖双方有关交货方面的责任、费用、风险等作了详尽规定，而对买卖双方有关的付款责任仅作了按照合同约定的解释。因此，对于付款问题，卖方与买方应当依照合同的规定履行。

第三节 买方支付价款的时间

在2005年电梯买卖合同争议案〔2〕中，买方在确认拖延货款未付的同时辩称，这笔欠款拖欠的时间如此长久与卖方不履行履约过程中的协作义务有关。在合同约定的履行期限到期后，买方多次通知卖方结算货款，但卖方一直置之不理，没有及时与买方办理结算与收款，从而导致该笔债务搁置。

仲裁庭认为，买方的这一主张是没有法律依据的。《公约》第59条亦规定："买方必须按合同和本公约规定的日期或从合同和本公约可以确定的日期支付价款，而无需卖方提出任何要求或办理任何手续。"而在该案中，合同对于两笔剩余5%货款的支付时间都有约定，在理解上不至于产生不必要的拖欠；至于支付方式，前一

〔1〕 参见贸仲裁决书2009年6月9日。

〔2〕 参见贸仲裁决书2005年7月20日。

个5%约定为电汇,后一个5%作为退还的质量保证金,均未对支付方式作出特殊安排。

仲裁庭指出,《公约》第59条确认到期支付价款是买方的一项法定义务,《公约》的条款明确买方履行其付款义务时,不必等待卖方提出要求,也不需要办理任何手续,从而排除买方以种种借口拖延付款情况的发生,这实际上有助于加速付款的进程,减少纷争的因素。该案买方将长期拖欠货款笼统地推诿为卖方不履行协作义务,这种主张与《公约》规定的精神不符,仲裁庭不予支持。

《公约》第59条明确规定了买方必须在货款到期时立即支付货款,而不需要卖方提出任何要求,也不需要卖方办理任何其他手续。这种规定的原因是,为了与部分国家国内法律制度区分开来,在这些法律制度下,只有在债权人首先向债务人送达付款通知或其他正式要求之后,债务才应得到清偿。[1] 因此,有大量的判例与贸仲仲裁庭在该案中的观点一致,除非合同另有约定,即付款前无须先行履行特别的手续,买方应当自动在合同中指定的日期支付货款,而在没有合同约定的情况下,按照《公约》第59条的规定支付也是经常被法官和仲裁员引用的条款。[2] 除非在特殊情况下,如买方在到期日不知道价格的确切数额。[3] 比如,在德国法院的案件中,在卖方交付货物后,没有向买方提出任何支付价款的要求,而法院认为卖方有权要求买方迟延支付的利息,必须从合同约定的付款日期开始起算,因为根据《公约》第59条的规定,买方应当按照合同约定支付货款,而无须卖方提出任何具体的付款要求。[4] 而在另一个案件中,德国法院指出,买方所提出的未能收到卖方发票作为未能付款的抗辩,同样不能成立。[5]

十、买方违反合同的补救办法

《公约》第61条作为一般原则,规定了买方不履行义务时卖方可以获得的各种救济,其中不仅包括行使《公约》第62条至第65条所规定的权利,同时还包括根据

---

〔1〕 UNCITRAL Digest of Case Law on the United Nations Convention on Contracts for the International Sale of Goods 2016, p. 276.

〔2〕 Rechtbank Rotterdam, Netherlands, 1 July 2009; Landgericht München, Germany, 18 May 2009, Tribunal cantonal du Valais, Switzerland, 28 January 2009.

〔3〕 CLOUT case No. 273 [Oberlandesgericht München, Germany, 9 July 1997].

〔4〕 Augsburg 29 January1996 [11 C 4004/95].

〔5〕 GERMANY: Oberlandesgericht München 9 July 1997, CLOUT case No. 273.

《公约》第 74 条至第 77 条的规定要求损害赔偿的权利。〔1〕 当然,受损害的卖方对这类救济的追索权不以买方有过错为前提,也就是《公约》违约体系中的非过错责任原则。〔2〕 在其他情况下,就《公约》未包括的事项如违约金等救济则适用有关合同国家的国内法。〔3〕

第一节　卖方给予买方的宽限期

《公约》第 63 条规定:“(1)卖方可以规定一段合理时限的额外时间,让买方履行义务。(2)除非卖方收到买方的通知,声称他将不在所规定的时间内履行义务,卖方不得在这段时间内对违反合同采取任何补救办法。但是,卖方并不因此丧失他对迟延履行义务可能享有的要求损害赔偿的任何权利。”贸仲仲裁庭认为,《公约》第 63 条本身是卖方的权利,卖方行使该权利并不引起合同的变更。因此,卖方给予买方宽限期不等同于卖方和买方达成合同的变更的合意,两者有本质区别。而一旦卖方给予了买方合理时限的额外时间让买方履行义务,如果买方仍旧不履行相应义务,则买方就构成根本违约,卖方有权宣告合同无效并要求损害赔偿。

在 2009 年儿童帐篷售货合同争议案〔4〕中,双方在合同履行过程中就支付条件达成了一份修改协议。卖方认为,修改协议属于卖方作为守约方给予违约方即买方的宽限期,买方的违约责任并不因此而免除。双方就支付条件达成修改协议的时间,是在买方违约事实已经发生、合同约定的履行期限已过半月之后。这种修改与合同履行期限届满之前作出的,旨在保证合同适当履行的变更协议有本质区别。无论如何修改,违约事实以及守约方的损失已经发生了。该等修改协议是守约方给予违约方的宽限期,其本质属于一方违约后守约方采取的救济措施。根据《公约》第 61 条第 1 款第 a 项和第 63 条的规定,给予违约方宽限期,并不妨碍守约方追究其违约责任。因此,卖方认为,在买方违约事实已经发生的前提下,合同双方之间确实对原售货合同的付款条款作出过变更,但是就该变更协议达成的时间、协议的内容以及协议的法律效力等问题,卖方不同意买方的主张。

---

〔1〕 UNCITRAL Digest of Case Law on the United Nations Convention on Contracts for the International Sale of Goods 2016, p. 284.

〔2〕 CLOUT case No. 281 [Oberlandesgericht Koblenz, Germany, 17 September 1993].

〔3〕 CLOUT case No. 154 [Cour d'appel, Grenoble, France, 22 February 1995]; CLOUT case No. 217 [Handelsgericht des Kantons Aargau, Switzerland, 26 September 1997].

〔4〕 参见贸仲裁决书 2009 年 9 月 9 日。

仲裁庭认为,《公约》第 61 条和第 63 条的规定属于买方违反合同的补救办法,和变更合同有本质区别。《公约》第 63 条的主要目的是说明当买方没有在规定时间内履行其根本义务之一——支付价款或按时收取货物时将发生的情形,即如果卖方在遇到这种情况时根据《公约》第 63 条规定了一段额外时间让买方履行义务,而额外时间到期却无结果,则卖方有权宣告合同无效,并且无须证明买方迟延履行义务是对合同的根本违反。《公约》第 63 条本身是卖方的权利,卖方行使该权利并不会引起合同的变更。

在 2005 年羊毛买卖合同争议案[1]中,合同支付条款约定,装船前 1 个月通过电传开出不可撤销跟单信用证,信用证的受益人为卖方。2003 年 6 月 18 日卖方向买方发出传真:“兹告,上述合同货物备妥待运。然而,很遗憾我们仍未收到合同条款规定的有关信用证,以使我们能够装船发运。如果你方能够很快开证我们将不胜感激。等待你方的好消息。”2003 年 8 月 21 日卖方向买方发出传真称:“我方 2003 年 6 月 18 日函后,我方上海办事处数次一再催问上述合同装运的信用证,很遗憾告知我公司仍未收到根据合同条款使货物可以装运的任何信用证。兹告,我方将聘请律师代表我方进行仲裁程序和相关法律程序,除非在 2003 年 8 月 30 日前上述合同的信用证能到达我们办公室。希望很快收到你方积极消息。”仲裁庭认为,2003 年 8 月 30 日是卖方确定的最后履约期限,根据《公约》第 61 条第 1 款的规定,买方未依约履行作为买方的开证义务,而且在卖方给了一段合理时间后仍未履行其在合同中约定的开证义务,构成根本违约,卖方有权要求损害赔偿。

《公约》第 63 条允许卖方为买方确定一段额外的时间以履行其义务,同时授予卖方与第 47 条相同的权利,即在合理额外时间后可以解除合同。但是,这种解除合同的权利只适用于未支付货款或未能提货的情况。[2] 卖方有权为买方规定一段额外的时间,但没有义务这样做,以便能够寻求《公约》规定的各种补救办法,包括解除合同。仲裁庭可以决定卖方所规定的额外时间是否合理,以满足《公约》第 63 条的要求,附加期限的长短是否合理将根据案件的具体情况进行评估,包括双方之间确立的商业惯例和惯例。[3]

---

〔1〕 参见贸仲裁决书 2005 年 9 月 16 日。

〔2〕 UNCITRAL Digest of Case Law on the United Nations Convention on Contracts for the International Sale of Goods 2016, p. 291.

〔3〕 Tribunal de grande instance de Strasbourg, France, 22 December 2006, available in French on the Internet at www.cisg-france.org, available in English on the Internet at www.cisg.law.pace.edu.

第二节　卖方宣告合同无效

《公约》第64条规定了卖方有权宣布合同无效的条件,该条与《公约》第49条规定的买方声明因卖方违约而解除合同的权利相对应。当然,这也是在遵守《公约》第81条至第84条规定的前提下。[1]

1. 买方未能付款

在2016年设备买卖合同争议案[2]中,买方未依照合同约定开立信用证履行支付价款的义务,卖方曾给予宽限时间并通过会面、电子邮件、律师函等方式催告买方履行义务。但买方一直未能履行义务,并在庭审中明确表示,买方继续履行合同已无可能。这一裁决中,仲裁庭认定,买方的行为构成典型的根本违约,卖方有权宣告合同无效。

2. 买方开出的信用证不符合同规定导致卖方面临银行拒付风险

2007年钢材买卖合同争议案[3]中,合同约定:"见下述文件30天后支付。卖方必须在2003年12月26日之前收到完全可接受的信用证……如果有开证迟延或者开出的信用证不可接受,卖方就不再有义务交货,也无须就迟延交货或者不交货承担任何罚金"(Payable 30 days after sight against presentation of the following documents. The fully workable letter of credit shall be received by the seller latest on 26th Dec., 2003... In case there is delay in L/C opening or L/C is opened unworkable, the seller is not any more obliged to deliver neither responsible for any penalty for the delay in shipment or non-shipment)。按照这一条款,一旦发生信用证最晚于2003年12月26日到达卖方之处或开立信用证"不可接受"(unworkable)之情况,卖方就不再有义务交货,也无须就迟延交货或者不交货承担任何罚金。买方于2003年12月24日开立了以卖方为受益人的信用证。在卖方收到信用证之时,信用证与合同存在8个不符点,其后买方对信用证进行3次修改仍存在不符点。因此,卖方在收到3次修改后的信用证之后立即宣布终止合同。

仲裁庭认为,"不可接受"的主要含义是,信用证存在依信用证条款不能议付货款风险的情况。在该案中,如果卖方按合同约定将货物装船,并取得提单和备妥相

---

[1] UNCITRAL Digest of Case Law on the United Nations Convention on Contracts for the International Sale of Goods 2016, p. 295.

[2] 参见贸仲裁决书2016年12月21日。

[3] 参见贸仲裁决书2007年8月9日。

关单证后,因货物单证不能与信用证中的不符点相符,在以信用证要求之单证议付货款时存在遭到银行拒付的可能和风险。因此,开立的信用证应与合同约定完全相符,否则即构成信用证的“不可接受”。由于买方开立的信用证存在和合同约定的不符点,致使该信用证“不可接受”,卖方依照合同约定不再交付货物不构成违约。

3. 买方晚开信用证

在2008年澳大利亚羊毛买卖合同争议案[1]中,买方与卖方于2006年10月5日签订了3份购买澳大利亚羊毛的合同。买方在合同约定的期限2006年11月30日前未能开出信用证。仲裁庭注意到,从双方履行合同的情况来看,买方未按合同规定的日期开出信用证属于违约,但买方并未表示不履行合同。事实上,在12月13日卖方通知买方解除合同之前,双方一直就开证事宜保持联系和沟通,表明双方仍将履行合同的意愿并作出履行合同的安排。特别是2006年12月8日下午,卖方传真通知买方已安排船期,并催促其尽快开证,这一行为应被视为卖方对买方履行开证义务给予了宽限期。买方在12月8日下午(周五)收到该传真后的首个工作日12月11日(周一)即向银行递交了开证申请(12月9日和10日为银行休息日,银行不营业),银行于12月13日开出了信用证。故买方在卖方催促尽快开证后的合理时间(3个工作日)内履行了开证义务。但是,12月13日下午,卖方在收到买方的开证申请并得知买方开始履行合同的情况下,却突然通知对方解除合同,这一行为有悖于诚实信用原则,也是不合情理的。

仲裁庭指出,对于卖方是否可以解除合同,双方都援引《公约》关于“根本违约”和“宣告合同无效”的规定论证各自主张。根据《公约》的相关规定,违约行为分为根本违约和非根本违约,在非根本违约情况下,非违约方可以要求实际履行、给予履行宽限期,或要求损害赔偿,但不可宣告合同无效,即不能解除合同;在根本违约情况下,非违约方可以宣告合同无效,并可以要求损害赔偿。

《公约》第64条规定,买方违约时,卖方在以下两种情况下可以宣告合同无效:(1)买方不履行其在合同或本公约中义务的任何一项,等于根本违约;(2)买方不在卖方按照第63条第1款规定的额外时间内履行支付价款的义务或收取货物,或买方声明他将不在所规定的时间内这样做。仲裁庭认为,该案中,买方虽然延迟开证但并未表示不履行合同义务,在卖方给予履行宽限期的合理时间内,买方采取补救

---

〔1〕 参见贸仲裁决书2008年5月19日。

措施,尽快开出了信用证,因此,买方的延迟开证不构成根本违约。由于不具备解除合同的法定条件,卖方不得宣告合同无效;卖方如因买方的延迟开证遭受损失,可以采取要求损害赔偿的救济手段。

贸仲仲裁庭在该裁决的观点与贸法会2016年《判例法摘要汇编》强调的一致,买方已经支付价款的,卖方在《公约》第64条第2款规定的期限内未声明解除合同的,卖方就会丧失解除合同的权利。该条对迟延履行与除迟延履行外的其他违约行为作出了区分。如果迟延履行,卖方将失去宣布合同无效的权利,除非其在知晓买方已经履行之前这样做。[1] 因此,这一规定比《公约》第49条第2款更严格。《公约》第49条第2款规定,如果卖方迟延交货,买方在知道已经交货后,可以在一段合理的时间内宣布解除合同。[2]

4. 卖方违约

在2004年食品买卖合同争议案[3]中,卖方主张买方没有按合同规定在装船期内开出信用证,买方行为已构成根本违反合同。仲裁庭注意到,2002年11月13日买方和卖方共同到合同项下货物的生产厂对货物进行了检验,检验报告长达15页,卖方在检验报告的每一页上均签了字,该检验报告显示,卖方即将交付给买方的货物不符合合同约定,而且这份报告是合法有效的。

因此,仲裁庭认为,上述证据表明,双方就货物质量不合格签署了有效的检验报告,在买方提起仲裁前,卖方对此并未提出异议。在双方均认可合同项下的货物质量不符合合同约定而又未就救济措施达成一致的情况下,仍单方面要求买方继续履行包括开立信用证等合同义务显然是不公平的,也违反了双方签订合同的真实意愿。鉴于此,仲裁庭对卖方关于买方未按合同约定开立信用证属于根本违约的主张无法予以支持。

5. 买方迟延开证不构成根本违约时,卖方宣告合同无效的权利

在2006年乙二醇买卖合同争议案[4]中,买方应开出的3个信用证中有两个开出时间超过合同约定的1天。卖方主张,买方晚于合同约定时间开证的行为构成根

---

[1] UNCITRAL Digest of Case Law on the United Nations Convention on Contracts for the International Sale of Goods 2016, p. 297.

[2] Arbitration Court of the International Chamber of Commerce, 2003 (Arbitral award No. 11849), Yearbook Commercial Arbitration, Vol. 31, 2006, 148.

[3] 参见贸仲裁决书2004年6月24日。

[4] 参见贸仲裁决书2006年4月11日。

本违约,致使卖方的合同目的不能实现。

在该案中,仲裁庭认为,必须根据《公约》第 25 条来审查买方开证迟延 1 天的行为是否构成根本违约。因此,卖方需要证明晚开一天的行为是否使卖方"蒙受损害,以致于实际上剥夺了他根据合同规定有权期待得到的东西",且买方有理由"预知会发生这种结果"。但是,仲裁庭认为,该案事实情况不足以支持得出肯定的结论。

由于难以认定买方晚 1 天开出信用证的行为属于根本违约,根据《公约》第 63 条第 1 款和第 64 条的有关规定,只有买方在卖方按照《公约》第 63 条第 1 款规定的合理的额外时间内仍不履行支付价款的义务或买方声明其将不在所规定的时间内支付价款,卖方才可以宣告合同无效。但是,如果买方已支付价款,卖方就丧失了宣告合同无效的权利,除非其在知道买方迟延履行义务前这样做。

据此,仲裁庭认为,就买方如期开出信用证的一个合同,卖方当然应当严格按照合同约定履行交货义务,而信用证晚 1 天开出的另两份合同,卖方如认为因买方违反了关于开证期限的约定而无法接受,应在收到信用证的通知之前就通知买方解除合同。卖方称其已告知买方将不再继续履行合同,但并未提供证据予以证明,因此,仲裁庭对卖方的这一主张不予认可。买方提交的韩国 F 银行关于卖方拒收信用证的通知所显示的时间为 2005 年 6 月 28 日,仲裁庭认为在买方开出信用证 1 个多月之后才告知其拒收,显然不符合《公约》的有关规定。而证据表明卖方在 2005 年 5 月 18 日还向买方发出关于船期通知的传真,且双方在 2005 年 6 月 20 日还在讨论交货日期的问题,故仲裁庭认为,卖方的行为表明其接受了买方开出的信用证。

十一、风险转移

《公约》采用了所有权与风险相分离的方法,确定了以交货时间作为风险转移时间的原则,并在其第四章的第 66 条到第 70 条中对于风险转移规则作出了较全面的约定。《公约》第 69 条规定,在不涉及货物运输的情况下,从买方接收货物时起,风险转移至买方承担。实际上,中国《合同法》第 142 条也规定,"标的物毁损、灭失的风险,在标的物交付之前由出卖人承担,交付之后由买受人承担,但法律另有规定或者当事人另有约定的除外"。中国《民法典》第 604 条规定了同样的风险转移规则。因此,中国《民法典》《合同法》,以及《公约》都以交货时间作为确定风险转移的标准。

第一节　风险转移和贸易术语

《公约》第 6 条明确规定:"双方当事人可以不适用本公约,或在第十二条的条件下,减损本公约的任何规定或改变其效力。"因此,风险转移可由当事人自由约定。在实践中,当事人往往采取约定贸易术语,确定相应的风险转移时间。贸仲仲裁庭会通过对贸易术语的解释来界定风险转移的时间。贸法会 2016 年《判例法摘要汇编》指出,如果双方当事人在其合同中使用贸易术语并明确规定适用国际商会《国际贸易术语解释通则》,则《公约》第 9 条第 1 款使国际商会的贸易术语定义具有约束力。但由于《国际贸易术语解释通则》在国际货物销售中广泛使用,法院经常适用国际商会的贸易术语定义,即使合同没有根据《公约》第 9 条第 2 款明确纳入这些定义。[1]

比如,在 2009 年螺纹钢买卖合同争议案[2]中,仲裁庭注意到,2007 年 4 月 26 日双方签订合同,其第 1 条约定货物的价格为"CFR FO CQD, Port C, Romania",其第 15 条约定风险按照 2000 年《国际贸易术语解释通则》确定。因此,仲裁庭认为,双方在主合同中约定适用国际商会 2000 年《国际贸易术语解释通则》中的"成本加运费(……指定目的港)"作为划分双方风险承担的标准。该通则关于 CFR 的第 A5 条规定:"除 B5 规定者外,卖方必须承担货物灭失或损坏的一切风险,直至货物在装运港越过船舷为止。"该案中未发生 B5 规定的情形,因此适用双方在主合同中约定的货物风险应在装运港越过船舷时移转给买方。

第二节　货物的特定化

在国际货物买卖中,风险转移的前提是货物的特定化。因为,无论采用何种交货方式,卖方可能同时存在同一规格的货物尚未售出或准备发送给不同合同项下的买方,如在此期间发生了风险事故则无法判断责任究竟应由哪一方承担。关于风险特定化的方式,《公约》第 67 条第 2 款规定,"在货物以货物上加标记、或以装运单据、或向买方发出通知或其他方式清楚地注明有关合同以前,风险不移转到买方承担"。

---

〔1〕 UNCITRAL Digest of Case Law on the United Nations Convention on Contracts for the International Sale of Goods 2016, p. 304.

〔2〕 参见贸仲裁决书 2009 年 1 月 15 日。

在2014年尿素买卖合同争议案[1]中，仲裁庭注意到，买方主张因卖方在备货期内未完成货物备妥包括货物特定化等备货义务，严重违反合同项下的备货义务。买方提出，卖方从第三方购买总量为2.75万吨的小颗粒尿素，远远超出合同约定的2.5万吨。卖方没有证据证明2.75万吨小颗粒中的哪一部分货物已特定化为履行小颗粒合同项下的货物，同样卖方从第三方购进了3万吨大颗粒尿素，也远远超出合同约定的2.5万吨，卖方也未提交3万吨中哪一部分已特定化为大颗粒合同项下的货物。

对此，仲裁庭认为，所谓“货物特定化”是指把处于可交货状态的货物无条件划拨为合同项下的行为，其根本目的是划分国际货物买卖合同的买卖双方在交货方面有关风险和费用的承担界限。卖方对“货物特定化”的方式、方法很多，也极其简易。包装货物可在货物的外包装上加注标志、刷上唛头、挂上标签等，散装货物可以另外堆放，插上标签，以示为某合同项下的货物即可。此种行为在临近装运前可以完成。在货物已经划拨在合同项下(货物特定化)后，买方不受领货物的，应承担相应的货物灭失和损失的风险，并承担由此发生的费用，对此可以参考国际商会2010年《国际贸易术语解释通则》中的相关规定。由于该案两份合同的货物为大宗的散装货，货物运抵装运港的存放地，在装运前只要另外堆放或插上标签等即可表明是该案合同项下所备货物。至于3万吨中哪一部分为2号合同项下的2.5万吨，2.75万吨中的哪一部分为1号合同项下的2.5万吨，只需另外堆放即可。因此，仲裁庭在该案中没有支持买方关于卖方未完成货物特定化义务的主张。

第三节　风险转移与卖方的交货义务

在国际货物买卖中，卖方经常会提出卖方对于风险转移后产生的货物与合同不符的情况不再承担责任，由于现代国际贸易术语的使用，绝大多数风险转移发生在货交第一承运人或装运港时转由买方承担，因此，卖方会主张其对于买方收到货物的问题不再承担责任。

在2005年导热油炉买卖合同争议案[2]中，仲裁庭注意到，该案合同的贸易术语为CIF，双方当事人对于卖方是否已经履行交货义务有争议。申请人认为CIF合

[1] 参见贸仲裁决书2014年12月26日。
[2] 参见贸仲裁决书2005年12月25日。

同中,“货物在装运港越过船舷”的事实只能说明货物灭失或者损坏的风险转移由买方承担,至于该案合同项下卖方是否全面履行了交货义务,需要根据该案合同约定的权利义务去判断。被申请人则认为,被申请人在装运港自货物越过船舷时即完成货物的交付义务。

仲裁庭认为,根据国际商会2000年《国际贸易术语解释通则》中CIF贸易术语第A5条关于风险转移的规定,卖方必须承担货物灭失或者损坏的一切风险,直至货物在装运港越过船舷为止。所以,“货物在装运港越过船舷”是买卖双方关于货物灭失或者损坏的风险的划分界限,而并非卖方是否完成合同义务的标志。货物在装运港越过船舷后,卖方还应该按照《公约》的规定,履行包括移交一切与货物有关的单据并转移货物所有权的义务,以及双方在合同中为卖方设定的包括对货物的技术质量要求在内的其他义务。

我们注意到,仲裁庭在该案中的表述与大多数法院对于与风险转移相关的观点一致。如果买方收到受损货物,并且对货物受损是在损失风险转移给买方之前还是之后发生有争议,大多数判例认为,买方有责任证明损害发生在风险转移给他之前。然而,如果买方按照《公约》第39条的规定将不符合合同的情形通知卖方或如果买方在交货后立即拒收货物,则卖方应证明在风险移转时货物与合同相符。[1]有法院指出,卖方负有举证责任,证明货物在损失风险转移给买方时没有缺陷。[2]但无论如何,风险转移并不意味着卖方的义务完成。

十二、货物的检验

《公约》第38条规定:“(1)买方必须在按情况实际可行的最短时间内检验货物或由他人检验货物。(2)如果合同涉及到货物的运输,检验可推迟到货物到达目的地后进行。(3)如果货物在运输途中改运或买方须再发运货物,没有合理机会加以检验,而卖方在订立合同时已知道或理应知道这种改运或再发运的可能性,检验可推迟到货物到达新目的地后进行。”《公约》第39条规定:“(1)买方对货物不符合同,必须在发现或理应发现不符情形后一段合理时间内通知卖方,说明不符合同情形的性质,否则就丧失声称货物不符合同的权利。(2)无论如何,如果买方不在实

---

〔1〕 UNCITRAL Digest of Case Law on the United Nations Convention on Contracts for the International Sale of Goods 2016, p. 304.

〔2〕 Hovioikeus/hovrätt Helsinki, Finland, 31 May 2004 (Crudex Chemicals Oy v. Landmark Chemicals S. A.), English editorial analysis available on the Internet at www. cisg. law. pace. edu.

际收到货物之日起两年内将货物不符合同情形通知卖方,他就丧失声称货物不符合同的权利,除非这一时限与合同规定的保证期限不符。”《公约》第40条规定:“如果货物不符合同规定指的是卖方已知道或不可能不知道而又没有告知买方的一些事实,则卖方无权援引第三十八条和第三十九条的规定。”

对于相关问题,中国《合同法》实际上有类似规定。中国《合同法》第157条规定:“买受人收到标的物时应当在约定的检验期限内检验。没有约定期限的,应当及时检验。”该条款实际上对应的是《公约》第38条。《民法典》第620条完全沿用了《合同法》第157条的规定,体现了相同的规则。中国《合同法》第158条规定:“当事人约定检验期间的,买受人应当在检验期间内将标的物的数量或者质量不符合约定的情形通知出卖人。买受人怠于通知的,视为标的物的数量或者质量符合约定。当事人没有约定检验期间的,买受人应当在发现或应当发现标的物的数量或者质量不符合约定的合理期间内通知出卖人。买受人在合理期间内未通知或者自标的物收到之日起2年内未通知出卖人的,视为标的物的数量或者质量符合约定,但对标的物有质量保证期的,适用质量保证期,不适用该2年的规定。出卖人知道或者应当知道提供的标的物不符合约定的,买受人不受前两款规定的通知时间的限制。”该条融合了《公约》第39条和第40条的规定。《合同法》第158条也被《民法典》第621条完整采纳,体现了相同的检验规则。

在贸仲仲裁实践中发现,在国际货物买卖争议当中,双方当事人对于货物检验及索赔的提出,实际上是非常容易产生争议的一个问题。其原因在于在国际货物买卖中,最主要的争议之一就是关于产品质量的问题,但对于产品质量不符是否存在以及其产生的原因,实际上都是通过检验发现并进行确认的。在这当中,仲裁庭需要权衡两方面利益,一方面,从《公约》的角度来看,要求买方在收到货物后,在实际可行的最短时间内进行检验,并且在合理时间内向卖方发出货物不符的通知,其目的在于督促双方当事人尽量在实际可行的最短时间内对货物进行检验,以发现货物存在质量问题的真实原因,并排除由于交货品质瑕疵以外的,包括天气、时间、承运人或保管人的因素等所导致的质量差异。另一方面,从买方角度来讲,有时可能涉及货物的转运,或者根据货物的性质可能需要采用不同的检验方法,因此,所有的这些都需要仲裁庭从双方当事人的合同约定、具体的货物、行业惯例、实际情况以及双方当事人的行为进行综合判断。

第一节 检 验

1. 关于“按情况实际可行的最短时间内”的理解

检验作为合同事项，当事人可以在合同中加以约定。当事人作为商事主体应有了解国际货物买卖惯例、风险和规则的义务，一旦合同对于检验期限作出明确规定，就应予以遵守。在合同当事方没有明确约定的情况下，对于“按情况实际可行的最短时间”的理解，《联合国国际货物销售合同公约咨询委员会意见（二）》（以下简称《公约咨询委员会意见（二）》）中指出，验货应当于切实可行（而不仅仅是可能）的时间内进行。何为切实可行，应取决于个案的具体情形。在商业交易中，通常认为收到货物后立刻进行验货是切实可行的。对于容易腐烂的货物，立刻进行验货是通常的做法。对于其他货物，如复杂的机器设备可能要等到按特定用途使用时验货才认为是切实可行的，除非损坏或与合同不符的情形已提前显现。一些国家的案例也明确使用了类似观点。〔1〕

在2012年钢管买卖合同争议案〔2〕中，仲裁庭指出，《公约》第38条第1款规定的“实际可行的最短时间”不是一个准确时间段概念，而是一个合理时间段概念。所谓合理的时间，是要根据个案的具体情况进行具体判断的，而且需要考虑的因素可能很多。仲裁庭认为，《公约》此条规定的主要目的是要求买方及时尽早检验货物，查明货物的实际情况是否符合合同约定，以避免出现货物因未被及时检验，即纯粹的时间拖延因素而发生质量变化或遭受损害的情形，以确保货物出现质量问题或货损问题的责任归属可以（因及时检验）被清晰界定。当然，《公约》此条规定也包含有及时通知卖方使卖方可以采取合理补救措施的目的。

正如瑞士法院在一个判决中所说，“检验所需的范围将取决于货物及其拟议用途，也取决于买方本身和检验地点的一般情况，实际检验可能需要几个小时到几个月，有时只是进行目视检查，有时由专业人员进行深入检查”。〔3〕

在2013年药品买卖合同争议案〔4〕中，贸仲仲裁庭明确指出，双方当事人是平等的商事主体，双方在该案交易之前还曾有过多次交易，双方对于该案合同条款的

---

〔1〕 AUSTRIA：Oberster Gerichtshof 14 January 2002.

〔2〕 参见贸仲裁决书2012年7月17日

〔3〕 Appelationshof Bern，Switzerland，11 February 2004，English translation available on the Internet at www. cisg. law. pace. edu.

〔4〕 参见贸仲裁决书2013年6月28日。

理解应当是充分的。既然合同中对于质量异议期有明确约定,双方当事人就应当严格按照合同的约定履行。根据案涉合同约定,如对货物有质量异议,买方应于货物抵达目的港后30天内提出。该案货物于2011年11月25日抵达目的港。因此,根据合同约定,买方如对货物质量持有异议,应于2011年12月25日前提出。然而,在质量异议期内,买方没有提出货物质量异议。在超过质量异议期后1个多月,由于买方下家客户C公司的最终用户D公司经检验认为部分货物不合格,买方遂在2012年2月向卖方提出货物质量异议。后来,买方及其下家客户C公司委托SGS相关机构进行取样和检验,但因SGS墨西哥于2012年6月1日才对该案争议所涉12包货物进行抽选采样,SGS上海的检验报告更是迟至2012年10月31日才作出,故仲裁庭认为,SGS检验报告的时间与该案货物抵达目的港的时间(2011年11月25日)相隔过长,以SGS检验报告结论来认定该案货物存在质量问题有失妥当。根据《公约》第38条的规定,申请人应当在实际可行的最短时间内检验货物或由他人检验货物。该案合同中约定了货物抵达目的港后30天内提出质量异议的期限,该期限规定是合理的,也是实际可行的。并且该案货物是直接发送给申请人的下家客户C公司的,C公司完全有时间在其收到货物后(货物抵达目的港后)30天内检验货物。然而,C公司并未在实际可行的最短时间内或合理时间内检验货物,而是将货物转售给D公司。对于该案被申请人来说,申请人或者C公司应在实际可行的最短时间内或合理时间内检验货物。该案合同已经考虑到货物运输的情形,所以约定质量异议期是货物抵达目的港后30天内。该案合同签订时,也不存在货物在运输途中改运或买方需再发运货物,从而没有合理机会加以检验的情形。在该案合同的履行过程中,申请人或C公司没有在合同约定的货物抵达目的港后30天内检验货物,是申请人的履约瑕疵,申请人应自行承担其后果。仲裁庭同时指出,《公约》第39条第1款规定,买方对货物不符合同,必须在发现或理应发现不符情形后一段合理时间内通知卖方,说明不符合同情形的性质,否则就丧失声称货物不符合同的权利。该案合同中已对质量异议期作出明确约定,申请人应在合同约定的货物抵达目的港后30天内检验货物,如发现货物不符合合同约定,应及时通知卖方即被申请人。然而,申请人怠于行使该项权利,其后果只能由申请人自行承担。

在2018年设备买卖合同争议案〔1〕中,案涉合同第8条约定了货物检验条款,第8.2条为货物外观、规格、数量和重量检验条款,检验期截至货到卸货港/工作现

〔1〕 参见贸仲裁决书2018年3月8日。

场90天内。合同第8.3条为货物内在质量检验条款,检验期与保证期一致。合同第9.2条约定,"货物的保证期为货物验收后1年"。双方对于卖方于2014年11月15日发货,以及买方于2015年1月收货的事实均无异议。仲裁庭认为,鉴于2015年1月设备运到买方处的事实,设备外观、规格、数量和重量的检验时间应截至2015年4月。同时,结合该案合同第8条、第9.2条的约定来看,第9.2条约定的"货物验收"不应包含货物内在质量验收,否则,货物内在质量检验时间应当包含在"货物验收"时间内,而不应为货物验收后1年。而从当事人关于货物内在质量检验期为货物验收后1年内的约定来看,此处的"货物验收"应为不包括货物内在质量检验在内的货物外观、规格、数量和重量检验。因此,货物内在质量检验期应截至货物外观、规格、数量和重量检验后1年,即2016年4月。

此外,贸仲仲裁庭除考虑货物本身的品质特点外,还注重考察买方本身的善意以及是否积极主动地去进行检验。

例如,在2014年设备买卖合同争议案〔1〕中,根据涉案合同之约定及买方的当庭确认,买方收到设备后应通知申请人对设备进行安装调试及验收,但合同本身并未明确约定进行安装调试及验收的时间。仲裁庭认为,根据《公约》第38条"买方必须在按情况实际可行的最短时间内检验货物或由他人检验货物"之规定,以及"没有约定检验期间的,应当及时检验"之规定,买方应当在收到设备后及时、迅速地组织安装调试及验收工作。但即使从买方收到该6套设备中最后一套的时间即2013年2月18日起算,距仲裁程序也已长达一年半的时间,买方仍未通知卖方对该6套设备进行安装调试及验收,且在卖方于2013年8月2日发送了催促其立即进行安装调试及验收的律师函之后,仍拒绝组织安装调试及验收。在该案中,买方在收到已交付的6套设备之后,在至少长达一年半的时间内未对相关设备提出任何质量异议,在案件审理过程中也未提出质量异议抗辩。因此,根据上述规定可知,买方不仅未履行法定的"及时检验"义务,更未在合理期间内提出质量异议,该6套设备的质量应视为已符合合同约定。

同样,2010年设备买卖合同争议案〔2〕中的案涉合同并未对合同设备品质检验的检验机构、检验时间作出任何约定。而买方在2008年3月3日发现质量问题后,直到2009年1月6日才将设备进行委托鉴定,这期间相隔了10个月之久。买方未

〔1〕 参见贸仲裁决书2014年12月16日。

〔2〕 参见贸仲裁决书2010年8月6日。

能向仲裁庭说明并证明其在10个月后才将设备委托鉴定为何应视为是在“合理时间”内，或者是在“按情况实际可行的最短时间”内作出的原因和理由。为此，仲裁庭认定买方检验不是在《公约》规定的合理时间内进行的。

虽然买方必须检验货物的期限的灵活性和不同案件中具体标准可能并不统一已得到了广泛承认，但一些国家的判决中也曾给出确定买方检验的推定时间期限。[1] 比如，在瑞士和奥地利的判决中认为，一般来讲该期限应为货交买方后的1周之内。[2] 而其他判决则可能认定在3天到1个月。[3] 对此，中国《合同法》、法院或仲裁机构并未尝试确定一个具体的时间原则。中国《合同法》第157条和《民法典》第620条仅原则性地规定，买受人收到标的物时应当在约定的检验期间内检验；没有约定检验期间的，应当及时检验。

2. 货物检验与贸易术语

在2012年圆钢买卖合同争议案[4]中，仲裁庭注意到，申请人对产品质量的关注，采取了先提取货物后委托第三方检验机构（新加坡SGS）进行质量检验的方式，并将检验方证实的质量瑕疵结果函告被申请人，同时提出了索赔要求。对此，仲裁庭认为，虽然双方在合同中约定的价格条件为CIF，即被申请人按合同规定的时间条件，在装运港口连云港将货物装上运输船，取得了提单即为履行了向申请人的交货义务。但根据国际贸易惯例，作为新加坡买方的申请人，在离岸港口无法或不方便享有对货物质量的检验机会，无法行使检验权的情形下，被申请人作为卖方，必须负有对装船货物质量的担保责任，保证交付的货物符合双方在合同中约定的规格标准。虽然被申请人对新加坡SGS检验机构资质存有异议，对检验结果不予认可，但由于双方在该案合同中对货物质量检验的机构、方法、地点、时间均未作约定，根据《公约》第38条第1款关于“买方必须在按情况实际可行的最短时间内检验货物或由他人检验货物”的规定，申请人并不因合同约定CIF价格条件而丧失对所收到货物行使质量检验的权利。就检验机构而言，在国际贸易中，可以是由国家设立的商品检验检疫机构，也可以是其他有合法资质的商品检验检疫机构，其出具

---

〔1〕 UNCITRAL Digest of Case Law on the United Nations Convention on Contracts for the International Sale of Goods 2016, p. 158.

〔2〕 Appelationshof Bern, Switzerland, 11 February 2004; AUSTRIA: Oberster Gerichtshof 14 January 2002.

〔3〕 CLOUT case No. 284 [Oberlandesgericht Köln, Germany, 21 August 1997].

〔4〕 参见贸仲裁决书2012年3月15日。

的检验证明结果均可以作为卖方交付货物,买方拒收货物或受损害方索要赔偿的法律依据。现被申请人并未针对新加坡SGS的检验资质提出否定性的证据。申请人将检验结果与合同约定的产品质量标准不符的情况,在合理时间内通知了被申请人,被申请人亦表示接收到了该等通知的情形下,其对交付之前即已存在的质量瑕疵于交付货物后经检验证实的质量存在瑕疵的检验结果,不予认可的抗辩理由不能成立。对于申请人委托的独立检验机构新加坡SGS对该案所涉货物进行的产品质量检验结果,仲裁庭予以认可。

3. 未检验或未及时检验的后果

《公约》规定的检验义务从性质上来说并不强制买方履行此种义务,但该义务关系当事人后续的权益。贸仲仲裁庭指出,不履行该义务不是单纯的不作为,而是一种放弃权利的行为,并应就此产生的扩大损失承担责任。

在2014年管材买卖合同争议案[1]中,合同规定的是买方检验。但是买方未进行检验,卖方只好自行检验来保证发货义务。对此,仲裁庭认为,分清装船前安排检验的责任是判断该案争议的重要问题。

仲裁庭注意到,涉案合同明确约定:"在材料装运前,16"管材的买方须自付费用,在制造商的场地自费从E公司获得第三方检验报告,第三方检验包含在生产商的工作范围。第三方检验的范围包括按照AP15L检测管材;审查制造商的工艺流程;审查材料工艺("Inspection: Prior to shipment of material, the buyer of the 16" pipeline shall have to furnish Third Party Inspection in the premises of manufacturer on his own cost from Company E. Third Party Inspection is included in scope of work of the manufacturer. Scope of third-Party inspection includes the following: Pipe line inspection as per AP15L; Review the Manufacturer Process of ordered Pipeline; Review material tracing/tracking procedure)。

依照上述条款的规定,仲裁庭认为:(1)在货物装船前,应当由买方(申请人)安排组织对货物进行检验,包括由其指定检验机构、负责检验费用、通知最终用户到场等,因此,装船前安排检验是买方义务。事实上,卖方曾两次发邮件催促买方安排和组织装船前检验并要求其通知最终用户巴基斯坦C公司,但买方并未理会,也无任何作为。卖方为履行其交货义务,自行安排E公司进行检验是合理的行为。买方拒绝由卖方提交的E公司出具的检验报告既无合理理由,也无合同依据。

[1] 参见贸仲裁决书2014年8月6日。

(2)上述检验条款已经明确了第三方E公司应当检验的内容,其中包括对制造商在生产过程中应当检验的项目。其实,此条款是对买方获得合格产品的一项保证,故对买方是极其有利的。然而,买方不履行上述条款的规定,放弃其权利,不应视为单纯的不作为。(3)由于买方放弃装船前检验的权利,在客观上使卖方丧失了在装船前对不符合合同规定的货物进行换货或免费修理的机会,造成了损失扩大。

综上所述,仲裁庭认定,买方不履行合同条款第9条的规定,不仅不能免除其违约责任,而且对扩大的损失应承担相应责任。另外,买方还主张"由于卖方提供的两份检验报告的检验过程均不符合合同所要求的装船前检验的规定,买方和最终用户未接受这两份检验报告,而卖方强行发运了货物"。仲裁庭则认为,卖方进行检验的行为不得视为买方义务的替代履行,在实际操作实务上,应当视为其为保证其交付货物符合合同约定及取得相应证据的行为,是合法正当的行为,因此对买方的主张不予认可。

4. 诚信原则的考虑

在货物买卖合同的履行中,对于货物质量的检验,实际上是买卖双方当事人都积极争取的一项权利,而且也是非常容易发生纠纷的一个问题。因为商品的检验直接决定了货物是否符合合同约定的争议结果,因此,买卖双方当事人往往在订立合同的时候,对于检验的时间以及检验机构的确定非常重视。如果双方当事人不能就在装运港还是卸货港进行检验以及由哪一家具体的机构进行检验达成一致,则有可能在条款中作出如下类似约定:双方会在装运港进行检验,在卸货港进行复验,而检验机构应由双方共同指定的检验机构进行。但这种合同条款潜在的风险在于,由于没有在合同中指明具体的检验机构,双方如在合同履行中已经发生争议,则不容易同意共同指定某家检验机构进行检验。在这种情况下,合同的履行或争议解决,可能会陷入一个僵局。因为如果一方当事人单独指定一个检验机构,则另一方当事人会根据合同条款主张检验结果无效;但双方当事人又不能共同指定检验机构,这时检验就无法顺利进行。在实践中,贸仲仲裁庭只能根据案件的实际情况,根据诚信原则、交易惯例或行业惯例判断当事人在这种情况下的权利义务以及合同无法履行的责任。

在2012年食品买卖合同争议案[1]中,买方提出,其在货物到港后发现货物存在发霉和不寻常的气味和味道等质量问题,并提供了俄罗斯3家检测机构分别出具

---

[1] 参见贸仲裁决书2012年9月6日。

的 3 份检查报告,以及俄罗斯联邦农业部联邦兽医和植物检疫监督署于 2011 年 4 月 28 日发布的 13 号命令等证据。卖方则认为,卖方在交运货物时已经过中国 CIQ 的检验,并于 2010 年 12 月 16 日取得了 CIQ 质量证书和 CIQ 植物检疫证书,两份证书均表明货物符合该案合同约定的质量标准,适合人类消费使用。同时,卖方在交货时已将这两份证书一并移交给买方。

仲裁庭认为,在该案中,涉及当事人提交的多份检验证书,双方当事人对这些检验证书的真实性没有异议,但对其与该案争议是否具有关联性存有分歧。因此,本案争议的关键问题在于,应以哪份质检证书为依据来判断卖方交付的货物是否符合合同质量标准。

经查,该案合同"单据"条款中约定:"卖方必须提交以下单据……4)由职能机构签发的英文质量证书原件,上写有全部规格、质量说明与根据提单的准确的数量。5)由官方机构签发的植物检疫证书原件,上写有卖方与买方的全称及地址,俄罗斯某目的港、货物说明、袋子数量、净生、毛重、发票日期与编号。签发提单时,以后给出的数据及信息须与植物检疫证上的一致。证书上须指明产品适宜人类食用。6)由独立的第三方签发的熏蒸证书原件……"

仲裁庭认为,该合同约定表明,双方在签订合同时已对卖方交付货物前应将货物提交卖方所在地,即中国的官方植物检验检疫部门检验,并应以该机构出具的检验证书为交货质量标准达成了一致的意思表示。因此,中国 CIQ 出具的质量证书和植物检疫证书应为合同约定的交货时的质检证书,这类证书应作为判定卖方履行交付货物义务是否符合合同约定的依据,并依据该证书认定卖方交付的货物应为符合合同约定的质量要求的产品。

第二节　关于货物不符的通知

买方在发现或应当发现货物与合同不符后应当通知卖方,该通知的合理期限应当取决于个案的具体情况。应当予以考虑的具体情况包括货物的性质、缺陷的性质、当事人的情形和有关的交易习惯等。《公约》第 39 条第 1 款的设计是制定一个灵活的规则,从而为仲裁庭根据实际案件的情况作出裁决保持灵活性,因此对通知的内容、形式和时间都没有作出具体规定。

1. 不符通知的内容

《公约咨询委员会意见(二)》指出,通知应包括买方所能提供的信息。有些情况下可以理解为买方必须指明货物与合同不符的具体情形,在有些情况下买方也许只能简单指出货物与合同不符。一般而言,关于货物与合同约定不符的通知需明确地指出货物不符的性质和货物存在的问题;并应当考虑卖方的专业知识,且达到足够使卖方采取适当补救措施的程度。[1] 但是,只要买方提供的信息和实际情况已使卖方明确知晓货物存在的不符,也应当视为《公约》第 39 条项下所要求的通知要求已经得以满足。为此贸仲仲裁庭会全面考虑双方的沟通情况,不拘泥于通知在形式上的要求,而是更多着眼于当事人是否已经对不符情况实际知情,而且并不以一次的通知或索赔为限。而在现实中,当事人或许未必能充分保留相关的证据,仲裁庭很多时候需要综合多方面证据来判断卖方是否已对相关不符情况有了及时、充分的了解。对于通知的内容,正如一些判决所指出的,《公约》第 39 条的目的之一是促进迅速澄清是否发生了违反行为,所要求的通知旨在向卖方提供所需的信息,以确定如何在一般情况下继续进行交易,[2]或者是为卖方补救缺陷提供便利。[3] 比如,像德国法院的一份判决中所说:派代表到买方检查货物,为货物是否存在不符的情况的潜在争议获取必要的证据,提供修补缺陷协商的基础,或对第三方供应商进行追索。[4]

在 2012 年钢管买卖合同争议案[5]中,卖方对于买方相关的函件通知的可采信性提出了疑问,其中一个理由即该函件仅提出货物存在“大面积损坏”(extensive damage),并列举了有关的提单号码,但没有按照《公约》第 39 条的规定,说明“不符合同情形的性质”,没有说明损坏的具体情形(涉及什么部位、出现了怎样的损坏),也没能提供损坏管材的具体数量,因此,买方“就丧失声称货物不符合同的权利”。

仲裁庭注意到了以下确定的事实和时点情况:该案双方就货损和付款事宜于 2007 年 12 月 11 日进行会谈并签署了会议纪要;2005 年 10 月 15 ~ 31 日,买方员工分别与卖方员工有多份邮件往来。其中,2005 年 10 月 27 日由买方给卖方的邮件中明确载有买方已向卖方支付 60 万美元、40 万美元等到保险公司同意修复 4 - 1/2″套管后很快支付、另 80 万美元受损套管价款待保险公司理赔后支付等内容。2005 年 10 月 31 日 Q 给 V 的邮件中,除交涉货款支付外,买方还明确指出:4 种型号套管

---

[1] AUSTRIA:Oberster Gerichtshof 14 January 2002.

[2] UNCITRAL Digest of Case Law on the United Nations Convention on Contracts for the International Sale of Goods 2016, p. 174.

[3] Hoge Raad, the Netherlands, 4 February 2005, Unilex.

[4] Landgericht Stuttgart, Germany, 15 October 2009, English translation available on the Internet at www. cisg. law. pace. edu.

[5] 参见贸仲裁决书 2012 年 7 月 17 日。

的货损率为25%～35%,当时已实际检验的套管数量超过了16,000件及已花费大量的时间,当时买方已发生的第三方机构检验费超过了30万美元以及预计修复套管的费用还需40万～50万美元等。

仲裁庭认为,上述函件中的这些证据足以证明买方将该案货损相关情况及时通知了卖方。至于卖方对该函件提出的"没有具体说明不符合同情形的性质"的质疑,仲裁庭认为,除该函件外,上述其他证据证实了买方向卖方及时通知了货损的存在及其严重程度,在卖方得到诸多货损信息(包括相关的保险索赔金额和已预计产生的费用损失)且对货损的严重程度始终未提出任何异议的情况下,再指称该函件没有具体说明货物不符合同情形的性质,就不再具有充足法律理由和实质法律意义了。因而仲裁庭认可了买方作出的通知。

同样,在2005年液压地质绞车设备合同争议案〔1〕中,仲裁庭也是在全面考察双方沟通情况的基础之上,认为买方所发通知的目的已经实现。该案所涉的液压地质绞车系申请人用于深海探试的特定用途,并由制造商C公司专门为申请人设计制造的。申请人采用了招标购买的方式进行交易,而被申请人是以制造商C公司的代理人的身份独立进行投标的。经投标后开标、评标,被申请人中标。

涉案合同对索赔作了以下约定:"索赔:如果货物抵达目的地后90天内发现货物的质量、规格、数量与合同不符(保险公司和船公司责任除外),买方有权凭中国商品检验检疫局出具的检验证明要求更换新货物,或赔偿,并且所有费用(例如检验费,换货费用,保险、存储、装卸等费用)由卖方承担。卖方保证货物抵达目的地12个月内,因货物的质量、工艺出现的损坏,买方应立即书面通知卖方并凭中国商品检验检疫局出具的检验证明提出索赔。检验证明应作为索赔的基础。"买方根据该条项下卖方的保证义务提出了索赔。然而,卖方认为,由于截至其收到买方向仲裁委员会提交仲裁申请书,即2004年6月3日前,买方虽然提出过索赔,但买方从未以中国商品检验检疫局出具的检验证明作为索赔的依据和基础向卖方提出过有效索赔,而买方唯一一次凭检验证书提出索赔,即买方提起仲裁之时已经超过了该案合同所约定的12个月的质量保证期。因此,卖方认为买方在该案合同约定的12个月的质量保证期内未能提出有效的索赔,故卖方对买方提出的仲裁请求不再负有赔偿义务。

---

〔1〕 参见贸仲裁决书2005年9月12日。

仲裁庭重点考查了涉案合同的履行情况，目的在于确定卖方对于货物不符是否有实际了解，即买方所发通知的目的是否已经实现。事实上，卖方无论在庭审中还是在其提交的书面材料中，均承认 2002 年 10 月 5 日买方、卖方和 C 公司三方之间签订了备忘录，且卖方从未对该备忘录内容的真实性提出过任何异议。而该备忘录第 8 条约定："因 C 公司未能在合同期内完成合同规定的地质绞车的安装、调试和验收，产品不合格，导致重大调查任务不能如期执行，给买方造成名誉和经济上的损失（本次安装工程直接发生的费用约 35 万元人民币）。买方将依据中华人民共和国有关法律条款，提出索赔要求。如新制作的地质绞车仍不能满足技术条款要求，买方将依法提出退货、索赔要求。安装绞车及整改所需的工程费、设计费和码头使用费等所发生的一切直接费用由绞车供货商承担。"由此可见，卖方最迟在 2002 年 10 月 5 日已知道买方将要向其提出索赔。

仲裁庭注意到，在三方签订备忘录后，2002 年 11 月买方将该绞车投入深海进行试验，但该绞车进入深海后经试验未能达到合同约定的技术要求并出现其他严重的质量问题；2002 年 12 月 16 日 E 检验检疫局出具检验证书，结论为质量问题系"设计与制造不良引致"。仲裁庭还注意到，中国商品检验检疫机构出具检验证书的时间即 2002 年 12 月 16 日，是在该案合同规定的货到目的港后 12 个月的质量保证期内（该绞车系 2002 年 7 月 6 日到港），双方对此没有异议，但就买方是否在该质量保证期内将上述检验证书的结果告知卖方存在分歧。买方表示，其在检验证书作出后即传真给卖方，后由于卖方称其未收到该传真遂又以特快专递的方式寄送给卖方，买方还提供了其寄送特快专递的单据作为证据。而卖方对买方所称的传真和特快专递寄送检验证明的情况均予以否认，但并未提交任何相反的证据。仲裁庭查证据发现，买方于 2003 年 4 月 10 日向卖方发函，告知卖方 E 检验检疫局已经正式出具检验证书，表明因绞车设计和制造不良对买方执行国家重大基础研究项目造成严重不良影响，并在经济上造成损失，要求卖方承担相应费用，并将保留退货的权利等。对于该函件，卖方未否认其收到买方的此函。考察该案合同的履行过程并基于上述 2003 年 4 月 10 日的函件和买方提供的邮寄证明的特快专递单据等证据材料，仲裁庭有理由采信买方所称的其在货物到达目的港后 12 个月内，即 2002 年 12 月 16 日中国商检机构作出检验证明后的合理期限内，已经将检验证明提供给卖方的说法。仲裁庭认为，买方向卖方提出的索赔系符合案涉合同第 14 条的有效索赔，仲裁庭对卖方提出的买方超过合同约定索赔期限提出索赔的主张，不予支持。

实际上,《公约》第39条没有具体规定所要求的通知形式,尽管当事人可以通过协议要求特定的形式。当事人可以根据《公约》第6条的规定确定自己关于通知日期和形式的要求。[1] 一般而言,裁决机构都会首先尊重当事人在合同中的选择。而且,由于买方未能遵守这类协议的条款,他们多次失去了投诉货物不符合合同约定的权利。[2]

2. 通知的期限

(1)合同约定的期限

在2013年药品买卖合同争议案[3]中,合同签订后,被申请人按照申请人运输指引中的要求将货物直接寄送给申请人的下家客户C公司。该案货物于2011年11月25日抵达目的港。申请人在2012年2月1日向被申请人提出货物存在质量问题。申请人提出货物质量异议的理由是申请人的下家客户C公司将该案货物销售给最终用户D公司后,D公司经检验认为货物中只有1/3是合格的,剩余部分均不合格。后C公司委托SGS墨西哥于2012年6月1日对该案争议所涉不合格货物进行抽选采样。2012年6月15日C公司将采样样品寄送给SGS上海,SGS上海于2012年10月31日出具了检验报告,检验结果表明货物质量与该案合同不符。申请人认为,被申请人提供存在质量问题的货物构成违约。

仲裁庭注意到,根据该案合同约定,如对货物有质量异议,申请人应于货物抵达目的港后30天内提出。该案货物于2011年11月25日抵达目的港。根据合同约定,申请人如对货物质量持有异议,应当于2011年12月25日前提出。然而,申

---

〔1〕 UNCITRAL Digest of Case Law on the United Nations Convention on Contracts for the International Sale of Goods 2016, p. 172.

〔2〕 Landgericht Coburg, Germany, 12 December 2006, English translation available on the Internet at http://cisgw3. law. pace. edu; CLOUT case No. 336 [Canton of Ticino Tribunale d'appello, Switzerland, 8 June 1999]; Landgericht Gießen, Germany, 5 July 1994, Unilex; Landgericht Hannover, Germany, 1 December 1993, Unilex; CLOUT case No. 303 [Arbitration Court of the International Chamber of Commerce, 1994 (Arbitral award No. 7331) (see full text of the decision)]; CLOUT case No. 94 [Internationales Schiedsgericht der Bundeskammer der gewerblichen Wirtschaft—Wien, Austria, 15 June 1994]; CLOUT case No. 50 [Landgericht Baden Baden, Germany, 14 August 1991]. See also CLOUT case No. 305 [Oberster Gerichtshof, Austria, 30 June 1998] (remanding to determine whether contractual provision governing time for giving notice of defects had been complied with); but see Rechtbank Zwolle, the Netherlands, 5 March 1997, Unilex (the court notes that the seller's standard term setting the time for giving notice of defects was part of the contract, but the court apparently did not apply the term; its analysis of whether the buyer gave notice within a reasonable time, however, was influenced by the term).

〔3〕 贸仲裁决书2013年6月28日。

请人第一次向被申请人提出该案货物质量异议的时间是在2012年2月1日，已超过合同约定的质量异议期。

仲裁庭认为，该案双方当事人是平等的商事主体，双方在该案交易之前还曾有过多次交易，双方对于该案合同条款的理解应当是充分的。既然合同中对于质量异议期有明确约定，双方当事人即应当严格按照合同的约定履行。申请人在明确知悉合同中关于质量异议期约定的情况下，未在合同约定期限内提出质量异议，申请人应当自行承担由此造成的后果。申请人是在超过合同约定的质量异议期之后的1个多月才第一次向被申请人提出质量异议。SGS检验报告的时间与该案货物抵达目的港的时间（2011年11月25日）相隔过长，被申请人对于SGS检验报告存在诸多质疑是可以理解的，以SGS检验报告结论来认定该案货物存在质量问题有失妥当。

（2）买方应在发现或理应发现货物不符的合理期限内进行通知

如果双方商定了通知的最长期限，仲裁庭就很容易分辨是否超出了这一时间限制。在合同双方没有明确约定时，仲裁庭只能全面考虑相关因素，并自由裁量“合理期限”的范围，包括当事方往来沟通的快慢；任何可能影响时间机制的国际贸易惯例；卖方对通知何时应作出的合理期望；所选择的补救方式的性质；货物易损的物理属性；货物的季节性以及经济上的易损性；当事方之间合同的属性以及买方减少卖方损失的义务。

根据这些标准，贸仲仲裁庭认定，对于易腐化霉变的货物，买方在发现货物瑕疵4个月后通知可以认定为超出了合理期限。

在2012年烤荞麦买卖合同争议案[1]中，双方当事人均确认货物装船日期为2011年2月11日，并于2011年4月12日货物到港，仲裁庭对此事实予以认可。仲裁庭注意到，货物到港后，作为买方的申请人在发现货物存在异味和发霉的情况后，曾单方在俄罗斯进行过多次检验，其中，2011年4月16日买方自行委托俄罗斯检测机构对货物进行了首次检验。但仲裁庭发现未有证据表明买方及时将货物质量状况以及需要在俄罗斯进行检验的情况告知卖方，也没有证据表明买方在其随后的几次检验中曾通知过卖方以及及时将检验结果告知卖方。而是直至首次自行检验近4个月之后，于2011年8月3日才发律师函向卖方说明货物存在质量问题。仲裁庭认为，就货物特性而言，该案合同所涉的烤荞麦应属易腐化霉变的货物，其

〔1〕　参见贸仲裁决书2012年9月6日。

对存放条件和存放时间应有较高要求。货物到港后,买方在较长时间内未及时与卖方沟通,尽快解决货物存在问题的责任。因此,仲裁庭不能支持买方关于卖方所交付货物不符合合同约定的主张。

(3)质量保证期与《公约》第39条第2款中的两年通知期限

除合理期限外,《公约》第39条第2款还规定了两年的最长期间。但卖方提供保证期限与该规定不同的,以保证期为最长期间。此款规定并不减损买方在合理期限内作出通知的义务,其目的在于为合同双方对货物不符的争议提供一个兜底条款,因为货物质量可能因长时间的搁置而改变,要求卖方对于货款品质承担无期限的责任,对于卖方来说也是不公平的。所以超出了最长期限后,买方即使发现货物瑕疵,也无权再主张货物不符。

在2012年风机设备买卖合同争议案[1]中,申请人作为一家保险公司根据代位求偿权向被申请人提出该案索赔仲裁申请,其索赔的依据是被保险人中国D公司作为"最终用户"于2005年5月5日与被申请人签订的《采购合同》。卖方主张,根据采购合同,涉案合同设备的质量保证期为卖方和中国D公司签署预验收证书后的24个月,在此期间卖方应保证合同设备的正常稳定运行并负责对设备的故障进行排除。2006年3月8日卖方完成涉案风机设备的安装和调试,同日,卖方与中国D公司共同签发预验收证书,质量保证期开始计算。因此,卖方在2006年3月8日至2008年3月7日保证了合同设备的正常稳定运行,并负责对合同设备进行维修;同时,在此期间,卖方根据合同约定,提供5次例行维护,保证了涉案风机的正常稳定运行。2008年12月8日中国D公司第一次向卖方发函,提出发现风机底部漏油,要求卖方派人调查,此时涉案风机设备的使用已达33个月,远超过采购合同约定的2年质量保证期。因此,根据采购合同的相关约定,涉案齿轮箱已经通过预验收,且在质量保证期内运转正常,故卖方已经按约履行相关瑕疵担保义务,对于超过约定质量保证期后发生的齿轮箱事故,卖方不应再承担任何违约责任。

对此,买方主张,根据《采购合同》第1.14条规定,实际上是卖方承担的免费维修保养设备以保证设备正常运转的义务,但并非卖方免责的依据。根据案涉合同第2.6条的约定,卖方合同设备的整个使用寿命期为20年,在风机寿命期内无论是否超过合同约定的质量保证期,卖方都应根据相关法律和合同约定对隐形的或内在的产品质量缺陷承担终身责任。

---

〔1〕 参见贸仲裁决书2012年7月24日。

仲裁庭指出,首先应看《采购合同》第1.14条和第2.6条的原文规定。该合同第1.14条将“质量保证期”定义为“指合同设备预验收合格后的两年,在此期间内,卖方保证合同设备的正常稳定运行并负责对合同设备的故障进行排除”。而该合同第2.6条的全文为“卖方应在合同设备的整个寿命期内(20年),按照最终用户的要求以优惠价格提供合同设备正常运行所需的备品备件。届时,双方将就此签署协议”。该采购合同第1.14条是对“质量保证期”期限长短的约定。但两年质量保证期限届满之后卖方是否就对合同设备的质量不承担任何责任了?这里没有明文约定,因此,仲裁庭需要从“质量保证期”的通常含义、当事人的意图等方面去查明当事人签约时赋予该“质量保证期”的真实含义。

当事人签约时的意图,通常可以从合同的上下文去发现。买方援引《采购合同》第2.6条,实际上是约定了卖方以优惠价格提供合同设备运行所需的备品备件的义务,虽然此处提及了“合同设备的整个寿命期内(20年)”,但很明显这不是卖方保证合同设备一定具有20年的寿命期,而是确定了在20年的期限内,卖方有义务按照优惠价格提供备品备件。并且“合同设备”是指整个发电机组,在该合同第1.4条将其定义为“指卖方根据合同应提供的设备、零部件、装置、材料、专用工具、备品备件和所有各种物品的总称”,反映了当事人这样的一种理解,即发电机组整体的合理使用寿命一般来说为20年,但不能说其中的每个零部件、装置材料、备品备件等都能有20年的寿命,这样的期望显然是不现实的,并且合同也没有这样的约定。因此,仲裁庭不能接受买方将《采购合同》第2.6条提及的“整个寿命期”等同于“质量保证期”的主张。

同样,在2012年烧碱买卖合同争议案〔1〕中,仲裁庭指出,争议批次货物的有效期均为自生产日期起1年。因此,作为有权主张上述批次货物不符合同的前提条件,买方应在货物生产日期起1年内将货物不符的情况通知卖方。

值得注意的是,考虑到合同的具体约定、不同货物的特殊性(尤其是需要调试后投产的货物)、货物的特殊用途、卖方作出质量保证的形式不同以及货物内在瑕疵相较外观瑕疵更难以发现的事实,保证期限不一定从买方实际收货后开始起算。合同双方对此予以约定的,以约定为准。

在2002年软磁盘盘芯设备买卖合同争议案〔2〕中,案涉合同质量保证条款约

---

〔1〕 参见贸仲裁决书2012年2月6日。

〔2〕 参见贸仲裁决书2002年7月15日。

定:“保证期限自设备在买方工厂调试完成之日起第一年。”依照这一规定,卖方对设备质量的保证期应自该设备“调试完成之日”起算,为期1年。然而,对于如何确定调试完成之日,双方在合同及其他文件中没有作出明确约定。仲裁庭注意到,合同附件中“付款方式”条款有如下表述:“设备全部安全运到合资工厂所在地,经商检、安装、调试、运转一切正常、验收合格,还需要再经过一个月的连续稳定运行和试投产,最后验收确认符合合同应达到的各项要求,并签署验收证书……”从这一表述可以看出,“调试”是在设备安装和试投产之间的一个阶段,无疑应早于试投产。双方当事人均确认,1996年11月2日在第一申请人即买方工厂所在地举行了正式的“投产典礼”。这意味着,就该案而言,设备“调试完成之日”无论如何应在1996年11月2日之前。但是,即便以1996年11月2日作为“调试完成之日”的同时作为卖方质量保证期的起算日,该质量保证期亦应于1997年11月2日届满。按照该合同第13条的约定,如设备存在质量缺陷,买方必须在保证期内对设备进行商检,并凭中国商品检验部门出具的检验证书提出索赔。M检验局就该案合同项下设备出具商检证书的时间为1997年11月14日,这显然已经超过了合同规定的卖方的质量保证期。因此,仲裁庭认定M检验局所出具的上述商检证书,不能作为买方提出质量索赔或要求退货的有效依据。

在2015年烧结炉买卖合同争议案[1]中,案涉合同约定:“如果买方发现装运的品质、规格、数量等与合同的规定不符,应在货物到达目的地30天内提出索赔。”卖方认为,依据该条款,买方提供的商检证书所署日期距离货物到达日期已有3年多时间,远远超过了合同规定的30天的质量异议期,也超过了12个月的最长索赔期。买方则认为,烧结炉存在的质量问题,不是该合同第14条约定的货物因质量差劣、工艺不精或使用差劣材料所造成的,而是无法调试通过验收所致的质量不合格、验收不合格,无法使用,无法进入起算保质期。对此,仲裁庭认为,该案设备的质量问题并非属于外观质量,而是在于调试未获成功,无法与其他设备联动,由此无法投入使用。按照惯例,设备的保质期应从调试合格准予使用之日起算。在调试尚未合格之前无法使用不能起算保质期。综上所述,仲裁庭不支持卖方所谓的买方索赔超过索赔期的主张。

(4)检验报告

买方及时通知卖方货物不符的目的是要让卖方可以采取补救措施减轻可能的

---

〔1〕 参见贸仲裁决书2015年4月22日。

损失，卖方如有机会还可以对货物进行检验，或收集必要的证据对抗买方的主张。因而只要买方积极主动地履行通知义务，仲裁庭一般不会轻易否定买方的通知效力。

第一，检验报告应确认为合同项下货物。

在2015年钢卷买卖合同争议案[1]中，仲裁庭在认定是否采信买方提供的检验报告时，指出检验对象必须清晰，不能和其他货物混同。仲裁庭指出，虽然H公司出具的目的港检验报告结论写明，货物损坏原因是包装不当，但该检验报告将该案货物与另一份提单项下的货物混合在一起，没有单独写明该案提单项下货物的检验结果如何。对于K公司出具的检验报告，其没有确认检验对象就是该案货物，只是写明最终用户确认检验对象是该案货物，并且该检验报告并没有对货损原因作出判断。该检验报告还存在以下疑点：一是该检验报告载明，受检货物的托运人是中国I公司，而非该案提单上显示的中国C公司；二是该检验报告载明，受检货物的供货商是新加坡J公司，但本案货物的实际供货人是被申请人。因此，仲裁庭认为，该检验报告不能证明该案货物的货损原因，并决定对其不予采信。

同样在2015年味精买卖合同争议案[2]中，买方提交了ALS出具的检验报告及其检验资质的证据材料以证明送检味精样品的纯度仅有12.6%，远远达不到合同约定的99%的纯度要求。卖方认为，从检验报告鉴定的内容来看，货物样品是装在一个塑料拉杆袋里，而卖方交付给买方的货物，其包装用的是牛皮纸包装和贴上了白色A4纸的包装，包装有分签，每包有25kg。因此，仅从ALS出具的检验报告来看，不能证明买方提供给ALS检验的货物与卖方交付的货物是同一批货物。

仲裁庭认为，在该案争议中，第三方检验机构ALS出具的《货物质量检验报告》能否充分证明卖方交付的货物质量存在严重问题是解决双方关于货物质量争议的关键。然而，仅从ALS出具的这份检验报告来看，并不能证明送检的货物样本确实来自卖方交付的货物，在庭审过程中，买方也无法明确解释或提出进一步证据证明送检样本的取样过程，无法证明该受检样本确实来自卖方交付的该批货物。此外，庭审中还查明，买方用于存储合同货物的仓库也用于存放其他食品，难以确保货物之间不发生混同。因此，仲裁庭认为，尚无法从该检验报告自身得出被检验货物为

---

〔1〕 参见贸仲裁决书2015年6月11日。

〔2〕 参见贸仲裁决书2015年8月25日。

合同货物的结论。

第二,仲裁程序中的检验。

仲裁庭在2015年烧结炉设备买卖合同争议案[1]中指出,从国际贸易实务而言,在合同设备的质量产生争议的情况下,一旦进入仲裁程序,对于该等质量争议的解决,若任何一方要申请第三方检验,那么双方就应当对检验机构、检验时间及检验方法、标准等进行协商,形成合意并达成一致。在该案中,被申请人在第一次庭审后,自行单方申请商检局进行检验,在程序上存在瑕疵。

第三,当事人有权决定检验的方式和标准。

检验标准由合同当事人自由约定,即使和惯例不符合,仲裁庭也通常首先尊重当事人的自行约定。在2015年玉米买卖合同争议案[2]中,仲裁庭指出,其一,《买卖合同》检验条款约定"原产国质量以美国农业部联邦谷物检查服务和/或独立实验室出局的证书为准"(Quality final in the country of origin as per certificate issued by United States Department of Agriculture Federal Grain Inspection Service and/or independent laboratory),但未约定在原产国美国哪个地方出具检验报告,也未约定出具检验报告的时间,而美国国土辽阔,该案项下货物又属于品质易受外界条件影响而发生变化的农产品,仅约定在"美国"出具检验报告即作为货物质量的最终依据,与善意履行合同义务的原则不符。其二,买卖合同的检验条款也与相关货物贸易的惯例不一致。涉及大宗粮油谷物贸易的格式合同,如GAFTA No. 100号合同(散装饲料,CIF条件)、GAFTA No. 64号合同(散装谷物,通用FOB条件)和FOSFA No. 24号合同(加拿大/美国大豆,CIF条件),都明确规定作为货物品质依据的检验证书应注明出具的时间和地点,比如,货物质量以装船时出具的检验证书为准。而该案《买卖合同》检验条款未约定出具检验证书的时间,且约定的出具检验证书的地点过于宽泛,不符合相关贸易惯例。然而,申请人作为商事主体,《买卖合同》的一方在签署合同时应负一定的注意义务,尽管买卖合同关于检验的约定与善意履行合同义务的原则和大宗粮油谷物贸易的惯例不符,仲裁庭依然尊重和认可合同当事人的意思自治,认为应依据检验条款的规定确定卖方所交付货物的质量状况。

---

[1] 参见贸仲裁决书2015年4月22日。

[2] 参见贸仲裁决书2015年9月29日。

十三、损害赔偿

第一节　损害赔偿的基本原则

1.《公约》关于损害赔偿的基本体系

《公约》对于合同损害赔偿的规定集中于第三部分（货物销售）、第五章（卖方和买方一般义务的规定）第二节（损害赔偿），即《公约》第74条至第77条。《公约》第45条第1款第b项和《公约》第61条第1款第b项分别规定了当卖方或买方不履行其在合同和《公约》中的义务，相对方都享有依据第74条至第77条的规定要求损害赔偿的权利。由此确定了当事人要求损害赔偿的权利基础。

对于《公约》上述条文之间的关系，贸仲仲裁庭在2007年乙二醇合同买卖争议案[1]中指出，这4个条款应作为一个整体来理解。该节的4个条款对违约情况下损害赔偿的一般规则、宣告合同无效时损害赔偿额的计算方法以及合同另一方减轻损失的义务作了系统性规定。其中，就违约情况下的损害赔偿而言，《公约》第74条具有总则性作用。在适用《公约》解决因违约所致的损害赔偿问题时，应将《公约》第74条与之后的3个条款联系起来理解。《公约》第74条正面规定了合同违约方承担损害赔偿责任的范围和限度。其第一句规定首先确定了损害赔偿责任的范围，即"另一方当事人因其违反合同而遭受的包括利润在内的损失额"；第一句的最后一个词"相等"和第二句则确定了损害赔偿责任的上限，即与"另一方当事人因其违反合同而遭受的包括利润在内的损失额"相等，且不得超过违约方在订立合同时对违约预料到或理应预料到的可能损失。对于违约，由于《公约》并未规定惩罚性违约金，因此，其所规定的损害赔偿责任也是以合同另一方遭受违约所致损失为前提条件的。部分的救济方式如违约金，是由国内法决定的。[2]《公约》在第74条之后，就因违约而宣告合同无效的情况下损害赔偿额的确定问题，以两个条款区分不同情形，并规定了两种不同的计算规则。《公约》第75条规定了守约方购买替代货物或转售货物情况下的损失计算规则，《公约》第76条则规定了未购买替代货物或转售货物情况下的损失计算规则。而《公约》第77条则规定了受害方减轻损失

〔1〕 参见贸仲裁决书2007年9月10日。

〔2〕 UNCITRAL Digest of Case Law on the United Nations Convention on Contracts for the International Sale of Goods 2016, p. 334.

的义务——如果违反,则其可依据《公约》第 74 条、第 75 条、第 76 条主张的损害赔偿将减少相应的数额。贸仲仲裁庭这种对于《公约》赔偿体系的阐述与贸法会 2016 年《判例法摘要汇编》的表述基本一致。[1]

由于《公约》第 75 条规定了守约方在解除合同后可以要求替代交易与合同价格之间的差价损失,而《公约》第 76 条规定,守约方可以要求合同价格和市场价格之间的差价损失。在 2007 年乙二醇合同买卖争议案[2]中,贸仲仲裁庭对于两种损害赔偿的方式选择解释为《公约》第 76 条第 1 款的适用是有条件限制的。该款规定:"如果合同被宣告无效,而货物又有时价,要求损害赔偿的一方,如果没有根据第七十五条规定进行购买或转卖,则可以取得合同规定的价格和宣告合同无效时的时价之间的差额以及按照第七十四条规定可以取得的任何其它损害赔偿。但是,如果要求损害赔偿的一方在接收货物之后宣告合同无效,则应适用接收货物时的时价,而不适用宣告合同无效时的时价。"该款规定在行文上用了两个"如果"来限定其适用情形:一是合同被宣告无效且货物有时价,二是要求损害赔偿的一方没有购买替代货物或转卖货物。只有两个"如果"所设定的条件都能得到满足,方可援引该款规定解决损失的计算和确定问题。因此,对于《公约》第 75 条和第 76 条,受损害方只能根据不同情况选择其一,并具有适用的先后顺序。

另外,《公约》第 75 条和第 76 条只适用于宣告合同无效的情形,并非当事人必须择其一适用的损害赔偿计算方法。当《公约》第 75 条和第 76 条的适用条件均不满足时,第 74 条对损害赔偿范围的规定也足以对违约方应当赔偿的数额进行认定和计算。[3]

2. 损害赔偿的一般原则

如前所述,《公约》第 74 条规定了损害赔偿的范围和限度,从中体现出《公约》计算损害赔偿的一般原则,包括以下几个方面。

(1)损害赔偿的目的是使守约方恢复到合同正常履行时的状态

赔偿应以损失为基础。根据《公约》第 74 条的规定,不仅应对实际损失赔偿,还应对当事人本应获得的利润进行赔偿。

---

〔1〕 UNCITRAL Digest of Case Law on the United Nations Convention on Contracts for the International Sale of Goods 2016, p. 331.

〔2〕 参见贸仲裁决书 2007 年 9 月 10 日。

〔3〕 参见贸仲裁决书 2016 年 12 月 21 日。

在2019年PVC板材生产线买卖合同争议案[1]中，仲裁庭指出，《公约》规定的损害赔偿原则，就是使非违约方通过赔偿能够处于合同正常履行下的应有状态。合同正常履行的应有状态与非违约方现在所处的状态之间的差距，就是违约方应当赔偿的数额。该裁决的观点同贸法会及众多国际裁决的观点也是一致的。[2]

(2)可预见原则的限制

可预见原则，是指损害赔偿以违反合同一方在订立合同时，依照其当时已知道或理应知道的事实和情况，对违反合同预料到或理应预料到的可能损失为限。可预见原则事实上给违约方提供了适当的规则倾斜，对一种损失是否可预见的裁定体现了仲裁庭在双方权利义务之间的平衡。可预见的时间应为订立合同之时而非之后。以转售合同受到损失为由主张损害赔偿的，就应当证明相对方在订立合同之时就已知晓转售的可能性，从而使其能够预料到违约行为可能带来的损失。

损害赔偿的可预见性不要求预见到损失的"量"，而只需要能预见到这种损失发生的可能性。《公约》第74条可预见性要求，预见的是违约的可能后果或违约的类型，第74条并不要求可以预见损失的具体细节或准确的损失数额。在没有证据证明违约方明知申请人与案外人签订合同的价格条款时，对于赔偿的数额由仲裁庭依据公平原则对申请人主张的期待利润损失数额进行裁量与调整。[3] 但也有仲裁庭以申请人所主张和请求的预期利润和履约保证金金额很高为由，认为该损失不可预见。[4] 贸法会2016年《判例法摘要汇编》列明了相当多的可以预见的损失类型。[5]

---

〔1〕 参见贸仲裁决书2019年7月16日。

〔2〕 UNCITRAL Digest of Case Law on the United Nations Convention on Contracts for the International Sale of Goods 2016, p. 354; CLOUT case No. 93 [Internationales Schiedsgericht der Bundeskammer der gewerblichen Wirtschaft—Wien, Austria, 15 June 1994] [deriving general principle from article 74 for purposes of filling gap in article 78, in accordance with article 7(2)]. See also CLOUT case No. 138 [U. S. Court of Appeals(2nd Circuit), United States, 6 December 1995] (article 74 is "designed to place the aggrieved party in as good a position as if the other party had properly performed the contract") (see full text of the decision).

〔3〕 UNCITRAL Digest of Case Law on the United Nations Convention on Contracts for the International Sale of Goods 2016, p. 337; 贸仲裁决书2019年3月29日。

〔4〕 参见贸仲裁决书2006年8月3日。

〔5〕 UNCITRAL Digest of Case Law on the United Nations Convention on Contracts for the International Sale of Goods 2016, p. 335.

一是因合同履行而预见。

在2012年烧碱货物买卖合同争议案[1]中，买方称，合同中约定的货物的目的港均非买方所在地，且收货人均非买方，而是买方在不同目的港的不同客户，这表明卖方知晓买方购买烧碱货物的目的是转售。经查，采购合同中约定的货物发运的目的港位于南美洲的厄瓜多尔某港、秘鲁某港、萨尔瓦多某港及哥伦比亚某港，而非买方的营业地德国的港口。同时，卖方在货物发运后所提供的提单中的收货人亦非买方。因此，可以合理判断，卖方应当已经知晓买方所购买的货物将用于转售这一事实。同样，卖方也应当已经预料到其违约行为可能使买方损失转售货物的利润。

在2009年某化工品买卖合同争议案[2]中，案涉合同第9条约定："目的港为中国某港，最终用户为C公司。"据此，仲裁庭认定，卖方订立合同时，知道买方进口该批货物并非自己使用，而是准备转售给C公司。既然是转售，那么买方预期从中获取利润，符合一般商业交易行为规范。如此而言，卖方订立合同时，"预见到"或者至少"应当预见到"，如果按照合同约定交货，则买方可以获取"预期利润"。

二是正常市场及贸易中的预见。

在2012年锆英砂买卖合同争议案[3]中，双方当事人对被申请人因市场价格上涨等原因，拿不到货源，自始不向申请人交付合同货物，构成根本违约，给申请人造成损失的事实不持异议。双方对由此产生损失的赔偿有关问题存在不同意见，被申请人认为，合同订立后价格的持续上涨所导致的其需要承担的差价损失是其在订立合同时无法预见的。

仲裁庭指出，在市场经济社会中，作为从事交易活动的人，无论是生产厂商还是贸易商均将期待获得利益作为实现交易的重要目的，因此，交易者无论是卖主还是买主，必然会审慎地评估和预测市场价格的趋势，以保证获利或避免损失。所以交易者在订约时，任何一方怠于对价格涨落因素的预测和评估，导致在履约过程中因市场价格的上涨和下落而产生与合同价的差价是可以预见的。被申请人所说的订约时不能预见的说法，不仅违背客观事实，而且没有理论依据。被申请人所谓申请人有关合同差价的主张超出了《公约》第74条规定范围的说法，仲裁庭不予

---

〔1〕 参见贸仲裁决书2012年2月6日。

〔2〕 参见贸仲裁决书2009年6月4日。

〔3〕 参见贸仲裁决书2012年5月21日。

认同。

三是不可预见的损失。

在一些案件中,贸仲仲裁庭也明确了几种被认为是不可预见的损失类型,主要集中在受害方与第三方的合同或其他法律关系上(特别是买方作为中间商的转售合同),审查的过程也主要集中于违约方是否明知受害方与第三方的合同关系。仲裁庭指出,因为合同本身的相对性特点,一般而言,合同当事人很难知道相对方与他人订立的合同关系,因而很难预料其违约行为会给第三人造成什么损失。因此,即使已有生效的裁决文书裁定合同当事人应对第三方所负赔偿责任,也不能简单依据该裁决书决定该案中被申请人"理应预料"的赔偿责任范围。[1]

①买方向第三方赔偿的违约金以及相关法律费用。

在2006年乙二醇买卖合同争议案[2]中,买方主张逾期交货违约金损失的依据,是申请人代理人与D公司于2005年7月15日签订的协议书中约定由申请人向D公司支付逾期交货违约金。仲裁庭认为,买方未提供足够证据证明卖方在签订该案合同时即知道申请人与D公司之间的买卖关系,并且可以预见其一旦违约将导致申请人向D公司支付该笔逾期交货违约金,且买方不能通过签订替代购买合同而避免该损失。因此,仲裁庭对买方关于逾期交货违约金的仲裁请求不予支持。

同样的裁决还见于2006年水泵买卖合同争议案,[3]对于申请人的请求,即由中国某人民法院判决确认的违约金损失及申请人为此支付的一审诉讼费、律师费和二审诉讼费,仲裁庭认为,该诉讼虽与该案有关,但却是关于最终用户与申请人的下手买方之间的合同的执行的,申请人的下手买方在履约过程中的部分违约情形与被申请人履行该案合同中的违约行为并无必然联系。所以,仲裁庭对于申请人的此项仲裁请求亦不予支持。

②融资、筹资等经营行为产生的资金成本。

通常而言,尽管企业在正常经营过程中产生的融资投资费用或者成本确实可能和某份特定合同的履行有关,但通常认为这仍旧属于企业所遭受的间接损失。除非可以证明违约方在订立合同时有理由预见这种特殊损失,否则通常认为不能证明与违约方的违约行为之间有充分的因果关系。在2003年生铁买卖合同争议

[1] 参见贸仲裁决书2007年2月26日。

[2] 参见贸仲裁决书2006年4月11日。

[3] 参见贸仲裁决书2006年8月3日。

案[1]中,卖方为备货而向银行贷款或自筹资金,并就其利息请求赔偿。对此,仲裁庭认为,作为国际货物买卖的卖方,为经营出口业务以各种方式为企业筹资和融资均为卖方自身的经营行为,与该案合同的履行没有任何必然的联系;由于这种企业自身运作产生的资金成本(利息、罚息)等均为卖方自己的事情,与买方没有任何直接或间接关系。因此,仲裁庭不支持卖方的此项请求。

③受害方与第三方合同的定金损失。

在2003年废纸买卖合同争议案[2]中,申请人与第三方的产品购销合同签订于2002年9月25日,晚于申请人和被申请人之间该案合同的签订之日,申请人亦未提供证据证明其在和被申请人签订该案合同之前曾告知欲和他人签订含有定金条款的合同。因此,仲裁庭认为,申请人在被申请人违约后,因申请人和中国D公司之间的合同有定金条款,申请人不得不双倍返还定金而给申请人造成的定金损失,不是被申请人在订立其与申请人之间的该案合同时预见到或者可以预见到的因违反该案合同可能造成的损失,故仲裁庭对申请人要求被申请人赔偿该损失的请求不予支持。

④受害方与第三方的和解费用。

在2019年钢管买卖合同争议案[3]中,对于申请人与第三方和解费用损失,仲裁庭认为不属于被申请人在订立采购合同时可预见到或应预见到的损失,故对此仲裁不予支持。

贸仲仲裁庭的这种观点与相当多的各国其他法院一致,这些判决也对于守约方对第三方的责任不予支持,因为超出了可预见的限制,比如,违约的卖方不知道买方与其下手买方之间特殊的合同条款。[4]

3. 损害赔偿中的特殊情况

(1)利润损失的考虑

根据《公约》第74条的规定,违约损害赔偿的范围既包括当事方的实际损失,即直接损失,还包括可得利润损失。这里的可得利润是指可得净利润。实际上,中国《合同法》第113条第1款规定,"当事人一方不履行合同义务或者履行合同义务

---

〔1〕 参见贸仲裁决书2003年4月12日。

〔2〕 参见贸仲裁决书2003年11月25日。

〔3〕 参见贸仲裁决书2019年3月29日。

〔4〕 CLOUT case No. 476 [Tribunal of International Commercial Arbitration at the Russian Federation Chamber of Commerce and Industry, Russian Federation, 6 June 2000 (Arbitral award No. 406/1998)].

不符合约定,给对方造成损失的,损失赔偿额应当相当于因违约所造成的损失,包括合同履行后可以获得的利益,但不得超过违反合同一方订立合同时预见到或者应当预见到的因违反合同可能造成的损失。"这一规则与《公约》规定相一致。《民法典》第584条中也规定了与《合同法》第113条第1款相同的损害赔偿规则。

通常而言,这种损害赔偿应当得到支持,但同时也存在特殊情况。

在2010年印刷机设备买卖合同争议案[1]中,仲裁庭认定货物存在质量缺陷,申请人的第一项仲裁请求为解除合同及予以恢复原状救济,包括已付全部设备价款,赔偿申请人购买该设备的贷款利息损失、申请人购买厂房配套设施的贷款利息损失、申请人厂房配套设施的折旧损失等;第二项仲裁请求为赔偿申请人的预期利润损失。

仲裁庭指出,在该案具体情况下,申请人第一项仲裁请求中的各项赔偿请求能否成立首先取决于其解除合同的主张能否得到支持。如果申请人解除合同的主张不能得到支持,则其以此为基础提出的恢复原状救济项下的各项赔偿主张亦不能成立。因为申请人在其第一项仲裁请求中提出的各项赔偿均属于合同履行情况下必然发生的费用,在合同未解除的情况下,不得要求赔偿。与此相反,申请人的第二项仲裁请求实质上是要求被申请人赔偿如果合同能够得到适当履行情况下其本可实现,但由于被申请人的违约行为而使其不能实现的利益,又称预期利润损失。显然,申请人第一项仲裁请求中的各项恢复原状损失赔偿请求,与其第二项预期利润损失的仲裁请求完全相悖。即使申请人对被申请人的违约主张能够成立,申请人的第一项和第二项仲裁请求也不可能同时得到仲裁庭支持。

此外,仲裁庭注意到,申请人在该案中请求赔偿的预期利润损失实际上是指由于被申请人产品的缺陷而使其企业在经营中造成的损失。仲裁庭认为,无论根据中国《合同法》还是《公约》的规定,在卖方交货与合同规定不符情况下,买方正常情况下通常可选择的损害赔偿方式中是不包括因产品品质问题给买方企业造成的经营性损失或经营中的预期利润损失的。因为在买方能够及时实现《公约》规定的损害赔偿救济的情况下,其在交易中预期利润损失的补偿一般已可得到体现,如进行替代性补进货物等。此外,在正常情况下,一个卖方往往在订约时很难合理预见到其向买方出售设备的行为在一定意义上构成了对买方企业经营利润的担保。仲裁庭认为,除非申请人与被申请人双方在合同中对此有专门约定或申请人能够证明

---

〔1〕 参见贸仲裁决书2010年8月6日。

依订约时的情况被申请人知道或理应预见到如果其设备有品质问题，其还要对买方企业的经营性损失或利润承担赔偿责任；否则，根据可预见性的相关规定，申请人的此项预期利润损失赔偿请求不能得到仲裁庭支持。

仲裁庭还注意到，申请人在审理过程中为了支持其前述预期利润赔偿的请求，仅向仲裁庭提交了一些其和第三方交易的合同、大量单据及一些来往信函等基础性文件，从未向仲裁庭提交过任何归纳后的书面说明、统计、计算，以证明其预期利润损失的金额是如何计算的，该索赔金额究竟是企业的经营性损失还是扣除各项费用后企业的经营性利润损失，这些损失与被申请人的产品品质缺陷有什么因果关系，其在被申请人违约后所采取的行动及其所请求的损害赔偿金额的计算并没有违反有关受害方应承担的减轻损害义务的规定等。仅就此而言，申请人的第二项请求亦因其举证不足而不能得到仲裁庭支持。

(2)专用货物的损失计算

在2016年设备买卖合同纠纷案[1]中，仲裁庭注意到，双方曾就设备组件的图纸、规格等细节问题进行协商并加以确定，设备是应被申请人要求而设计的专用设备。由于涉案设备的专用性，其未由申请人转卖，也难以确定时价，故无法适用《公约》第75条或其第76条规定的关于损害赔偿额的确定方法。而只能由仲裁庭根据《公约》第74条的规定，行使自由裁量权，对损害赔偿的金额加以确定。也正是出于设备的专用性，申请人无法通过转卖减少损失。

仲裁庭认为，由于设备并未完成100%的制造，申请人在设备生产上的成本损失与可得利润损失两项损失相加的数额实际上并不完全等于合同原来确定的货款金额。但从总体上而言，两者是相近的。因此，考虑到该案的特殊性，基于诚实信用原则和公平原则，仲裁庭认为，应当由被申请人按合同确定的货款金额向申请人赔偿损失。

(3)信赖利益

从通常角度来看，在一方当事人违约后，申请人提出的损害赔偿存在两种情况：一种情况是使合同恢复到合同订立前的状态即恢复原状，另一种情况则是使合同恢复到合同正常履行时的状态。在受害方申请恢复原状的过程中，所有的为履行合同所支出的相应费用，都构成为履行合同支出的信赖利益。在第二种情况下，则是给予受害方通过履行合同所有的应得利益。但在一起争议案件中，受害方不

---

[1] 参见贸仲裁决书2016年12月21日。

能同时获得上述两种利益，其原因是若使受害方恢复到合同正常履行时的状态，已经使守约方获得了根据合同所有权期待得到的东西，而其在合同正常履行时应支出的部分不应同时得到赔偿，否则就超出了合同正常履行时的状态。但在特定情况下，如果当事人未主张要求合同项下的期待利益，则可以主张赔偿履行合同所正常支出的所有信赖利益。根据《公约》第 74 条的规定，一般认为受损害的一方有权索赔为准备合同或因合同被违反而产生的合理支出，虽然《公约》没有明文规定支出必须合理，但各国的判决基本认为在支出不合理时应拒绝给予损害赔偿。[1]

在 2009 年硫黄买卖合同争议案[2]中，由于产品质量问题，仲裁庭支持了申请人关于解除合同、退还货款的仲裁请求。在该案中，申请人还提出要求赔偿其支出的货物保险费用。仲裁庭注意到，涉案合同约定，涉案合同项下硫黄的保险由买方（申请人）购买。买方提交了保单以及保险费发票，卖方对这些证据的真实性没有异议。鉴于此，仲裁庭以买方已经向保险公司支付了保险费的事实作为基础处理该案。

仲裁庭认为，由于该项保险是为涉案合同项下的硫黄归属于买方所可能产生的风险而购买的，在买方适当取得这些硫黄及其所有权的情况下，买方负担此笔保险费是应当的，无权请求卖方赔偿。但是，在买方因卖方的原因而退货也不再另行给付的前提下，如果裁决该项保险的保险费仍由买方负担则欠缺依据，也不公平，因此，买方有权请求卖方予以赔偿。

（4）法律费用，包括律师费、仲裁费等

关于是否可以根据《公约》第 74 条的规定要求将参与诉讼的律师费用作为损害赔偿，不同国家的法院得出不同的裁决结果。[3] 大多数贸仲仲裁裁决支持了当事人法律费用的主张，如合同没有规定，则可能根据《公约》第 74 条或贸仲仲裁规则作出裁决。[4] 但有的仲裁庭基于当事人提交仲裁申请书的日期和律师费发票中

---

〔1〕 CLOUT case No. 541 [Oberster Gerichtshof, Austria, 14 January 2002].

〔2〕 参见贸仲裁决书 2009 年 9 月 21 日。

〔3〕 CLOUT case No. 166 [Schiedsgericht der Handelskammer Hamburg, Germany, 21 March, 21 June 1996]; CLOUT case No. 301 [Arbitration Court of the International Chamber of Commerce, 1992 (Arbitral award No. 7585)].

〔4〕 以贸仲 2015 年仲裁规则为例，其第 52 条第 2 款规定，"仲裁庭有权根据案件的具体情况在裁决书中裁定败诉方应补偿胜诉方因办理案件而支出的合理费用。仲裁庭裁定败诉方补偿胜诉方因办理案件而支出的费用是否合理时，应具体考虑案件的裁决结果、复杂程度、胜诉方当事人及/或代理人的实际工作量以及案件的争议金额等因素"。

载明的日期,认为该项律师费发生之时买方尚未提起该仲裁案,亦未见证据表明该项费用的发生与该案有直接的因果关系,故仲裁庭不予支持。[1]

对于当事人对于仲裁费用的异议,两个案件中的贸仲仲裁庭都援引了贸仲仲裁规则对仲裁费用的规定进行裁量。[2] 当事人对律师费的数额提出异议的,仲裁庭援引国内法关于律师收费的规定,并结合案件具体情况,包括涉及的法律问题和技术问题的复杂性以及所要求的工作量进行自由裁量。[3] 案件涉及两名申请人的,由仲裁庭根据对被申请人违约赔偿责任的认定,以及对两名申请人仲裁请求支持情况进行了裁量。[4]

4. 减损规则

依《公约》第 77 条之规定,声称另一方违反合同的一方,必须按情况采取合理措施,减轻由于该另一方违反合同而引起的损失,包括利润方面的损失。如果其不采取这种措施,违反合同一方可以要求从损害赔偿中扣除原本可以减轻的损失数额,即受害方负有使损失最小化的义务。另外,受害方为减轻损失而付出的合理费用和成本可以向违约方主张赔偿。《合同法》第 119 条也规定了减损规则,即"当事人一方违约后,对方应当采取适当措施防止损失的扩大;没有采取适当措施致使损失扩大的,不得就扩大的损失要求赔偿。当事人因防止损失扩大而支出的合理费用,由违约方承担",这与《公约》的规则是一致的。这一减损规则也同样被《民法典》所吸收和采纳,《民法典》第 591 条与《合同法》第 119 条的规定相同。减损规则的设置可以有效促进违约发生后社会成本的降低。

在贸仲仲裁庭审理实践中,卖方交货不符构成违约的,在涉案货物可能被征税之前将其转售给报价最高者,仲裁庭认为该转售行为合理。[5] 买方因卖方违约而解除合同后向卖方表示"先发 2 集装箱货物,剩余货物价格可以商量",与转卖公司和解并要求其减少违约金数额,设法联系其他货源等均被认为是买方为了减少损失做出的合理努力。[6] 相反,以下行为则会被认为没有履行减少损失的义务。

---

〔1〕 参见贸仲裁决书 2004 年 11 月 24 日。
〔2〕 参见贸仲裁决书 2005 年 3 月 5 日;贸仲裁决书 2012 年 7 月 24 日。
〔3〕 参见贸仲裁决书 2012 年 7 月 24 日。
〔4〕 参见贸仲裁决书 2007 年 2 月 26 日。
〔5〕 参见贸仲裁决书 2019 年 3 月 29 日。
〔6〕 参见贸仲裁决书 2009 年 6 月 4 日。

(1)不及时进行替代交易

在2015年烧结炉买卖合同争议案[1]中,合同所涉标的为8台两种不同型号的烧结炉,从物理上每台烧结炉是可以独立存在的,并且8台烧结炉是可分的。在卖方交付的8台烧结炉中,其中7台实际通过验收,买卖双方对1台烧结炉的质量存在分歧。

仲裁庭注意到,烧结炉是买方购置的整条生产线的一个组成部分,仅从其价值而言,烧结炉的价值仅占整条生产线价值的一小部分。仲裁庭认为,买方如同卖方一样,既不申请第三方检验又不购买替代烧结炉进行补救,让整条生产线停产,从而导致损失进一步扩大,买方应当承担此种扩大损失的责任。

(2)未及时有效通知

在2016年铁矿石买卖合同争议案[2]中,货物被海关建议做退运处理,检验检疫处理通知书的落款日期为2014年5月12日,申请人于2014年8月25日以电子邮件的方式将检验检疫处理通知书、品质证书、重量证书发送给交易中间人,于2015年3月5日才向被申请人发出书面通知。

仲裁庭注意到,根据本案合同约定,品质证书和重量证书应当以电子邮件或传真的方式发送给买方,并在收到原件时将原件寄送给买方。仲裁庭认为,合同货物被退运属于合同履行过程中非常重大的事项,应当以不低于品质证书和重量证书的通知标准通知被申请人;申请人没有采用寄送方式来通知,也未直接通知被申请人,而是以电子邮件的方式向中间人送达检验检疫处理通知书,导致被申请人在2015年3月9日才收到申请人直接寄送的检验检疫处理通知书,申请人应对此承担责任。根据《公约》第77条的规定,声称另一方违反合同的一方必须按情况采取合理措施,减轻由于该另一方违反合同而引起的损失。如果其不采取这种措施,违反合同一方可以要求从损害赔偿中扣除原可以减轻的损失数额。根据《公约》的这一规定,从2014年8月25日至2015年3月9日,合同货物因市场价格下跌原因产生的跌价损失应当从申请人索赔的损失中扣除,因处置延误而增加的费用也应当从申请人索赔的损失中扣除。

---

[1] 参见贸仲裁决书2015年4月22日。

[2] 参见贸仲裁决书2016年7月13日。

(3)分批交货合同中的损失

在2004年某货物买卖合同争议案[1]中,合同项下买卖货物总量分3批交货。合同规定,第一批货物必须在5月底运出,以后每月交一批货。而仲裁庭经审理查明,在知悉被申请人未履行其第一批交货义务后,申请人既未依照《公约》的规定宣告合同无效,亦未采取措施减少以后各批货物的损失。因此,仲裁庭认为,在该案中,申请人并未采取任何减轻损失的措施,因此,对于第一批货物以后的各批货物所要求的损害赔偿主张,仲裁庭不予支持。

(4)不合理的替代交易导致损失扩大

在2006年橘子罐头买卖合同争议案[2]中,双方当事人签署合同后,由于气候影响导致橘子减产造成价格上扬,同时由于市场经济自身运行导致的罐头原材料铁皮、白糖价格上涨,以及由于市场美元对人民币汇率的波动导致合同项下标的物橘子罐头的整体价格上涨。2005年11月10日卖方曾发邮件给买方,提议买方接受一定价格的10~15箱货物,但买方未回复。另外,买方于2005年11月25日致函卖方,要求卖方于2005年11月30日之前履行交货义务,否则买方将向其他供货商补货。但买方未等待到2005年11月30日,即于2005年11月29日与某日本公司签署了补货合同。实际上,卖方承诺交付买方货物的价格较之日本公司出价而言更低。作为商人,买方应首先接受卖方的价格而非其他,但买方却既未回复也未与卖方磋商,且在买方给予卖方履行义务期限尚未届满的情况下,即与日本公司签署了补货协议。

据此,仲裁庭认为,在可以较低价格接受卖方货物的条件下没有接受,致使买方所受损失扩大,这应认定为买方的责任,应当在损害补偿中扣减相应差价。

在一份西班牙最高法院的判决中,法院曾以类似的理由认为,合同当事方未能尽到减轻损失的义务。因为卖方拒绝了买方支付价格的建议,而在其后以更低的价格转售给第三方。[3] 此外,根据贸法会2016年《判例法摘要汇编》,《公约》没有明确要求替代交易中的价格必须合理。虽然如此,但一般认为,如果合同价格与替代货物交易的价格之间存在重大差异,则可能不能满足《公约》第7条关于诚信原

---

[1] 参见贸仲裁决书2004年4月12日。

[2] 参见贸仲裁决书2006年5月20日。

[3] Spain:Tribunal Supremo 28 January 2000,CLOUT case No. 395.

则的要求。[1] 比如,有的判决中法院认为,如果受害买方支付了几乎是原购买价2倍的补价,不构成合理替代交易。[2] 由于受害方未能减轻损害,可以根据《公约》第77条的规定减少赔偿数额。[3]

第二节 根据《公约》第75条计算的损害赔偿

《公约》第75条规定了合同被宣告无效时可以适用的损害赔偿计算方法中的一种,受害方可以要求合同价格和替代交易之间的差价损失。《公约》第76条以合同价格与现行(市场)价格之间的差额来衡量损害赔偿。《公约》第76条第1款规定,如果受害方已达成替代货物交易,则不得根据第76条计算损害赔偿额。[4] 但是,如果受害方达成的替代货物交易数量低于合同数量,则第75条和第76条均可适用,受害卖方只向第三方转售部分合同货物的,可以就未转售的货物根据第76条计算损害赔偿。[5] 在一些情况下,如果受害方未能满足适用《公约》第75条的条件,或当事人未能证明提供的替代交易满足第75条,法院可能允许它根据第76条计算其损害赔偿。[6] 贸仲仲裁庭的部分裁决也适用了同样的方法。[7] 同时部分法院认为,受害方可以选择根据《公约》第74条要求损害赔偿。[8]

1. 替代交易需在合同宣告无效后一段合理时间进行

由于《公约》没有明确"合理时间"的范围,贸仲仲裁庭在实践中根据案情、货物特征、市场情况来综合作出判断。贸仲仲裁庭曾裁定买方在最后一次谈判后1个月进行替代交易并未超出合理时间。[9] 在该案中,卖方曾提出过推迟船期至2005年6月30日,6月20日双方还就该案合同的履行进行过谈判,而此后卖方仍未能交货的情况下,买方于2005年7月8日与其他公司签订了购买替代货物的合同,仲裁庭

---

〔1〕 UNCITRAL Digest of Case Law on the United Nations Convention on Contracts for the International Sale of Goods 2016, p. 347.

〔2〕 CLOUT case No. 1029 [Cour d'appel de Rennes, France, 27 May 2008] (Brassiere cups case), English translation available on the Internet at www. cisg. law. pace. edu.

〔3〕 8 Arbitration Court of the International Chamber of Commerce, 1995 (Arbitral award No. 8128).

〔4〕 UNCITRAL Digest of Case Law on the United Nations Convention on Contracts for the International Sale of Goods 2016, p. 346.

〔5〕 CLOUT case No. 130 [Oberlandesgericht Düsseldorf, Germany, 14 January 1994]. Arbitration Court of the International Chamber of Commerce, October 1996 (Arbitral award No. 8740).

〔6〕 CLOUT case No. 227 [Oberlandesgericht Hamm, Germany, 22 September 1992].

〔7〕 参见贸仲裁决书2000年2月11日。

〔8〕 CLOUT case No. 427 [Oberster Gerichtshof, Austria, 28 April 2000].

〔9〕 参见贸仲裁决书2006年4月11日。

认为这并未超出合理时间。

在2014年磷酸一铵买卖合同争议案[1]中,仲裁庭认为,如果替代交易在合同宣告无效后近1年才进行则不属于合理时间。双方在2012年8月谈判破裂后,卖方开始对磷酸一铵进行转卖。2012年9月17日和9月21日卖方与第三方签订两份购销合同,分别出售。两份购销合同已于2012年10月和11月实际履行完毕。仲裁庭对于这两份替代交易是认可的,认为转卖的时间合理。但是,卖方于2013年7月4日以剩余货物价格作为向买方主张差价损失的依据,仲裁庭认为,卖方确实存在转卖时间过长、未尽减少损失扩大之努力的情况。故仲裁庭不支持卖方以上述价格作为主张剩余货物的差价损失的计算依据。

可以看到,相当多的法院与该裁决的观点一致,即如果卖方在开始进行替代销售之前过了一段不合理的时间,则卖方没有履行《公约》第77条规定的减轻损失的义务。[2] 合理时间的确定将取决于货物的性质和具体情况。[3]

2. 替代交易的确定

在2003年生铁买卖合同争议案[4]中,仲裁庭认为,所谓"合同货物"应当为卖方向买方根据合同备妥的货物,案中卖方提供的证据仅包括《与A公司生铁业务结算清单》中注明的"卖生铁367.77吨"和一张填写日期为"1997年1月6日"(远远早于该案合同的订立)的40万元人民币汇票,因此对其转卖的差价请求不予支持。

在2007年硬脂酸买卖合同争议案[5]中,买方补进了硬脂酸100吨,单价与原合同的单价相差95美元。卖方认为,买方补进的货物与原合同货物不属于同一级别,价格也与国际市场价格不符,所以购买替代物的方式不合理,卖方不应承担差价损失。对此,仲裁庭经核对相关证据发现,补进替代物的合同和该案争议合同所购买的货物均是200型工业硬脂酸,争议合同货物的规格完全和国家标准规定的范围一样,只是补进替代物合同的货物规格与国家标准略有出入,但是绝大部分指标都在200型标准的范围内。仲裁庭认为,结合以上事实并根据化工产品的化学特性,即在同类产品的生产销售中很难使所有产品的成分比例完全一致,可以认定买

---

[1] 参见贸仲裁决书2014年1月9日。

[2] Hof van Beroep Antwerp, Belgium, 24 April 2006.

[3] UNCITRAL Digest of Case Law on the United Nations Convention on Contracts for the International Sale of Goods 2016, p. 347.

[4] 参见贸仲裁决书2003年4月12日。

[5] 参见贸仲裁决书2007年8月28日。

方补进的替代物原则上与原合同项下的货物一致。

3. 卖方进行替代交易时的货物特定化

2007 年棉花买卖合同争议案[1]中，仲裁庭指出，在买方拒绝履行付款义务的情况下，替代交易，是指卖方将为该合同准备好的货物转卖给其他人。进行替代交易的，卖方应具有替代原合同交易的意图。因为是转卖，替代交易的货物须与原合同所规定的货物相符，通常它们就是为原合同而准备的。换言之，该符合合同的货物在宣告合同无效时应已被特定化（划归至特定的合同项下），或至少已由卖方占有并被不迟延地划归至该合同项下。如果货物不是原合同所规定的标的物，则发生的交易将不被认定为替代交易。与合同相符的货物如果本来就是为其他交易准备的，也不应被视为转卖。

在该案中，仲裁庭根据现有证据和当事人的陈述无法认定发生了替代交易。卖方承认，作为国际上最重要的棉商之一，其从事大量和连续不断的棉花交易，因此也维持连续的棉花供货和相当数量的存货。但卖方同时承认，在买方违约时，卖方并没有将某些存货特定化至该案合同项下，也没有证据证明卖方在宣告合同无效后所进行的交易具有替代交易的意图。正如卖方所指出的："由于卖方出售的棉花数量巨大且其始终处于周转当中，若想在实践中确认具体哪一批转售给其他公司的棉花就是与拟发运给买方的棉花一一对应的棉花并不容易。卖方之所以提交转售合同，主要是想给仲裁庭提供一个直观明了的计算差价损失的方法。"另外，正如买方所指出的，卖方提供的关于转卖货物的那些交易合同的证据显示，棉花的生长年代与合同规定得不一致。转卖合同中棉花的生长年代是"2004/2005"，而合同规定的是"2002/2003/2004"。显然两者是有区别的，难以认定为相同的货物，故无法认定发生了转卖。

第三节　根据《公约》第 76 条进行的损害赔偿计算

在守约方没有根据《公约》第 75 条达成替代交易的情况下，根据《公约》第 76 条的规定，卖方可主张合同价格和宣告合同终止时的时价之间差额的损害赔偿。[2]《公约》第 76 条是合同被宣告无效时适用的两种损害赔偿办法中的第二种。《公约》第 76 条规定，如果受害方已达成替代货物交易，则通常不适用本条的损害赔偿

---

[1] 参见贸仲裁决书 2007 年 4 月 12 日。

[2] 参见贸仲裁决书 2003 年 6 月 26 日。

方法。[1] 与《公约》第 75 条一样,合同被宣告无效是本条适用的前提,如果合同未被宣告无效,则《公约》第 76 条不适用。[2] 贸仲仲裁庭也曾作出类似裁决。[3]

1. 时价确定的时间

在适用《公约》第 76 条计算损害赔偿的时候,仲裁庭通常遇到的一个问题是,究竟以何时的价格作为解除合同时的时价。因为现实的情况是,双方当事人并非法律人士,并不一定知道法律对于解除合同以及损害赔偿计算的具体要求,因此,有时可能并不存在一个明确的关于解除合同的书面通知,但双方当事人确实已经无意继续履行合同,而合同实际上也未继续履行。在损害赔偿的计算中,需要仲裁庭根据案件整体事实作出一个合理判断。很多时候需要考虑的另外一个问题是,作为贸易商的当事人,可能出于维持商业关系的考虑,会进行一段时间的协商,而在协商的过程中,双方当事人又会作出各种不同的表示。因此,有时还需仲裁庭根据诚信原则判断合同是否已经解除以及合同何时解除。

2004 年热轧板合同争议案[4]中,仲裁庭注意到,案中申请人曾向被申请人表示"坚持信用证应在 2003 年 3 月 10 日之前开具。否则我方将别无选择只得依据合同和应适用法律保护我方利益,我方因此而遭受的任何或全部的损失将由你方承担",同时考虑到合同已经无法履行是双方均已认可的事实,仲裁庭认为以 2003 年 3 月 10 日后合理时间(1 个月左右)作为该案合同终止时间为适当。

在 2007 年棉花买卖争议案[5]中,买方在合同规定的期限内未履行通过银行开证的义务,其行为已构成实际违约。仲裁庭认为,卖方在 2004 年 1 月下旬已经获得宣告合同无效的权利,但卖方当时没有立即行使该权利。此后,买方开出合同部分金额的信用证,卖方也根据该信用证交付了相应的货物,合同的该部分视为已履行完毕。对于差额部分,卖方多次给予宽限期,但买方始终没有通过银行开出信用证。最后的宽限期到 2004 年 7 月 20 日止,即律师事务所 2004 年 7 月 9 日向买方发出传真后的 7 个工作日的最后一天。根据该传真,合同应视为于 2004 年 7 月 21 日

---

〔1〕 UNCITRAL Digest of Case Law on the United Nations Convention on Contracts for the International Sale of Goods 2016, p. 352.

〔2〕 CLOUT case No. 130 [Oberlandesgericht Düsseldorf, Germany, 14 January 1994]; Arbitration Court of the International Chamber of Commerce, October 1996 (Arbitral award No. 8740); CLOUT case No. 227 [Oberlandesgericht Hamm, Germany, 22 September 1992].

〔3〕 参见贸仲裁决书 2000 年 2 月 11 日。

〔4〕 参见贸仲裁决书 2004 年 9 月 17 日。

〔5〕 参见贸仲裁决书 2007 年 4 月 12 日。

被宣告无效。仲裁庭认为,以卖方宣告合同无效当天纽约交易市场的棉花价格作为该案计算差价的"时价"是合理的。

贸法会2016年《判例法摘要汇编》说明,现行价格是在可比情况下同类货物的一般市场价格。[1] 关于具体的计算时间,与贸仲仲裁庭的相关类似判决,一些法院认为,如果由于卖方已"明确无误地"声明其将不履行义务,此时不需要宣告合同无效的通知,《公约》第76条规定的宣告合同无效的时间以债务人声明不履行的意思表示之日为准。[2]

2. 诚信的考虑

在2004年镁锭买卖合同争议案[3]中,合同双方对合同的解除时间发生异议。卖方在其致买方的函中称:"由于生产商没有煤炭和硅钢进行生产,以及价格的大幅度变化,不能交付其余部分货物";"如果你们不尽快确认(指提高价格和开立信用证),我们将无法交付其余部分货物,如果事情仍然不能解决,请准备暂时从其他途径购买货物"。仲裁庭认为,卖方此函件可以认定为已经作出了拒绝按照合同的约定履行的明确的意思表示,并且明确作出了要求买方从其他处购买货物的提示,此提示可以视为其为减少买方的价差损失进行的努力。仲裁庭还注意到,卖方以后与买方的谈判也一直以要求买方提价为基点,且其在谈判中处于相对被动的状态,而整个谈判过程主要是买方以要求卖方继续履行合同为基础而积极推动的。而在该谈判持续进行的1个多月的时间内,发生了镁锭价格继续上涨的事实。在这样的事实基础上,要求卖方对该1个多月的谈判期间的价差损失承担责任,对卖方来说有失公平。因此,仲裁庭认为,综合全案客观情况,将卖方解除合同的时间确定为上述函件发出日,由其承担该时间镁锭的时价和合同价格的差价给买方造成的预期利润损失,更加符合实际,也更符合公平原则。

3. 时价确定的地点

时价,是指原应交付货物地点的现行价格。如果该地点没有时价,则指另一合理替代地点的价格,但应适当地考虑货物运费的差额。

在2005年赖氨酸买卖合同争议案[4]中,买卖双方对合同被宣告无效时的"时

---

[1] UNCITRAL Digest of Case Law on the United Nations Convention on Contracts for the International Sale of Goods 2016, p. 353.

[2] CLOUT case No. 595 [Oberlandesgericht München, Germany, 15 September 2004].

[3] 参见贸仲裁决书2004年5月31日。

[4] 参见贸仲裁决书2005年3月5日。

价”持有不同看法，但双方均认为要参考的是中国市场的价格。仲裁庭认为，“时价”应为合同被宣告无效时、合同约定的货物交付地点的同类货物的市场价格。合同规定“FOB 中国某港”价格术语应理解为在装运港（中国某港）交货，即“时价”应理解为 2003 年 11 月 7 日中国市场上赖氨酸的价格。

在其他案件中，也有仲裁庭考虑到货物买卖的国际性，认为以国际市场价格为依据是合理的。〔1〕

4. 时价确定的依据

仲裁庭通常根据当事人提供的信息，同时考虑合同履行情况与公平原则进行裁量。类似网站、公司提供的价格信息在仲裁实践中往往会由于“非官方”“不权威”等原因受到质疑，仲裁庭往往会广泛考虑价格水平，同时根据最后的结果公平与否作出裁定。在双方提供的价格为相同信息来源时，仲裁庭则均予以采信。〔2〕

（1）信息服务公司、行业网站等提供的价格信息

在 2007 年乙二醇买卖合同争议案〔3〕中，卖方为证明系争合同项下货物的时价，提供了普氏（PLATTS）公司价格和“中国化工网”的价格信息以及 C 公司发布的统计图表，主张以每吨 677.5 美元作为合同解除时的时价是合理的。

买方认为，卖方提供的试图证明货物市场价格的数据信息缺乏真实基础，不能反映该案货物的市场价格。主要理由如下：①买方对价格信息的来源不予认可。C 公司、PLATTS 公司及中国化工网均是非官方网站，其采集和编辑的信息不具备权威性。②卖方提供的价格信息自相矛盾。此外，PLATTS 公司的价格评估值与卖方的陈述自相矛盾，并且也与其提供的其他证据所显示的价格信息矛盾，因此，PLATTS 公司的价格评估不足以作为市场价格采信，而卖方以此来主张市场价格赔偿也是缺乏根基的。③货物的价格构成不具有可比性。买方总结认为，卖方不能证明双方订约之后货物价格一直呈下跌趋势，也没有提供货物的市场价格，未能有效证明其实际遭受了市场差价损失，应当承担举证不能的责任。

仲裁庭认为，尽管卖方为证明系争合同项下货物在合同解除时的时价提供了大量的证据材料，但正如卖方在开庭时所言，提供这些材料“只想请对方看市场价格趋势图，并不是让对方看市场价格在 2005 年 5 月 23 日这个时间点的价格”。也

〔1〕 参见贸仲裁决书 2006 年 4 月 11 日；贸仲裁决书 2012 年 5 月 21 日；贸仲裁决书 2003 年 4 月 12 日。

〔2〕 参见贸仲裁决书 2006 年 4 月 11 日。

〔3〕 参见贸仲裁决书 2007 年 9 月 10 日。

就是说，卖方所提供的证据材料并不能显示该案合同货物在2005年5月23日这个特定时点的时价。

考虑到卖方未能精确地提供可靠的时价，买方也未提供任何可供仲裁庭判断时价的信息，仲裁庭考虑到卖方在解除合同后有减少损失进一步扩大的义务，在仲裁庭目前所了解的所有价格信息中，以PLATTS公司所公布的2005年6月3日一周乙二醇的评估价每吨710美元~725美元（CFR中国）作为参考确定时价是一个相对合理的做法。

在2012年锆英砂买卖合同争议案〔1〕中，被申请人也认为，申请人援引"亚洲金属网"5月31日中国进口印尼锆英砂作为计算价格差价的依据并不可信，因为其版面上有"本网站之注明亚洲金属的所有作品版权均属于亚洲金属网所有"，"未经亚洲金属网或利用其他方式使用上述作品，已经本网站协议授权的媒体或者网站应在授权范围内将不追求其相关的法律责任，本网站上会员注册及所发布的信息的真实性、完整性、合法性由发行人自行负责，会员由此不承担任何保证责任"，因此认为申请人援引"亚洲金属网"发布的价格信息是不具有权威性的。

对此，仲裁庭认为，在国际货物买卖交易中，商品价格通常依据国际市场价格作为报价的基础，交易者可以通过各种渠道获得交易资料，在现今的信息社会，各种行业网站发布的价格信息也是交易者获取国际市场价格的重要来源之一，亚洲金属网发布的价格资料在钢铁有色金属的行业内具有参考价值。至于被申请人所谓亚洲金属网页面上的种种声明主要是防止其他网站和媒体的侵权，并非对该网站发布的信息的真实性、完整性、合法性不负责任。所以，仲裁庭认为，申请人援引的价格可以作为计算差价损失的参考。

在2003年生铁买卖合同争议案〔2〕中，卖方未能向仲裁庭提供计算差价的有力证据。但从卖方提供的材料中可以看到，"正如你方和你方供应商所非常了解的，由于近来从中国到韩国出口增多，市场价格下降到了FOB价150美元/公吨，而且据说会进一步下降"（As you & you supplier know well, due to recent late rush from China to Korea, the market price drop to US148/MT FOB Level and said will drop further）。仲裁庭认为，买方承认当时的国际市场是下降趋势，中国到韩国的出口价格为每公吨150美元。对于这种价格，卖方并未提供相反意见。而且买方明确同意

〔1〕 参见贸仲裁决书2012年5月21日。
〔2〕 参见贸仲裁决书2003年4月12日。

愿意参考中国《全国海关信息中心》1997 年 10 月的生铁价格每公吨 150 美元给予卖方差价补偿。故仲裁庭认为,可以采用每公吨 150 美元来计算合同的差价。

(2)专家证据

2007 年棉花买卖合同争议案[1]中,卖方主张纽约棉花交易市场的价格应当作为“时价”。卖方通过专家提供了纽约交易市场(New York Board of Trade)棉花的价格证明。对卖方提供的专家证据,买方指出,该证人以及卖方均是国际棉花贸易组织的成员,具有利害关系,其证言不能证明所要证明的问题。

仲裁庭认为,首先,国际棉花贸易界的专家或著名人士是某个国际棉花贸易组织的成员,这是在情理之中的事情。如果不是某一业界的资深人士,其证明该业界情况的证言的证明力将不会很强。其次,买方有充分的机会去证明相反事实,如存在其他应适用的交易市场价格,或者卖方通过专家提供的纽约棉花交易价格是错误的,但买方没有通过举证向仲裁庭证明实际的情况,其一般性的质证意见难以推翻卖方证明的关于市场价格的事实。根据双方约定的贸易术语(CFR),交货地点应为美国。因此,仲裁庭认为,以卖方宣告合同无效当天纽约交易市场的棉花价格作为该案计算差价的“时价”是合理的。

(3)综合考虑合同履行背景和履行情况

在 2004 年镁锭买卖合同争议案[2]中,仲裁庭在确认时价的过程中即结合了双方当事人均认可的《中国镁业》的市场报价,以及买方提交的《世界权威金属报刊对于中国产镁锭价格上涨的报道》,并综合考虑了以下因素:一是合同约定的价格条件为 CFR,即成本加运费;二是合同的履行期部分在 SARS 疫情暴发期间,该疫情的发生确实给卖方履行合同造成了一定困难和费用的增加。

另外,出于时价确定的时间要求,时价确定的依据也必须具有相当的时效性。在 2005 年赖氨酸买卖合同争议案[3]中,卖方仅提供了中国海关统计的价格资料。但仲裁庭认为,虽然该价格资料具有可信性,但根据仲裁庭对赖氨酸出口交易情况的理解,海关统计的资料所反映的是货物出口之前一段时间的市场价格。如该案合同签订于 6 月,但交付货物(出口)的期限为 7 ~ 9 月,时间相差 1 ~ 3 个月。因此,卖方提出的价格资料虽然是客观真实的出口价格,但难以作为确定“时价”的依据。

---

[1] 参见贸仲裁决书 2007 年 4 月 12 日。

[2] 参见贸仲裁决书 2004 年 5 月 31 日。

[3] 参见贸仲裁决书 2005 年 3 月 5 日。

并最终采纳了买方所提供的C公司的《中国饲料市场价格周报》中的赖氨酸中国市场价格作为确定"时价"的依据。经查,上述赖氨酸中国市场价格表中没有2003年11月7日的价格,仲裁庭认为应当取一个适当的平均值作为"时价",即该表格中显示的、该日期之前的3个价格(10月的最后3个价格)与该日期之后的3个价格(11月的前3个价格)的加权平均值。

5. 调整的需要

根据《公约》条文的规定,赔偿额应为时价与合同规定的价格之间的差额以及按照《公约》第74条规定可以取得的任何其他损害赔偿。在实践中要注意的是应当同时考虑贸易术语的价格构成。

在2004年热轧板买卖合同争议案[1]中,合同价格采用的是CFR中国某港,而申请人提供参考的时价为独联体FOB价。由于CFR价格构成是按货物的成本(FOB价)加上货物运抵目的港的正常运费。因此,同一宗货物交易中CFR价显然高于FOB价,无法直接采用计算本案的赔偿额。仲裁庭认为,以货物交易条件相同的价格构成体系,按其不同时期的价格浮动幅度,作为计算该案申请人赔偿损失额的参照依据是合理的。

为此,仲裁庭认定,应根据申请人提供的国际钢材市场价格走势表中2003年2月17日或24日中间价,每吨305美元与2003年4月7日或11日的中间价每吨290美元的差价,每吨15美元作为该案申请人预期利益损失计算的参照依据。

另外的两个案件中,合同价格和时价分别为CIF价和C&F价,以及CFR价和CIF价,[2]因此仲裁庭在计算的时候分别加计、扣除了1%的保险费,以达到公平合理的结果。

十四、违约金

《公约》本身并未对违约金作出规定。但值得注意的是,《联合国国际货物销售合同公约咨询委员会意见(十)》(以下简称《公约咨询委员会意见(十)》)中对违约金在《公约》下的合法性与合理性作出了阐述,即《公约》规定了合同的订立和解释,而其中应当包括对未履行合同应当支付约定金额的条款;并且根据《公约》第6条规定的意思自治原则,缔约方可以通过引入其他条款减损《公约》关于损害赔偿的

---

[1] 参见贸仲裁决书2004年9月17日。

[2] 参见贸仲裁决书2005年5月25日;贸仲裁决书2012年5月21日。

规定(第74条至第79条)。同时,《公约》并不排除其他适用法或法律原则有关债务人保护的条款,但此类条款应当与符合国际标准。[1]

另外,贸法会《关于不履约情况下商定应付金额的合同条款的统一规则》(以下简称《统一规则》)对违约金适用的基本原则也进行了阐述。其中,《统一规则》第5条规定,如果债务人对未履行义务无赔偿责任,则债权人无权收取约定款项。由此将违约金定义为当事方承担违约责任的一种方式,而非学理上的"惩罚性违约金"。《统一规则》第6条规定,如果合同约定,因迟延履行债权人有权取得约定金额,则债权人在有权取得约定的金额的同时,还有权要求履行义务;而如果合同约定除了迟延履行以外的不履行义务,债权人有权收取约定的款项,那么债权人就有权要求履行义务或者收取约定的款项。但当约定的款项不能合理地视为对未履行义务的补偿时,两者可以同时主张。《统一规则》第7条规定,债权人对约定的款项所能补偿的部分不能提出损害赔偿,当损失大大超过约定的款项时,债权人对不能补偿的部分可以提出损害赔偿请求。《统一规则》第8条规定,除非约定的款项与债权人所遭受损失极度不成比例,否则约定的款项不得由法院或仲裁庭削减。

《合同法》第114条的规定与上述原则基本一致,即规定:"当事人可以约定一方违约时应当根据违约情况向对方支付一定数额的违约金,也可以约定因违约产生的损失赔偿额的计算方法。约定的违约金低于造成的损失的,当事人可以请求人民法院或者仲裁机构予以增加;约定的违约金过分高于造成的损失的,当事人可以请求人民法院或者仲裁机构予以适当减少。当事人就迟延履行约定违约金的,违约方支付违约金后,还应当履行债务。"此外,在中国最高人民法院《关于适用〈中华人民共和国合同法〉若干问题的解释(二)》(已失效)第29条中规定,当事人主张约定的违约金过高请求予以适当减少的,人民法院应当以实际损失为基础,兼顾合同的履行情况、当事人的过错程度以及预期利益等综合因素,根据公平原则和诚实信用原则予以衡量,并作出裁决。当事人约定的违约金超过造成损失的30%的,一般可以认定为中国《合同法》第114条第2款规定的"过分高于造成的损失"。《民法典》第585条中保留了与《合同法》第114条类似的规定,即"当事人可以约定一方违约时应当根据违约情况向对方支付一定数额的违约金,也可以约定因违约产

---

[1] CISG-AC Opinion No. 10, Agreed Sums Payable upon Breach of an Obligation in CISG Contracts, Rapporteur: Dr. Pascal Hachem, Bär & Karrer AG, Zurich, Switzerland. Adopted by the CISG-AC following its 16th meeting in Wellington, New Zealand on 3 August 2012.

生的损失赔偿额的计算方法。约定的违约金低于造成的损失的,人民法院或者仲裁机构可以根据当事人的请求予以增加;约定的违约金过分高于造成的损失的,人民法院或者仲裁机构可以根据当事人的请求予以适当减少。当事人就迟延履行约定违约金的,违约方支付违约金后,还应当履行债务”。

可以看到,《统一规则》与中国法在总体原则上基本一致,即违约金不应与债权人所遭受的损失严重的不成比例以致成为一种惩罚性违约金。当然,两者的侧重略有不同,《统一规则》更强调尊重当事人违约金约定的条款,除非其约定与遭受的损失极度不成比例,否则裁判者不应轻易介入。而《民法典》《合同法》及其司法解释对于这种不成比例给出了更明确的限制,也更多地是从违约金构成一种补偿性损害赔偿的方式的角度进行规定,同时考虑了一定的公平原则。

由此可见,中国《民法典》《合同法》与贸法会《统一规则》在整体上精神一致,都承认违约金条款作为合同双方意思自治的范畴,并认可特定条件下当事人依据违约金条款请求赔偿的权利。在实践中,因为《公约》不直接涉及违约金,贸仲仲裁庭会援引中国《合同法》的相关规定进行裁决。

第一节 违约金条款的认定

在实践中,违约金条款一般体现为“若当事人一方违约,则给付一定数额的价款”,或约定损失赔偿额的计算方法。在确定这种约定数额的价款是否为“违约金”时,往往取决于合同条文内容的实质以及与实际损害之间的关系而非是否使用了“违约金”的名称。

在2009年手扶式插秧机销售合同争议案〔1〕中,案涉合同涉及违约金的约定是第16条“延期和罚款”,其中约定:“如卖方不能按合同规定及时交货,除因不可抗力事故外。若出现延期,在买方同意延期交货的前提下,卖方应接受延期罚款,且在卖方所开商业发票中扣除违约金额的值,并在索汇银行索汇时所提交的面函和汇票中都必须注明‘索汇金额为扣除违约金后的金额’。但是罚款不得超过货物总值的5%。罚金率按每星期0.5%计算。不足一星期者按一星期计。如果卖方交货延期超过合同规定船期4星期,买方有权撤销合同,尽管撤销了合同,卖方仍须向买方立即支付规定罚款。”

对于当事人双方采取的“罚款”的表述方式,仲裁庭认为,违约金与罚款本来不

〔1〕 参见贸仲裁决书2009年8月10日。

是同一个概念。根据中国目前的法律制度,一方违约时并无“罚款”的规定,而是约定以违约金的方式对因违约产生的损失予以赔偿。通读该条款的全文可以发现,“罚款”和“违约金”混同出现。买方对此的解释是,违约金,是指合同中的罚款,且卖方未对此提出抗辩。因此,仲裁庭认定,该条款中的“罚款”实质上就是违约金,是承担违约责任的方式之一,并依据《合同法》第114条第1款的规定,对买方违约金的仲裁请求予以支持。

第二节 违约金与损害赔偿的关系

在2010年螺纹钢筋买卖合同争议案〔1〕中,仲裁庭指出,违约金条款是双方为了减少举证责任而约定的损害赔偿。换言之,如果任何一方违约,守约方无须举证证明其实际是否存在损失或者实际损失数额,即可援引该条款请求违约方按照约定支付违约金。因而违约金和损害赔偿的本质是相同的,都是作为承担违约责任的一种方式对违约行为造成的损害予以赔偿。

因此,对于申请人同时请求违约金和实际损失,以及被申请人对此提出的异议,贸仲仲裁庭认为,根据中国《合同法》第114条以及最高人民法院《关于适用〈中华人民共和国合同法〉若干问题的解释(二)》第28条的规定,“当事人依照合同法第一百一十四条第二款的规定,请求人民法院增加违约金的,增加后的违约金数额以不超过实际损失额为限。增加违约金以后,当事人又请求对方赔偿损失的,人民法院不予支持”,申请人在提出实际损害赔偿的同时,无权同时根据违约金条款请求违约金。

在2004年某货物买卖合同争议案〔2〕中,案涉合同第5条约定了履约保证金信用证开立步骤:“买方在卖方开立以买方为收益人的2%履约保证金后10个银行工作日内,开立以卖方为收益人的不可撤销的信用证。卖方应在签订合同后10个银行工作日内,开立以买方为收益人的2%履约保证金。履约保证金应为可转让的备用信用证。此履约保证金是在卖方不能按期交货的情况下,应付给买方的违约金。由于其他原因造成的不能出货的状况,卖方均无须支付违约金。”其中明确指出支付违约金的情况仅为卖方不按期交货,如果不是不能按期交货,则卖方无须支付违约金。仲裁庭指出,无须支付违约金并不等于不赔偿任何其他损失。在该案中,申

〔1〕 参见贸仲裁决书2010年1月27日。

〔2〕 参见贸仲裁决书2004年4月12日。

请人并没有提出违约金的仲裁请求，而是要求被申请人赔付转售价与该案合同之间的差价损失以及律师费、差旅费、仲裁费等损失。所以，案涉合同第5条的约定不构成申请人仲裁请求的障碍，但在该案的特殊情况下，应当在损害赔偿数额计算时考虑被申请人已经支付的违约金数额。

第三节　具体数额

如前所述，违约金可以被认为合同双方根据订立合同时“预估”的损失确定的损失数额或计算方法，故其与实际损失难免会有出入。在实践中，在适用法为中国法的前提下，贸仲仲裁庭也会考虑到公平原则，充分保护当事人利益，对违约金的数额，甚至包括给付方式进行适当调整。具体而言，如果守约方有证据证明违约金低于实际损失，其可以请求仲裁庭予以增加；同样，如果违约方有证据证明该违约金过分高于实际损失的，也可以请求仲裁庭予以减少。在这两种情况下，举证责任在于请求变更的一方当事人，而且其条件是“违约金低于造成的损失”和“违约金过分高于造成的损失”。[1]

在2018年设备买卖合同争议案[2]中，当事人双方在备忘录中约定，“考虑到被申请人因生产线未能按时投产所产生的经济损失，被申请人同意支付赔偿金，其中一半以现金方式支付到申请人指定的账户，另外一半被申请人用零部件赔偿”。仲裁庭认为，被申请人提供的生产线迟迟无法正常运转，给申请人造成了经济损失，而该等经济损失已通过双方约定的形式予以确定，故应当得到尊重。考虑到其中一半已支付，剩下一半亦属于合同解除后的损害赔偿范围之内。而鉴于该案合同已经解除，如果继续遵照该备忘录要求，由被申请人以零部件的形式赔偿申请人，将产生明显不合理的结果。因此，仲裁庭认为，被申请人应当以人民币现金形式赔偿申请人余下一半的违约金。

十五、预期违反合同

不安抗辩权与预期违约，分别是大陆法系和英美法系具有代表性的制度。《公约》在预期违约问题上基本吸收了英美法系的预期违约制度，但又有所区别。《公约》中关于预期违约制度的规定主要体现在第71条和第72条。《公约》第71条主

〔1〕 参见贸仲裁决书2010年1月27日。

〔2〕 参见贸仲裁决书2018年8月22日。

要规定了当事人可以中止履行的情形和中止履行的后果。《公约》第 72 条则是针对预期根本违约的情形，即在合同的履行期到来之前，如果预期对方当事人将根本违反合同，另一方当事人可以宣告合同无效。《公约》第 71 条规定的中止履行义务的权利有别于第 72 条规定的宣告合同无效的权利。宣告合同无效是终止双方当事人的义务，而中止履行合同义务则是承认合同继续有效，但敦促双方当事人对履行义务相互作出保证。行使中止权利和宣告合同无效权利的前提条件不同，双方当事人在相互间通信方面所负的义务也不同。《公约》对两者作出区分具有重要的现实意义，可以及时向受害方提供救济，提高交易的确定性，同时尽量避免损失的扩大。

与公约有所不同，《合同法》则是既包含了预期违约的概念，同时又有不安抗辩权的相关规定。《合同法》分别在第六章“合同的权利义务中止”的第 94 条第 2 项和第七章“违约责任”的第 108 条对预期违约制度进行了规定。《合同法》第 94 条第 2 项规定，在履行期限届满之前，当事人一方明确表示或者以自己的行为表明不履行主要债务，另一方当事人可以解除合同。《合同法》第 108 条规定：“当事人一方明确表示或者以自己的行为表明不履行合同义务的，对方可以在履行期限届满之前要求其承担违约责任。”此处的违约责任形式应理解为《合同法》第 94 条所列的责任形式，即解除合同。《合同法》第 94 条第 2 项的规定被《民法典》第 563 条第 2 项所吸收，被列入《民法典》合同编第七章“合同的权利义务终止”之中。此外，在《合同法》第四章“合同的履行”中还以第 68 条规定了类似于大陆法系的不安抗辩权制度。《合同法》第 68 条规定：“应当先履行债务的当事人，有确切证据证明对方有下列情形之一的，可以中止履行：(一)经营状况严重恶化；(二)转移财产、抽逃资金，以逃避债务；(三)丧失商业信誉；(四)有丧失或者可能丧失履行债务能力的其他情形。当事人没有确切证据中止履行的，应当承担违约责任。”《民法典》合同编第四章“合同的履行”中第 527 条的规定则与《合同法》第 68 条相同。《合同法》和《民法典》将两项制度结合起来规定，实际上是中国借鉴两大法系的一种尝试。但是，由于不安抗辩权和预期违约都是对合同预期不履行的救济制度，二者的适用条件和法律效果存在一定的重叠和交叉，在实践中容易产生混淆。

第一节　中止履行的前提条件

根据《公约》第 71 条的规定，一方当事人要中止履行其义务必须满足如下条件：(1)另一方当事人预期不能履行义务，可以表现为其履行义务的能力有严重缺陷、信用有严重缺陷，或者其在准备履行合同或履行合同中的行为表明其不能履行义务。(2)在程度上,以上3种情形达到能确定该当事人“显然”将不履行义务的程度。《公约》第71条使用了“显然”一词,实际上考虑到违约的严重性。(3)一方当事人显然将不履行的是合同的大部分义务或主要义务。尽管《公约》对何为大部分重要义务未作出明确规定,但按《公约》第71条前后规定和通常的标准来理解,应为涉及合同的实质性的义务,如卖方的交货义务和买方的付款义务。

贸仲仲裁庭认为,上述3个条件必须全部满足,才能适用《公约》第71条。如果不存在一方当事人预期不能履行义务的客观事实,则另一方当事人无权主张预期违约。

在2005年某货物买卖合同争议案〔1〕中,合同签订后,卖方于2003年5月13日在中国某港将货物交运至货轮,已履行其合同项下的交货义务。双方当事人对此事实没有异议。但在船载货物抵达俄罗斯某港后,卖方又将原船及船载货物全部运回中国某港,卖方的这一行为是否构成违约成为问题的关键。买方称,卖方与船方串通,在未征得买方同意的情况下擅自将船货调回中国某港,构成根本违约。卖方则认为,由于买方迟迟不能付清货款,违约在先,卖方将货收回并解除合同是根据《公约》第71条规定所享有的权利,同时,卖方调回船货之前已通知了买方。

仲裁庭查明双方当事人提交的证据,卖方将货物由俄罗斯某港运回中国某港的提单日期为2003年7月12日,到船日为2003年7月21日。双方当事人对此均不否认。仲裁庭还注意到,在双方的往来函件中,双方对于货款余款的支付问题进行过多次磋商,买方的代理人承诺在2003年7月31日前将对卖方的欠款全额付至卖方账户。显然,双方共同对于货物余款的付款期限重新作了调整,并最终达成了新的一致。因此,2003年7月31日应被视为买方向卖方支付货款的最后期限。

在仲裁庭看来,该案不能满足适用《公约》第71条的条件,在卖方擅自将船货调回中国某港时,买方的付款期限未至。《公约》明确规定了判断预期违约的3项客观标准,即(1)履约能力严重不足;(2)履约信用严重缺陷;(3)债务人的客观行为表明其将不能履约。这3点在该案中均不存在。

因此,仲裁庭在该案中并没有适用《公约》第71条,而是适用了《公约》第63条第2款的规定,即“除非卖方收到买方的通知,声称他将不在所规定的时间内履行义务,卖方不得在这段时间内对违反合同采取任何补救办法”,认为卖方未能提供其在实施调船行为之前已知会买方及/或其代理人并得到他们的明示同意的相关

---

〔1〕 参见贸仲裁决书2005年2月24日。

证据,也未能提供其在实施调船之前曾收到过买方及/或其代理人关于其在2003年7月31日前不再履行付款义务的通知。因此,仲裁庭认定,卖方在买方上述2003年7月31日最后付款期限到来之前将船货调回并解除合同显属不当,故应承担违约责任。

根据贸法会2016年《判例法摘要汇编》的规定,《公约》第71条所要求的不履行义务不一定构成根本违约。在通常情况下,所涉履行义务必须产生于同一合同,但如果不履行义务是在与所涉合同有足够密切联系的另一合同下产生的,则一方当事人有权中止在案涉合同中义务的履行。[1] 这种行为包括延迟支付一份或多份先前交易合同项下的价款,或者卖方在之前多次交易中未能交付符合合同的货物。[2]

第二节 中止履行一方当事人的通知义务

《公约》第71条规定了以下3种处理措施。一是中止履行义务并通知对方当事人。二是要求对方提供充分的履约担保。在被通知人及时提供充分履约担保的情况下,中止履行一方应恢复履行。三是卖方有权停运。如果卖方在买方预期违约理由明显化以前已将货物发运,其可以阻止将货物交付给买方,即使买方持有其有权获得货物的单据。根据《公约》第71条第3款的规定,中止履行一方必须不迟延地给出通知。《公约》第71条第3款没有明确规定对未立即发出中止履行通知的后果。但根据贸法会2016年《判例法摘要汇编》判决一致得出结论认为,在没有适当通知的情况下,受害方不得行使其中止履行义务的权利。[3] 还有判决认为,守约方如果未能履行充分的通知义务,也可能因未履行合同而成为违约方。[4]

受害方根据《公约》第72条宣告合同无效的权利应与《公约》第71条第3款中止履行义务的权利相区别。两个规定的通知要求也不同。《公约》第72条只要求在时间允许的情况下"合理地"提前通知,如果另一方当事人宣布不履行义务,则免除通知义务;与此相反,《公约》第71条要求立即通知中止,没有例外。

---

〔1〕 UNCITRAL Digest of Case Law on the United Nations Convention on Contracts for the International Sale of Goods 2016, p. 320.

〔2〕 CLOUT case No. 1255 [Rechtbank van Koophandel Hasselt, Belgium, 1 March 1995] (J. P. S. BVBA v. Kabri Mode BV); Doolim Corp. v. R Doll, LLC, 2009 WL 1514913 (2009).

〔3〕 UNCITRAL Digest of Case Law on the United Nations Convention on Contracts for the International Sale of Goods 2016, p. 321.

〔4〕 CLOUT case No. 51 [Amtsgericht Frankfurt a. M., Germany, 31 January 1991].

在2012年锆英砂买卖合同争议案〔1〕中，争议合同为CFR合同，交货期为2011年3月至5月，每批500公吨，支付条件为由买方在2011年3～5月开立3张即期信用证，每张500公吨。因此，买方应当在2011年3～5月开出3张即期信用证，作为卖方履约的前提。从该案的具体情况来看，2011年3～5月，买方只开出了1张500公吨(第一批货物)的即期信用证。虽然材料显示，买方在2011年4月初询问过卖方第二批货物信用证何时开立的问题，但卖方对此没有明确答复。仲裁庭认为，从法律上来讲，买方的上述询问并未构成买方免除开立第二张、第三张信用证的法律依据以及可以改变以信用证方式支付的CFR合同的履约前提。

仲裁庭注意到，双方在履行第一批货物的交货过程中，首先，根据卖方的要求将第一批货物的交货期限延至2011年5月31日。其次，卖方从2011年5月12日开始要求涨价，就此双方进行了磋商，但未能达成一致，卖方亦未履行交付第一批货物的义务。根据《公约》第71条第1款、第2款、第3款规定，如买方认为卖方交付两批货物的能力或被申请人的信用有严重缺陷，应当立即通知卖方其将中止履行开证义务，事实上买方并未通知卖方，也没有其他证据显示双方在2011年3月至5月(买方应当开立第二、三批货物项下信用证的期间)有中止合同的意思表示，因此，买方应履行其开立第二、三批货物项下信用证的义务。

在仲裁庭看来，即使该案符合《公约》第71条规定的中止履行条件，但买方仍应有义务向卖方发出中止通知。由于买方未能证明其发出任何有效的中止通知，买方无权主张其有权中止履行。因此，买方在未履行其应先期履行义务的前提下要求卖方赔偿后两批货物的差价损失的法律依据不足。

第三节　预期的根本违约

根据《公约》第72条的规定，如果在履行合同日期之前，明显看出另一方当事人将根本违反合同，卖方或买方有权宣告合同无效。《公约》第72条规定的具体条件应包括以下3点：(1)有一方当事人预期不能或不会履行义务的客观事实，或者一方当事人将不履行义务的口头或书面声明。在默示预期根本违约的情况下，一方当事人履行义务的能力或信用有严重缺陷，或在准备履行合同和履行合同中有表明其将不履行大部分重要义务的行为；在明示预期根本违约的情况下，一方当事人应有不履约的口头或书面声明。(2)上述事实必须达到“明显”的程度。(3)预

---

〔1〕 参见贸仲裁决书2012年5月21日。

期违反的是合同的根本义务,使对方当事人被剥夺其依据合同可期待得到的权利。

《公约》第72条规定了预期根本违约的救济措施具体包括两点:(1)解除合同,同时请求损害赔偿;(2)在时间允许的情况下,通知对方提供担保。由于解除合同对预期违约来说是非常严厉的处理,因此其适用的条件也很严格,必须是明显看出一方当事人将根本违反合同。在实践中,买方未能支付以前的货物货款或买方未能开立信用证都可能构成《公约》第72条规定的情形。[1] 而根据各国的判决,合同一方明确表示将不履行义务、满足《公约》第72条法定条件的情况,包括卖方声称"不再感到有义务"履行义务、将把货物销售给其他买方、除非对方接受修改的合同建议否则将不再继续履行合同等行为。[2]

《公约》第73条规定:"(1)对于分批交付货物的合同,如果一方当事人不履行对任何一批货物的义务,便对该批货物构成根本违反合同,则另一方当事人可以宣告合同对该批货物无效。(2)如果一方当事人不履行对任何一批货物的义务,使另一方当事人有充分理由断定对今后各批货物将会发生根本违反合同,该另一方当事人可以在一段合理时间内宣告合同今后无效。(3)买方宣告合同对任何一批货物的交付为无效时,可以同时宣告合同对已交付的或今后交付的各批货物均为无效,如果各批货物是互相依存的,不能单独用于双方当事人在订立合同时所设想的目的。"该条规定的是在分批交货合同的情况下,因一方当事人违约,另一方当事人可对其中某一个批次乃至整个合同宣告无效的情形,也就是买方或者卖方何时有权宣告单批货物、未来各批或整个合同无效的问题。其中该条第2款的规定实际是融合了预期根本违约的概念,受害方可以对将来批次的合同宣告无效,其前提必须是:(1)一方当事人不履行对任何一批货物的义务;(2)另一方当事人有充分理由断定对今后各批货物将会发生根本违反合同。对于经常采用分批交货的国际买卖来说,这一款针对的情形经常出现。

在2012年烧碱货物采购合同争议案[3]中,被申请人在与申请人签订采购合同后,于2009年9月18日至12月1日先后发运了7批货物,申请人向被申请人支付了全部货款。根据有效的检验报告显示,已交付的货物,烧碱纯度介于17% ~37%,与采购合同中约定的最低纯度98%相比,差距较明显。此后,被申请人又向申请人

---

〔1〕 CLOUT case No. 631, Supreme Court of Queensland, Australia, 17 November 2000.

〔2〕 UNCITRAL Digest of Case Law on the United Nations Convention on Contracts for the International Sale of Goods 2016, p. 324.

〔3〕 参见贸仲裁决书2012年2月6日。

发运了两批货物。根据申请人与被申请人的电子邮件往来，上述两批货物虽已发运，但申请人在发现被申请人此前所交付的货物质量可能与采购合同约定不符后，于2009年12月29日要求被申请人停止上述两批货物的发运。此后，被申请人书面同意将上述两批货物予以运回。对于上述两批货物，申请人已向被申请人支付了部分货款。申请人称，被申请人所提供的烧碱产品的纯度仅为20%～30%，远远低于采购合同约定的标准，属于假冒伪劣产品，没有使用价值，使申请人遭受了严重损失，被申请人的行为构成根本性违约。

在这起案件中，仲裁庭首先引用《公约》第25条的规定，认为对于该案中被申请人交付与采购合同约定标准不符的货物是否构成根本违反合同，应依照《公约》的规定并结合采购合同项下货物的发运情况分别加以分析。

对于已实际发运的货物，根据有效的检验报告显示，货物中烧碱纯度介于17%～37%，与采购合同中约定的最低纯度98%相比，差距非常大。同时，仲裁庭注意到，在目前有效的检验报告中，大部分检验结果显示，被申请人交付的货物中氯化钠的比例较高，均超过了50%。从合理的角度判断，被申请人交付的货物已非申请人依据采购合同所期待得到的纯度较高的烧碱产品。并且被申请人作为烧碱产品的供应商，对此种后果的发生亦是可预知的。据此，对于申请人所提出的被申请人已对上述批次货物构成根本性违约的主张，仲裁庭予以支持。

对于并未实际运至目的港的货物，亦无检验机构对货物品质的检验报告以证实上述货物与采购合同不符。尽管如此，考虑到前述已实际运至目的港的7批货物品质均与采购合同严重不符，申请人有充足理由相信上述货物的品质亦极有可能出现相同的不符情形。对此，仲裁庭引用了预期违约的规则，即根据《公约》的规定，如果在履行合同日期之前，明显看出一方当事人将根本违反合同，另一方当事人可以宣告合同无效。此外，根据《公约》第73条的规定，对于分批交付货物的合同，如果一方当事人不履行对任何一批货物的义务，使另一方当事人有充分理由断定对今后各批货物将会发生根本违反合同，该另一方当事人可以在一段合理时间内宣告合同今后无效。

仲裁庭在认定申请人有充分的理由时，实际上充分考虑了被申请人已接二连三地违反合同，而且其违反合同的程度（烧碱纯度差别）也是相当严重的。此外，尤其要指出的是，预期违约中也会考虑到债务人是否能就其债务的履行提供充分的保证。而在这起案件中，在申请人要求被申请人停止上述批次货物的发运后，被申请人并未向申请人就上述批次货物的品质提供任何保证和承诺。因此，申请人主张被申请人就上述未发运批次货物构成根本性违约具有合理性，故仲裁庭予以支持。

在实践中，正如该案所呈现的，《公约》第 72 条规定的是在违约方预期根本违约情况下守约方的解除合同权利；如果合同是分批交付合同，则适用《公约》第 73 条来确定关于宣告未来分批交付合同无效的专门规则，而在分批交货的情况下，当事人可以选择适用这两者。[1] 《公约》第 73 条本身也不排斥与《公约》其他条款共同适用。根据贸法会 2016 年《判例法摘要汇编》中的几项判决，在分批交付合同中，受害方可以就今后的分批交付就任何各批行使权利。[2]

十六、免责

在国际货物买卖合同的履行过程中，经常会发生一些非人力所能控制的障碍，这些障碍有可能导致合同一方无法履行合同，由此产生免责的法律后果，对此，大陆法系国家有不可抗力制度与情势变更制度，英美法系国家有合同落空制度。而《公约》第 79 条为了避免与国内法概念上的混淆采用了独特的“障碍”的概念。第一，《公约》第 79 条用“非他所能控制的障碍”代替国内法上“不可抗力”“合同落空”等提法，而没有直接采用传统两大法系的免责制度。正如贸法会 2016 年《判例法摘要汇编》中所说，《公约》第 79 条的适用条件与各国国内法的相关制度并不相同。[3] 《公约》第 79 条第 1 款免除当事人“不履行义务”的责任，但必须满足以下条件：当事人不履行责任是“由于某种……障碍”；这种障碍是“非他所能控制的障碍”；对于这种障碍，“没有理由预期”当事人“在订立合同时能考虑到”；没有理由预期当事人能“避免”障碍；没有理由预期当事人能“克服”障碍“或它的后果”。

在中国法项下，《合同法》第 117 条第 1 款对遭受不可抗力的一方应承担的责任作了明确规定：“因不可抗力不能履行合同的，根据不可抗力的影响，部分或者全部免除责任，但法律另有规定的除外。当事人迟延履行后发生不可抗力的，不能免除责任。”该条第 2 款对不可抗力的概念作出了法律层面的定义，即“本法所称不可

---

〔1〕 UNCITRAL Digest of Case Law on the United Nations Convention on Contracts for the International Sale of Goods 2016, p. 324.

〔2〕 Helsinki Court of Appeal, Finland, 30 June 1998 (EP S. A. v. FP Oy), Unilex; Zürich Handelskammer, Switzerland, 31 May 1996 (Arbitration award No. 273/95), Unilex.

〔3〕 UNCITRAL Digest of Case Law on the United Nations Convention on Contracts for the International Sale of Goods 2016, p. 375.

抗力,是指不能预见、不能避免并且不能克服的客观情况”。《合同法》第118条还规定了遭受不可抗力一方应履行的义务:“当事人一方因不可抗力不能履行合同的,应当及时通知对方,以减轻可能给对方造成的损失,并应在合理的时间内提供证明。”《民法典》第180条中沿用了与《合同法》第117条第2款相同的不可抗力概念,即“不可抗力是不能预见、不能避免且不能克服的客观情况”。《民法典》第590条则是合并了上述《合同法》第117条和第118条的规定,具体规定为:“当事人一方因不可抗力不能履行合同的,根据不可抗力的影响,部分或者全部免除责任,但是法律另有规定的除外。因不可抗力不能履行合同的,应当及时通知对方,以减轻可能给对方造成的损失,并应当在合理期限内提供证明。当事人迟延履行后发生不可抗力的,不免除其违约责任。”

《公约》第79条第5款规定,“本条规定不妨碍任一方行使本公约规定的要求损害赔偿以外的任何权利”。这包括宣告合同无效的权利。《合同法》第94条第1项,以及《民法典》第563条第1项都规定,因不可抗力致使不能实现合同目的的,当事人可以解除合同。因此,二者在后果和影响上是共同的。

在《公约》适用的前提下,贸仲仲裁庭会首先依据《公约》第79条和第80条加以判断当事人是否可以依赖免责事由的存在。在解释《公约》第79条时,贸仲仲裁庭倾向依据《公约》立法意图、文字的含义以及《公约》第7条的规定来进行适用。当然,在实践中,在国际货物买卖合同中当事人较多地在合同中约定了“不可抗力”免责事项。如果当事人在合同中明确适用了“不可抗力”的概念,则贸仲仲裁庭会根据合同及《公约》第79条中的判断要素加以分析。

第一节　认定免责事由的依据

在贸仲实践中,对于免责事由的障碍的认定,可以有两类标准:一是当事人在合同中明确列举,二是法律规定的一般判定标准。[1]

1. 合同规定

《公约》第79条是任意性规范和补充性规范,《公约》在尊重当事人意思自治前提下产生调整作用。当事人以不能控制的障碍或类似理由提出免责主张是否成立,首先应由合同约定来确定,即无论当事人约定的内容是否高于抑或是低于或超越《公约》第79条的条件,当事人的合同约定以及对合同的解释均具有优先适用的

---

〔1〕 参见贸仲裁决书2009年6月4日。

效力。《公约》第79条只是在当事人没有约定或约定不明确时提供的补充规则，以及作为裁判机关裁判的指引。至少在《公约》范畴内，不可控制的障碍不是强制免责事由，当事人可以在合同中作出符合自己利益的约定，甚至可以作出排除免责事由的约定，《公约》对此并不强制干预。例如，当事人在合同中规定的不可抗力条款，如"'不可抗力'指超越双方控制的事件，包括但不限于：(a)战争和战争状态(不管是否宣战)。(b)严重火灾、洪水、台风、地震、检疫、限制和禁运"。[1] 贸仲仲裁庭在当事人是否可以免责时将首先考虑合同的这一约定。但是，即使合同约定了不可抗力条款，在实践中经常存在的问题是不可抗力事件的范围可能存在约定不明或者没有约定等情形，还是需要根据可适用法律作出最终判断。

2. 依据《公约》第79条进行判断

如果《公约》得以适用，在当事人对免责事由没有明确约定的情况下，贸仲仲裁庭将根据《公约》第79条进行判断。贸仲仲裁庭认为，根据国际货物买卖的惯例，能够构成当事人免责事件的通常有两类，即自然障碍，如台风、海啸、地震、洪水和火灾等，以及政府行为如禁运、征用、进出口禁止和外汇管制等。[2] 例如，某个仲裁裁决中表明，"障碍"必须是"无法控制的风险或完全意外的事件，如不可抗力、经济上不可能或负担过重"。[3]

但是，仲裁庭倾向认为，无论是自然灾害还是政府行为，单纯事件的发生本身不能构成可以免责的"障碍"，必须满足《公约》规定的一系列条件。贸仲仲裁庭曾在一起案件中明确指出："《公约》第79条第1款是关于当事人遭遇意外事故致使不能履行义务时得以免责的规定，但是必须证明同时存在三个因素：一是此种不履行义务是'由于某种非他所能控制的障碍'；二是在订立合同之时没有理由预见他能考虑到此种障碍；三是没有理由预期他'或能避免或能克服它或它的后果'。"总而言之，这一事件必须为当事人不能控制、不能预见、不能避免或克服其后果，当事人在这一事件的发生、发展中全无过失。总体上，在贸仲仲裁庭实践中普遍体现出对《公约》第79条和第80条进行严格和客观解释的态度，以确保当事人一方不能轻易逃脱其合同义务的履行。贸法会2016年《判例法摘要汇编》指出，在关于《公

---

〔1〕 参见贸仲裁决书2016年8月31日。

〔2〕 参见贸仲裁决书2016年8月31日。

〔3〕 Tribunal of International Commercial Arbitration at the Russian Federation Chamber of Commerce and Industry, Russian Federation, 27 July 1999 (Arbitral award No. 302/1996), English translation available on the Internet at www. cisg. law. pace. edu.

约》的诉讼中,《公约》第79条虽被经常援引,但成功的案例有限。在5起案件中,卖方成功地要求免除未履行义务的责任,但在另外至少27起案件中,卖方的免责主张被拒绝了。而买方仅有4次根据《公约》第79条获得免责,并且在另外至少14起案件中被拒绝。这与贸仲仲裁庭整体的适用情况相近。[1]

第二节　构成免责事由的条件

1. 免责事由的"不可控制"

《公约》第79条规定的"不可控制"强调障碍具有客观性,是当事人以外的客观情况阻碍其合同履行,不存在当事人主观上努力不够的问题,而造成免责的客观障碍是无法履行的唯一原因。

在2009年化学品买卖合同争议案[2]中,卖方主张的"不可抗力"事件,是中国在2008年奥运会期间,对进口危险化学品进行管制,致使卖方无法交货。仲裁庭认为,认定"不可抗力"的首要条件是,认定当事人主张的事件是"客观情况"。所谓"客观情况",首先体现为事实,其次体现其客观(而非主观)性。既然"不可抗力"首先体现为事实,那么应有相应证据认定该事实。就举证责任分担而言,应由主张免责的一方就其主张承担举证责任。

卖方主张"奥运会期间对进口危险化学品管制",并提交相应船公司的通告予以证明。买方则主张,虽然听说"中国某港"有相应进口管制,但在2008年7月中旬,仍旧从"中国某港"进口了两批与合同产品近似的"危险化学品",以此证明卖方履行交货义务不存在障碍。卖方提交的证据,旨在证明"卖方从物流公司得到的材料,明确指出某港在因奥运原因而禁运的港口范围内"。从采信证据角度而言,该证据并非相关港务当局发布的正式通告(非直接证据);因此,仲裁庭不能直接据此认定"中国某港"禁止进口"合同产品"的事实。此外,仲裁庭注意到,卖方提交的证据中有一句表述,即卖方"正在安排各批次货物在奥运期间交货事宜"(is working on each shipment for arrival during the period)。也就是说,卖方在证明"不可抗力"的证据中,明确向买方表示"正在安排各批次货物在奥运期间交货事宜",而非明确表示因"不可抗力"而不能交货。

---

〔1〕 UNCITRAL Digest of Case Law on the United Nations Convention on Contracts for the International Sale of Goods 2016, p. 375.

〔2〕 参见贸仲裁决书2009年6月4日。

买方提交证据旨在证明2008年7月中旬，从“中国某港”进口两批与合同产品相似的“危险化学品”。卖方未提交任何足以否定买方证据真实性的相反证据。因此，仲裁庭认定买方主张的事实，并进而认定争议双方担忧的“奥运期间港口管制”仅为“一种可能性”，至少在该案争议并非有证据证明的事实。

另外，在2003年澳大利亚羊毛买卖合同争议案[1]中，买方主张其得到配额是履约的前提条件，卖方对此也是知情的。卖方在其网站公布的棉花交易流程中也明确指出只与拿到进口配额的单位进行交易。因此，买方最终拿不到进口的配额应构成《公约》第79条项下的免责事由。卖方则认为，配额是否得到是买方的风险，与该案合同的合法有效以及履行没有关系。仲裁庭认为，在一份外贸合同中，除非特别标注配额和许可证作为不可抗力情势之一或特设为履行合同的前提条件，在一般情况下，配额和许可证均不能构成不履约一方免责的理由。卖方网上公布的交易对象为“获得进口许可证之中方纺织企业及公司”，恰恰表明卖方意与买方进一步洽谈的企业及公司自身应当具备相当的资质。买方作为中国一家长期从事纺织品外贸的专业公司，知道或理应知道目前澳棉的进口是需经中国外贸管制的，应当取得相应的配额以及进口许可证。由此可见，仲裁庭认为，配额与进口许可证问题是买方应当知道的障碍而非订立合同时不可预见的，因而买方在订立合同时承担了这一义务和风险，并非属于免责事由的客观情况，不能构成该案合同得以履行的前置条件，也不能构成买方不履约的免责理由。

应当注意到，在《公约》的适用中，这类抗辩理由也通常被各国法院驳回。比如，卖方因无法采购符合买方所在国进口规定的奶粉而要求豁免，法院认为，卖方在订立合同时了解这些规定，因此承担了寻找合适货物的风险。[2] 同样，卖方基于禁止煤炭出口的规定提出的免责主张，也曾被法院所拒绝。[3]

2. 免责事由的“不可预见”

《公约》第79条中的“不可预见”不仅强调当事人不能预见障碍的发生，更重要的是，与当事人同等地位的第三人也不能合理预见障碍的发生。能否合理预见是一个事实问题，必须根据与合同及合同订立有关的所有事实情况进行个案判断，没有固定的适用于所有案件的统一标准。同时，能否合理预见也不取决于案件当事

---

〔1〕 参见贸仲裁决书2003年9月17日。

〔2〕 CLOUT case No. 331［Handelsgericht des Kantons Zürich, Switzerland, 10 February 1999］.

〔3〕 UNCITRAL Digest of Case Law on the United Nations Convention on Contracts for the International Sale of Goods 2016, p. 378.

人是否真的没有考虑到障碍的发生,而应依据合理人标准由裁判机关裁量。

在 2005 年赖氨酸买卖合同争议案[1]中,卖方主张 2003 年发生的洪水和 SARS(重症急性呼吸综合征,英文为"Severe Acute Respiratory Syndrome",简称"非典"或 SARS)对其履行合同产生了严重的影响,构成不可抗力事件,卖方因此应免除或减轻无法完全履行合同的责任。但是,仲裁庭认为,早在该案合同缔结的 2 个多月前,SARS 已经在中国发生,因此在缔结合同时,卖方对 SARS 不是无法预见,而是实际知晓的。而且 2003 年 6 月 SARS 在中国已经得到控制。2003 年 6 月 20 日双方签订合同时,卖方有机会充分考虑 SARS 对今后履行合同的影响,即对此完全是可以预测的。因此,SARS 不构成《公约》第 79 条所指的"障碍"。

同样,在 2005 年番茄酱买卖合同争议案[2]中,卖方辩称,2003 年番茄产区出现高温多雨气候,致使农作物发生多种严重病害,如腐病、早疫病、斑点病等植物病害,影响了番茄果实的质量,造成番茄大幅减产和成品番茄酱的质量、产量下降。卖方进一步称,气候异常变化属于不可抗力,该案合同约定的货物属于农产品加工物,而农产品的原料生产受气候影响较大,当年产品供应不足和品质不能达到约定标准,并非卖方能力和生产管理所能控制和解决的,而是气候异常所导致的。合同约定的番茄酱霉菌指数应不超过 40%,但 2003 年产番茄酱的霉菌指数普遍超过 40%。买方则主张卖方应对其供货产品作出合理的评估和预期并承担相应风险。

仲裁庭指出,在合同履行过程中,卖方是中国境内番茄酱这一产品的主要供应商,因此,卖方理应知道番茄酱原料受到气候变化的影响较大。此外,该案合同订立时间为 2003 年 7 月 29 日,此时已经进入番茄的收获季节,气候异常对番茄成长和收获的影响应该在该期间之前已经形成或开始形成,并非无法预见的情况。换言之,卖方如果以不可抗力为由主张免责,则该不可抗力事件的出现应该在订立合同之后,而不是合同订立之前已经开始并持续发生的一个过程。

贸仲仲裁庭作出这些裁决时的思路与贸法会 2016 年《判例法摘要汇编》中的一致,即相当多的各国判决表明,正确适用《公约》第 79 条必须侧重评估要求免责的一方当事人在订立合同时所承担的风险。[3] 换言之,这些判决表明,关键问题是

---

〔1〕 参见贸仲裁决书 2005 年 3 月 5 日。

〔2〕 参见贸仲裁决书 2005 年 6 月 30 日。

〔3〕 CLOUT case No. 166 [Schiedsgericht der Handelskammer Hamburg, Germany, 21 March, 21 June 1996]; Arbitration Court of the International Chamber of Commerce, 1995 (Arbitral award No. 8128), Unilex; CLOUT case No. 480 [Cour d'appel Colmar, France, 12 June 2001].

确定要求免责的一方是否承担了导致该未能履约的事件的风险。[1] 如果在订立合同之时,对于当事方履约造成障碍的事件已经存在,则肯定不能构成免责的事项。比如,在一份荷兰的判决中,卖方对于未能满足买方国家的食品安全条例不能主张免责,原因在于,在订立合同之时双方已经知道该法规的存在。[2]

3. 免责事由的"不可克服或避免"

《公约》第 79 条中的"不可克服或避免"强调采取一切合理措施也不能阻止障碍或障碍的后果发生,排除或解决障碍或障碍造成的后果。这就意味着,当事人仅仅证明在订立合同时没有理由预见到障碍的发生仍不能免责,还要证明没有理由能避免或克服障碍,没有理由能避免或克服障碍造成的后果。由于《公约》并未就此提供一个固定的判断标准,贸仲仲裁庭在实践中是根据主张免责的当事人提供的证据,在个案基础上确定免责是否成立。

在 2009 年化学品买卖合同争议案[3]中,买方指出,买方于 2008 年 5 月 8 日即告知卖方:"买方从中国某港得到官方消息,奥运期间该港禁止进口危险化学品,所以买方不能从该港进口,并请求将目的港改为另一港……"买方 2008 年 5 月 19 日开具的信用证项下的到货港为另一港。同时,买方提交双方往来电子邮件,旨在证明"买方将第一批货物的目的港定为另一港,并与卖方对第二批和第三批货物的目的港进行了磋商"。

据此,仲裁庭认为,买方针对可能存在的"奥运期间港口管制",提出"予以克服"的建议。卖方没有提交直接证据(如港务当局发布的公告之类文件),证明买方建议的"另一港",也存在(涉及合同产品的)奥运期间港口管制问题;或者将货物发至另一港是不可能的,从而证明其主张的"不可抗力"是"不可克服"的。再者,综观卖方全部证据,没有一份可以证明,卖方在买方提出"另一港"选择方案后,曾经就此明确提出反对意见,或者提出其他替代交货方案。因此,仲裁庭不能认定卖方主张的"不可抗力"事件是"不可克服"的。

在 2003 年氧化铝买卖合同争议案[4]中,买方认为,在合同履行时,中国对氧化

---

[1] UNCITRAL Digest of Case Law on the United Nations Convention on Contracts for the International Sale of Goods 2016, p. 375.

[2] Malaysia Dairy Industries Pte. Ltd. v. Dairex Holland BV, Rb's-Hertogenbosch, 2 October 1998, http://cisgw3. law. pace. edu/cases/981002n1. html.

[3] 参见贸仲裁决书 2009 年 6 月 4 日。

[4] 参见贸仲裁决书 2003 年 6 月 26 日。

铝进口政策进行了变更，导致买方无法按照双方的约定履行合同，因此，买方应当免责。卖方则认为，买方所称的因国家进口政策的改变而导致合同义务的不能履行是没有事实依据的，即使国家政策有所变更，也不能成为买方不开立信用证的理由。

仲裁庭注意到，2001 年 9 月 29 日，国家经贸委、国家外经贸部、海关总署联合下发了“对氧化铝进口暂实行自动登记管理”的特急公告。2001 年 9 月 30 日国家外经贸部下发了《关于加强氧化铝加工贸易审批管理有关问题的紧急通知》。但是，仲裁庭认为，这些有关进口政策的变更并非完全禁止氧化铝的进口，而是对氧化铝进口的审批管理和登记方面提出了一些新要求，买方并非完全不能履行合同义务，该文件的下发对于买方履行合同并非完全不可克服的障碍。

此外，仲裁庭注意到，买方在该案中主张“中国政府对氧化铝进口的限制性规定……造成的直接影响就是生产型企业在 2001 年 10 月至 11 月的短时间内不可能拿到进口登记许可证明。如果买方拿不到氧化铝进口登记许可证明，将必然造成惨重的经济损失（到港货物的滞报费每日按总货值的万分之五计征）”。仲裁庭认为，根据上述主张，在中国变更了氧化铝的进口政策之后，买方仍可接收卖方交付的货物，只是在接收货物后，须取得进口登记许可证方可报关。在此期间，由于在短时间内无法报关，买方有可能因将货物滞留海关而需要支出一定金额的费用。仲裁庭认为，在国际贸易过程中，此种损失应是买方应当承担的风险，并不构成不能克服的障碍，买方不能因为不愿承担贸易风险而拒绝履行合同。

综上所述，在判断《公约》第 79 条中的“不可克服或避免”是否满足时，贸仲仲裁庭强调要求当事人采取一切合理措施去阻止障碍或障碍的后果发生。合同履行过程中，当事人避免或克服妨碍合同履行的障碍发生本身也是当事人的一种义务。如果是普通的商事风险，并未给当事人增加订立合同时无法预见的特别负担，则贸仲倾向认为不构成“不可克服或避免”的免责事由。

贸仲仲裁庭的上述观点还可在下述案件中得到印证。(1)在 2005 年钼铁买卖合同争议案〔1〕中，卖方主张合同项下货物钼铁生产原材料的矿山因环保、税务以及连降大雨的原因，导致矿山封闭和原料无法提供，最终导致卖方不能交货。(2)在 2006 年橘子罐头买卖合同争议案〔2〕中，卖方以中国食品土畜进出口商会（行业协

---

〔1〕 参见贸仲裁决书 2005 年 2 月 22 日。

〔2〕 参见贸仲裁决书 2006 年 5 月 20 日。

会)有关限价文件为由不履行合同项下部分货物的交付。(3)在2004年镁锭买卖合同争议案[1]中,卖方主张2003年2~3月中国某地发生3起煤矿爆炸事故并对其原材料产生影响。在这些案件中,贸仲仲裁庭一致认为,这些事件均非卖方"不可克服或避免"的障碍,矿山因环保、税务以及连降大雨对原材料造成的影响并非不能克服和避免,行业协会的文件并非国家强制性的规定,爆炸事故本身并不足以对该地区的煤炭产量和价格构成实质性影响。

实际上,各国法院普遍认为,在合同当事方原始的履约方式受到影响时,如果存在其他的履约方式可供选择,通常都不能满足《公约》第79条中的"不能克服"的要素要求。比如,卖方供应商因工厂紧急关闭而未能生产货物。[2] 比如,某个德国法院判决认为,当大雨损害卖方所在地的番茄作物时,卖方不能因未能交货而免责。虽然导致市场价格上涨,但并非所有番茄作物被摧毁,法院裁定,卖方仍有可能履行义务,而番茄供应的减少和成本的增加是卖方可以克服的障碍。[3]

4. 当事人未履行合同义务与履约障碍之间存在因果关系

在2004年镁锭买卖合同争议案[4]中,卖方不向买方交付剩余的400吨镁锭,卖方主张2003年2~3月中国某地区发生的煤矿爆炸事故以及随之而发生的所在地政府和国务院对部分煤矿进行的停业整顿,构成了不可抗力。仲裁庭注意到,卖方提交的证据表明,其在与买方签订合同后,先后与多家工厂签订了"工矿产品供销合同",购买用于履行合同的镁锭。这些合同中,应于2003年3月24日,即所在地政府和国务院作出部分煤矿停业整顿的决定前交货的,共计560吨,已经超过了买方与卖方签订的合同约定的交货数额。因而这些合同的履行是不应受到政府有关停业整顿的决定的影响的。

仲裁庭还注意到,在卖方于2003年3月10日致买方的函中,其已明确说明"由于生产商没有煤炭和硅钢进行生产,以及价格的大幅度变化,不能交付其余部分货物"。该表述可认定为明确拒绝继续履行合同的意思表示。而卖方作出该表示的时间,也在政府作出部分煤矿停产整顿的决定之前。

由此仲裁庭认为,在所在地政府和国务院关于部分煤矿停产整顿的决定作出

---

〔1〕 参见贸仲裁决书2004年5月31日。

〔2〕 CLOUT case No. 140 [Tribunal of International Commercial Arbitration at the Russian Federation Chamber of Commerce and Industry, Russian Federation, 16 March 1995 (Arbitral award No. 155/1994)].

〔3〕 Oberlandesgericht Hamburg, Germany, 4 July 1997.

〔4〕 参见贸仲裁决书2004年2月16日。

之前,卖方已经具备了履行合同的能力,而且在此之后还在与他人签订合同,他人也承诺向卖方交货,但此时卖方却已经作出了不再继续履行合同的明确意思表示,即从时间上来看,其履约能力和拒绝履约的行为均未受到政府有关决定的影响,也就是说,两者之间根本不存在因果关系。因此,对于卖方所主张的其不履行合同是因为受到煤矿爆炸和政府禁令影响的理由,仲裁庭难以支持。

同样,在2005年钼铁买卖合同争议案[1]中,卖方主张连降大雨构成自然灾害,仲裁庭指出,卖方自己在答辩中承认"在工厂恢复生产后,答辩人利用库存加工生产",可见卖方是有原料库存的,即说明无法履行和自然灾害之间并不存在直接的因果关系。

由此可见,在贸仲审理实践中,无论是自然灾害还是政治事件,贸仲仲裁庭都要求该事由和不履约之间必须存在因果关系。而且只有在障碍对合同履行构成重大甚至根本性障碍时,贸仲仲裁庭才会可能认定因果关系成立。而要求未能履行是"由于"障碍也同样在贸法会2016年《判例法摘要汇编》中被强调,并且在相当多的判例中被作为不能免责的依据而适用。[2]

当然,如当事人所主张的所谓"障碍"并没有发生在义务的履行期限之内,显然也是缺乏因果关系的。例如,在2014年合金圆钢买卖合同争议案[3]中,卖方声称货物装船迟延是因为在装运港有大雨,导致装船作业时间迟延。然而,仲裁庭通过理货记录簿等证据发现,按照卖方实际理货开工时间和货物正常的装船时间计算,即使装运港没有下雨,该案货物装船时间也将超出合同规定时间。因此,仲裁庭认定,装船时间迟延和所谓的免责事由之间没有因果关系。

第三节　关于免责事由的通知

1. 当事人发出通知的义务

根据《公约》第79条第4款的规定,"如果该项通知在不履行义务的一方已知道或理应知道此一障碍后一段合理时间内仍未为另一方收到,则他对由于另一方未收到通知而造成的损害应负赔偿责任"。因此,履行义务的当事人对免责事由负有通知合同另一方当事人的义务,这个通知采取到达主义。除《公约》本身对于通

---

〔1〕 参见贸仲裁决书2005年2月22日。

〔2〕 UNCITRAL Digest of Case Law on the United Nations Convention on Contracts for the International Sale of Goods 2016, p. 378.

〔3〕 参见贸仲裁决书2014年6月9日。

知义务有要求外,如果当事人在合同中本身也对主张免责事由的通知义务作出规定,则贸仲仲裁庭将首先依据合同条款来要求当事人履行通知义务。

在2014年合金圆钢买卖合同争议案[1]中,卖方称其晚装船一天是由于连云港大雨导致的原因。仲裁庭注意到,根据案涉合同第14条的约定,"由于人力不可抗拒事故,使卖方不能在合同规定期限内交货或者不能交货,卖方不负责任。但卖方必须立即以电传或传真通知对方……",然而卖方没有提交证据证明连云港当天的天气状况,也未有任何证据显示,在卖方主张连云港大雨的6月30日当日及次日,曾及时通过电传或传真或非合同约定的任何其他方式通知买方迟延装船事宜。因此,卖方不能以天气原因作为免除其迟延交货责任的理由。

2. 通知应在合理时间内发出

关于免责事由的通知必须在合理时间内发出。贸仲仲裁庭在实践中考虑合同本身对期限是否作出具体约定、当事人实际发出通知的时间和障碍之间的期限是否过于遥远,以及当事人面临障碍时的实际情况,综合来判断是否已经超出合理时间。

在2005年番茄酱买卖合同争议案[2]中,卖方以2003年番茄原料生产遭受自然灾害为由拒绝履行交货义务。仲裁庭认为,不可抗力事件一旦出现,卖方应在合理时间内及时通知合同另一方,并应提供不可抗力事件的证明。如果不可抗力在一段时间内消除,合同就应继续履行,如果不可抗力最终导致合同无法履行,主张不可抗力的一方也应及时提出解除合同的要求。

仲裁庭认为,卖方在合同约定的交货期已经开始近3个月后,才以气候异常为由提出修改合同的建议,而不是推迟或免除履行合同义务的建议。仲裁庭对卖方的这一理由不予采信。

3. 关于障碍的证明

不同于国内合同,国际合同中的当事人双方、合同履行地、不可抗力事件发生地可能不在同一地域内。在这种情形下,主张不可抗力延期或免责的一方,不仅应当及时发出通知,还需要向另一方提供关于障碍的证明。如果当事人进入仲裁程序,同样也需要向仲裁庭证明此点。

如果合同对于证明作出了明确要求,则提供这样的证明就是主张免责一方当

---

[1] 参见贸仲裁决书2014年6月9日。

[2] 参见贸仲裁决书2005年6月30日。

事人的义务。在2009年化学品买卖合同争议案[1]中,合同约定"在不可抗力事件发生后15日内,卖方将由政府主管部门或不可抗力发生地商会签发的不可抗力证书,邮寄给买方"。仲裁庭认为,这是认定当事人约定的"不可抗力"事件的一个必要条件,也是约定卖方应当履行的义务。因为如果有这样的证书,至少仲裁庭可以据此认定"客观情况""不可预见""不可避免"3个要素。至于该事件是否"不可克服",则需视不可抗力证书所述内容而定。既然卖方没有按照当事人约定提供相应文件,仲裁庭也就无法认定卖方可以免责。

《公约》本身并未对证明作出具体的规范要求。但是,无论是当事人之间的交涉,还是进入法律程序,证明不可抗力及其影响的主体是当事人自己。因此,对于通知也可以使用一般证据规则。合理的证明首先要证明不可抗力事件的发生及其影响,其次还需证明不可抗力事件与合同履行的关联程度。但是具体应该证明到何种程度,主要取决于合同的约定与合同准据法、与证据相关的程序事项的准据法。

在实践中,当事人按照一些国家或地区的做法或一些商业实践,也可以委托商会出具不可抗力证明。在中国,一般由中国国际贸易促进委员会及中国国际商会出具;在国外则由当地的商会出具。例如,在2020年年初暴发新型冠状病毒感染的肺炎疫情之后,中国部分企业在货物及物流等方面遭受严重影响,可能导致国际贸易合同无法履行。中国国际贸易促进委员会就为相当多的企业办理了与不可抗力相关的事实性证明。

第四节 由于第三人原因造成当事人不履行义务的免责

依据《公约》第79条的规定,如果当事人不履行合同义务是由于其聘用履行合同的第三人不履行义务造成的,则当事人免除责任必须同时满足以下两个前提条件:(1)依据《公约》第79条免责条件的规定,当事人应予免除责任;(2)如果该规定也同样适用于其所聘用的第三人,该第三人也同样会免除责任。

在2009年手扶式插秧机销售合同争议案[2]中,卖方对其未履行案涉交货义务表示认可,但提出以下抗辩理由:2006年10月20日卖方作为甲方、H公司作为乙方和买方作为丙方共同签订技术合作合同,由于产品制造商乙方没有履行合同才导

---

[1] 参见贸仲裁决书2009年6月4日。
[2] 参见贸仲裁决书2009年8月10日。

致案涉合同不能履行。

仲裁庭指出,即使是由于产品供应商H公司没有履行对卖方的交货义务而导致案涉合同不能履行,也不能免除卖方的违约责任。当事人一方和第三人之间的纠纷可以依照法律规定或者约定解决,因第三方违约造成案涉合同不能履行不符合《公约》第79条第1款和第2款所规定的情形。

在2002年黄磷买卖合同争议案[1]中,卖方声称,其不能完全履行合同是因为变电站损坏使工厂停产、台风和洪水造成铁路中断等不可抗力原因造成其供货的某工厂停产。仲裁庭认为,黄磷是种类物,非特定物,且该案合同并未对黄磷生产厂家有特别规定,卖方完全可以从他处补进货物,并在铁路恢复运营后及时履行该案合同交货义务。因此,仲裁庭认为,变电站损坏及台风和洪水造成铁路中断不构成卖方免责条件。

从贸法会2016年《判例法摘要汇编》的总结可以看到,如果卖方未能履行义务是由于其供应商的违约行为造成的,则卖方一般不会获得免责。[2] 一方面,如该案仲裁庭所指出,第三方供应商违约的行为通常并不构成不能克服的情况;另一方面,如某德国判例所指出的,在订立合同时,卖方承担了其供应商不能及时交付货物的风险,除非双方当事人在其合同中商定不同的风险分配。[3] 而在这种案件中,违约方是否存在主观过错并非一个影响结果的因素,比如,在一个德国法院判决中,卖方将其从其他供应商处购买的货物直接交付给买方,卖方作为中间商并未控制或检验过货物,因而对于货物不符的情况并不知情。法院指出,这种情况并不改变卖方应当承担的提供合格货物的义务,而在该案中也并未发生任何符合《公约》第79条的意外事件,因此免责理由不能成立。[4]

第五节　商业风险及情势变更

《公约》第79条使用的是自己的一套独特术语,没有采用各国国内法相关制度的既存术语。对于合同签订后市场情况导致的当事人履行困难或成本的增加,在大多数情况下,国内法都会根据情势变更的理论判断是否进行免责或调整。《公

---

〔1〕 参见贸仲裁决书2002年8月9日。

〔2〕 UNCITRAL Digest of Case Law on the United Nations Convention on Contracts for the International Sale of Goods 2016, p. 376.

〔3〕 CLOUT case No. 271 [Bundesgerichtshof, Germany, 24 March 1999].

〔4〕 GERMANY: Oberlandesgericht Zweibrücken 31 March 1998, CLOUT case No. 272.

约》第79条对大陆法系国家中使用的"情势变更"制度既未明确适用,也未明确排除。因此,也在不同国家的适用中可能导致不同的观点。

当然,签订合同后市场变化导致的财务困难在绝大多数情况下都不会被视为可以免责的事项。[1] 无论卖方辩称,履行合同费用的增加应使其免于因未能交付货物而应承担的违约责任;[2]还是买方主张,所售货物价格的大幅下跌应使其免于因拒绝收货而造成的损害赔偿。[3] 正如一些法院明确指出的,市场波动和其他影响财务状况的成本变化的风险应由一方当事人自行承担。[4] 通常而言,这种价格波动或成本的变化是国际贸易可预见的风险,而它们产生的损失是"商业活动的正常风险"的一部分。[5]

中国法中关于情势变更的规定最早可见于最高人民法院《关于适用〈中华人民共和国合同法〉若干问题的解释(二)》(已失效)第26条的规定,《民法典》第533条正式确立了情势变更原则,具体规定为"合同成立后,合同的基础条件发生了当事人在订立合同时无法预见的、不属于商业风险的重大变化,继续履行合同对于当事人一方明显不公平的,受不利影响的当事人可以与对方重新协商;在合理期限内协商不成的,当事人可以请求人民法院或者仲裁机构变更或者解除合同"。

贸仲仲裁庭在实践中与世界各国大多数法院或仲裁庭的观点一致,认为属于商业风险内的履行障碍不能构成免责的事项。

例如,在2014年设备买卖合同争议案[6]中,被申请人主张"因受金融危机的影响,被申请人所依托的国际船舶市场遭受重创,船市低迷,国内外船企大面积亏损,众多船企倒闭。被申请人作为新建的船舶配套企业,在这种困难的大环境下举步维艰,基本丧失大额货款支付及设备接收的履约能力。继续履行合同,被申请人面临着生存毁灭的极大风险,这对被申请人极为不公"。因此,被申请人对未交付的4套设备剩余90%价款的支付请求,主张其有权适用情势变更原则。

---

〔1〕 CLOUT case No. 102 [Arbitration Court of the International Chamber of Commerce, 1989 (Arbitral award No. 6281)]. See also CLOUT case No. 480 (Cour d'appel Colmar, France, 12 June 2001).

〔2〕 Oberlandesgericht Hamburg, Germany, 4 July 1997, Unilex; CLOUT case No. 102 [Arbitration Court of the International Chamber of Commerce, 1989 (Arbitral award No. 6281)].

〔3〕 Rechtbank van Koophandel Hasselt, Belgium, 2 May 1995.

〔4〕 CLOUT case No. 102 [Arbitration Court of the International Chamber of Commerce, 1989 (Arbitral award No. 6281)]; CLOUT case No. 277 [Oberlandesgericht Hamburg, Germany, 28 February 1997].

〔5〕 Rechtbank van Koophandel Hasselt, Belgium, 2 May 1995.

〔6〕 参见贸仲裁决书2014年12月9日。

仲裁庭认为,在该案中上述情势变更原则并不适用。首先,被申请人并未提供相关证据证明在涉案3份合同履行期间确实发生了上述事实和情形。其次,即使在合同履行期间确实发生了金融危机,但无论是金融危机还是国内宏观经济形势的变化,都不完全是一个令所有市场主体猝不及防的突变过程,而是一个逐步演变的过程。在演变过程中,市场主体应当对于市场风险存在一定程度的预见和判断,此属于正常的商业风险,而非当事人完全不可预见且对合同基础产生根本性动摇的情势变更情形。

第六节 《公约》第80条规定的免责

《公约》第80条规定:"一方当事人因其行为或不行为而使得另一方当事人不履行义务时,不得声称该另一方当事人不履行义务。"该条针对的是合同双方当事人都存在不履行义务的现象,但是一方的不履行是另外一方的行为或者不行为造成的。针对交易过程复杂且往往涉及多个环节的国际货物买卖交易而言,这一条的应用实际上是比较普遍的。贸仲仲裁庭结合该条规定,通常认定,如果一方因自己的过失导致另一方不履约,不得视另一方为违约或者不履约,且无权对对方寻求任何救济形式。

在2014年设备买卖合同争议案[1]中,买方对于其为何不对已交付的6套设备10%的尾款进行支付,提出的主要抗辩理由为:设备尚未进行最终的安装调试及验收,合同尾款的支付条件并未成就,买方无须付款。

但仲裁庭发现,从买方收到该6套设备中最后一套的时间即2013年2月18日起算,距今也已长达1年半的时间,买方仍未通知卖方对该6套设备进行安装调试及验收,且在卖方于2013年8月2日发送了催促其立即进行安装调试及验收的律师函之后,买方仍拒绝组织安装调试及验收。因此,已交付的6套设备至今未进行安装调试及验收,是买方未履行法定的"及时检验"义务所致,与卖方无关,买方以此作为拒付尾款的抗辩理由不能成立。

---

〔1〕 参见贸仲裁决书2014年12月16日。

PART 04 >>

第四部分

讨论和建议

《公约》自生效以来,极大推动了国际贸易领域法律适用的统一性,一直被视为国际经济贸易领域中最成功的国际规则之一。在此,贸仲从自身对于《公约》的适用中总结一些体会供交流讨论,也对《公约》未来的规则修订与补充谈一些建议。

一、对于诚信原则的适用经验

考虑到英美法系和大陆法系的差异,诚信原则(又称诚实信用原则)在《公约》体系之下并非强制性的原则或义务,但实际上在相当多的《公约》条文中依然体现了诚信原则的内涵。比如,《公约》第16条第2款第b项规定,如果"被发价人有理由信赖该项发价是不可撤销的,而且被发价人已本着对该项发价的信赖行事",要约不得撤销。《公约》第21条第2款规定,"如果载有逾期接受的信件或其它书面文件表明,它是在传递正常、能及时送达发价人的情况下寄发的,则该项逾期接受具有接受的效力,除非发价人毫不迟延地用口头或书面通知被发价人:他认为他的发价已经失效"。《公约》第29条第2款规定,"规定任何更改或根据协议终止必须以书面做出的书面合同,不得以任何其它方式更改或根据协议终止。但是,一方当事人的行为,如经另一方当事人寄以信赖,就不得坚持此项规定"。《公约》第40条规定,"如果货物不符合同规定指的是卖方已知道或不可能不知道而又没有告知买方的一些事实,则卖方无权援引第三十八条和第三十九条的规定”。《公约》第 82 条规定，由于检验导致货物在解除合同的情况下无法恢复原状和返还。《公约》第 85 条至第 86 条规定，在解除合同情况下守约方对于货物具有保管义务。《公约》第 88 条则规定，“(1)如果另一方当事人在收取货物或收回货物或支付价款或保全货物费用方面有不合理的迟延，按照第八十五条或第八十六条规定有义务保全货物的一方当事人，可以采取任何适当办法，把货物出售，但必须事前向另一方当事人发出合理的意向通知。(2)如果货物易于迅速变坏，或者货物的保全牵涉到不合理的费用，则按照第八十五条或第八十六条规定有义务保全货物的一方当事人，必须采取合理措施，把货物出售。在可能的范围内，他必须把出售货物的打算通知另一方当事人。(3)出售货物的一方当事人，有权从销售所得收入中扣回为保全货物和销售货物而付的合理费用。他必须向另一方当事人说明所余款项”。

诚实信用原则作为中国民商事法律中的基础性原则，在中国的民商事案件审理实践中具有重要的实际意义。中国法中诚实信用原则贯穿从合同订立到终止的整个过程。其中，在《中华人民共和国民法总则》(以下简称《民法总则》，已废止)第 7 条中作为总的原则，确定“民事主体从事民事活动，应当遵循诚信原则，秉持诚实，恪守承诺”。《民法典》第 7 条沿袭这一规定，继续将诚实信用原则列入《民法典》的“基本规定”一章之中。

在合同订立阶段，中国《合同法》第 42 条规定：“当事人在订立合同过程中有下列情形之一，给对方造成损失的，应当承担损害赔偿责任……(三)有其他违背诚实信用原则的行为。”《民法典》第 500 条与《合同法》第 42 条规定相同。

作为解释原则，《合同法》第 125 条规定，“当事人对合同条款的理解有争议的，应当按照合同所使用的词句、合同的有关条款、合同的目的、交易习惯以及诚实信用原则，确定该条款的真实意思”。《民法典》第 142 条规定，“有相对人的意思表示的解释，应当按照所使用的词句，结合相关条款、行为的性质和目的、习惯以及诚信原则，确定意思表示的含义。无相对人的意思表示的解释，不能完全拘泥于所使用的词句，而应当结合相关条款、行为的性质和目的、习惯以及诚信原则，确定行为人的真实意思”。

作为履行的具体义务，《合同法》第 60 条第 2 款规定，“当事人应当遵循诚实信用原则，根据合同的性质、目的和交易习惯履行通知、协助、保密等义务”。《民法典》第 509 条中对此作出了同样的规定。

此外，在法律并无明确规定的情况下，仲裁机构可能通过适用诚实信用的基本原则，以实现当事人利益的合理平衡。基于诚信原则在中国合同法中重要的基础地位，中国贸仲仲裁庭在案件的具体审理中对于诚信原则的适用相当广泛。从裁判的角度来看，对诚信原则的理解不会局限于其字面含义，而会结合具体案件事实，确定诚信原则在个案中的应有之义。

诚信原则作为国际商事交易的一项基本原则，也在各国相当多的国内法当中，作为民商事法律关系的一个基本原则而存在。我们注意到，在贸法会2016年《判例法摘要汇编》当中，列举了一些国家对于诚信原则的具体适用。相当多的案件集中体现在合同订立过程中。比如，在一个意大利的案件中法院认为，如果合同的起草方想要引用其合同条款及条件，但在缔约过程中并没有将相关条款提供给另一方，则这些条件和条款不能成为合同的一部分。〔1〕 在另一个西班牙的案件中法院认为，法院选择条款作为一个重要的合同条款应当明确地在合同当中体现，如果该条款被记载于合同背面而并没有经另一方当事人表示同意，这样的合同条款也无法成为合同的一部分。〔2〕

在贸仲审理的类似案件中，也表达了类似的观点。在2005年的羊毛买卖合同争议案〔3〕中，买方认为，买卖双方之间不存在合同关系，因为买方仅与卖方代理商香港公司之间有一份不完整的订购确认单，香港公司没有将反面内容告知买方，因此只是订购意向协议。卖方则主张，3份订购确认单均清楚地列明了货物数量、价格、装运期和付款方式等条款，足以构成有效要约，买方的法定代表人签署了3份确认单，表示接受要约，构成有效承诺。

仲裁庭经审理查明以下事实：2003年3月5日香港公司作为卖方的代理人通过往来传真与买方签订了3份关于羊毛买卖的订购确认单，即争议的该案合同。上述3份合同均在备注中写明“请注意在这个交易中，我们是作为卖方的代理人行事，且是基于本要约确认单的背面的一般性条款和条件”（Please note that in this transaction, we are acting as Agent for the Seller on the general terms and conditions as specified on the back of this order confirmation sheet）。合同下方签字处由代理人的代表签字；买方代表在写明“我方已接受”（We have accepted）的“买方”（Buyer）下签字。

仲裁庭认为，由卖方代理人签字的3份订购确认单上清楚地写明货物的名称、

〔1〕 CLOUT case No. 1189 [Tribunale di Rovereto, Italy, 21 November 2007]; Oberlandesgericht Köln, Germany.

〔2〕 CLOUT case No. 1039 [Audiencia Provincial de Navarra, Spain, 27 December 2007].

〔3〕 参见贸仲裁决书2005年9月16日。

规格、数量、价格、装运和付款安排,依据《公约》第 14 条第 1 款之规定,这 3 份订购确认单在签字后就构成有效的要约。买方总经理在构成有效要约的 3 份订购确认单上代表"买方"已签字,并明确写明"我方已接受"的文字,构成了承诺。

至于没有将合同背面内容告知买方的问题,仲裁庭认为,合同背面的内容为代理人责任和不可抗力等条款,在签约时卖方应当将这些内容同时传真或告知买方,没有这样做是卖方的过错。但是,在合同正面文字表述中,一开始就提及"买卖双方已按照本定购确认单正反面所列全部条款和条件达成销售合同"(the sales contract has been consummated between the buyer and the seller on the terms and conditions on the face and back of this order confirmation sheet)。很显然,该案合同正面文字表述中已提及背面还有条款和条件,买方当时如果认为背面条款是很重要的条款,完全有权要求卖方传真或告知背面条款再决定是否签字。然而,并无证据表明买方曾经这样要求过,事实上这也是买方的疏忽。尽管如此,无论是卖方的过错还是买方的过错都不影响该案合同已经有效成立。但卖方作为合同的提供方,如果未能将合同背面条款发送,则这些条款不能成为合同的一部分。

在合同的解释中,仲裁庭通常需要寻找双方当事人在订立合同时,基于诚信原则所形成的合意。在一起案件中,合同约定:"卖方保证本合同项下的商品不具有材料及制造的缺陷,并完全符合本合同所规定的规格。本合同品质保证期为 12 个月,自维修服务报告签订之日算起。如果卖方对合同设备安装、调试和验收的延误没有责任的话,本品质保证期最长不应超过出厂后 18 个月。本品质保证限于商品的维修及有缺陷部件的免费更换,且仅适用于商品正常使用及维修状况下出现的缺陷……任何情况下,卖方均不对任何实际或预期利润损失或间接损失承担责任。"被申请人(卖方)认为,该合同条款的规定已完全排除了其所交设备可能承担的预期利润损失赔偿责任。因此,申请人在该案中要求预期利润损失的请求应予驳回。

仲裁庭认为,合同条款中有关被申请人免责的文字应从整体上及依照诚实信用原则确定其真实的意思。从该条规定的整体文字来看,应理解为针对合同设备在安装、调试、能正常运转后的质保期内,对品质保证义务的范围、责任作出的限制性规定。也就是说,该条款中的免责规定,是指在合同规定的质保期内,卖方的质保期责任仅限于免费更换有缺陷零部件及免费维护,而不再承担任何实际或预期利润损失或间接损失。而被申请人试图将该条款解释为包括免除卖方因合同设备质量问题而导致的一切赔偿责任,不符合诚信原则的解释。由于该案设备至仲裁程序开始后也未能通过验收及实现正常运转,合同规定的质保期尚未开始,被申请人试图逃避设备提供者基本的质量责任的解释显然有悖于诚信原则,因此不予支持。[1]

此外,中国法的一个特色在于,诚信原则不仅被作为一个抽象的原则通过对具体条文的适用或合同解释中得到适用,而且中国《合同法》对于诚信原则同样规定了明确的实体性义务,因此在针对《公约》的案件中也可能直接适用。比如,在一个机器设备买卖合同案中,[2]申请人作为买方提出,曾多次要求被申请人提供合同项下相关技术的知识产权信息,被申请人却置之不理。该案合同是两份设备采购和技术服务统包合同,涉及设备共77台,均为二手设备,最早的制造年份为1996年,大部分设备是在1996～1999年完成制造的。申请人致函被申请人,要求被申请人提供的整机生产技术资料清单中涉及知识产权及相关事项所有权的法律文书。被申请人没有给予合理的答复。仲裁庭认为,该案合同项下交付的为二手设备,合同项下所涉及货物的制造商除被申请人自己外,包括其他公司;显然由第三人制造的设备可能含有第三人所享有的技术资料和其中的知识产权。被申请人称其已经获得技术资料,可以交付给申请人,但被申请人却没有回复申请人提出的合理的有关第三方知识产权的征询问题。仲裁庭在此引用了中国《合同法》第60条第2款的规定,即"当事人应当遵循诚实信用原则,根据合同的性质、目的和交易习惯履行通知、协助、保密等义务"。仲裁庭认为,被申请人的这一做法显然不符合诚实信用原则和被申请人应有的协助义务,构成违约行为。我们当然也可以看到其他成员方法院在《公约》的适用中也曾经指出,当事人在合同履行过程当中,应当有与另一方当事人合作和提供信息的义务。[3]

诚信原则的适用也可能体现为在合同履行中必要的相互配合义务。在实践中,由于合同不可能事无巨细,对于合同没有明文规定的事项,很多时候需要双方当事人本着诚信原则与对方相互配合以便实现合同的顺利履行。比如,在一起案件中,申请人(买方)与被申请人(卖方)于2016年5月18日签订涉案货物买卖合同,合同约定采用信用证支付方式。[4] 按照该案合同第7条的约定,被申请人应备妥货物并通知申请人货物的质量级别、数量,申请人收到通知后,开立以被申请人为受益人的90日远期信用证。2016年6月8日被申请人邮件询问申请人员工,并

---

〔1〕 参见贸仲裁决书2010年8月6日。

〔2〕 参见贸仲裁决书2015年12月28日。

〔3〕 Oberlandesgericht Celle, Germany, 24 July 2009.

〔4〕 参见贸仲裁决书2019年10月25日。

要求告知该案信用证何时可以开出。2016 年 6 月 16 日被申请人再次邮件告知申请人员工急需该案合同对应的信用证。

仲裁庭认为,被申请人在上述邮件中催促申请人开证,按照合同约定,说明被申请人应当已经备妥该案合同项下的货物,可以安排装运。然而,仲裁庭注意到,被申请人在上述通知开证的邮件中,并没有提及货物信息,包括货物等级、数量、价格等,而这些是申请人开证时必备信息,没有这些信息,申请人将无法开证。

仲裁庭认为,依据《公约》第 65 条第 2 款的规定,"如果卖方自己订明规格,他必须把订明规格的细节通知买方"。依据该案合同第 7 条的约定,被申请人应备妥货物并通知申请人货物的质量级别、数量等。因此,依据《公约》的规定和该案合同的约定,被申请人通知开证的信息必须达到完整、准确的基本要求。由于被申请人未能及时提供必要信息,申请人无法开证是可以理解的,被申请人对此负有责任。但与此同时,仲裁庭还认为,在申请人收到被申请人关于催促开证的邮件后,没有证据表明申请人曾经就开证所需信息向被申请人索要货物具体信息或者采取其他促成该案合同继续履行的措施。在被申请人的多次催促下,申请人采取了一种不理不睬的搁置态度,这种状态一直持续了 2 年零 4 个月,最终导致合同没有履行。因此,申请人对合同没有得到履行也同样负有责任,并不能认为被申请人单方构成根本违约。

总结贸仲在诚信原则具体适用中的体会,诚信原则作为一项抽象原则,在具体的适用上既有其优点也有其缺点。其优点在于,当法律规范存在漏洞或不能反映交易的现代发展时,诚信原则可以通过这种弹性适用,根据社会价值观和商事交易需要解决具体的纠纷。诚信原则的抽象性带来的缺点也同样明显,其抽象性导致难以判断在具体案件中当事人的具体义务,可能给予裁量者以过大的自由裁量空间,使法律缺乏稳定性和可预见性,而法律的确定性是法律最重要的功能之一。这种确定性,一方面,体现在对于从事商业交易的人的行为给予一种明确的指引作用;另一方面,则是实现裁判的统一性,以给予社会一种公正的表现。因此,在对于诚信原则的具体适用当中,应当限制裁判者的自由裁量权,将诚信原则的适用尽量限制在对于具体法律条文的适用中,以及在对于现有法律规则的解释中作为一种填补剂或"润滑剂"来使用。除在特殊有必要的情况下,应限制裁判者抽象的适用诚信原则本身作为具体案件裁判的理由,特别是在仲裁这种一裁终局的争议解决中。

二、格式之争问题的解决

我们注意到,在现代国际货物买卖交易当中,双方当事人订立合同更希望采用比较快的节奏,并减少谈判时间及环节,以应对瞬息万变的市场情况。其导致的结果是,双方当事人大量采用自己的格式合同条款,比如,一方向另外一方发出订单,而另一方则发出自己的确认。在有些情况下,则是双方当事人通过不断的要约与承诺进行的交流,其后在并未正式签订由双方签字的货物买卖合同的情况下,合同便已经开始履行。在大多数交易中,由于双方当事人并未发生争议,所以交易得以顺利履行。但问题在于,当发生争议的时候,双方当事人会发现各自发出的格式合同条款中可能有与对方不一致的部分。而如果这些不一致的部分恰恰是争议的焦点,或者涉及重要的合同条款,双方当事人都会主张应以自己的条款为准。如果双方协商不成,最终进入诉讼仲裁阶段,我们发现会面临的一个困境是,目前在《公约》条款中并不存在一个明确的解决这种格式冲突的法律规定,这也导致了部分国家的判决或者裁决在格式之争的问题上适用国内法的规定解决。[1] 在传统的解决方法当中,根据《公约》第 19 条第 1 款的规定,“对发价表示接受但载有添加、限制或其它更改的答复,即为拒绝该项发价,并构成还价”。而对于这些添加和修改,该条第 2 款规定对发价表示接受但载有添加或不同条件的答复,如所载的添加或不同条件在实质上并不变更该项发价的条件,除发价人在不过分迟延的期间内以口头或书面通知反对其间的差异外,仍构成接受。《公约》第 19 条第 3 款则规定了构成实质性修改的具体范围,即“有关货物价格、付款、货物质量和数量、交货地点和时间、一方当事人对另一方当事人的赔偿责任范围或解决争端等等的添加或不同条件,均视为在实质上变更发价的条件”。在这种情况下,存在实质性条款差异的接受将根据《公约》第 19 条第 1 款的规定构成一个反要约,并使要约人之前发出的要约失效。而每次包含实质性修改的接受都会构成一个这样的反要约,最后一个发出合同条款的一方的行为构成反要约,同时使之前发出的所有要约均失效。如果另外一方当事人其后开始履行合同,那么根据《公约》第 18 条的规定,当事人发表声明或作出一项行为表示接受。在这种情况下,将以最后一个发出合同文件的一方的条款为准。传统上称为“最后一枪”原则。

贸仲在大多数的实践当中,也使用了“最后一枪”原则的认定方式。由于中国《合同法》在合同订立的问题上基本采用了与《公约》一致的法律规定,其中中国

---

〔1〕 CLOUT case No. 428 [Oberster Gerichtshof, Austria, 7 September 2000]; CLOUT case No. 272 [Oberlandesgericht Zweibrücken, Germany, 31 March 1998]; U. S. District Court, Western District of Pennsylvania, United States, 25 July 2008 (Norfolk Southern Railway Company v. Power Source Supply, Inc.).

《合同法》第22条规定，“承诺应当以通知的方式作出，但根据交易习惯或者要约表明可以通过行为作出承诺的除外”。而《合同法》第30条规定：“承诺的内容应当与要约的内容一致。受要约人对要约的内容作出实质性变更的，为新要约。有关合同标的、数量、质量、价款或者报酬、履行期限、履行地点和方式、违约责任和解决争议方法等的变更，是对要约内容的实质性变更。”《合同法》第31条规定：“承诺对要约的内容作出非实质性变更的，除要约人及时表示反对或者要约表明承诺不得对要约的内容作出任何变更的以外，该承诺有效，合同的内容以承诺的内容为准。”将《合同法》第30条和第22条结合来看，便得出了其在解决格式之争问题上的“要约—反要约—以行为承诺”的规则逻辑。即受要约人在回复中的格式条款实质性改变要约内容的时候，受要约人成为新要约人，其所作出的回复构成一个新要约，原始要约人以履行或者接受对方履行的行为作出了承诺，合同以最后要约人的格式条款内容为准成立。从上述法律规定中可以看出，《合同法》适用于格式之争问题时将得出“最后一枪”原则的结论。这可能也是中国仲裁庭较普遍适用“最后一枪”原则解决格式之争问题的一个原因。

“最后一枪”原则存在它的合理性，首先，它具有法律规定的基础，也就是《公约》第19条和第18条的相关规定。其次，它使合同条款具有一个确定性，鼓励双方当事人在订立合同的时候，努力确认自己合同条款的准确性或是否已经真正的达成合意以避免争议发生后由裁决者来决定双方合意的内容，并且也有利于保护交易的稳定性。

当然，我们也注意到，由美国开始的“相互击倒规则”(knock out rule)也逐渐被大陆法系国家或地区所接受。也就是在存在两个格式合同条款的情况下，法院认为，由于双方当事人未就相关合同条款达成一致，仅以双方当事人通过文件能够达成一致的部分吸收为合同条款，而双方未能达成一致的部分视为未能达成协议，适用《公约》的文本作为“补缺性规则”(default rule)来补充双方合同的内容。比较有代表性的是德国最高法院在2002年的一份判决。[1] 该法院认为，交易双方发出的一般条款和条件部分相互矛盾，但这一事实并不妨碍销售合同的存在，因为双方当事人并不认为这种矛盾妨碍了合同的执行。双方当事人通过执行合同表明，他们并不认为合同双方之间不存在有效的协议。该法院指出，“在《公约》适用的情况下，冲突的一般条款和条件在多大程度上成为合同不可分割的一部分，在法律界有

[1] Federal Supreme Court (Bundesgerichtshof), Civil Panel Ⅷ, January 9, 2002 [Ⅷ ZR 304/00].

着不同的回答。根据(可能)占主流的意见,只有部分的一般条款和条件成为合同内容不可分割的一部分,只要它们不相互矛盾;法律规定适用于其余部分,即所谓的'剩余条款有效理论'(rest validity theory)。条款之间是否存在不可融合的矛盾,不是仅通过对个别条款措辞的解释来确定,而只能在充分评估所有相关条款的基础上确定"。

这种"相互击倒规则"的解决方式后来也被《国际商事合同通则》所吸收。2016年《国际商事合同通则》第2.1.11条与《公约》的规定基本一致,其中规定,"对要约意在表示承诺但载有添加或其他变更的答复,即为对要约的拒绝,并构成反要约。对要约意在表示承诺但载有添加或其他变更的答复,如果所载的添加或不同条件并没有实质性的变更要约的条件,那么,除非要约人毫不迟延的表示拒绝这些不符,则此答复仍构成承诺。如果要约人不作出拒绝,则合同的条款应以该项要约的条款以及承诺通知中所载的变更为准"。2016年《国际商事合同通则》第2.1.22条规定,"在双方当事人均使用各自的标准条款的情况下,如果双方对除标准条款以外的条款达成一致,则合同应根据已达成一致的条款以及在实质内容上相同的标准条款订立,除非一方当事人已经事先明确表示或事后毫不迟延地通知另一方当事人其不受此种合同的约束"。2016年《国际商事合同通则》第2.1.22条基本吸收了"相互击倒规则",以避免当事人一方没有注意到的双方格式化合同中的差异条款对其产生约束力,同时也给予了合同方拒绝接受的权利。

当然,除规则本身外,一些判决以及一些学者还认为应当考虑当事人在格式合同文件以外的意思表示。比如,可能存在一方当事人或双方当事人自觉或不自觉地在履行中引用其格式条款当中的内容。在这种情况下,实际上允许裁判者进一步根据双方当事人的引用情况来判断其对于格式合同条款的接受。因为根据"相互击倒规则"内在逻辑而言,其之所以会排除当事人特定合同条款的效力,其原因在于认为当事人在订立合同时可能并未注意该合同条款的存在,也无意使之成为双方合同的一部分。但如果双方或一方当事人在合同履行中明确地引用了某一部分合同条款的内容,则这种单方合同条款有可能成为合同的一部分。此外,一般认为在格式合同条款当中,本身包含"以本合同为准"或"以本条件条款为准"的这种表述通常是不够的,因为合同当事方可能同样未注意这种陈述的存在。

"相互击倒规则"的优点在于,它认识到现代商业社会的一个实践,交易双方当事人可能在订立合同时,并没有一个时间充分考虑合同的内容,因此,交易文件的内容并不能反映双方当事人达成的真实合意,特别是在双方采用格式合同时。在两份不同的交易文件中包含的不同条款表明，双方当事人就相关问题并未达成真正的合意。因此，从较公平的角度来说，使用法律的规则作为补缺性规则具有一定的合理性。但其同样存在不合理的地方。首先，它缺乏明确的法律依据，因为它并不源于《公约》的任何一个文本条款，由此可能产生在不同国家认定标准不同的不确定性。其次，“相互击倒规则”不利于尊重当事人的合同选择或者意思自治，因为既然双方当事人在合同条款当中作出了明确的约定，这些合同条款可能对他们来说是很重要的，而“相互击倒规则”在有些情况下可能会忽视这种双方当事人的合同选择，而强制性地适用法律规定的内容。

当然，还是建议贸法会在未来《公约》的修订当中引入一条确定的解决格式之争的条款。《公约》文本之所以没有包含解决格式之争的条款，是因为格式之争的出现大多数是在《公约》起草之后，也就是 20 世纪 80 年代以后逐渐表现得明显起来。因此，即使是遵循“最后一枪”原则适用《公约》第 18 条和第 19 条作为法律基础解决相关争议依然并不合适，因为这些条款并非针对解决格式之争的法律规则。此外，有些时候也不能完全解决相关问题，因为一方当事人的履行行为并不能充分表现其已经接受了另一方当事人提出的“冲突条款”。而如果在现有的《公约》条款之下适用“相互击倒规则”，则显然缺乏明显明确的法律支持。

三、默示的接受以及弃权

“弃权”(waiver)，在合同法的范畴内是指一方对合同权利的明确放弃。具体而言，当合同一方清楚知晓对方违约或意欲违约，却作出某种明确的行为表示其不加反对甚至同意时，就可能构成法律上的弃权，导致其原有合约权利的暂时或最终丧失。英国 1979 年《货物买卖法》规定：“买方采取了任何与卖方对货物的所有权相矛盾的行动(如使用、处置或转卖货物)，或者经过交货后一段合理的时间，买方仍然留存着货物未向卖方表明拒收，那么买方将被视为接受了货物，日后不得再拒收或退回货物。”除通过行为构成弃权外，当事人的不作为(negative act)，即不按照合同或法律的要求作出某种行为也可能构成弃权。这较多地表现在当事方对合同或法律赋予的权利的怠于行使上。大陆法系国家则一般未直接采纳弃权或禁反言制度，而是通过意思表示理论的方式来保护当事人双方的利益，也体现了弃权与禁反言的内涵，只是更强调意思表示一致而已。

在贸仲审理的国际货物合同买卖案件过程中，弃权情形实际上还是经常会出现的。一方面可能是由于当事人对于相关法律条款或者权利并不完全知晓，另一方面则可能是出于维持良好商业关系的考虑，当事人对于另外一方当事人违约行为在履行中并未表示异议。从合同法的理论来看，一方为了方便另一方而在其请求下给予另一方的容忍或让步并不构成一种变更，但可能构成一种弃权，这种宽容或让步不需要以对价作为支持，并且弃权也可以用口头或行为方式作出。

尽管《公约》第29条第2款参照禁反言的原则及诚信原则，规定了在特定情况下，如一方当事人的行为，使另一方当事人信赖则会导致合同可能被修改。但禁反言原则所要求的条件，相对还是比较高的。在实践中，能够看到的大量情况是，一方在履行合同的过程当中偏离了原有的合同约定，而另一方当事人在合同履行中既未表示同意也未表示反对，但其后由于争议的发生，双方当事人对此产生了争议。而实际情况是，在相当多国家的国内法律体系中，在合同变更之外还存在有关弃权的理论。以美国《统一商法典》为例，该法典第2－209条规定了变更和弃权两种情况。其中前3款涉及合同的变更，分别是："（1）修改合同的协议，即使缺少对价仍具有约束力。（2）如果已经签名的协议规定该协议的修改或取消必须通过另行签署的书面协议作出，该协议则不得用其他方式修改或取消；但除非是在商人之间，否则在商人提供的格式合同上的这种要求必须由另一方单独签署。（3）根据本条进行的合同变更，必须满足第2－201节《反欺诈法》部分的要求。"此后，美国《统一商法典》单独规定了关于弃权的条款，其第4款规定，虽然变更或撤销合同的行为不符合第2款或第3款的规定，但可能构成弃权。而其第5款规定，已作弃权的一方，可通过向另一方当事人发出要求其严格履行所放弃的任何条款的合理通知，从而撤回弃权，除非撤回弃权会导致另一方因依赖该弃权发生的重大变化而导致不公平的结果。[1]

现实中出现的关于弃权的争议很多。比如，一方当事人违约后，另一方当事人

---

〔1〕 §2－209. Modification, Rescission and Waiver.

(1) An agreement modifying a contract within this Article needs no consideration to be binding.

(2) A signed agreement which excludes modification or rescission except by a signed writing cannot be otherwise modified or rescinded, but except as between merchants such a requirement on a form supplied by the merchantmust be separately signed by the other party. The requirements of the statute of frauds section of this Article (Section 2－201) must be satisfied if the contractas modified is within its provisions.

(4) Although an attempt at modification or rescission does not satisfy the requirements of subsection (2) or (3) it can operate as a waiver.

(5) A party who has made a waiver affecting an executory portion of the contractmay retract the waiver by reasonable notification received by the other party that strict performance will be required of any term waived, unless the retraction would be unjust in view of a material change of position in reliance on the waiver.

并未主张对方违约而是继续履行合同。又如,《公约》第 39 条规定,买方对货物不符合合同约定的情况,必须在发现或理应发现该情形后一段合理的时间内通知卖方,说明不符合同情形的性质,否则就丧失声称货物不符合合同约定的权利。但如果在合理期限后,卖方对于买方针对货物不符提出的索赔并未表示异议,则可能构成弃权。[1] 此外,《公约》第 49 条规定,有权宣告合同无效的一方应在合理的时间内根据《公约》第 26 条发出解除合同的通知。但如果守约方在得知违约方已构成根本违约的情况下继续要求违约方履行合同,或者对于违约方继续履行合同的行为未表示反对,同样可能构成对合同解除权的弃权。

比如,在贸仲 2014 年合金圆钢买卖合同争议案中,[2] 申请人作为买方,被申请人作为卖方,双方于 2012 年 4 月 13 日签订了合同,约定申请人向被申请人购买合金圆钢 1250 公吨(允许 ±10% 溢短装),价格为 CFR 韩国釜山每吨 693 美元,合同总价为 866,250 美元。合同约定:"装运期限:2012 年 6 月 30 日前"。被申请人称,申请人在装船前后数日已经知道迟延装船而继续收取了货物。仲裁庭注意到,从被申请人作为证据提交的聊天记录来看,被申请人直到 2012 年 7 月 5 日才邮件告知申请人因连云港下雨迟延装船。由此可见,没有证据表明申请人在装船前后数日已经知道被申请人迟延装船。

被申请人主张申请人的行为已经构成了接受货物的事实,而主张晚装船已取得了申请人默认的主张,仲裁庭注意到:在被申请人于 2012 年 7 月 5 日通过邮件告知申请人装船迟延的时候,申请人的答复是询问装货具体时间并告知对方因负责人出差而将在下个周一(2012 年 7 月 9 日)答复,申请人的前述回复并无任何认可被申请人的装船时间或同意接受货物的表示;其后,申请人于 2012 年 7 月 9 日向被申请人发函,拒绝了签发倒签保函的要求,并表示拒收和退回货物。

仲裁庭认为,由于被申请人并未在迟延装船的当时就通知申请人,而是在货物已经运到卸货港后才告知,被申请人的这一行为导致申请人缺乏充足的时间作出是否接受货物的决定,而此时如果不及时卸货将可能产生高额的船舶滞期费用。故仲裁庭认为,即使申请人在获悉被申请人迟延装船后仍办理了卸货,也并不能当然视为申请人以行为接受了货物。而实际上,申请人按照 2012 年 7 月 5 日邮件预先告知的答复时间,于 2012 年 7 月 9 日向被申请人发函明确表示了拒收货物。在

---

[1] CLOUT case No. 1057 [Oberster Gerichtshof, Austria, 2 April 2009].

[2] 参见贸仲裁决书 2014 年 6 月 9 日。

上述沟通过程中,申请人虽然没有立刻答复被申请人关于倒签提单的邮件,但考虑到2012年7月7日和8日为休息日,申请人在2012年7月9日回函,仍属于在合理时间内对于迟延发货问题进行了明确答复。仲裁庭认为,没有证据证明申请人曾以行为作出接受被申请人迟延装船货物的意思表示。其后,囿于《公约》并无关于弃权的直接规定,仲裁庭引用了中国最高人民法院《关于贯彻执行〈中华人民共和国民法通则〉若干问题的意见(试行)》(已失效)第66条规定,即"一方当事人向对方当事人提出民事权利的要求,对方未用语言或者文字明确表示意见,但其行为表明已接受的,可以认定为默示。不作为的默示只有在法律有规定或者当事人双方有约定的情况下,才可以视为意思表示"。仲裁庭认为,根据该意见的规定,在该案中,如要主张申请人以不作为的默示表示了其接受被申请人迟延装船的货物,则只有在法律有所规定或者当事人双方有约定的情况下,该不作为的默示才可以被视为意思表示,而该案合同订立及履行期间双方当事人并未作出任何关于默示接受货物的约定,对此亦无法律规定,因此,仲裁庭认定该案不构成申请人对被申请人迟延装船货物的默示接受。据此,被申请人有关申请人以行为接受货物及晚装船已取得了申请人默认的主张不能成立,被申请人迟延交货已经构成违约。从该案可以看到,中国法律中默示接受的规定与英美法系中的弃权并不完全一致,审查的内容也不相同。

在2007年棉花买卖合同争议案中,[1]仲裁庭查明,被申请人于2004年2月10日开出以申请人为受益人的信用证。该开证时间晚于合同约定的时间,金额也小于合同约定。因而可以认定被申请人违约。但申请人接受了该信用证,并向被申请人发运了近5000公吨的合同货物。申请人亦未就该信用证部分向被申请人提出任何索赔请求。仲裁庭认为,申请人通过交付相应货物的行为,对被申请人在合同项下进行的部分金额的迟延履行加以接受,并不再追究此种迟延履行所带来的损失。因此,在信用证金额的范围内,被申请人应被视为已经履行了付款义务。

在各国法院的判决中也存在各种观点,一家德国法院认为,卖方对于未在合理时间内发出的来自买方的关于货物与合同不符的通知,并未表示反对且同意对于货物进行减价的行为可能构成对于《公约》第39条主张货物不符的时间限制的弃权。[2] 而另一家德国法院则认为,出于鼓励友好协商解决的目的,应当允许买卖双

〔1〕 参见贸仲裁决书2007年4月12日。

〔2〕 CLOUT case No. 235 [Bundesgerichtshof, Germany, 25 June 1997].

方就相关争议进行一段时间的协商,虽然在买方迟延发出货物不符通知的情况下,卖方仍然接受了退货以便对货物进行检验,但并不构成弃权。该法院认为,默示弃权的标准应当非常高,只有卖方明确接受了买方的退货或用其他明确方式表明其弃权的意思时才能构成,仅仅进行协商并不能满足这一标准。[1] 在另一个较极端的案件中,尽管卖方并未放弃其对不符合同情形通知的及时性提出异议的权利,但卖方与买方就不符合合同的解决进行了长达15个月的谈判,并在就和解进行的谈判中提出了相当金额的金钱赔偿建议。法院认为,卖方的谈判意愿,加上谈判持续的时间(15个月)构成默示地放弃了《公约》第39条规定的权利。[2] 在其他案件中,法院认为如果卖方承认违约并表示愿意提供替代的符合合同约定的货物,构成卖方放弃依据《公约》第39条规定可以主张的权利。[3] 而如果卖方进行了和解谈判,但从未承认交付了不符合合同约定的货物,也从未表示愿意支付任何赔偿,则不构成弃权。[4]

可以看到,弃权的构成和处理方式与《公约》体系下合同变更或者以第29条第2款为基础的允诺禁反言的原则还是有所不同。《公约》第29条第2款涉及对于合同的变更,对于合同变更的条件要求要比单纯的弃权要求更高一些,因为要在双方之间形成一种修改合同的合意。而弃权是属于单方面的放弃自己的权利,这一点从美国《统一商法典》的条文可以明确看到。而且弃权也与《公约》第29条或根据《公约》第7条的禁反言法律原则并不完全一致。比如,某份判决指出,卖方对于迟延通知的弃权必须通过卖方非常明确的意思表示实现,卖方在沟通中没有立即以通知迟延为由予以拒绝这一事实不足以构成放弃权利的证据;另外,如果卖方与买方保持沟通以便随时了解买方客户的投诉,并向买方表明不会提出基于迟延通知的抗辩,当买方相信卖方不会援引该抗辩时,可能构成禁反言原则的适用情况。[5] 由此可见,弃权的构成更多关注的是弃权一方是否明确表达了放弃某种权利的意思表示,无论这种表示是通过明示还是默示的方式作出的。而禁反言更多关注的是对方是否产生了合理的信赖以及是否由于这种信赖产生了状态的改变,以致如

---

〔1〕 CLOUT case No. 310 [Oberlandesgericht Düsseldorf, Germany, 12 March 1993].

〔2〕 CLOUT case No. 270 [Bundesgerichtshof, Germany, 25 November 1998].

〔3〕 Rechtbank van Koophandel Kortrijk, Belgium, 4 June 2004 (Steinbock-Bjonustan EHF v. N. V. Duma).

〔4〕 Landgericht Aschaffenburg, Germany, 20 April 2006.

〔5〕 CLOUT case No. 94 [Internationales Schiedsgericht der Bundeskammer der gewerblichen Wirtschaft-Wien, Austria, 15 June 1994].

果不强制执行当事人的意思表示会产生不公平的后果。此外,弃权的后果也与合同变更不同,在合同变更的情况下,双方当事人都不能再按原来的合同条款进行主张,因为合同条款已经被修改了。但如果是单方的弃权则在有些国家的国内法中是允许撤回的。其原因大概源于英美法当中的对价理论,因为一方单纯的放弃自己的权利,并没有对方的对价作为支持。

目前《公约》中虽然没有明确的关于弃权的理论,但在实践中还是有相当多的法院或者仲裁庭实际上使用了类似弃权的规则。对于当事人在履行中是否构成弃权在实践中的判断是非常困难的,或者其结果往往非常微妙。可能对于同一问题,如果来自不同的法系,则会基于各自国内法得出不同结论。而为了保证裁决的统一性并给予当事人更明确的指引,建议在未来《公约》的条文中,对于国际货物买卖中的弃权行为也应作出明确规定。

四、《公约》第 40 条的适用

《公约》第 40 条规定:"如果货物不符合同规定指的是卖方已知道或不可能不知道而又没有告知买方的一些事实,则卖方无权援引第三十八条和第三十九条的规定。"中国法与《公约》类的规定类似。中国《合同法》第 158 条第 1 款、第 3 款规定,当事人约定检验期间的,买受人应当在检验期间内将标的物的数量或者质量不符合约定的情形通知出卖人。买受人怠于通知的,视为标的数量或者质量符合约定。出卖人知道或者应当知道提供的标的物不符合约定的,买受人不受前述规定的通知时间的限制。这一规则为《民法典》所接受,《民法典》第 621 条体现了与《合同法》第 158 条相同的规则。

在对《公约》第 40 条的解读中,得到比较广泛接受的一种观点是基于诚信原则和公平交易原则,将第 40 条作为一个"安全阀",在根据《公约》第 38 条和第 39 条买方丧失了对货物不符合同情形的主张索赔权利的情况下,给予了买方的保护。[1]在对于《公约》第 40 条适用讨论最多的瑞典斯德哥尔摩商会仲裁院的仲裁裁决中,仲裁庭指出,对于《公约》第 40 条适用过于宽泛会"导致卖方的地位大大削弱,卖方丧失了其基于买方怠于检验和通知不符合同情形的通常存在的绝对抗辩",因此第

---

〔1〕 参见 2016 年《判例法摘要汇编》,第 198 页。

40 条的适用应局限于“特殊情况”。[1] 而在有些判决中,法院提出该条款侧重在卖方隐瞒其知道或不可能不知道存在货物缺陷的恶意情形下,对买方提供保护。[2]

贸仲仲裁庭曾在案件中指出,《公约》第 40 条得到适用的基本前提是“卖方已知道或不可能不知道而又没有告知”买方货物不符,即货物本身确实存在与合同不符之处,而卖方故意未告知买方。

在 2012 年钢卷买卖合同争议案中,[3]合同第 11 条对索赔期限作了约定:如果货物到达目的港后,买方发现货物的质量和/或数量和/或重量与合同不符,除应由保险公司和/或船运公司负责索赔外,买方可以依据双方同意的检验机构出具的检验报告向卖方索赔。质量不符的索赔应在货物到达目的港后 60 天内提出,数量/重量不符的索赔应在货物到达目的港后 30 天内提出。买方承认,涉案货物到达目的港巴西帕尔西蒙港(Pecem)的时间为 2010 年 7 月 18 日,卖方收到巴西买家索赔的时间为 2010 年 10 月 8 日,巴西 SGS 对货物进行检验的时间是 2010 年 11 月 10 ~ 13 日,买方承认其索赔超过了合同约定的索赔期限。但在该案中,卖方在交货当时向货物承运人出具了保函,承认已装船货物的包装存在一些问题,但仍要求承运人开出清洁提单,卖方同意赔偿承运人因其按照卖方要求开出清洁提单而遭受的损害。

仲裁庭指出,从《公约》第 40 条和中国《合同法》的规定可以看出,如果卖方所交付的货物与合同约定不符,卖方知道或者应当知道而又没有将这些不符之处告知买方,则卖方无权援引上述相关规定,也就是说,买方声称质量不符合合同约定的权利不受上述期限的限制。仲裁庭认为,卖方针对货物装船后包装存在的瑕疵向货物承运人出具了保函以换取清洁提单,但未将包装存在的瑕疵告知买方。根据《公约》的相关规定,买方基于包装瑕疵主张赔偿责任的主张不受检验期限和通知时间的限制。

相反,假如双方仅就货物是否存在不符发生争议,而不是卖方故意隐瞒货物不符的事实,则买方就不能依据《公约》第 40 条来主张索赔期限的豁免。在贸仲 2019 年审理的服装买卖合同争议案中,买方提出,在卖方明知质量瑕疵的情况下,其不受索赔期限制。但是仲裁庭认为,该合同中对质量标准没有明确、具体的约定。卖

---

〔1〕 CLOUT case No. 237 [Arbitration Institute of the Stockholm Chamber of Commerce, Sweden, 5 June 1998].

〔2〕 Hof van Beroep Ghent, Belgium, 16 April 2007 (Dat-Schaub International a/s v. Kipco-Damaco N.V.), English translation available on the Internet at www. cisg. law. pace. edu.

〔3〕 参见贸仲裁决书 2012 年 7 月 18 日。

方虽然在第一次检测不合格后进行了固色处理，然而这种处理并非合同法项下的知道标的物不合格的情况，固色处理只是使标的物合格的一个过程，卖方在发运前最终取得了标的物合格的检测报告。因此，仲裁庭无法采纳买方不受索赔期限制的主张。

从贸仲的实践可以看到，实际上在《公约》第40条的适用中，裁判者处于一种非常微妙的境地，对于卖方知道特别是不可能不知道货物不符合合同约定的事实的判断标准仍需进一步明确。在通常情况下，卖方故意隐瞒货物不符约定的事实无疑可以构成《公约》第40条适用的情况，但如果双方仅是对于货物是否符合合同约定存在争议，或在通常情况下缺乏明确的判断结论的情况下，则不应轻易适用《公约》第40条。

仲裁实务中在《公约》第40条的运用中存在不少问题。第一个问题是，通常认为卖方应当对于其货物的情况是知晓的，那么任何在事后证明与合同不符的情况在理论上卖方都应当是知道或理应知道的。在这种情况下，似乎任何在事后证明的与合同不符都构成《公约》第40条适用的情况，而如此则会使《公约》第38条和第39条规定的关于检验和通知或不符情况的要求名存实亡。第二个问题是，如果卖方能够证明其对于货物不符的情况确实不知情，比如，从第三方处购买或从第三方处订货而未经自己实际控制直接转售给买方，在这种情况下，卖方虽然可以证明自己对于货物不符的情况不知晓，但其是否应当知晓，从贸法会2016年《判例法摘要汇编》中各国的判决来看，实际也是存在分歧的。[1] 第三个问题是，举证责任由谁承担。一方面，根据“谁主张，谁举证”的原则，买方应当证明卖方知道或理应知道货物不符的情况。但买方可能认为，卖方作为货物的出售方，理所应当对于自己货物不符的情况是知晓的，因此已经完成了举证责任。另一方面，要求买方去举证卖方的主观上对于货物是否知晓，以及卖方对于不符情况的知晓程度，实际上也是非常困难的。[2] 第四个问题是，卖方如果出于疏忽或者过于自信地认为货物是符合合同约定的因而将货物交付，《公约》第40条应否适用。一项仲裁裁决指出，该条款所要求的卖方认知程度不明确，但显然仅止于一般的认知是不够的，比如，卖方知道其提供的产品质量并非最好的，而应当要求卖方明知或理应知道货物与合

---

〔1〕 CLOUT case No. 237 [Arbitration Institute of the Stockholm Chamber of Commerce, Sweden, 5 June 1998]; CLOUT case No. 597 [Oberlandesgericht Celle, Germany, 10 March 2004].

〔2〕 UNCITRAL Digest of Case Law on the United Nations Convention on Contracts for the International Sale of Goods 2016, p. 199.

同约定存在巨大差异。该裁决指出,“普遍的共识是,欺诈和类似的恶意或者货物不符的情况很容易看出来或被发现将符合《公约》第 40 条的要求”,但如果不符合同事实的存在,而卖方并不实际知道不符合同的情形,要判定此种情况下是否满足《公约》第 40 条要求,目前是存在分歧的。[1] 因此,在大意与接近于“故意疏忽”之间,究竟《公约》第 40 条的要求是否得到满足是不确定的,而各国的判决之间也存在较大分歧。可以看到,对于上述问题,从贸法会 2016 年《判例法摘要汇编》中反映的各国判决,无论是在理论界还是实务界,均存在分歧和争议。因此,在《公约》进一步的修订中,应当对于上述相关问题进行进一步讨论并加以明确,从而形成统一指导。

五、《公约》第 49 条解约权与第 48 条违约方补救权之间的关系

在国际货物买卖交易中,当一方出现违约的情况时,违约方通常不愿意与守约方解除合同,而更希望通过提供包括修理、更换、调整等方式的补救措施来避免合同的解除。应当注意到《公约》第 48 条赋予了卖方在违约情况下的“补救权”,即允许卖方纠正任何其在合同项下的违约,而且即使在合同规定的履行义务日期之后,卖方仍有权这样做,当然,这应当以该权利的行使不给买方造成不合理的不便为前提。如果卖方在交货期前已经交付了不符合合同约定的货物,《公约》第 37 条允许卖方在规定的交货日期之前进行补救。

但根据《公约》第 48 条第 1 款所规定的“在第四十九条的条件下”的前提,如果买方宣告合同无效则排除了卖方补救的权利。贸法会 2016 年《判例法摘要汇编》明确指出,买方可以行使宣告合同无效的权利,而不受卖方补救权的限制。其理由是根据《公约》第 48 条第 2 款的规定,卖方可询问买方是否将接受一项补救,并根据第 49 条第 2 款第(b)(3)项,买方不必接受卖方的补救提议。[2] 此外,《公约》起草的有关文件也支持这种观点。例如,《联合国国际货物销售合同会议正式记录(1980 年 3 月 10 日至 4 月 11 日,维也纳)》(联合国出版物,出售品编号:E. 81. Ⅳ. 3,以下简称《国际货物销售合同会议正式记录》)第 41 条第 5 款说明,如果发生根本违反合同的情况,买方有权立即宣告合同无效,而无须事先通知卖方他打算宣告合

---

〔1〕 CLOUT case No. 237 [Arbitration Institute of the Stockholm Chamber of Commerce, Sweden, 5 June 1998].

〔2〕 UNCITRAL Digest of Case Law on the United Nations Convention on Contracts for the International Sale of Goods 2016, p. 228.

同无效或根据(当时)第44条规定给予卖方补救违约行为的任何机会。[1]

在这种情况下,仲裁庭可能需要通常考虑补救的可能性、卖方补救的意愿以及补救可能给买方造成的影响。当货物有缺陷,甚至是严重缺陷,但可以修复时,根本违约标准就会产生特殊问题。因为在判断是否构成根本违约时的一个考虑因素就是,瑕疵履行补救的可能性以及违约方补救的意愿。而对于守约方造成的影响,则更多地考虑守约方拒绝这种补救的合理性。一些法院认定,如果缺陷很容易修复,则与合同约定不符情形不属于根本违约。至少在卖方提供并实施快速修理而不给买方造成任何不便的情况下,法院不会认定不符合同情形是根本违约。[2] 比如,一个ICC(国际商会国际仲裁院,International Chamber of Commerce International Court of Arbitration,ICC)的仲裁裁决明确指出,虽然货物明显存在缺陷,买方拒绝了卖方及时提出的自付费用进行修复的建议,没有给予卖方对于货物缺陷进行补救的合理机会,则不能认定构成根本违约。[3] 针对补救要求的合理性,贸仲仲裁庭还曾在裁决中提到裁判者应当权衡补救所需的费用和努力与损失之间的相称性。[4]

在2006年水陆两用车设备买卖合同争议案中,[5]合同签订后,买方按合同履行了支付义务。卖方交付的合同设备水陆两用车于2005年9月21日到达买方所在地。2005年10月8日卖方派技术人员到买方现场对合同设备进行调试,但因该车辆自带的配件损坏而停止调试。2005年11月20日卖方再次派人到现场对车辆进行调试,至11月27日未能调试成功。2005年12月5日,卖方函告买方,表明交付的水陆两用车确有质量问题,建议买方将其运回澳大利亚进行维修。

买方提出,其可以接受卖方建议,将交付的不符合合同要求的水陆两用车运回澳大利亚进行检修、矫正,但是前提条件是:为防范商业交易风险,在运回卖方交付

---

[1] See Official Records of the United Nations Conference on Contracts for the International Sale of Goods, Vienna, 10 March – 11 April 1980 (United Nations publication, Sales No. E. 81. Ⅳ. 3).

[2] CLOUT case No. 196 [Handelsgericht des Kantons Zürich, Switzerland, 26 April 1995]; CLOUT case No. 152 [Cour d'appel, Grenoble, France, 26 April 1995]; CLOUT case No. 282 [Oberlandesgericht Koblenz, Germany, 31 January 1997]; CLOUT No. 882, SWITZERLAND: Commercial Court of the Canton of Aargau (Inflatable triumphal arch case) 5 November 2002 [OR. 2001. 00029].

[3] ICC Arbitration Case No. 7754 of January 1995, http://cisgw3. law. pace. edu/cases/957754i1. html, last visited: May 31, 2020.

[4] China International Economic and Trade Arbitration Commission, People's Republic of China, 11 November 2002, English translation available on the Internet at www. cisg. law. pace. edu.

[5] 参见贸仲裁决书2006年12月26日。

的合同设备前,要求卖方将其已付货款中的约6万澳元款项作为担保金,由卖方汇款给中国一家第三方单位或者打入买方账户内,待水陆两用车一经卖方检修好,运抵买方处,在质量、规格、运行符合合同要求时,即将该保证金返回。卖方鉴于建造水陆两用车已耗资过多,不能接受买方的要求,其结果是双方就水陆两用车运回修理未达成一致。

仲裁庭注意到,尽管卖方曾多次表明完全可以修复好合同设备,但买方指出:"从卖方的来往信函中,可以证明,卖方是全部委托其他公司制作的,卖方自身并没有成品,合同设备经过制造商的专业工程师两次修复均未成功,买方有理由怀疑卖方的履行能力。同时,鉴于设备安全性得不到保障,无法用于旅游项目。"买方还指出,"如果合同货物一旦出现问题,只有运回澳大利亚进行修理,将是不现实的","卖方交付的合同货物不能运行,也不能在现场修复是事实;卖方对其违约行为进行补救对买方已经没有意义也是事实。如果卖方将已经退还的货物重新运给买方,只能扩大损失"。因此,买方不同意卖方继续履行义务对设备进行修理的要求。

仲裁庭认为,买方对卖方继续履行的能力和要求不予接受是有事实依据的,由于合同目的落空,其退货还款的主张不仅符合合同的规定,也符合《公约》第25条关于和《公约》第51条第2款关于根本违约的规定。因此,仲裁庭对买方的解除合同、退回合同设备、卖方返还其全部合同货款的主张予以支持。

有些法院认为,买方在解除合同前必须首先允许卖方纠正任何违约(即使是根本违约);如果买方未给予卖方进行补救的机会则不能构成根本违反合同。[1] 同时,在一家德国法院作出的判决中,买方拒绝了卖方在违约后通过其制造商提供符合标准要求的货物的建议。该法院指出,根据《公约》第48条的规定,买方宣告合同无效的权利优先于卖方补救的权利。但是,这只适用于交付有缺陷的货物构成《公约》第25条意义上的根本违反合同的情况。然而,是否构成根本违约,不仅取决于缺陷的严重程度,还取决于卖方是否愿意在不给买方造成不合理的拖延或不便的情况下对缺陷进行补救。即使存在严重缺陷,如果卖方能够并愿意在不给买方造成不合理的不便的情况下进行补救,也不构成《公约》第25条意义上的根本违约。[2] 这种观点同样得到了《公约》起草文件的支持。《国际货物销售合同会议正式记录》第41条第6款说明:"在某些情况下,卖方能够并愿意在不给买方造成不

〔1〕 CLOUT case No. 339 [Landgericht Regensburg, Germany, 24 September 1998].

〔2〕 Court of Appeal (Oberlandesgericht) of Koblenz 31 January 1997 [2 U 31/96].

便的情况下对货物不符合同情形作出补救，这一事实可能意味着，除非卖方未能在适当期限内对不符合同情形作出补救，否则就不存在根本违约。"[1]当然，这条规则不应被误解为在任何情况下，在买方可以解除合同之前，必须向卖方提供补救的机会。

可以理解《公约》的制定者在制定时对于守约方解约权的考虑，因为如果给予违约方过于宽泛的通过补救来阻止守约方行使解除权利机会，将有可能使守约方处于困境。因为大多数违约方在违约后，通常并不愿意守约方轻易解除合同，而更多地希望通过协商或补救的方式来进行解决，宽泛的补救权可能使守约方的解约权受到不合理限制，并有可能造成时间上的拖延。但不可否认的是，在国际货物买卖中解除合同依然是最严重的一种救济手段，正如在相当多的案例当中所确认的，其应当是守约方最后寻求的一种救济方式（last resort）。尤其考虑到国际货物买卖中，货物可能通过长时间的运输才到达买方国家或者货物是根据买方特定的需求进行的制造，如果允许守约方轻易解除合同，将会造成更大的社会成本的浪费。此外，还需考虑由于市场情况的变化，守约方可能希望借此来逃避一个错误的商业交易（Bad deal）。

因此，在现代合同法的发展过程当中，通常会考虑给予违约方更多地通过补救方式解决纠纷的权利。比如，美国《统一商法典》第 2 – 508 条规定，在卖方提交货物与合同不符的情况下：(1) 如果不符合同的货物被买方拒收，而合同的履行期还没结束，则卖方可以在合理的时间内通知买方，其将对此进行补救，这样其可以在合同履行期之内提交符合合同的货物；(2) 如果买方拒收与合同不符的货物，而卖方有理由相信，无论是否要进行一定的减价货物都应当被接受，卖方可以在合理时间内通知买方其补救的意愿，则卖方可以获得一个合理的延长期去提交替代性的、符合合同约定的货物。《国际商事合同通则》则更进一步在第 7.1.4 条中规定，不履行合同的一方当事人可以自己承担费用，对其不履行进行补救，但必须符合以下条件："1. 该方当事人毫不迟延地通知另一方当事人进行补救的方式和时间；2. 该补救在具体情况下是适当的；3. 受害方拒绝补救并无合法的理由；4. 补救立即进行。"同时，补救的权利并不因终止合同的通知而被排除。在其官方评论 8 中专门说明了终止合同通知的效力，"如果受损害方合法终止合同，终止合同的效力也因

---

〔1〕 Official Records of the United Nations Conference on Contracts for the International Sale of Goods, Vienna, 10 March – 11 April 1980 (United Nations publication, Sales No. E. 81. Ⅳ. 3).

有效的补救通知而中止(suspend),如果不履行得到补救,终止合同的通知就不再生效。除非补救期限已过,而且根本违约的一方并没有进行合理的补救,则解除合同的通知生效”。从2016年《国际商事合同通则》的上述规定可以看到,其选择了违约方补救权优先于解除合同权利的原则。

考虑到现代合同制度对违约方补救权的尊重及现有《公约》条文可能造成的在适用中的不一致,建议在未来的《公约》修订或进一步解释中,对于合同解除权与违约方补救权之间的关系予以进一步明确。在这两者之间可以通过诚实信用原则的适用来调和两者之间的矛盾。因为即使认为违约方有充分补救权的立法或案例中也承认,违约方补救权存在的前提是违约方履行不符的情况是可以进行合理补救的,也不会给守约方造成不合理的不便或不合理的迟延。而在守约方判断应否接受这种补救建议的时候,也应当基于诚信原则对相关情况予以综合考虑,相关因素包括违约方补救的意愿、补救的可能性、是否会造成进一步的损失以及其自身的情况等。

六、《公约》第75条的损害赔偿与解除合同之间的关系

《公约》第75条允许在一方根本违约的情况下,另一方通过替代交易的方式减轻损失,从而可以请求赔偿替代交易与原合同价格之间的差价损失。《公约》第75条规定:“如果合同被宣告无效,而在宣告无效后一段合理时间内,买方已以合理方式购买替代货物,或者卖方已以合理方式把货物转卖,则要求损害赔偿的一方可以取得合同价格和替代货物交易价格之间的差额以及按照第七十四条规定可以取得的任何其他损害赔偿。”因此,可以解读为在合同解除的前提下,当事方可以进行替代交易从而减轻损失。《公约》第75条中的损害赔偿计算方法是在国际贸易交易中比较常见的,也是非常合理的损害赔偿计算方式,在相当多国家国内买卖法中均有类似规定。《公约》作该条规定有以下两个原因:一是为了减少不必要成本的浪费,因为在合同没有解除之前违约方依然有可能随时履行合同,如果在这种情况下,受害方已经提前进行了替代交易,则有可能造成相关货物的浪费;二是可以证明受害方进行的替代交易与原违约方违约之间的因果联系。因为作为受害方要求进行损害赔偿,除需要证明违约方的违约以及受害方所遭受的损失外,还应当证明这两者之间的因果关系。因此,在通常情况下,在受害方解除合同后进行的交易可以证明这种因果关系的存在。而在解除合同之前进行的相关交易是否与相关争议存在直接因果联系是值得质疑的,因为在这种情况下违约方依然有可能随时履行合同,守约方在此种情况下提前进行的交易是否与发生的相关争议有关?特别是

如果守约方在日常的业务中进行了很多相同的交易,那这种交易是否与相关争议具有直接联系,是值得怀疑的。

贸法会2016年《判例法摘要汇编》也提及,《公约》第75条规定的损害赔偿只有在受害方有效解除合同的情况下才能获得。在宣告合同无效之前达成的替代货物交易不属于《公约》第75条的适用范围。[1] 因此,我们看到在贸仲的相关裁决中也遵循了上述规定,一般认为在合同解除后进行的交易才能够构成《公约》第75条所要求的损害赔偿的依据。

比如,在2005年羊毛买卖合同争议案中,[2]合同约定,合同货物装船期为2003年3月底,付款方式为即期信用证。申请人于2003年3月27日向被申请人催促开证,但被申请人代理人电子邮件回复称:"所有开证申请已递交香港总部,在等候中,希望贵方再等一小段时间。"2003年4月14日申请人再次给被申请人代理人发出电子邮件催促开证。被申请人代理人在电子邮件的回复中称,该信用证在等待行列,不知道何时解决问题,并说道:"对迟开证,我非常抱歉,请再给我一些时间以解决这个问题。"2003年5月24日申请人称其与他人签订了转售合同,将该案合同项下货物转售。

在该案中,仲裁庭引用了《公约》第63条、第64条和第75条。仲裁庭指出,根据《公约》的相关规定,与他人签订转售合同应是以原合同的终止或宣告无效为前提的。然而,申请人并未向被申请人发出书面通知"规定一段合理的额外时间让买方履行义务",被申请人也没有声称"他将不在约定的时间内履行义务"。申请人作为卖方没有给予被申请人书面通知以宣告合同终止或合同无效。在这种情况下,由于申请人未按合同条款约定和《公约》的有关规定行使权利,申请人与他人签订转售合同的后果即使产生差价损失,也不应由被申请人承担。

当然,在实践中,可能并不宜刻板地遵守上述规定。例如,一份德国法院的判决认为,在促进国际贸易中遵守诚信原则的背景下,受害买方可以根据《公约》第75条获得损害赔偿,而不必证明其在进行替代交易前已经宣告了合同无效。[3] 在另

---

〔1〕 UNCITRAL Digest of Case Law on the United Nations Convention on Contracts for the International Sale of Goods 2016, p. 346; Arbitration Court of the International Chamber of Commerce, September 1996 (Arbitral award No. 8574).

〔2〕 参见贸仲裁决书2005年2月28日。

〔3〕 CLOUT case No. 277 [Oberlandesgericht Hamburg, Germany, 28 February 1997]. See also Oberlandesgericht Graz, Austria, 29 July 2004 (Construction equipment case), English translation available on the Internet at www. cisg. law. pace. edu.

一份判例中,法院则认为,一方拒绝履行义务使另一方当事人有权不经通知宣告合同无效而直接进行替代性的交易。[1] 当然,这些判例中通常存在一些特殊情况,法院的判决并非有意偏离《公约》第 75 条的要求,而是可能出于特殊的考虑,如鼓励遵守诚信的需要。而在其他一些判例中出现的问题是,如果守约方已经明确地通知其将进行替代交易,是否已经满足了对于解除合同通知的要求?

实际上,在有些情况下,贸仲的仲裁庭也会根据案件的实际情况进行必要考量。比如,在 2007 年硬脂酸买卖争议案,[2] 申请人(买方)从被申请人(卖方)处购买单价为每吨 580 美元的硬脂酸(Stearic Acid)100 吨,货款总价计 5.8 万美元;付款方式为即期信用证支付。合同约定的装运条件是 FOB STOWEDD 港,装运期为 2006 年 12 月底至 2007 年 1 月初。2006 年 11 月 28 日申请人申请银行开出信用证。2006 年 12 月 5 日被申请人以货物价格上涨为由要求将货物单价上调至每吨 615 美元,并要求修改合同。申请人同意了被申请人的要求,并于 2006 年 12 月 8 日与被申请人重新签订了销售合同,付款方式为买方先开出 5.8 万美元的即期信用证,剩余的 3500 美元在买方收到提单副本后以电汇方式支付。

2007 年 1 月 8 日被申请人再次提出要求修改信用证,要求取消全套正本提单作为议付单据,改为凭代理出具的货物已收妥证明副本议付。2007 年 1 月 11 日被申请人又提出要求申请人预付货款。申请人未同意上述请求,并于 2007 年 1 月 11 日正式通知被申请人交货地点和交货船舱。被申请人在交付日期未交货。申请人于 2007 年 2 月 8 日从其他供应商处补进货物,并于 2007 年 3 月 7 日向仲裁委员会提起仲裁。

仲裁庭认为,被申请人已经根本违反了合同中卖方交货的义务,根据《公约》第 45 条、第 49 条及第 75 条之规定,申请人可以宣告合同无效、采取相应的补救措施包括购买替代货物并要求损害赔偿。仲裁庭同时注意到,《公约》第 26 条规定,宣告合同无效的声明必须向另一方发出通知方始有效。《公约》第 75 条也规定,购买替代货物的前提是需要合同被宣告无效。在该案中,被申请人提出申请人从未有效宣告合同无效,所以双方争议焦点问题之一是,在被申请人出现根本违约后,申请人未有效宣告解除合同,在此种情况下,申请人是否可以按照《公约》的规定购买

---

〔1〕 Landgericht Hamburg, Germany, 26 November 2003 (Phtalic anhydride case), English translation available on the Internet at www. cisg. law. pace. edu. 22 CLOUT case No. 540 [Oberlandesgericht Graz, Austria, 16 September 2002].

〔2〕 参见贸仲裁决书 2007 年 8 月 28 日。

替代货物。

仲裁庭在该案中回顾,《公约》第 26 条是在修改原 1964 年海牙《国际货物买卖统一法公约》(Convention on Uniform Law for the International Sale of Goods,ULIS,以下简称原海牙公约)时新加入的一个条款。在原海牙公约中,只要一方违约,受害方就不需要通知合同无效,合同的解除是自动发生的。然而,这样规定的结果可能造成违约方没有注意到另一方已经解除合同而继续履行。为了解决原海牙公约中自动解除合同所可能带来的合同是否应继续履行的不确定性,《公约》才加入第 26 条的规定,即要求宣告合同无效的声明必须向另一方发出通知,方始有效。这样规定的目的是保护违约方,使违约方明确知晓合同的履行状态,从而决定是否继续履行以及采取其他补救措施,如停止装运,收回已发出的货物等以减少由于其违约发生的损失。

结合《公约》相关规定的目的及该案事实,仲裁庭认为该案被申请人的违约事实显然已经使其不需要《公约》第 26 条的保护。在该案中,被申请人已经表示只有申请人同意预付货款,其才会交付货物。而且在收到申请人交货通知后,船舶在港口停留期间,被申请人根本没有交付货物的任何意思表示。因此,被申请人不交货的事实已经十分明确,申请人是否发出宣告合同无效的通知对合同已无法履行的状态不会造成任何影响,发出这种通知已经没有任何必要了。仲裁庭进一步考虑到,该案申请人是从事硬脂酸贸易的中间商,其购买该批硬脂酸是为了转销第三方,因此,在被申请人不交货的情形下,为避免损失进一步扩大,购买替代物是申请人唯一能采取的救济方式。如果仅因为"通知"这一形式要件的缺失而否定申请人购买替代物的权利,实为对申请人有效救济之权利的剥夺,不符合《公约》对于善意履约人权利救济的宗旨。因此,仲裁庭认为,尽管申请人在宣告合同解除上存在瑕疵,但是基于《公约》的立法宗旨以及被申请人根本违约的事实,应当认定申请人具有《公约》规定的在卖方根本违约的情况下所享有的权利,包括有权向第三方购买替代物。

当然,在审理实践中也会出现另外一种情况,也就是守约方声称由于其确实在同时进行很多笔相关的业务往来,比如,从不同途径采购相同的原材料用于生产,但由于违约方的违约,使货物不能及时到达,为了减轻损失,守约方出于善意的考虑,将在合同解除前买进的原材料或者相同的货物用于弥补违约方在相关争议中未能交付的货物所致损失,这样可以阻止损失的进一步扩大。但问题是,在这种情况下,守约方是否已经丧失了根据《公约》第 75 条寻求损害赔偿的基础?因此,建议在《公约》第75条中加入相关条款，或通过进一步解释对《公约》本条进行补充。也就是说，加入类似于"除非守约方可以证明其在合同解除前进行的交易是必要的"的表述。其目的是给予守约方在特定情况下用合同解除前所采购的合同货物，弥补由于违约方违约所造成的相应空缺，而在这种情况下，对于减轻损失的角度来讲，进行这种替换实际上是很有必要的。

七、丧失的交易利润

现代国际合同法损害赔偿的一个基本原则是，在一方违约情况下，应当使受害方恢复到合同正常履行时候的状态，因此，从这个角度来讲，守约方所遭受的由于销售数量的减少而丧失的交易利润应当属于可以赔偿的损失的一种。《公约咨询委员会意见（六）》中，已经提及了相关的问题。其中指出，受损害方有权获得因对方不履行造成的损害赔偿，该损害通常按照市场价来衡量受损害方被剥夺的收益，或者要求违约方赔偿能将受损害方置于假使合同被正确履行的同一地位的合理金额。其中专门列明了"利润损失包括因销售量减少而发生的损失"，也就是通常所说的"丧失的交易机会"（Lost Volume）损失。

在贸仲的一起案件中，申请人向被申请人购买10套CD-R生产系统设备（以下简称CD-R设备）、5套DVD-R生产系统设备（以下简称DVD-R设备）。其中，10套CD-R设备的总价为750万欧元；5套DVD-R设备的总价为410万欧元。申请人于2004年2月开出信用证，向被申请人支付了部分货款。被申请人于2004年3月向申请人提供了6套CD-R设备，总价款为450万欧元。

申请人在接受了6套CD-R设备后，未按合同约定对剩余设备款开立信用证，且对未开立信用证的原因未作出合理解释。因此，申请人作为买方已构成违约。仲裁庭支持了被申请人将4套CD-R设备转售而遭受的差价损失。

此外，由于申请人的违约行为，另外5套DVD-R设备未能实现交接。被申请人也没有转卖该5套DVD-R设备。被申请人主张，根据被申请人作的成本计算，被申请人如果按合同价出售5套DVD-R设备，则其应得的利润为设备合同价410万欧元的25%。因而作为反请求，要求申请人支付上述利润损失。

在该案中，贸仲仲裁庭指出，根据《公约》第74条的规定，被申请人可获得其根据该案合同应得的利润损失。然而，根据双方提供的证据，在充分听取双方庭审意见后仲裁庭认为，被申请人对25%利润率的估计过高，应予以调整。仲裁庭认为，按该案合同价410万欧元的6%计算利润应较为合理，即被申请人如果按合同价出售5套DVD-R设备,则其应得的利润为24.6万欧元。申请人应赔偿被申请人该项利润损失。[1]

贸法会2016年《判例法摘要汇编》中同样认识到了这个问题。其中指出,原则上转售货物的受害卖方在有能力和市场将类似货物出售给他人时,如果可以证明,没有买方的违约其本可以完成两笔交易,则可以主张这种利润损失。[2]《判例法摘要汇编》同时指出,部分法院已经支持了卖方有权要求未实现的销售利润损失。比如,奥地利最高法院在一项判决中指出,假定受损害的卖方可以按市场价格出售,受损害的卖方可以要求丧失的交易利润。[3] 瑞士州商事法庭裁定,转售货物的卖方,可以要求价格的10%的利润损失,因为违约买方可以预期这一损失。[4] 而在一份美国法院的判决中,法院将可以提出的受害方扩展到买方可以提出类似的损害赔偿要求。在该案中,法院判定,买方可以就卖方提交的货物无法满足市场对其产品的需求而提出对所造成的交易利润损失进行追偿。[5]

但问题在于,这种损害赔偿针对的是一种相对抽象的损失。虽然这种损害赔偿的计算方法在理论上包含在《公约》第74条损害赔偿的总原则中,但尚缺乏实际的指导。在实践中提出这种损害赔偿的一方应当如何证明这种损害赔偿的实际数字一直以来都是一个问题,因为损害赔偿中的赔偿金额的确定性,同样也是获得损害赔偿的一个重要的前提条件。此外,在确认对于"损失交易机会的卖方"(Lost Volume Seller)给予赔偿的时候,同时需要考虑的一个因素是,这种损害赔偿方法是否会削弱卖方积极减轻损失的义务。因为在通常情况下,根据《公约》第77条的规定,卖方有义务尽自己最大努力将货物转售给其他公司从而可以收取原交易与转售交易之间的差价损失。但在支持"损失交易机会的卖方"(Lost Volume Seller)索赔的情况下,卖方是否不再有足够的动力去尽力销售违约所遗留的货物,从而造成了损失的进一步扩大。

在贸仲的另一起案件中,申请人和被申请人签订了1台印刷机的销售合同,合

---

〔1〕 参见贸仲裁决书2007年10月30日。

〔2〕 UNCITRAL Digest of Case Law on the United Nations Convention on Contracts for the International Sale of Goods 2016, p. 337.

〔3〕 CLOUT case No. 427 [Oberster Gerichtshof, Austria, 28 April 2000].

〔4〕 CLOUT case No. 217 [Handelsgericht des Kantons Aargau, Switzerland, 26 September 1997].

〔5〕 CLOUT case No. 85 [U. S. District Court, Northern District of New York, United States, 9 September 1994].

同附件注明了主要技术数据。[1] 合同签订后，申请人按照合同约定向进口代理人支付了人民币1700万元，进口代理人向被申请人支付了合同总价95%的价款，余下5%的机器款未付。被申请人也承认收到货款的95%。设备运抵申请人厂区后，2006年12月开始安装调试，申请人与被申请人于2007年2月2日、2007年4月9日、2008年3月3日3次组织验收，因设备质量未能达到合同要求，验收未通过。2008年8月6日某市检验检疫局对标的设备进行了检验，并出具了品质检验书。品质检验书认为存在不符合中国强制性标准的问题，系发货方责任所致，必须整改为符合中国颁布的强制性标准的设备，在此之前不得进行安装调试和使用。申请人认为，被申请人的交货不符行为已构成对于合同的根本违约。并且被申请人未采取任何有效措施进行补救。申请人提出的仲裁请求主要包括两项内容：一是被申请人向申请人返还设备价款，并支付银行同期贷款利息、汇兑差额；二是被申请人赔偿申请人的损失，包括购买厂房配套设施的贷款利息损失、厂房配套设施折旧损失、从2006年到2009年共3年的房租损失、试机辅助材料损失、差旅费损失、预期利润损失。

仲裁庭认为，在该案具体情况下，申请人第一项仲裁请求中的各项赔偿请求能否成立首先取决于其解除合同的主张能否得到支持。如果申请人解除合同的主张不能得到支持，则其以此为基础提出的恢复原状救济项下的各项赔偿主张亦不能成立。因为申请人在其第一项仲裁请求中提出的各项赔偿均属于合同履行情况下必然发生的费用，在合同未解除的情况下，不得要求赔偿。与此相反，申请人的第二项仲裁请求实质上是要求被申请人赔偿如果合同能够得到适当履行情况下其本可实现的利益，又称预期利润损失。显然，申请人第一项仲裁请求中的各项恢复原状损失赔偿请求，与其第二项预期利润损失的仲裁请求不能同时成立。

其后，仲裁庭对于申请人的上述两项仲裁请求是否可以得到支持分别进行了分别认定。由于仲裁庭认为，申请人在该案中的情况无法满足可以解除合同的条件，在否定第一项仲裁请求的同时，仲裁庭对于申请人的第二项仲裁请求也进行了相应的考察。仲裁庭注意到，申请人在该案中请求赔偿的预期利润损失实际上是指由于被申请人产品的缺陷而使其企业在经营中造成的损失。仲裁庭认为，质量不符合约定的，受损方可以根据标的性质及损失的大小，合理选择要求对方承担修理、更换、重做、退货、减少价款或报酬等违约责任。与此同时，《公约》第50条规

---

〔1〕 参见贸仲裁决书2010年8月6日。

定，如果货物不符合同，无论价款是否已付，买方都可以降低价格，减价按实际交付货物在交货时的价值与符合合同的货物在当时的价值两者之间的比例计算。因此，根据《公约》的规定，在卖方交货与合同约定不符的情况下，买方正常情况下可通常选择的损害赔偿方式中是不包括因产品品质问题给买方企业造成的经营性损失或经营中的预期利润损失的。在正常情况下，一个卖方往往在订约时很难合理预见其向买方出售设备的行为在一定意义上构成了对买方企业经营利润的担保。仲裁庭认为，除非申请人与被申请人双方在合同中对此有专门约定，或者申请人能够证明依订约时的情况被申请人知道或理应预见到如果其设备存在品质问题，其还要对买方企业的经营性损失或利润承担赔偿责任；否则，根据《公约》第25条中的可预见性限制以及第77条中的减轻损失义务，申请人的此项预期利润损失赔偿请求通常不能得到仲裁庭支持。此外，仲裁庭还注意到，申请人在审理过程中为了支持其前述预期利润赔偿的请求，仅向仲裁庭提交了一些其和第三方交易的合同、大量单据及一些来往信函等基础性文件，而未向仲裁庭提交过任何归纳后的书面说明、统计、计算，以证明其预期利润损失的金额是如何计算得出的，以证明该索赔金额究竟是企业的经营性损失还是扣除各项费用后企业的经营性利润损失，证明这些损失与被申请人的产品品质缺陷是否存在因果关系，并证明其在被申请人违约后确已采取了必要的减低损害的行动。因此，申请人的第二项请求因其举证不足而不能得到仲裁庭支持。

由该案的裁决中，可以思考的问题是，在卖方交付设备或货物不符合合同约定的情况下，对于买方可能遭受的由于丧失的交易机会而产生的利润损失如何认定的问题。仲裁庭在该案中指出，目前《公约》的损害赔偿体系在绝大多数情况下可以使受到损害的买方恢复到合同正常履行时候的状态或合同订立之前的状态。这些救济的方式包括修理、更换、退货、购买替代货物、减价等。因此，为了进一步主张丧失的交易利润，守约方需要证明几个问题。首先，守约方需证明根据现有的《公约》法律体系所获得的赔偿，未能给予其所要求的未来利润或丧失的交易机会所可能产生的利润以充分赔偿。因为在绝大多数情况下，这些救济措施是与未来的利润相互排斥的。其次，守约方申请人需要进一步证明其获得相应利润的真实的可能性。最后，守约方还需证明这种损害赔偿的确定性以及具体的数额。

在美国，标志性的适用美国《统一商法典》的关于“损失交易机会的卖方”的案件——戴维斯化学公司诉泰索尼公司案（R. E. Davis Chem. Corp. v. Diasonics, Inc.）中，戴维斯化学公司与泰索尼公司签约购买1台医疗诊断设备。戴维斯化学公司向泰索尼公司支付了定金,但未继续履行合同,支付随后的设备款项。在该案中,泰索尼公司最终将设备转售给第三方,价格与出售给戴维斯化学公司的价格相同,似乎并未由此受到损害,但是泰索尼公司主张其作为"损失交易机会的卖方",依据美国《统一商法典》第2-708条第2款的规定,[1]有权请求赔偿设备合同的利润损失。美国第七巡回法院在该案中提出了后来受到相对广泛采用的三重要素法则:(1)卖方应证明其有能力进行另一笔交易;(2)在第二笔交易中它同样可以盈利;(3)即使不存在买方违约,其同样会去进行一笔更多的交易。[2] 在美国的一些其他的案件中,也接受了法院在戴维斯化学公司案中提出的标准。[3]

当然,在该案中还讨论了一个关于"损失交易机会的卖方"补偿的案件中经常出现的问题,即如果卖方直接把原来给买方生产的货物销售给了第三方,则此时是否还构成一个"损失交易机会的卖方",还是只是进行了一个必要的减轻损失的交易?在戴维斯化学公司诉泰索尼公司案中,法院认为这种情况并不影响卖方主张存在一个"丧失交易机会"损失,其原因在于卖方有能力随时生产第二件货物,进而获得相应的利润。

此外,在戴维斯化学公司诉泰索尼公司案中,美国第七巡回法院提及了一个更具体的问题,即根据经济学原理中收益递减或边际成本递增的经济规律,随着卖方交易量的增加,将不可避免地达到这样一个点,即销售每个额外项目的成本减少了卖方的增量回报,并最终使完成下一笔交易完全无利可图。在这种情况下,将推定损失的利润判给"损失交易机会的卖方"将导致对卖方的过度补偿。因此,该法院提出,主张"丧失交易机会"损失的卖方不仅必须证明其有能力在转售的单位之外再生产出另一件同样的货物,而且还应证明生产和销售另一件产品对它来说是有利可图的。但在现实世界中,证明这种边际成本似乎只能停留在经济学理论的领域中,而在现实中进行证明是非常困难的。在一般的企业核算中,生产商的可变成本在大量的销售中几乎总是保持不变的,因而似乎使用平均可变成本更可行。

可以看到,戴维斯化学公司诉泰索尼公司案为相关损失的确定提出了一个有

[1] (2) If the measure of damages provided in subsection (1) is inadequate to put the seller in as good a position as performance would have done then the measure of damages is the profit (including reasonable overhead) which the seller would have made from full performance by the buyer, together with any incidental damages provided in this Article (Section 2-710).

[2] R. E. Davis Chem. Corp. v. Diasonics, Inc., 826 F. 2d 678, 681 (7th Cir. 1987).

[3] Diasonics test in Rodriguez v. Learjet, Inc. 946 P. 2d 1010 (Kan. Ct. App. 1997); Gianetti v. Norwalk Hospital 833 A. 2d 891 (Conn. 2003).

益的考虑范围,但《公约》的体系之下尚未有一个统一结论。而在部分的判例中,法院则同时考虑了守约方的主观因素。一家意大利法院驳回了一项关于“损失的销售”的主张,因为卖方在违约之时似乎并未计划进行第二次销售,法院认为,在这种情况下销售损失索赔与《公约》第75条规定的损害赔偿索赔相冲突。[1]

2016年《国际商事合同通则》在第7.4.2条中回顾了《公约》第74条关于损害赔偿的总原则,并指出对于“销售的损失”这个概念应当从广义上加以理解,并提及受害方的收益损失经常是不确定的,并且可能以机会丧失的形式出现。2016年《国际商事合同通则》在第7.4.3条关于损害赔偿的具体要求中提出,原告应当证明损害赔偿的确定性,并认识到对于机会的赔偿可能存在某种不确定性,因而作为总体原则可根据机会发生的可能性程度按比例确定。但我们同样认为,这种认定方法过于抽象,而其对于实践的指引也可能存在一定困难。

由于这种“损失交易机会的卖方”在适用上的不确定性以及缺乏明确的指引,建议贸法会在未来对其适用的具体条件给予明确指引,或者在《公约》未来的条文修订中增加相应的规定。就如《公约》第75条和第76条一样,作为一种具体的、明确的损害赔偿的计算方法直接加以规定。

八、艰难情势

合同的一方当事人有义务履行其合同义务,即使合同订立后发生的事件使履行义务比订立合同时所能合理预期的更繁重或成本更高。根据艰难情势(hardship)原则,如果由于在订立合同时无法合理预期以及超出合同缔约方合理控制范围的事件的发生,使合同一方或双方继续履行合同义务变得过于繁重且无法合理避免或克服该事件或其后果,则双方当事人有义务在合理时间内谈判替代合同条款。艰难情势越来越突出地体现在一些长期合同的履行中,如长期供货的商事合同、履行期限较长的机器设备买卖合同、能源大宗商品买卖合同以及大型基础设施建设施工所附带的货物买卖合同等。由于市场价格瞬息万变,长期合同的放弃履行成本和善后成本都很高,放弃已经履行合同的部分或终止履行对于双方当事人来说都可能面临较大损失。

《公约》并未就艰难情势设置专门的条款。在《公约》起草的过程中,经济形势变化、市场动荡、经济危机能否构成《公约》第79条项下的免责理由曾引起了极大

---

〔1〕 Tribunale di Milano, Italy, 26 January 1995 (Bielloni Castello v. EGO).

争议。[1] 部分法院判例和仲裁裁决认为《公约》第79条可以涵盖艰难情势。[2]《联合国国际销售合同公约咨询委员会意见(七)》(以下简称《公约咨询委员会意见(七)》)中也提出,无法合理预见和被考虑的情势变迁如果使履行合同变得过度困难(艰难),其可以成为《公约》第79条第1款的"障碍"。《公约》第79条的用语没有明确地将"障碍"等同于使履行合同变得绝对不可能的事件。因此,处于艰难情形的一方当事人可以援引《公约》第79条要求免责。该咨询委员会意见第3条第2款认为,按照《公约》第79条规定的艰难情形,法院或仲裁庭可以提供与《公约》以及《公约》所依据的一般原则相一致的其他救济。而在实践中,由于《公约》第79条本身并未包含有重新谈判的救济方式,所以裁判者通常只能将《国际商事合同通则》作为国际法的一般原则加以引用,并适用其中的艰难情势条款以对双方合同条款进行调整。但这似乎并不能完全解决问题。

首先,从适用的范围来看。对《公约》第79条下"障碍"进行扩大解释而包含艰难情势(hardship)的情况,主要是出于维护国际法律适用统一性的需要。[3] 但在实际操作中,由于《公约》第79条本身从定义角度来看并不与艰难情势的法律原则完全一致。以2016年《国际商事合同通则》为例,两项制度所在的章节不同体现了通则对于二者的不同态度。艰难情形规定在其第六章"合同的履行"下,是对于当事人履行合同义务的例外规定,目的在于确保合同的继续履行,且未作出相关的免责规定。在艰难情形下,当事人可以自行或请求法院或者仲裁机构对合同作出调整,且艰难情形下的法律关系仍受到第六章其他规定的约束。2016年《国际商事合同通则》第6.2.2条对艰难情形作了定义,所谓艰难情形是指发生的事件致使一方当事人的履约成本增加,或者所获履约的价值减少,因而根本改变了合同的均衡。因此,艰难情势的定义更多的是从经济价值的角度考察合同履行的均衡状态。[4] 其第6.2.3条则规定了艰难情形制度的法律效果,当事人可以通过协商或请求法院对

---

〔1〕 参见[德]英格博格·施文策尔:《国际货物销售合同中的不可抗力和艰难情势》,杨娟译,载《清华法学》2010年第3卷。

〔2〕 Bulgarian Chamberof Commerceand Industry,12Feb 1998,CISG-online 436.

〔3〕 Larry A. DiMatteo,"Contractual Excuse Under the CISG: Impediment, Hardship, and the Excuse Doctrines",27 *Pace Int'l L. Rev.* 258(2015),p.281.

〔4〕 2016年《国际商事合同通则》第6.2.2条规定:艰难情形是指发生的事件致使一方当事人的履约成本增加,或者所获履约的价值减少,因而根本改变了合同的均衡,并且(a)该事件在合同订立之后发生或为受到不利影响的当事人所知悉;(b)受到不利影响的当事人在订立合同时不能合理地预见到该事件;(c)该事件不能为受到不利影响的当事人所控制;而且(d)该事件的风险不由受到不利影响的当事人承担。

合同条款进行调整。[1] 相比之下，不可抗力制度规定在2016年《国际商事合同通则》第七章"履行不能"下，着重强调了当事人在履行不能时可免责的法律后果，是合同无法履行时对当事人责任的平衡。

对于具体如何适用《公约》第79条以包含艰难情势的问题，《公约咨询委员会意见(七)》的观点是将艰难情势区分为"十分困难的艰难情势"与"普通的艰难情势"，并认为前者可能构成《公约》第79条下的"障碍"。在救济方面，委员会认为"调价权"的救济方式与《公约》的基本原则相一致，因此可以被法院或仲裁庭所采用。但即使考虑"十分困难的艰难情势"可以符合《公约》第79条下的"障碍"，不同的救济方式也应当对应不同的认定门槛。对于免除履行义务的救济，其本质是对合同约束力的根本否定，因此应当审慎认定。而对于调价权的救济方式，其仅部分否定了合同的约束力，其背后的宗旨是在合同可以通过调整维持的情况下，尽量不否认合同的可执行性，因此其认定标准相对较低。例如，2016年《国际商事合同通则》的官方评论中就曾提出50%的最低标准。但这种区分在原《公约》第79条的框架下可能很难成立，也与原《公约》第79条的规定不协调。

其次，从救济的手段来看。需要注意的是，根据2016年《国际商事合同通则》的规定，即使在艰难情势适用的情况下，重新谈判的要求本身并不使受到不利影响的当事人有权暂停履行合同义务，因而尽管受到不利影响的当事人有权要求进行重新谈判，却仍不影响其继续履行合同义务。此外，谈判不成时，《公约》也赋予当事人司法救济权。因此，当合同未订入艰难情形条款，或已订入条款但当事人在合理时间内不能达成协议时，任何一方当事人均可诉诸法院或者仲裁庭进行事后救济。不能达成协议的原因既可能是相对方不接受重新谈判，也可能是双方在重新谈判中未达成任何成果。

但问题在于，《公约》第79条本身仅给予了受到履约障碍影响的一方暂时或最终停止履行合同义务的权利，第79条本身并不包含重新谈判或要求法院或仲裁庭重新设定合理的合同条款的救济方式。虽然学术界在《公约》体系之下试图通过

---

〔1〕 2016年《国际商事合同通则》第6.2.3条规定：艰难情形的后果包括(1)出现艰难情形时，受到不利影响的当事人有权要求重新谈判。但该要求应毫不迟延地提出，而且应说明提出该要求的理由。(2)重新谈判的要求本身并不使受到不利影响的当事人有权暂停履行。(3)如在合理时间内不能达成协议，任何一方当事人均可诉诸法院。(4)如果法院认定存在艰难情形，只要合理，法院可以：(a)按其确定的日期和条件终止合同，或者(b)为恢复合同的均衡而调整合同。

"善意""合理""合作义务"等《公约》或国际法原则的适用推导出调价权的救济方式,[1]或通过"善意"和"减少损失"的基本原则相结合,推导出未遭受不利影响的一方有接受对方提出的调整方案的义务;[2]但各种观点莫衷一是、略显牵强。并且通过寻求《公约》或国际法上的基本原则,仍然无法解决对《公约》第79条文义进行扩大解释导致的法律不确定性的问题。

《公约》第79条下"障碍"与艰难情势的重叠关系,以及《公约》基本原则对于"调价权"的暧昧态度,都可能引起艰难情势在《公约》下适用路径的混乱。如果对《公约》第79条进行过分脱离其文义的扩大解释,会为各法院与仲裁机构适用法律留下过多的自由裁量空间,从而损伤《公约》适用的稳定性。[3] 从贸仲的实践来看,几乎没有案件采用艰难情势下的调整权。因此,出于对实际需要的考虑,还是建议在未来的修订中引入专门的艰难情势条款以及裁判者的调整权条款。

九、新冠疫情在《公约》第79条项下的适用探讨

目前持续传播的新冠疫情在《公约》第79条项下的适用问题,在近两年间将是影响国际货物买卖合同争议的一个重要问题,我们在此进行初步的探讨。2020年1月20日中国国家卫生健康委员会发布公告,将新冠肺炎纳入《中华人民共和国传染病防治法》(以下简称《传染病防治法》)规定的乙类传染病,并采取甲类传染病的预防、控制措施;2020年1月30日世界卫生组织(World Health Organization, WHO)宣布新冠肺炎疫情为"国际关注的突发公共卫生事件"(PHEIC)。而相当多的国家宣布进入国家紧急状态,并随着本国疫情发展出台了各种抗疫措施。上述情况对国际货物买卖合同的履行已经造成了极大影响。

这场疫情对于《公约》来说,直接涉及《公约》第79条的适用问题,即在何种情况下"当事人对不履行义务不负责任"。正如之前已经分析的,《公约》第79条对于合同当事方的免责使用了"不能预见""不能克服或不能避免"的"障碍"之概念,从而避免了目前在各国法律体系中存在的合同落空、情势变更、履行不能和不可抗力

---

〔1〕 Michael Joachim Bonell, *An International Restatement of Contract Law: The UNIDROIT Principles of International Commercial Contracts*, 3rd Ed., Brill Nijhoff(2009), p. 867.

〔2〕 Ingeborg Schwenzer, Force Majeure and Hardship in International Sales Contract, 39 V. U. W. L. R. (2008), p. 720.

〔3〕 See Daniel Girsberger, Paulius Zapolskis, Fundamental Change of the Contractual Equilibrium under Hardship Exemption, 19(1) Jurisprudencija Jurisprudence(2012), p. 134.

等国内法与原则的直接适用。从《公约》第 79 条本身的适用条件出发，我们还需探讨如下问题。

1. “无法预见”

《公约》第 79 条中的“障碍”必须是无法控制的风险或完全出乎意料的事件，而这种偶然的未为人类所了解的疫情发生通常被认为是无法预见的。新冠疫情与之前发生的非典或者甲型 H1N1 流感具有相似性，但也有其特殊性。其影响范围之广、传播能力之强、致命性以及给各国以及世界经济及人民生活的影响，毋庸置疑是非常严重的。因此，其显然可以构成《公约》第 79 条的“不能预见”的履行障碍。但判断疫情是否造成某份特定合同的履行障碍，从《公约》角度来讲还存在一定的不确定性。比如，对于疫情本身危险性、形势的判断，以及公司或者具体的当事人在何种情况下可以选择履行合同或者继续开业，或者以何种程度的开业或何种方式的开业，其实都是个性化的选择。正如世界各国政府对于疫情选择的不同的处理方式，各国政府的各种禁令、隔离措施的采用都具有非常大的差异性。因此，疫情其究竟在何种程度上或者在多长时间内构成了履行障碍，恐怕在各国之间难以形成统一标准。

在这种情况下，应当首先考虑各国政府法令的因素，因为通常认为政府如果颁行实施了生产、运输或者人员流动的禁令政策，则一般可以构成明确的履行障碍。比如，俄罗斯仲裁院某裁决认定，如果政府的管理条例或政府官员的行为阻止一方当事人履行义务，则这一障碍是当事人所不能控制的。[1] 而对于疫情造成的当事人自身停工或履行困难，则需要适用合理人标准，考虑同一地区合理第三方所采取的措施来作出判断。

同时，应注意合同订立与障碍发生的先后顺序。比如，在贸仲 2005 年赖氨酸买卖合同争议案中，[2] 仲裁庭指出，早在该案合同缔结的 2 个多月前，非典已经在中国发生，因此，在缔结合同时，卖方对非典不是无法预见，而是实际知晓的。而在 2005 年番茄酱买卖合同争议案中，[3] 卖方主张气候异常变化属于不可抗力。仲裁庭指出，该案合同订立时间为 2003 年 7 月底，该时间已经开始进入番茄的收获季节，气候异常对番茄成长和收获的影响应该在该期间之前已经形成或开始形成，并

〔1〕 Tribunal of International Commercial Arbitration at the Russian Federation Chamber of Commerce, Russian Federation, 22 January 1997 (Arbitral award No. 155/1996).

〔2〕 参见贸仲裁决书 2005 年 3 月 5 日。

〔3〕 参见贸仲裁决书 2005 年 6 月 30 日。

不是无法预见的情况。同样，在国际商会仲裁院某裁决中，仲裁庭认为买方根据暂停支付外债的国家管理条例提出的免责请求不能成立，因为在订立合同时该国家条例已经存在。[1]

2. 免责事由的“不可克服或避免”

各国法院普遍认为，在合同当事方原始的履约方式受到影响时，如果存在其他履约方式的客观选择，即使替代履行方式可能造成履行成本在一定程度上的增加，也通常都不能满足《公约》第79条中的“不能克服”的要素要求。正如《公约》秘书处意见中所指出的：“虽然在一些情况下，某些阻止合同履行的障碍是双方当事人在订立合同时所无法预见的，但是如果他主张免责，依然需要去证明这些障碍是无法克服或者无法避免的。这体现了一种政策性的要求，即在意外的障碍发生后，合同当事人应当尽一切的努力去履行其义务，而不是放任其结果的发生。在这种情况下可以理解为在现有条件可以允许其他方式履行的情况下，当事人应当通过这种履行方式避免合同无法履行结果的发生。”[2]

贸仲仲裁庭在一些案件中也强调当事人应当采取一切合理措施去阻止障碍或障碍的后果发生；合同履行过程中，当事人避免或克服妨碍合同履行的障碍本身也是当事人的一种义务。这种观点始终贯彻于贸仲各时期所作的裁决中。在1997年橘子罐头买卖合同争议案中，仲裁庭指出，在一个省份中发生洪水并不能阻碍从其他省市购买相应的货物原料。[3] 在2003年氧化铝买卖合同争议案中，[4]仲裁庭认为，中国政府部门出台的新管理规定并非完全禁止氧化铝的进口，买方仍然可以接收卖方交付的货物。只是在接收货物后，须取得进口登记许可证方可报关，买方有可能因货物滞留海关而需要支出一定金额的费用。此种损失并不构成不能克服的障碍。在2009年化学品买卖合同争议案中，[5]由于奥运会期间交货港禁止进口危险化学品，所以买方请求将目的港改为另一港口，并与卖方进行了磋商。仲裁庭认为，卖方没有提交证据证明买方建议的“另一港”也存在港口管制问题，因此，仲裁庭不能认定卖方主张的这种障碍是“不可克服”的。

---

[1] CLOUT case No. 104 [Arbitration Court of the International Chamber of Commerce, 1993 (Arbitral award No. 7197)].

[2] Secretariat Commentary, Guide to CISG Article 79.

[3] China, 30 November 1997 CIETAC Arbitration proceeding (Canned oranges case), http://cisgw3.law.pace.edu/cases/971130c1.html, last visited: May 31, 2020.

[4] 参见贸仲裁决书2003年6月26日。

[5] 参见贸仲裁决书2009年6月4日。

同样，在美国仲裁协会（American Arbitration Association，AAA）某仲裁裁决中，由于禽流感的发生，导致买方所在国对于鸡肉产品的进口实施了禁令，买方建议卖方将货物运抵其邻国指定港口，且实际上其他供应商采用了这种方式实现了合同的最终履行。仲裁庭指出，卖方在这种情况下拒绝将货物运往邻国港口的行为，使其不能满足《公约》第79条项下的免责条件，因为这种障碍是可以通过向邻国港口卸货的履行方式克服的。[1]

同时，贸法会2016年《判例法摘要汇编》显示，各国裁决机构通常认为，支付金钱的义务并不会因意外事件的发生导致不可抗力而免责，因为这并未妨碍买方支付货款的任何行为。[2]

3. 当事人无法履行合同义务与履约障碍之间存在因果关系

贸法会2016年《判例法摘要汇编》同样强调，当事人无法履行合同义务与履约障碍之间须得存在因果关系，并且在相当多的判例中都适用这一条件。[3]

比如在2004年镁锭买卖合同争议案中，[4]仲裁庭指出，卖方在合同签订后和政府要求其停业整顿前与其他买方订立的合同，已经超过了该案合同约定的交货数额，因而合同的履行是不受政府有关停业整顿决定的影响的。同样，在2005年钼铁买卖合同争议案中，[5]仲裁庭认为，虽然在合同签订后发生了自然灾害，但卖方是有原料库存的，故无法履行和自然灾害之间并不存在直接的因果关系。

4. 关于免责事由的通知

《公约》第79条第4款规定："如果该项通知在不履行义务的一方已知道或理应知道此一障碍后一段合理时间内仍未为另一方收到，则他对由于另一方未收到通知而造成的损害应负赔偿责任。"因此，履行义务的当事人负有通知合同另一方当事人其因免责事由无法履行合同的义务。

5. 中国法院目前有关"不可抗力"规则适用的司法意见及做法

针对目前疫情的发展情况，中国最高人民法院自疫情发生以来，公布了一些典型性案例，并于近期连续公布了《关于依法妥善审理涉新冠肺炎疫情民事案件若干

---

〔1〕 American Arbitration Association 23 October 2007（Macromex Srl. v. Globex International Inc.）.

〔2〕 UNCITRAL Digest of Case Law on the United Nations Convention on Contracts for the International Sale of Goods 2016，p. 376.

〔3〕 UNCITRAL Digest of Case Law on the United Nations Convention on Contracts for the International Sale of Goods 2016，p. 378.

〔4〕 参见贸仲裁决书2004年2月16日。

〔5〕 参见贸仲裁决书2005年2月22日。

问题的指导意见(一)》和《关于依法妥善审理涉新冠肺炎疫情民事案件若干问题的指导意见(二)》,对中国法院适用不可抗力规则审判涉及疫情的合同纠纷,提出了有执行效力的具体司法意见和可参考案例。两份意见对中国的仲裁庭裁决与疫情相关的合同纠纷审理也具有重要参考价值和影响。

最高人民法院在《关于依法妥善审理涉新冠肺炎疫情民事案件若干问题的指导意见(一)》中明确“对于受疫情或者疫情防控措施直接影响而产生的民事纠纷,符合不可抗力法定要件的,适用《中华人民共和国民法总则》第一百八十条、《中华人民共和国合同法》第一百一十七条和第一百一十八条等规定妥善处理”。“受疫情或者疫情防控措施直接影响而产生的合同纠纷案件,除当事人另有约定外,在适用法律时,应当综合考量疫情对不同地区、不同行业、不同案件的影响,准确把握疫情或者疫情防控措施与合同不能履行之间的因果关系和原因力大小。”

而最高人民法院《关于依法妥善审理涉新冠肺炎疫情民事案件若干问题的指导意见(二)》则进一步明确规定,疫情或者疫情防控措施导致当事人不能按照约定的期限履行买卖合同或者履行成本增加,继续履行不影响合同目的实现,当事人请求解除合同的,人民法院不予支持。

6. 有关情势变更原则

目前,《公约》第 79 条关于履行免责的规定虽然与情势变更制度在很多时候具有重合效果,但其在适用条件、表现形式、法律后果及救济手段等方面还是客观存在诸多不同。并且从未来《公约》修订的角度来看,增加情势变更或者艰难情势条款对于合同纠纷的妥善处理还是非常有必要的。

首先,从所涉免责事由来看,《公约》第 79 条或不可抗力原则通常涉及各种自然灾害和战争、罢工、暴动等政治事件;而情势变更则还可以包含由于社会、经济或市场形势的剧烈变化导致的履行困难。

其次,从适用条件来看,《公约》第 79 条或者不可抗力原则的适用条件通常是意外事件导致合同无法履行的状态;而履行成本的上升或合同目的的丧失不能构成《公约》第 79 条项下的履行障碍。艰难情势或者情势变更最突出的特点是,考虑到履行成本的上升导致当事人无法履行或履行成本的大幅上升导致不公平的结果。

最后,从法律后果和救济手段来看,在未来的《公约》修订中,建议增加类似于艰难情势或情势变更制度下的重新议价与价格调整权等救济措施。正如本书在前面部分分析所说,虽然有相当多的观点认为,可以通过国际私法原则的解释,将《公约》第 79 条扩大解释为包含具有艰难情势下的价格调整或重新谈判的救济方式，但实际上仍属过于牵强。《公约》第 79 条本身的标题叫作“合同义务的免责”，因此，其可能更适合适用于意外事件的发生，导致合同根本无法履行，从而免除受影响一方的相应合同义务的情况。而类似于艰难情势的适用更注重的是合同履行困难而导致不公平结果，而非合同义务本身完全无法履行的情形。比如，2016 年《国际商事合同通则》第 6.2.2 条注释 2 中明确说明，对于艰难情势的适用，包括履约成本的增加和当事人一方所获得履约价值的减少。现代合同法非常重视保障合同的有效性，因为对于合同双方以及整个社会来说，免除合同义务或最终导致合同解除都会造成很大的社会资源和成本的浪费。在相当多的情况下，某个意外事件的发生，类似于疫情所导致的货物或原料价格上涨、履行时间迟延或者履行困难，可能并不完全导致合同义务无法履行，在这种情况下赋予双方当事人善意的协商和重新制定合同条款的义务，或者赋予裁判者必要情况下的最终调整权，可能是更有效的一种解决方案。

以本次疫情对国际货物买卖合同的影响为例，更多的是间接影响，比如，导致某些原材料价格的上涨、现金流动性的下降、需求的减少、劳动力缺乏甚至大宗商品或者金融市场的动荡，这些情况大多属于间接影响。这些影响并非由于疫情本身所造成的履行障碍，但确实可能影响合同的具体履行成本。在这种情况下可能很难直接适用于不可抗力的情况，而更多地需要考虑情势变更的理论是否适用。

对于不可抗力免责和艰难情势下调整权的关系，2016 年《国际商事合同通则》在第 7.1.7 条中定义的不可抗力所使用的语言，与《公约》第 79 条所使用的对于免责所涉及的“障碍”的定义及具体条款基本一致，因此，可以认为两者适用的情况基本一致。2016 年《国际商事合同通则》第 7.1.7 条注释 3 指出，关于该不可抗力条款的适用与第六章艰难情势的相关规定应当结合起来进行解释。其注释 6 指明，对于艰难情势和 2016 年《国际商事合同通则》第 7.1.7 条中定义的不可抗力，在实践中可能会出现同时成立的情况；如果出现这种情况，则可以由受到影响一方当事人决定采取何种救济措施；如果当事人的目的是解除合同，则应适用 2016 年《国际商事合同通则》第 7.1.7 条中的不可抗力条款；而如果当事人的目标是重新谈判或者修订合同，合同条款继续有效，则可援引艰难情势条款。与这种立法精神相似，中国 2020 年最新颁布的《民法典》中也同时存在不可抗力条款和情势变更条款，从而允许当事人在意外事件发生时可以根据不同情况选择主张不可抗力或情势变更规则的适用。

实践中,对于情势变更的具体定义及与商业风险的区别,一直以来都是一个难以明确区分的问题。王利明教授提出,对于情势变更的适用应当从风险的可预见性、影响的广泛性、风险的外部性和风险的事先承担等几方面进行考虑。[1] 若从这几方面考虑,则由疫情所导致的剧烈的市场变化及履行困难,可能构成情势变更的范畴。

首先,从可预见性的角度来看,如果是双方在疫情发生之前订立的合同,那么疫情的发生显然是双方订立合同时无法考虑到的。当然,如何判定合同订立是否在"疫情发生之前",也是一个值得探讨的重要问题。这一时间点需要结合合同签订地、合同履行地疫情发生等复杂因素才能作出具体认定。

其次,从风险的外部性来看,疫情发生显然不是某种交易或者货物买卖合同所固有的商业风险的一部分,如国际市场正常的原材料价格波动和运费上涨等因素。从风险分配的角度来讲,由于当事人在订立合同时无法预见到这种风险,也不能要求任何一方对相应的风险进行事先防范或者认为该风险应当归由合同一方承担。

应当注意到,虽然其本身不可预测,但货物或原料的价格上涨或下跌通常不能构成《公约》第79条项下的免责理由,因为这被认为市场风险的一部分,卖方承担了货物价格上涨的风险而买方承担了货物价格下跌的风险。比如,比利时某法院认为,在订立合同后货物的市场价格大幅下跌不能免责。[2] 意大利某法院指出,货物的国际市场价格大幅上涨且不可预测,虽然破坏了合同的平衡,但并未使卖方无法履行义务。[3] 一家德国法院指出,虽然大雨毁坏了卖方所在国的西红柿作物,致使市场价格上涨,但卖方未交付货物不能免除责任,因为卖方履行义务还是可能的,并非全部西红柿作物都已毁坏,而西红柿供应量减少及其价格上涨则是卖方能够克服的障碍。[4]

然而,因疫情所造成的市场波动与成本上升,与前述情形的区别在于疫情引发的交易风险,是来自合同以外的意外事件,还是其属于合同本身所可能导致存在的一种意外。比如,由于自然灾害所导致的减产虽然也属于自然灾害的一种,但其属

---

〔1〕 参见王利明:《情事变更制度若干问题探讨——兼评〈民法典合同编(草案)〉(二审稿)第323条》,载《法商研究》2019年第3期。

〔2〕 Rechtbank van Koophandel Hasselt, Belgium, 2 May 1995, Unilex.

〔3〕 CLOUT case No. 54 [Tribunale Civile di Monza, Italy, 14 January 1993].

〔4〕 UNCITRAL Digest of Case Law on the United Nations Convention on Contracts for the International Sale of Goods, p. 377.

于涉及农作物买卖的合同中可能出现的一种风险，双方当事人应当通过合同条款对这种风险进行划分。如果卖方未在合同中明确将其作为不可抗力事件进行排除，则认为其承担了这种意外的风险。但疫情则与之不同，它完全属于合同外部的一种风险，是双方当事人订立合同时无法事先考虑的。这种风险的外部性，或者说风险的外源性，是适用情势变更规则的条件之一。

再次，从影响的广泛性来看，这是针对疫情这类具有不确定性影响的履行障碍进行判断时特别需要考虑的一个因素，因为可能出现合同一方当事人以惧怕被传染为由拒绝履行合同或迟延履行合同的纠纷，当事人可能援引不可抗力或情势变更要求免责。在这种情况下，需要考察处于同一地区、同一时期的相同企业是否可以履行合同，如果仅因为特定当事人出于自己的原因未履行合同或债务，则不应认定为构成情势变更的影响。

最后，在适用情势变更原则时，还需要考虑除上述因素外其他的因素，如这种变化是否属于重大变化，即对于合同履行的当事方责任造成了重大改变，而要求受到影响的一方当事人按照原合同条款继续履行将产生不公平结果的程度等。在这种情况下，裁判机构应根据公平原则来对合同进行调整或者判令合同解除。正如2016年《国际商事合同通则》关于艰难情势的注释二中所指出的，这种所谓的艰难情势应当达到“对于双方权利义务的根本改变”的程度。

可以看到，中国最高人民法院在其公布的《关于依法妥善审理涉新冠肺炎疫情民事案件若干问题的指导意见(二)》中指出：“买卖合同能够继续履行，但疫情或者疫情防控措施导致人工、原材料、物流等履约成本显著增加，或者导致产品大幅降价，继续履行合同对一方当事人明显不公平，受不利影响的当事人请求调整价款的，人民法院应当结合案件的实际情况，根据公平原则调整价款。疫情或者疫情防控措施导致出卖人不能按照约定的期限交货，或者导致买受人不能按照约定的期限付款，当事人请求变更履行期限的，人民法院应当结合案件的实际情况，根据公平原则变更履行期限。”

十、《公约》在疫苗相关制品采购合同的适用

截至2021年3月1日，全球累计新冠确诊病例突破1亿1466万例。面对严重的疫情，新冠疫苗的接种是帮助建立保护的更安全的方法。根据世界卫生组织公布的数据，2020年12月初开始了第一个大规模疫苗接种规划，截至2021年2月15日，已经接种了1.753亿剂疫苗。因此，可以预见的是，在世界范围内，将有大量疫

苗及其相关制品的采购合同被签署。一旦疫苗采购合同履行过程中产生任何争议,与任何一个商事争议类似,可适用法将成为首当其冲需要确定的问题。《公约》作为国际货物买卖统一法领域内最广泛得以适用的规则,能否作为国际疫苗及其相关制品采购合同的可适用法,对于促进相关争议的顺利、有效解决,将具有重要的现实意义。

为了解决这一法律适用问题,需要结合《公约》中关于其适用性的规定,同时结合疫苗买卖的特征综合进行分析,重点考虑如下几个方面的因素:

1. 疫苗及其相关产品是否构成《公约》意义项下的货物

世界卫生组织(World Health Organization,WHO)将疫苗定义为:含有免疫原性物质,能够诱导机体产生特异性、主动和保护性宿主免疫,能够预防传染性疾病的一类异源性药学产品,它包括以传染性疾病为适应症的预防和治疗性疫苗。

疫苗本质上是一种生物制品。由于疫苗是以病原微生物或其组成成分、代谢产物为起始材料,再采用生物技术制备而成。病毒载体疫苗采用不同病毒的改良版(载体)以给人体细胞提供重要指示。因此,在疫苗的买卖合同中有可能还会涉及病原微生物、培养载体以及有关细胞株的交易。

根据《公约》第1条第(1)款的规定,《公约》适用的对象是国际货物销售合同。因此,合同的标的物应属于《公约》项下的货物概念范围。然而,《公约》本身并没有为"货物"下定义,但这并不意味着应当采用某一当事人的国内定义。根据第7条第1款的规定,对"货物"的概念应当根据《公约》的"国际性"和"促进其适用的统一的需要"自动作出解释,而不需要依靠国内法进行定义。[1]

《公约》第2条排除了特定的货物销售,而且《公约》第2条采取的是穷尽式的列举方式。因此,在不违反《公约》第2条以及其他相关规定的前提下,对"货物"的解释应该适当从宽进行,以促进《公约》作为统一法的适用。可以作为商事交易对象、所有权可以转让的所有标的物都有可能纳入《公约》项下的货物范畴。

另外,根据判例法,《公约》意义上的"货物"是在交付时"可移动的并且有形的"货物,而无论其形状,是否是固体、旧货还是新货、死的还是鲜活的货物。[2]

---

〔1〕 UNCITRAL Digest of Caser Law on the United Nations Convention on Contracts for the International Sale of Goods 2016, p26.

〔2〕 UNCITRAL Digest of Caser Law on the United Nations Convention on Contracts for the International Sale of Goods 2016, p27.

笔者认为,无论是疫苗,还是相关的病毒载体和细胞株,都能符合交付时“可移动的并且有形的”的要求。这一解释也是符合《公约》本意的,《公约》第2条也并未将相关生物医药制品列入被排除的对象。事实上,制药行业中大量商事合同也是以病毒载体作为交易的对象。在实践中,也曾有不少案例明确承认制药材料(pharmaceutical material)属于《公约》项下的货物。

疫苗及其相关制品的采购合同中可能存在的一个特殊问题在于,由于疫苗研发伴随巨大的投资与风险,知识产权往往贯穿疫苗研发与生产的全过程。疫苗研发的特定情况,导致相关制品对应的知识产权类型多样结构复杂。因此,有些疫苗相关制品,如病毒载体和细胞基往往载有一定的专利或者专有技术。笔者认为,类似案件可以适当借鉴软件买卖合同的案例。软件买卖往往也同时涉及软件本身作为载体的买卖以及软件所体现的知识产权的交易。目前,在《公约》实践中,广为接受的观点是按照一定价格销售标准化软件应被视为买卖合同,而非服务合同。[1]与此类似,如果说双方交易的是标准化的病毒载体,其同时体现了知识产权这一点并不能改变交易的对象依然是《公约》意义上的货物。

2. 当事人一方身份问题

对于国际疫苗买卖合同来说,如果买卖双方均是普通的商事主体,且其相关营业地位于不同的成员方,《公约》就自然能够得到适用。但是,有可能出现的特殊情况在于,由于疫苗的采购事关一个国家的疾病控制以及公共安全健康,一些疫苗采购合同是由国家或者国际组织出面签署的,例如,2020年8月欧盟委员会就代表所有欧盟成员方与AstraZeneca AB公司签订了新冠疫苗的生产、采购和供应合同。在这样的合同中,当事人并非普通的商事主体,而是一个国家或者国际组织。因此问题在于,一方当事人的本质属性,即公共属性或者私人属性,是否会影响《公约》的适用?

从《公约》本身的规定来看,《公约》并没有区分作为公共主体或者私人主体的当事人身份,也没有将《公约》的适用明确局限于私人主体之间的合同。笔者认为,如果作为买卖合同一方当事人的公共主体并非基于其主权而行事,就不应享受国家豁免(*jure gestionis*)。在疫苗买卖合同中,如果作为一方当事人的国家或者国际组织以一个普通买方的身份签订、履行合同时,和普通的私人主体买方并无不同,因此也不能因此排除《公约》的适用。

---

[1] CLOUT Case 131: District Court of Munich (Landgericht), 8 HKO 24667/93.

另外,在国家或者国际组织出面签署的疫苗买卖合同中,为了规范采购行为,加强对采购行为的监督,有可能在合同签订之前进行招投标的程序。另一方当事人只有在参加招投标程序并胜出之后才能正式与一个国家或者国际组织签署疫苗买卖合同。笔者认为,即便有这样先置的招投标程序,也并不影响《公约》的适用,因为《公约》第 2 条中所排除的是经由拍卖进行的销售,而并不包括招投标之后的销售。

3. 营业地问题

《公约》的适用范围仅限于符合第 1 条第 1 款规定的具体国际性要求的货物销售合同。因此,根据《公约》第 1 条第 1 款第 a 项,当事人订立疫苗买卖合同时,如果其相关营业地位于不同的国家,其货物销售合同就具有国际性。此外,如果涉及多个营业地,根据《公约》第 10 条第 a 项的规定,如果当事人有一个以上的营业地,则以与合同及合同的履行关系最密切的营业地为其营业地,但要考虑双方当事人在订立合同前任何时候或订立合同时所知道或所设想的情况。

与营业地相关的一个特殊问题在于,如果疫苗采购合同是由国家或者国际组织出面签署的,又将如何确定该国或者国际组织的营业地?

对于国际组织来说,其主要办公室所在地可视为其营业地。例如,对于欧盟委员会来说,其机构位于布鲁塞尔,因此视其在比利时拥有营业地也是合理的。

笔者认为,对于国家来说,虽然还没有实际案例支持明确的结论,但如果考虑一国已加入《公约》的事实,则视该国在《公约》成员方内拥有营业地也可以被认为是合理的解释。

此外,也曾有法院认定,假如国际买卖合同中的买方或者卖方为多方,但是至少有一名买方和一名卖方在《公约》成员方中拥有营业地,则《公约》也应该适用于这一多方当事人的合同。否则,转而适用其他法律不仅面临很大的障碍,而且会分裂一个本来是完整的商事交易。因此,在一个涉及多个主体的国际疫苗买卖合同中,只要有一个买方和一个卖方在《公约》成员方内拥有营业地,则《公约》也应该得以适用。[1]

4. 当事人对《公约》的排除

根据《公约》第 6 条的规定,当事人通过约定可以排除《公约》的适用。但是,这

---

〔1〕 Internationales Handelsrecht (2019), Swiss Federal Supreme Court database (www. bger. ch); CISG – online database (www. cisg – online. ch) No. 4463.

一排除应当是清晰和明确的(clear and express)。

因此,疫苗买卖合同中的法律适用条款之具体措辞就非常关键。正如本书在前文所讨论的,如果当事人泛泛地选择某国国内法作为合同的可适用法,而该国正是《公约》的成员方,则这一选择并不能构成对《公约》的排除。

以2020年8月欧盟委员会就代表所有欧盟成员方与AstraZeneca AB公司签订了新冠疫苗的生产、采购和供应合同,合同中规定的可适用法为"比利时法",而比利时法院已经在许多案例中强调比利时法包括了《公约》。

再以中国法为例,正如前文已经讨论的,贸仲在长期的仲裁实践中也明确认可当事人在合同中选择中国法并不产生排除《公约》适用的效果。反而,出于尊重《公约》和促进《公约》的角度出发,应适用《公约》而非一国的国内合同法。

5. 关于合同的性质

目前,对于疫苗买卖合同来说,由于疫苗开发和推广过程有其特殊性,因此,疫苗买卖合同的交易框架会与普通的销售合同存在较大不同,可能出现如下几种特殊情况:

首先,由于疫苗买卖合同签订当时,疫苗有可能尚未开发成功。因此,当事人所签署的是预售合同(advance purchase contract),而非真正意义上的销售合同(sales contract)。当事人承诺购买特定数量的疫苗,但在合同签订当时疫苗并未完全开发并得到许可而投放市场。因此,从这一点出发,有可能主张预售合同仅仅是一个框架协议,而非销售合同,从而主张《公约》无法被适用。

对于这一问题,笔者认为,合同的预售性质并不是决定性的。《公约》能否得以适用,本质上取决于一个合同是否具有销售合同的本质特征。而且,《公约》第3条第1款明确规定,供应尚待制造或生产的货物的合同应视为销售合同。

其次,疫苗相关买卖中涉及的往往不止是疫苗的单纯交付和购买,关于疫苗交易的合同往往具有混合的多重属性。对于买方来说,在购买疫苗的同时有可能会承担其他义务,例如,买方应尽合理努力来帮助卖方保障某些药物以及其他相关原材料的供应,或者提供资金来帮助卖方顺利采购到必需的物资。对于卖方来说,在疫苗或者相关病毒载体的交易过程中很有可能涉及卖方提供专利等知识产权许可等问题。例如,在一个合同中,买方向卖方购买用于疫苗研发的病毒载体,卖方在提供病毒载体的同时给予买方许可,同意买方使用病毒载体上相关的专利和专有技术。买方支付的价格包括病毒载体的购买费用以及专利许可费。假如买方成功地开发了疫苗,既可以选择继续向卖方购买生产疫苗所需的细胞和细胞培养基,也可以选择让卖方来制造疫苗。因此,买方向卖方支付的费用不仅包括用于对病毒载体的购买,也包括了从卖方处获得许可的费用。

对于这一类卖方同时具有销售和许可义务的合同性质的判断,《公约》中最主要的依据是第3条第2款,该款规定:"本公约不适用于供应货物一方的绝大部分义务在于供应劳力或其他服务的合同。"但是,《公约》第3条第2款并没有提供判断"绝大部分义务"的标准。

在实践中,不同的国内法对这一问题的处理方式也并不统一。目前,也并未有太多关于第3条的案例被公开。因此,关于第3条第2款中的"绝大部分义务"应该如何判断,以及该条在实践中究竟应该如何解释和适用,目前并不具有清晰的标准。

因而,存在一个判断标准的问题,即究竟应适用"经济标准"还是"本质标准"。在实践中,更多得到支持的观点是首先使用"经济标准",即对卖方提供的关于劳力和服务的义务的经济价值和关于货物的经济价值进行比较。一般而言,如果在订立合同当时,关于劳力和服务的经济价值占到合同总经济价值的50%以上,《公约》就不能适用。但是,正如《公约咨询委员会意见四》所指出的,仅仅凭借经济价值比较是不够的,50%也并非绝对界限,而是应该综合考虑所有相关因素,包括但是不限于当事人的意图、合同名称、合同整体内容、价格构成、当事人各自的利益等。

因此,对于上文所讨论的卖方同时提供用于疫苗生产的病毒载体以及相关专利和专有技术许可的合同,要判断其究竟属于销售合同还是许可合同,笔者认为,在考虑不同义务的经济价值比重之余,也应该考虑如下因素:该合同的全部以及最主要的内容;买方支付的价格的构成情况(如就疫苗或者是技术的许可分别支付的价格);双方当事人协议分配给不同合同义务的比重等。当事人的意图也要考虑,例如,当事人为合同所起的名称(究竟是购买还是许可),以及当事人在合同中的身份(究竟是买方还是被许可方),当事人订立合同的目的究竟是为了获得技术还是具体的标的物等。另外,根据《公约》第8条的规定,当事人在合同订立过程中的沟通和往来也可以被纳入考虑范围。

当然,综合考虑所有因素所导致的不利影响就是难以有明确的答案和统一的规则,尤其是对于一些交易结构复杂、价款类型多样的案件。事实上,贸易的交易结构日趋复杂已呈常态,不仅包括疫苗买卖,很多合同都会同时涉及买卖和许可或者其他服务的问题。因此,建议将来能够在《公约》中为如何判断"绝大部分"义务标准提供更加清晰指引，以增加可适用法的可预见性。

综上，笔者认为，《公约》作为国际商事领域中得以最广泛适用的统一法规则，作为可适用法来处理国际疫苗相关合同项下的争议，不仅具有理论上的可行性，也具有重要的实际价值。《公约》作为可适用法就目前而言，无疑是这一领域内最合适的选择。事实上，除《公约》外，也很难找到另一个更合适的替代规则。正如《公约》的序言所述，“认为采用照顾到不同社会、经济和法律制度的国际货物销售合同统一规则，将有助于减少国际贸易的法律障碍，促进国际贸易的发展”，对于新冠疫苗采购这样事关全球未来的重要问题，《公约》不仅本身已具备相对比较完善的合同法体系，足以处理合同中常见的大多数问题，而且还能为处理相关争议提供一致性、可预测性以及历经发展而清晰明确的公正、公平的实质性概念。

十一、电子证据真实性的判断

商业交易的电子化发展便利了合同订立与当事人之间的交流，在合同订立和履行中，电子邮件、手机短信、微信聊天等电子通信工具得到了广泛应用。在对于信息时效性要求更高的国际货物买卖中，当事人对电子通信工具的使用更频繁。根据中国2015年最高人民法院《关于适用〈中华人民共和国民事诉讼法〉的解释》（已被修改）第116条的规定，电子数据是指“通过电子邮件、电子数据交换、网上聊天记录、博客、微博客、手机短信、电子签名、域名等形成或者存储在电子介质中的信息”。作为一种科技产物，由于电子数据的独特性质，使电子证据的真实性相对传统证据而言在诉讼仲裁中更容易招致疑问。

电子证据的特点就在于，原件与复印件在表现上没有明显的区别，很难区分原件与复印件。因为所谓的原件也是将电子数据打印在纸上，其与复印件并没有明显区别。电子证据的原始载体容易被改变或删除。《中华人民共和国电子签名法》（以下简称《电子签名法》）第5条规定：“符合下列条件的数据电文，视为满足法律、法规规定的原件形式要求：（一）能够有效地表现所载内容并可供随时调取查用；（二）能够可靠地保证自最终形成时起，内容保持完整、未被更改。但是，在数据电文上增加背书以及数据交换、存储和显示过程中发生的形式变化不影响数据电文的完整性。”

在实践中，关于电子证据的真实性有两个主要争议点：一是实际发送或发布电子数据内容的主体问题,如电子邮件的实际控制人;二是电子数据来源的可确认性和电子数据的完整性都有可能影响对电子数据内容真实性的判断。因此,对于电子证据的采信,应当确定发出者的身份以及其内容并未被篡改。

在贸仲的审理实践中,判断电子证据发布者的真实性的时候,首先会考虑其系统的可靠性。比如,电子邮件出自经公示的企业邮箱或在合同中载明的通信地址就具有较强的证明效力。而对于微信或者短信则通常要先确认其身份的同一性,确认短信电话号码或微信号为当事人所有。由于中国已经实行了对于手机号码和微信号的实名制,因此较容易判断手机号或微信号使用者的身份。当事人如果否认,则非常容易举证提供相反证据,如不能提供相反证据则可以认定微信号或短信号为当事人所有。

考察电子邮件真实性时,通常要考虑的因素包括发件人、收件人、发送时间、接收时间、传输过程的安全性、邮件内容、邮件的取得方式(如系从网络服务商处购买的,还是免费注册的;公司邮箱从公司获得,公司通常有一定的控制权)等。在审理中,当事人通常应当当庭在计算机上演示电子邮件,并下载打印纸质版提交。当事人还可以对电子邮件进行公证并提交公证文书。

关于原始证据是否被篡改问题,仍然是电子证据在实践使用中一个共同的难题。需要确保对电子证据的完整性审查,即审查电子证据的生成、存储、收集的过程。

实践解决的方法是由当事人提供在一段时间内连续的微信聊天记录,电子邮件往来或短信交流记录。通过邮件、短信、微信聊天内容以及与其他形式证据之间的关联关系,判断其内容是否曾经被删除或修改。对于以微信、短信为代表的交流记录证据虽不能单独作为认定案件事实的依据,但是如果能够与当事人提交的合同文本、交易文件等其他证据相互印证、可以形成证据链,则应视为提供电子证据的当事人对于其主张已经履行了举证责任,而另一方当事人可以通过反证予以质疑。在实践中,仲裁庭通常需要综合考虑案件的事实情况以及其他与之联系的证据,判断是否存在明显的矛盾以综合判断其真实性。

《公约》第 11 条中承认以各种形式订立的合同,其中当然包括通过电子通信方式进行的合同订立或修改。《公约咨询委员会意见(一)》专门对以电子通信方式订立合同的要约与承诺以及电子方式发出的通知等规则进行了探讨。在目前中国的国际货物买卖实践中,电子商务的发展起到了极大的推动作用。以电子邮件、微信、QQ 等为代表的电子通信工具大大提高了合同订立、履行以及合同当事人相互交流的效率。而大量的银行往来支付、海关通关、检验检疫和运输保险等相关单据,广泛地使用了无纸化的电子数据和电子凭证。中国最高人民法院也注意到了在实践中电子证据大量使用的现象,因此,在2019年12月修订的最高人民法院《关于民事诉讼证据的若干规定》(以下简称《民事证据规定》)中对于相关问题作出了更明确的规定,其第14条第2项明确了电子数据的范围,包括"手机短信、电子邮件、即时通信、通讯群组等网络应用服务的通信信息",并使用了"其他以数字化形式存储、处理、传输的能够证明案件事实的信息"的兜底性条款,为未来技术进一步发展所可能出现的新形式的电子数据预留了空间。《民事证据规定》第93条第1款对电子数据的审查判断规则作出了规定。其核心内容就是针对电子数据证据的易篡改和易删减的特点,要求审察电子数据的完整性,其考虑因素包括:(1)电子数据的生成、存储、传输所依赖的计算机系统的硬件、软件环境是否完整、可靠;(2)电子数据的生成、存储、传输所依赖的计算机系统的硬件、软件环境是否处于正常运行状态,或者不处于正常运行状态时对电子数据的生成、存储、传输是否有影响;(3)电子数据的生成、存储、传输所依赖的计算机系统的硬件、软件环境是否具备有效地防止出错的监测、核查手段;(4)电子数据是否被完整地保存、传输、提取,保存、传输、提取的方法是否可靠;(5)电子数据是否在正常的往来活动中形成和存储;(6)保存、传输、提取电子数据的主体是否适当;(7)影响电子数据完整性和可靠性的其他因素。[1] 对于原件的举证要求,《民事证据规定》第15条第2款规定,"当事人以电子数据作为证据的,应当提供原件。电子数据的制作者制作的与原件一致的副本,或者直接来源于电子数据的打印件或其他可以显示、识别的输出介质,视为电子数据的原件"。与此同时,考虑到电子证据更容易受到对方的质疑,《民事证据规定》第94条又指出,"电子数据存在下列情形的,人民法院可以确认其真实性,但有足以反驳的相反证据的除外:(一)由当事人提交或者保管的于己不利的电子数据;(二)由记录和保存电子数据的中立第三方平台提供或者确认的;(三)在正常业务活动中形成的;(四)以档案管理方式保管的;(五)以当事人约定的方式保存、传输、提取的。电子数据的内容经公证机关公证的,人民法院应当确认其真实性,但有相反证据足以推翻的除外"。最新修订的《民事证据规定》中对于电子证据的认定和采信规则与贸仲在近年实践中采用的对于电子证据的处理方式基本一致,在《民事证据规定》生效后,其将在《公约》案件的审理中也会得到更广泛

---

〔1〕 参见《民事证据规定》第93条。

地使用。

十二、利息

《公约》中关于利息的规定见于其第 78 条,即“如果一方当事人没有支付价款或任何其他拖欠金额,另一方当事人有权对这些款额收取利息,但不妨碍要求按照第七十四条规定可以取得的损害赔偿”。此外,《公约》第 84 条第 1 款对“宣告合同无效的效果”的规定也明确了“如果卖方有义务归还价款,他必须同时从支付价款之日起支付价款利息”。

在国际贸易中,如果一方迟延支付,对方会因此遭受资金使用的损失,而违约方节约了信贷成本或至少增加了存款数量而赚取利息,也会因此获益。因此,判令违约方支付法定利息是必要的。贸仲仲裁庭也曾指出,对拖欠之货款应计算利息,乃为国内外业界所认可,因为一方拖欠款项,实际上是在占用对方资金,而对方的资金在现金流中也是要计算利息的,因此,就拖欠款项的期间追计利息是对被拖欠一方损失给予的必要补偿。同时,以此为杠杆可以推动拖欠款项的一方尽快偿付,以避免额外的利息负担,这也是对拖欠价款计付利息的积极作用。[1]

《公约》第 78 条是《公约》全部条文中援用频率最高的条文之一,因为一方当事人依据《公约》提出的诉讼或仲裁请求几乎总是要求对方当事人支付一定的金额及相应利息。但是,该条仅仅规定了债权人收取利息的一般权利,《公约》的立法资料表明它是折中和妥协的产物,如何确定利率就成为《公约》中未尽的事宜之一。

1. 价款或金额的类型

《公约》条文规定为当事人对于“未支付的价款”和“其他拖欠金额”有主张利息的权利。在实践中容易产生争议的是当事人能否就损害赔偿主张利息的问题。对此贸仲仲裁庭基本上持否定态度。

在 2004 年某货物买卖争议案中,[2] 仲裁庭指出,根据《公约》第 78 条“如果一方当事人没有支付价款或任何其他拖欠金额,另一方当事人有权对这些款额收取利息,但不妨碍要求按照第 74 条规定可以取得的损害赔偿”的规定可以看出,权利

---

〔1〕 贸仲裁决书 2005 年 7 月 29 日。

〔2〕 参见贸仲裁决书 2004 年 11 月 24 日。

人可以同时主张利息和损害赔偿,但其只能就“价款”和“其他拖欠金额”所生利息主张权利,并且所谓的“其他拖欠金额”不包括损害赔偿。

同样,在 2005 年某羊毛买卖合同争议案中,[1]对于利息损失,仲裁庭认为,在该案中,买方应向卖方支付的款项的实质是违约损害赔偿,并不涉及货款的拖欠,损害赔偿的金额也是在仲裁裁决中才得以确定的,卖方并无利息损失。因此,仲裁庭对于卖方的此项仲裁请求不予支持。

2. 主张利息的主体

值得注意的是,《公约》规定的“一方当事人”,既包括没有支付价款的买方,同时也包括宣告合同无效后有义务归还价款的卖方。在 2015 年服装买卖合同争议案中,[2]贸仲仲裁庭认为,鉴于申请人在 2014 年 4 月 28 日发送给被申请人的“02 号公函”中,已经向被申请人表达了宣告合同无效、归还货款的意思表示,而被申请人也收到了该通知。因此,自 2014 年 4 月 29 日起算利息损失是合理的,并由此支持了买方关于利息的主张。在 2016 年设备买卖合同争议案中,[3]贸仲仲裁庭认为,鉴于其支持买方返还预付款的反请求,也应支持买方关于要求卖方支付相应利息的反请求。

3. 利率

《公约》第 78 条对于利息的计算并没有给出具体的公式和统一的利率,在判断《公约》中的利率规则空缺问题时需要首先探讨其性质,即利率空缺究竟属于法定空缺还是法定外空缺。前者是指被排除在《公约》范围和适用之外的事项,而后者是指尽管未明确得以解决但仍属于《公约》调整范围以内的事项。如果《公约》第 78 条中的利率空缺属于法定外空缺,则根据《公约》第 7 条的规定,裁判机构必须首先按照《公约》所依据的一般原则来解决利率的确定问题,只有在没有一般原则的情况下,才能按照国际私法规则确定的准据法加以确定。但是,如果利率的确定完全不应由《公约》加以规范,即存在一项法定空缺,表明《公约》的起草者决意不对该事项加以规范,则裁判机构可以径行按照国际私法规则所指引的法律或依其他方法加以解决。《公约》本身没有提供识别“法定空缺”和“法定外空缺”的标准,因此,各国法院和仲裁机构对于利率的确定并没有统一

---

〔1〕 参见贸仲裁决书 2005 年 9 月 16 日。
〔2〕 参见贸仲裁决书 2015 年 9 月 29 日。
〔3〕 参见贸仲裁决书 2016 年 8 月 31 日。

做法。

首先,绝大多数贸仲仲裁庭倾向将利率作为《公约》管辖之外的问题处理,并通过国际私法规则确定的适用法来适用利率。例如,在 2016 年设备买卖合同争议案中,[1] 仲裁庭认为,《公约》对于如何收取货款利息并无进一步规定,此时应依据可适用法即中国相关法律规定处理。仲裁庭指出,2012 年最高人民法院《关于审理买卖合同纠纷案件适用法律问题的解释》(已被修改)第 24 条第 4 款规定:“买卖合同没有约定逾期付款违约金或者该违约金的计算方法,出卖人以买受人违约为由主张赔偿逾期付款损失的,人民法院可以中国人民银行同期同类人民币贷款基准利率为基础,参照逾期罚息利率标准计算。”中国人民银行《关于人民币贷款利率有关问题的通知》第 3 条第 1 款规定:“关于罚息利率问题。逾期贷款(借款人未按合同约定日期还款的借款)罚息利率由现行按日万分之二点一计收利息,改为在借款合同载明的贷款利率水平上加收 30% -50%……”申请人根据中国最高人民法院的司法解释与中国人民银行的通知,按相应时期的贷款基准利率上浮 50%,分别计算出了 3 份合同的货款利息。仲裁庭认为,申请人的计算符合最高人民法院司法解释与中国人民银行通知的规定,计算未超出时间期限,应得到仲裁庭的支持。

贸仲仲裁庭这一做法和目前适用《公约》的国际趋势保持一致。正如贸法会 2016 年《判例法摘要汇编》所指出的,目前“明显的趋势还是根据国际私法适用合同的国内法律所规定的利率,也就是,如果不受本公约支配,则适用销售合同所适用的法律”。[2]

其次,也有少数贸仲仲裁庭关注合同的国际性质,倾向寻求国际商业的合理利率。例如,2009 年某螺纹钢买卖合同争议案中,[3] 仲裁庭认为利息的计算应以欠款数额为本金,以享受优惠利率的借款人可获得的银行短期贷款利率为利率,为当天 3 个月的伦敦同业拆借利率(London Interbank Offered Rate, LIBOR)。

最后,也有一些裁决由仲裁庭结合当事人的请求,同时考虑过往利率水平,行

---

〔1〕 参见贸仲裁决书 2016 年 12 月 21 日。

〔2〕 UNCITRAL Digest of Case Law on the United Nations Convention on Contracts for the International Sale of Goods, p. 364.

〔3〕 参见贸仲裁决书 2009 年 1 月 15 日。

使自由裁量权,采用不同标准,如中国商业银行贷款利率、[1]中国商业银行定期存款利率、[2]中国人民银行同期贷款年利率[3],或者是直接确定具体利率数额等。[4]

---

〔1〕 参见贸仲裁决书2015年9月29日、贸仲裁决书2005年2月24日及贸仲裁决书2005年8月22日。

〔2〕 参见贸仲裁决书2003年11月6日。

〔3〕 参见贸仲裁决书2016年8月31日、贸仲裁决书2018年8月22日、贸仲裁决书2015年5月29日及贸仲裁决书2019年3月29日。

〔4〕 参见贸仲裁决书2007年4月12日、贸仲裁决书2015年12月28日、贸仲裁决书2009年6月9日、贸仲裁决书2018年6月11日、贸仲裁决书2003年4月12日、贸仲裁决书2005年3月5日、贸仲裁决书2018年3月8日、贸仲裁决书2013年4月16日及贸仲裁决书2005年9月2日。

PART 05 >>

第五部分

典型案例

一、2005年羊毛买卖合同案[1]

第一节　当事人主张

申请人诉称:2003年3月申请人作为卖方与被申请人作为买方签订了3份羊毛买卖合同(Order Confirmation Sheet),编号分别为D1、D2和D3。合同中约定了货物数量、价格和装运期,同时还约定了"支付方式:即期不可撤销信用证,交货前1个月开出,受益人(略)"。

申请人按照合同约定备货。但是被申请人未按照合同约定开立信用证。被申请人的法定代表人在与申请人多次电话交谈中称由于市场变化和流动资金问题而不能履行合同,并提出向申请人赔偿约人民币100万元。申请人没有接受,并于2003年6月和8月分别给被申请人发函,要求其立即开立信用证,但被申请人始终拒绝履行合同规定的义务。

2003年11月12日申请人通过传真及信件方式向被申请人发出通知,指出被申请人的不履约行为给申请人造成了严重而持续的经济损失,要求被申请人赔偿申请人的损失。被申请人于2003年11月13日和21日通过信件向申请人作出回复,声明从

---

〔1〕《中国国际经济贸易仲裁委员会裁决选编》,法律出版社2009年版,第306~322页。

未与申请人签订过任何羊毛买卖合同,而是仅和一家名为A的香港公司(以下简称A香港公司)签订过购买羊毛的3份合作意向书。

但是,申请人认为,本案3份合同明确指出了A香港公司作为申请人的代理人签署3份合同,并且合同确认书中的卖方都指明是申请人。

由于双方就此发生争议,申请人遂提请仲裁。申请人的仲裁请求如下。

(1)裁决被申请人赔偿申请人合同价与被申请人根本违约时市场价的差额损失,共计约80万美元;

(2)裁决被申请人赔偿申请人合同价额按1%的年利率的利息损失;

(3)裁决被申请人赔偿申请人合同价与市场价之间差价的利息损失,按1%的年利率计算;

(4)裁决被申请人补偿申请人因办理案件所支出的合理费用,根据贸仲的仲裁规则第59条的规定,为索赔金额的10%,以及仲裁费。

被申请人提出如下反驳意见。

(1)申请人和被申请人之间不存在合同关系。

申请人未直接和被申请人订立任何合同和协议,被申请人仅和自认为是申请人的代理商A香港公司之间有一份不完整的订购确认书。但是A香港公司既没有申请人的授权委托书,也没有把订购确认书里的内容告知被申请人,所以A香港公司不能代表申请人。这种以传真形式,而且未告知反面内容的订购确认书,只能是一个订购意向,不应是一份完整的合同。

(2)申请人和被申请人之间的交易形式不符合国际贸易惯例。

申请人知道被申请人无进口权,必须通过外贸单位订立规范合同,由外贸单位发信用证给申请人才能交易。所以按羊毛交易的惯例,申请人不可以、不可能,也不应该按“订购单”购料备货。

(3)被申请人确定的订购确认书意向是附条件的。

被申请人在订购确认书的意向中关于付款方式明确是附条件的,该条件是在2003年6月30日或之前从澳大利亚港装运,而该条件的付款方式是被申请人应在2003年5月30日前开出不可撤销的即期信用证至申请人处。申请人在被申请人未在2003年5月30日开出信用证的情况下,仍没有催促以及购料备货的函件。直到进入仲裁程序才提及购货备料以致产生损失,被申请人不得不怀疑申请人提供了虚假证明和损失。

(4)被申请人在装运前1个月未开立不可撤销信用证,申请人不应购料备货,因而不可能造成损失。

由于被申请人未开立不可撤销信用证,申请人不应购料备货,因此不应产生损失。根据《公约》第 32 条第 2 款和第 3 款的规定,卖方应有义务安排货物的运输以及自行通知买方办理保险,而申请人或 A 香港公司作为卖方从订购确认书签订后从未通知过买方确定什么运输方式,所以更能说明申请人不可能购料备货。即使订购确认书没有附条件而成立,申请人也应按照《公约》第 77 条的规定来合理减轻损失。

(5)由 A 香港公司与被申请人签订的订购确认书是一份不公平的单方利益的"意向书"。

如果被申请人将信用证开至申请人处,那么当后期羊毛价格上涨了,申请人完全可能以推说其从未授权 A 香港公司而不供货给被申请人,A 香港公司则可以订购确认书反面的免责条款说明其不需负责,被申请人的利益就无法得到保证。

针对被申请人的答辩,申请人称:

(1)2003 年申请人通过其代理人 A 香港公司向被申请人以传真形式发送了 3 份订购确认书,均清楚列明了货物数量、价格、装运期和付款方式等条款,足以构成有效的要约。被申请人的法定代表人于 2003 年 3 月 5 日签署了 3 份确认书,表示接受申请人发出的要约的全部内容。根据《公约》第 18 条第 1 款的规定,法定代表人签署确认书,构成有效的承诺。该承诺于同一天到达申请人并生效。故 3 份合同是成立的。

(2)从 3 份文件的订立程序和规定内容来看,其属于名副其实的合同。被申请人企图以"订购确认书"这一名称为由否定 3 份文件作为合同的性质,是没有任何依据的。3 份合同内容明确具体,不存在任何不完整之处。

3 份合同中明确指出 A 香港公司作为申请人的代理人签订合同,而且合同中的卖方都指明是申请人,被申请人既然在合同上签字,表明其不仅明知此代理关系,而且同意按照合同所有条款向申请人履行合同义务。

合同背面条款仅仅是在国际货物买卖合同中卖方与代理商之间的一般条款和不可抗力条款,与被申请人的权利义务没有实质关系,不影响合同成立。

(3)被申请人是否有进出口权并不影响其签订和履行合同的能力。进出口权只有在办理进出口报关时才有限制作用,但不能阻碍国际贸易合同的成立。被申请人也可以依据 3 份合同开立信用证或与其他公司签订协议开立信用证。因此,没有进出口权和无法开立信用证不能作为被申请人违反合同和拒绝承担责任的借口。

(4)信用证条款并非合同的生效条件,3 份合同已于 2003 年 3 月 5 日成立生效。合同均适用 CIF 价格条款,由申请人负责安排运输和保险事宜,申请人就装运和保险进行通知的义务也与被申请人履行其合同义务没有关系,也不是被申请人开立信用证的必要条件。事实上,申请人曾多次通知被申请人货物已经备妥,信用证开立后即可按照合同约定装运。

(5)被申请人依据其主观臆测断言合同不公平,没有依据。3 份合同均是双方在平等协商的基础上签订的,双方的权利义务是对等的,被申请人也未能指出合同中有任何不公平或单方利益的具体条款。

被申请人的补充意见如下。

(1)A 香港公司不能自称是申请人的代理商,合同必须经过申请人的确认后生效。

(2)订购确认单仅是意向协议,非常明确有反面的内容,而 A 香港公司从未告知反面的内容,所以是一份不完整的意向协议。

(3)申请人包括 A 香港公司未有任何催促被申请人的任何依据,也不存在任何损失。

第二节 仲裁庭意见

(一)适用法律问题

申请人主张,系争合同的准据法为《公约》;被申请人则认为,当事人仲裁依据的是双方约定的《1990 年 7 月 1 日中纺购买羊毛和毛条一般交易条款》,仲裁庭应当以双方约定的适用法律来仲裁,这是双方的真实意思表示。仲裁庭注意到,本案 3 份合同(双方签字的 3 份订购确认单)中的"特殊条款"约定:"所有其他条款和条件,依据 1990 年 7 月 1 日购买羊毛和毛条《中纺购买羊毛和毛条一般交易条款》。"仲裁庭认为,根据上述约定,除本案合同中已写明的本案合同交易的条款和条件外,双方当事人也明确地将 1990 年 7 月 1 日的《中纺购买羊毛和毛条一般交易条款》纳入了本案合同,成为双方交易的条款和条件;1990 年 7 月 1 日的《中纺购买羊毛和毛条一般交易条款》既不是两国政府签订的双边条约,也不是中国立法机构制定或认可的法律。显然,本案合同中没有约定适用法律,1990 年 7 月 1 日的《中纺购买羊毛和毛条一般交易条款》中也未列明适用法律条款。经查,申请人所在国澳大利亚和被申请人所在国中国均为《公约》的缔约方。因此,仲裁庭认为,根据两国所承担的《公约》义务，在双方未排除《公约》适用的情况下，《公约》应作为准据法适用于本案合同所发生争议的处理。至于《公约》未作规定的，鉴于买方所在国和仲裁地均在中国，根据最密切联系原则，应适用中华人民共和国法律。

（二）本案合同的效力问题

被申请人认为，双方之间不存在合同关系，被申请人仅与自认为是申请人代理商的A香港公司之间有一份不完整的订购确认单，A香港公司没有授权，且没有将反面内容告知被申请人，充其量只能是订购意向协议。申请人则主张，3份订购确认单均清楚地列明了货物数量、价格、装运期和付款方式等条款，足以构成有效要约，被申请人的法定代表人签署了3份确认单，表示接受要约，构成有效承诺。根据《公约》第23条的规定，作出承诺生效之时3份合同成立。代理人与被代理人之间是否存在有效授权，申请人认可代理人的代理行为；合同背面条款根本不会影响合同成立。

仲裁庭经审理查明以下事实。

2003年3月5日A香港公司称其为申请人的代理人与被申请人签订了3份订购确认单，即本案合同。

上述3份合同均有特殊条款（Special Clauses）和备注（Remarks）。备注中写明，“在此交易中，我们按照背面所列一般条款和条件担任卖方代理人（仲裁庭译）”。

合同下方签字处明确写明香港公司作为卖方代理人，并有代理人的代表签字；买方代表自然人B在写明“我方已接受”的“买方”下签字。

在庭审中，被申请人对在上述3份合同上作为买方的签字人自然人B签字的真实性予以确认。自然人B为被申请人总经理。

仲裁庭注意到，本案合同背面所列一般条款和条件为：明确卖方签字人作为卖方代理人收到订单，卖方承担的义务与责任不得转嫁给代理人，还有不可抗力条款等。在庭审中，申请人作为卖方，确认本案合同是通过其代理人签订的，确认对其代理人的授权，亦承认当时没有向买方即被申请人传真合同的背面。

《公约》第14条第1款规定：“向一个或一个以上特定的人提出的订立合同的建议，如果十分确定且表明发出要约人在得到承诺时接受约束的意愿，即构成要约。一个建议如果写明货物并且明示或暗示地规定数量和价格或规定如何确定数量和价格，即为十分确定。”《公约》第18条第2款规定：“承诺要约于表示同意的通知到达发出要约人时生效。”《公约》第23条规定：“合同于按照本公约规定对要约的承诺生效时订立。”

根据上述查明的事实，由申请人的代理人签字的3份订购确认单上清楚地写明货物的名称、规格、数量、价格、装运和付款安排，依据上述《公约》第14条第1款之规定，这3份订购确认单在申请人签字后就构成有效的要约。被申请人的总经理自然人B在构成有效要约的3份订购确认单上作为“买方”已签字，并明确写明“我方已接受”的文字，后又传真给了代表卖方的A香港公司，A香港公司确认收到。仲裁庭认为，被申请人在构成有效要约的3份订购确认单上签字的行为，构成了承诺。根据上述《公约》第18条第2款之规定，作为买方的被申请人将该承诺传真给了申请人的代理人（发出要约人），即发出了该承诺，该承诺到达发出要约人即已生效。同时，根据上述《公约》第23条之规定，本案3份订购确认单作为合同，已于被申请人签字后传真给申请人的代理人之时（承诺生效之时）成立。因此，仲裁庭不支持被申请人认为双方之间不存在合同关系的主张。

至于申请人代理人的授权问题，仲裁庭查明，本案合同明确注明A香港公司是申请人的代理人，此后在履行合同中申请人直接向被申请人去函催开信用证等行为是对A香港公司作为其代理人身份的确认，而且在庭审中申请人再次明确认可了对其代理人的授权。因此，仲裁庭认为，根据民事行为委托代理的一般原则，委托代理可以是书面的，也可以是口头的。在没有书面委托授权的情况下，甚至在事先没有委托授权的情况下，只要事后委托人追认或同意代理人的代理行为，那么这种代理行为也是有效的。

至于没有将合同背面内容告知被申请人的问题，对此申请人没有否认。仲裁庭注意到，合同背面的内容为代理和不可抗力条款，在签合同时，申请人应当将这些内容同时传真或告知被申请人，这是申请人的过错；但是，在合同正面文字表述中，一开始就提及“买卖双方已按照本定购确认单正反面所列全部条款和条件达成销售合同”，在最后又提及“在此交易中我们按照背面所列一般条款和条件担任卖方代理人”。显然，本案合同正面文字表述中已提及背面还有条款和条件，被申请人当时如果认为背面条款是很重要的条款，完全有权要求申请人传真或告知背面条款再决定是否签字，然而并无证据表明被申请人曾经这样要求过，事实上这也是被申请人的疏忽。但无论是申请人的过错也好，还是被申请人的疏忽也好，这样的情况都不能影响本案合同已有效成立。

仲裁庭还注意到，双方对订购确认单提供的中译文有区别，主要是对第一段文字翻译有差别。仲裁庭认为，由于双方签字文本为英文本，因此应以英文本为准。订购确认单第一段英文表述如下：“We hereby confirmed that we have received on behalf of the seller that undermentioned order from you as the buyer and the sales contract has been consummated between the buyer and the seller on the terms and conditions on the face and back of the order confirmation sheet."其正确的中译文本内容应是:"兹确认我们代表卖方已从作为买方的你方收到下述订单,买卖双方按照本订购确认单正反面所列条款和条件已达成销售合同。"该文字表述表明,卖方确认其已收到买方的订单,双方已达成销售合同。因此,在卖方或其代理人已在订购确认单上签字的情况下,如果没有买方的签字,该订购确认单并不具有合同效力,如果买方表示同意并签字,则该订购确认单作为销售合同即告成立。同时,仲裁庭还认为,如果在该订购确认单的特殊条款中写明"本订购确认单只是一份意向协议,双方当事人需另签订正式销售合同,否则本订购确认单对双方当事人就没有约束力",那么这样的订购确认单就不具有合同的效力,也就无须实际履行。然而,本案订购确认单中并无这种类似的特殊条款。

此外,被申请人还向仲裁庭提交了一份《中国—澳大利亚—新西兰羊毛交易标准合同》(2000 年版),在庭审中被申请人以此主张,要订合同应以此为准。仲裁庭认为,该标准合同仅为中国有关单位为促进中国与澳大利亚和新西兰之间的羊毛贸易而拟定的合同范本,供交易双方选择使用,并没有强制性,并非不以此为文本订立的羊毛交易合同就是无效合同。

(三)关于本案合同的履行问题

申请人提出,本案合同规定信用证必须在装船期前 1 个月开出,申请人多次催促,被申请人始终找借口不开立信用证。申请人按照合同规定备货。

被申请人认为,被申请人没有进出口经营权无法开具信用证,所以无法履行合同;被申请人没有收到申请人催开证的函,申请人应在开具信用证后才去备货;申请人没有备货,未告知装船的船期船名等,申请人已违约。

仲裁庭经过审理查明:

(1)本案合同支付条款约定,装船前 1 个月通过电传开出不可撤销跟单信用证,信用证的受益人为申请人。

(2)2003 年 6 月申请人向被申请人发出传真:"兹告,上述合同货物备妥待运。然而,很遗憾我们仍未收到合同条款规定的有关信用证,以使我们能够装船发运。如果你方能够很快开证我们将不胜感激。等待你方的好消息。"

申请人提供了当日下午发给被申请人传真号码 × × × 的当地电信局的电话付费凭证,凭证上记录的"通话时间"为 31 秒。被申请人在质证中否认收到过此份传真。

(3)2003年8月申请人向被申请人发出传真称:“我方2003年6月函后,我方上海办事处数次一再催问上述合同装运的信用证,很遗憾告知我公司仍未收到根据合同条款使货物可以装运的任何信用证。兹告,我方将聘请律师代表我方进行仲裁程序和相关法律程序,除非在2003年8月30日前上述合同的信用证能到达我们办公室。希望很快收到你方积极消息。”

申请人提供了当日上午发给被申请人传真号码×××的当地电信局的付费凭证,凭证上记录通话时间为40秒。被申请人在质证中否认收到过此份传真。

(4)申请人还提供了多份在仓储公司中羊毛库存量的证明。被申请人在质证中提出是否存在该仓储公司,开具的证明是否有假,证明中的数据是否有伪造,并表示要调查核实。

根据前述仲裁庭意见中的认定,本案合同为有效合同,合同条款应对双方当事人具有约束力。仲裁庭认为,本案合同支付条款中明确约定买方应在“装船前1个月通过电传开出不可撤销跟单信用证”,而且被申请人在合同文本上写明“我方已接受”的文字下签了字,这就表明在被申请人签字时已明确接受了装船前1个月开出信用证的合同条款及其他合同条款对被申请人的约束,所以被申请人在未依据合同约定履行开证义务构成违约的情况下,再以其没有进出口经营权为由而提出无法履行合同的主张,仲裁庭不予支持。在实践中,被申请人可以通过某种适当方式履行其开证义务。

至于被申请人称没有收到过申请人催开信用证的函,仲裁庭认为,根据申请人出具的电话付费凭证,从发出时间、电话/传真号码、通话/传真使用时间等方面分析,申请人提供的2003年6月和8月给被申请人发出的催开信用证的证据是可以采信的。被申请人还提出“就算仲裁庭误以为申请人已发出上述证据”,也不能免除申请人首先已违约未告知船期船名的责任。事实上,这不是仲裁庭“误以为”的问题,仲裁庭是以事实为依据,进而认定申请人提供的证据是可以采信的。

在国际货物买卖合同的履行中,买方履行开信用证的义务不是以卖方是否发出过催开信用证的函为条件的,但是如果买方未依合同约定开证就构成严重违约。本案合同约定的价格条件为CIF,依据国际贸易惯例,申请人的义务是必须给予被申请人货物已交货的充分通知,以使被申请人能够为受领货物而采取通常的必要措施。

然而在本案中,在被申请人未开证构成先期违约的情况下,作为卖方的申请人可选择催开信用证,待收到信用证后再重新约定装运日期,或者选择解除合同。因此,在被申请人未开证构成先期违约的情况下,申请人实际上已不可能依据合同约定的原装运期装运,所以申请人在约定的原装运期前未告知实际上也不可能告知船期船名,申请人并不构成违约,不应承担违约责任。

同时,仲裁庭注意到 1990 年 7 月 1 日《中纺购买羊毛和毛条一般交易条款》第 7 条规定:"C&F 或 CIF 卖方应在装船前 15 天用电报或电传通知买方船名、船籍、船龄、船旗、船期并征得买方许可后方能装船。"仲裁庭认为,在合同约定装船前 1 个月开证而买方未开证的情况下,实际上已不可能按合同约定的日期装船,所以装船前 15 日发出通知的义务就成为不确定的或重新约定新的装船期后才能履行的义务,因此,申请人没有按原合同约定的装船日期提前 15 日给被申请人关于船名船期的通知,不构成违约,也不应承担违约责任。

至于被申请人对申请人提供的羊毛库存量的有关证据提出异议,并表示要给予 60 日的时间进行调查核实。然而,自被申请人提出这一质证意见至最后一次开庭就已经超过 60 日了,甚至在最后一次开庭后仲裁庭允许双方当事人最后一次提交书面陈述意见的期限内,被申请人也未向仲裁庭提供其进行调查核实后的具体情况说明或具体意见。因此,仲裁庭无法对被申请人的异议表示支持。另外,由于申请人提出的仲裁请求并不需要以羊毛库存量的有关证据予以支持,具体理由下文会述及,因此,仲裁庭也无须对这些证据予以一一审核认可。

(四)关于申请人的仲裁请求

申请人要求被申请人赔偿合同价与申请人根本违约时市场价的差额损失、利息损失以及申请人因本案发生的律师费及其他办案费用。

申请人主张 2003 年 8 月 30 日是确定的最后履约期限,被申请人未在此期限前开出信用证构成了对原合同的根本违约。被申请人则认为,由于被申请人在装运前 1 个月未开出信用证,申请人不应该购料备货,因而不可能遭受损失。

《公约》第 61 条第 1 款规定:"如果买方不履行他在合同和本公约中的任何义务,卖方可以(a)行使第 62 ~ 65 条所规定的权利;(b)按照第 74 ~ 77 条的规定,要求损害赔偿。"《公约》第 76 条规定:"如果合同被宣告无效,而货物又有时价,要求损害赔偿的一方,如果没有根据第 75 条规定进行购买或转卖,则可以取得合同规定的价格和宣告合同无效时的时价之间的差额以及按照第 74 条规定可以取得的任何其他赔偿。"

根据上述规定,仲裁庭认为,被申请人未依约履行作为买方的开证义务,而且在申请人给了一段合理时间后仍未履行其在合同中约定的开证义务，构成根本违约，申请人有权要求损害赔偿。同时，根据申请人在庭审中的陈述，申请人并未将该合同项下的货物进行转卖，而且申请人还于2003年11月12日向被申请人发函，宣布终止合同。因此，根据《公约》第76条之规定，申请人可以取得本案合同约定的价格和被申请人根本违约之时的市场价格的差额作为赔偿。对于被申请人关于在装运前1个月未开证申请人不可能造成损失的观点，仲裁庭不予支持。

根据申请人提供的证据，仲裁庭确认了本案合同价与被申请人根本违约时市场价的差额损失。

对于利息损失，仲裁庭认为，在本案中，被申请人应向申请人支付的款项实质上是违约损害赔偿，并不涉及货款的拖欠，损害赔偿的金额也是在本仲裁裁决中才得以确定的，申请人并无利息损失。因此，仲裁庭对于申请人的此项仲裁请求不予支持。

关于申请人办案费用的补偿，由于申请人的仲裁请求没有得到仲裁庭的全部支持，仲裁庭认为由被申请人向申请人支付4000美元以补偿申请人支出的律师费及办案费用是合理的。

（五）关于本案的仲裁费用

仲裁庭认为应由申请人承担20%，由被申请人承担80%。

二、2006年水泵设备买卖合同案

第一节　当事人主张

本案申请人接受中国C公司委托，与被申请人签署了日期为2004年8月23日的J号购货合同（本案合同），约定：由申请人向被申请人购买8套水泵设备；价格条件为CIF中国某港，总价款近60万美元；设备的原产地为美国；交货期限为收到信用证后20周；支付条件是合同金额的20%办理电汇（T/T）预付，合同金额的其余80%开具不可撤销即期信用证；买方自货物到达目的地起90日内，发现货物质量规格、数量与合同规定不符，买方有权要求修理更换或索赔。本案合同仲裁条款约定，如双方因履行合同发生纠纷提交贸仲仲裁。本案合同的附件就设备主要部件材质进行了约定，根据该约定，泵壳、电机外壳、导叶体、进水室等应为灰铸铁GG25。[1]

---

〔1〕 该案的英文翻译版已经收录在佩斯大学《公约》数据库中：载 http://cisgw3.law.pace.edu/cases/060803c1.html。

在履行本案合同的过程中,双方经协商将交货期进行了延长,申请人也相应地修改了信用证。被申请人最终于2005年3月27日发货,货物于2005年4月14日到达中国某港。此后,双方就货物的材质问题发生争议,经协商不能解决,申请人遂申请仲裁。

双方当事人对于本案合同的履行存在以下主要争议点。

(一)关于合同文本问题

关于合同文本问题,被申请人认为,申请人在仲裁申请书所附证据中提供的合同文本并非被申请人签署的合同文本。2004年8月被申请人首先在双方确认的合同文本的每一页以及签字页上签字,并将签署后的一份文本发给申请人,申请人告知被申请人其于2004年8月23日签署了该合同,但未将其签署的最后文本发送给被申请人留存。申请人提交的仲裁申请书所附合同文本与被申请人签署的合同有7处条款不一致,且除签字页外均没有被申请人签字,因此,被申请人有理由认为申请人在收到被申请人签署的合同文本后擅自对合同的一些条款进行了修改,而始终未将该事实告知被申请人。据此,被申请人对申请人提供的文本与被申请人签署的文本中不相同的内容不予认可。

其后,被申请人又在书面意见中表示,2004年9月19日是双方在缔约之后协议修改合同的日期,并非合同订立之日;且本案信用证于2004年9月15日开立,并包括合同全部重要条款,信用证的一个重要性质就是合同生效的证明,所以申请人提出的合同于2004年9月19日订立的主张不符合事实。

就合同文本问题,申请人提出,其在签订和履行合同中从未单方更改过合同任何条款。被申请人提供的合同文本只有被申请人一方签字,不是申请人与被申请人双方达成一致并签署的合同文本,不具有法律约束力。事实是:合同经过双方多次修改,最初被申请人在合同每一页上都签字的那个合同文本并未得到申请人的确认,申请人未在该文本上签字盖章。此后合同又经过多次修改,合同最终文本即申请人提交仲裁庭的本案合同文本的签字盖章过程是:双方就合同达成一致后,先由申请人签字盖章后邮寄被申请人一份。

申请人认为,申请人之所以在合同成立前就开立信用证是基于对被申请人的信任和便于被申请人尽快交货。在申请人准备给被申请人电汇20%预付款及开具信用证时,因合同尚未成立,申请人向被申请人索要了合同文本以便议付信用证下的货款,由此可见,在开立信用证前本案合同尚未正式签订。

（二）关于延期交货问题

关于延期交货问题，申请人提出，本案合同约定的交货日期为收到信用证后20周，即2005年2月2日。2005年1月15日被申请人发来邮件表明要求推迟供货到5月底，申请人给予拒绝，并要求按合同履行期限交货，但被申请人仍然逾期交货。2005年3月27日发货，2005年4月14日到达合同约定的交货地点中国某港，延误53日。尽管申请人同意被申请人迟延交货，但并不丧失对延迟履行可以向被申请人要求损害赔偿的权利。关于迟延交货的罚金，中国某法院判决书已判决由本案申请人方面承担近人民币40万元的损失，这部分损失是由于被申请人迟延交货造成的，故申请人有权向被申请人索赔。

就此问题，被申请人辩称，本案合同签署后被申请人积极履行合同义务。为了更好地履行合同，2005年2月6日被申请人向申请人提出将装运期限推迟到2005年4月，同时信用证的有效期由2005年3月13日延长至2005年5月16日。经双方协商，申请人最终同意将货物装运的最后期限延至2005年3月31日，信用证有效期延长至2005年4月21日。2005年3月27日被申请人装运了合同项下的货物，该装运期在申请人要求的2005年3月31日期限内。双方就装运日期协商和确定的往来信函已经形成对装运期的新的合意，符合《公约》和合同中约定的修改要件，构成对合同装运期的更改。被申请人在双方最终协议约定的装运期限内交付了货物，按时履行了交货义务，没有构成迟延交货。申请人主张被申请人逾期交货没有事实和法律上的依据。

（三）关于交付货物不符合同约定问题

1. 关于交货材质问题

这是本案双方当事人争议的核心问题。就此问题，申请人主张如下。

被申请人提供的水泵材质与本案合同要求的型号不符，泵壳、电机外壳、导叶体、进水室等按本案合同要求应采用GG25灰铸铁以防止水中的盐碱腐蚀，而交付的泵壳、电机外壳、导叶体、进水室均为Q235普通碳钢材质，从根本上达不到防腐蚀的要求，致使该水泵无法在中国某地使用，影响申请人的委托人与最终用户中国G公司之间的合同正常履行，给最终用户造成了不可弥补的损失。

被申请人偷换概念，企图通过“两种不同材质的性能大致相同和通过表面防腐处理提高抗腐蚀性能”的主张而达到掩盖其交付的设备材质不符合同约定的目的，企图逃避法律责任。申请人认为，在材质不符合约定的前提下，即使对不符的材质进行了防腐处理也改变不了被申请人交货不符约定的事实。被申请人提交的专家意见不能证明Q235就是GG25,且比较的是Q235材质与HT250材质,但本案合同约定的是GG25,二者并不相同,该意见与本案争议焦点问题没有任何关联,不具有任何证据价值,因而不应采信。

在本案合同履行过程中,被申请人从来没有将单方改变材质的情况通知申请人,在申请人一再追问下,被申请人到2006年6月9日才承认交付材质与合同要求不符。在明知交付不符的情况下,被申请人还给申请人出具了与合同相符的材质证明报告。申请人发现设备材质错误后一直力求和解,并一再表明事情的严重性,但由于被申请人的敷衍,错过了设备用于防汛的使用时间,造成最终用户拒收货物并解除合同的严重后果。本案合同约定的GG25材质要求是最终用户中国G公司经20多年经验总结出的结论,由于被申请人的交货材质的违约行为,使申请人通过转卖合同项下水泵而获取利益的合同目的落空,剥夺了申请人根据合同规定有权期待得到的东西,已构成根本违约。

虽然申请人提出过和解方案,但不能得出"可通过更换得以补救"的结论,且当时提出的和解方案是为了努力解决纠纷,并在征得最终用户的同意下提出的。在和解未果的情况下,申请人在和解过程中的任何提议和方案都属于协商中的单方主张,在双方之间没有约束力。此外,申请人为说服最终用户接受货物已尽全力,并非未履行《公约》减少损失的义务。

就设备的材质问题,被申请人的主要反驳意见如下。

被申请人承认部分零部件的材质为Q235碳钢,但是已经严格按照合同的规定对所提供的材质作了表面防腐处理。另外,专家提供的《关于咨询Q235钢与HT250(相当于GG25)灰铸铁腐蚀与防护问题的答复意见》证明被申请人提供的货物材质Q235虽然与合同规定的材质GG25不符,但防腐性能大致相同没有显著区别,并可以通过不同的表面防腐处理提高材质的抗腐蚀性能。因此,申请人所谓的被申请人交货的材质Q235碳钢从根本上达不到防腐蚀要求的说法没有理论依据作为支撑。

被申请人后又提交了专家出具的《关于咨询灰铸铁HT250与GG25之间关系问题的答复意见》,这一意见表明灰铸铁HT250与GG25都是灰铸铁牌号,其中HT250是中国牌号,GG25是德国牌号,只是同一种材质在不同国家的不同命名。被申请人认为专家出具的上述答复意见与本案密切相关,具有重要证明力。申请人提出两种材质价格差异很大,但未提供任何证据证明,即使Q235材质价格确实低于GG25的价格,由于二者的防腐性能大致相同,完全能够满足申请人将设备用于防汛工程的目的,因此,设备原材料的材质并不影响申请人实现合同目的。

被申请人在纠纷产生后力图补救和化解纠纷,并曾于2005年6月15日提出延长1年质量保证期或退还相当于1年质量保证期的费用的和解方案,后又于2005年8月提出更换部分不符材质或对设备进行金属化处理的方案,但申请人坚持全部更换,后在2005年9月1日提出在对设备进行金属化处理的基础上,再付30万美元或在更换不符部件的基础上再付20万美元的和解方案,由于其方案既无法律依据,又不合理,被申请人未予同意。

2. 关于产品的检验问题

申请人认为,被申请人未按合同约定履行出厂检验义务,F公司出具的检验报告仅仅确认了一般工艺和外观可接受,而根本未涉及合同验收标准要求的任何试验,更未提供实验报告和材质证明报告,无法证明其交付的设备符合合同约定的验收标准。在设备到货发现材质不符合同约定后,申请人要求聘请中国进出口商品检验局对设备进行复验并通知被申请人,但被申请人不予配合,不同意检验。

申请人在收到货物后,对设备其他部件如泵轴和叶轮的材质也有异议。合同要求泵轴和叶轮材质分别为不锈钢1.4057和双相不锈钢1.4517,但实际到货材质只是一般不锈钢,申请人请求复验查明事实,被申请人单方拒绝了双方共同检验的要求。

被申请人反驳称,本案合同中未就出具“验收标准与规则”中检测数据报告的机构或公司作出约定,被申请人提供了本厂出具的试验报告没有违反合同,且被申请人从未阻止或妨碍申请人行使复验权。

3. 关于按样本交货

申请人认为,被申请人向申请人提供的样本图片中的水泵既美观又精致,申请人满意才选定了该水泵。申请人根据被申请人提供的水泵型号及样本说明和价格与被申请人签订了本案合同。本案合同第1页型号和第6页参数说明中的水泵完全是被申请人提供的样本说明中的标准产品,并不是被申请人为申请人单独设计的,只是单独生产而已。订货型号为MF和AF产品,且均来自被申请人的产品样本,没有任何依据说明是按照申请人向被申请人提供的规格来生产交货。另外,合同没有对MF和AF作任何特别约定,因为这些都是被申请人的标准型号产品。在本案合同没有特别约定的情况下,申请人有合理的理由认为,被申请人应按其产品说明书的规格和质量标准履行交货义务。被申请人在签订本案合同之前向申请人出示的货物说明书中的图片和文字描述,对于解释本案合同约定不明的问题应具有约束力。

申请人关于水泵规格和材质的约定源于最终用户的招标文件对水泵规格和材质的规定,合同和招标文件两者关于水泵的材质和规格完全一致,不存在不符情况,中国某法院判决解除原、被告合同的根本原因就是设备材质存在问题。

被申请人认为,本案合同并非按样品供货合同,而是按申请人提供的定做规格交货,因此,样本所示产品与认定被申请人所交付货物质量毫无关系。被申请人交付的设备与样本之间的差异并不能证明被申请人违反了合同约定。法院查明的被告违约事实中,绝大部分是申请人向被申请人定购设备的规格和合同与招标文件不符。

4. 木质包装问题

申请人在仲裁请求书中提出,被申请人提供的货物包装不符合同约定的木箱包装要求。

被申请人在答辩状中指出,合同规定的包装要求为适合长途海运,同时要求被申请人提供"非木质包装证明,如果含有木质包装,应提供出口国政府相关机构出具的木质熏蒸证明",被申请人已根据合同要求提供了美国政府机构出具的木质熏蒸证明,货物包装完全符合合同规定。

5. 关于设备的配套电缆问题

申请人认为,被申请人提供的配套电缆是中国制造的。电缆是设备主要配件,本案合同项下的供货范围就包括电缆,被申请人未把交付的电缆不是美国原产这一情况向申请人声明,违反了本案合同的约定。被申请人在邮件中曾经多次给申请人提供电缆型号尺寸、出线数据,随机文件中提供的也是这些电缆型号尺寸、出线数据,但实际到货的电缆相关数据与上述数据完全不符,造成现场配套准备的电缆出口密封盖全部报废。

被申请人反驳称,在本案合同和双方往来信函中,从未就电缆的产地作出约定。电缆并非设备主要零部件,被申请人没有义务告知申请人该电缆非产自美国。申请人也在电子邮件中多次强调辅助设备可以向其他国家采购。因此,无论被申请人提供的电缆是否为中国制造,均不构成对本案合同的违反。

6. 电机原产地问题

申请人提出,被申请人实际交付的设备的主要部件电机的原产地不是美国,经查是中国制造。被申请人出具的产地证只说明包括电机和附件在内的作为一个整体的水泵是美国产品,而未说明作为水泵一部分的电机是否为美国制造,电机不是按照本案合同要求由美国制造的,这一违反合同的行为构成根本违约。并且电机不是水泵不可分割的部分,可以单独采购,也必须有独立的说明书。虽经申请人一再提出,被申请人拒绝提供电机原厂资料,故意除去生产厂家的标牌,也没有附具使用说明书,隐瞒电机真正来源。

被申请人反驳称,被申请人提供的原产地证明符合本案合同第 2 条和第 10 条第 7 款约定。同时,根据美国法律并参考《中华人民共和国进出口货物原产地条例》(以下简称《进出口货物原产地条例》),从他国进口的部件经在美国加工和组装,如果造成海关的税则归类发生了变更,则可以注明“原产地为美国”。因此,设备原产地为美国,没有违反合同关于设备“生产国别”为美国的要求。根据本案合同第 13 条的规定,被申请人应提供水泵设备的使用说明书和零部件手册。被申请人已经提供了本案合同要求的所有文件,就本案设备而言,电机是水泵不可分割的部分,没有独立的说明书。

由美国某商会出具的原产地证书完全符合合同的要求。根据国际惯例,各国出具原产地证书基本上均由厂家出具证明,由商会根据厂家提供的凭证进行认证。因此,美国该商会出具的原产地证书具有完全的法律效力,无可辩驳地证明了设备原产于美国。

(四)关于中国 C 公司与中国 D 公司之间签署的《协议书》

被申请人提出,中国 C 公司与中国 D 公司 2004 年 6 月 15 日签订的《协议书》中约定,双方合作投标,以中国 D 公司名义参加本案设备的投标,后该项目中标,双方协议以中国 D 公司名义签订合同,由中国 C 公司实际履行合同。该协议书内容违反中国《招标投标法》的强制性规定,应属无效合同,其约定的履约保证金条款无效。中国 C 公司与中国 D 公司无权就《协议书》向被申请人请求损害赔偿。中国 D 公司所有损失均没有法律依据,其就法院判决书赔偿给最终用户的相关损失和费用均无权要求被申请人补偿。

申请人指出,中国 C 公司与中国 D 公司之间签署的《协议书》中约定的合作内容并不代表他们组成共同体投标,也不构成任何转让,因此,《招标投标法》不适用于《协议书》。《协议书》的效力不容否认。另外,中国 D 公司中标后与最终用户中国 G 公司签订的设备买卖合同已被中国某法院的判决书确认为有效,《协议书》确定的两家公司的合作内容在本案设备招标项目中已执行完毕且没有案外人提出异议,其效力应得到认可。

(五)关于被申请人是否根本违约的问题

申请人认为,根据《公约》第25条的规定,被申请人不按合同约定的材质交货,明显违反了本案合同的约定,损害了申请人的利益,剥夺了申请人根据合同有权期待得到的符合约定的设备,并最终遭到最终用户拒收,使申请人订立本案合同的目的落空。这一行为已经构成根本违约。

虽然被申请人采用的材质不符的设备也可以使用,但是80%以上材质改变的设备性质已经完全改变,不符合本案合同约定的设备不是申请人需要的设备。被申请人承认材质不符合本案合同约定,但又拒绝更换,造成最终用户拒收,责任完全在被申请人一方,申请人无任何责任。对于被申请人提出的每一个方案,尽管不合理,申请人都始终没有拒绝,积极与最终用户沟通,防止损失扩大。因此,被申请人关于其行为不构成根本违约的理由不能成立。

被申请人反驳称,本案合同的目的在于根据申请人的要求在腐蚀性的环境下提供具有防腐蚀性能的设备,虽然被申请人供货材质不符,但是防腐蚀性能上没有差别,完全适用于合同约定的在含有海水成分的雨水中作业。因此,本案合同目的并未落空。申请人提出合同"作业条件"(Working Conditions)中说明是用于"雨水"(以及海水环境),因此认为被申请人应该知道水泵将用于海水环境中。对此,被申请人认为,含有海水成分的雨水以及海水环境是两个完全不同的概念,海水浸泡造成的腐蚀性远比雨淋造成的腐蚀性大得多。被申请人工程师曾提出,如果他们知道该设备将用于海水环境中,他们将向申请人建议使用防腐蚀性能最强的不锈钢材质。

由于材质不符是可以补救的,被申请人的行为不构成根本违约。造成最终用户拒收设备的原因在于,申请人向被申请人定购的规格与招标文件不符,对于最终用户拒收货物诸多理由中的材质不符问题,被申请人曾多次提出补救方案,但遭到了申请人拒绝。根据《公约》第77条的规定,在设备其他部件符合合同约定,且设备本应能够正常投入使用,从而达到合同目的的前提下,申请人无理由要求退换全部设备,没有履行防止损失扩大的义务,应承担相应责任。

(六)关于损失的可预见性问题

被申请人提出,申请人与中国C公司是被申请人的新客户,被申请人事先根本不知道设备的最终用户为中国G公司,也不知道中国D公司与本案的关系。因此,中国G公司退货给中国D公司造成的损失属于被申请人事先无法预料或理应预料到的损失,不应由被申请人承担。

被申请人注意到,申请人提供了被申请人给3位工程师出具的邀请函,申请人希望通过该邀请函证明被申请人知道中国G公司为本案合同的最终用户。事实上,被申请人是完全根据申请人的要求和指示出具上述邀请函的,出具的目的是基于工程师办理签证的需要,被申请人提供邀请函的初衷是显示其合作诚意,促使申请人积极履行合同义务。被申请人并不知道哪家公司是本案合同项下水泵设备的最终用户。

至于申请人提供的关于申请人与最终用户参观被申请人工厂的录像带,该参观发生在2004年12月,即使被申请人在此次参观中了解到最终用户,也是远在本案合同签订之后。在本案合同签订时,被申请人并不知道最终用户是谁,就更不可能对最终用户的损失具有合理的预见。

申请人反驳称,中国C公司与中国D公司合作作为最终用户采购本案合同项下的设备,尽管目前申请人提出的部分损失名义上是中国D公司遭受的,但实际上这些损失都将由中国C公司承担。在整个交易过程中,中国C公司实际担任了买进设备(通过申请人),然后又卖出设备(通过中国D公司)的角色。因此,中国C公司有权向被申请人主张其在本案设备交易过程中遭受的损失。即使没有中国D公司参与交易,中国C公司也会发生同样的损失,这是被申请人应该预见到的。

被申请人明知申请人购买本案设备是用于投标,申请人不是最终用户。无论最终用户是谁,位于何地,被申请人都应预见到,如果其违约就可能对最终用户承担违约责任。

(七)关于申请人的具体仲裁请求

申请人的仲裁申请经变更,确定为以下几点。

1. 被申请人退还申请人已支付的货款近人民币500万元,并自行负担费用收回不符合合同约定的本案合同项下的水泵设备。

2. 被申请人向申请人赔偿本案设备的合同价与转售价之间的差额近人民币300万元。

3. 被申请人赔偿申请人购置电控柜、井筒的货款近人民币250万元,被申请人付清该部分货款后电控柜、井筒归被申请人所有。

4. 被申请人向申请人赔偿最终用户索赔的并由中国某法院判决确认的违约金损失近人民币40万元及申请人为此支付的诉讼费、律师费共约人民币15万元。

5. 被申请人赔偿申请人履约保证金损失人民币230余万元。

6. 被申请人赔偿申请人因本案支出的从2005年6月8日起至被申请人实际支

付日止的设备仓储费和出入库费。暂计至2006年1月底,已累计发生仓储保管费、出入库费近人民币25万元。

7. 被申请人赔偿申请人为本案支出的律师费约人民币40万元。

8. 本案仲裁费由被申请人承担。

就申请人的仲裁请求,被申请人的主要答辩意见如下。

1. 关于合同价与转售价差额。申请人要求退货还款实际上就是要宣告撤销合同。被申请人提供货物的材质Q235碳钢与合同规定的材质GG25灰铸铁防腐蚀性能大致相同,没有给申请人造成实际损害。同时,在被申请人可以通过表面防腐处理,以使所交付设备质量升级的方式进行补救的情况下,货物不符没有根本违反合同约定,申请人无权撤销合同,请求全部退货并要求被申请人退还货款。

被申请人在签订本案合同时并不知道最终用户为中国G公司,也不知道中国D公司与本案的关系,仅了解中国C公司为设备的用户,被申请人对合同价与转售价之间的差额无法预见。

2. 对于购置合同设备的配套设备,被申请人注意到中国C公司和中国E公司签署电子控制板购买合同的日期为2005年4月15日,正处于中国C公司试图中止信用证的期间,中国C公司无法解释为什么一方面希望终止本案合同履行,另一方面又购买相关配件。另外,申请人不能证明中国C公司与中国H公司签署的加工合同与本案有任何关系。并且申请人提出的配套设备损失是被申请人在签订本案合同时无法预见的,申请人已从售货方处取得了相关货物,因此,申请人并没有产生任何损失。

3. 本案造成最终用户拒收设备的原因在于,申请人拒绝被申请人提出的合理补救措施,且该等损失属于被申请人无法预见的,申请人向最终用户赔偿的违约金及诉讼费、律师费应由申请人承担。

4. 关于双倍履约保证金损失问题。申请人没有法律依据要求被申请人赔付,履约保证金的依据是中国C公司与中国D公司签订的《协议书》,但《协议书》违反法律强制性规定,应为无效;被申请人不知道中国C公司与中国D公司的关系,该损失被申请人无法预见;双倍履约保证金并非利润,超出正常人可以预见的合理损失。

5. 货物到达中国某港的时间为2005年4月14日,而仓储保管合同日期为2005年6月8日,无法证明仓储合同项下的货物是本案合同项下的货物。

6. 鉴于被申请人未构成根本违约,申请人的行为导致最终用户拒收货物,所以律师费应由申请人自行承担。

申请人就被申请人的答辩意见提出如下相反意见。

1. 被申请人预先知道最终用户是中国 G 公司，知道中国 C 公司购买合同设备是用于投标转卖。如果没有被申请人违约，申请人完全可以成功转卖设备，也就可以得到合同价与转售价的差额。因此，这一损失是被申请人可以合理预见的损失。

2. 申请人为本案合同设备配套采购控制柜和井筒，被申请人在签订本案合同之前就已知晓。由于水泵遭到最终用户拒收，申请人定购的井筒和控制柜也因此处于闲置状态，又因为属于专门定购不属通用设备无法转卖他人，被申请人应对此损失承担责任。此外，中国 H 公司是负责水泵安装的单位，申请人为加工井筒而与其签署加工合同，因水泵遭到拒收，井筒必然全部报废，损失应由被申请人承担。中国 C 公司因为本案合同中的技术条款没有全部写入信用证条款，无法终止信用证付款，在没有确切证据证明设备有质量问题之前，为保证本案合同正常履行，不得不订购全部配套设备。因为被申请人的违约使申请人定购的配套设备全部报废，被申请人应承担由此产生的损失。

3. 申请人向最终用户赔偿的违约金已被法院判决确认，该损失及一审、二审诉讼费和律师费也是由于被申请人违约造成的，故应由被申请人承担。

4. 被申请人事先知道中国 D 公司是申请人授权的投标单位，申请人曾事先多次告知被申请人关于履约保证金的约定和数额。在明知申请人有违约金及其他损失的前提下，被申请人仍然违反合同，拒绝更换不符约定的水泵设备，对由此造成的损失包括申请人遭受的双倍偿还履约保证金损失，被申请人应负责赔偿。

5. 本案货物从到港日期起至 2005 年 6 月 8 日为货物清关及申请办理免税的合理期间，这期间货物在港内仓储，没有仓储费。2005 年 6 月 7 日货物送到最终用户工地，因被申请人违约遭到用户拒收，于是在 2005 年 6 月 8 日申请人为保全货物请第三方代为仓储，第三方就是本案办理清关的货运代理单位，即被申请人货运代理委托的到港接单单位。仓储费是由于被申请人违约造成，故应由被申请人承担。

第二节 仲裁庭意见

(一)关于法律适用问题

本案双方当事人并未在本案合同中选择解决争议应适用的实体法律。鉴于本案申请人和被申请人分别是设立于中国和美国的法人，而中国和美国均为《公约》的缔约方，也鉴于双方当事人在开庭和书面陈述中均援引了《公约》中的有关规定，因此解决本案争议应当适用《公约》。

对于《公约》没有规定的事项，应由仲裁庭根据适用的冲突规则来决定。仲裁庭认为，应适用仲裁地，即中国的冲突规则来决定这一问题，具体的冲突规则为中国《民法通则》第145条和《合同法》第126条的规定，即“涉外合同的当事人没有选择（适用法律）的，适用与合同有最密切联系的国家的法律”。由于本案合同的买方住所地、合同项下设备的安装地及仲裁地均为中国，所以与本案合同有最密切联系的国家是中国。因此，对于《公约》没有规定的事项，应适用中国的实体法律来解决。

（二）关于合同的有效性

本案合同是双方当事人经协商后自愿订立的，当事人对于合同的效力并未约定附条件或附期限，当事人亦均有缔约能力，此外，并不存在任何中国《合同法》第52条至第54条规定的导致合同无效或可撤销的情形，而且双方当事人实际上也履行了本案合同，并未对其有效性提出任何异议。因此，仲裁庭认为，本案合同体现了双方当事人的真实意思表示，是有效的合同。

仲裁庭注意到本案双方当事人还就中国C公司与中国D公司于2004年6月15日签订的《协议书》的有效性存在不同意见。由于《协议书》的双方当事人并非本案双方当事人，所以虽然《协议书》与本案合同的履行有关，但仲裁庭无权就两个案外人之间订立的《协议书》的有效性作出判断。

（三）关于合同文本的问题

双方当事人对于本案合同的文本存有争议。仲裁庭认为，被申请人主张双方之间产生效力的合同文本上并无申请人的签字，被申请人虽然主张申请人于2004年8月23日签订了该文本，但并未就这一主张予以举证证明。相反，对于申请人提交的2004年9月19日签订的合同文本（文本上显示的日期亦为2004年8月23日）中的被申请人的签字，被申请人并未否定其真实性，只是认为双方是在2004年9月19日修改了本案合同。仲裁庭认为，即使双方当事人曾于2004年8月23日签署了被申请人所主张的文本，双方在2004年9月19日签订的合同修改文本也已替代了之前的文本，成为双方之间有约束力的合同文本。

仲裁庭注意到，申请人提交的证据中，有被申请人于2004年9月15日上午1时40分致申请人的电子邮件。被申请人在该电子邮件中提出已经对合同文本作出一些修改，其中包括将质量保证期修改为“18 months from the date of shipment or 3000 Hours operation whichever comes first”（自提单装船之日起18个月或运行3000

小时,以先到的时间为准),这与申请人主张的文本上相应部分的内容相同而与被申请人主张的文本上的内容不同。这也从侧面证明了被申请人参与了对合同文本的磋商修改过程,且2005年9月19日的合同文本反映了双方的合意。

此外,仲裁庭认为,被申请人关于本案信用证于2004年9月15日开立,故本案合同应于之前订立的主张不能成立,因为不能排除当事人在特殊情况下,在正式订立合同前即开立信用证的可能性。

综上所述,仲裁庭认为,本案合同应为双方当事人于2004年9月19日签署的文本,即申请人主张的合同文本。

(四)关于延迟交货的问题

本案合同约定的交货日期为收到信用证后20周内,即2005年2月2日前。根据申请人和被申请人于2005年1月5日至2月17日的往来电子邮件(申请人证据),被申请人于2005年1月5日要求推迟供货,申请人对此表示不同意,因为如果迟延交货将导致最终用户无法在雨季使用本案合同项下的设备。经双方协商,最终达成了在2005年3月底之前交货,并将信用证有效期延迟至2005年4月21日的一致意见。本案被申请人最终于2005年3月27日交货,在双方重新商定的交货期内。双方对于这些事实均无异议。

仲裁庭注意到,申请人在与被申请人协商延期交货事宜的过程中,曾就因延期交货给申请人造成的损失的承担问题进行探讨,但未达成任何协议。

申请人提出,尽管申请人同意被申请人迟延交货,但并不丧失对延迟履行可以向被申请人要求损害赔偿的权利。申请人有权要求被申请人承担迟延交货的违约责任,即中国某法院判决书已判决由本案申请人方面向最终用户支付的违约金近人民币40万元。对于被申请人是否应承担该笔费用,仲裁庭将在下文予以阐述。

(五)关于水泵材质问题

这是本案双方当事人争议的核心问题。根据申请人的主张,被申请人提供的水泵材质与本案合同要求的型号不符,本案合同要求泵壳、电机外壳、导叶体、进水室采用GG25灰铸铁,而交付的泵壳、电机外壳、导叶体、进水室均为Q235普通碳钢,根本达不到防腐蚀的要求。被申请人对于其提供的水泵存在材质不符的问题并无异议,但认为货物材质Q235与合同约定的材质GG25的防腐性能大致相同,并可以通过不同的表面防腐处理提高材质的抗腐蚀性能。

仲裁庭认为,被申请人所供货物的材质与本案合同明确约定的货物材质不同,在这一点上被申请人已经违约。至于被申请人所交货物材质不符是否构成根本违约,则须考察材质不符的程度,以及双方关于材质的约定对于实现合同目的的重要性。

被申请人提交了一份标题为《关于咨询 Q235 钢与 HT250(相当于 GG25)灰铸铁腐蚀与防护问题的答复意见》的专家意见,该专家意见一方面认为,"关于 Q235 钢与 HT250 灰铸铁的耐腐蚀性评价是一个极其复杂的问题";另一方面也提出,"根据有关资料介绍,在普通的大气、淡水和海水 3 种典型环境介质中,Q235 钢与 HT250 灰铸铁的年腐蚀率大致相同,没有显著的差别"。仲裁庭注意到,该专家意见中是将 Q235 钢与 HT250 灰铸铁进行了比较,声称 HT250 灰铸铁相当于 GG25 灰铸铁。此后,被申请人提交的另一份标题为《关于咨询灰铸铁 HT250 与 GG25 之间关系问题的答复意见》的专家意见中声称,HT250 与 GG25 都是灰铸铁牌号,其中 HT250 是中国牌号,GG25 是德国牌号;且德国牌号的 GG25 与中国牌号的 HT250 具有类似的化学成分和力学性能,因此,GG25 相当于中国的 HT250。从这两份专家意见中,仲裁庭不能得出 HT250 铸铁即 GG25 铸铁的结论,也不能进而据以得出被申请人供货材质之违反合同约定,对于申请人实现合同目的没有影响的结论。

从双方履行合同的过程来看,申请人提供的证据,包括被申请人 2004 年 4 月 21 日的授权书及被申请人 2004 年 9 月 13 日致中国 C 公司的电子邮件和邀请函等,以及本案双方往来传真中屡次提及中国 C 公司,并将有关文件抄送中国 C 公司的情况,足以证明被申请人知道中国 C 公司在本案合同项下交易的重要地位和中国 D 公司的有关情况,也知道本案最终用户是中国 G 公司的事实。

在本案合同的履行过程中,作为卖方的被申请人在交货不符的情况下,却出具了证明水泵材质系 GG25 灰铸铁的材质报告。双方对于最终用户拒收货物的事实并无异议。在最终用户拒收前,双方曾试图通过协商解决履行合同过程中产生的争议,被申请人在协商过程中提出可以进行补救,但拒绝申请人更换全部材质不符货物并赔偿损失的方案,最终由于错过雨季且双方差距较大等原因,双方未能达成任何协议。

此外,中国某法院民事判决书认定,"由于被告向原告提供设备材质存在问题,不符合招标文件及合同要求,所进口的设备不能使用,已不具备可以修复或弥补的条件,致使双方合同目的无法实现",所以作为原告的最终用户有权解除其与作为被告的中国 D 公司之间的合同。经上诉,上诉法院民事判决书维持了一审判决。从法院判决书可以看出,虽然法院支持该案原告请求的原因包括被告没有提供中文说明书等,但材质不符显然是最主要的原因。

仲裁庭认为,本案申请人订立合同的目的,或者说根据合同约定有权期待得到的利益,是作为卖方的被申请人提交符合双方约定的货物,以使申请人的委托人中国C公司的合作方中国D公司可以履行与最终用户中国G公司的合同。由于被申请人所交货物的材质不符,直接导致了最终用户拒收货物,并通过诉讼方式追讨相关损失,实际上致使申请人无法实现合同目的,或者说,实际上剥夺了其根据合同有权期待得到的东西,因此,根据《公约》第25条的规定,被申请人提供的货物材质不符合本案合同约定,已经构成根本违反合同。

(六)关于双方履行本案合同的其他问题

仲裁庭注意到,双方就本案合同的履行中的如下问题还存有争议:电机和配套电缆的原产地问题、按样本交货的问题、木质包装问题等。由于仲裁庭认为被申请人在设备材质问题上已经根本违反合同,即使被申请人在上述问题上均未违约,也仍须为其在设备材质问题上的根本违约承担相应的法律责任。但是,既然双方存有争议,仲裁庭就这些问题逐一认定如下。

1.关于电机和配套电缆的原产地问题

仲裁庭注意到如下情况:

(1)本案合同中约定的生产国别为美国;

(2)本案合同关于原产地证书的约定为"由生产厂家出具原产地证书,且必须注明电机和泵为美国原产";

(3)本案合同附件中有"即所有非美国生产的主要部件应告知我方,所有显示原制作方的标识和标志均应去除"(all major parts not made in USA should be declared to us,all labels and marks showing original maker should be removed)的约定;

(4)被申请人在2004年8月24日致中国C公司的电子邮件中提出,目前已经没有完全由美国制造的水泵设备。

根据这些情况,仲裁庭认为,首先,本案合同中关于原产地证书的约定中并未要求注明电缆为美国原产,电缆应该不是本案合同项下货物中的主要部件,被申请人也在签约前告知申请人并非货物的所有部分都为美国制造,因此,被申请人提供中国产的电缆并未违反本案合同的约定,不构成违约。其次,关于电机的原产地问题,根据前述合同约定,被申请人有义务提供美国原产的电机。但申请人并未提供有效、充分证据证明被申请人实际提供的电机并非美国原产,因此,仲裁庭同样认为被申请人在电机的原产地问题上没有违约。

2. 关于按样本交货的问题

仲裁庭认为，虽然双方对签约前被申请人曾向申请人出示样本图片的事实没有异议。但本案合同中并无按样本交货的明确约定，从双方的往来函件中也不能得出双方同意按样本交货的结论。所以，仲裁庭对申请人关于这一问题的主张不予支持。

3. 关于木质包装问题

仲裁庭认为，被申请人根据合同约定提供的美国政府机构出具的木质熏蒸证明可以证明货物的包装符合合同约定，因此，仲裁庭支持被申请人关于这一问题的相应主张。

（七）关于申请人的仲裁请求

申请人的第一项请求是请求被申请人退还申请人已支付的货款近人民币 500 万元，并自行负担费用收回不符合本案合同约定的水泵设备。

鉴于被申请人未提供本案合同约定材质的设备，且仲裁庭认定其已根本违反合同，根据《公约》第 49 条第 1 款之规定，申请人有权宣告合同无效。申请人也有权要求退货和退还货款。所以，仲裁庭对申请人的要求被申请人退还货款，并自行负担费用收回本案合同项下货物的仲裁请求予以支持。为退货之目的，申请人须配合被申请人完成有关手续。

《公约》第 74 条规定："一方当事人违反合同应负的损害赔偿额，应与另一方当事人因他违反合同而遭受的包括利润在内的损失额相等。这种损害赔偿不得超过违反合同一方在订立合同时，依照他当时已知道或理应知道的事实和情况，对违反合同预料到或理应预料到的可能损失。"根据这一规定，仲裁庭认为，被申请人除应返还申请人支付的货款外，还应承担申请人的合理损失。考虑到申请人的身份是中国 C 公司的进口代理，所以对于中国 C 公司在执行本案合同过程中的利益损失应当视为申请人的利益损失。

在本案中，申请人购置电控柜和井筒都是为配合本案合同项下设备的安装所必需的，对于被申请人来讲是完全可以预料到的；电控柜和井筒是由中国 C 公司在 2005 年 4 月购置的，时间是在本案合同项下的货物运抵目的港前后。根据申请人证据，即申请人和被申请人在 2005 年 4 月 18 日至 5 月 19 日的往来电子邮件，申请人当时在要求被申请人出具材质报告等文件，尚不清楚被申请人所交货物存在材质不符的违约情形，所以购置电控柜时申请人并未违反《公约》第 77 条规定的防止损失扩大的义务。因此，仲裁庭对于申请人的第三项仲裁请求，即被申请人赔偿申请人购置电控柜、井筒的货款近人民币 250 万元的仲裁请求予以支持。被申请人付清该部分货款后，电控柜、井筒归被申请人所有。

同样，基于《公约》第74条所确立的原则，仲裁庭对于申请人的第6项作为被申请人违约所产生的直接后果的设备仓储费和出入库费的请求予以支持。被申请人应赔偿申请人因本案支出的从2005年6月8日起至本裁决作出之日止的设备仓储费和出入库费。

申请人还请求了预期利润损失和双倍履约保证金损失（第2项和第5项仲裁请求）。如前所述，仲裁庭认为，被申请人在签约前就知道作为最终用户的中国G公司和作为中间环节的中国C公司和中国D公司。但是，申请人所主张和请求的预期利润和履约保证金金额很高，从现有证据来看，仲裁庭认为，申请人提出的这两部分损失是被申请人订立合同时所不能预测到的。所以，仲裁庭对于申请人的第2项和第5项仲裁请求不予支持。

关于申请人的第4项仲裁请求，即由法院判决确认的违约金损失及申请人为此支付的诉讼费、律师费。仲裁庭认为，该诉讼虽与本案有关，却是关于最终用户与中国D公司之间合同的执行，中国D公司在履约过程中的部分违约情形，如未提供中文说明书等，与被申请人履行本案合同中的违约行为并无必然联系。所以，仲裁庭对于申请人的此项仲裁请求亦不予支持。

此外，仲裁庭认为，双方当事人应各自承担为本案支出的律师费。本案仲裁费应由申请人承担30%，被申请人承担70%。

三、2007年硬脂酸买卖合同案

第一节　当事人主张

2006年11月17日申请人与被申请人通过传真签署编号为D1的销售合同，约定申请人（买方）从被申请人（卖方）处购买硬脂酸（Stearic Acid）100吨；付款方式为即期信用证支付。合同约定的装运条件是FOB某港，装运期为2006年12月底至2007年1月初。

2006年11月28日申请人申请银行开出信用证。12月5日被申请人以货物价格上涨为由要求将货物单价上调，并要求修改合同。申请人同意了被申请人的要求并于2006年12月8日与被申请人重新签订了编号为D2的销售合同（本案合同），重新约定：（1）交付硬脂酸（Stearic Acid）100吨，单价为FOB某港每吨600美元；（2）装运期为2006年12月底至2007年1月初；（3）付款方式为买方先开出即期信用证,余额在买方收到提单副本后以电汇方式支付。

2007 年 1 月 8 日被申请人再次提出要求修改信用证,要求取消全套正本提单作为议付单据,改为凭代理出具的货物已收妥证明副本议付;2007 年 1 月 11 日被申请人又提出要求申请人预付货款。申请人未同意上述请求,并于 2007 年 1 月 11 日正式通知被申请人交货地点和交货船舱。被申请人在交付日期未交货。申请人于 2007 年 2 月 8 日从其他供应商处补进货物,并于 2007 年 3 月 7 日向仲裁委员会提起仲裁。

申请人主张及仲裁请求如下。

(1)关于合同效力及被申请人的违约

申请人诉称,2006 年 12 月 8 日签订的 D2 号销售合同合法成立并生效。申请人已经开立信用证,履行其义务。2007 年 1 月 11 日被申请人提出要求取消全套正本提单作为议付单据,改为凭代理出具的货物已收妥证明副本议付或全额预付,系对信用证和合同进行修改的要求。由于申请人未承诺该项修改,因此该项对合同的修改并未成立,被申请人应按 D2 号销售合同履行其交付义务。被申请人拒不交货,已经构成对合同的根本违约,应当承担违约责任。申请人提交了 D2 号销售合同原件以及双方关于修改信用证一事的往来邮件支持其主张。

(2)关于购买替代物

申请人诉称,申请人于 2007 年 1 月 11 日正式通知被申请人交货地点和交货船舱,并于 2007 年 1 月 15 日、16 日两次催告被申请人交货,被申请人一直未交货,造成申请人的货轮亏仓,给申请人造成了严重损失。

申请人为避免损失进一步扩大,于 2007 年 2 月 8 日向 E 公司购买了替代的工业硬脂酸。此后,2007 年 3 月 14 日,申请人通知了被申请人解除合同,并要求被申请人承担损失。申请人认为,根据《公约》的相关规定,被申请人应当赔偿申请人补货的差价损失和其他损失。

(3)申请人的仲裁请求如下:

①被申请人向申请人赔偿补货的差价损失近 1 万美元;

②被申请人向申请人赔偿申请人的亏仓费 1 万余美元;

③被申请人承担本案仲裁费。

被申请人的答辩如下。

(1)关于本案适用法律

被申请人在答辩书中主张,根据国际私法规则,合同纠纷适用合同签订地和合同履行地法律,被申请人主张由于本案合同签订地、履行地均在中华人民共和国境内,而双方当事人未约定适用何种法律处理本案纠纷,故应适用与准据地相关的中华人民共和国法律处理本案纠纷。

(2)关于合同效力

被申请人辩称,2006 年 11 月 16 日申请人向被申请人发出要约,要求购买符合中华人民共和国国家标准的 200 型工业硬脂酸,并明确了交货地点、单价、交货日期及付款方式为即期 L/C。2006 年 11 月 17 日被申请人鉴于与申请人开始建立良好合作关系而与申请人达成销售合同。此后,由于原材料价格大幅上涨,经与申请人协商,双方当事人又重新签订了 2006 年 12 月 8 日的销售合同。嗣后,被申请人对申请人涨价部分的支付能力及诚信产生了合理怀疑,要求申请人向被申请人出示申请人北京办事处的相关资料,以便释疑被申请人的合理怀疑,但申请人不置可否。2007 年 1 月 8 日被申请人已准备好全部货物,要求申请人修改信用证后即安排发货。尔后,双方当事人为预付款问题多次协商未果。而非申请人诉称的被申请人"在 2007 年 1 月 11 日单方要求修改信用证和合同,申请人未同意其修改信用证的要求"。因此,被申请人与申请人所签订的 D2 号销售合同未能最终生效。

(3)关于申请人购买替代物

被申请人辩称:申请人于 2007 年 3 月 14 日宣告合同的无效通知没有送达被申请人,因此主张申请人购买替代货物的行为无效。被申请人还称,合同规定的交货日期是 2006 年 12 月底至 2007 年 1 月初,而申请人直到 2007 年 1 月中旬才通知被申请人货船预到时间是 2007 年 1 月 13 日至 16 日,所以申请人没有给予被申请人充分的时间交货。因此,被申请人不应承担补货的差价损失及亏仓费。

被申请人还辩称:申请人向 E 公司购买的工业硬脂酸产品质量与被申请人出售的产品质量不属于同一级别,系等外级工业硬脂酸,申请人主张的差价系其故意扩大的经济损失,完全不符合"以合理方式购买替代货物"。申请人主张亏仓以及亏仓费用之前并未告知被申请人,亦超出被申请人在订立合同时所预见的损失范围。故申请人主张的亏仓费既无事实依据,又无法律依据。

第二节 仲裁庭意见

(一)关于本案的法律适用

在双方当事人签订的 D2 号销售合同中并未约定本案纠纷适用的法律。由于本案双方当事人营业地国中国和比利时均为《公约》缔约方,本案涉及的合同争议应适用《公约》。另外，鉴于本案适用的是 FOB 价格条款，根据惯例，仲裁庭将适用国际商会《国际贸易术语解释通则(2000 年版)》的相关规定。

(二)关于 D2 号销售合同的效力

根据《公约》第 23 条的规定，合同于按照本公约规定对发价的接受生效时订立。2006 年 11 月 16 日申请人向被申请人发出购买硬脂酸的要约；2006 年 11 月 17 日双方就买卖 200 型硬脂酸 100 吨达成一致并通过传真签订了 D1 号销售合同。双方当事人的合同关系实际已经确定。2006 年 12 月 5 日被申请人以原材料价格上涨为由要求提高货物价格，双方于 2006 年 12 月 8 日通过传真方式签订了 D2 号销售合同，就原 D1 号销售合同进行了变更。2006 年 12 月 8 日签订的 D2 号销售合同即本案争议合同，是双方真实意思表示，且双方对该合同的真实性与合法性均无异议，因此，仲裁庭认为 D2 号销售合同已于 2006 年 12 月 8 日正式成立并生效，对双方均有约束力，双方均应按照该合同条款的约定履行各自义务。

至于被申请人提及的修改信用证的问题，仲裁庭注意到：2007 年 1 月 8 日被申请人提出修改信用证，但申请人并未对该修改信用证的请求作出任何承诺性的表示。尽管在国际贸易中存在某些情况使对信用证的修改构成对合同的修改，但本案显然不属于这种情况。而且在本案中，信用证修改与否并不影响 D2 号销售合同的正常履行。因此，仲裁庭认为，D2 号销售合同有效，对双方均有约束力。对于被申请人主张合同无效的观点，仲裁庭不予支持。

(三)关于双方履约情况的分析及被申请人的根本违约

1. 买方已经履行合同因而是守约方

在本案中，申请人是买方，有开立信用证的义务。根据双方提交的证据，仲裁庭认为，申请人已经按照本案合同的约定开立了信用证，对此被申请人没有任何异议。仲裁庭经审查申请人开立的信用证认为，申请人在履行支付货款开立信用证的义务上符合合同的约定。另外，本案合同约定的交货条件是 FOB，根据《国际贸易术语解释通则(2000 年版)》的规定，申请人有派船到指定装运港运输货物并通知卖方相关船名、装船地点和要求交货时间的义务。本案指定装运港是某港。根据申请人提交的证据，其已经派船于 2007 年 1 月 13 日到达某港并于 2007 年 1 月 11 日通过传真告知被申请人船名、装船日期及船代等信息。被申请人对于申请人提交的证据及所证事实没有异议。因此，仲裁庭认定申请人已经履行了合同项下买方应履行的付款、派船及通知等相关义务，是守约方。

仲裁庭注意到被申请人提出申请人通知装船时间过晚的情况，对此仲裁庭认为,双方早在2006年11月17日就为该硬脂酸的交易签订了合同,后申请人同意被申请人涨价的请求并于2006年12月8日与被申请人重新签订了本案合同。但是,被申请人又于2007年1月8日和1月11日分别提出修改信用证及交付预付款的要求。申请人没有同意被申请人提出的预付款的请求后,被申请人没有交货。而且被申请人在其答辩中声称其已经在2007年1月8日备好货物。上述事实证明,本案合同没有履行的真实原因并非申请人在1月11日的装船通知过晚,而显然是被申请人意图重新谈判合同条件。况且,2007年1月11日下达装船通知后,被申请人仍然有5天的时间在2007年1月16日装船。基于上述情况,仲裁庭对于被申请人提出的申请人通知装船时间过晚的主张不予支持。

2. 卖方没有履行交货义务已经构成根本违约

被申请人作为卖方,在本案合同中的主要义务是交付货物。在申请人已经履行上述开立信用证义务并派船的情况下,被申请人有义务交货。被申请人未否认其没有交货的事实。仲裁庭审阅双方在交货日期前后的往来电子邮件,可以确定如下事实:被申请人在合同签订后,交货期前曾要求申请人修改合同中的付款条件,支付所谓的预付款,被申请人在其2007年1月11日给申请人的邮件中写道:"我已经把我老板的意思转告你。也许你可以说服你老板支付预付款,那么我们工厂可以安排发货。对于现状我很抱歉,但是我已经尽力。"申请人对于预付款的修改请求没有同意。申请人派的船到达某港后,曾多次催促被申请人交货但被申请人没有履行交货义务直至所派船只离开港口。对于被申请人提出的支付预付款的问题,仲裁庭审阅了合同,合同中写明近6万美元信用证付款,其余收到提单副本后支付。由此可见,合同中根本没有给申请人设定支付预付款的义务。基于上述事实,仲裁庭认为,在被申请人要求修改合同的请求被拒绝后其应该按照合同约定的事项继续履行合同,没有交货的行为已经构成根本违反合同。被申请人应承担相应违约责任。

(四)申请人可否在卖方违约的情况下采取购买替代物的救济方式,以及申请人是否必须事先宣告解除合同

如前所述,被申请人已经根本违反了合同中卖方交货的义务,根据《公约》第45条、第49条及第75条之规定,申请人可以宣告合同无效、采取相应的补救措施包括购买替代货物并要求损害赔偿。

仲裁庭注意到,《公约》第26条规定宣告合同无效的声明必须向另一方发出通知方始有效。《公约》第75条也规定购买替代货物的前提是合同被宣告无效。在

本案中,被申请人提出申请人从未有效宣告合同无效,申请人所谓2007年3月14日的通知从未收到过。申请人也无法证明其2007年3月14日的通知是通过何种方式发出并送达被申请人的。所以双方争议焦点问题之一是,在被申请人已构成根本违约,申请人未有效宣告解除合同的情况下,申请人是否可以按照公约的规定采取补救办法包括购买替代物?

仲裁庭还注意到,《公约》第26条是在修改1964年原海牙公约即《国际货物买卖统一法公约》(ULIS)时新加入的一个条款。在原海牙公约中,只要一方违约,受害方就不需要通知合同无效,合同的解除是自动发生的。然而,这样规定的结果是可能造成违约方没有注意到另一方已经解除合同而继续履行。这显然是不合理的。为了解决原海牙公约中自动解除合同可能带来的合同是否应继续履行的不确定性问题,《公约》才加入第26条规定,即宣告合同无效的声明必须向另一方发出通知,方始有效。显然,这样规定的目的是保护违约方,使违约方明确知晓合同的履行状态,从而决定是继续履行还是采取其他补救措施(如停止装运、收回已发出的货物等)以减少由于其违约造成的损失。

结合《公约》相关规定的目的及本案事实,仲裁庭认为,本案被申请人的违约事实显然已使其不需要得到《公约》第26条的保护。本案的相关事实是,被申请人在其2007年1月11日的邮件中已经表示只有申请人同意预支付货款时,其才会交付货物。而且在收到申请人交货通知后船舶在港口停留的期间,被申请人根本没有交付货物的任何意思表示。直到船只要离开港口的1月16日,申请人还在催促被申请人交货,被申请人却仍没有任何表示,也没有交货。违约后被申请人也从未表示履行合同。由此可见,被申请人不交货的事实已经十分明确,申请人是否发出宣告合同无效的通知对合同已无法履行的状态不会造成任何影响,发出这种通知已经没有任何必要了。由此,申请人是否发出宣告合同无效通知对双方实际利益状态没有直接影响。仲裁庭进一步考虑到本案申请人是从事硬脂酸贸易的中间商,其购买该批硬脂酸是为了转销第三方,因此,在被申请人不交货的情形下,为避免损失进一步扩大,购买替代物是申请人唯一能采取的救济方式。如果仅因为"通知"这一形式要件的缺失而否定申请人购买替代物的权利,实为对申请人基于本合同遭受的损失得到有效救济之权利的剥夺,不符合《公约》对于善意履约人权利救济的宗旨。

综上所述,仲裁庭认为,尽管申请人在宣告合同解除上存在瑕疵,但是基于《公约》的立法宗旨以及被申请人根本违约的事实,应当认定申请人具有《公约》规定的在卖方根本违约的情况下所享有的权利,包括有权向第三方购买替代物。

(五)关于申请人购买替代物方式是否合适,替代物与原合同货物是不是同种产品

本案中申请人在2007年2月8日向E公司补进了硬脂酸100吨,单价710美元,价值共计7.1万美元,与原合同的单价相差95美元。被申请人认为申请人补进的货物与原合同货物不属同一级别,价格也与国际市场价格不符,所以购买替代物的方式不合理,被申请人不应承担差价损失。对此,仲裁庭经核对相关证据发现,补进替代物的合同和本案争议合同所购买的货物均是200型工业硬脂酸,只是本案争议合同货物的规格完全和国家标准规定的范围一样,而补进替代物合同的货物规格与国家标准略有出入,但是绝大部分指标都在200型标准的范围内。

仲裁庭认为,结合以上事实并根据化工产品的化学特性,即在同类产品的生产销售中很难有所有产品的成分比例完全一致,可以认定申请人补进的替代物原则上与原合同项下的货物一致。至于被申请人提到的替代物与国际市场价格不符的问题,被申请人提供的证据是被申请人在2006年年底及2007年1月卖给其他买方的硬脂酸价格。仲裁庭认为,这些证据不能证明其主张的申请人以每吨710美元补进货物高于2007年2月的国际市场价格。同时,仲裁庭认为,本案中申请人通过正常的市场渠道、合法的购买途径向E公司购买工业硬脂酸,该公司交付的硬脂酸也基本符合国家标准。因此,申请人购买替代物的行为是合理减少损失的行为。根据《公约》第75条的规定,申请人可以取得合同价格和替代货物交易价格之间的差额。仲裁庭对于申请人的第一项仲裁请求予以支持。

(六)关于申请人是否有权获得亏仓费

2007年1月11日申请人发出交货通知告知被申请人交货时间及交货船舱,被申请人在交货时间未交付货物造成承运船舶亏仓,申请人作为托运人于2007年3月21日向承运人支付了亏仓费,系被申请人违约直接导致的损失。作为长期从事化工产品进出口贸易的公司,被申请人理应预见托运人未及时交运货物应当赔偿承运人的亏仓损失,因此,其所谓"申请人从未告知答辩人,亦超出答辩人在订立合同所预见的损失范围,申请人主张该费用既无事实根据,又无法律依据"的主张不能得到仲裁庭支持,根据《公约》第74条的规定,被申请人应承担申请人的亏仓费。仲裁庭支持申请人的第2项仲裁请求。

(七)关于本案仲裁费

按照双方合同的约定,仲裁费由败诉方承担。由于被申请人违约,仲裁庭已经

支持申请人提出的全部仲裁请求,所以被申请人应承担本案全部仲裁费用。

四、2009 年印刷机买卖合同案

第一节　当事人主张

申请人在仲裁申请书中称:2002 年 9 月 26 日申请人与被申请人以及案外人 C 公司(买方、作为最终用户的代理)共同签订了本案合同。合同约定被申请人向 C 公司出售美国 D 公司为制造厂商的 Q1 型印刷机 1 台,合同总价为中国某港到岸价 45 万美元,付款方式及条件为:合同签订后 5 日内预付 5%,合同签订后 45 日内以信用证方式支付 60%,货物发运后 180 日内以 T/T 方式支付 35%。保质期为货到后 12 个月,保质期内如有缺陷而损坏或品质、性质与合同约定不符时,买方将委托中国商品检验局进行检验,并凭检验证明索赔(包括换货),由此产生的全部费用由被申请人承担;如被申请人收到索赔通知 20 日内未答复,则认为被申请人已接受索赔;到货后,被申请人应当派出工程师对货物进行安装调试,并由申请人人员进行操作培训(操作培训后变更为到货前 1 个月内)。

2002 年 10 月 8 日申请人依合同约定支付了预付款。2003 年 1 月 17 日申请人与被申请人直接签订了协议作为合同附件。协议约定被申请人向申请人追加出售未包含在协议中而属于该印刷设备运转必需的两个部件——电晕处理装置和翻转架。

协议签订后,申请人根据合同、协议以信用证方式付清了包括合同约定的 60% 的货款和协议追加的两个部件的价款。

在逾期近 4 个月后,2003 年 4 月 29 日被申请人才发出部分货物,该批货物 2003 年 6 月 11 日到达中国某市。到达的货物缺少了 4 类(项)部件,该情况经中国商检总公司某分公司现场查验。设备安装后不能运转的情况也由申请人和被申请人双方的代表确认。

2003 年 8 月 14 日和 23 日被申请人分两次将部分缺件和其单方变更的部件空运至某市,所到货物也经过查验。根据某省商检局出具的数量证书显示,被申请人最终交付的全部货物与合同约定的相比,存在数量短缺:①雌雄压线辊缺 2 套(交付 1 套);②模切刀辊缺 3 套。上述交付的雌雄压线辊 1 套实际上就是被申请人事后所称的“雌性刀辊配合柔性片型刀具”。被申请人认为,其交付的雌性刀辊配合柔性片型刀具 1 套即可以替代上述雌雄压线辊和模切刀辊各 3 套(共 6 套)。对此,申请人从未予以认可。

被申请人交付的设备在部分缺件的情况下安装调试后，不能正常运行生产。经中华人民共和国某省出入境检验检疫局检验，于2004年4月18日出具的品质证书中认定该设备为不合格设备。

此外，被申请人未按合同补充文件向申请人提供操作培训。申请人于2004年4月开始以书面方式多次向被申请人提出索赔。自2004年7月起，被申请人曾书面承诺将设备存在的3个质量问题进行解决，但至今仍未实际解决。2004～2006年被申请人要求申请人以发货后180日为条件付款，申请人认为，被申请人交付的印刷设备不符合合同约定的数量、规格、服务且质量不合格，因此拒付合同尾款，同时要求被申请人退、换货。

2006年8月被申请人向贸仲申请仲裁，要求申请人支付尾款并赔偿其他损失。2007年6月28日贸仲作出的裁决中裁决申请人支付合同价款16万美元以及仲裁费。

2006年7月17日申请人再次向被申请人提出索赔并宣告合同无效（解除合同）。

申请人认为，被申请人交付的货物不符合合同约定，同时属于质量不合格产品。在2004年申请人提出索赔后，被申请人长期不实际进行退、换货、解决设备质量、数量、培训服务等问题。因此，申请人长期无法取得订立合同应当取得的货物及相关服务，不能实现订立合同的目的，现已失去了继续履行合同的必要。因此，申请人提出如下仲裁请求。

1. 请求确认申请人解除合同（宣告合同无效）的行为有效。

2. 请求裁决被申请人返还申请人所支付的货款33万美元。

3. 请求裁决由被申请人向申请人赔偿下列经济损失：

（1）因被申请人逾期履行合同造成申请人损失近3万美元。

计算依据：根据合同约定，被申请人应于收到申请人预付款后90日内发货（2003年1月8日前），但被申请人实际发货日期为2003年4月29日。按合同总价的每日万分之五自2003年1月9日计至2003年4月28日，共110日。

（2）因被申请人交付的货物不符合合同约定而造成的经济损失（自2003年4月29日计至2008年12月8日），包括资金占用费9万美元，汇差损失约人民币47万元。

（3）申请人支付的因处理本案货物发生的进口代理费、银行开证费、手续费、报关费、入境检验检疫费、换单费、货运费、保险费、差旅费、公证费、律师费。

4. 请求裁决由被申请人承担因本案产生的全部仲裁费用。

针对申请人的仲裁申请，被申请人在其答辩意见中辩驳如下。

申请人提出的主要仲裁请求之一，是确认其“解除合同（宣告合同无效）的行为有效”。申请人认为，合同解除后，“产生了恢复原状、赔偿损失等合同解除后的效力”。因此，申请人在其“解除合同（宣告合同无效）”请求的基础上，要求被申请人退还货款并赔偿申请人的经济损失。

根据法律规定和本案的事实情况，申请人与被申请人之间的合同并未被解除，申请人也无权宣布合同无效，因此，申请人的其他仲裁请求也不成立。理由如下所示。

（一）被申请人已完成交货义务

根据被申请人证据三，2003 年 4 月 29 日被申请人已将合同约定的货物交付给承运人。根据《国际贸易术语规则》对 CIF 术语的解释，被申请人已于 2003 年 4 月 29 日完成主要交货义务。

申请人主张，被申请人交付的货物存在数量短缺即缺少雌雄压线辊和模切刀辊。事实上，雌雄压线辊和模切刀辊为 Q1 型印刷机这一大型机械的可拆装模具，在没有雌雄压线辊和模切刀辊的情况下，Q1 型印刷机仍然可以进行印制，并可完成大量的印刷业务。而且被申请人于 2003 年 8 月 21 日交付了雌雄压线辊和模切刀辊的替代产品，比合同附件约定的雌雄压线辊和模切刀辊技术更先进，价值也更高。

事实上，被申请人至少从 2003 年 6 月就开始陆续派遣技术人员对已交付的货物进行安装调试，这也说明被申请人在交货后，并不存在因为少交货物而造成设备闲置的情况。根据 2003 年 12 月 2 日被申请人的工程师 E 与申请人的副总经理 F 共同签署的工作情况报告，申请人和被申请人对放卷和模切收废部分进行了最后的调试并出具该报告。该报告是申请人自 2003 年 6 月收到 Q1 型印刷机后双方进行多次调试后的最终工作情况报告，被申请人的工程师 E 就在某市工作了 20 天左右。如果被申请人还存在任何未发货情况，双方理应在该报告中予以记载。正是由于被申请人已履行了全部发货义务，双方就发货数量没有任何争议，申请人才会自 2004 年以后至被申请人提起仲裁案以来，一直未主动向被申请人主张过继续交货或补足货物。

（二）申请人收到的货物可以正常运行生产，不存在设计或制造缺陷

申请人为主张货物是不合格设备而提交的证据是某省出入境进出口检验检疫

局于2004年4月18日出具的品质证书,这份证据存在以下两个方面的严重问题。

1. 货物不存在设计或制造缺陷

(1)检验时间问题

品质证书明确记载了检验时间为“2003年8月至2004年4月18日”,这一时间却与有证据证明的其他事实存在明显矛盾。

第一,2003年10月23日被申请人曾向申请人致函提醒申请人依据合同规定在货物发运后180日(2003年10月29日)支付货款16万美元。2003年10月24日申请人回函表示,“贵方是否需要我方请技术监督局做鉴定,给予证实”。由此可见,2003年10月货物还没有进行品质鉴定,这与品质证书中记载的2003年8月开始进行品质鉴定明显存在矛盾。

第二,2003年12月2日申请人与被申请人共同作出工作报告,表明被申请人对申请人提出的问题进行调试后,货物“使用的情况良好”。在品质鉴定过程中作出设备“使用情况良好”的工作报告,这显然也与品质证书中的记载存在矛盾。

上述矛盾充分说明,品质证书的真实性和合法性值得怀疑。

(2)所谓“设计缺陷”的问题

品质证书中评定的货物故障原因均为“制造商设计缺陷所致”。从常理判断,如果设备存在设计缺陷,则其结果必然是一个型号的设备均存在相同的设计缺陷,而不可能仅有1台设备存在设计缺陷。与货物相同型号的Q1型印刷机,仅在中国就销售过数十台。然而,迄今为止,除被申请人提出过货物存在“设计缺陷”外,没有其他任何Q1型印刷机的用户提出过该型号的印刷机存在“设计缺陷”。

(3)不符合中国《中华人民共和国进出口商品检验法实施条例》(以下简称《进出口商品检验法实施条例》)

根据货物进行检验时有效的中国《进出口商品检验法实施条例》(国家进出口商品检验局令第5号,1992年10月23日颁布实施,2005年12月1日废止)第18条规定,“商检机构对检验不合格的进口成套设备及其材料,签发‘不准安装使用通知书’”。然而,某省出入境进出口检验检疫局对货物进行检验并评定货物为不合格设备后,却没有签发“不准安装使用通知书”。之所以出现这种情况,正是因为货物并非不合格设备,而申请人也一直在使用货物,并为其创造价值。

2. 申请人一直使用货物

根据被申请人自2006年3月至10月对申请人进行的调查,申请人印制的产品在市场上可以买到的包括H牌牛奶和Q牌酸奶,其中H牌牛奶是某市乳品市场上排名第二的产品，而Q牌酸奶也是拥有广泛市场覆盖的牛奶产品，可见申请人在用被申请人交付的货物开展大量印刷业务。更何况，由于Q1型印刷机是通用设备，申请人通过自行配置其他模具还可以印刷大量其他产品。

(三)被申请人没有逾期履行合同

合同中约定的申请人与被申请人履行各自义务的时间如下。

合同签订后5日内支付合同总价的5%；合同签订后45日内，买方开立以卖方为受益人、金额为合同总价60%的不可撤销的即期信用证；收到预付款后90日内装运货物；货物发运后180日，买方将余款(合同总价的35%)以T/T方式支付给卖方。

事实上，合同实际履行情况如下。

2002年10月8日申请人根据合同向被申请人支付了预付款。但是，申请人并未在合同签订后45日内开立合同总价60%的信用证。

2003年1月17日申请人以"买方"的名义与被申请人签署了协议，约定申请人补订两组装置。连同合同原来约定申请人应在合同签订后45日内支付的合同总价款的60%，应由申请人在交货前45日开立以被申请人为受益人的信用证。协议特别强调，被申请人应尽力将补订的装置与印刷机主机一同运送到目的港。

2003年4月29日被申请人将货物交付承运人。但是，直到2003年5月13日，申请人才向被申请人开立30万美元的信用证，即申请人应支付的合同总价的60%及其后补订装置的价款。

由以上事实可以看出，在本案中，被申请人没有逾期履行合同，而是申请人逾期支付货款。理由有以下两点。

第一，根据合同的约定，申请人就合同总价60%开立信用证的时间是合同订立后45日，而被申请人装运货物的时间是收到预付款后90日。这说明，相较申请人开立信用证的义务而言，被申请人装运货物的义务是后履行的义务。

第二，2003年1月17日签署的协议第3条规定，申请人补订装置的价款与60%合同款应"在交货前45日内"开立信用证。协议的约定进一步说明，被申请人装运货物的时间是申请人开立信用证以后。

根据中国《合同法》第67条的规定，"当事人互负债务，有先后履行顺序，先履行一方未履行的，后履行一方有权拒绝其履行要求"。显然，在本案中申请人与被申请人互负债务，而就开立信用证与装运货物这两项合同义务而言，申请人为先履行一方，被申请人是后履行一方。在申请人履行合同及补充协议约定的开立信用证义务之前,作为后履行一方的被申请人当然可依据《合同法》第67条的规定拒绝装运货物。由此可见,被申请人没有逾期履行合同。在本案中,申请人于被申请人装运货物之后才开立信用证,显然是申请人逾期履行合同。

(四)被申请人履行了培训义务

首先,被申请人于2003年6月至7月履行了培训义务。被申请人在2003年10月23日发给申请人的函中明确:"于6月18日派出E工程师去某市安装调试该设备……之后,在完成了全部培训工作后,于7月23日返回公司。"对此,申请人在次日(2003年10月24日)回函中却没有提出任何异议。由此可见,被申请人已经在2003年6月至7月在某市的货物安装调试现场履行了全部培训义务。

其次,如果被申请人没有履行培训义务,为什么申请人在2003年6月收到货物以后至2006年8月被申请人提起印刷机买卖合同争议案之间长达3年多的时间内,在双方多次往来函件中,却从来没有提出过要求被申请人提供培训的主张?事实上,被申请人履行了培训义务,申请人在印刷机买卖合同争议案中以没有培训为由提出抗辩,只是为其拒绝支付拖欠的合同款寻找借口。而在本案中,申请人又以所谓的没有履行培训义务为由主张宣告合同无效,更是牵强附会。

(五)根据《公约》的规定,申请人无权"宣布合同无效"

1.《公约》可适用于本案

合同第17条约定,由贸仲根据"中国法律规定"进行裁决。中国《民法通则》第142条第2款规定:"中华人民共和国缔结或者参加的国际条约同中华人民共和国的民事法律有不同规定的,适用国际条约的规定。"由于本案双方当事人所在的中国和美国均为《公约》的缔约方,因此,本案应优先适用《公约》。印刷机买卖合同争议案裁决书中也已经明确了《公约》可优先适用于解决合同双方之间的争议。对于《公约》没有规定,且中国《合同法》的相关规定与《公约》规定没有冲突的,应当适用《合同法》的有关规定。

申请人最主要的仲裁请求是确认"解除合同(宣告合同无效)"。由于《公约》中并未规定"解除合同",而只规定了"宣告合同无效",因此,申请人仲裁请求中"宣告合同无效"的依据应为《公约》中"宣告合同无效"的有关规定。

《公约》虽然赋予了买方宣告合同无效的权利,但买方宣告合同无效是需要满足一定前提条件的,即买方只有在卖方不按照合同约定交付货物构成根本违反合同时才可以宣告整个合同无效。《公约》还规定了买方丧失宣告合同无效权利的两种情形:一是如果卖方已交付货物,则买方丧失宣告合同无效的权利;二是如果买方不可能按实际收到货物的原状归还货物,则买方丧失宣告合同无效的权利。

在本案中不存在根本违反合同的情形,因而不具备《公约》规定的买方宣告合同无效的前提条件;同时,根据《公约》的相关规定,作为买方的申请人又丧失了宣告合同无效的权利。

2. 在本案中被申请人不存在根本违反合同的情形

《公约》第 49 条第 1 款明确规定:“买方在以下情况下可以宣告合同无效:卖方不履行其在合同或本公约中的任何义务,等于根本违反合同。”《公约》第 51 条第 2 款进一步规定:“买方只有在完全不交付货物或不按照合同规定交付货物等于根本违反合同时,才可以宣告整个合同无效。”

由此可见,申请人主张其仲裁请求,应证明被申请人“根本违反合同”。而事实上,被申请人根据合同及协议的约定完成了全部交货义务,没有违反合同,更不存在“根本违反合同”的情形。

如上文事实分析部分所述,被申请人已经交付货物,履行了合同义务,并且被申请人交付的货物不存在设计缺陷,申请人一直使用货物进行宣传并承揽业务以营利。因此,申请人的合同目的已经实现。对于申请人主张被申请人逾期交货及未履行售后服务协议中约定的培训义务,被申请人有证据证明该等违约行为并不存在。而且该等违约行为也不可能构成“根本违反合同”。

总而言之,尽管申请人主张货物数量、质量及服务方面的问题,但是,这类问题并不属实,而且该等问题也均未达到“不按照合同规定交付货物等于根本违反合同”的程度,因此不能构成申请人宣告合同无效的理由。

3. 申请人已丧失宣告合同无效的权利

《公约》规定了买方丧失宣告合同无效权利的情形。本案中,作为买方的申请人已经丧失了宣告合同无效的权利,事实和法律依据如下。

(1)被申请人已交付货物,申请人无权宣布合同无效。

《公约》第 49 条第 2 款明确规定,“如果卖方已交付货物,则买方丧失宣告合同无效的权利”。可能适用于本案的例外情况是该款第 b 项的规定,即“对于迟延交货以外的任何违反合同事情”,买方“已知道或理应知道这种违反合同后一段合理时间内”宣告了合同无效。

在本案中,被申请人早在 2003 年就已交付了货物,根据《公约》的相关规定,作为买方的申请人早已丧失了宣告合同无效的权利。

即使申请人主张其已经宣告了合同无效，其宣告的时间也远远超过了买方“已知道或理应知道这种违反合同后一段合理时间内”。在本案中，申请人于2003年6月就已收到货物，却直到2007年7月16日才发函通知被申请人宣告合同无效。按照申请人在仲裁申请书中的陈述，其从“2004年4月开始以书面方式多次向被申请人索赔”。由此可见，申请人至少从2004年4月起就“已知道或理应知道”所谓的货物不符合合同规定，却在长达3年多的时间内从未宣告过合同无效。因此，申请人不能援引《公约》第49条第2款第b项规定的例外。申请人于2007年7月16日发出的宣告合同无效的函不具有法律效力。

(2)申请人已使用货物多年，不可能按实际收到的货物的原状归还货物，故申请人无权宣布合同无效。

《公约》第82条明确规定：“买方如果不可能按实际收到货物的原状归还货物，则买方丧失宣告合同无效或要求卖方交付替代货物的权利。”

申请人占有货物已长达4年有余，且已经使用货物开展大量印刷业务。申请人若不能证明货物在其占有、使用期间没有任何磨损，则说明申请人“不可能按实际收到货物的原状归还货物”，因而其已丧失宣告合同无效的权利。

(六)根据中国《合同法》的规定，申请人亦无权“解除合同”

对于本案可适用的法律，前文已经论述过，即《公约》没有规定，且《合同法》的相关规定与《公约》规定没有冲突的，可适用《合同法》的有关规定。

申请人最主要的仲裁请求是，确认申请人解除合同的行为有效。由于《公约》中没有规定“解除合同”，而是使用了“宣告合同无效”的规定，因此，“解除合同”的法律依据应为《合同法》的有关规定。以下将就《合同法》规定分析申请人是否有权解除合同。

1. 申请人无权解除合同

《合同法》第94条规定了一方当事人可以解除合同的情形。但是，本案中不存在该等情形。

在本案中，被申请人已经交付了货物，履行了合同的主要义务。申请人取得了货物的所有权，并可以正常使用货物，其合同目的得以实现。因此，在本案中不存在《合同法》规定的一方当事人可以解除合同的情形，因此，申请人无权单方解除合同。

2. 申请人在合理期限内没有行使解除权，其权利已经消灭

即使申请人认为其享有解除合同的权利，该等权利也因申请人未依法行使而

已经消灭。中国《合同法》规定："法律没有规定或者当事人没有约定解除权行使期限，经对方催告后在合理期限内不行使的，该权利消灭。"

申请人于2004年6月8日通过C公司向被申请人提出货物存在质量问题以后，2004年9月6日和14日被申请人曾两次致函申请人，对申请人提出的问题提供了解决方案。被申请人的该等行为已构成对货物质量问题解决方式的催告。但是，申请人对此的答复是"要求退货或换货"，却没有提出过解除合同；此后长达3年的时间内，申请人也从没有提出过解除合同。而且申请人提出"换货"要求，更说明其并非有意行使解除权，因为换货的要求正是继续履行合同的一种表示。既然申请人可以接受换货，则表示申请人经被申请人催告后，不但没有行使解除合同的权利，反而表态合同可以继续履行。

在印刷机买卖合同争议案审理过程中，申请人曾以货物质量问题为由作为其拖欠合同款的抗辩理由。对此，被申请人在庭审和代理意见中多次指出，申请人若就质量问题提出索赔请求，应提出与索赔有关的仲裁反请求。然而，在印刷机买卖合同争议案整个案件的审理过程中，申请人却仍然只字未提过宣告合同无效或者解除合同。

直到2007年7月16日，印刷机买卖合同争议案已裁决申请人应向被申请人支付货款以后，申请人才提出解除合同。申请人行使解除权的时间距被申请人催告的时间已相隔3年之久，远远超过了《合同法》规定的"合理期限"。因此，即使申请人认为其享有合同解除权，该等权利也已经消灭。据此，申请人2007年7月16日发出的关于解除合同的索赔函是无效的。

（七）合同没有赋予申请人解除合同的权利

合同约定："质量保证期内，如货物由于设计或制造上的缺陷而发生损坏，或品质、性能与合同规定不符时，买方将委托中国商品检验局进行检验，并凭其检验证明书向卖方提出索赔（包括换货）。"该条规定是合同中关于申请人因货物质量问题进行索赔的唯一依据。然而，从该条规定可以看出，申请人索赔的方式是"包括换货"。合同并没有约定申请人因质量问题可以退货或解除合同。因此，申请人提出解除合同，不但没有法律依据，也没有合同依据。

（八）申请人的仲裁请求不应支持

如前所述，被申请人已经交付了合同约定的货物，不存在逾期交货的行为，且货物不存在设计缺陷，申请人可以正常使用被申请人交付的货物。而且，在本案中不存在所谓的被申请人逾期履行合同及未履行培训义务等行为。因此，申请人无权宣告合同无效或解除合同,申请人的仲裁请求也不应得到支持。由于申请人主张退货的前提条件是合同无效或已被解除,而合同有效且未被解除,因此,申请人要求被申请人退还货款的第2条仲裁请求不应被支持。由于被申请人不存在逾期交货的行为,因此,申请人提出的因逾期履行合同造成经济损失的第3条第1项仲裁请求不应得到支持。因货物不存在设计缺陷,申请人可以正常使用,因此,申请人提出的货物不符合合同而造成经济损失的第3条第2项仲裁请求不应被支持。况且,申请人并未证明所谓的不符合合同的货物的经济价值及其遭受的经济损失是多少,因此,这一主张也无法得到支持。同理,因合同并未被解除且申请人无权解除,申请人要求赔偿解除合同后退货经济损失的第3条第3项仲裁请求不应得到支持。

基于以上事实和法律分析,请仲裁庭查明事实,根据有关法律和本案合同的规定驳回申请人的全部仲裁请求。

第二节　仲裁庭意见

(一)关于本案适用法律

仲裁庭查明,本案合同第17条约定:“凡执行本合同所发生的或与本合同有关的一切争议,双方应通过友好协商解决;如协商不能解决,应提交中国国际经济贸易仲裁委员会根据中国有关法律规定进行仲裁。”该仲裁条款中“根据中国有关法律规定进行仲裁”的约定,并没有明确指出是仲裁适用的程序法还是指解决争议适用的实体法。申请人在其仲裁申请书中没有就本案争议应适用的法律问题提出主张。但在其提交的多份书面文件中以及正式开庭审理时,都从中国法律和《公约》规定两个方面陈述了其法律立场。

被申请人在其2008年4月25日的答辩意见中称:“合同第17条约定,由中国国际经济贸易仲裁委员会根据‘中国法律规定’进行裁决。《民法通则》第142条第2款规定,‘中华人民共和国缔结或参加的国际条约同中华人民共和国的民事法律有不同规定的,适用国际条约的规定。’由于本案双方当事人所在的中国和美国均为《公约》的缔约方,因此本案应优先适用《公约》……对于公约没有规定,且《合同法》的相关规定与《公约》规定没有冲突的,应当适用《合同法》的有关规定。”根据合同的相关约定,以及当事人在本案中的明确主张和实际行为,仲裁庭认为,本案争议适用的实体法是《公约》和中国的相关法律,在两者有冲突的情况下,优先适用《公约》的规定。

(二)本案争议的实体问题

2008年11月22日在某饭店举行的程序会议上,仲裁庭根据本案双方提交的书面材料和设备现场调查中所提出的问题,总结了本案争议的6个焦点问题。一是被申请人履行交货义务是否与合同不符。二是如有不符,是否构成被申请人根本违约。三是申请人是否在合理时间内宣告了合同无效。四是申请人是否因其他原因丧失了宣告合同无效的权利。五是申请人是否因本案合同遭受了损失。六是申请人遭受的损失(如有)是否与被申请人违约(如有)有因果关系。仲裁庭明确告知双方,以上问题是仲裁庭认为解决本案争议需要查明的焦点问题,要求双方当事人围绕这些焦点问题提交进一步的书面陈述并举证。但仲裁庭提出这些争议焦点问题,并不妨碍任何一方当事人提出他们认为与本案有关的其他争议问题。仲裁庭注意到,双方当事人均围绕上述焦点问题提交了书面陈述和证据,本案的最后开庭审理也是围绕上述焦点问题展开的。当事人针对上述焦点问题,根据各自的理解,展开了说理和论证。仲裁庭将按照以上6个争议焦点问题的顺序,分别阐述仲裁庭的意见。

1. 被申请人履行交货义务是否与合同不符

申请人主张被申请人交付印刷机不符合合同约定,表现在五个方面:第一,被申请人延迟交付货物;第二,被申请人交付的货物数量不符合合同约定;第三,货物产地不符合合同约定;第四,被申请人交付的货物质量不符合合同约定;第五,被申请人未履行合同补充文件——售后服务协议约定的培训义务。对此,仲裁庭逐一分析如下。

(1)被申请人是否延迟交付货物

合同第6条对交货期约定为"装运时间:在收到预付款后90日内"。同时,合同第10条约定:"支付条件:(1)预付款:合同总价的5%,合同签订后5日内支付。(2)信用证支付:合同签订后45日内,买方开立以卖方为受益人,金额为合同总价60%的不可撤销的即期信用证。凭汇票及本合同第11款所列单据由开证行及其委托的付款行付款,并在美国芝加哥议付。"2003年1月17日双方补充签订的协议第3条约定:"买方同意支付电晕处理装置、翻转架装置,原信用证金额在交货前45日内买方开立以卖方为受益人、总计金额为30万美元的不可撤消的信用证。"仲裁庭认为,该协议根据本案合同履行的实际情况澄清了合同约定的付款条件,约定买方在卖方交货前45日开立信用证。仲裁庭查明,申请人于2002年10月8日向被申请人支付了预付款2万美元,被申请人发货日期为2003年4月29日。申请人开立合同货款60%另加补充订货货款全额的信用证的日期是2003年5月13日,即申请人直到货物发运后才开立了信用证。双方对上述事实没有争议。考虑到信用证作为国际贸易支付手段,其主要作用就在于以银行信用保证卖方在发货交单后能够收到货款。而如果在卖方发货后买方才有义务开立信用证,就会使信用证作为一种以银行信用为保障的支付手段失去了其应有作用。以信用证为付款条件的国际买卖合同,要求卖方在信用证开立之前就发货,是不符合信用证交易惯例的。仲裁庭认为,按照双方之间的合同约定,并结合信用证交易惯例,被申请人没有义务在申请人开立信用证之前就发货。因此,在申请人迟迟没有按照合同约定的时间开立信用证的情况下,被申请人于2003年4月29日发运货物的行为,没有违反合同约定,因此无须承担任何违约责任。

(2)被申请人交付的货物数量是否不符合合同约定

申请人称:2003年5月28日货物到达中国某港,2003年6月11日货物到达某省某市。2003年8月15日经某出入境检验检疫局按合同、发票、装箱单开箱检验,发现货物短少如下部件:上版机1台、雌雄压线辊3套、膜切刀辊3套。该局出具的数量证明书中显示,上述货物短少系被申请人漏发所致。被申请人客户服务部经理2003年6月23日出具的漏发件说明中也表明了上述情况的存在。同日双方共同签字的设备装机现场情况报告中还表明被申请人漏发了主机与“72”放卷机的联动装置及其他固定设备的小零件。针对上述情况,被申请人向申请人进行了补交货物。最终,申请人认为,“被申请人至今仍未按照合同约定向申请人交付短少的2套雌雄压线辊和3套膜切刀辊”。

仲裁庭查明,在货物交付数量问题上,双方对相关的基本事实并无实质性争议。被申请人承认没有按照合同约定交付3套雌雄压线辊和3套膜切刀辊,而是交付了替代产品——1套磁性刀辊及柔性片型刀片,但被申请人认为,上述替代产品的性能“比合同附件约定的雌雄压线辊和膜切辊技术更先进,价值更高,且功能也完全可以实现”。按照被申请人的观点,这一套替代产品可以替代合同约定的3套雌雄压线辊和3套膜切刀辊,并且技术更先进。事实上,申请人收取了被申请人交付的替代产品,也在被申请人的指导下进行了安装调试,但对被申请人主张这一套替代产品可以替代合同约定的3套雌雄压线辊和3套膜切刀辊,并且技术更先进的说法,不予接受。

首先,仲裁庭认为,被申请人实际交付设备的压线与膜切装置与合同约定的规格不一致,对此双方没有争议。其次,对于所交货物与合同约定的规格不一致,是否就一定构成违约,仲裁庭作出如下具体分析。如果被申请人能够证明实际交付的货物确实可以替代合同约定的3套雌雄压线辊和3套膜切刀辊,并且技术更先进,同时不会给申请人的使用带来任何不便,那么结合本案申请人当初已经收取了该替代产品,并在被申请人的指导下进行了安装调试这样的背景事实,可以认定被申请人交付替代产品不构成违约。但应该说明的是,申请人收取了替代产品的事实,不能认为是申请人无条件地接受了该替代产品,而应该认为是有条件的接受,即在被申请人能够证明实际交付的货物确实可以替代合同约定的3套雌雄压线辊和3套膜切刀辊,并且技术更先进,同时不会给申请人的使用带来不便的条件下,申请人不能在当初收取了替代产品之后又拒绝接受该替代产品。既然仲裁庭认为被申请人交付的替代产品是与合同约定的规格不一致的,那么证明这样做并不违反合同约定的证明责任在于被申请人,即被申请人有责任证明实际交付的替代产品确实可以替代合同约定的3套雌雄压线辊和3套膜切刀辊,并且技术更先进,同时不会给申请人的使用带来不便。仲裁庭认为,货物的规格问题实质上属于质量问题,留待后面与其他质量问题一并进行分析。

(3)货物产地是否不符合合同约定。关于这个问题,申请人的主张是:“根据合同约定,申请人向被申请人购买的印刷机原产国为美国,制造商为美国D公司。合同约定的4150型印刷机包括雌雄压线辊、膜切刀辊和上版机。但被申请人交付的上述部件设备均不是美国D公司生产。此外,现场加工零件也不符合原产地为美国的约定。”被申请人提交的证据中有一份美国D公司出具的原产地证书(Certificate of Origin),对该份证据的真实性,申请人没有提出异议。仲裁庭也注意到,在双方签订的合同附件中,有些设备指明了生产厂家,比如,“72”直径放卷装置指明生产厂家是G公司,而有些设备没有指明生产厂家,如申请人提到的雌雄压线辊、膜切刀辊和上版机。这说明了合同并没有要求设备的所有部件都必须由D公司生产,允许外购部件。在此情况下,可以理解为合同依赖D公司的专业判断来决定外购部件。在申请人没有提供任何证据或应予适用的相关行业标准,证明合同的意图或相关行业标准要求雌雄压线辊、膜切刀辊和上版机都应该是D公司自己生产的情况下,综合本案具体情况,仲裁庭不能支持申请人关于货物原产地不符合合同约定这一主张。至于现场加工的零件,显然是属于枝节问题,申请人没能证明现场加工的零件达到了使货物原产地需要重新界定的程度。并且现场加工零件是在申请人的配合下进行的,因此,该行为对货物产地问题的影响(如有)是其明知的,申请人也因此失去了主张货物原产地不符合合同约定的权利。

(4)被申请人交付的货物质量是否不符合合同约定

关于货物质量问题,申请人依据的证据主要有2004年4月18日某出入境检验检疫局出具的品质证书、其后双方就此事交涉的往来函件以及提供的专家报告。此外,前面已经提到的申请人作为"数量不符"提出,而仲裁庭认为是产品规格问题的压线和膜切装置问题,在此一并予以考虑。被申请人对该品质证书所载内容的真实性、合法性提出了质疑。对此仲裁庭分析如下。

一是检验时间问题。被申请人主张:2003年10月24日申请人回函所说的"贵方是否需要我方请技术监督局做鉴定,给予证实",与品质证书中记载的2003年8月开始进行品质鉴定明显存在矛盾。仲裁庭认为,虽然品质证书记载的检验时间为"2003年8月至2004年4月18日",但从常识上来讲不应理解为在此期间内检验一直是持续进行的,它涵盖的可能是从货物到达目的地开始第一次检验并出具数量证明书起,到最后根据申请人请求出具品质证书这段时间内,根据不同检验目的,分别所作的检验。并且品质证书是由某出入境检验检疫局出具的,并非2003年10月24日申请人回函中所提到的技术监督局出具的。因此,不能因此说这个品质证书的记载与申请人以往回函中所陈述的事实有矛盾。而2003年12月2日的工作情况报告,记录的是合同履行过程中某些方面在某一时间点的情况,并且是阶段性的记录,双方没有最终签署一个验收文件。因此,不能仅凭该工作情况报告来否定品质证书的真实性和合法性。这两份证据都应该和本案的其他证据,特别是此后双方往来函件中陈述的事实,结合起来综合认定。

二是所谓"设计缺陷"的问题。关于品质证书中有关"设计缺陷""制造缺陷"的结论,品质证书没有说明得出此结论的分析意见和理由。被申请人对此结论持有异议。仲裁庭认为,在判断本案交付的货物是否与合同相符以及如果不符是否构成根本违约的问题上,仲裁庭可以无须回答所谓不符是"设计缺陷"或"制造缺陷"以及与之相关的问题。因此,仲裁庭无须对这个问题作更多的分析。

三是不符合《进出口商品检验法实施条例》的问题。被申请人主张:"根据货物进行检验时有效的《中华人民共和国进出口商品检验法实施条例》(国家进出口商品检验局令第5号,1992年10月23日颁布实施,2005年12月1日废止)第18条规定,商检机构对检验不合格的进口成套设备及材料,签发不准安装使用通知书。然而,某出入境检验检疫局对货物进行检验并评定为不合格设备后,却没有签发'不准安装使用通知书'。之所以出现这种情况,正是因为该货物是合格的,而申请人可以使用货物。"仲裁庭认为,商检机构是否签发"不准安装使用通知书",是商检机构在履行其职责时的一项监督行为,需根据具体情况来作出决定。商检机构是否出具该通知,以及商检机构的决定和做法是否符合《进出口商品检验法实施条例》的要求,并不直接影响品质证书所载内容的真实性。

四是品质证书的其他问题。①被申请人指出,品质报告错将美国P公司当作了“G72”直径放卷装置的制造商,在有些地方错把被申请人当作Q1型印刷机的制造商,“上述混淆不得不让人怀疑品质证书的专业性”。仲裁庭对这些错误和其可能产生的影响在其评估相关问题时会给以必要的关注,并结合本案的其他证据一起作出分析判断。②关于真空吸废装置。品质证书第2项记载的问题是:“真空吸废装置由于吸力不足,吸管口径过小,对膜切废边的收集功能丧失。”仲裁庭注意到,在真空吸废装置问题上,双方没有争议的事实是,被申请人提供的“真空吸废装置”不具备对网状废边和宽大废边的收集功能,只能收集细小废边。双方有争议的问题是,合同订购的“真空吸废装置”到底应达到什么样的吸废功能,申请人认为该“真空吸废装置”应该能收集印制过程中产生的全部模切废边,而被申请人认为合同约定的“真空吸废装置”只能收取细小废边,不收集网状废边或宽大废边,而且配备“真空吸废装置”也完全是申请人自己的选择。所以提供的装置符合合同约定。仲裁庭认为,争议双方对品质证书此项记载的设备实际功能状况没有争议,争议的仅是该功能状况是否符合合同。对于后一个问题,仲裁庭将根据合同约定作出认定。综上所述,虽然被申请人指出了品质证书记载的某些内容失实,但不能从整体上否认该品质证书的真实性和合法性。仲裁庭将结合本案的其他证据逐一分析认定。该品质证书记载:“‘G72’直径放卷装置。‘G72’直径放卷装置(制造商为美国P公司)与Q1型印刷机(制造商为美国B公司)连接安装后,发现‘G72’直径放卷装置的电气控制系统未能实现与Q1型印刷机控制系统的有效匹配连接。无法启动印刷机控制功能中的电子卷料自动纠偏装置,完卷自动停机,自动放卷张力控制等功能。”仲裁庭注意到,被申请人在收到品质证书并得知这部分内容后,并不否认这一问题的存在,同时提出了改进方案。被申请人2004年7月12日和9月6日的传真中都谈到了这个问题的解决方案,包括进行数值计算和模拟试验以及加装一套传感系统,解决72寸放卷装置与主机控制系统的匹配连接问题,并将原放卷装置翻转180度,解决出卷的摩擦等。仲裁庭在现场察看设备时,也发现放卷装置后有一个特殊的金属支架,申请人称是为了解决放卷装置张力不足问题而根据被申请人方面的技术人员的要求现场制作添加的,而被申请人的代理人称张力问题只需通过对一些部件的适当调节就可以解决,无须添加这个金属支架。这证明了设备在安装调试阶段不能正常运转的原因是复杂的,连被申请人派遣的技术人员也在探索通过新途径解决问题的办法。但遗憾的是,由于在先付款还是先解决设备存在问题这点上双方存在争执,这个问题一直没有得到解决。仲裁庭认为,虽然品质证书中有关制造商名称的错误是明显的,但本案的其他证据,主要是此后申请人与被申请人往来传真记载的内容,以及现场对机器实物的观察,仲裁庭不难认定,在放卷装置与柔板印刷机的连接匹配问题上,被申请人所交付的设备确实存在与合同不符,设备无法正常运转的问题,品质证书记载的问题确实是存在的。作为买方申请人有权得到的不仅是货物的所有权,而且应该是能够正常运转的货物的所有权。没有证据显示设备存在的这个问题是申请人的行为造成的。品质证书又记载:“真空吸废装置。在试验过程中,发现该真空吸废装置由于吸力不足,吸管口径过小,对模切废边的收集功能丧失。”在这个问题上,对相关的基本事实问题双方没有争议,即这个真空吸废装置确实不具备收集印制过程中产生的废边的功能。但对品质证书的结论,即“吸力不足,吸管口径过小,对模切废边的收集功能丧失”,被申请人不能接受。被申请人在其 2004 年 7 月 12 日的传真中说:“2002 年 9 月在与 A 公司商定 4150 设备的配置时,由于买方资金不足,加上该系统价格昂贵,买方同意在国内解决,故并未购买排废系统,只配备了标准的吸边废系统(如购买前所谈)。”申请人对此份传真内容没有异议。仲裁庭注意到,被申请人提供的专家报告《Q1 型柔版印刷机质量鉴定报告》中认为:“真空排废装置是用来吸走纸张切下来的细小废边,网状废边或宽大废边不适宜用真空吸废装置,而应使用收废复卷的方式收集起来进行处理,这也是柔板印刷机的普遍做法。”而申请人提供的专家报告《技术分析意见》中未能就此问题提供更多有说服力的分析。仲裁庭还注意到,合同对真空吸废装置并没有任何技术指标的要求,合同中所包括的仅仅是一个名称而已。

申请人并未否定被申请人提供的真空吸废装置具有部分吸废功能,而申请人所主张的该装置应当达到的功能又没有任何证据支持,因此,仲裁庭认为,申请人没能证明被申请人提供的真空吸废装置与合同不符。

品质证书中还记载:“后模切工位。Q1 型印刷机的后模切工位,模切辊靠滑动轴承座固定在前后框板形成的定位槽中,后框板高度为 44cm,宽度为 1cm,框板厚度为 2cm,模切过程中产生的冲击力,致使模切辊轴承座与定位槽产生变形并出现间隙,最终导致后模切工位无法实现对产品连续有效切断。”同前面提到的放卷装置的问题一样,被申请人在收到这个品质证书并得知这部分有关后模切工位问题的内容后，并不否认这一问题的存在，而且分别于2004年5月21日、7月12日和9月6日的传真中都谈到了这个问题的解决方案。其中，5月21日的传真称："针对这个问题的解决方案已经由D工厂制造完成，相关的零件已经运到中国。我们将在近期派出工程人员，前往贵公司，进一步解决这个问题。"此后，据被申请人所说，已经将"一对加强的锁紧装置"发给了申请人。但遗憾的是，由于在先付款还是先解决设备存在问题这点上双方发生争执，这个问题最终也没有得到解决。与此问题相关，仲裁庭前面已经认定，被申请人提供的压线与模切装置与合同约定的规格不一致，因此，被申请人有义务通过安装调试运行来证明这个替代装置是合理的，完全可以达到合同约定的功能要求，甚至"技术更先进"。但这一点至今未能实现，仲裁庭还将进一步分析其责任究竟在哪一方。仲裁庭认为，从后模切工位以及压线模切装置方面来讲，被申请人所交付的设备确实存在与合同不符的情形。

综合上述情况，仲裁庭支持申请人关于被申请人交付的货物质量不符合合同约定的主张。

(5)被申请人是否未履行合同及补充文件《售后服务协议》约定的培训义务

申请人主张被申请人未履行合同补充文件《售后服务协议》约定的培训义务。

被申请人答辩称其于2003年6月至7月履行了培训义务，被申请人在2003年10月23日发给申请人的函中明确表示："于6月18日派出E工程师去某安装调试该设备……之后，在完成了全部培训工作后，于7月23日返回公司。"对此，申请人在次日的回函中没有提出任何异议，并且此后在长达3年多的时间里，在双方多次往来函件中，申请人从来没有提出过要求被申请人提供培训的主张。仲裁庭认为，在当时双方重点讨论解决设备质量问题的情况下，申请人当时的回函没有就培训问题提出异议，以及以后没有主张要求被申请人提供培训，并不能证明申请人就认可了培训工作已经完成，更不能证明实际上培训工作确已完成。《售后服务协议》第2条约定："在设备安装前一个月，卖方将邀请买方5名技术人员前往卖方指定地点进行专业培训，培训期为10天，所需费用如培训费，食宿费将由卖方承担。"从该条约定来看，这里所说的培训是在设备安装前进行的，其目的应当是在安装调试前使买方的技术人员熟悉设备性能等；从"邀请"、卖方"指定地点"、"食宿费由卖方承担"等文字表述分析，培训地点应该是指在买方所在地以外的，具有某些培训设施或正在运转中的相同型号设备的地方；从限制了人数，即"5名技术人员"来看，所要发生的费用应当不是小到可以不予重视的。因此，被申请人答辩中将"卖方指定地点”作“可以在设备现场进行培训”的辩解不能成立。

综合以上五个方面问题的分析，仲裁庭认为，在交货时间和货物产地方面，被申请人没有违约，但在被申请人交付货物的规格与质量方面以及培训义务的履行方面，被申请人确实有违反合同约定的情形，即被申请人履行交货义务方面确实有与合同约定不符的情形。

2. 被申请人是否构成根本违约

《公约》第 25 条规定：“一方当事人违反合同的结果，如使另一方当事人蒙受损害，以至于实际上剥夺了他根据合同规定有权期待的东西，即为根本违反合同，除非违反合同一方并不预知而且一个同等资格、通情达理的人处于相同情况中也没有理由预知会发生这种结果。”中国《合同法》虽然没有使用“根本违约”的概念，但其第 94 条规定，合同一方的违约行为“致使不能实现合同目的”时，对方当事人有权解除合同，其法律意旨是相同的。“实际上剥夺了他根据合同规定有权期待的东西”或“致使不能实现合同目的”就是判断是否构成根本违约的原则标准。

被申请人答辩称：“申请人作为买方，其有权期待得到的东西是货物的所有权，即占有、使用、支配和处分货物。被申请人早在 2003 年 4 月 20 日交付了货物，申请人自收到货物起即获得了货物完整的所有权，且货物符合合同约定。”仲裁庭认为，申请人有权期待得到的不仅是占有“货物的所有权”，也有权期待得到合同质量保证条款所说的“其质量、规格和性能与本合同规定相符”的货物的所有权。因此，货物的质量问题是判断本案争议问题的焦点。

在交付货物的规格问题上，被申请人履行义务明显与合同不相符，合同对规格的要求是要提供 3 套雌雄压线辊和 3 套膜切刀辊，但被申请人提供的是一套磁性刀辊及柔性片型刀片，虽然被申请人解释说这是合同货物的替代产品，其性能“比合同附件约定的雌雄压线辊和膜切辊技术更先进，价值更高，且功能也完全可以实现”，但被申请人至今没有能通过安装调试运行设备来证明这一点——虽然被申请人曾有机会去这么做。

品质证书所记载的装卷装置与印刷机的连接匹配问题和后膜切工位也存在严重问题，它所导致的后果是申请人所购买的印刷机至今不能正常使用，仲裁庭在设备现场调查时，申请人称要有人连续手工辅助才能提供必要的张力实现运转，还不断停机，并且后模切工位无法实现对产品连续有效切断。

被申请人说合同规格所要求的 3 套雌雄压线辊和 3 套膜切刀辊的配置与本案实际提供的 1 套磁性刀辊及柔性片型刀片的配置现在都在供应之中，3 套雌雄压线辊和3套膜切刀辊的配置并没有被淘汰，现在依然在供应之中。被申请人未经与申请人协商同意就选择了提供与合同约定规格不同的“替代产品”，那么就自愿承担了责任通过产品的安装调试和运行来证明其性能“比合同附件约定的雌雄压线辊和膜切辊技术更先进，价值更高，且功能也完全可以实现”。但被申请人至今没做到这一点。其中一个原因是，双方在先付款还是先解决设备存在的质量问题上发生争执，被申请人坚持申请人必须先支付合同尾款中的12万美元，然后才能着手解决设备存在的质量问题。在该要求遭到申请人拒绝后，被申请人选择不去解决设备存在的质量问题。仲裁庭注意到，被申请人交付的设备规格与合同约定明显不一致，且所交付的设备一直不能进行正常运转。在这样的条件下，双方就先付款还是先解决设备存在质量问题上发生争执，在申请人拒绝先付款后，被申请人选择不去解决设备从交付时起就已经存在的，导致设备无法正常运转的技术问题，坚持要申请人先支付合同尾款中的12万美元，仲裁庭认为，被申请人要求申请人先付款不能说是合理的。由于导致设备至今无法正常运转的责任不在申请人方，而是由于被申请人交付的设备规格质量不符合合同约定，一直无法正常运转，导致申请人购买该设备从事生产经营的合同目的无法实现，最终剥夺了申请人依据合同有权期待得到的东西。因此，被申请人不仅违反了合同约定，并且构成了根本违约。

3. 申请人是否在合理时间内宣告了合同无效

在本案中，这个问题涉及两个方面：一是申请人的“退货或换货”的要求是否足以构成宣告合同无效的行为；二是申请人的这一要求是否在合理期限内提出。

仲裁庭注意到，申请人在2004年4月24日和6月8日的传真中分别向被申请人提出了“退货或换货”的要求。仲裁庭认为，申请人的索赔要求是清楚的，“退货”是商人之间主张合同解除或宣告合同无效的通俗用语，不应该造成误解。而在索赔方式为“退货或换货”的情况下，不过是索赔的一方把选择权交给了交易的对方，因为换货需要交易对方的积极的配合行为，如果交易对方不同意换货，那么其法律后果是清楚的，“退货”成为索赔方的唯一选择。而“并补足短少的零配件”只能适用于换货的情况，在退货时不存在补足短少零配件的选择，这也是常识问题，不应该造成误解。所以，仲裁庭认为，申请人2004年4月24日和6月8日传真提出的“退货或换货”的索赔要求，包含了在被申请人不同意换货的条件下要求“退货”的明确主张，而同意还是不同意换货的要求是由被申请人自己决定的，因此，该通知可以构成宣告合同无效的行为。

关于合理期限，根据《公约》第49条第2款第b项之一的规定，买方若欲因货物质量不符宣告合同无效，买方必须“在已知道或理应知道这种违反合同后一段合理时间内这样做”。如何判定什么是“一段合理的时间”？《公约》没有具体规定。可资参照的条款有《公约》第 39 条，即“(1)买方对货物不符合同，必须在发现或理应发现不符情形后一段合理时间内通知卖方，说明不符合同情形的性质，否则就丧失声称货物不符合同的权利。(2)无论如何，如果买方不在实际收到货物之日起两年内将货物不符合同情形通知卖方，他就丧失声称货物不符合同的权利，除非这一时限与合同规定的保证期限不符”。而案涉合同第 14 条约定，“质量保证：卖方保证货物是全新的，其质量、规格和性能与本合同规定相符，保质期为货到后 12 个月”。

仲裁庭查明，货物到达中国某港的日期为 2003 年 5 月 28 日，装版机到达目的港时间为 2003 年 8 月 11 日，特别是有争议的雌雄压线辊和模切刀辊的“替代产品”的到达日期为 2003 年 8 月 21 日，考虑到压线和模切工序是印制牛奶包不可或缺的工序，而该“替代产品”能否实现合同约定的雌雄压线辊和模切刀辊所要实现的功能和技术性能，需要经过安装调试运行才能判断，考虑到现场安装调试进展的实际情况，考虑到合同约定的“货到后 12 个月”的保质期。同时，仲裁庭注意到，申请人在 2004 年 4 月 24 日向被申请人书面提出“退货或换货”，在 2004 年 5 月 21 日之前向被申请人提供了品质证书，并于 2004 年 6 月 8 日正式向被申请人发出《关于向美国 B 公司索赔的函》并随附了品质证书。仲裁庭认为，申请人的上述通知行为应该是在一个合理期限内作出的。因此，申请人在合理期限内向被申请人宣告了合同无效。

4. 申请人是否因其他原因丧失了宣告合同无效的权利

《公约》第 82 条规定：“(1)买方如果不可能按实际收到货物的原状归还货物，他就丧失宣告合同无效或要求卖方交付替代货物的权利。(2)上一款的规定不适用于以下情况：(a)如果不可能归还货物或不可能按实际收到货物的原状归还货物，并非由于买方的行为或不行为所造成；或者(b)如果货物或其中一部分的毁灭或变坏，是由于按照第三十八条规定进行检验所致；或者(c)如果货物或其中一部分，在买方发现或理应发现与合同不符以前，已为买方在正常营业过程中售出，或在正常使用过程中消费或改变。”

被申请人依据此条主张申请人丧失了宣告合同无效的权利，提道：“申请人占有货物已长达四年有余，且已开始使用货物开展印刷业务。仲裁庭在货物所在地进行调查时，已清楚见到货物受到的严重污损，如使用油墨留下的大量污迹，货物表面的划痕，以及未被加任何保护措施而随意丢弃的多用途机组的两个模切砧辊等。而且货物计时器显示的886小时,说明了货物被使用过的特征;而886小时使用时间,也已经远远超出了合理的开机调试时间(见被申请人聘请的三位专家出具的《Q1型印刷机质量鉴定报告》)。很显然,申请人已经使用过设备,'不可能按实际收到货物的原状归还货物',因而其丧失了宣告合同无效的权利"。

申请人称从来没有使用过设备,而安装调试也都是在被申请人的技术人员指导下进行的,除了在2004年2月请检验检疫机构进行检验并出具品质证书以及在2006年11月聘请专家对设备进行鉴定之外,申请人没有运行过设备,而上述检验和鉴定每次也只开机数个小时。

申请人对设备显示的886个小时的运行时间没有提出异议。仲裁庭注意到,按照每天8小时工作时间来计算,886个小时相当于设备运行了近111天。从双方提供的往来传真估计,被申请人的技术人员在现场的工作时间不可能有111天,并且此期间大量的时间被用在对设备进行局部改造上。因此,仲裁庭认为,申请人对886个小时的解释没有说服力。

仲裁庭还注意到,现场对设备的保护状况也并不是很周到,很容易发现油污和锈蚀,仲裁庭还发现两个模切砧辊未加任何保护措施被弃置在一个敞开的木箱里,与杂物混放在一起。虽然申请人解释说是被申请人的技术人员要求拆下的,但在如此长的时间里将模切砧辊弃置在一边不加任何保护,显然是申请人处置不当。

仲裁庭也注意到,在设备被长期闲置的同时,甚至直到本案的被申请人在另一案提起仲裁程序要求本案申请人支付合同尾款时,申请人也没有采取积极的措施和提出明确的主张要求被申请人将货物取回,而自己也没有对设备采取适当的维护措施。根据本案申请人提供的证据,其在另一起仲裁案中的主要答辩理由是基于《合同法》第67条提出的后履行抗辩权,而后履行抗辩权通常是在合同尚没有解除的情况下适用的。这些无疑延迟了争议问题的及时解决,使设备维护保养长期处于不确定的状态。

综合以上情况,仲裁庭认为,申请人无疑对设备被长期闲置而未被妥善保护负有主要责任。

由于本案争议的设备显然不能按照交付时的原状返还,而导致这一结果的主要责任在于申请人方,根据《公约》第82条的规定,仲裁庭认为申请人丧失了宣告合同无效的权利。

需要说明的是,申请人丧失了宣告合同无效的权利,并不意味着它也失去了要求损害赔偿的权利。仲裁庭注意到了申请人在提出宣告合同无效的请求同时,也提出了要求损害赔偿的请求。仲裁庭对另外两个争议的焦点问题,即申请人是否因本案合同遭受了损失,以及申请人遭受的损失(如有)是否与被申请人违约有因果关系,将在分析申请人的具体的仲裁请求时一并分析。

(三)申请人仲裁请求以及仲裁庭的裁决

本案申请人的仲裁请求有4项,以申请人2009年1月20日最后修改确定的仲裁请求项目为准。对此,逐项分析认定如下。

申请人仲裁请求第1项为:请求确认申请人解除合同(宣告合同无效)的行为有效。虽然仲裁庭认定被申请人履行交货义务不符合合同约定,并且该不符合合同约定的情况构成了根本违约,并且仲裁庭也认定申请人在合理期限内宣告了合同无效,但由于申请人不能按照实际收到货物的原状归还货物,根据《公约》第82条的规定,申请人丧失了宣告合同无效的权利。因此,仲裁庭对该项仲裁请求不予支持。

申请人的第2项仲裁请求为:请求裁决被申请人返还申请人所支付的货款。既然申请人丧失了宣告合同无效的权利,也就丧失了要求被申请人全部返还已支付货款的权利。但仲裁庭要考虑能否部分支持该仲裁请求的问题。仲裁庭认定被申请人履行交付货物的义务有不符合合同的情形,并且该违约情形构成了根本违约,但申请人因不能按原状返还货物,因而丧失了宣告合同无效的权利。仲裁庭依据《公约》第82条驳回了申请人宣告合同无效的请求。而《公约》第83条规定,买方虽然依《公约》第82条的规定丧失宣告合同无效或要求卖方交付替代货物的权利,但是根据合同和本公约规定,其仍保有采取一切其他补救办法的权利。据此,尽管仲裁庭对申请人宣告合同无效的仲裁请求不予支持,但仲裁庭认为,申请人保有主张其他补救办法的权利。《公约》第50条规定:"如果货物不符合合同,不论价款是否已付,买方都可以减低价格,减价按实际交付的货物在交货时的价值与符合合同的货物在当时的价值两者之间的比例计算。"申请人的该项仲裁请求是要求返还已经支付的全部货款,仲裁庭认为,这也涵盖了返还部分货款的请求,因此,仲裁庭有权考虑部分支持该项仲裁请求的问题。按照《公约》第83条的规定,仲裁庭认为,根据被申请人履行交货义务不符合合同各方面的具体情况,以及设备不能正常使用的事实,对设备总价格减价40%是合理的。主合同的总价格是46万美元,申请人根据2003年1月17日所签协议增加购置的装置的总价格为4万美元。设备总价格为两项之和,即50万美元。设备减价40%以后的价格为30万美元。对于已经支付货款中超出设备减价以后价格的部分,被申请人应当返还申请人。

申请人第3项仲裁请求为：请求裁决由被申请人向申请人赔偿下列经济损失，共三部分：(1)请求支付被申请人逾期履行合同造成申请人损失。仲裁庭已经认定被申请人没有逾期履行合同，因此对该请求不予支持。(2)请求支付被申请人交付的货物不符合合同约定而造成的经济损失（自2003年4月29日计至2008年12月8日），包括资金占用费和汇差损失。《公约》第84条第1款规定："如果卖方有义务归还价款，他必须同时从支付价款之日起支付价款利息。"仲裁庭认为，该条款针对的是宣告合同无效时的情形，但在部分返还货款的情况下，该原则同样适用，由于被申请人对申请人计算利息的方法没有提出异议，仲裁庭予以采纳。依据申请人的计算方法，以及应予返还的货款占已付货款的比例，推算出被申请人应支付申请人的利息。至于汇差损失，仲裁庭认为，合同约定的是以美元计价支付，汇率波动属正常的商业风险，并且在2003年任何人都很难预见到美元与人民币的汇率会发生后来那样幅度的调整，因此，对于此项仲裁请求，仲裁庭不予支持。关于申请人第(3)项仲裁请求中的其他各项费用。对此部分，仲裁庭认为，由于仲裁庭对申请人宣告合同无效的仲裁请求不予支持，申请人丧失了退货的权利，那么因为进口设备而产生的进口代理费、银行开证费、手续费、报关费、换单费、货运费、保险费等应由申请人自己承担。仲裁庭注意到设备确实存在质量问题，并且当初确实有过短少部件的情况，因此，入境检验检疫费应当由被申请人支付。至于为本案支付的差旅费、公证费、律师费，考虑到本案申请人是部分胜诉部分败诉，仲裁庭认为由被申请人赔偿人民币8万元是合理的。

申请人的第4项仲裁请求为：请求裁决由被申请人承担因本案产生的全部仲裁费用。因为申请人的仲裁请求没有得到全部支持，仲裁庭认为，本案仲裁费应由申请人和被申请人各承担一半。本案仲裁庭前往某市查看设备的实际费用由申请人与被申请人各承担一半。申请人选定的仲裁员W开庭的实际费用全部由申请人承担。

五、2009年螺纹钢买卖合同案

第一节　当事人主张

(一)申请人的主张

申请人称：

2007年4月26日双方签订本案合同，约定申请人以CFR条件向被申请人出售

BS4449/1997 标准、460B 等级的螺纹钢 5000 吨，最晚装运期为 2007 年 5 月 31 日。后因船期原因，双方协议推迟最晚装运期至 2007 年 7 月 9 日，并对合同单价进行了调整，被申请人据此对信用证作出了相应修改。

2007 年 7 月 9 日申请人履行了交货义务，向承运人交付货物，取得承运人就该批货物签发的全套提单。双方就提单中关于货物锈蚀状况的批注是否与合同允许的描述相符发生争议，被申请人向其开证行施加不当影响，使申请人无法通过信用证方式取得货款。为解决上述分歧，双方于 2007 年 9 月 7 日订立补充合同，变更了付款方式。补充合同约定买方通知银行先支付 93% 的货款，并取得全套单证，余下的 7% 货款在货物卸下后视 SGS 检验报告情况以 T/T 方式支付。如果 SGS 报告认为货物与合同规格相符，则被申请人应在 3 个工作日内将余款付清；如果 SGS 报告认为货物与合同规格不符，则双方应本着诚实信用的原则达成一个折价方案或赔偿方案，被申请人将降价或赔偿后的余款支付申请人。如果双方不能就折价方案达成一致，合同将被取消，申请人应取回货物并退还已收取的 93% 的货款。

补充合同签订后，申请人通过信用证操作流程将提单等全套物权单据交付给被申请人，并获得 93% 的货款。货物于 2007 年 9 月 25 日到某港。2007 年 9 月 26 日 SGS 上船开始检验。2007 年 10 月 12 日开始卸货，2007 年 10 月 19 日卸货完毕，然后，货物被露天存放。2007 年 10 月 22 日 SGS 出具最终检验报告。

被申请人认为 2007 年 10 月 22 日的 SGS 最终检验报告与合同规定的品质条款不符，故拒绝支付货款余额。申请人认为，被申请人提供的 SGS 报告中指出的货物质量问题，要么属于合同原本允许的质量瑕疵，要么属于承运人和/或保险公司责任，所以 SGS 报告并没有显示货物与合同约定不符，被申请人无权依据此份 SGS 报告要求申请人折价。在申请人按约履行了全部合同义务、SGS 报告没有显示货物与合同约定不符的情形下，被申请人有义务按照补充合同规定在 3 个工作日内以 T/T 方式支付 7% 的货款余额，截至申请人递交仲裁申请之日，被申请人仍不支付，已经构成严重违约。

为此，申请人提出如下仲裁请求：

1. 裁决被申请人依据合同约定向申请人支付货款余额 19 万美元及从 2007 年 10 月 23 日起至支付日止的利息（根据同期伦敦同业拆借利率 LIBOR 5.08% +2% 计算）；

2. 裁决被申请人承担申请人因本案发生的不超过仲裁标的 10% 的法律费用；

3. 裁决被申请人承担本案仲裁费用。

（二）被申请人的答辩

针对申请人的主张和请求，被申请人答辩称：

1. 关于“补充合同的第3条和第5条是否对主合同的相关规定作出了实质性修改”

补充合同是真实有效的，是双方真实意思的表示。“主合同相关规定”，是指主合同第8条，因为补充合同第3条和第5条约定的是出现货物质量问题时的救济方式，那么与此相对应的就是主合同第8条。简单地说，主合同第8条的内容是：如果SGS报告表明货物的质量、数量、重量与合同不符，则被申请人有权在货物抵港后的45日内向申请人索赔，但属于保险公司和承运人责任的除外。

对补充合同第3条和第5条（特别是第3条）文字的理解是双方提出各自主张的基础，也是本案争议产生的关键。双方对这两条的理解有如下差异：申请人认为第3条中的“任何质量不符”（any quality discrepancy of the Cargo according to the specification of the contract）应当区分两种情形：一是货物在装船之前就已存在的不符；二是货物装船后可归责于保险公司和承运人的原因造成的不符，而申请人主张“任何质量不符”仅指前者。而被申请人认为不应再作此区分，因为申请人在被申请人未同意其延期装船的情况下便发运货物，当时货物尚未投保；而补充合同签订时，货物早已离港，被申请人不可能对货物运输的全程投保，因此，在补充合同中再对“任何质量不符”作区别对待，对被申请人来说是不公平也不合理的。

关于对补充合同第3条的理解，首先，应从被申请人签订补充合同的背景来看。当双方当事人对合同条款的理解有差异时，应当考察合同签订时的背景，以此来探究当事人的真实意图。在签订主合同时，双方约定最晚装船期为2007年5月31日。尽管被申请人如约开立了信用证，但申请人迟迟未能装船，故在6月27日要求被申请人更改信用证，将最晚装船期延长到7月10日。申请人延误装船达1个月之久，使被申请人丧失了其在签订主合同时所合理期待的转售货物的机会，因此，对申请人的商业信用产生了合理怀疑。

虽然申请人提交的单据表明货物是一级品（Prime），但当被申请人获知提单有批注以及收到货物表面状况的照片后，对提单上表述的“不同程度”的锈蚀与合同所述的“轻微”锈蚀之间的差别产生了担心并对货物是否是一级品表示怀疑，进而合理地认为货物质量在装船时就与合同不符。

开证行于8月7日通知申请人，提出了两处单证不符点。根据国际贸易惯例，如果开证行认为单证不符，可以提出不符点并拒绝承兑，如果货物品质、数量与所签订合同不一致，被申请人也可以退货。但被申请人从维护双方合作关系的角度出发，出于善意决定完成此次交易。为了使自身的合法权益获得保障，以消除对申请人的商业信用的怀疑以及对货物质量问题的担心，被申请人于8月15日向申请人提议先付90%的货款，余款视货物的质量而定，并且打算派人到土耳其对货物进行检查。但申请人拒绝了该提议。双方经过协商，最终被申请人再次作出让步，同意先付93%的价款，并于9月7日签订了补充合同。

通常而言，在某个方面作出让步，必然要在其他方面要求得到补偿或保障。在签订补充合同时，货物已经离港，而双方约定的检验，只能在货物到港时进行，因此，被申请人在对首付款的比例作出让步的情况下，当然地期待补充合同所指的货物质量问题不再区分装船前和装船后这两种情形，这种期待是合理的，非此不足以消除被申请人对货物质量的担心。

其次，应从主合同与补充合同的关系来考虑。出现货物质量问题时如何处理？对此，主合同与补充合同约定了两种完全不同的思路。主合同约定的是被申请人可以就装船前的质量问题直接向申请人索赔；补充合同约定的是双方应对货物折价进行协商，在协商不成的情况下，主合同取消。按照补充合同第3条的表述，协商是一项义务而不是权利，而且是双方共同的义务。被申请人在取得SGS报告后的次日即要求与申请人协商，正是在履行补充合同规定的义务。

补充合同规定的处理方式对被申请人来说，延长了争议解决的时间，并增加了争议解决结果的不确定性。那么，既然被申请人有权依据主合同直接向申请人索赔，又为什么同意在补充合同中给自己设置一项协商的义务？原因就在于设置协商义务的前提是“任何质量不符”不再区分主合同第8条所述的两种情形。反过来说，如果被申请人不抱有这种合理期待，那其就没有必要对自己的救济手段进行限制。既然主合同第8条对被申请人的救济手段规定得很明确，那么如果补充合同第3条和第5条不是对主合同第8条的修改，又有什么必要把这两条写入补充合同？因此，申请人的理解是说不通的，而且申请人根据签订在先的主合同的条文来推定签订在后的补充合同的条文的意思，也是不合理的。

最后，应从补充合同的文字表述上来看。补充合同的前言说明了双方签订补充合同的原因，其中特别强调了双方对提单关于货物质量的描述有分歧。显而易见，双方签订补充合同的特别目的就是解决货物质量问题。

从补充合同第3条的文字本身来说，无论如何都看不出它所表述的“任何质量不符”还要区别对待。因此,主合同第 8 条与补充合同第 3 条和第 5 条是平行关系,在两者相冲突的情况下,应当以签订在后的补充合同为准。

补充合同最后表示主合同的其他条款不作修改,再次说明补充合同的目的就是对主合同的相应条款(付款方式和出现质量问题时的救济方式)作出修改。

综合以上三点,被申请人认为,无论从补充合同的文字本身来说,还是当事人签订补充合同的初衷来说,第 3 条和第 5 条实质上改变了主合同关于双方处理货物质量问题的约定,因此,补充合同第 3 条所述的“任何质量不符”应当按照被申请人的理解来解释。关于如何处理货物质量问题,应当适用补充合同。

2. 关于“SGS 报告中指出的货物质量问题是否构成申请人交付的货物与合同不符”问题

如前所述,货物质量与合同不符分为两种情形——装船前存在的和装船后造成的。那么,SGS 报告能否证明货物质量与合同约定不符?被申请人分析如下:首先,货物在装船前就已存在的与合同不符。从合同中关于提单可以批注的几种锈蚀状况可见,被申请人所能接受的锈蚀状况仅仅是“轻微、表面、部分或边缘”锈蚀,并且信用证条款也是同样的规定。然而,实际上提单批注的是“全部、不同程度”的锈蚀。试问货物的“全部”能称为“部分”或“边缘”吗,“不同程度”能称为“轻微”吗?根据一般理解,“不同程度”必然包括从“轻微”到“中等”再到“严重”等(甚至锈到不可用),不可能仅仅指“轻微”,否则为何提单批注不是“轻微”而是“不同程度”?即使抛开前述关于“任何质量不符”所指范围的争议不论,仅凭这一点就足以证明申请人在装船时就提供了不符合合同约定的货物。

另外,需要指出的是,提单对货物质量及数量的描述系依据申请人的声明作出的,而从提单和 SGS 报告的对比来看,货物的规格共有 5 种,其中有两种规格的货物比装船时分别多了 19 捆和 21 捆。那么这多出来的总共 40 捆螺纹钢从何而来?退一步说,即使船上还有其他货主的螺纹钢,但从货物表面沾染多种矿物质来说,与货物混放的不可能是螺纹钢。排除了上述可能性,则可以说明申请人在装船之初货物的数量就不符合合同约定,其未能尽到合理谨慎的点数、理货义务,进一步印证了被申请人对申请人的商业信用的怀疑是合理的。

其次,在货物装船后造成的不符。SGS 检验报告对货物状况作出 7 项批注,其中两项是合同约定可以接受的,其余 5 项均不在合同约定范围之内。这 5 项可以归纳为两点,一是部分螺纹钢一端或整根折弯;二是货物表面存在各种矿物质。

根据《公约》第 35 条第 2 款第 a 项的规定,如果货物不适用于同一规格货物通常使用的目的，则构成与合同不符。既然申请人也承认，“螺纹钢的用途为建筑房屋、道路等工程”，那么一端折弯甚至整根折弯的螺纹钢如何用来建造工程？申请人实际交付了2500捆螺纹钢，但其中700捆（占总数的28%还多）中有不同数量的螺纹钢折弯，那么这些货物又如何能用于其通常使用的目的？因此，从SGS检验报告来看，货物不能用于其通常使用的目的，构成与合同不符。

基于上述两点，无论是基于锈蚀状况还是使用目的而言，货物质量均构成与合同不符。退一步说（但并不代表被申请人放弃上述观点），即使按照申请人的理解，“任何质量不符”仅指装船前的情形，那么仅从锈蚀状况来说，也可得出货物与合同不符的结论。

3. 关于“被申请人是否有权取消合同并要求返还货款”问题

如前所述，被申请人在纠纷发生前始终本着善意的原则，积极履行主合同，但最终其宣布取消合同，是基于以下3点原因。

（1）主合同取消的合同依据

首先，应当指出的是，主合同并没有规定主合同取消的前提是什么，而根据补充合同第5条的规定，主合同取消的前提是双方未能就货物的折价金额协商一致，这一前提是唯一的，此外，无论是主合同还是补充合同，都没有再规定其他前提；而且申请人自己也明确承认“补充合同仅就……合同解除的条件、效力重新进行了约定”。因此，主合同的取消应适用补充合同的相应条款。

其次，取消主合同与处置货物是两个不同的法律关系，取消主合同是基于双方不能就折价协商一致，而处置货物是基于被申请人对货物的事实上的占有，二者没有因果联系。即使被申请人对货物没有所有权，也并不影响被申请人依据补充合同第5条取消主合同的权利。

基于以上两点认识可以看出，申请人认为“被申请人已经处分货物，无权宣告解除合同”的主张是错误的，其错误之处在于，把占有货物当作取消主合同的一个前提。退一步说，即使承认申请人的这一逻辑，被申请人也依然有权取消合同。因为被申请人宣布取消合同在先，而事实上处置货物在后，因此，被申请人在宣布取消合同时在客观上仍有返还货物的可能性。由此可以看出，无论从哪一方面来讲，申请人的这一主张都是错误的。

如前所述，主合同取消的唯一前提是双方未能就折价协商一致，而双方对折价进行协商的前提则是SGS检验报告显示货物质量与合同有任何不符。当然，协商的结果也可能是双方达成一致，合同继续履行。但无论如何，双方首先应当进行协商，而且协商的内容是折价或补偿的具体金额，而不是要不要折价。也就是说，是否对货物折价这一问题是没有选择余地的。而申请人签订补充合同，就表示它当时就已经同意在前提条件满足时对货物折价，只不过具体折价多少需要双方协商。

从上述分析中可以看出，主合同取消的逻辑顺序是：货物质量与合同不符→双方就折价进行协商→协商不成→主合同取消。如前所述，货物质量与合同不符，因此被申请人有权在双方就折价不能协商一致时取消主合同。

(2) 主合同取消的事实依据

在 SGS 报告作出后的次日，即 2007 年 10 月 23 日，被申请人即通过电子邮件要求申请人就折价多少提出意见，但申请人没有对该要求作出答复。直到 11 月 9 日，申请人在发给被申请人的传真中要求被申请人支付 7% 的余款，仍然绝口不提折价一事。被申请人因此合理地认为申请人拒绝履行补充合同第 3 条关于协商的义务。至此，主合同取消的前提已经满足。

(3) 主合同取消的法律依据

根据《公约》第 25 条和第 49 条的规定，一方违约的结果剥夺了另一方根据合同有权期待得到的东西，即构成根本违反合同，另一方有权取消合同。被申请人在签订主合同时期待得到合格的螺纹钢（最多允许轻微锈蚀），并且是一等品，但申请人在装船时提供的螺纹钢，其锈蚀程度和等级已经不符合被申请人的合理期待，这一点前文已有论述。按照《公约》的上述两条规定，申请人已构成根本违约，被申请人有权取消主合同。

综合以上三点，在既有合同依据又满足了事实上的前提条件，另外还有法律依据的情况下，被申请人有权取消主合同。

4. 关于“被申请人对本案合同货物的处置是否合理”问题

被申请人对货物的处置，或者说转卖是否合理，应当从以下几方面探讨。

一是签订转卖合同的合理性。应当指出，申请人保留货物的所有权不影响被申请人签订转卖合同的权利。被申请人购买货物的目的就是在欧洲市场上销售，对这一点申请人是知道的。按照一般法理，只要被申请人预期货物能够按时抵达并且客观上存在转卖的可能性，那么被申请人就可以在与申请人签订主合同后的任何时间，与其他买家签订货物转卖合同，这种做法在国际贸易实践中也是较常见的。

签订转卖合同不等于事实上处置货物。被申请人可以签订多份转卖合同，但只能按照一份合同向下一级买家交付。进一步说，即使被申请人在签订转卖合同时尚不占有货物，但这只影响转卖合同本身的效力，根本不影响签订转卖合同这一行为本身的合理性。事实上，被申请人早在2007年9月14日就与一家名为C的公司签订了货物转卖合同，因为尽早地签订转卖合同，就能够以尽可能高的价格卖出，因为当时9月的螺纹钢市场价格趋势补充是走低的。因此，无论被申请人是否对货物享有所有权，其签订转卖合同的行为都是合理的。

二是事实上处置货物这一行为的合理性。在申请人拒绝就折价进行协商的情况下，被申请人于2007年11月12日向申请人表达了希望其取回货物的意愿。但申请人不仅拒绝折价，还拒绝按照补充合同第5条的约定取回货物，致使货物一直在卸货港滞留，被申请人不得不负担每日每吨0.27欧元的存储费（合每日约1347欧元）。如果被申请人不及时采取积极措施，则存储费将与日俱增。根据补充合同第5条的约定，在合同取消的情况下，货物的存储费应当由申请人承担。而且螺纹钢在11月的市场价格持续走低，处置得越晚，申请人将承担的损失就越大。基于上述因素，被申请人寻求买家处置货物，系出于善意，实为申请人利益之考虑。再者，货物系露天存放，不及时处置，其锈蚀程度会不断加重，价值也会日益减少，可能逐渐成为废品，那么无论货物最终由哪一方处置，均会遭受价值贬损的损失，这不符合任何一方在签订主合同时所期待的利益。故此，在义务方（申请人）既不协商折价又不取回货物的情况下，被申请人唯一能够采取的合理措施就是及时处置货物。

此外，《公约》第88条第2款规定："如果货物易于迅速变坏，或者货物的保全牵涉到不合理的费用，则按照第85条或第86条规定有义务保全货物的一方当事人，必须采取合理措施，把货物出售。在可能的范围内，他必须把出售货物的打算通知另一方当事人。"根据这一款的规定，出售货物是一项义务。而根据《公约》第86条第1款的规定，被申请人在当时属于"有义务保全货物的一方当事人"。也就是说，处在当时的情形下，被申请人处置货物是正当地履行《公约》所规定的义务。如前所述，被申请人继续保全货物牵涉每日1347欧元的存储费，而对货物的处置要经过寻找买家、谈判、签订合同、实际装运等漫长的过程，在这期间必然要继续发生存储费。从商业判断的角度以及根据《公约》的规定，被申请人此时不但可以而且应当处置货物，并且被申请人也及时地通知了申请人。因此，被申请人处置货物的这一行为本身不但是合理的，而且是有法律依据的。

三是事实上处置货物的时间上的合理性。早在10月11日，被申请人就向申请人表达了转卖货物的意愿,但申请人没有明确表示同意或不同意,被申请人推定申请人是默许的,因为申请人知道被申请人购买货物的目的就是再销售。但被申请人并没有因此就贸然地在事实上处置货物,而是在11月30日签订第二份转卖合同时,与买方约定,被申请人在收到全部货款前保留对货物的所有权。由于2007年11月30日是周五,并且由于时差关系(北京时间比奥地利时间早7个小时),当时申请人方面已是非工作时间。因此,被申请人在随后的第一个工作日,即12月3日就通知申请人转卖货物的事实,并且于12月5日再一次通知申请人将处置货物。况且,签订转卖合同不意味着被申请人当场交付,交付5000吨左右的螺纹钢需要一个合理的周期。从第二份转卖合同可以看出,至少在12月8日前,被申请人仍事实上占有货物,在客观上仍然存在向申请人返还货物的可能性。由此可见,被申请人在事实上处置货物前多次通知了申请人,因此,事实上处置货物在时间上也是合理的。

四是转卖价格的合理性。被申请人转卖货物的单价是每吨560美元,这一价格是由以下3个因素决定的:一是当时的市场状况,第二份转卖合同签订于2007年11月30日,而当时欧洲市场螺纹钢的FOB价格约为每吨520~560美元,可见每吨560美元的转卖价是比较高的。二是货物本身的质量,如前所述,货物于9月25日抵达某港之时就已经存在不同程度的锈蚀,至11月30日第二份转卖合同签订时在露天环境下存放了两个多月,早就不是新产品,只能按照库存货的价格销售;并且货物的锈蚀程度不断加深致使被申请人不能按照一级品(Prime)的价格转卖,而SGS事后的报告认为货物不是一级品(参见被申请人证据5,第8页),也印证了这一点。三是货物因没有CE认证,是不能在欧洲多数国家销售的,而只能销往罗马尼亚等有限的国家。上述3个因素决定了每吨560美元的单价是合理的,而且被申请人已经尽最大努力将货物卖出一个可能的高价。

此外,被申请人转卖货物的价格是FOT价格,而申请人提交的证据17中以横线标出的每吨656~685美元的单价是CIF价格,卖方承担运费和保险费,因而价格较高,并且该价格是新产品和一级品的价格,与货物的转卖价格根本没有可比性。因此,申请人以FOT条件下的具有CE认证的新产品和一级品的价格来衡量CIF条件下的无CE认证的库存货和非一级品的货物的转卖价,是不合理的。另外,申请人证据17的价格趋势图从整体来看虽然是上扬的,但其时间跨度较大,从2007年5月至2008年6月,而2007年11月底以后的价格走势是与本案无关的,因此,该证据不能真实地反映纠纷产生及货物转卖时的价格趋势,更不能证明申请人提出的转卖货物价格不合理的主张。而被申请人提交的证据 17 则准确地显示了 2007 年 11 月螺纹钢在欧洲市场的价格是持续走低的。

综合以上 4 点,可以得出如下结论:被申请人不但处置货物是合理的,而且处置货物的价格也是合理的。

基于上述分析,被申请人提出下列反请求:

(1)裁决申请人赔偿被申请人的全部损失 36 万余美元;

(2)裁决申请人承担被申请人因仲裁而发生的法律费用;

(3)裁决申请人承担仲裁费用。

中国《合同法》第 58 条规定,“合同无效或者被撤销后,因该合同取得的财产,应当予以返还;不能返还或者没有必要返还的,应当折价补偿。有过错的一方应当赔偿对方因此所受到的损失”。

在本案中,申请人拒绝履行补充合同第 3 条约定的协商义务,属于有过错的一方,其理应按照合同法的该条规定赔偿被申请人遭受的一切损失。

关于要求申请人承担法律费用和仲裁费,此等请求系仲裁实践之通例,并有贸仲《仲裁规则》第 31 条等明确规定。至于被申请人因本案所发生的法律费用的具体金额,因该费用系按照代理人的工作时间及仲裁结果计算并在取得仲裁裁决后结算,因此目前尚不能提供与该费用有关的票据。

综合上述各项分析,可以得出如下结论:一是补充合同第 3 条所述的任何质量不符不再区分装船前和装船后两种情形;补充合同改变了主合同关于出现质量问题时的救济方式。二是货物锈蚀程度在装船前就超过了主合同约定的范围,已然与合同不符;而 SGS 报告进一步显示货物质量与合同不符。三是本案中主合同取消的前提早已满足,被申请人有权取消主合同。四是是否享有货物的所有权不影响转卖货物的权利,被申请人处置货物是合理的,而且价格也是合理的。基于上述结论,待决事项第五点、第六点也就显而易见,因此对被申请人的反请求应给予支持。

(三)针对被申请人的反请求,申请人的答辩

针对被申请人的反请求,申请人答辩称:

1. 关于补充合同的有关规定是否改变了主合同规定的责任分担问题

目前双方争议的问题是,被申请人认为,补充合同第 3 条和第 5 条改变主合同关于索赔的规定,只要 SGS 检验报告结果表明有与合同不符双方就应该协商折价,而无论造成这种质量问题的责任归属于谁。申请人认为,补充合同所述的质量不

符应该排除第三方的责任，补充合同仅就货款支付方式和合同解除的条件、效力进行了重新约定。在上述条款之外，特别是货物风险责任分担等问题，仍应依据主合同的约定来确定。

以上争议为对补充合同解释的争议。《公约》第 8 条规定，(1)为本公约的目的，一方当事人所作的声明和其他行为，应依照他的意旨解释，如果另一方当事人已经知道或者不可能不知道此一意旨。(2)如果上一款的规定不适用，当事人所作的声明和其他行为，应按照一个与另一方当事人同等资格、通情达理的人处于相同情况中，应有的理解来解释。(3)在确定一方当事人的意旨或一个通情达理的人应有的理解时，应适当地考虑与事实有关的一切情况，包括谈判情形、当事人之间确立的任何习惯做法、惯例和当事人其后的任何行为。

基于上述背景和《公约》的规定，在解释该补充合同时应该从以下几点来探讨双方当事人的真实意图：首先，签订补充合同的目的。签订补充合同的目的是解决提单上的批注是否符合合同约定允许的描述及支付问题，而不是为了改变主合同关于责任的分担原则。

按照主合同约定，被申请人通过信用证方式支付全部货款后取得货物，如发现货物存在质量问题是可以凭 SGS 检验报告向申请人索赔的。本案被申请人在货物是否存在质量问题还没有确定时，因为担心货物质量问题及日后索赔有风险而不愿按照信用证的规定付出全部款项是对原合同的违反。申请人为实质性地解决争议，同意将本应全额收取的货款暂收取部分，待确定货物质量是否符合合同约定后再收取余额。为此，双方签订了补充合同。也就是说，在签订补充合同时，双方当事人根本没有涉及原本属于被申请人承担的运输等风险是否改为由申请人承担的问题。此时，被申请人已经根据主合同第 7 条对运输风险(包括保险公司和承运人应负责任的原因导致的货物损失)投保。因此，双方当事人根本没有想到，当然也没有意图要让申请人承担本来应该由被申请人承担的运输风险。

其次，关于补充合同本身的文字内容。补充合同最后一行文字内容清楚地表明，补充合同未涉及的内容，依原合同规定。在利用补充合同条款解决双方之间争议时应该与主合同的条款相协调、相配合，从补充合同的措辞看不出该合同条款是对主合同关于质量索赔条款的改变，补充合同只是变更了货款支付方式及增加解除合同的条件和后果的约定。主要体现为以下几个方面：(1)补充合同约定 93% 的货款仍然信用证支付，余款视 SGS 检验报告的情况 T/T，使被申请人的索赔有了 7% 的货款保证。(2)当出现货物不符合合同约定的质量问题、双方协议折价不成时赋予双方当事人解除合同的权利,双方当事人都有权可以解除合同。(3)在解除合同之后,被申请人将货权凭证退还申请人,申请人向被申请人返还93%货款及从支付日到返还日的利息,并承担卸货费和仓储费。但是根本未涉及卖方承担质量不符责任的前提条件的改变,因此,关于卖方承担质量不符责任的前提条件仍然遵从主合同第8条的约定。[1] 根据该规定,买方向卖方索赔要满足如下条件:一是货物到卸货港后经SGS检验出现与合同不符的情况;二是这种不符责任不可归因于保险公司或船公司等第三方;三是索赔应在货物到港后45日内提出。补充合同第3条所述的"货物任何质量不符"应该是指在满足主合同第8条所述的责任承担原则的前提下,除可归因于保险公司或船公司外的任何与合同不符的质量瑕疵,这才是双方在订立补充合同时的真实意思。

主合同第15条规定,风险的转移依据2000年《国际贸易术语解释通则》,双方的贸易方式是CFR。根据2000年《国际贸易术语解释通则》,该贸易术语下,货物毁损风险自货物越过船舷时转移给买方,只要承运人签发了清洁提单或者虽不清洁但批注为合同可以接受的质量问题的提单,所有在卸货港经检验发现的货物毁损的损失应由买方承担,买方可以根据不同的原因向承运人或保险公司索赔。从该有效的主合同条款也可以看出,补充合同第3条所述"货物任何质量不符"应该是指在风险转移给被申请人之前的任何货物质量不符。事实上,就货物在卸货港发现被污染及散捆问题,被申请人已经向船公司进行了索赔,船公司也已经答应赔付。

最后,关于当事人在履行合同过程中的行为。申请人从未认为运输风险应由其承担。面对被申请人提出的货物出现的不可归责于申请人的质量问题,申请人多次邮件通知并提醒被申请人及时向保险公司、船公司索赔。在补充合同订立及货物到港之后,申请人积极敦促SGS商检,并催要SGS报告,在取得报告后又及时发出传真,要求被申请人根据补充合同的规定支付余款。

被申请人以行为表明其认可补充合同第3条中所述的"货物任何质量不符"排

---

〔1〕 主合同第8条原文如下:"In case the quality and/or quantity/weight are found by the buyer to be not in conformity with the contract after arrival of the goods at the port of destination, the buyer may lodge claim with the seller supported by an independent surveyor's (SGS) report, with exception, however, of those claim for which the insurance company and/or the shipping company are to be responsible. Claim for quality/quantity discrepancy should be filed by the buyer within 45 days after arrival of the goods at the port of destination. In the event that the buyer does not make such claim within the above-mentioned time-limit, the buyer shall forfeit its right to make a claim with respect to the quality/quantity discrepancy."

除了可归责于保险公司和船公司的任何货物质量不符。2007 年 10 月 12 日被申请人在发给申请人的邮件中说道："船东确认之后，污染和重新捆扎的费用将由其承担。"这表明被申请人确信 SGS 报告中的货物污染等问题是运输途中产生并向船公司提出了权利主张，而且船东已经同意承担清除污染和重新捆扎的费用，被申请人没有理由再因此类问题向申请人主张折价。2007 年 10 月 23 日被申请人发给申请人的邮件中的第 3 个问题表述为"我们的海事保险人已提出了相应建议。但是除非出具最终和完整的报告，他们在这个阶段不能表示同意或者不同意"，这表明被申请人确信卸货港检验过程中发现的质量问题是保险公司的责任范围并向其提出了权利主张。2007 年 11 月 12 日被申请人发给申请人的邮件第一个问题的第三段中说道："保险人拒绝承担其责任，除非供应商可以证明报告是错误的。"这表明被申请人向保险公司索赔遭到了拒绝后又向申请人主张折价，但是并没有证据证明责任是属于申请人的。

SGS 最终检验报告出来以后，被申请人又以一系列行为表示其也认为，SGS 报告中所述的货物质量问题并不构成与合同规定不符、不是折价的理由。2007 年 10 月 22 日被申请人就收到了上述报告，但是并没有及时向申请人提供并根据报告内容提出质量异议，在申请人的催促下，该报告于 2007 年 11 月 6 日电邮给申请人。2007 年 12 月 3 日被申请人才通过邮件主张折价，但是该邮件并没有提及 SGS 最终检验报告的内容，折价理由为货物末端没有切割、锈蚀、污染，且末端未切割是主要理由，并不属于检验报告所述的质量问题。锈蚀和污染问题是次要理由，而且要么是合同可以接受的，要么是运输途中产生的问题且已由船公司承担了相关费用。由于被申请人的折价主张并非依据相关检验报告作出的，且被申请人已经处分了货物，而申请人对此邮件未作回应，于是被申请人于 2007 年 12 月 5 日发传真声称合同解除要求返还货款，可见被申请人解除合同的依据是 12 月 3 日邮件里的"末端未切割、锈蚀、污染"，而不是 SGS 检验报告里显示的质量问题。

综上所述，双方质量争议的解决应该从双方当事人订约（包括主合同和补充合同）时的真实意思表示和对合同条款全面、综合、正确的理解出发，遵循公平合理的合同原则和贸易惯例。根据中国《合同法》第 78 条的规定，当事人对合同变更的内容约定不明确的，推定为未变更。被申请人忽略主合同与补充合同条款的相互衔接和一致性，违背国际贸易惯例，推翻其已经以行为确认的事实，认为"双方就货物质量问题产生争议时应当适用补充合同第 3 条和第 5 条而不是主合同第 8 条"的理由是不成立的。

2. 被申请人没有证据证明申请人交付货物不符合主合同和补充合同的规定，被申请人无权宣告解除合同

(1)没有证据证明申请人交付货物不符合主合同和补充合同的规定，SGS 报告检验结果不构成与合同约定不符

①SGS 检验报告的效力

被申请人寄给申请人的 SGS 检验报告共 3 页，前 2 页是 SGS 于 2007 年 10 月 22 日出具的最终报告，当时争议货物刚刚卸毕。而第 3 页则是 SGS 于 2007 年 12 月 27 日出具的，距离卸货和最终检验报告已经有 2 个多月，与前 2 页报告没有什么关联性，也不能代表货物到港时的真实状况，被申请人以这页报告中所述的内容主张质量与合同不符是不合理的。因此，双方争议的货物质量问题应该根据 SGS 2007 年 10 月 22 日的最终检验报告与合同约定的相符程度来解决，而 2007 年 12 月 27 日的报告不能成为判断争议货物质量是否与合同相符的有效依据。

②关于被申请人声称货物存在的问题

首先是一级品问题。

根据双方的合同约定，一项质量瑕疵成为折价理由的条件有以下 3 点：第一，这项质量瑕疵明确显示在有效的检验报告上；第二，这项质量瑕疵是不符合合同约定的；第三，申请人对该项质量瑕疵负有责任。2007 年 10 月 22 日的 SGS 最终检验报告并没有表明争议货物不是一级品，所以被申请人认为货物不是一级品构成质量与合同不符的主张是没有依据的。另外，根据主合同和补充合同的相关约定，货物质量问题的衡量依据是合同而非提单或原产地证等其他单证，主合同中的货物品名中并没有一级品的字样，因此，被申请人认为货物不是一级品构成质量与合同不符的主张也是没有合同依据的。

在保持上述观点的前提下，仲裁庭认为，提单和原产地证书上的"新生产的螺纹钢"只是一个货物品名的描述，"新生产的"意指"最新生产的"螺纹钢，它代表的只能是出厂时的货物状态，不是一个质量问题。从订约到货物交付、从货交承运人经过了一段时间的运输到目的港收货检验，认为货物不是一级品的 SGS 报告是 2007 年 12 月 27 日(也就是货物到达目的港露天存放两个多月之后)出具的，根据螺纹钢的性质不可能再是刚刚生产完毕时的状态。

争议货物的供货商 E 生产的螺纹钢是国家免检产品，在国内认知度很高。订立买卖合同之前，被申请人在申请人及港务局相关人员的陪同下到常熟港即装运港看过货物，然后双方才订约、开立信用证。看过货物之后签约事实上就是对货物

状态和品质的认可,表明被申请人在订立合同时就明确知道货物是库存状态的。

因此,从合同订立到货物交付整个过程,被申请人明确知道争议货物的实际状态,交易库存品(stocked material)是双方的真实意思表示。合同中的品名描述并没有一级品的字样,而且主合同第5.5条规定货物诸如“轻微、表面、部分或边缘”等锈蚀状况是可以接受的,这就充分表明该合同项下货物不是“最新生产的”(prime newly produced),而是交易库存品(stocked material)。卸货港的最终检验报告也没有涉及货物不是一级品问题,所以争议货物的状态如何,是否为一级品不构成与合同不符的质量瑕疵,当然不能成为被申请人要求就未支付货款折价的正当理由。

其次是SGS报告的检验结果显示的货损问题。

被申请人所称的SGS报告中不属于主合同可以接受的质量问题的5项内容可以归纳为两个方面:第一,部分螺纹钢一端或整根折弯。第二,10%的货物表面有矿物质。装货港签发的提单批注并没有涉及上述两方面的问题,表明货损风险转移之时,除提单批注的情况外货物的其他质量状况是良好的,申请人交付的是符合合同约定的货物。货物越过船舷之前,双方只是对批注中关于货物锈蚀状况描述是否与合同约定不符有争议,货物越过船舷之后,无论是运输途中或者目的港卸货过程中产生的问题都与申请人无关。按照主合同和补充合同的规定及相关贸易惯例,即使不属于主合同约定的可以接受的质量瑕疵,但是该瑕疵出现在风险转移之后的,也不应成为被申请人以尾款折价的理由。特别需要注意的是,锈蚀问题已经成为焦点问题,在被申请人特别关注货物锈蚀状况的情形下,SGS最终检验报告对锈蚀作出“半数以上或者全部覆盖有轻微表面锈蚀”的描述,这足以证明货物锈蚀状况并没有超出主合同的约定,且符合螺纹钢的通常状态。

最后是关于货物是否适用其通常使用目的问题。

第一,《公约》第35条第2款第a项关于货物不适用于同一规格货物通常使用目的则构成与合同不符的规定的适用前提是双方当事人在销售合同中对品质事宜没有约定。主合同已经规定了货物的质量标准是BS4449/1997,等级为460B,其第5.6条又对可以接受的品质问题进行了具体的列举,因此,上述《公约》条款不具备适用的前提条件,除归责于第三方外的质量问题是否构成与合同不符应该依据合同的相关约定来判断。

第二,在坚持上述答辩意见的前提下,被申请人主张货物已经不符合通常使用目的的同时应该对该类货物的通常使用目的、标准等内容进行证明,仅凭无法反映卸货时货物真实状态的2007年12月27日SGS报告并不能得出货物不适用其通常使用目的的结论。该报告所述的为了准确认定货物是否符合原厂质量，需要对货物的化学成分及机械价值重新分析，但是并没有一个否定的分析结果。10%的货物表面存在矿物质并不必然导致货物不符合通常使用目的，螺纹钢的用途为建筑房屋、道路等工程，即使是新生产出来的螺纹钢，为了增强螺纹钢在使用过程中与混凝土的黏结力，也会将其置于外界存放一段时间，让其产生轻微锈蚀，只要不是化学腐蚀就不会对螺纹钢品质有影响。另外，该报告中“基于我们的经验，我们也无法指出在何种程度上螺纹钢上的矿物质会成为使用过程中的障碍”的表述也是很好的证明。

第三，即使被申请人充分证明货物不符合通常使用目的，如前所述，也因为此种质量问题是申请人依约交货以后产生的，不能成为被申请人要求以尾款折价的理由。

根据上述分析，被申请人声称的货物存在的问题是在运输途中造成的。SGS最终检验报告反而能够证明申请人交付货物的状况是符合合同约定的。被申请人并没有证明申请人交付货物不符，双方就货物折价的基础并不存在，即补充合同第5条的适用前提不存在，被申请人当然不能取消合同。

（2）被申请人已经处分货物，无权宣告解除合同

2007年12月3日被申请人发给申请人的邮件显示，被申请人已经转卖了货物。根据《公约》第82条第1款的规定，买方如果不可能按实际收到货物的原状归还货物，其就丧失宣告合同无效的权利。从法律上来讲，被申请人此种转卖行为是处分其依约取得的货物的行为，与申请人是无关的。既然被申请人已经把货物作为自己有权处分的货物进行了处理，已经无法将货物退还申请人，当然就无权再声明解除合同。

在本案中，被申请人取消合同可能的依据有两个。

一个是依据补充合同第5条的约定，即在SGS报告显示货物与合同不符并可归责于申请人、折扣不能谈定时解除合同，此时被申请人应该向申请人退还提单等代表货权的凭证。但是SGS报告显示的货物瑕疵明显是申请人依约交付货物以后产生的，折价和解除合同的条件不能成就，即使解除的条件成就，被申请人已经在发出解约通知之前出售了争议货物，无法向申请人退还货权凭证，其单方解除合同的行为不具有效力。

另一个可能的依据是法律规定的解约权，即根据《公约》第49条的规定，买方在卖方不履行其在合同或本公约中的任何义务等于根本违反合同的情况下可以宣

告合同无效。《公约》第25条规定了一方当事人违反合同的结果,如果使另一方当事人蒙受损害,以致实际上剥夺了其根据合同规定有权期待得到的东西,即为根本违反合同。依据《公约》上述规定解除合同的,被申请人应该在合理时限内向申请人发出通知,并且双方同时返还。首先,目前没有证据证明申请人交付货物的行为构成根本违反合同,被申请人依据《公约》规定解除合同的条件不成就。其次,即使SGS报告中的质量问题构成根本违约,被申请人2007年12月5日发给申请人的传真也不具备使合同无效的条件。一方面,该传真只是要求申请人返还货款,并没有提出向申请人交付仓单等转移货物提取权利的凭证,随后也没有这方面的行动。如果被申请人真正意图解约,就应该首先向申请人及时交付相关单证然后再要求返还货款。另一方面,该传真要求申请人48小时之内将93%的货款返还被申请人指定账户,否则就转卖货物,这个时限对于申请人来说也是不合理的。

根据《公约》第51条第2款的规定,买方只有在完全不交付货物或不按照合同约定交付货物等于根本违反合同时,才可以宣告整个合同无效。在坚持前述答辩意见的前提下,假设SGS最终检验报告上的批注构成与合同约定不符的,也只是一小部分货物表面状况有问题,而且这些问题并不影响货物的销售,被申请人没有权利宣告整份合同无效,并且在宣告部分解除合同的情况下,被申请人无权转卖货物,当然也不能让申请人承担全部货物的转卖损失。

3. 被申请人的反请求不能成立

综合以上方面,SGS最终检验报告所述的问题并不构成双方合同意指的质量不符,补充合同所述的折价和合同解除的前提不存在,买卖合同有效成立。被申请人接收货物后如何仓储、销售都与申请人无关,是货物在买方的正常商业流转环节,无权向申请人索赔损失,其反请求不能成立。首先,其反请求中要求抵扣的成本——已付的93%货款、卸货费、仓储费、各项费用利息、银行手续费、货物存储保险、船舶逾龄保险、银行信用保险、快递费、销售佣金,都是其依据合同应予支付的款项或为履行合同应当自行承担的商业费用,与申请人无关。其次,被申请人反请求要求抵扣的另一项成本——转售货物的预期利润损失事实上并不存在。被申请人以2007年9月14日的销售合同为基础计算其预期利润,但根据被申请人2007年11月12日给申请人的邮件可以看出,2007年9月14日的销售合同已被取消,买方拒收货物的原因是货物延迟到达而非存在质量问题,申请人此前已因延迟交付而付出降价每吨15美元的对价,所谓的预期利润损失与其声称的申请人的违约无关。

另外,根据权威行业网站查询结果,2007 年 12 月南欧港口钢筋类产品的 CIF 进口价格在每吨 656 美元至 685 美元之间,价格走势是一路上涨的。剔除保险因素,这个月的 CFR 进口价格至少应在每吨 655 美元至 684 美元之间。即使被申请人以最低价每吨 655 美元出售,也远超过其向申请人的购买价每吨 558 美元,被申请人如果以合理价格转卖货物,应该完全能够弥补其声称的损失。

如果被申请人声称其依据补充合同第 5 条解除合同,即使其解除合同的条件已经成立(申请人坚持认为不能成立,理由已见前述),依据该条约定,被申请人只有权取得卸货费和仓储费,除此之外的费用,包括各项银行费用、海事保险、银行信用保险、销售佣金、船舶逾龄保险、快递费等均无权要求申请人承担。

总而言之,如上所述,依据 SGS 检验报告,申请人交付的货物没有与合同约定不符的情况,SGS 报告所述的货物经运输后产生的一些表面瑕疵状况不属于合同约定的应由申请人承担责任的事由。根据《公约》第 82 条第 1 款的规定,被申请人在宣告解除合同之前出售了争议货物,已经丧失了宣告合同无效的权利,合同仍然对双方具有拘束力,被申请人应当依约继续履行支付货款的义务。申请人的仲裁请求有合同和法律的依据。被申请人的反请求不属于申请人依据合同和《公约》应该承担的事项。鉴于以上事实和理由,恳请仲裁庭依法支持申请人的仲裁请求,裁定被申请人向申请人支付 7% 的尾款及利息,并承担申请人的相关法律费用和仲裁费,并驳回被申请人的全部反请求。

双方当事人在庭审过程中以及庭审后的补充书面意见中,均重述了或强调了上文提到的各自的观点。

第二节　仲裁庭意见

(一)本案合同

本案合同由双方当事人于 2007 年 4 月 26 日签订。2007 年 9 月 7 日双方又签署了补充合同。合同约定以申请人为卖方、被申请人为买方进行螺纹钢的买卖,此为常见的国际贸易合同。合同内容经双方协商确定,内容未违反下述适用法律的强制性规定,而且双方对合同的有效性给予一致的确认。为此,仲裁庭认定本案合同有效,为仲裁庭确定双方权利义务的基础。

仲裁庭同时认为,合同为当事双方一致的意思表示。在一个交易中,双方之间的合同约定包含在执行合同过程中双方达成的一致意见,这种意见可能体现在其他文件之中。在涉及信用证支付方式的国际货物买卖合同中,信用证及其修改常常可能构成双方补充约定的合同内容的一部分。在本案中，仲裁庭见到的双方关于货物价格变更的证据即为信用证的修改件——这些文件对双方亦有约束力。

(二)仲裁地与准据法

根据案涉合同第10条的约定，双方当事人约定仲裁地为北京。本案的仲裁地以双方的约定为准。该条同时规定，"本案争议的实体问题应适用《公约》"。在2008年8月29日的预备会议上，双方对本案争议准据法的问题作了进一步讨论，约定"本案争议的实体问题应适用1980年《公约》。在《公约》没有规定的情况下，适用中国的《合同法》"。仲裁庭认为，双方当事人的本意是，如果在某些具体问题上《公约》没有规定，则仲裁庭应适用中国的法律。

(三)双方确认的事实

双方一致确认，2007年4月26日双方签订本案合同，约定申请人以CFR FO CQD条件向被申请人出售BS4449/1997标准、460B等级的螺纹钢5000余吨，单价每吨570美元，并应于2007年4月30日前开出信用证，5月31日前装船。4月30日被申请人通过银行开出信用证，但货物未能在5月底之前装船。6月27日申请人建议被申请人修改信用证的最晚装船日期至7月10日。7月4日被申请人通过邮件要求因迟延装运降价每吨15美元。7月20日被申请人通过开证行修改信用证，将合同单价改为每吨近560美元。7月9日货物装船完毕，申请人将全套单据交开证行要求付款。货物出运后，双方就提单批注的锈蚀描述是否与合同及信用证能够接受描述相符产生争议。8月7日开证行通知申请人单证有两处不符点。9月7日双方订立补充合同，约定被申请人通知银行支付93%的货款，并取得全套单据，余下的7%货款在货物卸下后，视SGS检验报告情况以T/T方式支付。9月12日申请人通过信用证获得93%的货款。货物于2007年9月25日抵达某港，10月12～19日卸货。9月26日SGS开始检验货物，并于10月22日出具最终检验报告。11月6日被申请人将该检验报告电邮给申请人。11月9日申请人传真请求支付7%余款。11月12日被申请人要求解除合同，退货返款。11月14日申请人再次传真要求被申请人支付余款。11月30日被申请人签订转售货物的合同。12月3日被申请人通知货物已经转卖。12月5日被申请人通知申请人解除合同，要求申请人48小时内返还货款。12月27日SGS出具检验报告的最后一页。2008年1月29日申请人提起仲裁。

(四)双方有分歧的事实

双方对下述主要事实存在分歧：第一，补充合同的规定是否改变了主合同关于货物质量的规定;第二,SGS 检验报告中指出的货物质量问题是否构成申请人交付的货物与合同不符。对于前一个问题,申请人认为,没有改变主合同关于货物质量的约定,而被申请人认为已经改变。对于后一个问题,申请人认为,SGS 报告中指出的货物质量问题并不构成申请人交付的货物与合同不符,而被申请人则认为已经构成。

(五)补充合同的第 3 条和第 5 条是否改变了主合同关于货物质量的约定

关于补充合同的约定是否改变了主合同关于货物质量的约定,是双方约定的待决事项的第 1 项,也是双方存在较大分歧的事实问题。究其实质,该分歧围绕在两个问题上:(1)补充合同约定的确定货物质量的时间点在哪里,是在装船时还是卸船时?(2)确定质量的标准是否发生变化?

仲裁庭认为,双方在主合同中约定适用国际商会 2000 年《国际贸易术语解释通则》中关于"成本加运费……指定目的港"作为划分双方风险承担的标准。该通则关于 CFR 的第 A5 条规定:"除 B5 规定者外,卖方必须承担货物灭失或损坏的一切风险,直至货物在装运港越过船舷为止。"本案中未发生第 B5 条规定的情形。双方对主合同约定的货物风险应在装运港越过船舷时移转给买方不存在异议。

补充合同第 3 条约定如下:"如果 SGS 检查结果显示货物和合同规定的规则存在不一致,买卖双方应善意协商以就合理的折扣或者赔偿数额达成一致,该数额应仅从合同价值中扣减。在扣减之后,买方应以 T/T 方式向卖方汇付剩余的合同金额。"

此外,补充合同最后一段约定如下:"在此未提及的合同的其他条款保持有效和不变。"在补充合同中,没有对价格术语 CFR 进行变更的约定。

仲裁庭认为,基于补充合同第 3 条和最后一段的约定,不能认定双方已经改变了 CFR 贸易术语。申请人出售该批货物的价格构成仍然是成本加运费,不包括海运保险等费用。货物风险的转移点依然是货物在装运港越过船舷时。假若货物在海运过程中全部灭失,其风险仍需依照 CFR 规则由被申请人承担,并最终由被申请人投保的保险公司承担。

《公约》第 67 条规定:"如果卖方有义务在某一特定地点把货物交付给承运人,在货物于该地点交付给承运人以前,风险不移转到买方承担。卖方受权保留控制货物处置权的单据,并不影响风险的移转。"《公约》第 36 条第 1 款规定:"卖方应按照合同和本公约的规定,对风险移转到买方时所存在的任何不符合合同情形,负有责任,即使这种不符合同情形在该时间后方始明显。"依据上述规定,本案双方当事人通过约定 CFR 价格术语,将确定货物质量的时间点定为货物在装运港越过船舷时。被申请人特别强调的补充合同第 3 条中"货物的任何质量不一致"的约定没有改变风险的转移地点。因此,合同货物的质量仍应以装船时货物的质量为准,而不是以到货后的货物质量为准。

仲裁庭认为,除非得出不合理的结论,否则合同语言文字的通常含义应作为当事人意图的权威解释。上述条款中的"按照合同标准确定的货物的任何质量差异"(any quality discrepancy of the Cargo according to the specification ofthe contract),清楚地表明了双方约定的确定货物质量的标准。首先,这一规定意味着双方在补充合同中关注的是货物的质量问题。当然,这一补充约定并不减损被申请人依据合同和法律所享有的其他权利。其次,质量差异的确定标准是合同规定的标准。

主合同第 1 条约定了商品规格/标准、尺寸、数量、单价和总价。其中,商品标准为英国关于螺纹钢的标准(BS4449/1997 460B)。双方当事人确认,该标准为英国关于螺纹钢的标准。为此,补充合同第 3 条约定的含义为,任何质量差异应比照英国 BS4449/1997 460B 这一具体标准予以确定。

基于前述分析,补充合同第 3 条关于"依照合同规格确定的货物的任何质量差异"的约定,没有改变主合同关于货物质量的约定,两者是一致的,即均要求按照上述英国标准确定货物的质量。至于补充合同的第 5 条,其内容是确定存在质量差异后的处理安排,与是否改变了关于货物质量的约定没有直接关系。

(六)SGS 报告中指出的货物质量问题是否构成申请人交付的货物与合同不符

SGS 是双方共同选定的货物检验机构,故其检验结果原则上约束双方当事人。双方均提交了 SGS 于 2007 年 10 月 22 日出具的检验报告,共 2 页。此外,被申请人还提交了 SGS 于 2007 年 12 月 27 日出具的一份检验报告,共 1 页,被申请人称只收到此一页,并且它是 SGS 整个检验报告的一部分。从形式上来看,后一报告的编号与前一报告的相同。

10 月 22 日的检验报告显示,与提单数量相比,货物数量有如下差错:直径 12 毫米的货物缺少 5 捆,14 毫米的缺少 42 捆,16 毫米的多出 19 捆,18 毫米的多出 21 捆;总数方面,到货数量比提单数量少 7 捆。

除数量方面的问题外,10 月 22 日的检验报告显示货物存在下述问题:第一,货物表面存在轻微锈蚀现象;第二,有相当数量的螺纹钢一端弯曲或有其他弯曲现象;第三,一定数量的绑扎螺纹钢的金属带破损,但经搬运公司更换;第四,有 10%

的货物表面附着有金属物;第五,货物标签有丢失或不一致现象。

12 月 27 日的检验报告是基于货物表面状态的一些结论性的描述。报告说明没有对货物进行化学和机械分析,但得出结论是不能将该批货物认定为“一级品”。

仲裁庭阅读这 3 页检验报告后发现,它们似乎并非 SGS 出具的检验报告的全部,全部报告至少应有 6 页。10 月 22 日的报告,根据其自己的说明应至少有 3 页,仲裁庭未见该报告的附件一——关于货物标记的检验结果。12 月 27 日的报告与 10 月 22 日的报告具有相同编号,但标明共有 3 页的报告,仲裁庭仅见到最后一页。下述关于检验报告的情况也令人费解:12 月 27 日的报告依然是根据卸货时货物表面状况作出的结论,但却在前一份报告作出后的 2 个多月才出具;在这 2 个多月时间里,正如 SGS 自己所称的那样,它并未按照合同约定的 BS4449/1997 460B 标准对货物的化学成分和机械性质进行检验;此外,依照双方确认的事实,这份报告是在货物已被转售之后才出具的。

确定货物是否符合合同的最重要的依据是当事人在合同中的约定。仲裁庭认为,双方在主合同与补充合同中均约定,质量检验应按照主合同中约定的货物标准(according to the specification of the contract),即 BS4449/1997 460B 标准进行。双方对指定 SGS 在目的港对合同货物进行检验没有异议。但遗憾的是,SGS 报告中没有载明根据 BS4449/1997 460B 标准对本案货物进行检验的结果,没有说明货物表面存在轻微锈蚀情况是否符合该标准。这意味着,仲裁庭从该检验报告中没有获得依据来判断该批货物是否存在双方在补充合同中关注的货物质量差异。仲裁庭同样无法认定货物是否属于“一级品”(Prime)与货物是否符合 BS4449/1997 460B 标准之间存在必然的联系,而对“一级品”(Prime)本身的含义,双方的口头说明存在差异,但都没有提供权威解释。

根据《公约》第 35 条第 2 款的规定,除非货物适用于同一规格货物通常使用的目的,否则将构成与合同不符。关于本案货物的通常使用目的,双方当事人一致确认为各种建筑工程中制作钢筋混凝土而用。在仲裁庭看来,螺纹钢表面存在轻微锈蚀并不影响其在建筑工程中的使用,即并不妨碍其通常的使用目的。当然,符合该货物通常的使用目的还意味着它可以在商业交易中正常买卖。本案货物已经转售给第三人,说明其具有商销性。因此,对于被申请人关于该货物不符合其通常使用目的的主张,仲裁庭不能认同。

至于 SGS 报告中指出的部分螺纹钢弯曲以及表面附着有金属物的问题,在提单中没有提及。考虑到承运人出具提单时对货物表面状况作了批注,意味着其已对货物表面状况进行了观察，但没有注明锈蚀以外的情形，故应认定SGS报告中指出的弯曲和金属附着物问题为货物在装运港越过船舷之后发生的情况，不属于申请人的责任范围。

基于上述分析，SGS报告中指出的问题并未构成申请人交付的货物存在依据合同标准的质量问题，也不构成货物与合同约定不符的情形。补充合同第3条约定的双方协商程序因此也没有进行的依据。然而，这一结论并不等于除质量问题外，货物与合同在其他方面也完全相符，详见下文第(八)部分的分析。

(七)被申请人是否有权取消(cancel)合同并要求返还货款

在补充合同第5条中，双方约定："如双方不能就折扣达成一致，合同就被取消，要约应被视为撤销。"根据双方在庭审过程中澄清的意思表示，所谓"取消合同"实际上意味着《公约》中规定的宣告合同无效，而其后果为双方相应地退货与退款。

被申请人在书面陈述及庭审过程中，确认该批货物已经在2007年12月转售，并提交了相应证据。

《公约》第82条第1款规定："买方如果不可能按实际收到货物的原状归还货物，他就丧失宣告合同无效或要求卖方交付替代货物的权利。"[1]根据秘书处对《公约》草案相关条款[2]的解释，上述条款包含一条基本原则，即宣告合同无效的自然后果是归还原物。如果无法归还原物，则买方丧失依照《公约》第49条的规定宣告合同无效的权利。在本案中，被申请人已将货物转售他人，在客观上已不可能归还该批货物。因此，被申请人丧失了宣告合同无效的权利，即使其宣告在前，转售在后亦同。

退货与退款是密切相关的，既然无法退货并丧失宣告合同无效的权利，依据退货要求的返还货款主张亦无法得到支持。被申请人对反请求的变更实际上意味着其已经放弃了对93%货款退还的要求。

(八)被申请人对本案合同货物的处置是否合理

本待决事项，主要涉及被申请人是否有权获得原合同价格与转售合同价格之间的价差(这是被申请人的反请求之一)，以及如果有权获得，其转售合同的价格是

---

[1] 仲裁庭认为，《公约》第82条第1款的中文本与英文本之间存在差异，英文本比较准确，但这种差异对仲裁庭判定本待决事项没有影响。

[2] 该解释针对《公约》1978年草案第67条所作，后来成为《公约》第82条的内容。

否合理的问题。回答这一问题的前提在于,确定申请人作为卖方是否存在违约,以及如果存在违约,该违约情势是否足以使被申请人作为买方有权根据其转售货物的价格与原合同价格的差额计算损害赔偿数额。

根据本案的实际情况,《公约》的有关规定主要有以下各条或者其中的相关部分。

《公约》第 30 条规定:

卖方必须按照合同和本公约的规定,交付货物,移交一切与货物有关的单据并转移货物所有权。

《公约》第 35 条规定:

卖方交付的货物必须与合同所规定的数量、质量和规格相符,并须按照合同所规定的方式装箱或包装,以及货物适用于同一规格货物通常使用的目的等。

《公约》第 45 条规定:

如果卖方不履行他在合同和本公约中的任何义务,买方可以要求损害赔偿。

《公约》第 74 条规定:

一方当事人违反合同应负的损害赔偿额,应与另一方当事人因他违反合同而遭受的包括利润在内的损失额相等。这种损害赔偿不得超过违反合同一方在订立合同时,依照他当时已知道或理应知道的事实和情况,对违反合同预料到或理应预料到的可能损失。

仲裁庭根据现有证据认为,申请人在履行本合同过程中,完成了《公约》规定的卖方的基本义务,即交货、交单和转移货物所有权。关于货物与合同相符的要求,仲裁庭在上述第(六)部分"SGS 报告中指出的货物质量问题是否构成申请人交付的货物与合同不符"中所作的分析,已经部分回答了关于货物质量是否与合同相符的问题。被申请人本来可以通过 SGS 的检验对质量问题提供确切答案,但仲裁庭未能见到这样的答案。依据申请人提交的证据,仲裁庭相信本案货物的质量符合双方约定的 BS4449/1997 460B 标准。

根据《公约》第 35 条的规定,货物与合同相符的要求不仅体现在货物的质量方面,也体现在货物的数量方面。SGS 检验报告表明,在目的港卸货时,清点的货物数量与提单上标明的数量不一致,而提单标明的数量是合同约定申请人应当交付的数量。现在的问题是这种数量的差异应由谁来负责?

根据《中华人民共和国海商法》(以下简称《海商法》)第 77 条的规定,除承运人或代其签发提单的人作出的保留批注外,提单是承运人已经按照提单所载状况收到货物或者货物已经装船的初步证据。换言之,即便是清洁提单,上面载明的货物数量也可以被其他证据所推翻。本案提单上有如下批注:“托运人装船、理货及计数,数量及质量为托运人所称”(shipper’s load,stow and count,quantity and quality said to be),说明承运人在本案货物装船时并未计数,申请人也没有使承运人承担对货物数量的责任,否则它至少应当使承运人出具提单时不作上述批注。虽然船舶到达目的港的时间比预计的晚很多,但双方没有提供证据说明该船曾在中途发生过任何情况,以致申请人装货的第1号、第2号、第3号和第7号货舱中的货物数量可能发生变化。仲裁庭没有依据亦无理由作出货物的数量在运输途中发生了变化的判断。因此,提单上载明的数量如果与SGS在目的港卸货时清点的数量不同,应当以后者为准。SGS检验报告的结果发现货物存在尺寸的错装,总数缺少7捆。考虑到信用证取消了溢短装的规定,这种短装和错装应视为申请人的违约。但因被申请人未向仲裁庭主张和证明几种尺寸的螺纹钢错装对其造成了任何实际的损失,而且各种尺寸的螺纹钢单价完全相同,故申请人仅应对缺装7捆承担赔偿责任。

依据《公约》的赔偿原则,一方当事人违反合同应负的损害赔偿额,应与另一方当事人因其违反合同而遭受的包括利润在内的损失额相等。换言之,《公约》规定的损害赔偿基于违约且需与违约相关。在本案中,申请人交付的货物不存在违反合同标准的质量问题。货物数量与合同约定虽有差距,但差额不到总数的千分之三,属于轻微违约,被申请人有权拒绝支付超出实际交货数量的价款,但无权宣告合同无效。此外,被申请人的损害赔偿请求是基于货物质量与合同不符的,与短装这一行为无关。因此,申请人虽有短装违约,但被申请人无权获得损害赔偿,也无权向申请人主张“价差”。

基于上述分析,被申请人转售货物是本案合同后的销售行为,与申请人无关。被申请人依《公约》无权请求价差或其他损害赔偿,因此也谈不上对本案合同货物的处置是否合理的问题。

(九)申请人的各项仲裁请求是否应予支持

申请人共提出了3项仲裁请求:

1. 裁决被申请人依据合同约定向申请人支付货款余额20万美元及从2007年10月23日起至支付日止的利息(根据同期伦敦同业拆借利率LIBOR 5.08% +2%计算);

2. 裁决被申请人承担申请人因本案发生的不超过仲裁标的10%的法律费用;

3. 裁决被申请人承担本案仲裁费用。

关于货款余额的请求,双方一致确认,申请人已经收到合同价款的 93%,尚有 7% 的货款没有支付。依据修改的信用证,货款总额为约 280 万美元,7% 应为约 20 万美元。按照补充合同第 4 条的约定,被申请人应不迟于 2007 年 10 月 25 日(检验报告出具之日后的 3 个工作日内),将剩余的货款支付给申请人。被申请人未支付剩余货款的行为构成对合同义务的违反,应承担相应的违约责任。但是,仲裁庭同时认为,该货款数额应减去申请人交货缺装 7 捆货物的相应货款。根据提单记载的螺纹钢的捆数与重量计算出的每捆重量大体相同,接近 2 吨。其中,缺少最多的是直径为 14 毫米的螺纹钢。依提单记载直径为 14 毫米的螺纹钢总重量为 965.026MT,总捆数为 493 捆,由此计算出每捆重量如下:

965.026(MT) ÷ 493(捆) = 1.95746(MT/捆)

根据修改的信用证,螺纹钢的单价为每吨约 600 美元。应减款项计算为:

600(美元) × 1.95746(MT/捆) × 7(捆) ≈ 8000(美元)

被申请人应支付货款余额总计约 21 万美元。

关于利息请求,《公约》第 78 条规定:"如果一方当事人没有支付价款或任何其他拖欠金额,另一方当事人有权对这些款额收取利息,但不妨碍要求按照第 74 条规定可以取得的损害赔偿。"为此,申请人应有权获得欠付货款的利息。仲裁庭认为,利息的计算应以欠款数额为本金,以享受优惠利率的借款人可获得的银行短期贷款利率为利率,以应付货款之日起至本裁决之日止为计息期间。计算利息的本金应为 18 万美元(拖欠货款减去应由申请人承担的船舶逾龄保险费),利率为当天 3 个月的伦敦同业拆借利率(LIBOR)5.08%,外加 1%,期限为从 2007 年 10 月 25 日起至 2009 年 1 月 15 日止(每年按 360 天计)。

申请人第 2 项请求为裁决被申请人承担申请人因本案发生的不超过仲裁标的 10% 的法律费用。仲裁庭理解该请求中的仲裁标的是指申请人请求的拖欠货款的具体数额,即 20 万美元。该金额的 10% 为 2 万美元。申请人提交的其花费的法律费用的证据超过该数额。本案合同第 10 条最后一段约定:"仲裁费应由败诉方承担。"根据贸仲《仲裁规则》第 31 条的规定,仲裁费包括仲裁员的费用、仲裁机构的管理费、仲裁庭聘请专家的费用、当事人为进行仲裁而发生的法律和其他费用等。仲裁庭认为,当事人通过选择该仲裁规则而授权仲裁庭可以裁定由败诉方承担胜诉方花费的合理律师费用。在本案中,被申请人欠付货款是导致本案仲裁的主要原因和违约行为,申请人亦有轻微的违约行为。申请人的主要仲裁请求得到支持,被申请人的主要反请求未能得到支持[详见下面的第(十)部分的分析]。因此,被申请人应承担部分申请人的法律费用。仲裁庭认为,该数额应以6000美元为宜。

关于要求被申请人承担本案仲裁费的请求,应当是指除前述律师费用外的,当事人双方缴纳的仲裁员的费用和仲裁机构的管理费用。根据本案的具体情况,仲裁庭认为,这一费用应由申请人承担其中的10%,由被申请人承担90%。

(十)被申请人的各项仲裁反请求是否应予支持

被申请人最初提出7项仲裁反请求,总金额约为300万美元,后修改为3项反请求(差异原因主要是被申请人后来将合同货物转售,并将转售的货款从反请求数额中减除所致),具体如下:

1. 裁决申请人赔偿被申请人的全部损失36万余美元;

2. 裁决申请人承担被申请人因仲裁而发生的法律费;

3. 裁决申请人承担仲裁费用。

关于要求申请人赔偿全部损失的反请求,被申请人的主要依据为申请人交付的货物质量与合同不符。对此,仲裁庭在上文中已阐明其主要观点,即本案货物在质量方面符合合同约定的标准。数量方面有很小比例的短装,虽应视为违约,但其法律后果仅为申请人无权对短装部分收取货款,并不赋予被申请人宣告合同无效和获得损害赔偿的权利。因此,被申请人在履行本案合同的过程中发生的各项费用(除船舶逾龄保险费外),以及在成为该货物所有人后发生的费用,均为正常的交易费用,应由被申请人自行承担。

本案证据表明,装运本案合同货物的船舶船龄超过20年,申请人亦承认此事实。按照合同第3.7条的约定,由于船龄超期导致被申请人额外支付船舶逾龄保险费逾5700欧元,此费用应由申请人承担。欧元与美元的汇率应按保费支付之日(2007年8月23日)的汇率计算。各国银行该日公布的汇率不尽相同。仲裁庭认为,该汇率应以1欧元比1.355美元较适宜。

对船舶逾龄保险费的反请求,仲裁庭予以支持。此外,对于被申请人第一项反请求中的其余内容,仲裁庭不予支持。

关于裁决申请人承担被申请人因仲裁而发生的法律费用的反请求,仲裁庭认为,在本案合同的执行过程中,基于证据所判定的事实为被申请人应承担主要的违约责任(未依约定支付货物的余款),且其主要的反请求均被驳回,因此,其所发生的法律费用亦应由其自行承担。

关于要求申请人承担仲裁费用的反请求,仲裁庭已在关于申请人的最后一项仲裁请求中阐明了立场。为此,被申请人应承担仲裁员费用与仲裁机构管理费的

90%，申请人承担10%。

六、2009年儿童帐篷买卖合同案

第一节　当事人主张

2008年6月25日申请人与被申请人签订编号为D*3的采购订单。根据该采购订单，被申请人向申请人采购9.4万余件儿童帐篷，货物单价约为4美元，合同总价近37万美元；交货日期为2008年8月10日，方式为FOB中国某港；支付条件为20%预付，80%装船前电汇。由于被申请人多次变更对货物的要求，申请人货物生产成本增加，周期延长。经双方协商，变更了采购订单部分内容，于2008年8月1日签订编号为08号的售货合同。售货合同将货物单价上调至逾4美元，合同总价相应调整为39万余美元；装运时间修改为2008年8月至9月；增加了仲裁条款，约定在贸仲北京仲裁；买方付款条件变更为7万余美元生产前电汇，余款32万余美元装运前电汇。

（一）申请人仲裁请求

申请人认为，其已如约履行了全部义务。2008年6月25日签订采购订单后，申请人即于2008年6月26日同第三方C公司签订了与订单货物规格、数量完全一致的购销合同。2008年8月1日申请人与被申请人签订编号为08号的售货合同后，申请人即与C公司相应变更了购销合同。申请人备齐了货物并经被申请人以及被申请人客户方指定的第三方检验机构检验合格。申请人认为，其有权要求被申请人按照合同约定付清全部货款后提取货物。

而被申请人未履行合同约定的买方义务。被申请人在支付15万余美元预付款后至申请人提起本仲裁请求，没有根据售货合同约定在货物装运前付清货物余款24万余美元。同时，由于该货物属于专为被申请人生产的、第三方有知识产权的特定货物，故申请人无权处分货物，所以被申请人无权解除合同。被申请人违反付款义务致使申请人货物无法出运，资金占压，合法权益遭受严重损害。另外，由于被申请人的违约行为，申请人无法履行与C公司的购销合同，该公司已经对申请人提起诉讼，使申请人蒙受了经济和商誉损失。

根据上述理由，申请人请求仲裁庭裁决：

（1）请求裁决被申请人继续履行08号售货合同，即向申请人支付余款24万余美元；

(2)请求裁决被申请人承担申请人预付的案件受理费、案件仲裁费及其他相关仲裁费用;

(3)请求裁决被申请人承担因本仲裁产生的其他必要费用。

(二)被申请人答辩及反请求

1.被申请人对事实的陈述

2008年5月底被申请人收到D公司的订单,以单价近5美元采购9.4万余件儿童帐篷。这些货物是D公司为2008年的感恩节和圣诞节订购的,已经取得了相关知识产权人的许可。

为了准备这些货物,被申请人于2008年6月24日向申请人汇款7万余美元,作为D*3号订单20%的预付款,并和申请人于2008年6月25日签订了D*3号订单。2008年7月申请人称不能在2008年8月10日交货,并提出了延长交货期及提高货物单价的要求。双方于2008年8月1日达成08号售货合同,其中允许分批装运。

2008年8月申请人称货物备妥,要求被申请人支付全部货款。2008年9月5日被申请人就货款的支付与申请人电话协商,要求申请人在被申请人再支付8万美元的情况下发运全部货物,申请人同意了该请求。被申请人于9月6日通过电子邮件向申请人确认双方达成的一致意见为:被申请人再支付8万美元,则申请人安排出运全部货物,余款在被申请人收到全部货物后30日内电汇给申请人。申请人在对该电子邮件的回复中确认会在收到付款后安排出运。被申请人认为,双方此时已经就付款条件达成了修改协议。

根据上述修改协议,被申请人于2008年9月9日向申请人汇付8万美元货款。2008年9月16日申请人通知被申请人其已收到被申请人的8万美元货款,但由于其与加工工厂就货款支付问题不能达成一致,工厂拒绝发货。被申请人于次日通过电子邮件要求申请人按照修改协议的约定安排出运,但申请人以工厂不放货为由拒绝履行交货义务。据被申请人查证,申请人没有将被申请人支付的8万美元货款支付给工厂。

由于申请人拒绝按照修改协议的约定发运货物,为减少损失,被申请人要求申请人交付已经支付了货款的价值15万余美元的货物。因为合同属于可以分批装运的合同,被申请人认为该要求是合理的。但是这一要求被申请人拒绝,故合同全部未能履行。从2008年9月17日到10月中旬,被申请人一直与申请人协商要求申请人全部或部分履行发货义务,但申请人明确表示如果收不到全部货款,将不交付货物。

由于货物已经赶不上美国的感恩节和货物有季节性的原因,2008 年 10 月 24 日 D 公司取消了原订单中的 4.9 万余件货物,只保留了 4.5 万件。因为申请人拒绝全部或部分交货,被申请人只能从其他工厂采购。

2008 年 11 月 7 日被申请人宣告其与申请人之间的合同解除。

2. 被申请人的答辩

(1)法律适用

中国和美国都是《公约》的缔约方,所以本案应当适用《公约》。

(2)申请人与被申请人达成了修改协议,双方应按新协议履行

申请人和被申请人已经于 2008 年 9 月 5 日就修改原合同的付款条件口头上达成一致,并经双方电子邮件确认,符合《公约》第 29 条关于合同修改的书面要件。根据该修改协议,双方同意由被申请人再支付 8 万美元,申请人安排出运货物,货物的余款在收到货物后 30 日内电汇给申请人。

在货物买卖合同中,对于合同的修改可以是有条件的,也可以是无条件的;一旦双方修改了合同,就都应按照修改后的合同履行。在本案中,申请人在 2008 年 9 月 5 日已经无条件同意对原合同付款条件的修改,应该按照修改后的合同履行,故申请人依据原合同主张被申请人没有支付全部货款而违约是没有依据的。

(3)申请人不出运货物违反了修改协议

基于被申请人对申请人在 9 月 5 日作出的承诺的信赖,被申请人依照修改协议的约定向申请人支付了 8 万美元货款,履行了付款义务。而申请人在收到 8 万美元货款后,以其下家工厂不同意出货为由拒绝交付货物,已经根本违反了修改协议。申请人与工厂的约定是独立于申请人与被申请人之间的合同的,工厂不同意出货不能作为申请人违反其与被申请人之间协议的理由。

申请人拒绝按照修改协议的约定交货,已经构成违约。按照《公约》第 49 条第 1 款第 b 项的规定,被申请人完全可以解除合同,宣告合同无效。申请人作为违约方无权要求被申请人继续履行合同中的收货及付款义务。

(4)申请人拒绝被申请人提出的发运 15 余万美元的部分货物的请求,无权要求被申请人赔偿该部分损失

被申请人认为,即使申请人不承认修改协议的效力,认为被申请人仍应按照原合同的付款条件支付全款后才能要求申请人发运部分或全部货物的观点也是错误的,其原因有两个。

第一,本案是分批交货合同,根据《公约》第 73 条的规定,部分合同不能履行时,守约方也仅可以宣布那一部分合同无效,而不能解除整个合同。本案合同已明确约定货物是可以分批装运的,故即使原合同有效,在被申请人没有支付余款的情况下,申请人也没有理由解除整个合同,其有义务至少交付 15 万美元的等值货物。

第二,即使被申请人违约,依据《公约》第 77 条的规定,申请人也有义务采取合理措施以减少损失。申请人知道第三方对货物享有知识产权,不能随意转卖货物。所以,申请人应当考虑货物特性,采取合理措施减少其自身、其下家工厂及被申请人可能的损失。因此,申请人拒绝被申请人提出的出运 15 万美元货物的合理要求,没有尽到减轻损失的义务,至少其对该部分货物积压的损失无权要求被申请人继续履行合同接收货物。

3. 被申请人的反请求

根据《公约》第 49 条第 1 款第 b 项的规定,卖方违反修改协议的约定不交货的情况下,被申请人可以宣告合同无效。根据《公约》第 81 条的规定,申请人应归还被申请人支付的共计 15 万余美元价款。

被申请人认为,根据《公约》第 74 条的规定,申请人应赔偿被申请人基于合同的履行本来可以获得的利润。由于申请人违约不发运全部或部分货物,D 公司取消其与被申请人 4.9 万余件货物采购,故被申请人因申请人违约而遭受的利润损失至少为 3.8 万余美元[4.9 万余件 × (近 5 – 逾 4) 美元]。

综上所述,被申请人提出以下仲裁反请求:

(1) 被申请人请求裁决申请人退还被申请人已支付的货款 15 万余美元;

(2) 被申请人请求裁决申请人赔偿被申请人的利润损失,至少为 3.8 万余美元;

(3) 被申请人请求裁决申请人承担被申请人基于本案支付的律师费、仲裁费等办案费用。

(三) 申请人对反请求的答辩意见及变更仲裁请求申请

1. 申请人对事实的陈述

2008 年 7 月 25 日被申请人给申请人发电子邮件,同意分批装运,并列明了 8 月 10 日、8 月 16 日和 8 月 23 日 3 个交付日期 9 个港口的配货数量。申请人回复的电子邮件中对两个港口的配货数量作了调整。2008 年 7 月 31 日被申请人以电子邮件方式向申请人发出已经签署过的 3 份修改后的订单,订单号码分别为 D * 3、D * 3A 和 D * 3B,3 份订单的装运日期分别为 8 月 10 日、8 月 16 日和 8 月 23 日,各批货值依次为19万余美元、近7.4万美元和近12.6万美元。

在合同约定的货物交付日期之前，申请人多次要求被申请人支付余款。被申请人分别于2008年8月6日、8月16日和8月20日以未收到上家付款、自身资金调整等理由明确拒绝履行付款义务。直至合同约定的最后一批货物的交货日期(2008年8月23日)，被申请人仍未支付余款32万余美元，构成对申请人的严重违约。

2008年9月6日被申请人明确表示愿意支付8万美元并于30日内付清余款。2008年9月18日申请人通过电子邮件发给被申请人修改后的售货合同，合同写入了已经支付的金额，规定余款24万余美元在装运前支付。合同正文中，申请人通知被申请人其已“将合同的付款做了修改，将已经支付的金额写了上去，并且保证在收到全部余款以后立即出运货物”。2008年9月20日被申请人在回复的电子邮件中对此表示感谢，并要求申请人提供原件或扫描件，以便转发给被申请人的财务部门。

被申请人再次违背约定，拒绝支付余款，导致货物未能出运。

2. 申请人对被申请人仲裁反请求的答辩

被申请人提出的各项反请求都是以“被申请人有权宣告合同无效”这一观点为前提的，但被申请人作为违约方无权宣告合同无效。因此，被申请人基于“宣告合同无效”提出的各项反请求不应得到支持，理由如下。

(1)合同中关于双方权利义务以及履行顺序的约定明确具体，被申请人违约事实清楚

被申请人未按照售货合同以及D*3、D*3A、D*3B 3份采购订单的约定，在2008年8月10日、8月16日和8月23日分批装运前支付相当于合同总金额80%的余款。违约后，被申请人在申请人给予的履行宽限期内仍未履行。根据《公约》第80条的规定，被申请人作为违约方无权就申请人拒绝释放货物的行为主张申请人违约，也就无权以“申请人违约”为由宣告合同无效。

(2)被申请人所陈述的所谓修改协议的内容不真实，且不能证明其主张

被申请人自称其于2008年9月5日与申请人达成口头协议，但缺乏任何直接证据证明该口头协议的真实性和内容。中国至今仍对《公约》第11条声明保留，故所谓“2008年9月5日口头协议”并不成立。

被申请人对所谓修改协议的内容表述存在严重错误，虚构了事实。被申请人9月6日电子邮件的正确翻译应当是：“根据上次的通话，我们(被申请人)同意再支

付8万美元并于30日内电汇余款。”被申请人为了支持其主张,改变电文内容,在译文“支付8万美元”后面添加了“则申请人安排出运全部货物”的字样,又在译文“30日内电汇余款”前面添加了“被申请人收到全部货物后”的字样。

被申请人认为,“收到水单我可以让财会去查账的,然后好安排以后的出运工作”的答复表明申请人确认会在收到付款后安排出运。至此,双方已经就原合同中的付款条件进行了更改,达成了新的协议。申请人认为,上述电文内容表述非常清楚,并未表示如果收取了被申请人8万美元就免除被申请人在装运货物前应当支付余款的义务。

(3)被申请人因未履行与申请人的合同而遭受的所谓利润损失(如有)应由其自行承担,与申请人无关

申请人认为,被申请人关于D公司取消原订单中4.9万余件货物的利润损失应由申请人承担的主张不应得到支持。首先,被申请人自称的“利润损失”的真实性值得怀疑,其作为证据提交的D公司的两份订单均无双方签署的痕迹。其次,被申请人与D公司的合同关系独立于本案合同。被申请人未能取得货物以按时交付是因为其对申请人违约造成的,申请人对于上述订单的取消没有过错。最后,订单取消是在2008年10月24日,这个日期距本案合同约定的最终履行日期逾期两个多月,也明显晚于申请人给予的宽限期。这表明如果被申请人按照合同和在此以后双方达成的救济措施履行义务,就可以避免订单取消。因此,即使被申请人确因订单取消蒙受损失的,申请人对此也没有过错,不应承担任何责任。

(4)申请人拒绝向被申请人交付15万美元等值货物,并未违反“合理控制损失”的义务

首先,被申请人提出“发运价值15余万美元的部分货物”的要求是附条件的。被申请人于2008年9月27日要求申请人交付15万美元的货物,并提出“货物到达美国以后,由D公司决定是否还要剩余的货物。如果要,双方再讨论付款问题,如果不要,申请人也不能自己处理货物”。因此,如果申请人接受了该要求,就可能丧失对剩余货物24万余美元货款的请求权,并且还要为无法转卖的剩余货物向下家工厂偿付巨额债务。所以,申请人为了避免更大损失而拒绝了被申请人的这一要求。

其次,申请人对被申请人的信用产生了合理怀疑,在被申请人已经违约的情况下,拒绝被申请人提出的该要求是申请人为了避免损失扩大而采取的合理措施。2008年9月申请人发现了宁波海事法院公布的某份民事判决书。该判决显示,中

国浙江宁波某公司曾向本案被申请人出口货物；货物抵达目的港后，收货人（本案被申请人）向被告承运人无单提货，致使原告丧失该单货物的货款。上述判决显示的被申请人的不良信用记录使申请人有充分的理由怀疑被申请人在收到15万美元的货物后是否会为剩余24万美元的货物付款提货。因此，申请人未接受被申请人提出的附条件交付15余万美元等值货物的要求，以避免蒙受更大损失。

（5）被申请人无权以所谓"货物季节性原因"向申请人主张任何权利

首先，本案合同货物并不具有"季节性"商品的特征。与节日商品不同，本案合同货物是儿童游戏时使用的帐篷，外观和功能上均不受限于"万圣节"或"圣诞节"等节日目的，完全适合在任何时期销售。另外，被申请人是大型玩具贸易商，儿童帐篷是被申请人常年供应的常规商品。直至申请人提交本答辩意见之日，被申请人网站上仍然有与本案合同货物一模一样的儿童帐篷供大众购买。

其次，被申请人在向申请人采购货物时并未告知申请人合同货物具有季节性特点，合同中也没有相关内容的提示条款，申请人对该货物的季节性特性（如有）并不知情。被申请人的上家向被申请人采购货物时表达的采购目的仅仅约束被申请人，与申请人无关。

3. 申请人变更仲裁请求的申请

被申请人在其答辩及反请求书中已明确表示，其以申请人违约为由主动提出宣告合同无效，申请人认为被申请人不再具有继续履行合同的诚意，要求被申请人以诚信务实的态度继续履行合同已经不切实际。因此，申请人依据《公约》第64条第1款第b项和第74条的规定，宣告合同无效，并要求被申请人赔偿如下损失。

（1）被申请人赔偿申请人因信赖和履行合同而遭受的直接损失和利润损失

本案合同货物是特定物。合同货物全部印有第三方授权被申请人使用的图案，在明显位置均缝制了印有被申请人商标的布标，货物说明书和外包装纸箱均印制了被申请人的名称，包装纸箱均贴有被申请人上家的箱贴，外包装箱全部印刷了被申请人上家指定的唛头。因此，合同货物已经完全特定化。即使被申请人同意申请人转卖，客观上也无法另行销售，而被申请人作为该货物唯一合法的买方却拒绝按照约定的程序提货，所以本案合同项下的全部货物对于申请人已经没有任何商业价值。申请人的直接损失和利润损失应当等于合同总价款扣除被申请人已付货款后的余额：

39万余美元 - 15万余美元 = 24万余美元

(2)被申请人应向申请人就迟延支付的货款支付自违约之日起至申请人提出请求之日止的利息

申请人应收货款的利息损失应当等于“被申请人应付货款余额”与“同期汇率”、“银行日利率”及“迟延支付天数”之积。鉴于2008年9月12日申请人收到被申请人第二笔货款,故迟延支付货款的利息应分两段计算:

①2008年8月11日至9月12日(共32天):

32万余美元×6.8448×0.0002988×32=人民币2万余元

②2008年9月13日至2009年2月12日(共154天):

24万余美元×6.8321×0.0002988×154=人民币7万余元

以上两项利息损失相加的总和为人民币9万余元。

(3)被申请人应赔偿申请人为解决本案合同争议而发生的费用

尽管被申请人违约后申请人曾给予被申请人宽限期,但这并不意味申请人放弃了追究被申请人违约责任的权利。根据《公约》第61条第1款第a项和第63条之规定,在买方不履行合同义务时,卖方可以规定一段合理时限的额外时间,让买方履行义务。但是,卖方并不因此丧失其对迟延履行义务可能享有的要求损害赔偿的任何权利。

综上所述,申请人最终变更后的仲裁请求如下:

(1)宣告申请人与被申请人之间的合同无效;

(2)被申请人赔偿申请人直接损失和利润损失24万余美元;

(3)被申请人向申请人支付迟延付款的利息损失人民币9万余元;

(4)被申请人赔偿申请人为解决本案争议而支付的律师费、仲裁费、差旅费以及其他必要的办案费用。

(四)被申请人的补充答辩

1. 被申请人对案件事实的补充陈述

被申请人认为,2008年5~8月就订单的签订及修改、备货、销售合同的签订等交易过程,双方当事人并无大的争议。双方就事实部分的争议主要集中在两点:一是被申请人的付款问题;二是2008年9月初双方是否达成补充协议对付款和交货作出新的安排。

2008年9月5日被申请人与申请人在电话上达成协议:被申请人再付8万美元,申请人出运货物,余款30日内付清。2008年9月6日被申请人发送电子邮件将上述协议用书面的形式加以确认。申请人在2008年9月10日对该电子邮件的回复中确认会在收到货款后安排出运。至此,申请人与被申请人之间就原合同的付款条件已经进行了更改,达成了新的修改协议。

2008 年 9 月 16 日申请人通知被申请人其已收到被申请人支付的 8 万美元,试图安排出运,但由于其与工厂就货款支付问题不能达成一致,工厂拒绝发货。

被申请人在 2008 年 9 月 18 日致函申请人,要求其制作形式发票以体现申请人已收到被申请人货款总计 15 万余美元。但申请人制作的形式发票体现被申请人已付款金额,申请人就在合同上更改已付款金额并发送给被申请人。申请人在得知工厂不放货的情况下,利用被申请人要求其确认已收到款项的机会,单方修改合同即将付款条件又改回“收到全款后出货”。被申请人对于这一修改合同的行为没有认可。

被申请人始终要求申请人根据修改协议的约定出运全部货物,但为减少损失和履行与上家的订单,被申请人于 2008 年 9 月 26 日提出希望由申请人先行发运 15 余万美元货物以减少双方损失。但申请人拒绝了这一要求。2008 年 9 月 30 日被申请人再次电邮申请人,要求申请人交付全部货物,或先行交付 15 余万美元的货物。申请人在回复中坚持要求被申请人支付货物的全款。

2008 年 10 月 24 日 D 公司取消了原订单中的 4.9 万余件货物,保留了 4.5 万件。鉴于申请人明确表示在收到全部货款前不会交付货物,也不接受被申请人提出的转让信用证建议,被申请人只能从其他工厂采购。

2008 年 11 月 7 日被申请人宣告其与申请人之间的合同解除。

2.“支付部分货款后全部出货”的修改协议真实、有效

修改协议是双方的真实意思表示。申请人在其 2009 年 2 月 12 日的答辩意见中称:申请人从来没有在邮件中明确表示收到 8 万美元后就出运全部货物,只表明了出货和安排出运工作,并不是出运全部货物的意思。申请人的观点在三个方面是错误的。

第一,双方提交的多份电子邮件表明,“出货”意味着在收到部分货款后出运全部货物的意思。这一意思表示从双方转让信用证不成,申请人转而提出“支付 30% 货款后出运”的多封邮件中均可证明。另外,在 2008 年 9 月 16 日电子邮件中,申请人称工厂坚持收到全部货款才出货,这里的“出货”就是全部出运货物的意思。

第二,双方修改付款条件就是为了继续履行合同。如果支付了 8 万美元而不出运全部货物,双方应该就货物如何交付有一个安排,但这在当时双方的商谈中没有体现。

第三,被申请人后来要求申请人出运部分货物申请人没有答应,这证明当时申

请人出货的意思表示就是出运全部货物。

因此，修改协议中出运全部货物的协议是双方真实的意思表示。

（五）申请人代理意见

1. 双方在本案合同中的履行顺序明确，不曾更改

申请人认为，本案的焦点集中在于，双方是否在 2008 年 9 月达成了补充协议？如果达成了补充协议，协议的内容是什么？是维持原合同确定的"付清全款后发货"的原则，还是打破了该原则就双方的履行顺序作出了重新安排？

申请人认为，被申请人提交的 2008 年 9 月 6 日和 9 月 10 日的两封电子邮件载明的是双方的意思表示。且无论该意思表示的真实内容是什么，仅从作出意思表示的时间顺序来看，即便该意思表示与双方此后（2008 年 9 月 18 日和 20 日）达成的合意存在冲突，也应当以双方在后达成的合意为准。

被申请人在庭审中将"T/T30"解释为"出货（shipment）后 30 天电汇"是错误的。由于《公约》中没有相关规定，申请人认为就"合同条款的解释"应当适用中国法律。根据中国《合同法》第 125 条的规定，申请人对邮件中关于"We had agreed to move forward on the ＄80K additional down payment and T/T 30 for the rest of the balance"进行了解释。

①文义解释。原文中与"30 日内电汇余款"最接近的一个时点是"再支付 8 万美元"，因此，上述电文应当理解为"被申请人同意再支付 8 万美元并于随后的 30 日内电汇余款"。

②整体解释。无论是双方此前达成的多份采购订单还是售货合同，均确定和重申了"付清全款后"发货的履行顺序。特别是在该意思表示作出之后的 2008 年 9 月 18 日和 20 日，双方又明确地重申了合同确定的履行顺序。因此，即便 9 月 6 日电文中存在模糊的表述，也完全可以通过此后双方作出的明确表述予以补足。

③按合同目的解释。本案争议合同是双方的首次交易；合同货物是特定物，具有不可转售的特性；买方支付的预付款仅占货款的 20%，申请人从交易一开始就处于劣势地位。正是基于这样的交易背景，双方才在付款条件上作出了"付清全款后发货"的安排，以保障作为卖方的申请人的交易安全。在被申请人已经违约的背景下，在双方就多种解决方案磋商未果且诸多事实表明被申请人信用不良的情况下，申请人不可能背离合同确定的对其较公平的交易原则而冒险接受对其明显不利的"先发货后付款"的安排。

④参照习惯或惯例原则解释。"T/T"即"电汇"，是国际贸易实践中的常用术

语。“T/T 30”的字面意思就是“30 日内电汇”。国际惯例中不存在将“T/T 30”解释为“出货(shipment)后 30 天电汇”的惯例。本案争议合同是双方第一次交易,不存在之前的交易习惯可供参考。双方也没有在合同的缔结和履行过程中有这样的表达习惯。

⑤参照诚实信用原则的解释。即便该表述存在歧义,鉴于被申请人是该表述的作出方,仲裁庭也不应当采信对被申请人单方有利的解释。基于诚信公平的合同原则,当一方作出语意含糊的表述且对该表述存在两种以上的解释时,应当选择对作出该表述的一方不利的解释。

申请人认为,被申请人以其对 2008 年 9 月 6 日及 10 日的两封电子邮件的错误表述为“事实依据”而试图论证的一切主张和论点,均因缺乏真实的事实基础而不应被采纳。

2. 被申请人拒付货款构成违约,申请人拒绝交货于法有据

在被申请人不履行其在先义务的情况下,申请人有权依据《公约》第 80 条和中国《合同法》第 67 条的规定行使先履行抗辩权,拒绝释放货物。被申请人在违约后,曾于 2008 年 9 月 27 日向申请人提出“附条件交付 15 万美元等值货物”的无理要求,该要求的实质是“要求对 15 万美元货物以外的剩余货物(货值 24 余万美元)赋予被申请人单方解除合同的权利”,是背离合同公平和诚信原则的无理要求。考虑到本案合同货物不可转售的特性,申请人拒绝该等无理要求,是为了避免损失进一步扩大而作出的合理选择。

(六)被申请人最终陈述

1. “支付部分货款后全部出货”的修改协议真实、有效

修改协议是在申请人提出的“支付部分货款后全部出货”建议的基础上形成的。修改协议的内容与申请人之前多封电子邮件中的建议相呼应,形成一个有效的证据链条。在转让信用证、货物降价等其他方案均未能达成一致的情况下,双方就该建议再次进行了电话磋商,就再支付 8 万美元则全部出货达成了最终的一致意见。

对于申请人提出的要约已经因为被申请人拒绝而失效的观点,被申请人认为,就申请人 2008 年 8 月底提出的“被申请人支付部分货款,然后申请人出货”的建议,在申请人提出建议当时双方未能达成一致并不影响双方在 2008 年 9 月 5 日再次就该方案进行磋商并达成一致。而 2008 年 9 月 6 日被申请人发给申请人的电子邮件是对双方 2008 年 9 月 5 日达成一致的确认,申请人在 2008 年 9 月 10 日对该

电子邮件的回复中再次确认会在收到货款后安排出运。修改协议已经成立并对申请人具有约束力。

申请人称“30日内电汇”之“30日”的起点是2008年9月5日，协议是被申请人先支付8万美元货款，余款在2008年10月5日前付清，申请人在收到全部货款后安排货物出运。至于劝说工厂发货，申请人解释为是应被申请人的“请求”去试探工厂态度，并非基于修改协议去履行交货义务。被申请人认为，申请人的上述解释是不真实的。

第一，申请人在2008年9月10日回复被申请人电子邮件时表示会让财务确认是否收到8万美元货款，以“好安排以后的出运工作”，没有提到要在收到全部货款后才出运货物。

第二，申请人9月16日向被申请人说明无法出运货物时，称“现在的问题是，工厂虽然收到预付款，但是态度非常强硬，要求付清全款才出货。我已经尽力劝说”。这表明申请人与被申请人之前达成的协议是不需要被申请人支付剩余货款的。只是在工厂拒绝出货后，申请人又背离承诺，想让被申请人支付余款。如果双方达成的协议是申请人在收到全部货款后安排货物出运，申请人就不需要在收到8万美元货款后就催促工厂发货。申请人去工厂安排出货，是申请人履行与被申请人达成的修改协议试图交付全部货物的表现。

第三，申请人从未将2008年10月5日作为被申请人付款的最后期限。由于工厂拒绝发货，申请人转而要求被申请人支付剩余货款，给出的最后期限是2008年9月23日。如果双方2008年9月5日达成的补充协议的内容真如申请人所言，被申请人付款的最后期限应为2008年10月5日。综观申请人提交的各项证据，2008年10月5日或邻近日期从未被提及。

2. 修改协议达成后，双方未对付款条件再作任何修改，双方应按修改协议履行

申请人称2008年9月18～20日双方对合同的付款条件进行了修改，被申请人不同意这一观点。

第一，被申请人没有对合同付款条件再次修改的意思表示。

第二，申请人当时也认为没有修改合同的必要。被申请人证据表明，无论申请人所指的合同是原售货合同还是双方达成的修改协议，申请人当时并没有修改合同的意思表示。

在本案中，申请人在2008年9月5日已经无条件地同意对原合同的付款条件进行修改。无论被申请人在之前的履行合同的过程中是否存在迟延付款的行为，

既然双方已经就合同进行了修改,就应该按照修改后的合同来履行。

3. 申请人违反修改协议,收到货款而不出运货物,是违约方申请人在开庭时已确认,申请人并没有将被申请人支付的8万美元支付给工厂。申请人没有尽到合理的努力去解决其与工厂之间的付款纠纷,导致工厂根据其与申请人之间的合同扣留货物,致使合同未能履行。

4. 被申请人已尽到减轻损失的义务,至少没有义务就15余万美元的货物承担赔偿责任

D公司取消部分订单后,被申请人从其他工厂处采购剩余订单是为了减少损失。被申请人资金比较紧张,只能转让D公司的信用证付款,而申请人提出的修改信用证的条件是不可能操作的。其他工厂接受了信用证转让,最终顺利交货、取得货款,被申请人实现了该部分订单项下的利润,减轻了因申请人违约所可能遭受的损失。

5. 被申请人最终的反请求

(1)申请人退还被申请人已支付的货款15万余美元。

(2)申请人赔偿被申请人的利润损失,至少为3.8万余美元。

(3)申请人承担被申请人已经支付的仲裁费。

(4)申请人承担被申请人截至2009年3月31日基于本案发生的律师费。

第二节　仲裁庭意见

本案合同双方当事人的营业地位于不同国家,即对于美国,《公约》于1988年1月1日生效;对于中国,《公约》亦于1988年1月1日生效。因此,在国际货物买卖领域,《公约》是对双方适用的统一实体性法律,而且双方对于适用公约没有异议,故本案应当适用《公约》。

本案双方当事人对于2008年8月1日合同的成立和效力均无异议。对于8月被申请人未能按时履约,双方当事人亦无争议。仲裁庭根据案情,确定审理本案争议主要焦点如下:(1)双方当事人是否就合同变更达成协议;(2)双方是否有权宣告合同无效;(3)双方是否已经尽到减轻损失义务;(4)合同变更是否取消了卖方要求买方承担赔偿责任的权利;(5)赔偿责任的承担。仲裁庭围绕与之相关的证据采信、事实认定及法律适用,阐述了如下意见。

(一)双方当事人是否就合同变更达成协议

1. 关于中国对书面形式保留的问题

申请人认为,双方2008年9月5日达成的所谓“口头协议”不符合《公约》中规

定的书面形式。因为中国对《公约》第 11 条声明保留，口头协议因非书面形式而不成立。被申请人认为，9 月 5 日的口头协议已由双方随后的书面电子邮件确认，这符合《公约》第 13 条关于“书面”的含义以及第 29 条关于合同修改的书面要件的规定，该事项与中国对《公约》第 11 条的保留无关。

中国声明不受《公约》第 11 条以及与第 11 条内容有关规定的约束，该声明的依据是《公约》第 96 条的规定。中国当时的《涉外经济合同法》第 7 条要求涉外经济合同必须采用书面形式达成协议，所以中国有权依据《公约》第 96 条的规定作出声明。尽管该声明在措辞上并未严格按照《公约》第 96 条的规定，但因其法律依据为后者，故其措辞可严格根据后者还原为“中国声明《公约》第 11 条、第 29 条或第二部分准许销售合同或其更改或根据协议终止，或者任何发价、接受或其他意旨表示得以书面以外任何形式做出的任何规定不适用，如果任何一方当事人的营业地是在中国”。中国声明中的表述方式是对《公约》第 96 条表述方式的一种简化，在法律效果上应当认为是一样的。

但是，这种声明保留不能理解为中国要求合同必须以书面订立或更改。根据《公约》第 96 条和第 12 条的规定，中国声明保留的法律效果是，如果任何一方当事人的营业地是在已按照《公约》第 96 条作出了声明的一个缔约方境内，各当事人不得减损本条(《公约》第 12 条)或改变其效力。也就是说，根据《公约》第 12 条的规定，如果一方当事人的相关营业地是在作了第 96 条的声明的中国，那么不作形式要求的原则本身就不适用。如此一来，仲裁庭就必须依据管辖地的冲突规范来确定何种准据法规则应当适用于合同形式的确定。考虑到本案争议合同的合同缔结地、合同履行地、卖方住所地以及仲裁机构所在地均在中国，根据国际私法规则，本案应当适用中国《合同法》的相关规定。中国《合同法》第 10 条规定：“当事人订立合同，有书面形式、口头形式和其他形式。法律、行政法规规定采用书面形式的，应当采用书面形式。当事人约定采用书面形式的，应当采用书面形式。”而本案中的合同并非法律、行政法规强制要求采用书面形式，当事人也并未约定必须采用书面形式。所以，本案中的合同之订立无须采取书面形式。

《公约》第 29 条也在第 12 条排除适用的范围内，因为中国已经根据《公约》第 96 条声明保留，故《公约》第 29 条也不予适用。但是，根据上述原理，中国《合同法》第 77 条第 1 款规定：“当事人协商一致，可以变更合同。”因此，本案中的合同之变更也并不要求采取书面形式。

综上所述，仲裁庭认为，如果双方在 9 月 5 日达成口头协议，那么 9 月 6 日和 9

月 10 日的电子邮件就是证明 9 月 5 日协议具体内容的证据。当然，无论采取何种理解，双方达成协议的具体内容都取决于对相关电子邮件的解释，故从结果来看不会有实质性区别。

仲裁庭同时需要指出的是，双方当事人变更合同与被申请人的违约有直接关联，即由于被申请人不能按照原来的合同约定履行付款义务，进而向申请人提出变更合同的请求。尽管经过反复的磋商，申请人最终同意了此一变更合同的请求，但不能因此否认被申请人存在违约行为的事实。

2. 变更后合同的内容

（1）意思表示的解释能否适用中国《合同法》规定的问题

申请人在"申请人代理意见"中认为："被申请人在庭审中将'T/T 30'解释为'出运后 30 天电汇（T/T 30 after shipment）'是错误的。由于《公约》中没有相关规定，我们认为就'合同条款的解释'应当适用中国法律。"

仲裁庭注意到，"30 天电汇（T/T 30）"的原文出现在 9 月 6 日被申请人发给申请人的电子邮件中，属于单方意思表示。所以，对"T/T 30"的解释应当被归类为关于意思表示问题的解释。

意思表示的解释能否适用中国《合同法》规定的问题，取决于对《公约》第 7 条第 2 款规定的适用。《公约》第 7 条第 2 款要求，诉诸国内法必须采取两个步骤。第一个步骤要求，对于未明确解决且属于《公约》范围的问题，应按照《公约》依据的一般原则解决。第二个步骤要求，只有在根据第一个步骤未能找到符合要求的一般原则的情况下，才可以按照国际私法规定适用的法律来解决。因此，鉴于《公约》第 8 条已经对当事人声明和其他行为的解释有了明确规定，所以申请人主张对于《公约》第 7 条第 2 款的适用无法通过第一个步骤的检验，因而是不被允许的。

（2）修改合同的要约是否已经失效

申请人认为，其于 2008 年 8 月 20 日和 8 月 27 日提出的"被申请人支付部分货款，然后申请人出货"的要约，已经在 8 月 22 日和 8 月 29 日因被申请人的拒绝而失效。因此，被申请人在 2008 年 9 月 6 日向申请人以电子邮件方式作出的单方意思表示，不能在双方之间成立合同关系，而只能作为一项新要约，受限于申请人是否承诺。

对于申请人提出的要约已经因为被申请人拒绝而失效的观点，被申请人认为，就申请人 2008 年 8 月底提出的"被申请人支付部分货款，然后申请人出货"的建议，在申请人提出建议当时双方未能达成一致并不影响双方在 2008 年 9 月 5 日再次就该方案进行磋商并达成一致。而2008年9月6日被申请人发给申请人的电子邮件是对双方2008年9月5日达成一致的确认,申请人在2008年9月10日对该电子邮件的回复中再次确认会在收到货款后安排出运。

由此可见,双方对于2008年8月底申请人的要约已经失效是没有异议的。双方的分歧在于,申请人认为9月6日的电子邮件只能认为是新要约。而被申请人因为主张2008年9月5日已经达成协议,故认为9月6日邮件是对已经达成协议的确认。正如上所述,仲裁庭认为本案中合同之变更并不要求采取书面形式。但是,无论是将9月6日和9月10日的电子邮件认为是证明9月5日协议内容的证据,还是认为9月6日的电子邮件构成要约,9月10日的电子邮件构成承诺,问题的关键都在于,合同是否变更、变更的具体内容究竟是什么,故焦点始终仍然应集中于合同是否变更和变更的具体内容而非变更的方式问题上。

(3)2008年9月6日电子邮件的翻译和解释

对于2008年9月6日电子邮件的内容,仲裁庭基本采纳申请人对电子邮件的翻译,即"根据上次的通话,我们(被申请人)同意再支付8万美元并于30日内电汇余款。付款会安排在下周中期,请配合我们的上海团队安排出运"。

这里的"我们"虽是复数人称,却仅指被申请人,因为后文中又提到"我们的上海团队",且仅被申请人有付款义务。但是,尽管此处的"我们同意"仅指被申请人单方同意,但该种同意是否属于双方合意的一部分,还需要综合多种因素来考虑。因为确定被申请人9月6日电子邮件的意思表示时,应依据《公约》第8条尤其是其第3款关于意思表示解释的规定。所以,申请人于9月10日发出的电子邮件尽管不是对于9月6日邮件的直接回复,但是作为"当事人其后的行为",使当事人的真实意思表示可以得到进一步的确定,必须纳入考虑。况且,虽然2008年9月10日的电子邮件并非对9月6日电子邮件的直接回复,也未涉及"T/T 30"等内容。但是,在"申请人代理意见"中,申请人认为证据5能够证明"2009年9月6日被申请人曾以电子邮件向申请人作出过愿意分期付款的意思表示",以及"2008年9月10日申请人对被申请人的上述电子邮件作出过回复"的情况表明,申请人也认为上述两封邮件针对的是同一个主题,具有相关性。从9月10日电子邮件的内容来看,申请人对于被申请人再支付8万美元显然是同意的;而申请人对于"30日"起算点的争议,恰恰也表明了申请人对于30日电汇余款的同意。因此,双方确实达成了变更合同的合意,所需确定的只是合意的具体范围和内容。

申请人认为,申请人对被申请人2008年9月6日的电子邮件表示接受,并于

2008 年 9 月 18 日应被申请人的要求对原合同的付款条件进行了修改,即"将已经支付的金额写了上去,并且保证在收到全部余款以后立即出运货物";9 月 20 日被申请人书面回复对修改后的合同表示感谢。至此,双方才对原合同达成了一致的修改意见。仲裁庭认为,因为申请人一直坚持主张收到全款后出运货物的顺序自始至终没有变更过,所以这里的修改实际上就只是"将已经支付的金额写了上去";可是申请人 9 月 10 日询问款项情况的行为足以表明双方对再支付 8 万美元已经达成了合意,故 9 月 18 日写入已支付金额的行为只能认为是事后以合同书的形式进行的书面确认。因此,申请人关于迟至 9 月 20 日双方才对合同变更达成一致观点,仲裁庭不予采信。

(4)履行顺序问题

履行顺序是否变更的问题是本案的关键性问题。双方围绕"30 日"起算点和"安排出运"的含义这两点对履行顺序问题展开了争论。

首先是关于"30 日"的起算点的理解。

申请人认为,电子邮件原文中没有明确表述"30 日"的起算点。双方往来邮件中,从未对"30 日内电汇"作出过定义或约定解释,亦不存在以"30 日内电汇"来代表"装运前 30 日内电汇"或"装运后 30 日内电汇"的表达习惯。按照通常的语言逻辑,如果语言表述中包含一个期限,却没有明确该期限的起算时点,则应当以该语言表述作出之时为起点,或者以语言表述中与该期限最为接近的一个时点作为起点。在 2009 年 3 月 26 日庭审中,申请人认为根据正常的逻辑,"30 日"应为此邮件后 30 日内。但是,在其后的代理意见中申请人则认为,原文中与"30 日内电汇余款"最为接近的一个时点是"再支付 8 万美元",因此,上述电文应当理解为"被申请人同意再支付 8 万美元并于随后的 30 日内电汇余款"。

被申请人认为,申请人从未将 2008 年 10 月 5 日作为被申请人付款的最后期限。由于工厂拒绝发货,申请人转而要求被申请人支付剩余货款,给出的最后期限是 2008 年 9 月 23 日。如果双方 2008 年 9 月 5 日达成的补充协议的内容真如申请人所言,则被申请人付款的最后期限应为 2008 年 10 月 5 日。综观申请人提交的各项证据,2008 年 10 月 5 日或邻近日期从未被提及。

鉴于申请人关于"30 日"起算点的表述前后不一,而且其并未在 10 月 5 日或者 10 月 18 日左右催告被申请人电汇余款,故仲裁庭对其主张不予采信。仲裁庭注意到,2008 年 8 月 1 日的合同中,双方对于"T/T"术语的使用是和出运联系在一起的。2008 年 8 月底申请人提出的方案中也是将该术语和出运联系在一起使用的。综合这些因素,仲裁庭认为"30 日"的起算点应当是出运货物之日。

其次是关于"安排出运"的含义的理解。

申请人认为,"收到水单我可以让财会去查账的,然后好安排以后的出运工作"这一表述,并未表示如果收取了被申请人 8 万美元就免除被申请人在装运货物前应当支付余款的义务。"安排以后的出运工作",是指配合被申请人上海公司提前安排船期,以便在被申请人承诺的付款全部到账后,货物得以立即出运。被申请人反驳认为,申请人在 2008 年 9 月 10 日回复被申请人电子邮件时表示会让财务确认是否收到 8 万美元货款,"好安排以后的出运工作",没有提到要在收到全部货款后才出运货物。被申请人还认为:第一,双方提交的多份电子邮件表明,"出货"意味着在收到部分货款后,出运全部货物的意思。这一意思表示从双方转让信用证不成,申请人转而提出"支付 30% 货款后出运"的多封邮件中均可证明。第二,双方修改付款条件就是为了继续履行合同。如果支付了 8 万美元不是出运全部货物,双方应该就货物如何交付作一个安排,但这在当时双方的商谈中没有体现。第三,被申请人后来要求申请人出运部分货物申请人没有答应,这证明当时申请人出货的意思表示就是出运全部货物。第四,申请人 9 月 16 日向被申请人说明无法出运货物时,称"现在的问题是,工厂虽然收到预付款,但是态度非常强硬,要求付清全款才出货。我已经尽力劝说"。这表明,申请人与被申请人之前达成的协议是不需要被申请人支付剩余货款的。如果双方达成的协议是申请人在收到全部货款后安排货物出运,申请人就不需要在收到 8 万美元货款后就催促工厂发货。申请人去工厂安排出货,是申请人履行与被申请人达成的修改协议试图交付全部货物的表现。

仲裁庭认为,对于"安排出运"含义的解释,必须依据《公约》第 8 条第 3 款的规定考虑当事人的具体情况。按照申请人所说,其向申请人采购的货物具有第三人的知识产权,申请人无权另行销售;货物已经完全特定化,客观上无法另行销售。也正是基于货物的特性,申请人自知处于劣势,从而多次向被申请人作出妥协。既然如此,被申请人在 8 月底拒绝了申请人提出的妥协条件后,反而在 9 月初主动向申请人提出分期付款,申请人的这种陈述难以令人信服。

再者,双方都是从否定角度来解释 9 月 6 日电子邮件中"安排出运"含义的。申请人认为,其"并未表示如果收取了被申请人 8 万美元就免除被申请人在装运货物前应当支付余款的义务";被申请人则认为,申请人"没有提到要在收到全部货款后才出运货物"。之所以如此,主要是因为"安排出运"的含义是模糊的。在这种情况下,考虑到相关意思表示是关于变更 8 月 1 日合同的,故对其解释必须考虑没有变更的合同内容。双方在 8 月 1 日合同中价格条款规定“FOB 某港”，因此，卖方负有在约定的日期或期限内，在指定的装运港，按照该港习惯方式，将货物交至买方指定船只上的义务。在双方没有变更该价格条款的情况下，除非特殊说明，“安排出运”应认为是指履行该项义务的行为。而根据《公约》第 8 条第 1 款的规定，只有在被申请人“已知道或者不可能不知道”的情况下，才能按申请人的意旨解释 9 月 6 日和 9 月 10 日电子邮件中的“安排出运”；在本案中，没有理由支持被申请人“已知道或者不可能不知道”申请人的该种解释。因此，“安排出运”是指出运货物而非仅仅配合被申请人公司提前安排船期。因此，“收到水单我可以让财会去查账的，然后好安排以后的出运工作”指的就是收到 8 万美元后出运货物。

最后，被申请人认为，9 月 16 日申请人的说明表明，申请人与被申请人之前达成的协议是不需要被申请人支付剩余货款的。该论证是有说服力的，仲裁庭认为可以采信。

仲裁庭同时指出，尽管仲裁庭倾向认定在被申请人发生违约后双方就合同的变更达成一致，但变更的具体内容只能通过意思表示的解释进行推定，对此，双方当事人对合同变更具体内容的含糊不清均负有一定责任。

（二）双方是否有权宣告合同无效

1. 卖方是否有权宣告合同无效

根据《公约》对宣告合同无效制度的相关规定，就本案的情况而言，卖方宣告合同无效只能依据《公约》第 64 条第 1 款的规定，即“（a）买方不履行其在合同或本《公约》中的任何义务，等于根本违反合同；或（b）买方不在卖方按照第 63 条第 1 款规定的额外时间内履行支付价款的义务或收取货物，或买方声明他将不在所规定的时间内这样做”。

卖方宣告合同无效是因为其认为被申请人不再具有继续履行合同的诚意，要求被申请人以诚信务实的态度继续履行合同已经不切实际。但是，变更合同后卖方负有首先出运货物的义务，无权以对方不支付余款为由宣告合同无效。

2. 买方是否有权宣告合同无效

就本案的情况而言，买方宣告合同无效只能依据《公约》第 49 条第 1 款的规定，即“买方在以下情况下可以宣告合同无效：（a）卖方不履行其在合同或本公约中的任何义务，等于根本违反合同；或（b）如果发生不交货的情况，卖方不在买方按照第 47 条第 1 款规定的额外时间内交付货物，或卖方声明他将不在所规定的时间内交付货物。”

在“被申请人答辩及反请求”中，被申请人认为，根据《公约》第 49 条第 1 款第 b 项的规定，卖方违反修改协议不交货的情况下，被申请人可以宣告合同无效。但是在“被申请人的补充答辩”中，被申请人将其依据笼统地确定为《公约》第 49 条，故有必要对《公约》第 49 条第 1 款中第 a 项和第 b 项规定都作出分析。

(1)买方是否可以依据《公约》第 49 条第 1 款第 a 项宣告合同无效

就《公约》第 49 条第 1 款第 a 项而言，宣告合同无效这种补救办法可作为一种最后手段，在不可能再期望卖方继续执行合同时适用。根据《公约》第 25 条对于根本违反合同的规定，根本性的标准是对债权人主观利益的损害，而不是客观上对其产生的损害。违约的根本性并不在于客观上违约的程度，特别是损害的程度，而是它对债权人将产生的后果和意义。在解除合同时，债权人不需要证明其遭受了多大的实际损失或损失的威胁。需要注意的是，如果按期交货对于买方是具有根本性重要意义的，那么其就应该在合同中明确地予以约定。而且，因为当事人在订立合同之时就应当已经确立了他们所期待的利益，也同时确立了每一项为特定义务所维护的特定利益的重要性，如果从这个基本思想出发，那么可预见性的时间点应当只与合同订立的时间有关。但在本案合同中，双方并未将按期交货的根本性意义作为合同条款予以约定。即使在“被申请人的补充答辩”中，被申请人仍然认为，“被申请人不需要以货物的季节性为由向申请人主张任何权利，被申请人提及货物的季节性，只是为了说明申请人的违约行为造成了被申请人的损失”。由此可见，被申请人也没有试图依赖货物的季节性来主张申请人根本违反合同。

(2)买方是否可以依据《公约》第 49 条第 1 款第 b 项的规定宣告合同无效

就《公约》第 49 条第 1 款第 b 项而言，即使延迟交货没有根本违反合同，《公约》第 47 条也允许买方为合同规定的到期日之后的交货确定一段合理的额外时间，在额外时间之后如果卖方依然不履行义务，买方可根据《公约》第 49 条第 1 款第 b 项的规定宣告合同无效。因此，若卖方未在根据《公约》第 47 条规定的额外时间内交货，相当于根本违反合同。由此可见，买方确定卖方履行交货义务的额外时间也有益于买方：卖方未能在如此规定的适当时间内交货，买方就可以在无须证明卖方的延迟是根本性违约的情况下宣告合同无效。反之，若买方在交货延迟的情况下未确定额外时间，则无权宣告合同无效。另外，买方给予一个最后截止期限的表示必须是明确的(如“最后交货日期：2002 年 9 月 30 日”)。因此，仅仅要求立即交货的催询是不够的，因为没有确定额外时间的交货期。

被申请人在陈述事实中说道：“从 2008 年 9 月 17 日到 10 月中旬，被申请人一直与申请人协商要求要么全部发运货物,要么部分履行发货义务,但申请人明确表示如果收不到全部货款,将不交付货物。”然而,从10月中旬到11月7日被申请人宣告合同无效,被申请人也没有提供任何表明其确定过一段合理时间的证据。由此可见,买方在卖方未交货后始终没有确定一段合理的额外时间,因此并未满足《公约》第49条第b项的要求。直到本案纠纷由申请人提起仲裁,被申请人才提出宣告合同无效。因此,仲裁庭认为,被申请人并未正当地宣告合同无效。

本案的最佳处理方式也许是卖方继续履行出运义务,买方在卖方发货后30日电汇余款。但是,由于双方当事人均未提出继续履行合同的请求,故仲裁庭仅能依据当事人的仲裁请求与反请求进行认定。

尽管仲裁庭认为申请人在合同履行的过程中并未有效地行使合同解除权(宣告合同无效),但在仲裁过程中其有权提出宣告合同无效的仲裁请求,且基于双方当事人均认为合同不可能继续履行的事实,仲裁庭支持申请人宣告合同无效的仲裁请求。

(三)双方是否已经尽到减轻损失义务

1. 双方当事人的观点

在“被申请人答辩及反请求”中,被申请人认为,即使被申请人违约,根据《公约》第77条的规定,申请人也有义务采取合理措施以减少损失,但是申请人拒绝被申请人提出的出运15万美元货物的合理要求,没有尽到减轻损失的义务,至少其对该部分货物积压的损失无权要求被申请人继续履行合同接收货物。对此,申请人在“申请人对反请求的答辩意见及变更仲裁请求申请”中提出了两点反驳:首先,被申请人提出“发运价值15余万美元的部分货物”的要求是附条件的;其次,申请人对被申请人的信用产生了合理怀疑,在被申请人已经违约的情况下,拒绝被申请人提出的该要求是申请人为了避免损失扩大而采取的合理措施。

对于申请人的上述两点反驳,被申请人在“被申请人的补充答辩”中答辩认为:第一,申请人上述引述并非出自被申请人的电子邮件,而是申请人自己在9月27日电子邮件中的表述;第二,被申请人从来没有作出任何表示放弃整单货物的意思,也从未有过放弃24余万美元货物的意思,而是坚持要么先发15余万美元的货,要么按照修改协议全部发货。对于第一点,申请人在“申请人代理意见”中进行反驳,其认为,申请人的叙述是依据被申请人自行提供的证据9所体现的事实总结而来的,也是真实的。申请人所引用的2008年9月27日电子邮件源于被申请人提交的证据9中的一封。被申请人将证据9这一组往来邮件一并提交,说明对其真实性的全面确认。在紧接该邮件之后的被申请人的答复邮件中,被申请人并没有就申请人复述内容的真实性提出任何异议,被申请人也没有提供任何其他证据证明申请人的陈述与事实不符。在"申请人针对被申请人《补充答辩意见》的意见"中,申请人认为,被申请人将其要求申请人交付 15 余万美元货物的行为解释为"履行减轻损失的义务",并以此为依据拒绝就 15 余万美元货物承担赔偿责任,这种观点是错误的。《公约》第 60 条规定,"采取一切理应采取的行动,以期卖方能交付货物"以及"收取货物"是买方的义务。根据合同,付款和交货在时间和数额上并不是一一对应的关系。被申请人要求申请人就其已经支付的 15 余万美元交付等值货物的主张没有法律依据。被申请人因申请人拒绝其无理要求而拒绝接收该部分货物的行为,属于典型的违约行为,其理应承担违约责任。另外,如果将买方部分接收货物解释为"减轻损失的行为",则该解释必然以"买方有权全面拒收货物"为前提。然而,在本案中不存在任何法定的或约定的理由使被申请人有权全面拒收货物。因此,被申请人"要求交付 15 余万美元货物是为了减轻损失"的观点不能成立。

在"被申请人最终陈述"中,被申请人主张其从其他工厂处采购剩余订单是为了减少损失,已尽到减轻损失的义务,至少没有义务就 15 余万美元的货物承担赔偿责任。在之前的"申请人对被申请人仲裁反请求的答辩"中,申请人认为,履行合同约定的付款义务以取得合格的货物应是最直接、最经济,也是最恰当的选择,而被申请人另行采购是需要支付额外的金钱成本和时间成本的。

2. 仲裁庭的意见

被申请人对于减轻损失义务的论述前后是有变化的。在"被申请人答辩及反请求"以及之后的多次陈述中,被申请人是从申请人没有尽到减轻损失义务的角度进行陈述的,其前提是"即使被申请人违约"。而在"被申请人最终陈述"中,被申请人则从其自身已经尽到减轻损失义务角度来论述,其前提是"被申请人是受害人和债权人"。

被申请人提出减轻损失义务的法律基础是《公约》第 77 条,即"声称另一方违反合同的一方,必须按情况采取合理措施,减轻由于该另一方违反合同而引起的损失,包括利润方面的损失。如果他不采取这种措施,违反合同一方可以要求从损害赔偿中扣除原可以减轻的损失数额"。第 77 条出现在《公约》第三部分第五章第二节(损害赔偿),该条并未明示适用于《公约》提供的其他补救办法,所以违反减轻损失义务的法律效果只是违反合同一方可要求从损害赔偿中扣除原可以减轻的损失数额。也就是说,法律效果只能是损害赔偿数额的减少。因此,被申请人关于申请人“无权要求被申请人继续履行合同接收货物”的主张是无法基于《公约》第77条得到支持的。另外,《公约》第77条没有明确规定受害方必须在何时采取减轻损失的措施,但有多份判决支持受害一方没有义务在合同废止前(在双方仍可以要求对方履约时)采取减轻损失的措施。

双方围绕“发运价值15余万美元的部分货物”的要求是否是附条件的有很多争议。从被申请人提交争议邮件作为证据以及对该邮件的答复中没有明确反驳来看,可以认为尽管该邮件内容是申请人总结的,但真实性是可以确认的。但是,即使“发运价值15余万美元的部分货物”的要求并非附条件的,也有必要考虑该项行为是否属于申请人减轻损害的义务范围。被申请人提出减轻损害的义务,是基于被申请人违约的假设的,而被申请人违约可以反推出被申请人支付全款申请人才需要出运的履行顺序。如此看来,如果被申请人违约不支付全款申请人就有义务履行其本来可以后履行的义务,这就会促使被申请人违约。由此可见,被申请人将“发运价值15余万美元的部分货物”作为申请人减轻损害的义务显然和减轻损害义务的立法目的不符。

被申请人主张,其从其他工厂处采购剩余订单是为了减少损失,至少没有义务就15余万美元的货物承担赔偿责任。按照《公约》第77条的规定,如果被申请人的证据可以采信,即认定被申请人减少损失措施合理,则法律效果并非无须承担赔偿责任,而应是无须减少损害赔偿额。

(四)合同变更是否取消了卖方要求买方承担赔偿责任的权利

申请人认为,被申请人所谓的修改协议属于守约方给予违约方的宽限期,被申请人的违约责任并不因此而免除。双方就支付条件达成修改协议的时间,是在被申请人违约事实已经发生、合同约定的履行期限已过半月之后。这种修改与合同履行期限届满之前作出的,旨在保证合同适当履行的变更协议有本质区别。无论如何修改,违约事实以及守约方的损失已经发生了。该等修改协议是守约方给予违约方的宽限期,其本质属于一方违约后守约方采取的救济措施。根据《公约》第61条第1款第a项和第63条的规定,给予违约方宽限期,并不妨碍守约方追究其违约责任。因此,申请人认为,在被申请人违约事实已经发生的前提下,合同双方之间确实对原售货合同的付款条款做出过变更,但是该变更协议达成的时间、协议的内容以及协议的法律效力不同于被申请人的主张。

仲裁庭认为,《公约》第61条和第63条的规定属于买方违反合同的补救办法,和变更合同有本质区别。《公约》第63条的主要目的是说明当买方没有在规定时间内履行其根本义务之一——支付价款或按时收取货物的义务时将发生的情形,即如果卖方在遇到这种情况时根据《公约》第63条规定了一段额外时间让买方履行义务,而额外时间到期却无结果,则卖方有权宣告合同无效,并且无须证明买方迟延履行义务是对合同的根本违反。《公约》第63条本身是申请人的权利,申请人行使该权利并不引起合同变更。因此,申请人不能一方面主张"合同双方之间确实对原售货合同的付款条款作出过变更",另一方面又主张这是申请人规定的宽限期。

故此,申请人不享有要求被申请人承担迟延履行责任的权利。

(五)赔偿责任的承担

关于赔偿责任,《公约》第74条规定:"一方当事人违反合同应负的损害赔偿额,应与另一方当事人因他违反合同而遭受的包括利润在内的损失额相等。这种损害赔偿不得超过违反合同一方在订立合同时,依照他当时已知道或理应知道的事实和情况,对违反合同预料到或理应预料到的可能损失。"

在本案中,申请人没有按约履行合同义务,应对其违约行为造成的可以预见到的损失负全部责任。但是,就申请人应当预见的可能损失而言,下列因素尤其需加以注意。首先,被申请人没有在合同中将货物的季节性载入条款,甚至在多次邮件往来中都没有提及季节性,所以货物的季节性至少并非如被申请人强调的那么明显。其次,赔偿的计算还必须考虑损失的因果关系问题。被申请人主张因为申请人不履行合同义务以致D公司取消部分订单,但却没有提供关于D公司的任何表示这种因果关系存在的证据。最后,被申请人向其他工厂订货,相关证据也存在如银行对账单中存在号码不符情况的瑕疵,申请人对该证据的真实性和相关性都提出了有说服力的质疑。

综上所述,仲裁庭对被申请人提出的由申请人承担被申请人利润损失的请求不予支持。

(六)本案的最终处理结果

至本案纠纷提起仲裁时的合同实际履行情况是,被申请人支付了两次款项,即20%的首付款7万余美元和另外一笔8万美元,申请人未交付任何一件合同项下的货物。鉴于合同不能继续履行、申请人未交付任何一件合同项下货物的事实,原则上申请人应当将收到的被申请人的货款全部退回给被申请人。但考虑到被申请人违约在先、申请人按照被申请人的要求已将货物全部生产出来、由于货物的特定性而致申请人无法转售货物以减轻损失等事实,仲裁庭酌定,由申请人将收到的15万余美元中的8万美元退回给被申请人。

基于上述分析的情形，双方当事人提出的其他向对方索赔的主张均不予支持。

（七）本案仲裁费用、律师费用及其他费用的承担

根据贸仲《仲裁规则》的有关规定和本案仲裁庭对双方仲裁请求认定与支持的情况，仲裁庭认为，本案中本请求的仲裁费应由被申请人承担50%，由申请人承担50%，本案反请求费应由申请人承担50%，被申请人承担50%。

申请人的差旅费、双方当事人为本案而支付的律师费及其他费用，由双方各自承担。

七、2010年印刷机买卖合同案

第一节　当事人主张

（一）申请人提出仲裁申请的事实和请求

2006年1月13日C公司（申请人的进口代理人）、申请人、被申请人三方共同签订了合同号为02的销售合同，约定申请人向被申请人购买高速多功能组合轮转印刷机1台，合同总价为CIF中国某港170余万欧元，合同附件注明了主要技术数据。销售合同一般条款第15条约定本合同受中国法律管辖，合同第16条约定合同有关争议应提交贸仲仲裁。

合同签订后，申请人按照合同约定向进口代理人支付了人民币1680万元，进口代理人向被申请人支付了合同总价95%的价款，共计165万余欧元，余下5%的机器款未付。被申请人也承认收到了货款的95%。

设备运抵申请人厂区后，2006年12月开始安装调试，申请人与被申请人于2007年2月2日、2007年4月9日、2008年3月3日3次组织验收，因设备质量未能达到合同要求，验收未通过。2008年6月申请人申请法定商检。2008年8月6日某市检验检疫局对标的设备进行了检验，并出具了品质证书。品质证书的检验结果如下：（1）整条生产线的电气、机械安全标志未使用中文（英文的标志、标识亦不全），不符合国家强制性标准。（2）无中文技术文件、验收标准等，不符合国家强制性标准。同时，品质证书给出如下意见：上述存在不符合中华人民共和国强制性标准的问题，系发货方责任所致，必须整改为符合中华人民共和国颁布的强制性标准。在此之前，不得进行安装调试和使用。根据中国法律的相关规定，其行为已构成合同的根本性违约。但是申请人还是本着友好协商的原则，就继续验收事宜进

行了协商沟通。由于验收未通过,给客户的试样产品达不到合格标准,申请人要求被申请人采取切实有效的措施,使机器尽快通过验收,但被申请人并未采取任何有效措施。申请人邀请被申请人法定代表人前来中国协商解决,但是被申请人以其法定代表人年事已高为由拒绝前来。为了使问题更快得到解决,2008 年 12 月 16 日申请人法定代表人 D 到被申请人丹麦总部协商未果,申请人遂委托中华人民共和国某市出入境检验检疫局对该设备再次进行鉴定。2009 年 1 月 16 日某市出入境检验检疫局召集国内知名学者、行业专家组成专家组对标的设备进行了检验。专家组认定,该设备在设计制造时未充分考虑铝箔材料的特性,不适用于铝箔材料的印刷。2009 年 1 月 20 日中华人民共和国某市出入境检验检疫局根据专家组意见出具的鉴定证书的鉴定结果如下:(1)在用 0.025 毫米厚的国产铝箔测试时,走料过程中严重打皱,无法进行正常印刷;(2)在用丹麦 B 公司 0.03 毫米厚的铝箔测试时,在 4 种速度(30、70、100、150 米/分钟)下印刷,套印精度均达不到规定的 ±0.1 毫米的要求,并伴有打皱现象。其意见如下:本局认为该设备存在上述严重的质量问题,系制造方在设计制造时未充分考虑合同列明的铝箔材料的特性等因素所致。申请人将鉴定结果向被申请人通报。2009 年 3 月 5 日申请人以电子邮件、特快专递、传真 3 种方式,向被申请人发出限期履行合同义务催告函,要求被申请人在收到催告书后立即采取补救措施,使设备在 1 个月内达到合同约定的质量标准,否则申请人将根据仲裁条款提请仲裁要求退货并赔偿损失。但被申请人仍置之不理,致使申请人的合同目的已无法实现。

合同签订之日至 2009 年 6 月,因被申请人的根本性违约行为给申请人造成的损失已达人民币 1880 余万元。其中,购买配套设施的贷款利息损失近人民币 54 万元;厂房配套设施折旧损失人民币 30 余万元;房租损失人民币 34 万余元;材料损失人民币 21 万余元;差旅费损失近人民币 2 万元。

因所试样品不合格,与客户的合同无法履行,申请人损失预期利润人民币 1740 余万元,支付本案的必要费用人民币 150 万元。尤其因被申请人的根本性违约使申请人的企业形象大受影响,失去大量客户,这一损失更是无法估量的。

申请人的仲裁请求如下。

(1)被申请人返还设备价款近人民币 1680 万元、银行同期贷款利息人民币 350 余万元、汇兑差额人民币 150 余万元给申请人。

(2)被申请人赔偿申请人的损失人民币 1880 余万元,其中,购买厂房配套设施的贷款利息损失近人民币 54 万元、厂房配套设施折旧损失人民币 30 余万元、从

2006年到2009年的房租损失人民币34万余元、试机辅助材料损失人民币21万余元、差旅费损失近人民币2万元、预期利润损失人民币1740余万元。

(3)被申请人向申请人支付本案必要费用人民币150万元。

上述3项合计人民币4210余万元。

(4)仲裁费用由被申请人承担。

申请人于2010年3月31日提交了“增加仲裁请求申请书”。申请人称,为了进一步明确原仲裁请求中关于返还设备款、赔偿损失以及本案的其他必要费用,增加“解除申请人与被申请人之间的多功能组合轮转印刷机买卖合同”的仲裁请求。

(二)被申请人提出的仲裁反请求及理由

2005年7月12日被申请人与申请人签署销售合同,合同编号为01(以下简称合同一),该销售合同中约定,被申请人将高速多功能组合轮转印刷机(以下简称标的设备)1台出售给申请人,合同总价为CIF中国某港188万欧元。

2005年11月30日双方签署销售合同,合同编号为02(以下简称合同),合同将合同总价变更为170余万欧元,其余条款均未作大调整。双方认定按照此合同作为双方履行之最终合同。

2006年1月13日申请人为委托报关和税收处理之需要,要求被申请人在合同总价款不变的情形下,与其进口代理商C公司一起签署销售合同,合同编号为03(以下简称合同三),该销售合同将高速多功能组合轮转印刷机整机分成高速多功能组合轮转印刷机主机、模切机组(圆压圆)、印刷辅助机器、彩色监视器、摄像机。

2006年年底标的设备运抵买方指定场所并安装。对方按约定依信用证支付货款95%。嗣后,申请人一直使用标的设备印刷产品,从被申请人工作人员记录资料来看,截至2009年8月4日,共通电使用5560余小时。基于标的设备消耗品的损耗,被申请人多次派技术人员赴买方进行耗品更换和产品维护。其间,被申请人多次要求申请人按照合同进行验收,但申请人拒绝按照国际惯例进行验收,也拒绝支付其余5%的货款。申请人拒不履行合同规定的付款义务,已经构成严重违约。为维护自身合法权益,被申请人特提起仲裁反请求,请求裁决申请人支付其余货款。

被申请人的反请求事项如下。

(1)裁决申请人向被申请人支付货款8万余欧元,逾期利息暂计近人民币5万元(利息计算:从2008年7月1日起至2009年7月23日,按利率5.31%计算;汇率按2009年7月23日中间价即9.7109计算);

(2)裁决申请人承担被申请人因处理本案反请求事项支付的律师费;

(3)裁决申请人承担本案仲裁费。

(三)申请人的最终陈述意见

1. 申请人履行了合同义务,已付合同总价的95%,积极配合调试

2006年11月设备运抵申请人厂区后,按照合同约定(一般条款第17条),“卖方应在2周内向买方工厂派出工程师以便进行商品安装、调试及买方人员的操作培训”。而实际上,被申请人第一次来调试的时间是2007年2月2日,比约定晚了2个多月。但申请人仍然积极配合调试工作。2007年2月2日、2007年4月9日、2008年3月3日申请人与被申请人3次组织验收,因设备质量未能达到合同要求,验收未通过。

2. 申请人在合同约定和法律规定的范围内,积极主张权利

(1)合同第7条

合同一般条款第7条(关于“检验与索赔”)约定:“如商品品质、规格或数量与本合同所规定不符,且此等不符不应由保险人或承运人负责,则买方有权于商品到达最终用户工厂后30日内,凭中华人民共和国国家进口商品检验局出具的商检证明书,向卖方要求对部件进行无偿更换;此时商检费用应由卖方承担。如保险人或承运人应对索赔事项负责,买方应立即向该负责方发出通知,卖方将不对任何实际或预期利润损失或间接损失负责。”

首先,合同第7条中罗列的可能责任方有3位,一是保险人,二是承运人,三是卖方。那么在什么情况下,商品的品质、规格、数量是可以找这3位责任人的,很明显只有在船运过程中商品的损毁,而且一定是可以一目了然的外在商品损毁、规格不符、数量短缺。

其次,本条款中还约定,如果是卖方责任,则“向卖方要求对部件进行无偿更换”,直接提出“更换”却没有“维修”,进一步印证了前文的分析,即本条款规定的检验索赔是针对商品在到港时可以直观发现的,运输过程中的商品外在质量、规格、数量方面不符合合同的情形。

最后,某市出入境检验检疫局《关于品质证书相关事项的说明》提道:“品质内容包括安全、环保、外观质量、内在质量等单项或多项内容。”在本案中,某市出入境检验检疫局共出具了2份证书,一份是品质证书,内容涉及商品的安全、中国标识等国家强制性检验;另一份是鉴定证书,内容涉及商品的内在质量问题。

显然,本条款中的商品品质仅是指商品的外在质量。否则,合同第8条中的品质保证期将失去意义。

申请人没有于30日内向卖方要求对部件进行无偿更换,因为商检的品质证书还未出。标的设备的到港时间是2006年11月6日,品质证书的签证日期是2008年8月6日,即商检部门没有在30日内出具品质证书。而且这份品质证书是国家强制性检验,是政府部门的职权行为,也是申请人一经报检即刻启动的,报检是海关放行商品的必备手续。也就是说,申请人已经根据合同约定履行了自己的义务,主张了自己的权利。

(2)合同第8条

合同第8条规定:

卖方保证本合同项下的商品不具有材料及制造的缺陷,并完全符合本合同所规定的规格。

本合同品质保证期为12个月,自卖方维修报告签订之日起算。但如果卖方对合同设备安装,调试和验收的延误没有责任的话,本品质保证期最长不应超过出厂后的18个月。

本品质保证期包括商品的维修及有缺陷部件的更换。卖方的保证责任仅限于商品正常使用及维护状况下出现的缺陷。如商品的安装与维修未经卖方监督或买方未经卖方书面同意而作出修改,则本品质保证无效。本品质保证不包括商品的正常折旧及损耗。

除上所述,卖方对商品并无任何其他明示或默示的品质保证。在任何情况下,卖方均不对任何实际或预期利润损失或间接损失负责。

合同一般条款第8条规定:"本合同品质保证期为12个月,自被申请人维修服务报告签订之日起算。"实际上安装调试至今都未成功。该条款还规定:"但如果卖方对合同设备安装,调试和验收的延误没有责任的话,本品质量保证期最长不应超过出厂后的18个月。"然而,从某市出入境检验检疫局出具的鉴定证书可知,标的设备存在严重的质量问题,系制造方在设计制造时未充分考虑合同列明的铝箔材料的特性等因素所致。严重违背了"卖方保证本合同项下的商品不具有材料及制造的缺陷,并完全符合本合同所规定的规格"。被申请人对标的设备的质量负有不可推卸的责任,因此,无论是12个月的质保期,还是18个月的最长期限,都是不能适用的。既然合同约定的保证期限在本案中都不能适用,那么就需援引法律中的相关规定。

(3)本案应适用中国《合同法》第158条、第129条的规定,申请人提起仲裁符合上述条款的规定。

3. 被申请人提供的标的设备有严重质量问题不符合合同约定

某市出入境检验检疫局的品质证书证明标的设备存在严重质量问题，不符合合同约定。2008 年 8 月 6 日某市出入境检验检疫局对标的设备出具了品质证书。根据品质证书记载，标的设备的检验结果为：“根据《中华人民共和国进出口商品检验法》和实施细则的规定以及编号为 02 的合同第 7 条、第 5 条条款的规定，本局派员对照 GB5083 – 1999、GB18209.2 – 2000、GB9969.1 – 1998、GB5226.1 – 2002 对上述设备进行了检验，发现：1. 整条生产线的电气、机械安全标志未使用中文（英文的标志、标识也不全），不符合国家强制性标准。2. 无中文技术文件、验收标准等，不符合国家强制性标准。”同时，品质证书给出如下意见：“上述存在不符合中华人民共和国强制性标准的问题，系发货方责任所致，必须整改为符合中华人民共和国颁布的强制性标准。在此之前不得进行安装调试和使用。”品质证书还注明：“某市出入境检验检疫局将派员参与上述设备的考核、验收。请买卖双方提供对上述设备进行考核、验收所必须的中文技术文件、资料、依据，并做好其他必须的准备工作，包括验收标准、使用的金属膜材料（明确规格型号、生产厂家、产品标号及产品各项性能指标）、产品的合格率、损耗率、印刷速度等等，并确定验收日期。”

2009 年 1 月 16 日某市出入境检验检疫局召集国内知名学者、行业专家组成专家组对标的设备进行了检验，并出具了鉴定报告。专家组认为：(1) 在用 0.025 毫米厚的国产铝箔测试时，走料过程中严重打皱，无法进行正常印刷。(2) 在用丹麦 B 公司 0.03 毫米厚的铝箔测试时，在 4 种速度（30、70、100、150 米/分钟）下印刷，套印精度均达不到合同规定的 ±0.1 毫米的要求，并伴有打皱现象。其主要原因如下：(1) 机械结构设计不合理，如导向辊直径太小，且转动不灵活；(2) 不同印刷方式的机组之间未设置牵引力装置，张力无隔断，造成套印精度达不到合同要求；(3) 自动套印控制系统响应速度慢，对产生的误差不能及时纠正。专家组认定，该设备在设计制造时未充分考虑铝箔材料的特性，不适用于铝箔材料的印刷。

2009 年 1 月 20 日中华人民共和国某市出入境检验检疫局根据专家组意见出具了鉴定证书。其意见为：该设备存在上述严重的质量问题，系制造方在设计制造时未充分考虑合同列明的铝箔材料的特性等因素所致。

以上均由某市出入境检验检疫局提供，足以证明标的设备存在严重质量问题、不符合合同的约定的事实。

（四）被申请人的最终陈述意见

1. 被申请人已按合同约定履行完毕全部约定义务，对本案验收无法达成一致意见,是由双方对验收标准即合同条款的理解不一致导致的,未验收的责任不在被申请人方面。

(1)申请人与被申请人约定实际履行的合同一般条款第18条约定的"设备预验收"条款规定:"在设备出厂前,买方将派出3名代表到卖方在丹麦的工厂进行为期一周的设备预验收……"根据该条款,申请人的法定代表人D先生于2006年9月亲自前往被申请人公司总部所在地丹麦对标的设备进行了预验收,认定机器处于良好状态且获准发运,证明被申请人向申请人交付的标的设备完全符合合同约定。

(2)申请人与被申请人约定实际履行的合同一般条款第17条约定的"安装、调试及操作培训"条款规定:"商品到达买方工厂后,卖方应尽快向买方工厂派出工程师以便进行商品安装、调试及买方人员的操作培训……"标的设备于2006年11月抵达申请人工厂,当时由于申请人工厂尚未完工,被申请人公司技术人员在2006年12月27日开始对标的设备进行安装调试,在为期30天的时间里,被申请人公司技术人员在申请人安装场地的环境和温湿度均未达到要求的不利因素下,完全遵照合同要求对标的设备进行了安装调试(对此有被申请人售后服务部发给申请人的传真为证)。并且被申请人公司也及时派出技术人员对申请人公司技术人员进行了培训和指导(对此有培训记录为证)。根据被申请人技术人员的现场测试,设备的各项指标均已达到合同规定要求。

(3)申请人与被申请人约定实际履行的合同一般条款第7条约定的"检验与索赔"条款规定:"如商品品质、规格或数量与本合同所规定不符,且此等不符不应由保险人或承运人负责,则买方有权于商品到达最终客户工厂后30日内,凭中华人民共和国国家进口商品检验局出具的商检证明书,向卖方要求对部件进行无偿更换……"申请人并没有在标的设备到达工厂30日内申请相关检验检疫部门对标的设备进行检验,也没向被申请人就标的设备质量提出异议,可以推定标的设备发至申请人工厂处时,该设备质量是符合合同约定要求的。

(4)申请人与被申请人约定实际履行的合同一般条款第8条约定的"品质保证"条款规定:"本合同品质保证期为12个月,自被申请人维修服务报告签订之日起算。但本品质量保证期最长不应超过出厂后的18个月。"在标的设备品质保证期内,被申请人公司技术人员定期或在申请人有要求时,多次前往申请人工厂处对设备进行调试、维护(对此有服务报告为证),并于2008年1月17日提前通知申请人标的设备保质期将于2008年3月28日到期(对此有被申请人中国公司向申请人在2008年1月17日发送的传真为证)。

(5)标的设备未最终验收的责任在于申请人,与被申请人无关。

在本案中,申请人既不遵照国际标准,也无视通常标准,而是自己拿出一个任何机器都无法达到的极限标准:要求在使用质量较差材质的情况下,标的设备运行状态还能够长期处于最大走纸速度,强迫被申请人进行验收,不仅没有法律依据,也有悖常理。

2. 标的设备系合格产品

被申请人完全地履行了合同义务,本案争议之标的设备为合格产品,不存在申请人所述不能达到合同目的之情形。

(1)如前所述,在标的设备起运前,申请人进行过预验收,验收合格。

(2)标的设备是1台多功能组合轮转印刷机,其印刷方式包括胶印、柔印、凹印、线条凹印、丝印、数字印刷等;印后处理功能包括烫金、覆膜、模切、压凸、折页、裁切和烘干等;其承印物范围极广泛,包括普通纸、卡纸、塑料薄膜(PVC、OPP等)、镀铝膜、不干胶和复合材料等,铝箔只是其中一项。

(3)标的设备进口时,已经某市商检局检验,符合进口条件。

(4)标的设备安装后,申请人进行长期营运,通电运行达5560余小时(对此有2009年8月4日被申请人提供的服务报告为证)。2006年年底标的设备安装后,被申请人组织专人对申请人的员工进行培训,设备投入营运。基于标的设备消耗品的损耗,被申请人多次派技术人员赴申请人处进行耗品更换和产品维护。截至2009年8月4日,共使用5560余小时。如果按最低印刷速度每分钟30米计算,5560余小时的工作时间,将印刷1000余万米的工作量。如果标的设备存在质量问题,申请人是不会使用这么长时间,印刷如此大的工作量的。

3. 关于标的设备偶尔无法正常运行的原因与标的设备质量无关

(1)被申请人出具的测试时间为2007年4月9日的组合机测试验收报告明确记录道,"使用材料性能不佳,卷材抗张力性能不佳、稳定性差"等外部原因导致了"组合套位左右跑偏,前后不稳",而这种情况与"机器性能无关,由于机器可以在速度稳定时确保套印精度,证明设备性能良好,功能正常"。这说明标的设备出现的不稳定情况并不是标的设备的质量问题导致,而是由于操作人员具体操作的方式方法、使用材料材质的品质,甚至设备运行时所处环境的温度湿度(申请人和被申请人约定实际履行的合同中技术说明条款对标的设备运行的温度、湿度要求作了明确规定)不符合设备标的运行要求所导致的。

(2)在申请人与被申请人就标的设备运行问题往来的电子邮件中,申请人员工认可了是由于材质问题导致标的设备不稳定。

4.申请人在仲裁申请中提出的仲裁请求无法律依据

(1)申请人请求解除合同没有法律依据。

合同的解除适用于一方当事人违约致使合同目的从根本上无法实现的情形。在本案中,被申请人已按合同约定,全面、正确地履行完毕全部约定义务,所以无法满足令申请人解除合同的任何一个条件,故申请人提出解除合同的仲裁请求没有法律依据。

(2)申请人的第2项请求,既没有法律依据也无事实依据。

首先,赔偿损失责任由损害事实、违约行为、违约行为与损害事实之间的因果关系、过错等要件构成,在本案中,一方面,被申请人适当履行了合同约定的义务,不存在违约行为和过错;另一方面,申请人长期运营标的设备达5560余小时,产生印刷1000余万米的工作量,为申请人创造了大量的利润和产值,申请人当然不会因为被申请人而遭受任何间接损失和预期利润损失,其提出的赔偿请求没有事实依据。

其次,前述合同是买卖双方真实意思的表示,其一般条款第10条(关于违约责任)没有约定被申请人应当对申请人的该种情形承担违约责任及违约责任的范围。一般条款第8条亦约定:“在任何情况下,卖方均不对任何实际或预期利润损失或间接损失负责。”中国《合同法》第60条规定:“当事人应当按照约定全面履行自己的义务……”因此,被申请人依据合同约定,对申请人的任何预期利润及间接损失不承担任何责任,申请人主张的“购买厂房配套设施的贷款利息损失、厂房配套设施折旧损失、房租损失、试机辅助材料损失、预期利润”不是现实利益的损失,而是对未来可得利益的损失,均为间接损失,所以被申请人对此完全不承担任何责任,申请人所提赔偿所谓的间接损失和预期利润损失没有合同依据。

第二节　仲裁庭意见

(一)本请求

1.本案争议的审理依据

本案合同一般条款第15条规定:“本合同受中华人民共和国法律管辖并依其解释,并可参照国际货物销售合同公约及其他国际条约和惯例。”

仲裁庭认为,申请人、被申请人双方的上述合同约定为有效约定,因此,本案审理应当适用中国法。仲裁庭也注意到，本案双方在庭审过程中以及在各自提交的书面陈述意见中均明确引用了《公约》的规定，可见双方也认可《公约》是本案的准据法之一。在中国法律没有对应的规定或者规定不明确的情况下，可适用《公约》及其他国际条约和惯例。

2. 本案审理要点及方法

本案的审理及裁决将围绕和针对申请人、被申请人双方的仲裁请求、反请求进行并作出。仲裁庭无权亦不能超出此范围裁决。

此外，申请人作为本案主诉的权利主张方，被申请人作为反请求的权利主张方，对各自的请求及主张均应承担谁主张谁举证的责任。未能满足基本举证义务，其相应的主张、请求就不能得到支持。

申请人的仲裁请求可归纳为以下 3 类或 3 项。

(1)请求解除合同及予以恢复原状救济(第 1 项请求)：

①被申请人返还申请人已付全部设备价款近人民币 1680 万元及赔偿申请人购买该设备的贷款利息损失人民币 350 余万元；

②赔偿申请人购买厂房配套设施的贷款利息损失近人民币 54 万元；

③赔偿申请人厂房配套设施的折旧损失人民币 30 余万元；

④赔偿申请人自 2006～2009 年共 3 年的房租损失人民币 34 万余元；

⑤赔偿申请人试机的辅助材料损失人民币 21 万余元。

(2)赔偿申请人的预期利润损失计人民币 1740 余万元(第 2 项请求)。

(3)赔偿申请人处理本案的差旅费损失近人民币 2 万元及必要费用人民币 150 万元，以及本案仲裁费(第 3 项请求)。

仲裁庭认为，在本案具体情况下，申请人第 1 项仲裁请求中的各项赔偿请求能否成立首先取决于其解除合同的主张能否得到支持。如果申请人解除合同的主张不能得到支持，则其以此为基础提出的恢复原状救济项下的各项赔偿主张亦不能成立。因为申请人在其第 1 项仲裁请求中提出的各项赔偿均属于合同履行情况下所必然发生的费用，在合同未解除的情况下，不得要求赔偿。与此相反，申请人的第 2 项仲裁请求实质上是要求被申请人赔偿如果合同能够得到适当履行情况下其本可实现，但由于被申请人的违约行为而使其不能实现的利益，又称预期利润损失。显然，申请人第 1 项仲裁请求中的各项恢复原状损失赔偿请求，与其第 2 项预期利润损失的仲裁请求完全相悖。即使申请人对被申请人的违约指责能够成立，申请人的第 1 项和第 2 项仲裁请求也不可能同时得到仲裁庭支持。至于申请人的第3项仲裁请求,其能否成立以及在何种程度上能够得到仲裁庭支持,完全取决于申请人的前两项仲裁请求的裁决结果。

基于此,本案的审理和裁决将从以下两个方面进行。

一是在本案具体情况下,申请人要求解除合同及给予恢复原状救济的请求能否成立。

二是在本案具体情况下,申请人要求被申请人赔偿其预期利润损失的请求能否成立。

3. 关于申请人的第1项仲裁请求

本案审理中,申请人一直试图说明并证明被申请人所交付的设备存在严重质量问题,且构成了中国《合同法》第94条第4款规定的"当事人有其他违约行为致使不能实现合同目的",并且构成了《公约》第25条规定的"根本违约行为"(以下统称根本违约行为),并以此支持其要求解除合同、享有恢复原状救济的仲裁请求。

仲裁庭认为,无论根据中国《合同法》还是《公约》的规定,违约方的违约行为构成根本违约均是守约方得以享有解除合同及恢复原状救济的基本条件,但这并不意味着只要违约方的违约行为构成了根本违约,守约方在任一情况下均可最终享有解除合同的权利。

仲裁庭经审理后进一步认为,在本案具体事实情况下,基于申请人的仲裁请求及陈述,在确定申请人是否有权解除合同及享有恢复原状救济的问题上,被申请人是否有根本违约行为已不是本庭审理及作出相应裁决的关键问题。也就是说,无论被申请人是否有根本违约行为,均不会影响仲裁庭对申请人第1项仲裁请求的裁决结果。

《公约》第81条规定,宣告合同无效解除了双方在合同中的义务(《公约》采用了宣告合同无效的用语,实际上是指宣告解除合同)。在此情况下,已全部或局部履行合同的一方,可以要求另一方归还他按照合同供应的货物或支付的价款。如果双方都须归还,他们必须同时这样做。

《公约》第82条规定:"买方如果不可能按实际收到货物的原状归还货物,他就丧失宣告合同无效或要求卖方交付替代货物的权利。"此外,《公约》第82条还规定了虽然买方不能原状返还货物但仍可享有宣告合同无效权利的例外情由。

显然,根据《公约》的规定,即使被申请人在本案交易的履行中确有根本违约行为,从而使申请人本可以享有宣告解除合同的权利,但是如果申请人在宣告解除合同的同时不能按实际收到货物的原状返还货物,其亦丧失了宣告解除合同的权利。

仲裁庭注意到,申请人于2006年11月中旬即已收到了被申请人交付的合同设备。然而,申请人在提出第1项仲裁请求的同时及在庭审的全过程中,却从未表示过其愿意,且能够按实际收到设备的原状向被申请人归还设备,更未向仲裁庭说明如果其不能按原状返还设备,原因亦是属于《公约》第82条规定的例外范畴。在此情况下,仲裁庭只能将申请人的第1项仲裁请求理解为其一方面主张行使解除合同的权利并要求享有得以恢复原状的救济,同时申请人亦将继续无偿享有被申请人交付的设备。仲裁庭认为,根据《公约》的相关规定,在本案实际情况下,即使被申请人交付的设备确有构成根本违约的质量问题,申请人亦因自己的不作为而丧失了宣告解除合同的权利。

此外,《公约》第49条亦明确规定,如果卖方不履行其在合同或本公约中的任何义务,就等于根本违反合同,买方可以宣告合同无效;但是如果卖方已交付了货物,买方就丧失了宣告合同无效的权利,除非买方在知道或理应知道这种违反合同行为后的一段合理时间内宣告了解除合同。《公约》的上述规定,是指在卖方已交付了合同货物的情况下,即使卖方有根本违约行为,如果买方不在其知道或理应知道卖方这种违约行为后的合理时间内将其解除合同的意图及时通知卖方,其亦会因其怠于行权而丧失其本可享有的解约权。

仲裁庭注意到本案以下基本事实:被申请人于2006年11月下旬将合同设备运抵了买方工厂。随后,申请人、被申请人双方于2007年2月2日、2007年4月9日及2008年3月3日对设备组织了3次测试验收,但未能签署验收证书。对于设备未能通过验收的原因,申请人坚持认为是由被申请人所交付的设备存在品质问题所致。但是直到其在2009年6月4日提交本案仲裁的请求中才间接表露了解除合同的意愿,在2009年10月28日本案第一次庭审中口头提出解除合同的请求,而直到2010年3月31日才首次正式书面表述了其解除合同的意愿。

仲裁庭认为,在本案具体事实情况下,最晚到2008年3月3日,申请人是知道或理应知道了被申请人所交付的设备可能存在质量问题,但其直到2010年3月31日才正式明确地宣布将行使解除合同的权利,其间相隔了2年之久;即使以间接表明可能解除合同意愿的2009年6月4日来计算,其间也相隔了15个月。然而,在整个庭审过程中,申请人从未就其为什么在相隔2年时间,或至少是相隔了15个月后才对宣布解除合同的原因作出说明、解释并提供相应证据,更未向仲裁庭说明及证明其相隔如此之久才行使解约权的行为并不会导致扩大或增加其如果在及时行使解除权的情况下对申请人、被申请人双方所造成的损害。因此,仲裁庭认为,申请人在其知道或理应知道被申请人违约行为后2年之久,至少是15个月之久才行使解约权已超过合理时间。在此情况下,即使被申请人确有违约行为,申请人亦由于自己怠于行权的行为丧失了宣告解除合同的权利,进而丧失了请求恢复原状救济的权利。

《合同法》第97条规定:“合同解除后,尚未履行的,终止履行;已经履行的,根据履行情况和合同性质,当事人可以要求恢复原状,采取其他补救措施,并有权要求赔偿损失。”

由此可见,根据中国《合同法》的规定(《公约》亦采用相同原则的规定),虽然恢复原状并不是在解除合同项下唯一的救济措施,但如果违约方选择了恢复原状的救济,则其必须以能够解除合同为前提。在本案中,既然申请人已不再享有解除合同的权利,则其以解除合同为前提而申请享有的各项恢复原状的损害赔偿请求就不能得到本庭的支持。

4. 关于申请人的第2项仲裁请求

根据《合同法》及《公约》的规定,如果合同一方当事人有违约行为,则无论该违约行为是否构成根本违约,亦无论违约一方是否行使及能否行使解除合同的权利,均不会影响其根据违约方违约行为给其造成的相应损失要求赔偿的权利。仲裁庭认为,虽然申请人要求解除合同及要求恢复原状救济的仲裁请求未获仲裁庭支持,但这本身并不阻碍在被申请人确有违约情况下,申请人依法要求被申请人赔偿其预期利润损失的权利。

(1)合同一般条款第8条中的免责约定是否构成了申请人在合同中已放弃了本案中要求预期利润损失赔偿权利的规定

合同一般条款第8条约定:

卖方保证本合同项下的商品不具有材料及制造的缺陷,并完全符合本合同所规定的规格。

本合同品质保证期为12个月,自卖方维修服务报告签订之日算起。如果卖方对合同设备安装、调试和验收的延误没有责任的话,本品质保证期最长不应超过出厂后18个月。

本品质保证限于商品的维修及有缺陷部件的免费更换,且仅适用于商品正常使用及维修状况下出现的缺陷。如商品的安装与维修未经卖方监督或买方未经卖方事先书面同意而作出修改,则本品质保证无效。本品质保证不包括商品的正常折旧及损耗。

除此之外，卖方对合同中产品描述以外事由不承担任何明示或默认担保义务。任何情况下，卖方均不对任何实际或预期利润损失或间接损失承担责任。

被申请人认为，合同一般条款第 8 条的约定已排除了即使在其所交设备存在质量问题情况下其可能承担的预期利润损失赔偿责任。因此，对于申请人要求预期利润损失赔偿的请求，应予驳回。

仲裁庭认为，合同一般条款第 8 条中有关被申请人免责的文字，应按照中国《合同法》第 125 条的规定从整体上及依照诚实信用原则来确定其真实的意思。从该条规定的整体文字理解来看，其实质上是针对合同设备在安装、调试、能正常运转后的一定期间内（质保期内），卖方对设备质量和能保持设备正常运转所承担的品质保证义务，以及对该品质保证义务的范围、责任限制作出的规定。也就是说，该条款中的免责约定，是指在合同规定的质保期内，卖方的质保期责任仅限于免费更换有缺陷零部件及免费维护。此外，卖方不承担任何实际或预期利润损失或间接损失。被申请人将合同第 8 条解释为免除了卖方在合同设备安装、调试及能正常运转前因设备质量问题而导致的一切赔偿责任的主张不能成立。在本案中，设备至今未能通过验收及实现正常运转，合同第 8 条规定的质保期责任尚未开始，也就更谈不上根据合同第 8 条免责。

（2）关于被申请人所交付设备质量是否与合同规定相符的问题

仲裁庭注意到以下基本事实：在合同设备交付后，申请人、被申请人双方曾组织过 3 次测试验收，但均未通过。在设备验收过程中，申请人及时将验收中设备存在的问题通知了被申请人。仲裁庭亦注意到，对于申请人提出的设备质量问题，被申请人均表示了异议并认为设备之所以未能通过验收不是设备本身有质量问题，而是与申请人、被申请人双方就验收标准未能达成一致及操作人员的具体操作手法、设备运行时所处的环境温度、湿度以及申请人使用质量较差的国产铝箔材料有关。

对此，仲裁庭认为，当设备未能通过验收时，申请人将设备存在的问题及时告知被申请人的行为为其日后就设备品质问题向被申请人索赔保留了权利，故被申请人称申请人就设备品质问题向被申请人提起本案赔偿请求已超过索赔期的主张不能得到仲裁庭支持。

然而，仲裁庭必须指出，虽然申请人将其认为设备存在质量问题的意见及时通知给被申请人的行为为其保留了日后就此提出索赔的权利，但在被申请人对此表示异议从而使双方处于纠纷状态的情况下，被申请人交付的设备是否确实存在品质瑕疵，申请人应首先承担以有效证据对此加以证明的举证责任。否则，申请人有关被申请人交付设备存在品质缺陷的指责不能成立。

为了证明被申请人所交付的设备存在品质缺陷,申请人向仲裁庭提交了两份品质检验报告。

申请人提交的第一份品质检验证明是由中华人民共和国某市出入境检验局于2008年8月6日就合同设备出具的品质证书。仲裁庭认为,申请人提交的此份品质证书不能证明申请人在本案仲裁中提出的合同设备质量与合同不符的主张。

首先,品质证书明确指出,该品质证书项下的品质检验是根据合同一般条款第7条进行的。而合同一般条款第7条明确规定,“如商品品质、规格或数量与本合同规定不符,买方有权于商品送达最终用户工厂30日内,凭中华人民共和国商品检验局出示的商检证明书,向卖方要求对部件进行无偿更换”。本案事实是,合同设备于2006年11月中旬运抵卖方工厂,但此品质证书却签发于2008年8月6日,其间相隔了约250天,严重逾期。

其次,从内容上来看,虽然合同一般条款第7条要求买方于设备运抵用户工厂后30日内对设备的品质、规格、数量进行检验,但检验机构并未对设备的品质、规格、数量进行检验,至少品质证书对设备本身的品质、规格、数量未发表任何意见。

最后,本案合同项下买卖的标的是成套设备而不是终极产品。成套设备的特性决定了设备的有些缺陷不经过设备的安装、调试及运输是无法发现的。鉴于此,国际上的通常做法是对于成套设备的检验一般有两次,一次是在货物交付后的较短期间内对采用一般检验手段可以合理发现的产品瑕疵进行初步检验,另一次是在设备安装调试后的一段合理时间内对设备通过运转才能发现的内在缺陷进行的检验。在本案中,合同一般条款第7条约定的检验显属前述初步检验,其检验目的是针对卖方所交设备通过一般检验手段可以合理发现的缺陷。但在本案中,申请人对被申请人交货品质的质疑完全是针对合同设备本身通过一般检验手段无法合理发现的内在缺陷提出的。从检验目的来看,申请人的主张与品质证书的检验目的完全无关。

申请人提交的第二份品质检验证明是由同一商检机构于2009年1月20日出具的鉴定证书。仲裁庭认为,申请人提交的此份鉴定证书是检验机构针对合同设备内在品质本身进行的检验。

但仲裁庭亦注意到,本案合同中并未对合同设备内在品质检验(二次商检)的检验机构、检验时间作出任何规定。

因此,就检验机构而言,二次商检的实际检验机构虽与出具品质证书的检验机构同为一家,但两者却有区别。品质证书项下该检验机构是作为双方共同选定的检验机构行为的;而鉴定证书项下,该检验机构则是作为申请人单方选定的检验机构行为的;而就检验时间而言,在合同无具体规定情况下,则应当以《合同法》及《公约》的相关规定为依据。

中国《合同法》第157条规定:“买受人收到标的物时应当在约定的检验期间内检验。没有约定检验期间的,应当及时检验。”

《公约》第38条规定:“买方必须在按情况实际可行的最短时间内检验货物或由他人检验货物。”

在本案中与二次商检的鉴定证书检验时间有关的基本事实如下:2006年11月6日设备到货;2006年11月中旬设备运抵买方工厂;2007年2月2日申请人与被申请人双方对设备进行第一次验收,未能通过;2007年4月9日申请人与被申请人双方对设备进行了第二次验收,也未能通过;2008年3月3日申请人与被申请人双方对设备进行了第三次验收,仍未能通过;2009年1月20日申请人委托的商检机构出具了此鉴定证书。

仲裁庭充分注意到鉴定证书中对合同质量作出的鉴定结论,即“该设备存在着严重质量问题(采用国产铝箔测试时,走料过程严重打皱,无法正常印刷及在采用丹麦公司铝箔时,套印精度均达不到±0.1毫米的要求,并伴有打皱现象),系制造方在设计制造时未充分考虑合同列明的铝箔材料的特性等因素所致”。

此外,仲裁庭还注意到合同项下的设备是1台多功能组装轮转印刷机,其有多种印刷方式及多项印后处理功能;其承印范围也很广泛,印刷铝箔只是其中一项,而且合同中对铝箔的来源及标准亦没有任何具体约定。

综合以上因素及本案其他具体事实,仲裁庭认为,仅以该鉴定报告就最终认定合同设备未能通过验收的原因是设备本身的内在品质缺陷尚存在一些不确定因素及困惑,诸如以下几点。

第一,如前所述,至少在2008年3月3日申请人、被申请人双方就对设备是否存在质量问题发生了严重分歧。令仲裁庭感到困惑的是,为什么申请人一直到2009年1月6日才将设备进行委托鉴定,这其间相隔了10个月之久。另外,在整个庭审过程中,申请人亦从未向仲裁庭说明并证明为何其在10个月后才将设备委托鉴定应视为是在“合理时间”内或在“按情况实际可行的最短时间”。为此,仲裁庭难以认定申请人的二次商检是在《合同法》和《公约》规定的合理时间内进行的。

第二,仲裁庭注意到被申请人的以下主张,即认为造成合同设备不能通过验收的原因并不必然是设备本身有品质缺陷，验收标准的不确定、操作员的操作方法、设备运行时所处的环境温度、湿度亦会对检验结果产生影响。尤其是被申请人认为申请人在测试或验收时使用的国产铝箔质量有问题从而影响了验收。对此，申请人在其2008年8月15日致被申请人的电子邮件中称："贵司确定是材质问题，申请人不反对，我们也要求贵公司确定采用没问题的无涂层铝箔进行测试及验收。"有鉴前述，仲裁庭认为，申请人在相隔10个月之久才单方对当时已发生争议的设备进行委托鉴定，应是在尽量排除了设备以外诸多不确定因素的情况下进行的；至少应事先以书面形式向被申请人发出检验通知，以使被申请人有机会到场或就设备的状况、检验标准、测试用料、测试外部环境等不确定因素加以明确后再进行，以保证鉴定的客观性和准确性。但申请人未能提交任何证据证明其曾做出过这方面的努力。

在申请人对诸如前类问题予以合理说明、澄清并提供相应证据证明前，仲裁庭难以认定合同设备不能通过验收完全是由设备本身的内在品质缺陷所致。在此，仲裁庭必须指出的是，在庭审的全过程中，被申请人亦未能在其答辩和反请求中，充分说明及证明其交付的设备不存在任何内在品质缺陷，亦未说明并证明设备之所以没能通过验收完全是由设备品质以外的因素所致。本案设备质量纠纷的客观状况是，申请人与被申请人双方目前仍处在均不能以充分证据证明自己主张的争执状态。

仲裁庭认为，从争议发生至今已有3年多时间而设备仍未能验收，在此争议的处理过程中，申请人与被申请人双方均有不足和过失，并均应对造成目前的这一状况承担一定责任。但由于仲裁庭在本案中只是对申请人与被申请人双方的请求和反请求进行审理和裁决，由此而产生的责任、后果不在本庭审理和裁决的范围内。

(3)关于申请人的预期利润损失赔偿请求本身能否成立的问题

仲裁庭认为，在本案具体情况下，即使被申请人交付的设备确实存在品质问题，按照申请人要求预期利润赔偿的具体内容及做法，其预期利润损失赔偿的请求亦不能得到仲裁庭支持。

仲裁庭注意到，申请人在本案中请求赔偿的预期利润损失实际上是指由于被申请人产品的缺陷而使其企业在经营中造成的损失。

中国《合同法》第111条规定："质量不符合约定的，应当按照当事人的约定承担违约责任。对违约责任没有约定或者约定不明确，依照本法第六十一条的规定仍不能确定的，受损各方根据标的的性质及损失的大小，可以合理选择要求对方承担修理、更换、重做、退货、减少价款或报酬等违约责任。”《公约》第 50 条规定：“如果货物不符合同，不论价款是否已付，买方都可以减低价格，减价按实际交付货物在交货时的价值与符合合同的货物在当时的价值两者之间的比例计算。”

由此可见，无论是根据《合同法》还是《公约》的规定，在卖方交货与合同约定不符情况下，买方在正常情况下通常可选择的损害赔偿方式中是不包括因产品品质问题给买方企业造成的经营性损失或经营中的预期利润损失的。因为在买方能够及时实现《合同法》和《公约》规定的损害赔偿救济的情况下，其在交易中预期利润损失的补偿一般可得到体现。此外，在正常情况下，卖方往往在订约时很难合理预见其向买方出售设备的行为在一定意义上构成了对买方企业经营利润的担保。仲裁庭认为，除非申请人和被申请人双方在合同中对此有专门约定或者申请人能够证明依订约时的情况被申请人就知道或理应预见到如果其设备有品质问题，其还要对买方企业的经营性损失或利润承担赔偿责任。否则，根据中国《合同法》第 113 条和《公约》第 25 条中对赔偿责任的限制性规定或可预见性规定，申请人的此项预期利润损失赔偿请求不能得到仲裁庭支持。在本案审理中，申请人从未就此作出过任何说明，亦从未提供过任何相关证据。因此，即使仅从该赔偿请求本身来讲，仲裁庭亦不能支持申请人的预期利润赔偿请求。

此外，仲裁庭还注意到，申请人在审理过程中为了支持其前述预期利润赔偿的请求，仅向仲裁庭提交了一些其和第三方交易的合同、大量单据及一些来往信函等基础性文件，而未向仲裁庭提交过任何归纳后的书面说明、统计、计算，以证明其预期利润损失的金额是如何计算的，以证明该索赔金额究竟是企业的经营性损失还是扣除各项费用后企业的经营性利润损失，以证明这些损失与被申请人的产品品质缺陷有什么因果关系，并证明其在被申请人违约后所采取的行动及其所请求的损害赔偿金额的计算并没有违反中国《合同法》第 119 条有关受违约方应承担减轻损害义务的规定。仅就此而言，申请人的第 2 项请求亦因其举证不足而不能得到仲裁庭支持。

5. 关于申请人第 3 项仲裁请求

鉴于申请人的第 1 项、第 2 项仲裁请求都没有得到仲裁庭的支持，申请人的第 3 项仲裁庭请求亦不能得到仲裁庭支持。

（二）反请求

在本案争议中，被申请人亦提出了反请求。其主要内容是要求申请人向其支付设备 5% 的尾款 8 万余欧元及逾期利息近人民币 5 万元。

仲裁庭认为,本案合同第8条明确约定,5%的尾款金额凭验收报告支付。本案事实是,截至目前,合同设备一直未能通过验收,故5%的尾款支付条件尚未得到满足。

此外,在本案审理过程中,被申请人未能提供充分的理由、依据和证据证明其交付的设备不存在任何品质问题,也未能证明设备所以一直未能通过验收完全是由于申请人不配合、无理阻碍或是由于不可归责于被申请人过失、责任的外部原因所致。

在此情况下,仲裁庭认为,在合同设备验收前及在合同继续履行期间,不仅被申请人尚未履行的各项义务理应继续全部履行,而且其亦有义务继续积极配合申请人对设备完成验收。在此之前,其请求支付设备尾款的请求不能得到仲裁庭支持。

八、2014年尿素买卖合同案

第一节 当事人主张

申请人(中国公司)与被申请人(瑞士公司)的代理人C公司于2012年4月18日分别签订两份买卖“大颗粒尿素”和“小颗粒尿素”的买卖合同,后因双方在“备货”和“派船”等问题上产生争议,申请人遂向仲裁委员会提起仲裁。

(一)申请人声称

2011年被申请人的关联公司中国D公司就化肥贸易向申请人询价,双方以电话和电子邮件方式进行磋商,达成一致,向申请人购买过尿素。2012年4月申请人与中国D公司再次就化肥贸易进行磋商,在中国D公司安排下,签订本案所涉两份合同。2012年4月18日申请人与被申请人签署编号为182的买卖合同(以下简称182号合同或小颗粒尿素合同)。合同约定,基于FOB T条款,申请人卖给被申请人散装中国产小颗粒尿素2.5万吨,单价每吨逾450美元,付款方式为不可撤销信用证,履行时间为2012年7月,最晚装船时间为7月31日。后经协商付款方式改为电汇(T/T)。其后,申请人按约在指定的港口备好货物,并通知被申请人,但因国际市场上小颗粒尿素的价格显现下降的趋势,截至2012年7月31日,被申请人始终未按照双方约定派船接收货物。2012年4月18日被申请人又与申请人签署编号为183的买卖合同(以下简称183号合同或大颗粒尿素合同)。合同约定基于FOB T条款,申请人卖给被申请人散装中国产大颗粒尿素2.5万吨,单价每吨470

美元,付款方式为不可撤销信用证,履行时间为2012年7月,最晚装船时间为7月31日。后经协商付款方式改为电汇(T/T)。其后,申请人按时在指定港口备好货物,并通知被申请人。但是,因国际市场上大颗粒尿素的价格显现下降趋势,截至2012年7月31日,被申请人始终未能按照双方约定派船接收货物。

申请人曾为解决此纠纷作出过努力,申请人在8月2日向被申请人发邮件要求被申请人在8月15日以前将上述两份合同货物装运离港,否则将就地变卖货物,并要求赔偿损失。8月8~11日被申请人派员到连云港与申请人协商解决纠纷,但最终未达成一致,截至2012年8月15日,被申请人仍未派船接收货物。被申请人的行为已经构成根本性违约,为维护申请人合法权益,申请人向仲裁委员会提起仲裁。

经变更,申请人最终提出以下仲裁请求。

(1)请求裁决解除申请人与被申请人于2012年4月18日签署的两份买卖合同,裁决被申请人赔偿申请人因违约所受损失共计人民币2120余万元(计算至2014年6月30日)。

(2)请求裁决被申请人补偿申请人为本案支付的律师费及其他合理支出近人民币145万元。

(3)请求裁决被申请人承担本案全部仲裁费用。

(二)被申请人在答辩书中辩称以下内容

1.从两份争议合同的履行过程来看,正是因为申请人严重违反了国际贸易中FOB价格术语项下卖方的交货义务及卖方应在合同约定的装运期之前(2012年7月1日之前)备妥货物供被申请人接受装运的义务,在申请人首先违约的情况下拒绝履行合同而导致两份争议合同最终无法履行,具体事实如下。

(1)申请人于2012年4月17日给被申请人发送的大颗粒尿素的要约第5条写明:货物应于6月末之前备妥。同日,小颗粒尿素的要约第5条则写明货物的装运期为7月。按照惯例,申请人应当于2012年7月1日前在装运港将货物备妥,作为买方的被申请人可以于7月1~31日内的任何期间指定船只进行装运,这与申请人5月15日的邮件内容完全符合,也符合合同约定的装运期和国际贸易惯例。被申请人于2012年6月18日的13时54分向申请人发邮件询问申请人的备货情况,包括已运抵中国Y港大颗粒和小颗粒尿素货物的数量,及在途数量及剩余货物交付时间表。2012年6月28日17时54分申请人向被申请人发邮件,但未直接回答被申请人对备货情况的询问,而仅告知货物正在不断运往Y港,预计大颗粒和小颗粒尿素在 2012 年 7 月 20 日左右备妥,事实上已违反了两份合同约定的装运期。申请人虽然在 2012 年 6 月 28 日 17 时 54 分发出的邮件声称两份争议合同项下的货物将在 7 月 20 日左右备妥,但直到 7 月 23 日 14 时 26 分申请人在给予其他合同项下的货物备妥通知时,并未对被申请人发出本案两份合同货物的备妥通知。

(2)对于被申请人 2012 年 7 月 24 日的派船通知,申请人不但未作出无保留接受,反而表示将不按照合同约定将货物装船以完成交付。

申请人于 2012 年 7 月 23 日 14 时 26 分向被申请人发送邮件附件声称:请根据合同约定的装运期安排装运船只,否则将使用法律手段。由于申请人存在先违约行为和相反意思表示,申请人无权主张被申请人受合同装运期的约束。申请人突然要求被申请人按照合同装运期派船,无合同和《公约》的依据。尽管两份合同关于装运期的约定,不再对被申请人具有约束力,被申请人于 2012 年 7 月 24 日 15 时 35 分收到船运代理公司关于可用于两份争议合同项下货物船只(1 号船)信息和报价的电子邮件后,随即于 7 月 24 日 17 时 38 分通过电子邮件向申请人发送派船通知,表明其将指定 1 号船为装运涉案两份合同项下货物的船,并告知其受载期(Laycan)为 2012 年 7 月 25～29 日以及其他信息,要求申请人在新加坡正常营业时间结束前确认,接受该指定,被申请人的上述派船通知完全符合合同有关装运期的约定。

2012 年 7 月 24 日 18 时 3 分申请人在收到被申请人的派船通知后,回复邮件称:受载期太近,并称仅在被申请人于当日 22 时之前指定在中国 Y 港的船运代理(Shipping Agent)的前提下,方可接受 2012 年 7 月 27 日的受载期。申请人附加的条件完全属于超越合同规定的不合理条件。同时,申请人提出无法保证提单日期在 2012 年 7 月 31 日之前。

2012 年 7 月 25 日 14 时 48 分被申请人向申请人发送邮件,对申请人未无保留地接受装运船只的做法表示意外,指出在 7 月 31 日无法完成货物装船的说法与先前的要求货物需在 7 月 31 日装载完毕自相矛盾。由于申请人对接受船只设定条件,从而导致被申请人失去租赁船只的机会,申请人 7 月 24 日 18 时 3 分的邮件内容,包含了诸多违约行为。

第一,无论根据合同的约定还是 2010 年《国际贸易术语解释通则》的规定,申请人作为卖方并不享有对买方派船的船期附加条件的权利。对于被申请人完全符合合同约定的派船通知,申请人应当无保留接受,并履行相应的交付货物的义务,否则就是申请人为其履行合同义务附加额外条件,是申请人明示将不按合同约定履行交付货物义务的表现。

第二,根据《公约》第80条的规定,因申请人的原因造成被申请人不能完成派船的,申请人无权据此要求被申请人承担不能派船的唯一责任。

第三,申请人在邮件中声称提单日期不能在2012年7月31日之前,则进一步显示出申请人对合同约定的装运期反复无常之态度。申请人从2012年5月中旬提议被申请人安排7月末至8月初的船期,到要求被申请人在2012年7月31日之前完成装船,继而又表示自身无法遵守2012年7月31日之前完成装船的约定,申请人的说法前后矛盾,不断推翻之前的表示,此等行为不但有违诚实信用的基本原则,更应产生禁止反言的法律后果。

(3)在申请人违约的情况下,被申请人继续积极指派船只,善意履行合同,但申请人拒绝履行合同。

2012年7月31日15时27分被申请人与船公司F确认了租船合同条款。2012年8月1日19时42分被申请人与船公司F签署补充协议确认了租船公司协议的船舶为2号船。2012年8月2日10时29分被申请人向船公司F发送邮件,明确根据两方沟通结果可以增加中国Y港为装运港并询问运费是否变化。2012年8月2日10时31分船公司F回复可以增加装运港,如先前往中国Y港则需增加运费。被申请人于2012年8月2日11时7分再次向申请人发送派船通知,指定2号船为装运小颗粒尿素合同项下货物的船只,被申请人指定2号船与申请人在2012年5月15日的电子邮件中希望被申请人装运船只安排在7月底至8月初的建议相符合。申请人在2012年8月2日13时56分回复邮件,没有任何保留及附加条件地确认接受被申请人对装运船只2号船的指定。

2012年8月6日16时24分申请人通过邮件要求被申请人在8月15日之前派船到达中国Y港,否则将提起仲裁。由于前述申请人先行违约的原因,小颗粒尿素合同所约定的装运期实际已经对被申请人无约束力。除非双方另行对装运期达成备忘,否则申请人方无权单方面自行规定船期或装运期。

2012年8月8日14时26分被申请人告知申请人根据船代的信息,2号船正在中国S港装运货物,将在8月15日左右到达中国Y港。2012年8月13日16时47分申请人给被申请人发送电邮。

然而,申请人拒绝被申请人先前提出的和解方案,并声称双方未达成新协议之前,申请人无义务接受被申请人在小颗粒尿素合同项下指定的装运船只。申请人断然拒绝接受其已于2012年8月2日确认接受的装运船只2号船的行为缺乏诚信,构成严重违约。

被申请人于2012年8月15日发邮给申请人,告知以下几点:①装运船只2号船仍计划开往中国Y港装运小颗粒合同项下的货物。②如申请人仍愿意继续履行小颗粒合同,则被申请人将依据该合同条款装运合同项下的货物。③若申请人不能在当天14时前确认继续履行该合同,被申请人将被迫开始寻找新的货源并安排船东取消已指定船只前往中国Y港的行程。

根据《公约》第71条的规定,申请人于2012年8月13日突然宣布不接受被申请人指定的2号船,并且在被申请人2012年8月15日表达仍然希望继续履行合同的情况下,申请人拒绝给予回复。申请人的该等行为,已经完全表明其将不履行小颗粒尿素合同项下的交货义务,已构成预期违约。

大颗粒尿素合同项下被申请人继续指定船只,但最终因申请人预期违约而终止派船装运货物。

2. 申请人主张的损失赔偿没有法律依据与事实依据

如上所述,正是由于申请人在履行两份争议合同过程中的根本违约和预期违约,才从根本上导致两份争议合同最终没有履行。因此,作为违约方的申请人无权主张所谓损失赔偿。

在不影响被申请人上述主张的前提下,即使假设本案仲裁庭认定被申请人应当承担部分不能履行的责任,申请人也无权按照其仲裁申请书及其所附赔偿申请依据来主张损失。

一是关于差价损失。(1)币种应当以美元计算而非人民币计算。(2)差价损失计算的货物数量,以原来两份合同规定的数量为准,即各2.5万吨。(3)即使假设申请人根据《公约》规定有权转卖货物,也不能以申请人主观想象的转卖价格或现时的转卖价格作为计算差价的基础。根据《公约》第75条第1款的规定,假设申请人以2012年8月14日发给被申请人的邮件作为“宣告合同无效”,那么“差价损失”就应当是以2012年8月14日国际市场价格作为计算基础。(4)出口关税变化对损失有影响。申请人在主张所谓差价损失时,并未将因价格降低而减少出口关税考虑在内,从而夸大了差价损失。

结合本案事实,小颗粒尿素合同约定价格为逾每吨450美元,大颗粒尿素合同约定价格为每吨470美元。两种货物的数量均为2.5万吨,通过计算可知,本案小颗粒尿素货物适用的关税率应为20.094%,大颗粒尿素货物适用的关税率应为21.55%。代入计算公式后,小颗粒尿素合同项下,申请人的出口关税总额为人民币

1210余万元，大颗粒尿素合同项下申请人本应承担的出口关税额为人民币130余万元。因此，若两份争议合同的货物的市场时价低于原合同约定的FOB价，则该等市场时价所计算出的应缴出口关税的总额与上述合同按原价计算的出口关税总额的差额，应从所谓的“差价损失”中扣除。

二是关于财务费用。鉴于本案两份合同以美元计价，即使假设存在所谓“差价损失”所引起的财务费用也应以同期美元贷款利率来确定。申请人用6%的利率来计算，明显不合理。

三是关于堆存费。申请人的货物到港后可以享受60天的免费堆存期，即使假设申请人在两份争议合同项下的货物于2012年8月6日全部到港，则该日期到8月14日也就不到1个月的时间，远远不足60天。因此，在该期间内申请人并未承担任何堆存费用，故主张堆存费无事实及法律依据。

四是关于律师费及仲裁费。申请人主张的近人民币150万元的律师费用明显过高，由于申请人主张的赔偿申请及索赔金额没有事实和法律依据，因此造成不合理的高额律师费和仲裁费应由申请人自行承担。

(三)在第二次开庭后，申请人提交以下庭后意见

1. 涉案双方未就申请人备货时间进行约定，被申请人称申请人迟延备货构成违约无事实与法律依据。具体理由如下。

首先，申请人于2012年4月17日发送给被申请人的大颗粒尿素要约已经失效，被申请人要求申请人据此履行备货义务于法无据。

其次，涉案合同未就申请人备货时间进行约定，被申请人称申请人迟延备货构成违约并没有事实与法律依据。

双方对货物交付时间(装运期)进行了约定，要求买方须于2012年7月将货物装运离港。最晚装船期为2012年7月31日。

根据《公约》第33条第b款的规定，如果合同约定或根据合同可确定交付期限，则除非情况表明应由买方选择一个日期外，可在该交付期限内任何时间交货。中国《合同法》第138条同样规定“交付时间”：出卖人应当按照约定的期限交付标的物，约定交付期间的，出卖人可以在该交付期间内的任何时间交付。

根据上述规定，涉案合同对装运期的约定，其含义为：申请人作为卖方可以在涉案合同约定的交付期间内的任何时间交付货物。该约定并不包括对申请人备货时间的限制要求。

最后，申请人依约履行了备货义务，且合同履行过程中被申请人未提出异议。

2. 被申请人未履行收货义务，致使合同无法顺利履行，应当承担违约责任。

首先，被申请人未在申请人指定的收货日期派船收货，应当承担违约责任。

按照《公约》和《合同法》的规定，申请人有权在货物交付期间任意时间交货，被申请人应当做好收货准备。

其次，被申请人未在合理时间内向申请人派船，且拒绝向申请人提供船代，怠于履行收货义务。

最后，对被申请人关于其报船晚是因为申请人迟延备货、应当由申请人承担责任的主张，申请人认为，被申请人的上述抗辩无事实与法律依据，且与国际贸易惯例不符。

第一，正如前述，申请人依照合同进行备货，不存在延迟备货的情况，且被申请人未依照申请人指定的交货日期派船到港接货，已构成迟延收货，被申请人上述抗辩无任何事实和法律依据。

第二，按照合同约定和国际贸易惯例，被申请人作为买方应当在合理时间报船，以保证申请人有足够时间完成装船，否则即属于怠于履行其收货义务。

根据合同第 7 条和第 11 条的约定，被申请人为在装运期内将货物装运离港，必须在合理时间内派船收货，使申请人可依港口习惯装船率完成装船。

第三，被申请人无实际派船收货，致使合同无法履行，应当承担违约责任。

第四，被申请人拒绝告知船代信息，属于拒绝履行收货义务，应当承担违约责任。

被申请人常年从事国际化肥贸易，对我国出口贸易程序非常了解，其在申请人多次催促下仍然拒绝提供船代信息说明其根本无意履行合同。

第五，被申请人在其答辩意见及庭审中多次表示因为申请人不能保证提单日为 7 月 31 日，才没有实际派船。被申请人的上述答辩片面强调了申请人的交货义务，回避了被申请人应当承担的收货义务。

被申请人在庭后也提交代理意见称：

1. 在合同已对装运期作出明确约定的情况下，备货期即可依装运期相应确定。

2. 申请人在备货期内未完成包括货物特定化等的备货义务，应承担由此引起的一切责任与损失。

3. 尽管申请人延迟备货，被申请人始终积极履行派船义务并指定了船舶 1 号船履行合同。但由于申请人不愿意履行合同而造成被申请人未能租赁该船舶。

第二节　仲裁庭意见

(一)适用法律

本案所涉182号合同和183号合同未就争议解决适用法律作出约定,贸仲《仲裁规则》第47条第2款规定:"当事人对于案件实体适用法有约定的,从其约定。当事人没有约定或其约定与法律强制性规定相抵触的,由仲裁庭决定案件实体的法律适用。"

仲裁庭注意到,本案双方当事人的营业处所分别处于中国和瑞士,两国均为《公约》的缔约方。同时,还注意到双方当事人无论是在书面还是在庭审中,也均依据中国的相关法律法规进行陈述、答辩乃至辩论。因此,仲裁庭决定同时适用《公约》和中国的相关法律审理本案。此外,由于182号合同和183号合同第16条约定:本合同由国际商会制定的2010年《国际贸易术语解释通则》版本及其修订版解释。因此,仲裁庭在判断182号合同和183号合同的双方有关交货方面的责任义务方面,按照2010年《国际贸易术语解释通则》及其修订版进行。

(二)关于本案两份合同(182号合同和183号合同)的效力

经查明,本案两份合同的订立是先由申请人于2012年4月17日通过电子邮件方式向被申请人发出要约,随后由被申请人以载有主要交易条件和一般交易条件并经其签字的合同文本发送给申请人,申请人在收到合同文本上签字及加盖公章,合同就此成立。双方对此事实不持异议。

经仲裁庭审核,182号合同和183号合同的全部条款及内容与法律不相违背,双方对两份合同的效力也不持异议。因此,仲裁庭认定,本案两份合同是双方当事人的真实意思表示,依法成立,合法有效。

(三)关于本案两份合同的基本事实

1. 本案申请人与被申请人于2012年4月18日分别签订182号合同和183号合同,且基于FOB T条款由申请人向被申请人出售散装中国产小颗粒和大颗粒尿素各2.5万公吨,合计5万公吨。

182号合同是小颗粒尿素合同,每吨逾450美元。

183号合同是大颗粒尿素合同,每吨470美元。

两份合同原定的支付方式为不可撤销信用证付款,后经双方协商,曾经签订过《补充协议(一)》和《补充协议(二)》。

2. 双方为了修改合同的支付方式,经协商签订《补充协议(一)》对开证日期进行变更;后又经双方协商,再签订《补充协议(二)》将信用证支付方式变更为T/T方式付款。

3. 两份合同规定的装运期均为:买方有权在2012年7月收货,最晚为7月31日。

4. 涉案两份合同签订后,在履约过程中,双方均以电子邮件方式对具体备货及派船的问题做过进一步沟通,双方也互相提供了信息。

5. 合同标的物为小颗粒尿素和大颗粒尿素,自5月起,国内、国际市场行情出现波动,大颗粒尿素在5月FOB出口价是上扬,6月开始一路走低,小颗粒尿素自5月末开始,国内出厂价和FOB出口价均为下跌,且跌幅较大。

6. 两份合同因备货和派船争议,在合同约定的装运期内未能完成交货。

(四)关于涉案两份合同争议的主要问题

根据双方提交的大量的书面材料包括相应证据,结合3次庭审调查,仲裁庭认为,双方的争议主要是集中在"备货"与"派船"、双方在"合同装运期届满后,为继续履行合同的磋商"以及"损失赔偿"四个方面。双方就上述争议不仅在事实和法理上均有分歧。

鉴于在案情部分已有较长的篇幅如实详列双方的意见及主张,为避免仲裁文书的前后重复与冗长,仲裁庭在此部分仅将双方的主要意见及主张进行综合归纳,依据法律、惯例,结合证据和查明的事实进行分析与判断。

1. 关于备货方面的问题

申请人的主要意见如下:

涉案两份合同,双方未就备货期限作出约定,被申请人主张申请人迟延备货进而构成违约在先的意见,没有法律及事实依据。

在大颗粒尿素的报价中,虽有"货物备妥"条款,但被申请人未在上述报价有效期内对上述报价作出承诺。被申请人在回复中,也对上述要约的单价进行了修改,上述"要约"失效,第5项"备妥条款"也无效;小颗粒尿素的报价中,无此"货物备妥"条件。

申请人于2012年5月11日和5月15日对被申请人询问备货问题回复的邮件,是表明供应商对两份合同项下货物的交货计划,并非申请人承诺备货期限为2012年6月的后10天。

申请人依约履行了备货义务,在2012年7月20日左右完成了涉案两份合同的"货物备妥"义务。但被申请人直到2012年7月24日,经催告才通知申请人租船信息等,被申请人未按合同履行收货义务,构成违约。

被申请人的意见如下:

双方在缔约过程中,申请人在“要约”第5项载明“货物备妥”条款,即货物于2012年6月底备妥。这是申请人订立合同的真实意思表示,该意思已包含在双方确认的合同内容之中。

在履行合同过程中,申请人于2012年5月11日和5月15日向被申请人发出的邮件内容表明,申请人先后两次对其备货期限进行确认为2012年6月的后10天。

按照国际贸易惯例做法,卖方应在交货期前备妥货物,由于申请人违反其承诺的备妥货物期限完成备妥货物,构成先期违约。

针对上述不同意见,仲裁庭对下列问题发表了意见。

(1)关于大颗粒尿素的要约(报价)中的“备妥货物”条款的问题

经查明,本案双方当事人采取“要约”和“承诺”方式订立涉案两份合同。其中,申请人在向被申请人对大颗粒尿素的报价中第5项载明“货物备妥:在6月底之前”。当被申请人接到上述要约后,于2012年4月18日以载明各项交易条件的合同文本进行回复,在该合同文本的条款中却没有“货物备妥”条款,并且对上述要约中的价格条款进行了变更。该合同文本是在2012年4月18日发送给申请人的,该发送的时间迟于“要约”第9项规定的时间,即4月17日17时。申请人在4月18日收到被申请人发来的183号合同文本后,才在文本上签字及盖章。

根据双方上述行为,仲裁庭认为:

对于被申请人于2012年4月18日对上述要约进行回复,已经超过了要约第9项规定的时间。《公约》第18条第2款规定:“接受发价于表示同意的通知送达发价人时生效,如果表示同意的通知在发价人所规定的时间内,如未规定时间,在一段合理时间内,未曾送达发价人,接受就成为无效。”据此,申请人的上述“要约”因被申请人的接受通知未在规定时间内送达,而致申请人不受约束。

《公约》第19条第1款规定:“对发价表示接受但载有添加、限制或其他更改的答复,即为拒绝该项发价,并构成还价。”该条第3款规定:“有关货物价格、付款、货物质量和数量、交货地点和时间、一方当事人对另一方当事人的赔偿责任范围或解决争端等等的添加或不同条件,均视为在实质上变更发价的条件。”被申请人于4月18日向申请人发送的载有主要交易条件和一般交易条件的合同文本,实质上是被申请人以合同文本形式向申请人发出的一项新的“要约”。

申请人在被申请人发出的183号合同文本上签字盖章,则构成申请人对被申请人的新要约的接受,双方应以183号合同文本所载明的条件和条款作为约束双方权利义务的依据。

因此,仲裁庭对被申请人以申请人2012年4月17日的要约中的第5项"货物备妥"条款作为依据,主张该第5项是双方在缔约时确认的,并已包含在183号合同条款中的说法,仲裁庭不予认同。

事实上,涉案182号合同和183号合同中根本没有关于"卖方备货"和"买方派船"方面的相关条款,诸如"备货时间""货物在Y港集港时间""报船时间""派船通知"应包括哪些信息的相关条款。这是导致双方产生争议的重要原因之一,也使仲裁庭在判断双方责任时有必要基于公平合理、实事求是的原则进行分析。

(2)关于5月中旬的两份电子邮件问题

仲裁庭注意到,被申请人依据申请人向其发送的两份电子邮件(5月11日、5月15日)的内容,主张申请人两次确认申请人的备妥货物期限为2012年6月的后10天。由于申请人违反其承诺的备货期,构成违约在先。

而申请人认为,5月中旬的两份邮件是供应商的交货计划,本案涉案两份合同根本没有约定卖方(申请人)备妥货物的期限,被申请人的主张没有事实及合同依据。

正如仲裁庭前述,由于本案涉案的两份合同(182号合同和183号合同)对有关"卖方备货"和"买方派船"的责任与义务未作约定,双方仅在合同的装运条款中规定:"买方有权在2012年7月收货,最晚为7月31日。"因此,买卖双方必须在FOB T合同履行过程中,对诸如卖方应何时备妥货物、何时将合同货物运至港口集港、何时向买方发出备货通知、买方应何时发出派船通知、告知卖方船舶名称及装船点和其在约定的期间内选择的交货时间(如需要时)等问题进行进一步的沟通和协商,以弥补订约不明确的不足。

经核查双方在签约后的往来邮件,仲裁庭发现,双方在2012年5月和6月做了这方面的工作,并有数封来往的邮件,仲裁庭节录如下。

2012年5月10日17时16分被申请人就5万吨和另案3万吨MAP询问申请人备货情况,邮件内容为"根据电讯,请告知我方货物状况,已经有多少吨被运到港口,何时货物备妥?"

2012年5月11日17时5分申请人针对被申请人2012年5月10日17时16分邮件回复如下:"工厂将尿素运到国内市场,现在我们的交货计划是从6月的最后十天……”

2012年5月14日15时50分被申请人就2.5万吨小颗粒尿素和2.5万吨大颗粒尿素的交货计划邮件回复申请人，要求就该5.0万吨尿素提供要求提供交货的时间表和生产商的信息。

2012年5月15日10时11分申请人回复上述邮件称：“工厂将尿素运到国内市场，现在我们的交货计划是从6月的最后10天……”

2012年5月15日11时46分被申请人再次发送邮件指出：“关于交货期，正如合同所约定的，最晚的交货期为7月底，请确保两个生产商能及时将货物交到装运港。请随时告知我们交货时间表并提前通知我们。”

2012年6月18日13时54分被申请人又发送邮件向申请人询问多少合同货已抵达中国Y港，以及多少货物已经在运输途中，同时还询问其余货物的交货时间表。

对于上述来往的邮件内容是否构成了申请人对涉案合同“货物备妥期”的承诺的问题，仲裁庭认为，在涉案两份合同均为FOB T条件，“卖方交货责任”与“买方派船义务”是互相分离的，也是对等的，在合同中没有订明“有关备货”与“派船”的相关条款的情况下，双方在履约过程中应当及时沟通“派船”与“备货”事项，以确保合同顺利执行。

从上述来往的邮件来看，申请人对“交货计划”的回答是一致和肯定的。即“工厂将尿素运到国内市场，现在我们的交货计划是从6月的最后10天”。

但仲裁庭认为，申请人使用的表达文句，有产生歧义的可能。若联系前后两句的文意来看，似乎申请人主张这是工厂（供应商）的交货计划，并非申请人的交货计划，符合逻辑；若从发件人和收件人的主体来看，两份邮件的发件人是申请人，“我们的交货计划”显然是申请人向被申请人作出的承诺，被申请人主张的申请人两次对被申请人关于备货期的确认是有道理的。

结合合同装运条款以及庭审查明的事实来看，仲裁庭认为，申请人表示在2012年6月的后10天备妥货物与合同装运期“买方有权在2012年7月收货，最晚为7月31日”的约定是相吻合的，且是合理的。

就法律而言，本案合同的装运期已是足够明确的，作为FOB卖方的申请人的备货义务应当根据合同的装运期，并不应以被申请人的派船为条件履行备货义务，申请人应当在装运期的第一天前备妥货物，故仲裁庭对被申请人关于延迟备货的主张予以支持。

根据上述意见，申请人应当在7月1日前备妥货物，而事实上申请人直到7月20日左右才将货物备妥，申请人应当承担备货延迟的责任。

反之，在被申请人接到申请人的上述备货期限的信息，被申请人也应告知申请人，打算在7月初的哪一天租船订舱，并向申请人发出将在装运期的某时间派船来装运港收货的信息；否则，若被申请人未在此期间有任何租船举动，也未发送派船的相关通知，被申请人仅依据申请人在邮件中表示"我们的交货计划是从6月的最后10天"，从而主张申请人应该在装运期前备妥货物，而等待被申请人随时租船要求申请人装货，仲裁庭对此难以支持。

尽管申请人在备妥货物的时间上存在延迟的瑕疵，但该等瑕疵并未大到两份合同不能继续履行的程度，鉴于本案两份合同均为FOB合同，作为FOB合同的买方的被申请人未能在申请人承诺的期限内履行派船义务，同样存在履约上的瑕疵。因此，对申请人和被申请人相互指称相对方违约在先的主张，仲裁庭均难以认定。

(3)关于合同"装运期"的问题

申请人的主要意见如下：

根据《公约》第33条第b款及《合同法》第138条的规定，申请人有权对涉案两份合同(182号合同和183号合同)规定的装运期确定具体交货的日期。

两份合同的"装运期"(Time of Shipment)的条款，是从另一角度对交货期规定的表达方法，不表示买方有权对交货时间有选择权。

申请人与被申请人在履约过程中已对两份合同项下货物的具体交货日期达成了一致，申请人以2012年6月28日17时54分的邮件为佐证。

即使被申请人有选择权，但自两份合同签订日起至2012年6月30日为止，被申请人从未向申请人表示其选择过具体的交货日期并发出相应的通知。

被申请人的主要意见如下：

申请人错误理解《公约》第33条第2款的规定，本案两份合同的"装运期"所约定的"买方有权在2012年7月收货，最晚为7月31日"属于《公约》第33条的例外情况，上述约定属于被申请人对交货期的具体日期有选择权，被申请人有在2012年7月1～31日之间的任何一时间点对货物进行装运的权利。

申请人应当在装运期前(2012年6月30日前)备妥货物，可供被申请人随时派船装运货物离港。

对此，仲裁庭认为，鉴于双方对两份合同的"装运期"规定存在不同理解，则应根据中国《合同法》第125条的规定进行判断，即"当事人对合同条款的理解有争议的,应当按照合同所使用的词句、合同的有关条款、合同的目的、交易习惯以及诚实信用原则,确定该条款的真实意思”。

经查明,本案两份合同均为 FOB 合同,其约定的装运期为“买方有权在 2012 年 7 月收货,最晚为 7 月 31 日”。

上述两份 FOB 合同规定“装运期”的方法,与通常的 FOB 买卖合同规定“装运期”的方法或称表达方法确有不同。

就法律而言,买卖合同的装运期条款是合同的主要条件之一,目的是约束卖方向买方交付合同货物的日期或期限,一旦卖方违反该日期或期限,即构成违约。通常而言,在卖方交货并由卖方自行安排运输的合同中,如 CFR、CIF、CPT 等合同,卖方为了便于自己安排交货时间,在磋商该条款时,经常采用“某年某月某日前交货”或“某年某月～某年某月交货”或“某年某月,最晚不晚于某日交货”等条款。一旦订约时双方同意采用上述任何一种规定,则根据《公约》和中国《合同法》的相关条款的规定,卖方有权在该规定的期限内任何一天交货。

然而,本案两份合同与上述合同不同,是需要买方负责安排运输,卖方的交货必须与买方派船相衔接。若装运期规定为“买方须于 2012 年 7 月将货物装运离港,最晚不得迟于 2012 年 7 月 31 日”,申请人的上述理解与合同的约定是不相吻合的。

同时,从上述两份合同规定“装运期”所使用的词句来看,将原本通常用来约束卖方交货时间的装运条款,转而变成了用来约束买方派船接货/收货的时间条款,即变成了买方有权在 2012 年 7 月 1～31 日,最晚不得晚于 31 日的任何一天,可以派船前往港口接货/收货。只要买方向卖方发出派船通知,告知卖方其具体指派船只的信息,卖方有义务在买方告知船舶到港期限前,准备好货物,并将货物装至买方指派的船上,才算完成交货。因此,从本案两份合同约定“装运期”使用的词句上,仲裁庭对申请人依据《公约》第 33 条第 b 款主张申请人有权在 2012 年 7 月的任何一天备妥货物的说法,不予认同。

再从本案两份合同的有关条款来看,两份合同第 1 条合同标的的条款明确载明 FOB T 条款,根据 2010 年《国际贸易术语解释通则》对 FOB 的规定(第 A4 条和第 B3 条的规定),由买方自行签订的运输合同,卖方将在合同规定的港口和期限将货物装至买方指派的船上。并且还规定买方必须就船舶名称、装船点和其在约定期间内选择交货时间(如需要时)向卖方发出充分通知。由于被申请人没有依据本案两份合同约定的装运期来选择具体的交货时间,那么申请人未在上述期限内备妥货物,责任不完全在申请人一方。

尽管根据上述装运条款的约定,被申请人有权在7月1~31日的任何时间内选择派船,但是被申请人也必须履行B7义务,即发出指派船只的通知。在被申请人未履行上述通知义务的情况下,被申请人有关其可以要求申请人在上述合同约定的装运期内随时提交货物供其派船收货的理解,不仅与合同约定不符,在法律上也难以成立。仲裁庭对被申请人的此种理解不予认同。

因为在上述合同约定的装运期,即2012年7月的任何一个时间被申请人有选择接货/收货的权利。而不是如被申请人所解释的那样,可以撇开其履行派船义务及选择派船日期的通知来行使其所谓的选择权,被申请人这种解释的法律依据不足,与国际贸易的习惯做法也不符。

因此,对于申请人所谓的其可有权在7月1~31日的任何一天履行交付货物的说法,和对被申请人所谓可在7月1~31日的任何时点指派船只前来装运港,申请人应当随时供货并将货物交至其船上的主张,仲裁庭均不认同。

(4)关于被申请人援引《国际贸易实务》教材的内容问题

仲裁庭注意到,被申请人援引《国际贸易实务》教材中所述的有关装运条款的内容,主张本案申请人应当在装运期前30天向被申请人发出备货通知,或者申请人应当在装运日前30天备妥货物。

对此,仲裁庭认为,被申请人采用有选择地援引的方法有断章取义之嫌。

《国际贸易实务》比较全面地介绍了买卖双方在订立FOB合同或FCA(Free Carrier,货交承运人)合同时,必须慎重对待“装运条款”的签订,切忌简单从事,不能只约定装运期、装运港、目的港。为避免双方争议,在订立上述FOB/FCA合同的装运条款时,应该订明有关“备货通知”和“派船通知”的条款,具体的备货时间和派船通知的时间,通常订立在装运月前30天或45天,双方应对等地向相对方发出通知。

本案双方当事人在订立“装运条款”时恰恰是“简单从事”,合同中根本没有有关“备货”和“派船”的有关条款,由此产生争议,是双方都应当引以为训的事情。

(5)关于货物特定化的问题

仲裁庭注意到,被申请人主张因申请人在备货期内未完成货物备妥包括货物特定化等备货义务,直接损害了被申请人在合同项下进行装运的期限权益,直接导致合同未被执行。被申请人还主张,申请人不仅从未在客观上将任何货物特定化为履行争议合同,且主观上亦存在故意混淆出售给不同买方的各批货物不进行特定化的故意,严重违反合同项下的备货义务。

申请人提交与小颗粒有关的证据,申请人从第三方购买总量为 2.75 万吨的小颗粒尿素,远远超出合同约定的 2.5 万吨。申请人没有证据证明 2.75 万吨小颗粒中的哪一部分货物已特定化为履行小颗粒合同项下的货物,同样申请人从第三方购进了 3 万吨大颗粒尿素,也远远超出合同约定的 2.5 万吨,申请人也未提交 3 万吨中哪一部分已特定化为履行大颗粒合同项下的货物。

对此,仲裁庭认为,所谓"货物特定化",是指把处于可交货状态的货物无条件划拨为本合同项下的行为。其根本目的是划分国际货物买卖合同的买卖双方在交货方面有关风险和费用的承担界限。

卖方对"货物特定化"的方式方法很多,也极其简易。包装货物可在货物的外包装上加注标志、刷上唛头、挂上标签等,散装货物可以另外堆放,插上标签,以示为某合同项下的货物即可。此种行为在临近装运前可以完成。在货物已经划拨在本合同项下(货物特定化)后买方不受领货物,则应承担相应的货物灭失和损失的风险,以及承担由此发生的费用(参见 2010 年《国际贸易术语解释通则》之 FOB 第 B5 条、第 B6 条的规定)。由于本案两份合同的货物为大宗的散装货,货物运抵装运港的存放地,在装运前只要另外堆放或插上标签等即可表明是本案合同项下所备货物。至于 3 万吨中哪一部分为 183 号合同项下的 2.5 万吨,2.75 万吨中的哪一部分为 182 号合同项下的 2.5 万吨,只需另外堆放即可。

因此,对被申请人所谓申请人未完成货物特定化的义务,直接损害了被申请人在合同项下进行装运的期限权益,直接导致合同未被执行的主张,仲裁庭不予支持。

(6)关于申请人购进本案两份合同项下货源的相关证据的问题

仲裁庭注意到被申请人以其提交的落款日期为 2014 年 10 月 17 日的"对申请人提交有关证据涉及当事方进行现场调查和访谈的情况报告",作为支持其所谓申请人没有备妥货物的主张的证据。申请人也提交了落款日期为 2014 年 11 月 1 日的"关于被申请人'对申请人提交有关证据涉及当事方进行现场调查和访谈的情况报告'及附件的意见",认为被申请人提交的"情况报告"及附件,实际上已佐证了申请人依约履行了合同义务,被申请人隐瞒重要调查情况并在调查中存在若干违法违规之处,被申请人以不完整的调查和访谈情况为依据实属无稽。

为此,仲裁庭仔细阅读了被申请人提交的报告并认为,从该份材料的形式来看,是被申请人单方制作的,没有相对方在场,也没有被访人员签字或盖章,故难以认定该份材料的法律效力。

从内容来看,被访人员的回答是不完整、不肯定、不明确的,由此不能得出被申请人所主张的结论。

退一步来讲,本案两份合同的标的物是尿素,属于大宗货物,市场价格经常波动不定。因此,此种货物的交易通常不一定采用“以销定购”的方式,即所谓有一份订单,购进一笔货源,申请人可以不定期购进货物存入港口仓库。在庭审时,仲裁庭专门提问申请人,若被申请人选择 7 月初派船,将如何向被申请人交货?申请人回答可在装港存有的货物中进行临时调配。仲裁庭认为,申请人的上述回答符合大宗货物的特殊做法。因此,在被申请人在 7 月 20 日之前没有派船要求申请人交货的情况下,被申请人以该份材料认为申请人没有为本案 182 号合同进行备货,仲裁庭难以采信。

相反,申请人提供的证据表明,申请人于 2012 年 6 月 25 日与 H 公司签订采购合同,订购了 2.5 万吨小颗粒尿素;与 I 公司签订合同,订购 1 万吨小颗粒尿素;2012 年 6 月 29 日申请人为本案 183 号合同进行备货,与 H 公司又签订了采购合同以订购 2.5 万吨大颗粒尿素。该等合同虽然申请人未能提供原件,但上述合同均有双方签字和盖章,并且有申请人提供的其他相关证据可以印证,仲裁庭可以根据有关证据的法律规定,认定申请人在 2012 年 7 月 20 日左右在中国 Y 港备有大颗粒尿素和小颗粒的尿素。

2. 关于派船收货的问题

申请人的主要意见如下:

根据涉案合同约定及国际贸易惯例,被申请人作为买方应当在合理时间派船以保证申请人有充分时间完成装船,否则即属于怠于履行其收货义务。

根据涉案两份合同第 7 条“装运期”和第 11 条“装率”的约定,被申请人作为 FOB 买方有义务在最晚装船期前将货物装运离港,货物需由卖方装至买方船上,所以被申请人为在装期内将货物装运离港,必须在合理时间内收货,可使申请人按港口习惯装率装船离港。

申请人于 2012 年 6 月 28 日 17 时 54 分向被申请人发送邮件,告知被申请人 7 月 20 日左右做好收货准备。当日,被申请人回复邮件询问 182 号合同和 183 号合同项下货物有多少吨已经到达中国 Y 港,申请人为被申请人找船预留了充足时间,但被申请人并未对收货时间表示异议,应当视 2012 年 7 月 20 日为收货时间。

在申请人 3 次向被申请人依法要求通知装货船只的信息,并表示申请人将采取法律手段的情况下,被申请人才于 2012 年 7 月 24 日 17 时 38 分告知申请人租赁 1

号船的相关信息。

根据合同约定,货物最晚的装船期为 2012 年 7 月 31 日。在短短 7 天内,申请人需要完成报关与装船工作,时间非常紧迫,要求被申请人当天指定船代,在此情况下,方可接受载明受载期为 7 月 27 日的船,并不保证提单日为 7 月 31 日。

被申请人派船时间距最晚装船日只有 7 天时间,但被申请人仅仅向申请人发送了一份派船通知,属于怠于履行其收货义务。

被申请人的主要意见如下:

申请人未能按照合同约定的装运期和其在先前通知中的承诺完成备货义务,供被申请人装运,首先构成违约,不仅直接损害了被申请人在合同项下进行装运的期限权益,更直接导致两份合同无法执行的结果。

2012 年 6 月 28 日 17 时 54 分申请人给被申请人发送的邮件,未直接回答被申请人的备货情况的询问,而仅告知货物在不断运往中国 Y 港,预计大颗粒尿素和小颗粒尿素于 2012 年 7 月 20 日左右备妥,这与 5 月 15 日通知的备货期相矛盾。至少到 2012 年 7 月 23 日时,申请人尚未向被申请人发出两份合同货物的备妥的通知。

被申请人在收到申请人 2012 年 6 月 28 日的明确的货物于 2012 年 7 月 20 日左右备妥的信息后,积极租船并向申请人反馈租船信息,在被申请人收到 2012 年 7 月 19 日 14 时 21 分申请人询问租船信息的邮件后,被申请人立即联系船公司并将租赁 1 号船舶的情况迅速传递给申请人,而申请人附条件地接受被申请人拟租派船只的行为,直接导致被申请未能租妥船只。

申请人是否接受船只与申请人报关是相互区分的两件事,船舶代理通常由船公司指定,而只有在承租人(买方)取得卖方确认,并以此订立租约后,才能得知船舶代理的相关信息。

被申请人租船必须先获得申请人的确认,但在被申请人请求申请人确认租船时,申请人却以被申请人在当日为其指定船舶代理为确认船舶的附加条件,即是在事实上否认了 1 号船的租赁,造成被申请人未能租妥船只。

申请人称,被申请人租的船只的受载期太近了,并明示提单日不能保证在 2012 年 7 月 31 日前,但是造成装运时间不充裕的原因是申请人一直拖延备货期限。

针对双方上述的不同意见,仲裁庭将对下列问题发表意见。

(1)关于交货时间为 2012 年 7 月 20 日左右的问题

仲裁庭注意到,申请人主张,2012 年 6 月 28 日邮件确定的 2012 年 7 月 20 日左右交付货物的时间是经双方达成一致的,并以被申请人 2012 年 6 月 28 日 18 时 6 分向其发送的电子邮件为佐证等。

仲裁庭认为,本案所涉两份合同规定的装运期是 2012 年 7 月,该日期是双方的约定,若要修改双方在合同中约定的装运期必须经双方协商达成一致。经查核双方来往邮件,申请人在 6 月 28 日 17 时 54 分的邮件中称:“货物持续发往 Y 港,合同项下的尿素将在 2012 年 7 月 20 日左右备妥。”

被申请人在 2012 年 6 月 28 日 18 时 6 分向申请人发送邮件,询问有多少吨尿素已经在 Y 港备妥。

根据上述双方邮件的内容以及根据《公约》第 18 条和中国《合同法》第 77 条的规定,申请人所谓的 7 月 20 日左右交货的时间是经被申请人 2012 年 6 月 28 日 18 时 6 分的邮件所确认的主张,没有事实和法律依据。

申请人仅仅以被申请人 6 月 28 日 18 时 6 分的这一份邮件,认为双方已经达成一致,将合同的装运期变更为 2012 年 7 月 20 日左右交货或确定交货时间为 7 月 20 日左右的说法,是申请人的一厢情愿,事实上根据被申请人的上述邮件内容不能得出被申请人已经确认 7 月 20 日左右是新的交货期的意思。

在双方对合同规定的装运期变更为 7 月 20 日左右交货没有达成一致的情况下,合同约定的装运期仍是约束双方当事人派船和交货的唯一依据。

正如前述,本案两份涉案合同约定的装运期与通常规定不一样,本案合同的装运期是买方须于从 7 月 1 ~ 31 日派船将货物装运离港,而申请人 6 月 28 日的这一邮件内容,事实上是单方将原合同约定的给予被申请人可以选择派船的时间足足缩短了 20 天左右。因此,被申请人所谓申请人的延迟备货时间直接导致损害被申请人装运期限的权益的说法,在法律上是可以成立的。

(2)关于报船的时间问题

申请人的主要意见如下:

申请人已于 2012 年 6 月 28 日向被申请人发送邮件,明确告知其本案合同项下的货物将在 2012 年 7 月 20 日左右在中国 Y 港备妥,被申请人应当派船履行收货义务。

申请人已给被申请人留有足够的时间,也符合实际情况,被申请人应当在合理时间派船收货,被申请人故意不履行合同义务,构成违约。

被申请人在申请人 3 次发送邮件(2012 年 7 月 19 日 14 时 20 分、7 月 20 日 18 时 1 分和 7 月 23 日 14 时 26 分)的催促下,被申请人才在 7 月 24 日 17 时 38 分向申请人报船,其指定1号船的受载期为7月25～29日,没有给申请人留有充分的时间办理清关、装船的时间等。

被申请人的主要意见如下：

申请人一直违反合同约定的装运期备妥合同货物,在申请人没有告知被申请人确切的在装运港备妥货物的日期的情况下,为避免支付不必要昂贵的滞期费,被申请人不敢贸然派船,申请人直到7月23日之前没有确切告知被申请人货物备妥的时间。

在被申请人收到申请人备妥货物的确切的信息后,被申请人积极联系船公司并于7月24日17时38分向申请人发送邮件,告知已经指定某船只负责合同项下货物的装运,受载期为7月25～29日,要求申请人当日确认。

对此,仲裁庭的意见如下：

就法律而言,如同仲裁庭在前述的意见中表明的,2012年7月20日左右不能作为双方达成的新的交货时间,合同的装运期限仍然是"买方有权在2012年7月收货,最晚为7月31日"。那么,被申请人在7月24日向申请人发送派船通知应当视为符合合同的约定,申请人主张被申请人延迟派船,怠于履行合同的收货义务于合同无据,仲裁庭不予认可。

就事实而言,申请人表示在7月20日左右才能将合同货物在中国Y港备妥,这表明在7月1～20日前申请人在中国Y港尚未备妥合同货物,在没有备妥货物的情况下,申请人要求被申请人在该段时间内找船,是不符合业务实际的,也是不公平的。

从事实上和法律上来说,被申请人不可能也不必要在该段时间派船等货。从法律上讲,被申请人在7月24日发出派船通知应视为在合同约定的装运期内,符合合同约定。因此,对于申请人所谓6月28日的通知给了被申请人充分的找船时间,而被申请人不在合理时间内租船,是被申请人故意迟延派船收货,构成违约的主张,仲裁庭不予支持。

由于申请人自身没有考虑周全,特别是申请人作为出口方,知道中国Y港的习惯装率为每天5000吨,即使没有其他因素,也需10天时间才能将货物装完。然而,申请人在7月20日左右才将合同货物运抵装港,应当说时间也很紧,即便在上述时间内备妥货物也不合理,同时也构成前述的备货延迟。因此,对申请人主张被申请人报船晚的说法,仲裁庭不予支持。

(3)关于派船通知的内容问题

仲裁庭注意到,对于被申请人的7月24日派船通知的内容,申请人认为,“受载期”7月25～29日距离合同规定的最晚装运日2012年7月31日仅有7天时间,“受载期”太近了。

被申请人在发派船通知时,未告知船舶代理,几次催促,仍不告知,导致申请人无法完成报关。

申请人接受了被申请人指派船只,不过表示被申请人要求提单日为7月31日无法保证。

而被申请人则认为,被申请人租定的1号船的受载期,离最晚装运日7月31日近的主要原因不在于被申请人,而是申请人为减少备货成本,故意延迟备货所致。

被申请人派船与申请人报关是两件事情,不能混为一谈。

“船代”应由承租人指定,在申请人未能确认1号船的情况下,被申请人未与租船人签署租船合同,因此无法得到船代的信息。

对此,仲裁庭认为,关于受载期太近的问题。正如前述,申请人在未与被申请人达成装运期更改为2012年7月20日左右的“装运期”情况下,申请人于2012年7月20日左右才备妥货物,使买方在合同装运期从7月1～31日共31天可供选择派船的时间,直接缩短了近20天左右时间,导致被申请人租船的受载期离最晚装运期太近了,并非被申请人的责任。

(4)关于船代的问题

从国际贸易的实务角度,出口报关时海关通常不需要买方提供船代的信息,但在FOB合同出口的情况下,有些海关要求船方或货方在报关时提供船代的信息。具体到本案中,申请人与被申请人均为进出口业务的行家,特别熟悉化肥进出口合同履行的环节和程序,根据中国Y港化肥出口的惯例,FOB合同项下,在买方派船的同时,应当告知卖方其租船的船代的信息才能完成报关手续,货物才得以装船。作为卖方的申请人,按照2010年《国际贸易术语解释通则》对FOB的解释中第A2条、第A4条的规定,应当考虑上述操作业务,特别是在国际市场价格出现下降趋势的情况下,价格对于履约是一项十分敏感的因素,特别是卖方更应该在履行自身的合同义务时,不能存在任何履约瑕疵。具体到本案中,如果申请人能将货物备妥的时间适当合理提前,这种问题就可避免。

反之,对作为买方的被申请人来说,虽然在法律上7月24日发送派船通知符合合同约定,但是在收到申请人6月28日邮件和结合7月19日、7月20日、7月23日

3 次催告邮件的情况下,被申请人应当办理租订船只的事项。尤其被申请人明知双方的习惯做法,其指派的船只须经申请人确认。假定被申请人指派船只按时抵港,距离合同约定的装运期 7 月 31 日总共也只有不到六七天的时间,若被申请人能实事求是地考虑上述因素,同样也可避免因未租妥船只而无法提供船代的信息问题。因此,仲裁庭认为,被申请人所谓报关与派船是两件事情的说法,不符合中国 Y 港的实际做法。

总而言之,本案双方当事人之所以出现上述现象,与合同货物的市场价格的下跌不无关系。双方应当对在履约过程中的履约瑕疵承担各自的责任。

(5)关于 7 月 31 日的提单问题

在国际货物贸易中,采用 FOB 合同情况下,卖方将货物装至买方指派的船上并交付提单即标志卖方完成交货,而表明是否完成合同规定时间交货的唯一证据是海运提单的提单签发日,只有当提单日符合合同约定的最晚装运日时,才表明卖方依照约定的时间完成交货。

具体到本案实际情况,若被申请人租赁 1 号船且该船在受载期抵达装港,假定申请人提供提单不是 7 月 31 日,申请人应当承担法律责任,被申请人有权追究申请人延期交货的法律责任。但事实上,被申请人以申请人申称没有告知船代和申请人不能保证提单日为 7 月 31 日为由,未将船只租妥,实际上未能将 1 号船派至装运港收货。鉴于被申请人未能租妥船只,申请人是无法履行装船义务的。因此,对于本案两份合同未能实际履行,被申请人也应当承担不可推卸的责任。

经仲裁庭上述分析,仲裁庭认定,"装运期"仍是合同约定的装运期,被申请人在 7 月 24 日 18 时 6 分向申请人发出派船通知符合合同的约定。

根据前述意见,申请人在备货时间上存在延迟的瑕疵,但该等瑕疵尚未使被申请人可以免除派船义务,即被申请人应当派船,被申请人没有真正租赁 1 号船,是被申请人与船公司没有签署租船协议,作为 FOB 买方的被申请人未能按照 2010 年《国际贸易术语解释通则》第 B3 条的规定,租妥船只,导致本案两份合同无法得到履行,被申请人也应承担不可推卸的责任。

因为申请人毕竟在 2012 年 7 月 20 日左右,即在合同约定的装运期内将 182 号合同和 183 号合同项下的货物运至中国 Y 港。然而,被申请人却未能实际派妥船只到达中国 Y 港,被申请人单方要求提单日必须是 7 月 31 日缺乏事实依据。只有在被申请人实际派船的情况下,若申请人不能提供符合合同约定装运期的提单日的提单,被申请人才可依法追究申请人的法律责任。因此,被申请人以申请人不能保证提单日为7月31日为由,采取放弃派船收货的做法于法无据。

FOB合同或是FOB T合同的履行中,备货和派船应当严格衔接,以避免造成货等船或者船等货的情况。申请人已经明确表示在2012年7月20日左右在港口将货物备妥,那么在7月1~20日港口没有货物的情况下,被申请人不可能将船派至港口等货。但是当申请人已在2012年7月20日左右将货物运至中国Y港,该日期仍然处于合同约定的装运期间,被申请人却以所谓申请人不能保证提单日为2012年7月31日为由,拒绝履行FOB合同买方的派船义务,被申请人也存在履约瑕疵。

因此,仲裁庭判定,涉案两份合同的派船问题上的争议,申请人有延迟备货的过错,被申请人同样存在未能履行派船的合同义务,就过失分担原则而言,被申请人和申请人应当共同承担本案两份合同未能实际履行的责任,就法律责任而言,被申请人的责任大于申请人的责任。

3.关于在合同装运期届满后,双方努力为继续履行合同的磋商问题

仲裁庭注意到,申请人认为被申请人在合理的时间内也未派船构成再次违约。

被申请人认为,为积极履行合同,被申请人在合同约定的装运期届满后,在2012年7月底至8月初就开始与船公司联系,2012年8月2日向申请人发送邮件,告知申请人为履行182号合同,指派2号船,为履行183号合同,于2012年8月9日指派3号船,但申请人均以未达成新的协议为由拒绝确认或接受被申请人指派的上述船只,导致两份合同均无法履行,申请人构成违约。

针对双方上述的不同意见,仲裁庭查核了自2012年8月1日至8月中旬双方来往邮件数十份,具体内容详见双方证据。

根据上述邮件内容,仲裁庭的意见如下:

(1)上述邮件显示,申请人和被申请人为继续履行本案两份合同进行了磋商,并为继续履行合同做出努力,各自还提出了各种要求和建议,但仲裁庭发现,申请人和被申请人在提出具体要求和建议时均设定了条件,并非为无条件的。

(2)仲裁庭也注意到,申请人在2012年8月2日的邮件中提出的8月15日的宽限期针对的是3份合同,即本案182号合同、183号合同和案外的428号合同。本案两份合同的"装运期"约定与案外428合同的约定不同,前者即本案两份合同在合同中没有明确约定货物在装港备妥时间和船只的受载期,而后者却约定了货物备妥时间及受载期,本案合同与另案合同的履约的情况也不同,对于申请人以该份邮件为依据主张给了被申请人宽限期的说法,仲裁庭不予认同。

(3)根据前述意见,由于双方在履行两份合同过程中均存在履约瑕疵,申请人

单方给予被申请人的船只的到港日期必须是在2012年8月15日之前,并将此日期作为宽限期,仲裁庭认为将该日期视为宽限期的法律依据不足。

(4)从上述双方来往的邮件中,特别是从被申请人上述邮件内容来看,从未表明被申请人已"接受"了申请人给予的"宽限期"。因此,对申请人所谓被申请人在"宽限期"内仍未派船收货,构成违约的说法,在法律上也难以成立。

总而言之,在合同装运期届满后,在双方没有对继续履行合同达成一致意见的情况下,等于恢复到原合同约定的装运期。在磋商过程中各方对相对方提出的各项要求或做出的努力对双方均不产生法律效力。各方对未达成的协议也不承担任何法律责任。

4. 关于损失赔偿问题

申请人的主要意见如下:

2012年8月中旬在被申请人无法在申请人指定的宽限期内履行合同,且双方谈判已告破裂的情况下,申请人不得不根据《公约》第75条规定的合理时间、合理方式转卖了合同项下的货物。根据《公约》第74条之规定,被申请人应当就申请人因其违约所遭受的包括利润在内的损失予以赔偿。

申请人于2012年9月13日与香港公司签订销售合同,约定申请人转卖给香港公司小颗粒尿素2.5万吨,以每吨逾360美元的价格进行转卖,实际装运1.98万吨(由于10月15日申请人已转卖给了N公司),香港公司已向申请人支付了全部货款。

申请人已将1.625万吨小颗粒尿素转卖N公司,实际转卖1.63万吨,每吨单价逾人民币2000元。

申请人已在合理时间以合理方式将183号合同项下货物进行转卖。

2012年8月28日申请人与美国公司签订销售合同,约定申请人卖给美国公司大颗粒尿素3万吨,单价380美元,装运期为2012年9月。2012年9月11日向海关报关最终装货2.975万吨(其中包括申请人为被申请人备妥的2.525万吨)。

关于损失赔偿金额,根据《公约》第74条的规定,除去被申请人应当支付的律师费、仲裁费等,被申请人应当支付申请人损失赔偿金金额共计近340万美元。

在计算损失时,需要将相应的关税进行扣除,实际转卖价格下降导致应缴纳的税款合人民币800余万元已经在赔偿金额中予以扣除了。

182号合同损失赔偿额共计近200万美元,其中包括:

①扣除掉少缴纳关税后货物差价部分为130余万美元;

②被申请人应支付的逾期利息近49万美元;

③堆存费损失 12 万余美元。

183 号合同项下的损失赔偿额为 140 余万美元,其中包括:

①扣除减少缴纳关税后货物差价部分近 110 万美元;

②被申请人应当支付的逾期利息 30 余万美元。

被申请人的主要意见如下:

申请人主张的损失赔偿没有合法依据。根据收益相抵规则,申请人在争议合同项下通过延迟备货的违约行为获取了巨额利润,应当在损失计算中予以扣除;申请人在小颗粒尿素合同项下,仅仅因迟延备货减少备货成本而增加超额利润就达人民币 880 余万元(约合 140 余万美元);大颗粒尿素合同项下仅仅因迟延备货,减少备货成本而增加超额利润达共计人民币 775 万元(约合 120 余万美元)。事实上,申请人通过迟延备货,减少备货成本而获取的巨额利润已超过了其索赔所谓的差价损失。

根据过失相抵规则和减轻规则,申请人承担因其自身过错而造成的损失,即使假设被申请人存在迟延派船的行为,如果申请人接受该等可延迟到达的船舶并继续履行合同,则申请人不可能遭受所谓转卖差价损失。

根据可预见规则,申请人主张的预期利润损失,远远超过被申请人在订立合同时可能预料到的违反合同所造成的损失,依法不应获得支持。

对此,仲裁庭认为:

(1)鉴于本案两份合同当事人未就有关“备货”和“派船”的相关条款作出明确的约定,双方在履约过程中又均存在履约瑕疵,申请人不是完全守约方,被申请人最终因申请人的部分责任未能租妥 1 号船,存在未能派船的瑕疵,该等瑕疵尚未构成根本违约,申请人无权对两份合同行使宣告合同无效。

因此,申请人依据《公约》第 75 条之规定以两份合同价与转卖价之差主张损失赔偿,仲裁庭认为适用法律不当。

(2)由于证据显示,申请人在 2012 年 7 月 20 ~ 21 日已将 182 号合同和 183 号合同的货物运至中国 Y 港,且双方向仲裁庭提供的货物的国内和国际市场价格的证据显示,当时合同货物的价格呈现下跌的趋势,申请人不能在其承诺的 2012 年 6 月的后 10 天备妥货物,被申请人没有租妥船只,申请人遭到市价下跌的差价损失也是难以避免的。被申请人应当对此损失承担相应的责任。

(3)本案合同签订后,合同的价格就是确定不变的,双方即应当按照该价格履行合同,合同卖方即申请人的备货成本与本案合同的价格无关,因此,被申请人有关申请人通过迟延备货、减少备货成本而获取巨额利润的主张,仲裁庭不予认可。

(4)仲裁庭注意到,申请人计算损失包括利息,均以人民币作为计算的货币,鉴于本案合同约定以美元作为计价结算的货币,申请人以人民币请求差价损失并无合同依据,本案差价损失应当以美元计算。

至于利息损失的计算问题,仲裁庭认为:

①我国的人民币尚未完全自由兑换。

②本案所涉的两份合同均为申请人出口尿素的合同,若本案两份合同得到实际履行,申请人收到的货款在办理结算时,银行均会将美元折算成人民币计入申请人的账户。同样在收到损失赔偿额后也是如此办理,因此,仲裁庭支持申请人将赔偿额折算成人民币计息。

③仲裁庭注意到,申请人计算的利息包括合同价款计算的利息和差价损失计算的利息。如前所述,申请人在本案合同履行过程中存在瑕疵,因此,仲裁庭仅支持差价损失计算的利息,计息期自 2012 年 8 月 6 日至 2014 年 6 月 30 日,利率按中国人民银行同期贷款利率计算。

根据本案的具体情况,仲裁庭认为,根据“实事求是”“公平合理”的原则,参照 2012 年 7 月底至 8 月初的国际市场价格计算差价损失是适当的。由于双方提供的有关价格的证据,数字显示略有差异,但差异不大,故仲裁庭裁决小颗粒尿素以每吨 383 美元、大颗粒尿素以每吨 430 美元计算差价损失,双方按比例承担损失额。根据前述意见,仲裁庭认为由申请人承担 45%、被申请人承担 55% 的责任是适当的。少缴关税不纳入损失计算,堆存费及其他费用不作为损失计算项。

(5)计算差价损失的数量应当依据合同规定的各 2.5 万吨为准。

根据上述原则,经计算具体的差价损失应当是:(逾 450 - 383) × 25,000 + (470 - 430) × 25,000 = 1,850,000 + 1,000,000 = 2,850,000(美元)。根据上述,被申请人应当承担 55% 的差价损失,即 1,567,500 美元是公平合理的。

同时依据上述利息计算问题的仲裁庭意见计算利息。

5. 关于申请人的仲裁请求

请求 1,裁决解除与被申请人于 2012 年 4 月 18 日签署的两份买卖合同,裁决被申请人赔偿申请人因违约所受损失共计人民币 2120 余万元(计算至 2014 年 6 月 30 日)。

仲裁庭注意到,申请人的该项请求包括两个部分:一是解除合同,二是损失赔偿。

(1)关于解除合同

根据本案具体情况,本案所涉两份合同已经没有履行的可能,双方当事人也没有意愿继续履行合同,因此,仲裁庭认定本案182号合同和183号合同均予以解除。

(2)关于损失赔偿

根据前述仲裁庭意见,仲裁庭仅支持被申请人向申请人赔偿差价损失2,850,000美元的55%即1,567,500美元。按照2012年8月6日的美元对人民币汇率6.3353折算成人民币9,930,582.75元,被申请人应当向申请人支付以人民币9,930,582.75元为本金、自2012年8月6日至2014年6月30日按照中国人民银行同期贷款利率计算的利息损失。

请求2,裁决被申请人补偿申请人为本案支付的律师费及其他合理支出近人民币145万元。

根据本案情况,仲裁庭认为,由被申请人补偿申请人为本案支付的律师费及其他支出人民币70万元是合理的。

请求3,裁决被申请人承担本案全部仲裁费。

根据本案请求,仲裁庭认为,本案仲裁费应由申请人承担45%,被申请人承担55%。

九、2014年合金圆钢买卖合同案

第一节　当事人主张

(一)申请人在仲裁申请书中称

2012年4月13日申请人韩国A公司作为买方与作为卖方的被申请人中国B公司签署编号为“0413”的合同。合同约定,申请人向被申请人购买合金圆钢(Alloyed Round Bar)1250吨(允许±10%溢短装),价格条件为近每吨700美元,CFR FO韩国某港,合同总价为近90万美元。付款条件为信用证付款,装运期限为2012年6月30日前。合同第16条还约定,如果卖方迟交货或者不交货,买方可取消合同,并有权对因此遭受损失向卖方索赔。因买方未按期开证或卖方未按期交货,应向对方交纳金额为合同总额2%的罚金。合同签署后,申请人于2012年4月19日通过开证行开出受益人为被申请人的不可撤销信用证,信用证记载的装船期限与合同的约定一致,同为2012年6月30日前。

2012年7月5日被申请人电邮申请人,声称由于在装船口岸超期装船,为了从船方得到倒签的提单,要求申请人在被申请人提交的保函上盖章。即被申请人要求船方不要顾及其实际装船日(2012 年 7 月 2 日)而将提单装船日倒签为合同以及信用证上要求的装船日(2012 年 6 月 30 日)。申请人对此予以拒绝,船方也没有向被申请人倒签提单。为了符合银行对于信用证审核的要求,被申请人从不是船方的第三方 C 公司得到了以其名义签发的倒签提单(装船日为 2012 年 6 月 30 日,装船货物重量:1230 余吨),并将该提单提交给银行。

为防止由于被申请人欺诈而导致的损失,申请人一方面要求被申请人停止欺诈行为,收回违法、无效提单,并自行处理货物,另一方面诉诸韩国法院要求判令银行停止支付信用证项下款项。但依据信用证的相关国际惯例,银行仅审核单据表面是否相符,鉴于此,银行在韩国法院作出相关判决之前将信用证项下款项美金(近 90 万美元)支付给议付行,最终导致申请人产生了信用证款项等诸多实际损失。申请人遂向仲裁委员会提请仲裁。

申请人的仲裁请求如下:

1. 确认涉案合同已经被申请人解除;

2. 被申请人向申请人退付骗取的信用证款项近 90 万美元;

3. 被申请人向申请人支付骗取的信用证款项利息损失直至付款之日(按照美元年存款利息 3%,暂计至 2012 年 12 月 18 日合计逾 8900 美元);

4. 被申请人向申请人支付信用证开证费(近 220 万韩元)、保险费(近 45 万韩元)、韩国法院判决相关费用(近 715 万韩元)合计近 980 万韩元;

5. 被申请人向申请人支付违约金逾 1.7 万美元;

6. 被申请人支付仲裁费用及仲裁相关费用、申请人代理人的律师费,申请人及其代理人的差旅费等损失。

(二)被申请人在答辩书中辩称以下内容

1. 被申请人于 2012 年 6 月 27 日通过 QQ 联系,将船名、卸货港船代的联系方式以及船舶预计到达中国某港的时间通知申请人指定的 D 公司后,申请人没有报关。2012 年 7 月 2 日被申请人通过 QQ 联系告知 D 公司 7 月 4 日货将到卸货港,但申请人仍然没有在船到卸货港之前报关,而且至今也没有报关。

2. 被申请人晚装船 1 天,是中国某港下大雨不能保证安全作业造成的。同一条船的货都是晚装 1 天,其他公司都表示理解,并出具了倒签保函。被申请人此举并非故意,也不构成欺诈。

3. 被申请人晚装船 1 天,取得了申请人的默认。被申请人于 2012 年 7 月 5 日正式发函告知申请人因大雨装船晚了,需申请人出具倒签保函以便取得船东正式提单,但申请人却于2012年7月9日时隔5天后答复拒绝接受货物,申请人先前的迟延答复行为是一种默认。

4. 被申请人晚装船1天,并没有因价格因素给申请人造成损害。因为当时这条船实际装载了5票共计逾2900吨钢材,除申请人的1230余吨圆钢外,其余3票货物最晚装船期都是2012年6月30日,同样是因为大雨晚装船一天,经被申请人说明情况后3家公司均出具了倒签保函。无论是与申请人同时交货还是晚交货1个月的圆钢价格均比申请人的价格每吨高7美元,从以上事实可以看出,虽然被申请人晚装船1天,但并没有对申请人造成损害。

5. 被申请人在整个履行合同中一直在积极主动履行合同约定的义务。双方2012年4月17日签订合同后,被申请人组织生产并将钢材发至港口,2012年6月28日中国某港海关放行,某货船于6月29日8时到达锚地,6月30日19时靠泊,因大雨一直不能作业。7月1日5时开始装船,7月1日22时装完申请人的圆钢,7月2日起航,7月4日到达卸货港,被申请人在整个过程中一直是积极努力地履行合同的义务。

综上所述,被申请人不构成根本违约,并非申请人所称故意不报关、不提货的恶意毁约行为。无论是根据《公约》第25条之规定,还是根据中国《合同法》第94条的规定,申请人均无权解除合同。

(三)申请人经修改变更了仲裁请求,最终仲裁请求变更为如下内容

1. 裁决确认涉案合同已经被申请人解除;

2. 裁决被申请人向申请人退付骗取的信用证款项近90万美元;

3. 裁决被申请人向申请人支付骗取的信用证款项利息损失直至付款之日(按照美元年存款利息3%,暂计至2013年6月24日合计2.4万余美元);

4. 裁决被申请人向申请人支付信用证开证费(近220万韩元)、保险费(近45万韩元)、向韩国法院申请停止支付信用证项下款项相关费用(律师费660万韩元,法院止付申请费50万韩元,止付令送达费近5万韩元,3项共计近715万韩币),合计近980万韩元;

5. 裁决被申请人向申请人支付违约金逾1.7万美元;

6. 裁决被申请人支付仲裁费用及仲裁相关费用、申请人代理人的律师费,申请人及其代理人的差旅费等损失。

(四)申请人补充如下代理意见

1. 关于本案应适用中华人民共和国法律

本案合同属于涉外合同、国际贸易合同,被申请人为中国法人,申请人为韩国法人。涉案出口商、货物原产地以及装运港皆在中国,与涉案合同密切联系的国家法律为中国法。被申请人一直引用《合同法》等相关中国法进行答辩、论述。结合与本案关系最紧密的国家法律,本案应当适用的法律是《合同法》以及《民法通则》等中国法律。

2. 本案合同效力以及主要合同规定

(1)合同约定,申请人向被申请人购买合金圆钢 1250 吨(允许 ±10% 溢短装),价格条件为每吨 693 美元,CFR 韩国某港,合同总价为近 87 万美元。付款条件为信用证付款,装运期限为 2012 年 6 月 30 日前,付款条件是申请人应当自合同签订后 5 个工作日内开出以被申请人为受益人的不可撤销信用证。合同第 16 条还约定:"如果卖方迟交货或者不交货,买方可取消合同,并有权对因此遭受损失向卖方索赔。因买方未按期开证或卖方未按期交货,应向对方交纳金额为合同总额 2% 的罚金。"

(2)根据合同约定,被申请人作为卖方有义务于 2012 年 6 月 30 日之前将涉案货物装运,装运包含装载货物以及运输货物,而根据《国际贸易术语解释通则》,被申请人货物自越过承运船舶船舷时起风险转移给申请人。如果被申请人迟延交货,申请人作为买方有权解除合同。并且,如果被申请人未按期交货应当向申请人支付合同总金额 2% 的违约金。

(3)被申请人代理人虽当庭并在随后提交仲裁庭的《中国 B 公司书面质证意见》中主张涉案合同第 16 条中表述的"取消合同"并非"解除合同"之意,但却始终没有就"取消合同"的固有含义予以明确说明。《合同法》第 125 条规定:"当事人对合同条款的理解有争议的,应当按照合同所使用的词句、合同的有关条款、合同的目的、交易习惯以及诚实信用原则,确定该条款的真实意思。"显然,依据这一规定,涉案"取消"(合同相应英文为"cancel")显然应当解释为"解除"之意,"取消合同"即"解除合同"。

(4)根据中国《合同法》第 39 条的规定,涉案合同(包含约定"取消合同"的第 16 条)属于格式条款性质。根据《合同法》第 41 条的规定,本案当事人对于"取消合同"的理解发生争议的,应当按照通常理解予以解释。对格式条款有两种以上解释的,应当作出不利于提供格式条款一方的解释。显然,无论按照通常理解解释还是按照作出不利于提供格式条款一方即被申请人进行解释,“取消合同”都应当解释为“解除合同”。

(5)涉案合同第16条明确约定:“如果延迟交货或不交货,买方可取消合同,并对因此遭受的损失向卖方提出索赔。因买方未按期开证或卖方未按期交货,应向对方交纳金额为合同总金额2%的罚金。”显然,无论“取消合同”是否有“解除合同”的固有含义,都不能否认涉案合同已明确规定申请人有权就被申请人迟延交货而遭受的损失(包括已经支付的信用证款项及其利息、律师费等损失)提出索赔,并有权主张合同总金额2%的违约金。

3.本案被申请人已构成违约迟延交货,申请人有权依据本案合同解除合同

(1)合同签署后,申请人依约于2012年4月19日通过开证行开出受益人为被申请人的不可撤销信用证,信用证记载的装运期限与合同的约定一致,同为2012年6月30日前,信用证款项为近87万美元(允许±10%增减额)。至此,申请人已经履行完毕其基本合同义务。

(2)本案现有证据材料包括被申请人提交的证据材料及其答辩书等自认都明确证实,涉案货物并未按照合同约定于2012年6月30日之前装运。被申请人主张承运船舶装载涉案货物的时间为2012年7月1日。然而,被申请人提交的“保函”清楚地记载“装船日:2012年7月2日”,即承运船舶装载涉案货物的时间为2012年7月2日,被申请人当庭确认该等保函的真实性。此外,被申请人提交的同船承运货物的出口报关单显示“出口日期”为2012年7月2日,即本案承运船舶驶离港口出运涉案货物的时间为2012年7月2日。7月2日该等船舶出运时间也可以通过被申请人提交的证据材料中的“证据一”(聊天记录)予以印证,7月2日聊天记录显示,涉案承运船舶于7月2日中午驶离港口。该聊天记录同样在被申请人提交的答辩书中予以引述、确认。最后,被申请人首次开庭当庭提交的《证据目录》项下证据十“1号船海关实时记录”清楚地显示“完工时间”为2012年7月2日7时50分。

(3)申请人依据业已成立并生效的合同宣布解除合同合法有效,依法应当予以确认、保护。申请人于2012年7月9日书面说明拒绝签署免除倒签提单承运人责任的“免责函”,并明确表示拒绝接受货物,货物所有权属于被申请人。申请人同时要求被申请人及时退运以免损失扩大,申请人可以协助货物退运工作。2012年7月9日为事实上的合同解除日,2012年8月29日申请人进一步通过书面方式通知被申请人解除涉案合同,并重申损害赔偿以及保留进一步索赔的权利。申请人该

等拒收货物、解除合同的书面通知的真实性同样为被申请人提交的答辩书予以引述、确认。

4. 本案被申请人已构成侵权，申请人有权要求赔偿损失

(1) 被申请人要求案外第三人 C 公司签发倒签提单，即提单上签注的装船日被倒签为“2012 年 6 月 30 日”，而非实际装船日“2012 年 7 月 2 日”。2012 年 7 月 16 日被申请人获取信用证款项近 90 万美元，申请人于 2012 年 11 月 13 日将该笔信用证款项支付银行，导致申请人产生了信用证款项等诸多实际损失。

(2) 被申请人在货物装船（2012 年 7 月 1 日或 2 日）、出运（2012 年 7 月 2 日）前后数日，皆未及时告知申请人迟延交货事实、提单内容并协商处理相关事宜，而是直至 7 月 5 日货物已经抵达韩国卸货港后方才联系申请人，并直接要求签署免除承运人责任的“免责函”。在申请人明确表示拒绝签署“免责函”并拒绝收货后，被申请人竟然擅自从案外第三人 C 公司处获取由其签发的倒签提单，并将此倒签的提单提交银行，并借此剥夺申请人以及银行以不符点为由拒绝付款的机会与权利，进而骗取信用证项下款项，并直接导致了申请人的经济损失。显然被申请人的上述商业欺诈行为依法构成对于申请人合法财产权等权益的侵权，应当赔偿其由于侵权行为所直接导致的所有损失。该等损失包括但不限于信用证款项、利息、法院费用、律师费用、信用证开证费、货物保险费以及仲裁费等费用。

5. 涉案货物所有权仍属于被申请人，申请人没有义务接受被申请人违约迟延交货并单方卸船的涉案货物，申请人更无自行承担由于涉案货物市场价格大幅下跌以及累计形成的巨额港口费用而带来的巨大损失。

6. 申请人需要提请仲裁庭予以充分注意的相关案件争议事项

(1) 违约迟延交货 1 ~ 2 天不能改变一方当事人依约享有的货物拒收权以及合同解除权。

涉案合同约定的装运期限包括货物装载以及船舶出运期限，现有证据足以证明被申请人超过 2 天装运涉案货物，该等行为依法显然业已构成严重违约行为，并符合合同约定的合同解除条件，申请人依法有权依约解除合同，且不受具体超期装运货物的天数影响。

(2) 申请人解除合同并未依据被申请人声称的中国《合同法》第 94 条的规定，而是基于受法律保护的有效涉案合同第 16 条约定的合同解除权。

(3) C 公司没有海商法项下签发海运提单的承运人资格，C 公司根据被申请人要求倒签的提单是非法和无效的。申请人有充分理由认为涉案提单违法，且不具

有"货物物权凭证"以及可据以提货的提单特性,对此被申请人应当承担所有法律责任。

(五)被申请人主要补充如下答辩意见

1. 申请人请求裁决确认合同已经被申请人解除,被申请人认为不成立。合同第16条约定,如果卖方延迟交货或不交货,买方可取消合同。中文用的是取消而不是解除,合同中英文部分英文为"cancel"而不是"release"(解除)。根据中国《合同法》第94条的规定,申请人不能解除合同,本案不具备《合同法》第94条解除合同的法定情形。

2. 被申请人依据合同约定将货物发至韩国某港并收取货款理所应当。

3. 卸货仓库是由申请人指定的H仓库。2012年7月5日申请人回复被申请人下星期一(7月9日)再答复,但同时又在2012年7月5日下午向韩国某港港务局申请卸货并委托H仓库办理货物入库手续。申请人在明知货物晚装船、提单倒签的情况下,故意拖延4~5天答复,然后再申请委托韩国某港港务局、H仓库将到港的货物卸船,借口延迟交货、倒签漫天要价。申请人的行为显然已构成接受货物的事实,申请人以申请委托卸货的行为默认了被申请人的晚装船、提单倒签行为。

4. 申请人称不报关、不提货是申请人的权利。根据CFR条款规定,申请人有进口报关,受领货物的义务。申请人错误地将义务当作权利使用。

5. 被申请人晚装船1天且告知申请人不构成重大违约。钢材市场价格下滑才是申请人拒收货物的原因。

结合本案的全部事实,申请人解除合同不符合法定解除的条件,合同也没有约定解除,应全部驳回申请人的仲裁请求。

第二节　仲裁庭意见

(一)关于本案的法律适用

本案申请人系在韩国设立的公司法人,被申请人为在中国设立的公司法人,案涉货物运输的装运港为中国某港、目的港为韩国某港,故本案属涉外民商事合同纠纷。

本案双方当事人没有以协议选择合同适用的法律。《公约》第1条第1款规定:本公约适用于营业地在不同国家的当事人之间所订立的货物销售合同:(a)如果这些国家是缔约方……根据最高人民法院转发对外经济贸易部《关于执行联合国国际货物销售合同公约应注意的几个问题》的通知,我国公司与《公约》缔约方的公司达成的货物买卖合同如不另作法律选择，则合同规定事项将自动适用公约的有关规定。同时，《公约》第7条第2款规定："凡本公约未明确解决的属于本公约范围的问题，应按照本公约所依据的一般原则来解决，在没有一般原则的情况下，则应按照国际私法规定适用的法律来解决。"

申请人和被申请人未就本案合同争议应适用的法律作出一致选择，由于申请人营业地韩国与被申请人营业地中国均属于《公约》缔约方，故根据《公约》及上述司法解释，解决本案争议应当适用《公约》。对于《公约》没有明确规定的争议事项，根据《涉外民事关系法律适用法》的规定，适用履行义务最能体现该合同特征的一方当事人经常居所地法律或者其他与该合同有最密切联系地的法律。由于本案的合同履行地位于中国，且合同一方当事人为在中国设立的公司法人，同时考虑双方当事人在就本案提交的书面意见中均引用了中国法律，根据最密切联系原则，仲裁庭认为对于《公约》没有明确规定的争议事项可以适用中国法律。

（二）关于本案争议的有关事实

经审查双方当事人提交的书面意见、证据材料并经庭审调查，仲裁庭对本案0413号合同签订和履行过程中的以下事实予以认定。

1. 申请人作为买方，被申请人作为卖方，双方于2012年4月13日签订了编号为"0413"的合同，约定申请人向被申请人购买合金圆钢1250公吨（允许±10%溢短装），价格条件为CFR韩国某港近每吨700美元，合同总价为近90万美元。

2. 合同第9条约定"装运期限：2012年6月30日前"。第11条约定的付款条件为买方（本案申请人，下同）应开立以中国B公司为受益人的、不可撤销的即期信用证。合同第14条约定，"人力不可抗拒：由于人力不可抗拒事故，使卖方（本案被申请人，下同）不能在合同规定期限内交货或者不能交货，卖方不负责任。但卖方必须立即以电传或传真通知对方，如买方提出要求，卖方应以挂号函向买方提供由中国国际贸易促进委员会或有关机构出具的发生事故的证明文件……"合同第16条约定："买方须于在签订本合同日期后的5个工作日内开出本批交易的信用证，否则卖方有权不经通知取消本合同的履行，并对因此遭受的损失向买方提出索赔。如果延迟交货或不交货，买方可取消合同。并对因此遭受的损失向卖方提出索赔。因买方未按期开证或卖方未按期交货，应向对方交纳金额为合同金额2%的罚金。"

3. 2012年4月19日申请人通过开证行开出受益人为被申请人的不可撤销信用证，信用证金额为近87万美元（允许±10%增减额），号码为0324。

4. 被申请人租用某船舶装运本案货物1230余吨合金圆钢。

5. 2012年7月5日被申请人向申请人发送电邮称，因中国某港(装运港)一直下雨导致装船晚了，需要申请人签发倒签保函，船东才能放出正本提单给被申请人。

6. 2012年7月9日申请人向被申请人回函拒绝了签发倒签保函的要求，并表示："由于船期延迟，买方可以拒绝支付，关于货物的拒绝接受，贵司(被申请人，下同)则具有对此货物的所有权……如贵司需要的话，关于货物的返还问题，在(韩国)国内的手续上根据贵司的希望，我社将尽最大努力予以协助，处理业务……希望在最快的日期内将货物进行返回……"

7. 就本案合同项下货物，案外人C公司签发了日期为2012年6月30日的提单。2012年7月16日被申请人通过某银行某分行收取了"0324"号信用证下款项近86万美元(包括实际收款85万余美元和银行扣取费用160美元)。

8. 2012年7月18日申请人向韩国某港地方法院申请止付令，2012年7月20日韩国某港地方法院作出不向被申请人支付信用证货款的止付令，涉案信用证号码为"0324"，涉案产品为合金圆钢1230余吨。

9. 2012年8月29日申请人向被申请人发函称："本社与贵司(被申请人，下同)签订的买卖合同(0413)中，以第16项和贵司不履行合同为依据，向贵司通报解除上述合同。解除合同的原因是在期限内(船期6月30日)未交货，因此，退回信用证货款是必须的，以及贵司应负担违约金和本社诸多损失……"

10. 2012年11月13日申请人向韩国J银行支付了信用证相应款项近90万美元。

对于上述背景和事实，双方当事人提交了合同文件、信用证及银行交易凭证、提单、往来邮件和函件、韩国某港地方法院止付令及其翻译件等书面证据，本案合同经双方真实有效签署，其形式和内容均不违反中国法律、行政法规的强制性规定，合法有效，具有法律约束力，仲裁庭对于本案上述事实予以确认。

(三)关于本案争议焦点问题

1. 被申请人对于本案合同的履行是否构成违约

申请人主张，本案现有证据材料包括被申请人的自认，都证实涉案货物并未按照合同约定于2012年6月30日前装运，被申请人已构成迟延交货。

被申请人则称，其在租船期间一直与申请人保持联系，所有信息均为申请人所知悉，因为中国某港大雨其晚装船一天，但晚装船已取得了申请人的默认。

《公约》第31条规定:"……如果销售合同涉及到货物的运输,卖方应把货物移交给第一承运人,以运交给买方……"《公约》第33条规定:"卖方必须按以下规定的日期交付货物:(a)如果合同规定有日期,或从合同可以确定日期,应在该日期交货……"仲裁庭注意到,本案合同约定的价格条款为CFR韩国某港,根据2010年《国际贸易术语解释通则》,在适用贸易术语CFR的情形下,由卖方负责订立运输合同,卖方的交货义务在将货物交付承运人时得到履行。故根据本案合同关于装运期限的约定,被申请人应当在2012年6月30日前完成货物的装船。

被申请人主张其在2012年6月19~27日一直与申请人指定的代理公司D公司员工E沟通租船过程,但根据被申请人提交的佣金合同,D公司作为代理人与被申请人签订了委托合同,被申请人并无证据支持其有关D公司为申请人指定代理公司的主张,故被申请人与其代理人D公司之间的沟通不能被视为被申请人与申请人之间的意思表示。并且,在本案合同履行过程中,是否因船方原因导致被申请人租用的船舶未能按时到港以及被申请人是否及时通知申请人租船情况,均不能免除被申请人依约在2012年6月30日前完成交货的合同义务。

关于被申请人称其晚装船1天是由于中国某港大雨所导致的情况,仲裁庭注意到,根据本案合同第14条的约定,"由于人力不可抗拒事故,使卖方不能在合同规定期限内交货或者不能交货,卖方不负责任。但卖方必须立即以电传或传真通知对方……"然而,被申请人没有提交证据证明中国某港当天的天气状况,也未有任何证据显示,在被申请人主张中国某港大雨的6月30日当日及次日,被申请人曾及时通过电传或传真或非合同约定的任何其他方式通知申请人迟延装船事宜。因此,被申请人不能以天气原因作为免除其迟延交货责任的理由。仲裁庭还注意到,被申请人作为证据提交的大副收据记载船方收到本案1230余吨合金圆钢的时间为2012年7月1日22时;被申请人提交中国某港船舶在港动态记录记载承运本案货物的船舶于2012年6月30日19时到港,因大雨未作业,2012年7月1日5时开始作业;被申请人提交的理货记录簿记载理货开工时间为2012年7月1日5时15分,完工时间为2012年7月2日7时50分。根据前述记载,货物装船整体用时超过26小时,即使考虑到被申请人声称的同批装运5票共计2900余吨钢材,假设本案货物优先装船,所需时间按比例计算也将超过10小时(超过2012年6月30日24时)。因此,仲裁庭认为,即使2012年6月30日中国某港未下雨,从现有证据反映的情况来看,本案货物装船时间也将超出合同规定的2012年6月30日,被申请人关于因下雨导致货物晚装船1天的理由不能成立。

关于被申请人称申请人在装船前后数日已经知道迟延装船主张,仲裁庭注意到,从被申请人作为证据自行提交的与代理人 D 公司员工 E 的聊天记录来看,被申请人并没有与 D 公司及时沟通迟延装船事宜——在船舶到港和装船期间的 2012 年 6 月 30 日和 7 月 1 日没有留下聊天记录,2012 年 7 月 2 日和 3 日的聊天记录显示提单没有日期,在其后 2012 年 7 月 9 日的聊天记录中第一次出现装船晚了和需要倒签保函的内容;而对于申请人,被申请人直到 2012 年 7 月 5 日方才通过邮件告知因中国某港下雨迟延装船。由此可见,没有证据表明申请人在装船前后数日已经知道被申请人迟延装船。

关于被申请人主张申请人的行为已经构成了接受货物的事实以及主张晚装船已取得了申请人的默认,仲裁庭注意到,在被申请人于 2012 年 7 月 5 日通过邮件告知申请人装船晚了的时候,申请人的答复是询问装货具体时间,以及告知因负责人出差而将在下个周一(2012 年 7 月 9 日)答复,申请人的前述回复并无任何认可被申请人的装船时间或同意接收货物的表示;其后,申请人于 2012 年 7 月 9 日向被申请人发函,拒绝了签发倒签保函的要求,并表示拒收和退回货物。此外,被申请人提交的由 H 公司发送给申请人的函件显示,运送本案货物的船舶到港时间为 2012 年 7 月 4 日,当时被申请人尚未通知申请人迟延装船事宜。

仲裁庭认为,首先,在本案中没有证据证明申请人是在 2012 年 7 月 5 日获悉被申请人迟延装船后向韩国某港港务局申请卸货并委托 H 仓库办理货物入库事宜。其次,由于被申请人并未在迟延装船的当时即通知申请人,而是在货物已经运到韩国某港后才告知,被申请人的这一行为导致申请人缺乏充足的时间作出是否接受货物的商业判断,而此时如不卸货将可能产生高额的船舶滞期费用。故仲裁庭认为,即使假设申请人在获悉被申请人迟延装船后仍办理了卸货,也并不能当然地被视为申请人以行为接受了货物。而实际上,申请人按照 2012 年 7 月 5 日邮件预先告知的答复时间,于 2012 年 7 月 9 日向被申请人发函明确表示了拒收货物,在上述沟通过程中,申请人虽然没有立刻答复被申请人关于倒签提单的邮件,但考虑到 2012 年 7 月 7 日和 8 日为休息日,申请人在 2012 年 7 月 9 日回函,仍属于在合理时间内对于迟延发货问题进行了明确答复。仲裁庭认为,没有证据证明申请人曾以行为作出接受被申请人迟延装船货物的意思表示。

而关于申请人是否构成默示的接受问题,《公约》第 9 条第 2 款规定:“除非另有协议,双方当事人应视为已默示地同意对他们的合同或合同的订立适用双方当事人已知道或理应知道的惯例,而这种惯例,在国际贸易上,已为有关特定贸易所涉同类合同的当事人所广泛知道并为他们所经常遵守。”关于本案货物装船事宜的沟通问题，在本案双方当事人之间并未形成任何已知的默示同意惯例，也没有证据证明有关同类货物销售合同的履行具有广泛认知的默示同意惯例，根据《公约》的前述规定，不能认定被申请人有关晚装船已取得了申请人默示的接受。最高人民法院《关于贯彻执行〈中华人民共和国民法通则〉若干问题的意见》（已失效）第66条则规定：“一方当事人向对方当事人提出民事权利的要求，对方未用语言或者文字明确表示意见，但其行为表明已接受的，可以认定为默示。不作为的默示只有在法律有规定或者当事人双方有约定的情况下，才可以视为意思表示。”仲裁庭认为，根据该意见的前述规定，如要主张申请人以不作为的默示表示接受被申请人迟延装船的货物，则只有在法律有所规定或者当事人双方有约定的情况下，不作为的默示才可以视为意思表示，但在本案合同订立及履行期间双方当事人并未作出任何关于默示接受货物的约定，对此亦无法律规定，因此亦不能构成申请人对被申请人迟延装船货物的默示的接受。

综上所述，根据被申请人提交的收货单等证据的记载以及根据被申请人的自认，本案货物的交货时间事实上迟于本案合同约定的交货期限即2012年6月30日，申请人也明确拒绝接受迟延交付的货物，被申请人有关申请人以行为接受货物及晚装船已取得了申请人默认的主张不能成立，被申请人迟延交货已经构成对本案合同的违约。

2. 申请人是否有权解除本案合同

申请人主张根据本案合同第16条“如果延迟交货或不交货，买方可取消合同”的约定，其有权解除本案合同。

被申请人则表示合同第16条约定的“取消”不能理解为“解除”，合同“取消”后双方互不追究责任。被申请人主张其不构成根本违约，无论是根据《公约》第25条，还是根据中国《合同法》第94条的规定，申请人均无权解除合同。本案合同既不符合法定解除的条件，也没有约定解除的条款。

仲裁庭注意到，本案合同第16条约定：“买方须于在签订本合同日期后的5个工作日内开出本批交易的信用证，否则卖方有权不经通知取消本合同的履行，并对因此遭受的损失向买方提出索赔。如果延迟交货或不交货，买方可取消合同。并对因此遭受的损失向卖方提出索赔。因买方未按期开证或卖方未按期交货，应向对方交纳金额为合同金额2%的罚金。”前述条款显然约定了合同“取消”后的索赔方式，仲裁庭认为，被申请人提出的合同“取消”后双方互不追究责任的解释，并不符合本案合同第16条约定的真实意思。根据合同第16条约定的具体内容，并参考该条款的英文表述，仲裁庭认为，本条所述的“取消合同”的真实意思应为“解除合同”。《公约》对于合同约定一方当事人解除合同条件的情况没有作出规定，中国《合同法》第93条第2款规定：“当事人可以约定一方解除合同的条件。解除合同的条件成就时，解除权人可以解除合同。”根据本案合同第16条的约定，在被申请人迟延交货的情况下，申请人有权解除本案合同。

（四）关于本案申请人的仲裁请求

仲裁庭对申请人提出的仲裁请求分述如下。

1. 关于申请人第1项仲裁请求，即“裁决确认涉案合同已经被申请人解除”。

关于申请人的本项仲裁请求，如前所述，被申请人迟延交货已经构成对本案合同的违约，根据本案合同第16条的约定，在被申请人迟延交货的情况下，申请人有权解除本案合同。

从本案往来函件可见，2012年7月9日申请人向被申请人回函明确表示拒绝接受货物并主张返还货物。2012年8月29日申请人向被申请人发函明确表示解除合同并主张退还信用证货款。申请人的上述函件已构成因被申请人迟延交货而要求解除本案合同的明确意思表示，被申请人亦认可收到前述函件。故仲裁庭认为，经申请人向被申请人发函通知，本案合同已经解除。

2. 关于申请人第2项仲裁请求，即“裁决被申请人向申请人退付骗取的信用证款项美金近90万元”。

中国《合同法》第97条规定：“合同解除后，尚未履行的，终止履行；已经履行的，根据履行情况和合同性质，当事人可以要求恢复原状、采取其他补救措施，并有权要求赔偿损失。”

仲裁庭认为，本案合同已经解除，被申请人通过某银行某分行收取的信用证下款项近86万美元，申请人已于2012年11月13日向韩国J银行支付。因此，根据前述法律规定，被申请人应当向申请人返还其已收取的信用证款项。仲裁庭注意到，被申请人收款凭证中所反映的金额近86万美元与申请人付款凭证中所反映的金额近90万美元有细微差别，仲裁庭认为，被申请人应以其收款凭证所载金额为准，向申请人返还已收取的信用证款项近86万美元。

3. 关于申请人第3项仲裁请求，即“裁决被申请人向申请人支付骗取的信用证款项利息损失直至付款之日（按照美元年存款利息3%，暂计至2013年6月24日合计美金2.4万余元）”。

《公约》第 84 条第 1 款规定:“如果卖方有义务归还价款,他必须同时从支付价款之日起支付价款利息。”考虑到仲裁庭支持了申请人关于返还信用证款项的仲裁请求,仲裁庭认为,由被申请人向申请人支付逾期返还信用证款项期间的利息损失是合理的。

关于计算利息损失的期间,申请人主张自被申请人收款的 2012 年 7 月 6 日起计至实际付款之日止。仲裁庭注意到,虽然申请人在 2012 年 8 月 29 日致被申请人的函件中即已要求被申请人“退回信用证货款”,然而申请人向韩国 J 银行支付信用证相应款项的时间为 2012 年 11 月 13 日,根据《公约》的前述规定,仲裁庭认为申请人的利息损失应当从实际付款之日起算。

关于计算利息损失的标准,申请人主张按照美元年存款利息 3% 计算。仲裁庭认为,申请人主张按照美元存款年利率计算已付信用证款项的利息损失是合理的,但申请人未能说明和提供按照 3% 年利率计算利息损失的依据。对此,仲裁庭认为,可以按照中国人民银行规定的同期美元存款利率计算被申请人应当支付的利息损失。另外,最高人民法院《关于逾期付款违约金应当按照何种标准计算问题的批复》(已失效)规定,人民法院可以参照中国人民银行规定的金融机构计收逾期贷款利息的标准计算合同当事人逾期付款违约金的,所以根据中国人民银行规定的同期美元存款利率计算利息损失也没有超出前述规定的计算标准。

4. 关于申请人第 4 项仲裁请求,即“裁决被申请人向申请人支付信用证开证费(近 220 万韩元)、保险费(近 45 万韩元)、向韩国法院申请停止支付信用证项下款项相关费用(律师费 660 万韩元,法院止付申请费 50 万韩元,止付令送达费近 5 万韩元,3 项共计近 715 万韩元),合计近 980 万韩元”。

关于申请人本项仲裁请求中的信用证开证费、保险费部分,申请人未能提供任何证据文件证明,仲裁庭对此不予支持。

关于申请人本项仲裁请求中向韩国法院申请停止支付信用证项下款项相关的法院止付申请费、止付令送达费,申请人提交了申请费 50 万韩元的现金发票,以及止付令送达费近 5 万韩元的收据。考虑到韩国某港地方法院作出了不向被申请人支付信用证货款的止付令,且仲裁庭支持了申请人关于返还信用证款项的仲裁请求,申请人为申请止付令而产生的申请费和止付令送达费应由被申请人予以补偿,仲裁庭对此予以确认。

关于申请人本项仲裁请求中的律师费,申请人提交了与韩国正人律师事务所签订的聘用合同,以及韩国某港银行开具的付款确认书公证认证文件。然而,仲裁庭注意到,上述确认书中明确注明“本材料不能作为发票使用,只作为交易参考使用”。因此,仲裁庭认为,尽管考虑到仲裁庭支持申请人仲裁请求的情况,申请人为申请止付令而支出的律师费应由被申请人予以合理补偿,但由于申请人未能提供有关律师费的发票,故仲裁庭对申请人本项仲裁请求中关于律师费的部分不予支持。

5. 关于申请人第 5 项仲裁请求,即“裁决被申请人向申请人支付违约金美金逾 1.7 万元”。

本案合同第 16 条约定,“……因卖方未按期开证或买方未按期交货,应向对方交纳金额为合同金额 2% 的罚金”。中国《合同法》(已失效)第 114 条规定:“当事人可以约定一方违约时应当根据违约情况向对方支付一定数额的违约金……”

仲裁庭认为,根据前述合同约定及法律规定,被申请人未按期交货,申请人有权根据本案合同的约定向被申请人主张违约金,基于本案合同的总价近 87 万美元并按照 2% 的比例计算,被申请人应向申请人支付的违约金为逾 1.7 万美元,仲裁庭对此予以确认。

6. 关于申请人第 6 项仲裁请求,即“裁决被申请人支付仲裁费用及仲裁相关费用、申请人代理人的律师费,申请人及其代理人的差旅费等损失”。

关于申请人本项仲裁请求中的律师费,申请人提交了与韩国某律师事务所签订的委托协议,以及韩国某港银行开具的付款确认书公证认证文件。然而,如前所述,仲裁庭注意到,上述确认书中明确注明“本材料不能作为发票使用,只作为交易参考使用”。因此,仲裁庭认为,尽管考虑到仲裁庭支持申请人仲裁请求的情况,申请人为本案支出的律师费应由被申请人予以合理补偿,但由于申请人未能提供有关律师费的发票,仲裁庭对申请人本项仲裁请求中关于律师费的部分不予支持。

关于申请人本项仲裁请求中的差旅费,申请人未能提供任何证据文件证明,仲裁庭对此不予支持。

关于申请人本项仲裁请求中的仲裁费用,仲裁庭认为,本案争议主要由于被申请人迟延交货引起,同时考虑到仲裁庭支持申请人仲裁请求的比例,本案仲裁费用由申请人承担 20%,由被申请人承担 80% 是适当的。

十、2016 年设备买卖合同案

第一节　当事人主张

2011 年 8 月 14 日申请人与被申请人签订合同号为 108 号的《合同》,约定申请人向被申请人出售1套全新纯张力矫平机组(以下简称设备),包括为设备安全稳定运行所有必需的设备、材料、备件以及为其组装、安装、试验、正常运行和维修所必需的技术资料、现场安装指导和调试、培训及售后服务等。合同价格术语为CIF中国某港(参见《国际贸易术语解释通则》最新版本),申请人提供的设备、技术资料和服务的总合同价格为270余万欧元,其中,合同设备价为250余万欧元,申请人技术人员在被申请人现场服务费为19万欧元。被申请人应在合同签署30日内且申请人提供约定单据时支付合同设备总价15%的预付款;被申请人应在不迟于合同生效后3个月内开出有效期为9个月、金额为设备总价65%的信用证;被申请人应在提单日前开出有效期为7个月、金额为设备总价20%的信用证;被申请人应在申请人出具最终验收证书后30日内支付申请人19万欧元服务费。如合同未在预定时间内执行完毕,信用证应根据申请人要求相应地进行延期。如果由于被申请人原因信用证没有在约定的到期日付出/开立,则合同总工期表将顺延。合同约定,申请人应在收到预付款后9.5个月将所有设备发货(不允许分批发货),发货港口为欧洲某港口。

合同签订后,被申请人于2011年9月8日支付38万余欧元。2011年12月8日被申请人开立设备总价款65%、金额为近170万欧元信用证,到期日为2012年9月7日,最迟装船日为2012年6月23日。此后,申请人未按照规定时间将设备装船,2013年7~9月申请人与被申请人就延期发货事宜达成一致,被申请人从设备总价中扣除5%作为申请人延期交货罚款。2013年12月10日被申请人开立设备金额65%并扣除5%罚款后的信用证,金额为150余万欧元。2014年1月12日和1月15日设备装船,分别于2014年2月22日和3月2日到达目的港。2014年2月22日被申请人发邮件给申请人,称申请人将货物分批装运违反合同和信用证约定,故要求解除合同,退运货物。

就本案争议,申请人在其提交的仲裁申请书中诉称:

申请人与被申请人于2011年8月14日签订了本案合同。申请人根据合同的要求于2013年秋季/早冬完成设计和制造该设备,虽然被申请人也迟延开立信用证,但根据合同第9.7节与第9.8节的约定,由于生产延期,申请人与被申请人于2013年12月16日同意对该设备价款作出合同设备价(不是总合同价格)5%的减价作为最终的解决。因此,由于合同第2.2.1条约定的合同设备价为250余万欧元,并且该款项的5%为近13万欧元,双方当事人已同意以减价后的价格,即260余万欧元支付设备和服务(总合同价格)而不是原先约定的270余万欧元。

设备分别于2014年1月12日和2014年1月15日运至船上，并分别于2014年2月22日和2014年3月2日抵达目的港中国某港并卸载在中国某港集装箱码头公司的码头堆场。同样，虽然被申请人有合同义务收取货物，但其至今仍然拒绝开箱提取设备，导致申请人不得不继续租赁装有设备的全部集装箱。前述集装箱箱使费将继续产生至被申请人接收设备为止。根据《国际贸易术语解释通则》对CIF术语的第B6条解释，即买方必须就A4规定已交付的货物自交付起支付所有相关费用……因此，装有设备的全部集装箱箱使费应由被申请人承担，即被申请人应偿付申请人G*1、T*0、F*9、G*3、T*4和F*1号集装箱自2014年1月12日起，C*4号集装箱自2014年1月15日起，直至被申请人实际从前述集装箱中提取设备之日止的集装箱箱使费。

根据本案合同第3.3条的约定，被申请人应支付设备总价款65%，按合同约定的近170万欧元再减去双方达成一致的因交货迟延而产生的设备总价款5%的扣款，即150余万欧元，并于通知行向买方银行提交议付单据时30日内从信用证中支付。但是，申请人2014年2月13日交单议付却遭被申请人拒付。

因被申请人拒不履行上述款额的付款义务且拒不提取设备，构成毁约，故剩余的合同价款近70万欧元应与其欠付的前述设备价款一并支付，且付款到期日亦应为2014年3月15日，故自2014年3月16日起，被申请人应支付其欠付的剩余合同价款近70万欧元的利息。

根据合同第二节，双方已同意按欧元计价，故中国人民银行颁行的人民币贷款利率的规定不适用于申请人的各项仲裁请求。因涉案债务额以欧元计价，且申请人为德国公司，故应按下列有关延迟付款应在德国适用的欧元利率计算利息。

根据《德国民法典》第288条第2款的规定，延迟付款的利率为基准利率以上的8%（2014年7月29日之后的交易，该利率由8%调整为9%）。

2014年1月1日至2014年6月30日的基准利率为-0.63%，且自2014年7月1日起基准利率调整为-0.73%。故2014年1月1日至2014年6月30日应适用的延迟付款的利率应为“8% -0.63% =7.37%”，2014年7月1日之后应适用的延迟付款的利率应为“8% -0.73% =7.27%”。因此，如仲裁庭裁准被申请人应支付仲裁请求第4条第1款第a项的利息，则被申请人应按7.37%的年利率支付2014年3月16日起至2014年6月30日的利息，并按7.27%的年利率支付2014年7月1日起至实际支付之日止的利息。申请人保留上述应适用的利率的新变化而相应调整利息请求的权利。

如前所述,被申请人应承担支付申请人集装箱箱使费的义务,并支付前述集装箱箱使费的利息。该利息应自申请人提起仲裁之日即2014年8月29日起算。

申请人请求仲裁庭裁决被申请人执行如下事项。

1.(a)支付申请人220余万欧元;

(b)提取在中国某港集装箱码头公司的码头堆场存放的设备,前述设备的集装箱号分别为G＊1、F＊1、T＊4、T＊0、F＊9、G＊3和C＊4号;

(c)承担因设备自目的港卸船之日起至被申请人实际提取设备之日止存放在中国某港集装箱码头公司的码头堆场而产生的所有费用,包括储存费、管理费用等;

(d)偿付申请人G＊1、T＊0、F＊9、G＊3、T＊4和F＊1号集装箱自2014年1月12日起,C＊4号集装箱自2014年1月15日起,直至被申请人实际从前述集装箱中提取设备之日止的集装箱箱使费(具体费率将在仲裁中详细说明);

(e)支付仲裁请求第1(a)项的本金220余万欧元自2014年3月16日起至2014年6月30日止按年利率7.37%计算的利息4.8万余欧元,及前述本金自2014年7月1日起至实际支付之日止按年利率7.27%计算的利息;

(f)支付仲裁请求第1(d)项的集装箱箱使费自2014年8月29日起至实际支付之日止的利息(具体将在仲裁中详细说明)。

2.(a)裁决被申请人偿付申请人因本案支付的所有律师费和其他支出;

(b)裁决被申请人承担本案全部仲裁费用。

针对申请人仲裁请求和事实及理由,被申请人答辩如下:

申请人存在的迟延履行和分批交付违约行为,业已影响合同目的之实现。被申请人因故依法行使解除权,争议合同自解除通知到达申请人时发生解除的法律效果。其后,申请人怠于行使权利,未能在法律规定的3个月期限内向争议解决机构提出合同解除异议仲裁申请,产生该异议权消灭的法律效果,因此,争议合同权利义务关系终止的法律状态得以确定。据此,就申请人在合同解除异议权消灭后提起的与继续履行合同有关的仲裁请求,仲裁庭不应予以支持,并应驳回申请人在本案中的全部仲裁请求。

事实与理由如下:

(一)争议合同合法有效,对双方具有法律约束力。申请人于交付期限届满时未履行交付义务,虽经被申请人多次催告督促,仍未及时履行。又经执行迟延交付违约金罚则,仍不能及时交付货物。申请人之迟延履行和分批交付违约行为客观上已对被申请人的生产经营和市场效益造成损害,影响了合同目的之实现,故答辩人依法行使合同的法定解除权,解除通知已到达申请人。申请人提起本案仲裁请求之时,已距通知送达之日6月有余。

1.2011年8月14日双方签署本案合同(合同编号为108)。合同第4.1条约定,"应在收到预付款后9.5个月将所有设备发货(不允许分批发货)"。据此可知,合同就发货时间和发货方式有明确约定。

2.2011年9月8日被申请人按照合同第3.1条的约定,通过电汇向申请人足额支付合同设备总价15%的预付款。据此可知,按合同约定,申请人应不迟于2012年6月23日将所有设备发货。

3.2011年12月8日被申请人按照合同第3.2条的约定,开立合同设备总价65%的信用证,最迟装运期即合同约定之2012年6月23日。但是,申请人未能按照合同约定及时履行交货义务。

4.至交货期满一段时间后,被申请人考虑到生产线建设进度的迫切要求、市场及客户反馈,多次催告申请人尽快履行合同义务、交付货物。然而,虽然被申请人自2013年1月10日至3月15日,在2个多月内共计向申请人发送电子邮件28封,催告申请人发货、催问交货期,但申请人始终置若罔闻,未能及时履行交付义务。

5.2013年6月21日8时40分被申请人致申请人电子邮件,告知其被申请人已经做好安装生产线的一切准备工作,催促申请人落实交货时间、尽快交货。

6.为敦促申请人尽快纠正违约行为,2013年7月30日14时23分被申请人致申请人电子邮件,表示根据合同约定,申请人应承担合同约定之"迟延交货赔偿金"。

7.2013年7月30日16时17分被申请人致申请人电子邮件,表示不能接受分批发货。

8.2013年8月8日16时42分被申请人致申请人电子邮件,表示被申请人在设备基础、销售、客户、车间工人等各个环节均在等待申请人的设备,并因申请人迟延履行,造成被申请人市场、财务、设备方面资源大量浪费。

9.2013年8月13日23时23分申请人致被申请人电子邮件,同意扣除迟延交货赔偿金,其金额应为合同设备总价的5%。合同第9.7条约定,"赔偿金的最大金额不超过合同设备总价的5%"。

10.然而,申请人同意承担迟延交付赔偿金后,仍然没能纠正违约行为,其继续扩大违约状态,最终发货日较之合同约定的发货日迟延了近1年零7个月,并违反合同约定,分批发货。申请人提供的提单扫描件显示,最终装船期为2014年1月12日和2014年1月15日将设备分批装运。

11. 由于设备长期不能得到交付,交付时又违反约定、分批发货,严重影响被申请人项目实施进度和预期效益,客观上造成合同目的落空,并给被申请人造成市场损失。被申请人因此依法行使合同的法定解除权,2014年2月22日16时17分被申请人致申请人电子邮件,明确要求解除合同,返运货物并退回全额预付货款及支付合理利息。

12. 解除通知实际到达申请人。2014年2月28日17时27分申请人回复被申请人电子邮件,称不接受解除合同。

13. 申请人虽不同意解除合同,但其怠于行使合同解除异议权。申请人仲裁申请书的落款时间为2014年8月29日,距解除通知到达之日已近6个月。仲裁机构出具仲裁通知的时间为2014年9月26日,距解除通知到达之日已近7个月。

(二)被申请人依法行使合同的法定解除权,合同自通知到达申请人时解除。申请人虽依法享有合同解除异议权,却因怠予行使权利,经过法定期限而使该权利消灭,合同权利义务终止的法律状态得以确认,致申请人仲裁请求于法无据,故对其全部仲裁请求不应予以支持。

1. 在合同履行过程中,申请人违反合同约定,迟延交付货物长达1年零7个月,迟延时间不可谓不长,且经被申请人多次催告督促仍不予纠正。同时,长期迟延交付,已损害了被申请人的生产规划和市场效益,给被申请人造成实际损失,已经影响合同目的的实现。

2. 解除权属于形成权,得依解除权人单方意思表示而使合同权利义务关系终止,无须征得对方的同意。因解除权之行使,应向他方当事人以意思表示为之,故答辩人以书面形式通知了被答辩人解除合同,解除的意思表示已经实际到达被答辩人。因此,被申请人行使解除权的方式,符合中国《合同法》第96条的规定,合同自通知到达被答辩人时解除。

3. 中国《合同法》第97条规定:"合同解除后,尚未履行的,终止履行;已经履行的,根据履行情况和合同性质,当事人可以要求恢复原状、采取其他补救措施,并有权要求赔偿损失。"据此,合同的解除应向将来发生效力,即对于尚未履行的应终止履行,同时亦产生溯及既往的效果,即已经履行的,可以要求恢复原状或采取其他补救措施。因此,在申请人合同解除异议权消灭、本案合同权利义务关系终止的法律状态得以确定的情况下,申请人再行提起与继续履行合同有关的仲裁请求,仲裁庭不应予以支持。

综上所述,被申请人请求仲裁庭驳回申请人在本案中的全部仲裁请求。

基于前述事实及理由,被申请人提出如下反请求。

1. 裁决申请人返还被申请人已支付的合同预付款 38 万余欧元,并支付自 2014 年 2 月 22 日起至被申请人实际退还预付款之日止的利息损失。利息损失暂计算至 2014 年 11 月 6 日止,按中国人民银行同期贷款利率,利息损失应为近人民币 15 万元。

2. 裁决申请人承担全部反请求仲裁费及被申请人因本案仲裁发生的律师费。

就被申请人上述答辩意见和反请求,申请人在《申请人的进一步陈述暨对被申请人反索赔的答辩》中回应如下:

就题述案申请人提起的仲裁请求和被申请人提起的仲裁反请求,为使仲裁庭充分了解本案案情,申请人现进一步提出以下意见。

(一)被申请人并未依据合同约定和《公约》的要求宣告解除合同

1. 被申请人 2014 年 2 月 22 日发出的所谓"解除"合同的通知不符合合同的约定,合同第 14.7 条约定:"本合同执行过程中,双方之间的联系均以中英文进行,正式材料应以书面双份进行并以挂号航空邮寄。"

被申请人 2014 年 2 月 22 日仅通过电子邮件表示的"解除"合同的意向,不符合上述合同第 14.7 条约定的被申请人的正式通知或决定,且在申请人要求被申请人正式确认其是否解除合同后直至本案仲裁程序开始前,被申请人仅一再答复希望双方继续协商,但并未确认合同已经解除。

此外,该电子邮件内容仅为中文而非合同第 14.7 条明确约定的中英文双语的内容要求,且该电子邮箱也不是合同约定的正式文件的通知邮箱。

鉴于被申请人的所谓"解除"合同的电子邮件不符合双方约定的正式文件的要求,故该邮件仅为被申请人解除合同的意向而非《公约》规定的解除合同的宣告或通知。

2. 被申请人提出的或者解除合同或者降价的要求不构成被申请人宣告解除合同。

根据申请人与被申请人之间的 2014 年 4 月 24 日和 25 日的往来电子邮件显示,被申请人要求的是或者解除合同或者降价 50%,之后又改为要求降价 40%。《公约》第 26 条规定解除合同的通知采宣告主义,而被申请人提出的或者解除合同或者降价收货的二选一的条件不构成解除合同的宣告。在申请人既不同意解除合同也不同意降价后,被申请人未以任何方式向申请人书面主张解除合同,且在本案被申请人书面答辩前,被申请人于2014年6月6日还曾致函申请人的本案合同项下的国内组件制造商江苏某集团,声明其暂停执行与申请人的本案合同,而没有提到被申请人书面答辩中所述的已经解除了合同。

(二)被申请人在其书面答辩中的理由不符合法定的解除条件,不构成其有权解除合同的理由

被申请人在其书面答辩中提出其解除合同的事由为申请人迟延交付货物长达1年零7个月,且分批发货,故被申请人依据中国《合同法》第94条第3项、第4项的规定而行使合同的法定解除权。但是,本案争议应优先适用《公约》关于解除合同的规定而不适用《合同法》第94条的相关规定。退一步来讲,被申请人的前述解除合同的理由也并不符合《合同法》第94条第3项、第4项规定的申请人存在足以导致合同可以解除的违约行为。

1. 被申请人主张的其以迟延交货为由解除合同不符合事实和法律。

(1)就被申请人所述2013年7月前交货期推迟的事宜,根据《初步技术规格书》附件7.8"卖方资料交付的计划"和附件11"初步项目进程表",合同第4.1条约定的申请人收到预付款后9个半月发货的工期实际上仅为初步交付计划,由于设计修改、变更、增量等申请人与被申请人反复沟通的影响,必然导致前述申请人发货计划的合理顺延。因此,根据合同的特别条款优于一般条款的原则,晚于合同第4.1条约定的申请人收到预付款后9.5个月发货的工期顺延不能理解为申请人应承担违约责任。就合同约定的交货期直至2013年7月前交货期推迟的事宜以及申请人原因的交货期延误等争议,申请人与被申请人之间于2013年7~9月协商一致,对申请人执行设备总价扣减5%的罚款作为"一揽子"最终解决,同时,被申请人仍要求申请人继续履行发货义务。

(2)就2013年上半年基于申请人原因的交货期延误等争议,申请人与被申请人之间于2013年7月至9月协商一致,对申请人执行设备总价扣减5%的罚款作为最终解决方案。此外,被申请人仍要求申请人继续履行发货义务,说明被申请人并未因双方的争议而遭受合同目的不能实现的影响。

(3)《公约》第82条第2款规定,如果卖方已交付货物,买方就丧失宣告合同无效的权利,除非:(a)对于迟延交货,他在知道交货后一段合理时间内这样做……因装港恶劣天气原因,装船期不得不由2014年1月6日推迟至1月上旬,申请人及时向被申请人通报了恶劣天气导致装船期推迟的情况,被申请人对前述装船期安排

从未提出过任何异议，且分别于全部设备发运后的2014年1月22日、2月5日和2月18日向申请人索要货物单据并进行进口报关等接货准备。2014年2月22日7时58分全部机械设备、备件等共6只集装箱运抵目的港并卸船，2014年3月2日19时26分电气设备集装箱运抵目的港并卸船。显然，被申请人对于申请人推迟至2014年1月装船的催告和实际装船发货的时间通知以实际行为予以认可，构成合同交货期的变更的协议，且直至被申请人2014年11月6日提出书面答辩和反请求前，被申请人从未向申请人提出过以交货迟延为由而解除合同的主张。因此，其以延迟交货为由而解除合同的权利早已消灭，被申请人在其反请求和答辩中对其行为的反悔不应得到支持。

2. 分批装船不构成根本违约，不影响被申请人的合同目的，被申请人无权以分批装船为由主张解除合同。

所谓的分批装船并非申请人的故意或过失，实际承运人已证实申请人的确要求一批装船，但是由于装港码头作业的原因并考虑到船舶安全，实际承运人单方面临时决定将原定装于"G"轮的电气设备集装箱改装上"R"轮。实际承运人对其行为事先未予以通知，且当实际承运人事后通知申请人时全部设备均已在海运途中，申请人知悉上述情况后及时通知了被申请人。

根据《公约》第79条第1款、第4款和第5款的规定，当事人对不履行义务，如果其能证明此种不履行义务是由于某种非其所能控制的障碍，而且对于这种障碍，没有理由预期其在订立合同时能考虑到或能避免或克服它或其后果，则该当事人对不履行义务免责，且该当事人的合同相对方不能向该当事人主张损害赔偿。

3. 被申请人在其2014年2月22日给申请人发来的所谓的"解除"合同的电子邮件共提到4项理由：货物到港无法提货；产生巨额滞港费用；严重影响我司（被申请人）项目实施进度和预期效益；我司（被申请人）进口设备免税无法办理。各项均不构成被申请人可以解除合同的合法理由。

（三）根据《公约》的规定，就申请人已经交付设备，被申请人不具有解除合同的权利

1. 被申请人2014年2月22日的电子邮件不构成约定和法定的宣告解除合同。

《公约》第26条规定，宣告解除合同的声明，必须向另一方当事人发出通知，方始有效。

本案申请人与被申请人双方已在合同第14.7条约定"本合同执行过程中，双方之间的联系均以中英文进行，正式材料应以书面双份进行并以挂号航空邮寄"。

这是双方根据合同意思自治原则达成的正式通知方式,对双方均有约束力。而被申请人 2014 年 2 月 22 日仅以中文电子邮件的方式表达“解除合同”的意向,显然不符合上述合同要求的正式通知方式,不具有约束力,故不属于宣告解除合同的通知。此后,直至被申请人在本案仲裁程序中提出书面答辩和反请求前,虽经申请人多次要求被申请人确认是否正式宣告解除合同,但被申请人均未按上述合同要求送达宣告解除合同的通知。

不仅如此,被申请人向申请人的国内组件供货商也书面自认本案合同仅是“暂停执行”。因此,本案合同并未解除。

2. 根据《公约》的规定,申请人并无根本违反合同,被申请人无权解除合同。

被申请人以所谓的申请人延误交货 1 年零 7 个月和分批发货为由解除合同,不仅与事实不符,且不符合《公约》的上述解除合同的要件。

首先,本案合同工期的合法顺延或延迟有 3 个时间节点:一是 2013 年 7 月前的工期延迟(包括合法顺延),双方以扣减设备总价款 5% 作为最终解决方法,而双方均确定合同继续履行。二是 2013 年 9 月至 12 月 11 日被申请人重新开立信用证的期间的工期顺延,原因是被申请人违约延迟开立信用证导致的申请人依合同顺延交付期,并非申请人违约。三是 2013 年 12 月 11 日至本案设备实际装船的期间,这一期间内的交付期是应被申请人的避开春节长假的要求而顺延的,且双方对实际的装船期均无异议,这一期间内无任何一方违约。因此,申请人仅存在 2013 年 7 月前的交付延误,且非申请人单方延误,即使如此,双方不仅已经通过设备价款折扣的方式最终解决了争议,而且事实上被申请人依合同期待得到的整套生产线设备未被丝毫剥夺,且从双方 2013 年 9 月至 2014 年 2 月的双方的往来邮件来看,被申请人仍需要申请人供货以满足其生产所需。因此,被申请人在其书面答辩中提出所谓的因申请人延误交货达 1 年零 7 个月而导致根本违约,与事实完全不符。

如前所述,根据设备部件的安装顺序,电气设备集装箱被分船发运并晚于其他设备部件到港 8 天丝毫不影响安装进度,更不涉及影响合同目的。所谓的分批装船并非申请人的故意或过失,实际承运人已证实申请人的确要求一批装船,但是由于装港码头作业的原因并考虑到船舶安全,实际承运人单方面临时决定将原定装于“G”轮的电气设备集装箱改装上“R”轮。实际承运人对其行为事先未予以通知,且当实际承运人事后通知申请人时全部设备均已在海运途中,申请人知悉上述情况后及时通知了被申请人。因此,申请人即没有剥夺被申请人依合同可期待得到的东西,主观上也没有故意或恶意,客观上也没有理由预见到,并且一家同等资格、通情达理的企业处于相同情况也没有理由预知会导致被申请人“合同目的落空”的后果。

因此，被申请人在其书面答辩中的解除合同的理由完全不符合上述《公约》规定的解除合同的条件，被申请人无权行使合同解除权。

其次，根据《公约》第51条第2款的规定，卖方只有在完全不交付货物或不按照合同约定交付货物等于根本违反合同时，才可以解除整个合同。

所谓完全不履行，是指负有履行义务的一方拒绝履行合同规定的全部义务。在这种情况下，《公约》规定允许另一方有权要求其继续履行和解除合同之间作出选择。

本案在双方均有不适当履行的原因导致的交货期延迟的情况下，被申请人选择了在重开的第一份信用证中扣除设备总价款5%并要求合同继续履行的救济方式，且申请人也按被申请人的要求实际发运了全部设备，则依据《公约》的规定，被申请人无权再行使其他相反的救济手段（解除合同）。也就是说，履行迟延以后，债权人给予了债务人以合理的宽限期，在合理的宽限期内，债务人仍不履行合同的，则表明债务人具有严重的过错，债权人有权解除合同；反之，债权人无权解除合同，合同应当继续履行。

3. 根据《公约》第49条第1款第b项的规定，如果卖方已交付货物，买方必须在一段合理时间内宣告解除合同，否则，买方丧失解除合同的权利。

如前所述，本案设备装船期由2013年12月推迟至2014年1月已由申请人事先通知被申请人，在设备实际装船前，被申请人丝毫未表明其不同意申请人建议通知的装船期，设备运输途中的2014年1月22日、2月5日和2月18日向申请人索要货物单据并进行进口报关等接货准备，且直至被申请人2014年11月6日书面答辩及提出反索赔前都未提出过不同意申请人安排2014年1月装船，故被申请人显然已经超越并丧失了在合理时间内宣告解除合同的权利。

本案开庭当日，申请人提交《变更仲裁请求申请书》，将前述仲裁请求修改为：

1. 请求仲裁庭裁决确认被申请人无权于2014年2月22日单方面解除申请人与被申请人之间的合同；

2. 请求仲裁庭裁决确认被申请人于2014年2月22日单方面解除合同的行为无效，不发生合同终止的效力；

3. 请求仲裁庭裁决被申请人继续履行合同并提取合同项下的设备（该设备目前存放在中国某港集装箱码头公司的码头堆场，集装箱号分别为G＊1、F＊1、

T*4、T*0、F*9、G*3和C*4号)；

4. 请求仲裁庭裁决被申请人支付申请人220余万欧元合同价款，并向申请人支付自2014年3月16日起按年利率8%计算的前述220余万欧元的利息；

5. 请求仲裁庭裁决被申请人自行承担因设备自目的港卸船之日起至被申请人实际提取设备之日止存放在中国某港集装箱码头公司的码头堆场而产生的所有费用，包括且不限于堆存费、搬移费、港建费、港务费、港口设施保安费等码头管理费用；

6. 请求仲裁庭裁决被申请人自行承担因设备自目的港卸船之日起至被申请人实际提取设备之日止的集装箱箱使费等费用；

7. 请求仲裁庭裁决被申请人赔偿申请人为办理本案已支出的律师费；

8. 本案全部仲裁费用由被申请人承担；

9. 请求仲裁庭就申请人上述第1项和第2项仲裁请求先期作出中间裁决；

10. 申请人保留在仲裁庭作出中间裁决后补充、修改、变更其仲裁请求的权利，包括但不限于提出因被申请人错误解除合同而造成的损害赔偿请求的权利(申请人该损害赔偿请求将包括但不限于设备的堆存费、搬移费、港建费、港务费、港口设施保安费等码头管理费用、设备的集装箱箱使费、设备为转售或处置而产生的运输费用、关税和税费、为转售或处置设备而产生的设备改造费用、转售或处置设备的差价损失等一切损失，具体索赔项目和金额将在本仲裁程序的适当时候提交)。

申请人在2015年5月5日提交了《关于申请人仲裁请求第十项的补充说明》，将第十项仲裁请求明确如下。

(1)设备原价值与现值价差损失近210万欧元，加上按照8%的利率支付共计近210万欧元的利息，自2014年2月22日至相应款项全额支付至申请人处计算，作为赔偿申请人因设备价值损失的赔偿；

(2)6万余美元用以赔偿申请人因将设备运回欧洲遭受的损失；

(3)近2万欧元用以赔偿申请人因装卸设备并从海港运送至申请人工厂的内陆交通损失；

(4)近人民币210万元用以赔偿申请人截至2015年5月4日因在中国某港储存设备并租赁集装箱而遭受的损失；

(5)自2015年5月5日起按每日人民币420元向申请人支付赔偿堆存费直至设备离开中国某港，以弥补申请人将来需支付堆存费而遭受的损失；

(6)自2015年5月5日按每日近人民币940元向申请人支付赔偿搬移费直至

设备离开中国某港，以弥补申请人因将来支付额外搬移费而遭受的损失；

(7)自 2015 年 5 月 5 日起按每日近人民币 4400 元向申请人支付赔偿集装箱滞留费(Detention)，直至集装箱归还至所有者，以弥补申请人因集装箱滞留费而遭受的损失；

(8)自 2015 年 5 月 5 日起按每 10 日近人民币 560 元向申请人支付赔偿集装箱滞期费(Demurrage)，直至集装箱归还至所有者，以弥补申请人因支付集装箱滞期费而遭受的损失。

第二节　仲裁庭意见

(一)本案适用法律

本案合同没有对适用法律作出约定。申请人营业地在德国，被申请人营业地在中国，均为《公约》的缔约方，且庭审中申请人与被申请人一致同意，本案争议应优先适用《公约》，《公约》没有规定的，适用中国法律。因此，仲裁庭认为，本案应适用《公约》，在《公约》没有规定或规定不明确时适用中国法律。

(二)合同的效力

申请人与被申请人均认可，双方于 2011 年 8 月 14 日签订了本案合同，约定申请人向被申请人出售 1 套全新纯张力矫平机组，包括为设备安全稳定运行所有必需的设备、材料、备件以及为其组装、安装、试验、正常运行和维修所必需的技术资料、现场安装指导和调试、培训及售后服务等。合同价格术语为 CIF 中国某港(参见《国际贸易术语解释通则》最新版本)，申请人提供的设备、技术资料和服务的总合同价格为 270 余万欧元，其中，合同设备价为 250 余万欧元，申请人技术人员在被申请人现场服务费为 19 万欧元。

仲裁庭认为，本案合同是申请人与被申请人的真实意思表示，合法有效，对双方均具有约束力。

(三)被申请人是否有权因申请人延期交货宣告合同无效(解除合同)

申请人认为，被申请人以申请人迟延交货为由解除合同不符合事实和法律，主要理由如下。

第一，合同第 4.1 条约定，申请人应在收到预付款后 9.5 个月发货的工期实际上仅为初步交付计划，由于设计修改、变更、增量等原因，必然导致发货计划合理顺延，申请人晚于收到预付款后 9.5 个月发货不应理解为申请人应承担违约责任。

第二，就申请人 2013 年 7 月前延期交货事宜，申请人与被申请人于 2013 年 7～

9月协商一致，对申请人执行扣减设备总价5%的罚款，作为“一揽子”最终解决，同时，被申请人仍要求申请人继续履行发货义务，说明被申请人并未因此而遭受合同目的不能实现的影响。

第三，2013年9月至12月11日的延迟，是由于被申请人违约延迟开立信用证导致的申请人依合同顺延交付期，申请人有权行使不安抗辩权，在信用证开立前拒绝发货。

第四，2013年12月11日至设备于2014年1月12日和1月15日实际装船期间的延迟，是应被申请人避开货物于春节长假期间到港的要求而顺延的，并且双方对实际的装船期均无异议，这一期间无任何一方违约。

第五，被申请人没有证明由于申请人延迟交付导致市场行情变化，进而导致其合同目的落空，申请人延迟交货不构成《公约》第25条规定的根本违约。同时，申请人也已按照双方约定实际发运了全部设备。因此，被申请人无权根据《公约》第52条第2款解除合同。

第六，被申请人未按照《公约》第49条第2款第a项的要求，在知道申请人交货后一段合理时间内宣告解除合同，丧失解除合同的权利。被申请人对申请人推迟至2014年1月装船和实际装船发货时间以实际行为予以认可，构成合同交货期的变更的协议，并且至2014年11月6日前，被申请人从未向申请人提出过以交货延迟为由而解除合同的主张。因此，被申请人以申请人迟延交货为由而解除合同的权利已经消灭。

被申请人认为，申请人恶意严重延迟交付，导致被申请人丧失市场商机，缔约目的落空并因此而蒙受损失，属于根本违反合同，被申请人享有宣告合同无效的权利，主要理由如下。

第一，根据合同第3.1条、第4.1条的约定，结合被申请人于2011年9月8日按照合同支付设备总价15%的预付款的事实，申请人应不迟于2012年6月23日将所有设备发货。

第二，上述交货期满后，虽经被申请人多次催告，申请人未及时履行交付义务，后被申请人于2013年8月13日要求扣除设备总价5%作为申请人迟延交货赔偿金。

第三，被申请人同意承担迟延交货赔偿金后，仍未能纠正违约行为，继续扩大违约状态，最终发货日相较合同约定的发货日迟延了近1年零7个月。

第四，由于设备长期不能交付，严重影响被申请人项目实施进度和预期效益，申请人最终交付设备时，整个下游市场已经饱和，行情完全转变，被申请人的缔约目的完全落空，申请人延期交货属于根本违反合同，被申请人具备解除合同（宣告无效）的实质条件。

仲裁庭认为，虽然申请人履行交货义务严重迟延，与合同约定不符，但申请人与被申请人通过行为已就货物最终交付时间达成一致。首先，就2013年7月之前申请人延迟交付，双方已通过扣减设备金额的5%作为赔偿金达成"一揽子"最终解决办法。其次，就2013年7月至2014年1月12日、15日货物最终装船期间的延迟，根据双方提交的证据，仲裁庭认为，如被申请人2013年12月10日开具的信用证（申请人证据5）以及双方往来电子邮件（申请人证据3、证据4）所示，根据《公约》第29条第2款的规定，双方当事人已通过行为修改最终装船期也即交货期至2014年1月15日（合同贸易术语为CIF，卖方将货物运至船上起交付）。申请人在修改后的交货期内交货，不构成违约，被申请人无权以此为由宣告合同无效（解除合同）。

（四）被申请人是否有权因申请人分批交货宣告合同无效（解除合同）

申请人认为，分批装船不构成根本违约，不影响被申请人的合同目的，并且分批装船是由实际承运人导致的，依《公约》申请人免责，被申请人无权以分批装船为由主张解除合同，主要理由如下。

第一，根据合同第1.3条、第1.4条、第8.2条和第8.3条，以及《初步技术规格书》附件9第9.1.1条、第9.1.4条和附件11规定的设备安装的具体步骤和详细要求，本案电气设备集装箱晚于机器设备、备件集装箱8天抵达卸货港，对合同工期没有影响。

第二，分批装运不构成《公约》第25条规定的根本违反合同，电气部件集装箱晚于其他集装箱8天到港不会导致被申请人合同目的的落空。

第三，分批装船不是申请人的故意或者过失，申请人要求一批装船，但由于装港码头作业及出于船舶安全考虑，实际承运人在未事先通知情况下单方面临时决定分批装船，通知申请人时全部设备均已在海运途中，申请人知悉分批装船后及时通知了被申请人。根据《公约》第79条第1款、第4款和第5款规定，当事人对不履行义务，如果其能证明此种不履行义务，是由于某种非其所能控制的障碍，而且对于这种障碍，没有理由预期他在订立合同时能考虑到或能避免或克服它或它的后果，则该当事人对不履行义务免责。因此，因实际承运人原因的分批装船不构成申请人违约。

第四,被申请人没有在《公约》第 49 条第 2 款第 b 项规定的合理时间内宣告解除合同,丧失解除合同权利。2014 年 1 月 24 日申请人通知被申请人,由于实际承运人的原因,货物被分批装船。被申请人接到通知后未提出异议并于 2014 年 2 月 5 日要求申请人提供单据复印件以办理进口报关手续。直至 2014 年 2 月 22 日,被申请人才要求解除合同,因此,被申请人丧失了在合理时间内宣告解除合同的权利。

被申请人认为,申请人分批发货的行为已经构成根本违约。首先,合同第 4.1 条明确约定设备不允许分批发货。其次,在合同履行过程中,被申请人先于 2013 年 7 月 30 日致申请人电子邮件,重申不接受分批发货;再分别于 2013 年 8 月 13 日和 22 日致申请人电子邮件,反复强调"无论如何都不能分批发货,保证板型辊和其他设备一起到港"。就此,申请人于 2013 年 9 月 11 日回复被申请人,承诺将组织统一发货。再次,合同对于发货方式的明确约定和被申请人屡次要求申请人严格履行发货方式的行为,均表明该义务对于被申请人的高度重要性。申请人始终明悉这一要求,却最终单方面变更合同约定的发货方式,构成了故意及恶意违约,导致信用证的开立银行因单证不符而无法议付,进而导致被申请人未取得货权凭证提单。最后,申请人分批发货的行为剥夺了被申请人根据本案合同约定有权期待得到的东西,构成根本违反合同,被申请人有权或依据《公约》第 25 条和第 49 条第 1 款第 a 款的规定,宣告本案合同无效,或依据中国《合同法》第 94 条第 4 项的规定行使解除权。

仲裁庭认为,申请人分批装运构成《公约》第 25 条规定的根本违反合同,被申请人有权根据《公约》第 49 条第 1 款第 a 项的规定宣告合同无效。

《公约》第 25 条规定,一方当事人违反合同的后果,如使另一方当事人蒙受损害,以致实际上剥夺了他根据合同规定有权期待得到的东西,即为根本违反合同,除非违反合同一方并不预知而且一个同等资格、通情达理的人处于相同情况中也没有理由预知会发生这种结果。根据该条规定,根本违反合同应具备以下两个条件:第一,违约造成的后果是使另一方当事人遭受损害,以致剥夺了其根据合同约定有权期待得到的东西;第二,违约方能否预知违约后果,包括主观标准,即违约方本身能否预知违约将导致剥夺另一方根据合同有权期待得到的东西,以及客观标准,即一个与违约方具有同等资格、通情达理的人处在相同情况中能否预知违约将导致剥夺另一方根据合同有权期待得到的东西。

就上述条件而言,守约方应证明违约的后果,即剥夺了其根据合同有权期待得到的东西;违约方应证明违约后果的不可预见性,即该方没有预见到,并且在同样情况下同等资格、通情达理的人也不可能预见到违约的严重后果是剥夺了守约方根据合同有权期待得到的东西。

还应注意的是,第一,《公约》所要求的违约的后果,是剥夺了一方根据合同有权期待得到的“东西”,英文的表述是“deprive him of what he is entitled to expect under the contract”。而一方当事人根据合同有权期待得到的“东西”,并不等同于合同的标的,而是具有更广泛的含义,包括一方当事人根据合同达成的所有合意而享有的期待,如履行时间、履行方式等。因此,仅交付合同标的不能得出合同另一方没有被剥夺其根据合同有权期待得到的“东西”。第二,《公约》要求的“预知”所指向的并不是对是否会违约这一事实的预知,而是对违约后果的预知,即是否预见违约所造成的严重后果是剥夺了守约方根据合同有权期待得到的“东西”。

在本案中,被申请人已证明设备一批装船这种履行方式是其根据合同有权期待得到的东西。首先,合同第4.1条明确约定不允许分批发货。其次,在合同履行过程中,被申请人多次、反复重申并强调不允许分批发货,并告知了申请人分批发货的后果。2013年7月30日被申请人邮件告知申请人称“我们刚刚得到消息说关于板型辊推迟到10月空运发货的话,我公司将会享受不到国家的退税补贴,所以公司财务不接受分批发货”。最后,商务合同的第4.1条中有说明“不允许分批发货”。2013年8月13日被申请人邮件告知申请人称“如果设备分批发货(板型辊单独空运)的话,我们这边享有的退税将会很难办理,领导让我转告无论如何都不能分批发货,保证板型辊和其他设备一起到港”。2013年8月22日被申请人邮件告知申请人称:“你好!我们领导今天又问起发货的事情,再次说不能分批发货……”通过合同约定和上述被申请人强调不能分批发货的邮件可知,设备一批发运对被申请人非常重要,这种履行方式是被申请人根据合同有权期待得到的,而违反一批发运的约定则使被申请人的这一期待落空。

无论依据主观标准还是客观标准,申请人均未能证明分批装运这一违约情形的后果(被申请人对于一批装运的期待)的不可预见性。首先,申请人未满足主观标准。如上段所述,申请人提交的证据显示,根据合同和被申请人的邮件,申请人知晓被申请人明确要求货物一批装船。申请人证据3第283页显示,2013年9月11日邮件也明确了申请人承诺一批发货,即“按照你方要求,我们将安排一批发货”。其次,根据客观标准,申请人并未证明在有合同明确约定和买方反复强调的情况下,同等资格的、通情达理的设备供应商也不可能预见到分批发货的严重后果是剥夺了买方根据合同有权期待的东西,即合同项下货物一批装船。因此,申请人关于"无法预见分批装船剥夺了被申请人依据合同可期待得到的东西"的主张不能成立。

申请人还主张,分批装船是由实际承运人导致,因此,根据《公约》第 79 条第 1 款、第 4 款和第 5 款的规定,申请人应免责,并且被申请人不能向申请人主张损害赔偿。

仲裁庭不认可这一观点。首先,《公约》第 79 条实为因不可抗力而免责的规定,要求造成不履行义务的障碍必须是为当事人所不能控制、不能预见、不能避免或克服它和其后果的。《公约》虽未列举障碍的类型,但根据国际货物买卖的惯例,能够构成不可抗力事件的通常有两类,即自然障碍,如台风、海啸、地震、洪水和火灾等,以及政府行为如禁运、征用、进出口禁止和外汇管制等。而且本案合同第 11.1 条也明确约定,"'不可抗力'指超越双方控制的事件,包括但不限于:(a)战争和战争状态(不管是否宣战)。(b)严重火灾、洪水、台风、地震、检疫、限制和禁运"。由此可见,合同认定的不可抗力事件也是指因政府行为或自然障碍导致的履行不能,并不包括因承运人原因造成的不履行合同义务。其次,仲裁庭认为,难以认定实际承运人将货物分批装船属于申请人所不能控制或不能避免或克服其发生和结果的障碍。

综上所述,申请人设备分批发运剥夺了被申请人根据合同有权期待得到的东西,构成申请人根本违反合同,被申请人有权根据《公约》第 49 条第 1 款第 a 项的规定宣告合同无效(解除合同)。

(五)被申请人宣告合同无效的声明是否有效及申请人关于合同解除的异议权是否消灭

申请人认为,被申请人未按照合同约定和《公约》的要求宣告解除合同,主要依据如下。

第一,被申请人 2014 年 2 月 22 日的中文电子邮件不符合合同第 14.7 条约定的联系方式,而且收件人电子邮箱也不是合同约定的正式文件的通知邮箱,因此不符合合同要求,不具有约束力。

第二,被申请人 2014 年 4 月 24 日和 25 日的邮件显示其要求降价,被申请人提出的或者解除合同或者降价收货的二选一条件不构成《公约》规定的解除合同的宣告,即便构成宣告解除合同,被申请人 2014 年 4 月 25 日邮件要求将设备折价至 60% 也构成解除合同通知的撤回。而且被申请人 2014 年 6 月 6 日发给合同项下国内组件制造商的函也表明其暂停执行合同,而不是合同已解除。

第三,被申请人2014年7月和8月对申请人律师的回复显示,被申请人直至2014年8月4日一直希望双方继续协商解决争议。

第四,《公约》未限制就解除合同行使异议权的期限,申请人有权并且在合理时间内向被申请人就"解除"合同提出了异议并在合理时间内提起了仲裁。

第五,《合同法》和中国最高人民法院关于《合同法》的相关司法解释不适用于本案。司法解释不是中国法律的渊源,仅限于人民法院在审判工作中具体应用法律的问题,不应作为仲裁庭作出裁决的法律依据。

被申请人认为,合同已经被申请人宣告而解除,合同权利义务终止的法律状态得以确认,主要理由如下。

第一,解除权为形成权,无须征得对方同意。行使解除权应当向他方当事人作出意思表示,因此,被申请人2014年2月22日以电子邮件通知了申请人解除合同,解除的意思表示已经实际到达申请人,申请人2014年2月28日致被申请人邮件称不接受解除合同,表明解除合同的通知及被申请人解除合同的意思表示已经有效送达。因此,被申请人行使解除权的方式符合《合同法》第96条的规定,合同自通知到达申请人时解除。

第二,申请人主张的解除通知应当以英文书写并以挂号航空邮寄,否则不产生通知的效果不正确。在合同履行中,双方都存在大量的单独以英文或中文沟通的函件,且均为电子邮件,而非挂号航空邮件;约定双语及挂号航空邮寄是为了确保意思传递和到达,而在本案中申请人已经及时收到被申请人解除合同通知并领会了其内容,不能再以所谓形式不符而否定通知的效果。

第三,被申请人减价接收货物的方案,是在合同已经解除后,被申请人提出的减价重新订立合同的建议,并不意味着继续履行争议合同,后续磋商并不改变合同既已解除的法律状态。

第四,根据《合同法》第96条的规定,申请人享有对解除合同的效力的异议权。但根据最高人民法院《关于适用〈中华人民共和国合同法〉若干问题的解释(二)》第24条规定,法定异议期限为3个月,而申请人提起仲裁时已经超过法定异议期限,故其合同解除异议权消灭,合同权利义务关系终止的法律状态得以确认。

第五,司法解释属于中国法律的法源,具有法律效力。最高人民法院《关于司法解释工作的规定》(法发〔2007〕12号)第5条规定:"最高人民法院发布的司法解释,具有法律效力。"而且从我国法律实践来看,司法解释已经与成文法融为一体,概念上统称中国法律。若仲裁活动单独不适用司法解释,不符合我国法律实践。

仲裁庭认为,申请人与被申请人在实际履行合同过程中以行为变更了合同第14.7条约定的联系方式,申请人与被申请人均通过邮件和电话协商合同履行事宜,邮件往来大部分或为中文,或为英文,除个别邮件外,均未同时以中英文进行,也没有任何一方按照合同第14.7条约定以书面双份通过挂号航空邮寄所谓“正式文件”。因此,双方均信赖采用电子邮件以中文或者英文的方式进行联系,根据《公约》第29条第2款的规定,双方以行为对合同项下联系方式已作出修改,申请人关于被申请人2014年2月22日邮件因不符合合同要求而不具有约束力的主张不能成立。

《公约》第26条规定:“宣告合同无效的声明,必须向另一方当事人发出通知,方始有效。”在本案中,2014年2月22日被申请人邮件申请人称:“2月11日下午,我公司接到银行通知贵司所提交的单据显示货物分两批装运,严重违反合同和信用证规定,我司于2月12日到银行办理了相关拒付退单手续……鉴于以上因素,我公司要求解除合同,退运货物并要求退回全额预付货款及合理利息。请贵司做好相关准备和安排,由此所导致的所有相关费用由贵公司承担。”2014年2月28日申请人答复被申请人前述邮件称:“你方2014年2月22日的邮件已经收到……”由此可见,被申请人已向申请人发出解除合同(宣告合同无效)的通知,并且申请人已收到该通知,因此,被申请人通过2014年2月22日邮件解除合同(宣告无效)有效。

合同解除权属于形成权,无须取得相对人同意,根据《合同法》第96条的规定,合同自通知到达对方时解除,相对人有异议的,可以请求人民法院或仲裁机构确认解除合同的效力。鉴于仲裁庭已经确认被申请人宣告合同无效(解除合同)的效力,仲裁庭认为无须再论述《关于适用〈中华人民共和国合同法〉若干问题的解释(二)》关于行使异议权期限的规定是否适用于本案,或申请人是否已丧失异议权。但仲裁庭注意到,在中国法律实践中,包括在仲裁委员会进行的仲裁活动中,中华人民共和国最高人民法院的司法解释已经构成理解和适用中华人民共和国法律的重要组成部分。

此外,根据前述中国《合同法》规定,合同自解除通知到达对方时解除,申请人提出的被申请人在发出通知后仍与其进行谈判并提出要求申请人降价以收货,因此合同未解除的主张不能成立。

申请人提出,根据《公约》第49条第2款第b项的规定,如果卖方已交付货物,买方必须在一段合理时间内宣告合同解除,否则就会丧失该权利。在本案中,被申请人在设备分批发货后近1个月内直至绝大部分货物到港卸船均未提出异议,且要求申请人继续履行合同,因此丧失了在合理时间内宣告解除合同的权利。仲裁庭认为,申请人分批交货根本违反合同,被申请人根据《公约》第49条第1款第a项的规定有权宣告合同无效(解除合同)。而且即使根据《公约》第49条第2款第b项之规定,被申请人也没有丧失宣告合同无效(解除合同)的权利。根据善意履行合同原则,考虑到合同项下货物的性质,被申请人在通过银行确认信用证单据显示分批发货、部分货物仍未到港时发出解除通知仍属于合理时间内的行为。

(六)申请人的仲裁请求

针对申请人提出的变更后的仲裁请求,仲裁庭逐项分析如下。

仲裁请求1:请求仲裁庭裁决确认被申请人无权于2014年2月22日单方面解除申请人与被申请人之间的合同。

根据前述仲裁庭意见,设备分批装船构成申请人根本违反合同,被申请人有权根据《公约》第49条第1款第a项的规定宣告合同无效(解除合同),仲裁庭不支持申请人的本项仲裁请求。

仲裁请求2:请求仲裁庭裁决确认被申请人于2014年2月22日单方面解除《合同》的行为无效,不发生《合同》终止的效力。

根据前述仲裁庭意见,被申请人2014年2月22日通过电子邮件将解除合同(宣告合同无效)的声明有效通知并送达申请人,合同已经解除,合同项下的权利义务因解除而终止,仲裁庭不支持申请人的本项仲裁请求。

仲裁请求3:请求仲裁庭裁决被申请人继续履行合同并提取合同项下的设备。

根据前述仲裁庭意见,本案合同已经解除,根据《公约》第81条第1款的规定,双方在合同中的义务因此而解除,仲裁庭不支持本项申请人的本项仲裁请求。

仲裁请求4:请求仲裁庭裁决被申请人支付申请人220余万欧元合同价款,并向申请人支付自2014年3月16日起按年利率8%计算的前述220余万欧元的利息。

根据前述仲裁庭意见,申请人根本违反合同,被申请人有权根据《公约》第49条第1款第a项的规定宣告合同无效,根据《公约》第81条第1款的规定,双方在合同中的义务因此而解除,仲裁庭不支持申请人的本项仲裁请求。

仲裁请求5:请求仲裁庭裁决被申请人自行承担因设备自目的港卸船之日起至被申请人实际提取设备之日止存放在中国某港集装箱码头公司的码头堆场而产生的所有费用,包括且不限于堆存费、搬移费、港建费、港务费、港口设施保安费等码头管理费用。

根据前述仲裁庭意见,因申请人根本违反合同,被申请人有权宣告合同无效(解除合同),因此,仲裁庭不支持申请人的本项仲裁请求。

仲裁请求6:请求仲裁庭裁决被申请人自行承担因设备自目的港卸船之日起至被申请人实际提取设备之日止的集装箱箱使费等费用。

根据前述仲裁庭意见,因申请人根本违反合同,被申请人有权宣告合同无效(解除合同),因此,仲裁庭不支持申请人的本项仲裁请求。

仲裁请求7:请求仲裁庭裁决被申请人赔偿申请人为办理本案已支出的律师费。

鉴于仲裁庭不支持申请人主要仲裁请求,仲裁庭也不支持申请人本项仲裁请求。

仲裁请求8:本案全部仲裁费用由被申请人承担。

鉴于仲裁庭不支持申请人主要仲裁请求,仲裁庭也不支持申请人本项仲裁请求。

仲裁请求9:请求仲裁庭就申请人上述第1项和第2项仲裁请求先期作出中间裁决。

仲裁庭认为,根据仲裁程序需要和本案争议具体情况,无须就申请人第1项和第2项仲裁请求作出中间裁决。

对于申请人的仲裁请求10及第十项仲裁请求的补充说明,根据2015年6月3日贸仲的函,仲裁庭未受理本项仲裁请求,故仲裁庭对此不予考虑。

(七)被申请人的反请求

针对被申请人提出的反请求,仲裁庭逐项分析如下。

反请求1:裁决申请人返还已支付的合同预付款38万余欧元,并支付2014年2月22日起至申请人实际返还预付款之日止的利息损失。截至2014年11月6日,按中国人民银行同期贷款利率,利息损失应为近人民币15万元。

仲裁庭认为,鉴于以上仲裁庭意见,被申请人有权宣告合同无效(解除合同),并且被申请人已将宣告合同无效的声明有效通知并送达申请人,合同已经解除。根据《公约》第81条的规定,宣告合同无效解除了双方在合同中的义务,已全部或部分履行合同的一方可以要求另一方归还已支付的价款。因此,仲裁庭支持被申请人的本项反请求,申请人应返还合同预付款38万余欧元。

申请人提出该款项法律性质实为定金,且被申请人拒绝履行提货物、支付价款的行为构成根本违约,因此无权要求返还定金。仲裁庭不认可申请人的这一观点,合同第3.1条明确约定合同设备总价的15%即38万余欧元为预付款,而且被申请人拒绝收货和支付余款是由申请人根本违反合同造成的,因此,申请人应返还合同预付款38万余欧元。

鉴于仲裁庭支持被申请人返还预付款的反请求,仲裁庭也支持被申请人关于利息的反请求,即2014年2月22日起至申请人实际返还预付款之日止的利息损失,利率为中国人民银行同期贷款年利率。

反请求2:裁决申请人承担全部反请求仲裁费及被申请人因本案仲裁发生的律师费。

鉴于仲裁庭支持被申请人主要反请求,仲裁庭应支持被申请人关于仲裁费及律师费的反请求,但因被申请人未提供关于律师费的证据,故仲裁庭仅支持反请求仲裁费。

图书在版编目(CIP)数据

《联合国国际货物销售合同公约》在中国仲裁的适用/中国国际经济贸易仲裁委员会编. -- 北京 : 法律出版社, 2021(2021.7 重印)

ISBN 978 - 7 - 5197 - 5551 - 5

Ⅰ. ①联… Ⅱ. ①中… Ⅲ. ①联合国 - 国际贸易 - 贸易合同 - 国际公约 - 解释 Ⅳ. ①F744

中国版本图书馆 CIP 数据核字(2021)第 069916 号

《联合国国际货物销售合同公约》在中国仲裁的适用

《LIANHEGUO GUOJI HUOWU XIAOSHOU HETONG GONGYUE》ZAI ZHONGGUO ZHONGCAI DE SHIYONG

中国国际经济贸易仲裁委员会 编

策划编辑 沈小英
责任编辑 沈小英 毛镜澄
装帧设计 李 瞻

出版发行 法律出版社
编辑统筹 法治与经济出版分社
责任校对 晁明慧
责任印制 吕亚莉
经 销 新华书店

开本 710 毫米 × 1000 毫米 1/16
印张 28.25 **字数** 501 千
版本 2021 年 5 月第 1 版
印次 2021 年 7 月第 2 次印刷
印刷 固安华明印业有限公司

地址:北京市丰台区莲花池西里 7 号(100073)
网址:www. lawpress. com. cn
投稿邮箱:info@ lawpress. com. cn
举报盗版邮箱:jbwq@ lawpress. com. cn
销售电话:010 - 83938349
客服电话:010 - 83938350
咨询电话:010 - 63939796

书号:ISBN 978 - 7 - 5197 - 5551 - 5
定价:178.00 元
凡购买本社图书,如有印装错误,我社负责退换。电话:010 - 83938349